Herausgegeben in Verbindung mit
der Heinrich-Heine-Gesellschaft

Heine-Jahrbuch 2006

45. Jahrgang

Herausgegeben von Joseph A. Kruse
Heinrich-Heine-Institut
der Landeshauptstadt Düsseldorf

Verlag J. B. Metzler
Stuttgart · Weimar

Anschrift des Herausgebers:
Joseph A. Kruse
Heinrich-Heine-Institut
Bilker Straße 12–14, 40213 Düsseldorf

Redaktion: Karin Füllner und Marianne Tilch

Bibliografische Information Der Deutschen Bibliothek
Die Deutsche Bibliothek verzeichnet diese Publikation in der
Deutschen Nationalbibliografie; detaillierte bibliografische Daten
sind im Internet über <http://dnb.ddb.de> abrufbar.

ISBN-13: 978-3-476-02158-8
ISBN 978-3-476-00202-0 (eBook)
DOI 10.1007/978-3-476-00202-0
ISSN 0073-1692

Dieses Werk einschließlich aller seiner Teile ist urheberrechtlich geschützt. Jede Verwertung außerhalb der engen Grenzen des Urheberrechtsgesetzes ist ohne Zustimmung des Verlages unzulässig und strafbar. Das gilt insbesondere für Vervielfältigungen, Übersetzungen, Mikroverfilmungen und die Einspeicherung und Verarbeitung in elektronischen Systemen.

© 2006 Springer-Verlag GmbH Deutschland
Ursprünglich erschienen bei J. B. Metzler'sche Verlagsbuchhandlung
und Carl Ernst Poeschel Verlag GmbH in Stuttgart 2006
www.metzlerverlag.de
info@metzlerverlag.de

Inhalt

Siglen VIII

Aufsätze

I.

Dirk von Petersdorff · Grenzen des Wissens, gemischte Gefühle.
 Heinrich Heines Ironie 1
Sabine Bierwirth · Mythos und Moderne bei Heinrich Heine 20
Wilfried Thürmer · Illuminationswelten. Zum Prozess
 der Modernitätsentfaltung in Heines Lyrik 38
Bernd Kortländer · »Ich bin ein deutscher Dichter«. Liebe und Unglück
 in Heines »Buch der Lieder« 59
Sonja Sakolowski · Aut poeta aut nihil: Poesie als Vexierspiel
 in Heines »Romanzero« 74

II.

Bernhard Fischer · Heinrich Heine und sein Verleger
 Johann Friedrich Cotta 102
Friedrich W. May · Heinrich Heine und die Pianisten seiner Zeit 115
Christian Neuhuber · »... eine nicht unbedeutende Wandlung«.
 Kulturkonservative Heine-Rezeption am Beispiel Richard von
 Schaukals 142

Franz Schüppen · Ein Ordenspriester aus Mähren definiert sich
    als Bürger einer Neuen Welt. Emigration und Immigration
    bei Charles Sealsfield 165

Kleinere Beiträge

Ernst-Ullrich Pinkert · Eine dänische Hymne zu Heines 100. Geburtstag.
    Holger Drachmanns »Heine in Hamburg« 191
Volker Kaukoreit · Ambivalentes Spiel mit Heinrich Heine oder Nomen
    est Omen. Vorschlag zu einer Lektüre von Fritz Grünbaums
    »Selbstbiographie« 200
Jochanan Trilse-Finkelstein · Leben (Schreiben) in judäisch-hellenistischer
    Symbiose? Heinrich Heine und James Joyce 213
Regina Grundmann · Haggada als Poesie – Poesie als Offenbarung.
    Heinrich Heines Transformation der rabbinischen Überlieferung 223
Regina Berlinghof · Heinrich Heine und die Sufi-Mystikerin Rabia
    al-Adawiyya – eine Trouvaille 236

Heinrich-Heine-Institut. Sammlungen und Bestände.
Aus der Arbeit des Hauses

Bernd Füllner und Nathalie Groß · Das Heinrich-Heine-Portal
    und digitale Editionen. Bericht über die Tagung
    im Heinrich-Heine-Institut in Düsseldorf am 6. Oktober 2005 240
Karin Füllner · Heinrich Heine. Über Groteske, Poesie und Mythos.
    8. Forum Junge Heine Forschung 2005 mit neuen Arbeiten
    über Heinrich Heine 249
Sigrid Löffler · Emine Sevgi Özdamar: »Die Brücke vom Goldenen
    Horn«. Meisterin der Anverwandlung. Vortrag zur Eröffnung
    der Reihe »Eine Stadt liest ein Buch« 254

Reden zur Verleihung der Ehrengabe der Heinrich-Heine-Gesellschaft 2006

Joseph A. Kruse · Heines Enkelinnen 260
Avi Primor · Laudatio auf Alice Schwarzer 266

Inhalt VII

Alice Schwarzer · Dankrede 271

Claude Martin · Heine: Zwischen Düsseldorf und Paris 276

Buchbesprechungen

Wolfgang Braungart (Hrsg.) · Verehrung, Kult, Distanz. Vom Umgang
    mit dem Dichter im 19. Jahrhundert. (Georg Mölich) 280

Heine-Biographien von Christian Liedtke/Bernd Füllner, Jan-Christoph
    Hauschild, Kerstin Decker, Jörg Aufenanger, Otto A. Böhmer,
    Winfried Freund, Joseph A. Kruse (Sikander Singh) 282

Ingrid Pepperle · Georg Herwegh. Werke und Briefe. Band 5:
    Briefe 1832–1848 (Stefan Humbel) 287

Jakob Hessing · Der Traum und der Tod. Heinrich Heines Poetik
    des Scheiterns (Regina Grundmann) 289

Christian Liedtke (Hrsg.) · Heinrich Heine im Porträt. Wie die Künstler
    seiner Zeit ihn sahen (Ursula Roth) 291

Constanze Wachsmann · Der sowjetische Heine. Die Heinrich Heine-
    Rezeption in den russischsprachigen Rezeptionstexten
    der Sowjetunion (1917–1953) (Ottmar Pertschi) 293

Peter Waldmann · Der verborgene Winkel der Sterbenden Götter.
    Temporalisierung als ästhetischer Ausdruck im Werk
    von Heinrich Heine (Sabine Bierwirth) 297

Kerstin Wiedemann · Zwischen Irritation und Faszination. George Sand
    und ihre deutsche Leserschaft im 19. Jahrhundert (Helga Ehlers) 299

Heine-Literatur 2005/2006 mit Nachträgen 303

Veranstaltungen des Heinrich-Heine-Instituts und der Heinrich-Heine-
*   Gesellschaft e. V. Januar bis Dezember 2005* 358

Ankündigung des 10. Forums Junge Heine Forschung 368

Hinweise für die Autoren 369

Mitarbeiter des Heine-Jahrbuchs 2006 371

Siglen

1. H. Heine: Werke und Briefe

B = Heinrich Heine: Sämtliche Schriften. Hrsg. von Klaus Briegleb. München: Hanser 1968–1976, 6 Bände (6, II = Register)

DHA = Heinrich Heine: Historisch-kritische Gesamtausgabe der Werke. In Verbindung mit dem Heinrich-Heine-Institut hrsg. von Manfred Windfuhr. Hamburg: Hoffmann und Campe 1973–1997, 16 Bände

HSA = Heinrich Heine: Werke, Briefwechsel, Lebenszeugnisse. Säkularausgabe. Hrsg. von den Nationalen Forschungs- und Gedenkstätten der klassischen deutschen Literatur in Weimar (seit 1991: Stiftung Weimarer Klassik) und dem Centre National de la Recherche Scientifique in Paris. Berlin und Paris: Akademie und Editions du CNRS 1970 ff.

2. Weitere Abkürzungen

Galley/Estermann = Eberhard Galley und Alfred Estermann (Hrsg.): Heinrich Heines Werk im Urteil seiner Zeitgenossen. Hamburg: Hoffmann und Campe 1981–1992, 6 Bände.

auf der Horst/Singh = Christoph auf der Horst und Sikander Singh (Hrsg.): Heinrich Heine im Urteil seiner Zeitgenossen. Begründet von Eberhard Galley und Alfred Estermann. Stuttgart/Weimar: Metzler 2002–2006, 6 Bände.

HJb = Heine-Jahrbuch. Hrsg. vom Heinrich-Heine-Institut Düsseldorf. Hamburg: Hoffmann und Campe 1962–1994; Stuttgart: Metzler 1995 ff.

Höhn = Gerhard Höhn: Heine-Handbuch. Zeit, Person, Werk, Stuttgart: Metzler ^{1}1987, ^{2}1997, ^{3}2004

Mende = Fritz Mende: Heinrich Heine. Chronik seines Lebens und Werkes. Berlin: Akademie ^{1}1970; ^{2}1981

Seifert = Siegfried Seifert: Heine-Bibliographie 1954–1964. Berlin und Weimar: Aufbau 1968

Seifert/Volgina = Siegfried Seifert und Albina A. Volgina: Heine-Bibliographie 1965–1982. Berlin und Weimar: Aufbau 1986

Werner = Michael Werner (Hrsg.): Begegnungen mit Heine. Berichte der Zeitgenossen. Hamburg: Hoffmann und Campe 1973, 2 Bände

Wilamowitz = Erdmann von Wilamowitz-Moellendorff und Günther Mühlpfordt (†): Heine-Bibliographie 1983–1995. Stuttgart und Weimar: Metzler 1998

Wilhelm/Galley = Gottfried Wilhelm und Eberhard Galley: Heine-Bibliographie [bis 1953]. Weimar: Arion 1960, 2 Bände

Aufsätze

I.

Grenzen des Wissens, gemischte Gefühle
Heinrich Heines Ironie

Von Dirk von Petersdorff, Saarbrücken

Dass die Ironie eine der Konstanten in Heines Werk darstellt, dürfte nicht umstritten sein. Aber bei einer präzisen Bestimmung der Ironie beginnen die Schwierigkeiten. Zu fragen ist nach den Gründen für diese besondere Form des Sprechens, nach der Intention, die der Autor damit verfolgt, nach der Reichweite der ironischen Dementis. In diesem Zusammenhang ist Heines Ironie wiederholt von derjenigen seiner romantischen Vorläufer abgesetzt worden. Besonders interessant ist die Argumentation von Manfred Frank. Einen ironischen Redeakt lässt er aus zwei Positionen bestehen und sagt, dass die romantische Ironie Position und Gegenposition so zueinander in ein Verhältnis setzt, dass sich eine durch die andere relativiert, keine bestehen bleibt. Ein einfacher Typus von Ironie liegt dagegen dort vor, wo eines der Glieder verworfen wird, um das andere in den Rang des Geltenden zu setzen. Diese zweite, satirische Ironie setzt voraus, dass der Sprecher ein festes Standbein besitzt, eine Wahrheit, die er nicht in Zweifel zieht. Diesen Typus der Ironie finde man nun bei Heine.[1] Auch in der Heine-Forschung ist eine entsprechende Abgrenzung unternommen worden, grundlegend von Wolfgang Preisendanz. Heines Ironie hat danach nichts mit den philosophischen Spekulationen der Romantiker zu tun und besitzt auch keine Beziehung zur Metaphysik. Heine gehe es darum, die Vernünftigkeit und Harmonie der Welt zu dementieren, und wenn er von einem Weltriss spreche, dann stehe eine geschichtlich-aktuelle Erfahrung dahinter. Dieser Weltriss sei sozial gemeint und sei von Friedrich Schlegels Reden über das Unbedingte und das Bedingte klar zu unterscheiden.[2] Die politisch dominierte Heine-Forschung der jüngeren Zeit hat dem überwiegend zugestimmt, denn ihr Heine hatte ein festes Standbein, eine Position, aus der nicht-bezweifelbare Überzeugungen hervorgingen, auch wenn diese nicht immer leicht zu rekonstruieren waren.

Man kann allerdings darauf hinweisen, dass Manfred Frank sein Urteil über Heine ausschließlich mit dem Gedicht »Das Fräulein stand am Meere« erläutert, das er als beispielhaft für das Gesamtwerk ansieht, während Wolfgang Preisendanz die romantische Ironie offenbar aus realitätsfernen Gedankenexperimenten hervorgehen sieht. Es könnten hier also wechselseitige Missverständnisse vorliegen. Im Folgenden soll der Versuch unternommen werden, Heine als Teil einer Kette von ironischen Autoren zu verstehen, die von der Frühromantik bis in die Gegenwart reicht. Sie beginnt mit Friedrich Schlegels Fragmenten, die die Idee einer »steten Selbstparodie« formulieren[3], und findet ihre ersten ästhetischen Glieder in Ludwig Tiecks »Gestiefeltem Kater«, in dem sich Publikum und Dichter, Aufklärung und Romantik wechselseitig ironisieren, dann in Clemens Brentanos Roman »Godwi«, in dem die Protagonisten verschiedene Wahrheitsoptionen erproben, Halt in der Natur, der Geschichte, der Religion und der Kunst suchen, alle Ordnungen aber auch wieder verspotten. Nach Heine ist in jedem Fall Nietzsche zu nennen, der in seinem Werk der mittleren Phase aus dem Wissen um die Perspektivität jeder Weltdeutung ein Ideal von »Vogel-Freiheit, Vogel-Umblick, Vogel-Uebermuth« entwirft.[4] Im frühen 20. Jahrhundert lässt Thomas Mann die Positionen von Reflexivität und Vitalität aufeinander treffen, um eine an der anderen zu brechen, so etwa in der Schluss-Szene des »Tristan«, wo das Leben den Dichter in die Flucht schlägt – in Gestalt eines kreischenden und jubelnden Babys, das einen Beißring und eine Klapperbüchse schwingt. In der zweiten Hälfte des 20. Jahrhunderts hat Hans-Magnus Enzensberger, der über Brentano promovierte, ein Denken realisiert, das nicht auf einem Standpunkt verharrt, sich über sich selbst hinwegsetzt, wie es Friedrich Schlegel forderte. Einen neuen Schub erhielt die Ironiedebatte mit Richard Rortys »Kontingenz, Ironie und Solidarität«, in dem die Ironikerin als eine Person vorgestellt wird, die unaufhörliche Zweifel an jenem Vokabular hegt, das sie zur Rechtfertigung ihrer Handlungen, Überzeugungen und ihres Lebens verwendet. Sie glaubt nicht, dass dieses Vokabular die Realität der Dinge abbilde, Kontakt zu einer Macht außerhalb ihrer selbst habe. Sie ist »nie ganz dazu in der Lage, sich selbst ernst zu nehmen«[5] – und es ist die Frage, ob man das nicht auch von Heine sagen könnte.

Voraussetzungen der Ironie:
Grenzen der Erkenntnis, Urbanität

Diese skizzierte und natürlich unvollständige Kette ironischer Autoren ergibt sich nicht nur aus der Verwendung einer gemeinsamen Sprechweise, sondern auch aus den Voraussetzungen, die der Sprechweise zugrunde liegen. Am Beispiel von Friedrich Schlegel lässt sich zeigen, dass die Ironie erstens aus einer erkenntnistheoretischen Reflexion hervorgeht, die um die Bedingungen und Grenzen der eigenen Weltbeschreibung weiß, und zweitens sich aus einer Beobachtung der modernen, pluralisierten Gesellschaft ergibt, in der verschiedene Geltungsansprüche miteinander konkurrieren. Daraus folgt die ironische Rede, der »Versuch zur Versprachlichung der Welt in Form einer gleichzeitigen Gegenrede.«[6] Den denkgeschichtlichen Hintergrund bildet die Transzendentalphilosophie, wie sie Kant und Fichte formuliert haben. Damit wurden die Bedingungen und Formen der Erkenntnis zwischen das Ich und die Welt geschoben. Unsere Beschreibungen von irgendetwas in der Welt sind immer durch unsere Perspektive und unsere Begriffswahl bestimmt. Realität ist das, was uns erscheint. Über das ›wahre Wesen der Welt‹, über die ›Natur der Dinge‹ können wir nichts Verbindliches aussagen. Auf diese Situation, in der jede Erklärung der Welt, die wir abgeben, als unvollständig und einseitig erscheint, reagiert die Romantik, indem sie Äußerungen, Behauptungen und Wahrheitsansprüche unter Vorbehalt stellt, ihre Begrenztheit markiert.[7]

So spricht Friedrich Schlegel von der Ironie als einer Stimmung, »welche alles übersieht, und sich über alles Bedingte unendlich erhebt«[8] – eben solche Bedingungen geben die Erkenntnis, die Sprache, aber natürlich auch die konkreten Lebenszusammenhänge vor. Das Infrage-stellen der eigenen Gültigkeiten und der Wechsel des Standpunktes befreien von drohenden Fixierungen, und der Ironiker unternimmt diesen Wechsel scherzend vor, als »transzendentale Buffonerie.«[9] Dabei handelt es sich aber weder um einen Selbstzweck noch um Beliebigkeit oder einen gehobenen Spaß, vielmehr ist hier »alles Scherz und alles Ernst.«[10] Der Ernst ergibt sich daraus, dass der Ironiker um die Notwendigkeit von Aussagen mit Geltungsanspruch weiß, ebenso um die Notwendigkeit personaler Identität, beides nicht negiert, sondern nur von Hypostasierungen befreit und so zu einem »Wechsel von Selbstschöpfung und Selbstvernichtung« gelangt.[11] Ebenso hält das ironische Sprechen der Romantik an der Vorstellung einer nicht perspektiv-gebundenen, nicht dem zeitlichen Wandel unterliegenden Wahrheit fest. Diese ist aber nicht zu formulieren, und so kann Schlegel von der »Unmöglichkeit und Notwendigkeit einer vollständigen Mitteilung« sprechen.[12] Die Ironie hält den Platz des Absoluten frei, indem sie jene Aussagen oder Institutionen verlacht, die sich für substantiell und unbezweifelbar halten. Demonstriert wird die Vorläufigkeit und Unvollständigkeit dessen, was mit sich ganz einig ist.

Die romantische Ironie versteht sich aber auch als Kommunikationsform, die der Situation einer modernen, pluralen Gesellschaft angemessen ist: »Opfre den Grazien, heißt, wenn es einem Philosophen gesagt wird, so viel als: Schaffe dir Ironie und bilde dich zur Urbanität.«[13] Damit wird die Ironie in eine Verbindung zum Lebensraum der Stadt gebracht, womit zunächst die antike Polis, vor allem Athen, gemeint ist, denn dort ist die Ironie als rhetorisches Muster wie auch als Form der Gesprächsführung entstanden. In der athenischen Frühform der Demokratie wurde sie in juristischen Auseinandersetzungen und im Kampf um die öffentliche Meinung eingesetzt; in den platonischen Gesprächen, die Schlegel als Ganzes für ironisch hält, artikulierte sich ein Denken, das nie fertig wurde und jede Position abtastete, in Frage stellte, als überwindbar ansah.[14] Mit dem Begriff der Urbanität wird aber auch auf moderne Städte, zum Beispiel auf Paris, angespielt, und dann ist dieser Begriff von einer Theorie der modernen Gesellschaft und ihrer Bürger umgeben. Denn entwickelt wird die Vorstellung eines Menschen, der Anteil an den verschiedenen Systemen der modernen Gesellschaft und ihren Normen besitzt und deshalb als vielfältige Persönlichkeit auftritt. Von einem »Geist, der gleichsam eine Mehrheit von Geistern« enthält, ist in diesem Zusammenhang die Rede, von einem liberalen Menschen, der »von allen Seiten und nach allen Richtungen wie von selbst frei ist.«[15] Dass ganz konkrete historische Erfahrungen im Hintergrund stehen, vor allem der 1789 erfolgte Durchbruch zu einer offenen Ordnung, zeigt sich, wenn Schlegel das Innenleben des Ironikers als »ununterbrochene Kette innerer Revolutionen« bezeichnet.[16] Die Ironie besitzt im Übrigen bei Friedrich Schlegel auch einen ethischen Wert, denn sie ist eine Form, mit den Widersprüchen, den Kontingenzerfahrungen, dem zügigen Wandel der Moderne gleichermaßen friedlich und elegant umzugehen.[17]

Es ginge nun darum, zu zeigen, dass in der skizzierten Kette der Ironie wiederholt entsprechende Reflexionen auftreten, ein starkes Bewusstsein von den Grenzen der menschlichen Erkenntnis herrscht und eine genaue, nicht-ressentimentgeladene Beobachtung der Heterogenität, des freien Ideengewimmels moderner Gesellschaften zu finden ist. Hier kann nur auf Nietzsche und Rorty hingewiesen werden. Nietzsches Erkenntniskritik ist schon in dem frühen Aufsatz »Ueber Wahrheit und Lüge im aussermoralischen Sinne« formuliert, in dem das Erkennen als Erfindung bezeichnet wird.[18] Im Verlauf der biologischen und sozialen Evolution unternimmt der Mensch immer neue Versuche, dem undurchschaubaren Chaos der Wirklichkeit Regeln aufzuerlegen, sich die Welt im Zuge von Aneignungsprozessen handhabbar zu machen. Subjekt und Außenwelt aber bilden zwei getrennte Sphären, zwischen denen es »keine Causalität, keine Richtigkeit« gibt.[19] Der Eintritt in eine Welt ›da draußen‹ ist nicht möglich, ›die‹ Realität als einzige Realität nicht abbildbar, und somit gelangt man über den Status einer Deutung der Objekt-Welt nie hinaus.

Nietzsches Beschreibungen einer Gesellschaft ohne Zentrum finden sich vor allem im mittleren Werk, in »Menschliches, Allzumenschliches«, »Morgenröthe« und »Die fröhliche Wissenschaft«. Er spricht von einer Ordnung, in der die Menschen nicht mehr durch das Herkommen gebunden sind, die Identitätsvorgaben schwächer werden, die »Polyphonie der Bestrebungen« zunimmt: »Für wen giebt es jetzt noch einen strengeren Zwang, an einen Ort sich und seine Nachkommen anzubinden? Für wen giebt es überhaupt noch etwas streng Bindendes? Wie alle Stilarten der Künste nebeneinander nachgebildet werden, so auch alle Stufen und Arten der Moralität, der Sitten, der Culturen.«[20] Was die gegenwärtige Geschichtsschreibung Modernisierung nennt, beschreibt Nietzsche als Verlust von Bezügen, aus denen die Lebensgestaltung unbefragt und selbstverständlich hervorging. Dies können Räume sein, Milieus, eine religiöse Überzeugung, kulturelle Überlieferungen oder als ›natürlich‹ erfahrene Lebenspraktiken.

Nun steigt die Möglichkeit, zwischen Lebensformen zu wählen, die Häuser zu wechseln, und die Individuen haben die Aufgabe, Entscheidungen zwischen den Alternativen zu treffen, die in der Umwelt vorhanden sind, dabei ein Ich hervorzubringen, das mit Differenzen lebt, gleichzeitig aber die notwendige Einheit bewahrt. Dabei kann es dort, »wo der Einzelne überzeugt ist, ungefähr Alles zu können, ungefähr jeder Rolle gewachsen zu sein, wo Jeder mit sich versucht, improvisirt, neu versucht, mit Lust versucht, wo alle Natur aufhört und Kunst wird«, zu Turbulenzen im Inneren kommen.[21] Nietzsche will aber die Differenzerfahrung der Moderne nicht vor allem als Gefahr, sondern als Möglichkeit der Ausweitung, als Chance zur Vervielfältigung des Ich verstehen.

Daraus leitet er sein Bild des Ironikers ab, wie es die Vorrede zu »Menschliches, Allzumenschliches« enthält. Am Anfang steht die Loslösung eines Menschen von jenem Ort, wo er »zu Hause« war. Dort empfand er »Dankbarkeit für den Boden«, aus dem er wuchs, »für die Hand«, die ihn führte, »für das Heiligtum«, wo er Verehrung lernte. Dann wird der junge Mensch »erschüttert, losgerissen, herausgerissen« und entwickelt Skepsis, einen Verdacht, sogar Abscheu gegen das, was er für wahr und gut gehalten hat. Es folgt die Phase einer völligen Befreitheit, in der »die Wege zu vielen und entgegengesetzten Denkweisen« offen stehen. Mit einem für die Ironie-Tradition typischen Bildfeld, dem des Schwebens, wird dieser Zustand ausgemalt: »ein blasses feines Licht und Sonnenglück ist ihm zu eigen, ein Gefühl von Vogel-Freiheit, Vogel-Umblick, Vogel-Uebermuth, etwas Drittes, in dem sich Neugierde und zarte Verachtung gebunden haben.« Da ein solcher Zustand psychisch nicht auf Dauer aufrechtzuerhalten ist, kommt es zu einer Rückwendung zur praktischen Lebensgestaltung: Normen werden gesetzt, Entscheidungen getroffen, aber in dem Wissen um die Begrenztheit jedes Konzepts. In dieses Lebensideal sind die genannten Voraussetzungen der Ironie eingegangen: die Erkenntniskritik, das Wissen um die vielen Horizonte der Moderne, um die vielen möglichen Sinnbehauptungen, um die Verluste, die mit jeder Festlegung einhergehen. So heißt es:

Du solltest Herr über dich werden, Herr auch über die eigenen Tugenden. Früher waren sie deine Herren; aber sie dürfen nur deine Werkzeuge neben andren Werkzeugen sein. Du solltest Gewalt über dein Für und Wider bekommen und es verstehn lernen, sie aus- und wieder einzuhängen, je nach deinem höheren Zwecke. Du solltest das Perspektivische in jeder Werthschätzung begreifen lernen – die Verschiebung, Verzerrung und scheinbare Teleologie der Horizonte und was Alles zum Perspektivischen gehört; auch das Stück Dummheit in Bezug auf entgegengesetzte Werthe und die ganze intellektuelle Einbusse, mit der sich jedes Für, jedes Wider bezahlt macht.[22]

Entsprechende Vorstellungen treten bei Richard Rorty am Ende des 20. Jahrhunderts wieder auf. Wenn er seine Heldin, die liberale Ironikerin, charakterisiert, geht er zunächst davon aus, dass alle Menschen ein Sortiment von Wörtern mit sich herumtragen, »das sie zur Rechtfertigung ihrer Handlungen, Überzeugungen und ihres Lebens einsetzen.« Lob der Freunde, Kritik der Gegner, Zukunftspläne, Selbstzweifel und Hoffnungen werden mit diesem Vokabular formuliert, das Rorty das »abschließende Vokabular« einer Person nennt. Die Ironie beginnt dort, wo eine Person »radikale und unaufhörliche Zweifel an dem abschließenden Vokabular« hegt, das sie gerade benutzt. Dieser Zweifel ergibt sich daraus, dass sie in ihrer Lebensgeschichte schon durch andere Vokabulare beeindruckt war – sie hat also schon die große Loslösung hinter sich, von der Nietzsche sprach. Ebenso geht der Zweifel daraus hervor, dass sie nicht glaubt, »ihr Vokabular sei der Realität näher als andere oder habe Kontakt zu einer Macht außerhalb ihrer selbst« – zum Unbedingten haben wir keinen Zugang, eine vollständige Darstellung von Sachverhalten ist nicht möglich, wie Schlegel erklärt hatte. Solche Menschen vertreten zwar Überzeugungen, und Rorty plädiert für eine Verbindung von Ironie, moralisch-ästhetischer Sensibilität, Gewaltverzicht und Solidarität, aber sie gelangen nie in einen Zustand, wo ihre Überzeugungen unabhängig vom zeitlichen Wandel und der Perspektivität jeder Erkenntnis werden. Immer wissen sie, dass die Begriffe, mit denen sie sich selbst beschreiben, der Veränderung unterliegen. Immer behalten sie das Bewusstsein der Kontingenz und Hinfälligkeit ihrer Selbstbeschreibung.[23]

Das Heilige und das Komische. »Die Harzreise«

Es geht nun darum, dass Heine zu diesen Autoren und Denkern gehört, dass er um die Grenzen seines und jedes Sprechens weiß, dass sich bei ihm verschiedene Positionen aneinander reiben und er nicht ein einfaches Verlachen will, sondern das Vermeiden von Fixierungen, das Offenhalten von letzten Fragen. Unsere Behauptungen sind vorläufig, und große Dualismen wie Freiheit oder Eingebundenheit, Aufklärung oder Religion lassen sich nicht handstreichartig für eine Seite entscheiden. An verschiedenen Beispielen aus der Lyrik und Prosa kann dieser Charakter von Heines Ironie deutlich werden, so an einer Passage aus der »Harzreise«, in der sich der Ich-Erzähler mit mehreren anderen Personen auf dem Brocken befindet, um dort den Sonnenuntergang zu erleben:

Derweilen wir sprachen, begann es zu dämmern: die Luft wurde noch kälter, die Sonne neigte sich tiefer, und die Thurmplatte füllte sich mit Studenten, Handwerksburschen und einigen ehrsamen Bürgerleuten sammt deren Ehefrauen und Töchtern, die alle den Sonnenuntergang sehen wollten. Es ist ein erhabener Anblick, der die Seele zum Gebet stimmt. Wohl eine Viertelstunde standen Alle ernsthaft schweigend, und sahen, wie der schöne Feuerball im Westen allmählig versank; die Gesichter wurden vom Abendroth angestralt, die Hände falteten sich unwillkührlich; es war, als ständen wir, eine stille Gemeinde, im Schiffe eines Riesendoms, und der Priester erhöbe jetzt den Leib des Herrn, und von der Orgel herab ergösse sich Palestrinas ewiger Choral.

Während ich so in Andacht versunken stehe, höre ich, daß neben mir Jemand ausruft: »Wie ist die Natur doch im Allgemeinen so schön!«

Diese Worte kamen aus der gefühlvollen Brust meines Zimmergenossen, des jungen Kaufmanns. Ich gelangte dadurch wieder zu meiner Werkeltagsstimmung, war jetzt im Stande, den Damen über den Sonnenuntergang recht viel Artiges zu sagen, und sie ruhig, als wäre nichts passirt, nach ihrem Zimmer zu führen. Sie erlaubten mir auch, sie noch eine Stunde zu unterhalten. Wie die Erde selbst drehte sich unsre Unterhaltung um die Sonne. Die Mutter äußerte: die in Nebel versinkende Sonne habe ausgesehen wie eine glühende Rose, die der galante Himmel herab geworfen in den weitausgebreiteten, weißen Brautschleyer seiner geliebten Erde. Die Tochter lächelte und meinte, der öftere Anblick solcher Naturerscheinungen schwäche ihren Eindruck. Die Mutter berichtigte diese falsche Meinung durch eine Stelle aus Goethes Reisebriefen, und frug mich, ob ich den Werther gelesen? Ich glaube wir sprachen auch von Angorakatzen, etruskischen Vasen, türkischen Shawls, Makaroni und Lord Byron, aus dessen Gedichten die ältere Dame einige Sonnenuntergangsstellen, recht hübsch lispelnd und seufzend, rezitirte. Der jüngern Dame, die kein Englisch verstand, und jene Gedichte kennen lernen wollte, empfahl ich die Uebersetzungen meiner schönen, geistreichen Landsmäninnn, der Baroninn Elise von Hohenhausen; bey welcher Gelegenheit ich nicht ermangelte, wie ich gegen junge Damen zu thun pflege, über Byrons Gottlosigkeit, Lieblosigkeit, Trostlosigkeit, und der Himmel weiß, was noch mehr, zu eifern (DHA VI,119 f.).

Zunächst wird die Andacht beim Anblick des Sonnenuntergangs beschrieben, dann kommt es zu einer Äußerung (»Wie ist die Natur doch im Allgemeinen so schön!«), die dadurch, dass überhaupt geredet wird, und durch ihre besondere Unangemessenheit diese Stimmung beendet. Damit liegt die für Ironie kennzeichnende Doppelung von Position und Gegenposition, Rede und Dementi der Rede vor. Die Ironie tritt dabei durchaus überraschend auf, denn auch das erlebende Ich steht »in Andacht versunken« auf dem Berg, und die meisten Leser werden sich in die Atmosphäre des Sonnenuntergangs hineinversetzt haben. Sie ist sprachlich sehr konzentriert gestaltet und enthält ein Element des Pathetischen, wenn sich die Hände »unwillkührlich« falten, die Zuschauer von dem Eindruck ergriffen werden, der entsprechend mit dem Vokabular der Offenbarungsreligion verbunden ist. Man wird deshalb fragen müssen, warum überhaupt Ironie eingesetzt wird, warum der Erzähler, der sich auch anders hätte entscheiden können, zu diesem Mittel greift. Aus dem Zusammenhang des Textes lassen sich mehrere Gründe nennen.

Deutlich wird, dass man es auf dem Brocken schon mit einer Frühform des Tourismus zu tun hat.[24] Es gibt eine Turmplatte, und es gibt ein größeres Publikum, das sich speziell für den Sonnenuntergang dort versammelt hat. Der Brocken ist Ort von Familienausflügen, und Menschen, die als »Bürgerleute« sonst nicht in einem Naturraum leben, gönnen sich hier einen wunderbaren Eindruck. Diese Situation und das Wissen um den Stand der Zivilisation, das der Ich-Erzähler nicht ausblenden kann, stehen in einem Spannungsverhältnis mit der religiösen Erfahrung. Denn das Gefühl, mit einer außenstehenden Macht konfrontiert, Teil eines übersubjektiven Zusammenhangs zu sein, aus der Natur Sinn zu ziehen, sollte spontan und ungeplant entstehen, aber nicht herbeigeführt, organisiert und in Gegenwart zu vieler Menschen.

Weiterhin besteht ein Kitsch-Problem. Aus eigener Erfahrung weiß man, dass Sonnenuntergänge in bestimmten Landschaftstypen zwar einen hohen Reiz besitzen, dass beim Betrachten, vor allem, wenn es nicht allein geschieht, aber auch eine schwierige Atmosphäre entstehen kann. Die Bezeichnung der Sonne als »schöner Feuerball« und die Formulierung: »die Gesichter wurden vom Abendroth angestralt«, könnte mancher Leser schon als problematisch empfinden. Zwar ist der Begriff ›Kitsch‹ schwer zu definieren, doch kann man im Zusammenhang dieses konkreten Textes zu einer Bestimmung kommen. Denn man sieht, dass schon im frühen 19. Jahrhundert die Vorstellung einer besonderen Situation, die der Sonnenuntergang herbeiführt, so oft und in so vielen verschiedenen Künsten und Medien thematisiert worden ist, dass sie zum Klischee zu werden droht. Diese Naturerscheinung wird, jedenfalls von ästhetisch sozialisierten Menschen, nicht mehr naiv erlebt, sondern ist mit Bildern, Formulierungen, Ideen von Sonnenuntergängen verbunden, die eine direkte Wahrnehmung verstellen. Sonnenuntergänge sind schon zu dieser Zeit etwas abgegriffen. Heine stellt diesen Zustand dar, indem er an die Naturszenerie einen vom Umfang her deutlich größeren Sonnenuntergangs-Diskurs anschließt. Verschiedene Darstellungen werden aufgerufen, und angeblich individuelle Eindrücke werden in ihrer Artifizialität als Zitate aus der literarischen Tradition kenntlich. Diese Texte überlagern die Außenwelt, was in komischer Form dort deutlich wird, wo die Mutter eine Behauptung der Tochter über Naturerscheinungen mit einem Verweis auf Goethes Reisebriefe, also auf literarische Texte, für »falsch« erklärt.

Schließlich lässt sich ein weiterer Grund für die Ironisierung der Szenerie nennen. Er besteht in der Schwierigkeit einer angemessenen sprachlichen Darstellung der Wirkung des Sonnenuntergangs auf die Betrachter, und besonders gilt dies für die Formulierung der religiösen Erfahrung. Der Ich-Erzähler greift dazu konzentriert auf christliche Vorstellungen und christliches Sprachmaterial zurück, spricht von gefalteten Händen, einer »Gemeinde«, einem »Riesendom«, dem »Priester«, dem »Leib des Herrn«, der »Orgel« und »Palestrinas ewigem Choral«. Problematisch ist diese Sprachverwendung deshalb, weil kein christlicher Gottesdienst beschrieben wird. Offensichtlich handelt es sich doch um eine religiöse Erfahrung, die aus der Natur hervorgeht und die man mit den sensualistischen Anteilen in Heines Denken erklären muss. Diese Gemeinde ist im Anblick einer Naturerscheinung verbunden: Die Gesichter sind rot angestrahlt, die Hände falten sich. Offensichtlich erfahren die Menschen mit diesem Eindruck etwas, das für sie Bedeutung besitzt, beziehen Sinn aus der Natur. Aber es fehlt das entsprechende Vokabular, um diese nicht mehr christliche Religion auszudrücken. Die gewählten Worte sind nicht wirklich passend, nur ein Notbehelf, weil für die Religion, die der Erzähler vermitteln möchte, keine eigene, keine passende Sprache vorhanden ist.[25]

Wichtig ist aber die abschließende Feststellung, dass mit diesen Ironisierungen die Erfahrung beim Sonnenuntergang und die damit verbundene religiöse Dimension nicht im einfachen Sinn negiert oder zerstört werden. Die kurzzeitige Andacht war nicht falsch, so wie man bestimmt nicht sagen würde, dass die Äußerung des jungen Kaufmanns und das anschließend geführte Gespräch über Sonnenuntergänge richtig und wahr wären. Der Leser vergisst auch durch die ungeschickte Äußerung nicht das vorher Gesagte und wünscht sich wahrscheinlich, dass der Kaufmann geschwiegen hätte. Beide Positionen des Textes, die stille Betrachtung und die »Werkeltagsstimmung«, reiben sich aneinander, stellen sich gegenseitig in Frage, relativieren sich. Es ist in der Moderne nicht mehr ohne weiteres möglich, einen Sonnenuntergang direkt und unverstellt zu erleben, aus der Natur Bedeutung zu gewinnen, sich mit anderen Menschen darin verbunden zu fühlen – aber es besteht wohl das Verlangen danach, und die Belanglosigkeit und Gleichgültigkeit des anschließenden Geplauders erscheinen demgegenüber als Defizit. Mir scheint, dass Heine in dieser Passage auch die Situation vieler gegenwärtiger Menschen formuliert hat, denn auch heute gibt es derartige kurze, ebenso intensive wie unbestimmte Erfahrungen von Bedeutung und Einheit, die aber mit ganz entgegengesetzten Alltagserfahrungen zusammen existieren, die nicht dauerhaft die Lebensgestaltung bestimmen, wieder verschwinden, vom Gerede abgelöst werden, aber deshalb nicht grundsätzlich zu dementieren sind. Beides ist also vorhanden, Pathos und Witz, nichts herrscht absolut, und diese Koexistenz verschiedener Weltzuwendungen und Gefühle lässt sich mit dem Mittel der Ironie ausdrücken.[26]

Deutschland und der Westen. »Anno 1839«

Gibt es diese doppelseitige Ironie auch in Heines politischem Werk? Es scheint, als ob die Ironie in diesem Bereich, wo Entscheidungen zwischen Alternativen gefordert sind, in satirischer Funktion eingesetzt wird, um einen Gegner zu treffen, der sich mit dem Oberbegriff der Restauration kennzeichnen lässt. Prominentestes Beispiel ist das »Wintermährchen«, wo die Spottlust sehr gezielt Objekte wie etwa die Institutionen des preußischen Staates trifft. Allerdings enthält auch das »Wintermährchen« einige abgründige Partien, so vor allem den in Köln angesiedelten Traum von einem »schwarzen, vermummten Begleiter«, der die Feindschaften des Erzählers blutig vollstreckt, bis diesem selbst »Blutströme« aus der Brust schießen (DHA IV, 105–109, Caput VII). Das Programm des Textes wird durch einen derartigen Einschub mit einem erheblichen, nicht leicht zu deutenden Widerspruch versehen. Gleichwohl ist offenkundig, dass Heine bestimmte zivilisatorische Normen entschieden vertreten hat. Vor allem die individuellen Freiheitsrechte hat er als nicht zurücknehmbar, eben als wirkliche Grundrechte, angesehen. Aber dort, wo es nicht um aktuelle Stellungnahmen gegen Freiheitsbeschränkungen ging, sondern um grundsätzliche Fragen der Konstitution einer Gesellschaft, lässt er wieder die verschiedenen Positionen ironisch aufeinanderprallen. Dies geschieht etwa, wenn er sich um Gewinne und Verluste des Modernisierungsprozesses Gedanken macht. So stellt er in dem Gedicht »Anno 1839« Frankreich als Land des zivilisatorischen Fortschritts dem noch in der Vormoderne verhafteten Deutschland gegenüber:

> O, Deutschland, meine ferne Liebe,
> Gedenk' ich deiner, wein' ich fast!
> Das muntre Frankreich scheint mir trübe,
> Das leichte Volk wird mir zur Last.
>
> Nur der Verstand, so kalt und trocken,
> Herrscht in dem witzigen Paris –
> O, Narrheitsglöcklein, Glaubensglocken,
> Wie klingelt Ihr daheim so süß!
>
> Höfliche Männer! Doch verdrossen
> Geb' ich den art'gen Gruß zurück. –
> Die Grobheit, die ich einst genossen
> Im Vaterland, das war mein Glück!
>
> Lächelnde Weiber! Plappern immer,
> Wie Mühlenräder stets bewegt!
> Da lob ich Deutschlands Frauenzimmer,
> Das schweigend sich zu Bette legt.
>
> Und alles dreht sich hier im Kreise,
> Mit Ungestüm, wie 'n toller Traum!
> Bey uns bleibt alles hübsch im Gleise,
> Wie angenagelt, rührt sich kaum.

> Mir ist, als hört' ich fern erklingen
> Nachtwächterhörner, sanft und traut,
> Nachtwächterlieder hör' ich singen,
> Dazwischen Nachtigallenlaut.
>
> Dem Dichter war so wohl daheime,
> In Schildas theurem Eichenhain!
> Dort wob ich meine zarten Reime
> Aus Veilchenduft und Mondenschein. (DHA II, 80f.)

Das Gedicht ist bis in seinen Aufbau vom Gegensatz der beiden Länder bestimmt. Deutschland wird in der ersten Strophe als »ferne Liebe« angesprochen, Frankreich dagegen fällt dem Sprecher, der sich dort aufhält, »zur Last«. Das ist überraschend, denn schließlich hatte Heine die politischen Zustände im Deutschland des frühen 19. Jahrhunderts immer wieder kritisiert und Frankreich als gesellschaftlich fortgeschrittene Nation gelobt. In den folgenden Strophen wird der Gegensatz entfaltet, wobei jeweils die ersten beiden Verse der Charakterisierung Frankreichs, die dritte und vierte Zeile Deutschland gelten. So wird Frankreich als Land des Verstandes und des Witzes verstanden, Deutschland als Land des Glaubens. Frankreich hat die Aufklärung, jene kritisch-analytische Denkweise hervorgebracht, die das gedankliche Substrat und die Institutionen des Glaubens geschwächt hat, die im weniger säkularisierten Deutschland noch gesellschaftsprägende Bedeutung besitzen. Dass der Verstand »kalt und trocken« ist, weil er dem Leben keinen Sinn jenseits praktischer Ziel- und Zwecksetzungen geben kann, dass er ein Volk »leicht« macht, weil ihm unbezweifelbare Wahrheiten fehlen, hatten schon die Romantiker der Aufklärung vorgeworfen. Diese Bewertung der beiden Länder wird aber unterlaufen, wenn die deutschen Glaubensglocken auch als »Narrheitsglöcklein« bezeichnet werden, die nicht schlagen, sondern »klingeln«. Der Sprecher signalisiert damit, dass der Glaube auf einer Ausschaltung der Vernunft beruht. So hängt Heine an deutschen Zuständen, von denen er gleichzeitig weiß, dass sie mit Einschränkungen des Denkens einhergehen. Das Wissen der Zeit und die Werkzeuge der Kritik müssen den Zustand glücklicher Realitätsverschleierung beenden.[27]

Diese Tendenz setzt sich in den folgenden Strophen fort: Frankreich ist gesellschaftlich verfeinert, besitzt die besseren Verkehrsformen zwischen den Menschen, die deutsche »Grobheit« aber wird gelobt: als Ursprünglichkeit, wo man das Verhalten nicht an Konventionen ausrichtet, in erfundene Formen presst; auch dies ist ein bekanntes Nationen-Stereotyp. Wieder aber ist das Lob Deutschlands gebrochen, denn dass die Grobheit »genossen« werden kann, ist nicht ganz glaubhaft. In der vierten Strophe werden die deutschen und französischen Frauen gegenübergestellt, wobei in witzigen Beschreibungen eine historische Situation durchscheint. In Frankreich ist die Frauen-Emanzipation schon weiter vorangeschritten. Die Frauen äußern sich frei, besitzen offenbar größere Entfaltungsmöglichkeiten, sind »stets bewegt«. Die Geschlechterrolle verbietet es nicht, sich offen anderen Menschen zu nähern, sie anzulächeln. Diese Entwicklung wird aber missmutig zur Kenntnis genommen, und gelobt wird das »deutsche Frauenzimmer«, das schweigt und sich zu Bett legt, statt sich auf der Straße herumzutreiben. Natürlich ist im Lob wieder ironische Distanz enthalten, schon im wenig erotischen Begriff des »Frauenzimmers«, dann in der Behauptung, dass die deutsche Frau schlechthin sich schweigend zu Bett lege, und schließlich in der Bewertung dieser Handlung als Tugend.

Ebenfalls auf einen unterschiedlichen historischen Entwicklungsstand wird angespielt, wenn es heißt, dass alles sich in Frankreich »mit Ungestüm« bewege. In der Moderne verlieren Größen an Bedeutung, die den Menschen binden könnten: ständisch-familiäre Vorgaben, räumliche Stabilität, ein verbindlicher Glaube, kulturelle Traditionen. Die Folge ist, dass ein Gefühl des Wirklichkeitsverlusts eintritt, das Leben als »toller Traum« wahrgenommen wird, wie es aus Phasen mit hoher gesellschaftlicher Veränderungsgeschwindigkeit immer wieder bezeugt ist. In Deutschland dagegen verläuft die gesellschaftliche Interaktion kontrolliert, »im Gleise«, existieren noch verbindliche Überlieferungen, Institutionen, allgemein geglaubte Wahrheiten, die steuernd wirken. Die Ambivalenz steckt im Wort »angenagelt«, das zeigt, dass die größere Stabilität mit Freiheitseinschränkungen und auch mit Gewalt einhergeht. Insgesamt wird also in diesen Strophen die fortgeschrittene Modernisierung in Frankreich beklagt; das Lob des noch mit vormodernen Beständen versehenen Deutschland ist aber mit Spott verbunden. Der Autor steht zwischen beiden Bewertungen[28], weiß aus eigenem Erleben um die Vorzüge der Moderne, aber spricht auch von den Verlusten, die sie mit sich bringt, und mit dieser Zwischenstellung geht er ironisch um, erhebt sich über beide Seiten, wie es bei Schlegel hieß, verzichtet auf ein abschließendes Vokabular, wie Rorty es nennt.

Die beiden letzten Strophen wenden sich ganz Deutschland zu. Das artikulierte Ich erklärt, dass seine Identität als Dichter in Deutschland wurzelt. Topisch genannt werden »Nachtigallenlaut«, »Veilchenduft« und »Mondenschein«, die schon damals für romantische Dichtung standen. Erwähnt werden auch wieder die Rückständigkeit Deutschlands und die Restriktionen, die man im Motiv der »Nachtwächterhörner« und »Nachtwächterlieder« findet. Das Motiv des Nachtwächters steht in der Literatur des Vormärz für die kleinteiligen Verhältnisse in Deutschland und für die soziale Kontrolle, die ausgeübt wird. Aber Heine ist eben als Autor in Deutschland und in der Romantik sozialisiert worden.[29] Auch wenn er Distanz zur Romantik entwickelt, vor allem ihre Geringschätzung individueller Freiheitsrechte kritisiert hat, so hat er doch seine Leitvorstellungen und seine literarischen Formen aus ihr gezogen. Eindrucksvoll dargestellt ist diese Situation im Gedicht »Nun ist es Zeit, daß ich mit Verstand«, in dem geschildert wird, wie ein Mensch mit den Kostümen der Romantik ein Spiel treibt, bis er am Ende merkt, dass dieses Spiel ganz Ernst war:

> Ach Gott! im Scherz und unbewußt
> Sprach ich was ich gefühlet;
> Ich hab' mit dem Tod in der eignen Brust
> Den sterbenden Fechter gespielet. (DHA I, 259)[30]

Auch dort bleibt die Uneindeutigkeit und Zwischenstellung eines Autors bestehen, der an den vormodernen Zuständen Deutschlands leidet und an ihnen hängt, der weiß, dass seine Literatur aus diesen Zuständen hervorgegangen und enger an sie gebunden ist, als ihm lieb ist. Gleichzeitig aber kritisiert, parodiert und bekämpft er die politische Situation in diesem Land.

Im Gedicht »Anno 1839« kann man also sehr gut erkennen, wie die Ironie verwendet wird, um Widersprüche, die im Geschichtsverlauf auftreten und die der einzelne Mensch in sich austrägt, zu thematisieren, um dann mit diesen Widersprüchen heiter und auch distanziert umzugehen. Es gibt eben, so signalisiert die ironische Rede, nicht *die* Realität der Gesellschaft, sondern verschiedene Geltungsansprüche, Lebensformen und Denkweisen, und der Sprecher solcher Gedichte ist ein Geist, der »eine Mehrheit von Geistern« in sich enthält, wie Friedrich Schlegel es ausdrückte. Er glaubt an die Freiheit der Moderne, trauert dem alten Europa nach und scherzt über diese Trauer; er spricht mehrere Sprachen, sein Selbstbild ist in Bewegung. Einen Gipfelpunkt erreicht die Ironie in Heines Spätwerk, weil sie sich hier an den letzten und ernstesten Gegenständen abarbeitet, am Leiden, am Tod, an der Frage nach einem Weiterleben nach dem Tod. Es gibt hier Texte, die beim Leser ein Schwindelgefühl erzeugen, weil der Autor jeden Standpunkt, den er einnimmt, umgehend wieder verlässt, weil man nicht weiß, was man ihm glauben soll, so wie er nicht weiß, was er glauben soll.

Seehunde im Himmel. Heines Religion

Ein Beispiel dafür stellt das Nachwort zur Gedichtsammlung »Romanzero« (1851) dar, in dem Pathos und Witz untrennbar miteinander verbunden sind.[31] Die Bewegung des Textes verläuft mäandrierend: Eine gedankliche Linie ist zu erkennen, aber die behandelten Gegenstände liegen weit auseinander. Ausgangspunkt ist die Situation des alten, leidenden Menschen, und thematisiert wird die Rückwendung zum Glauben. Sie geht aus einer Kritik des lange Zeit vertretenen Pantheismus hervor und führt zur Hoffnung auf ein Leben nach dem Tod. Dabei kommt es zu einem klaren Bekenntnis, das aber von scheinbar ganz unpassenden Scherzen, ja von Spott über die gesamte Wendung zum Glauben unterlaufen wird. Die Relativierung beginnt schon damit, dass der Sprecher die Situation, aus der heraus er seine neuen Überzeugungen formuliert, wiederholt benennt und damit den Verdacht wach hält, dass es sich insgesamt um eine Kompensation seiner bedrängenden Lage handeln könnte. So bezeichnet er sich am Anfang als »spiritualistisches Skelett«, an dem früher einmal »Fleisch und Heidenthum« gewesen sei (DHA III, 177). Er spricht dann von seinem langsamen Sterben und erklärt, im Angesicht des Todes Scherze zu bereuen, die er einst mit seinen Gegnern, hier vor allem mit Hans Ferdinand Maßmann, getrieben habe. Wenn er damit sein Gewissen erleichtern will, so passt dies zunächst zur Sprechsituation. Doch treibt er in seiner Rede über die Schäden, die er mit seinem Spott angerichtet habe, die Scherze über Maßmann immer noch weiter, fügt neue Episoden aus dessen Leben hinzu, die ihn als komische Figur erscheinen lassen und den Leser amüsieren (DHA III, 178). Damit dementiert der Sprecher die Reue, die er äußert, gleichzeitig und signalisiert: Ich bin auch immer noch der Alte.

Heine erklärt im Folgenden, dass ihm die Wendung zum Glauben die Kritik seiner früheren, aufgeklärten Freunde eingebracht habe. Wenn er von dem »Clerus des Atheismus« und den »Pfaffen des Unglaubens« spricht, die ihr »Anathema« über ihn ausgesprochen hätten, dann weist er auf verwandte Strukturen in der Kirche und bei Religionskritikern hin, auf Unfreiheit und gedankliche Enge in einem scheinbar liberalen Milieu, das auf Abweichungen von seiner Position mit Ausschlussmechanismen reagiert (DHA III, 179). Er schildert seine intellektuelle Entwicklung: wie er zuerst bei den »Hegelianern die Schweine gehütet« habe, wie den verlorenen Sohn »Heimweh« ergriffen habe, er über die Pfade der Dialektik zum Gott des Pantheismus gelangt sei. Dieser Gott aber erwies sich als ohnmächtig, weil er zu sehr mit der Welt verwoben war, während Hilfe für den einzelnen Menschen nur von einem personalen Gott ausgehen kann. Damit wird ein in der Tat gewichtiges Argument gegen den Pantheismus vorgebracht, der einer Bejahung von Lebensprozessen dienen, aber nur schwer Stabilität im Zustand von Schwäche und Leid vermitteln kann. Dem Pantheismus fehlt die Transzendenz, er kennt keine Trennung von Sein und Sollen, keinen Bereich, der nicht den Naturgesetzen unterliegt. Heine spricht über die Attribute des personalen Gottes wie »Allgüte« und »Allgerechtigkeit«, um sodann den ironischen Absturz folgen zu lassen: Denn wer an diesen Gott glaubt, dem wird die Unsterblichkeit wie ein »Markknochen« mitgegeben, den ein Fleischer seinen Kunden »unentgeltlich« zu ihrem Kauf in den Einkaufskorb legt. Schien bis dahin in der Entwicklung des Erzählers alles auf das Ziel des wieder gefundenen Glaubens hinauszulaufen, so wird ausgerechnet beim Thema der Unsterblichkeit die gesamte Teleologie durch den Bruch der Stilebene, den Sturz der Tonhöhe wieder in Frage gestellt.

Derartige Perspektivwechsel, mit denen der Sprecher plötzlich ein anderes Licht auf sich selbst und seine Entwicklung fallen lässt, findet man auch im Fortgang der

Lebensgeschichte. Als Ereignis, das die tatsächliche Lebenswende herbeiführte, wird ein Besuch im Louvre genannt, wo der kranke und schwache Dichter noch einmal die Venus von Milo, die Liebes-Göttin aus den Zeiten seines Glücks, besucht. Vor ihr liegt er auf dem Boden und weint. Die Göttin sieht mitleidig auf ihn herab, aber sie hilft ihm nicht und scheint sagen zu wollen: »siehst du denn nicht, daß ich keine Arme habe und also nicht helfen kann?« Diese Szene stellt den stärksten Gefühlsausdruck in der Lebenserzählung dar, auf den aber umgehend die Einschränkung folgt. Nun weist der Erzähler auf die Gefahr des Selbstmitleids und der Wehleidigkeit hin: »Ich breche hier ab, denn ich gerathe in einen larmoyanten Ton, der vielleicht überhandnehmen kann, wenn ich bedenke, daß ich jetzt auch von dir, theurer Leser, Abschied nehmen soll« (DHA III, 181).

Der letzte Teil dieses Bekenntnis-Textes behandelt das Thema eines Lebens nach dem Tod. Heine geht auf die Berichte des so genannten Geistersehers Emanuel Swedenborg ein, referiert auch sie gleichzeitig ernst und scherzend. So spricht er über das Leben berühmter Persönlichkeiten im Jenseits und erklärt, dass sich einige von ihnen gar nicht verändert hätten wie etwa Martin Luther, der seit dreihundert Jahren seine »verschimmelten Argumente« zur Gnadenlehre wiederhole, während andere einen gänzlichen Wandel vollzogen hätten wie etwa der Heilige Antonius, dem sein Ruhm auf Erden zu Kopf gestiegen sei und der sich im Himmel als »impertinenter Schlingel und liederlicher Galgenstrick« aufführe. Trotz des Spotts über die Jenseitsschau nimmt Heine Swedenborgs Intention aber ernst, denn er sieht in seinen Berichten die Idee der »Einheit und Untheilbarkeit unserer Existenz« wirken (DHA III, 182). Die Individualität des Menschen ist so stark, dass ein Erlöschen der jeweiligen Besonderheit auch nach dem Tod nicht vorstellbar ist. Das Ende des Nachworts führt in besonderer Konzentration vor, wie sich Setzung und Dementi ablösen:

> In der anderen Welt des Swedenborg werden sich auch die armen Grönländer behaglich fühlen, die einst, als die dänischen Missionäre sie bekehren wollten, an diese die Frage richteten: ob es im christlichen Himmel auch Seehunde gäbe? Auf die verneinende Antwort erwiederten sie betrübt: der christliche Himmel passe alsdann nicht für Grönländer, die nicht ohne Seehunde existiren könnten. Wie sträubt sich unsere Seele gegen den Gedanken des Aufhörens unserer Persönlichkeit, der ewigen Vernichtung! Der *horror vacui*, den man der Natur zuschreibt, ist vielmehr dem menschlichen Gemüthe angeboren. Sey getrost, theurer Leser, es giebt eine Fortdauer nach dem Tode, und in der anderen Welt werden wir auch unsere Seehunde wiederfinden.
> Und nun, lebe wohl, und wenn ich Dir etwas schuldig bin, so schicke mir deine Rechnung. – Geschrieben zu Paris, den 30. September 1851   Heinrich Heine

Direkt an den Scherz der Seehund-Anekdote schließt sich der Ausruf des dem Tode Entgegensehenden an, der seine Angst ausdrückt. Der Leser wird angesprochen und auf ein Leben nach dem Tod verwiesen, aber diese Hoffnung wird durch die Wiederaufnahme des Seehund-Motivs relativiert. Gleichzeitig verliert dieses Motiv im Kontext der Überlegungen zur Unsterblichkeit der Individualität seinen rein scherzhaften Charakter, denn die Seehunde stehen für die Eigenheiten der vielen verschiedenen Menschen. Die ›Seehunde‹, das sind Vorlieben, kulturelle Prägungen, gewachsene Bindungen, die eine Person ausmachen, um die sie nicht zu reduzieren ist. Daraus geht die Differenz der Menschen hervor, die für Heine immer wertvoll war. Es folgt der Abschiedsgruß an den Leser, aber auch hier wird das Pathos aufgefangen, wenn auf mögliche Rechnungen hingewiesen wird, die noch zu verschicken sind. Wichtig ist die Unterschrift, denn damit bürgt eine konkrete Person, die in Raum und Zeit angesiedelt ist, für das gedankliche Konglomerat dieses Textes, für seine Widersprüche, das Ineinander von Emphase und Witz. Dies ist kein intellektuelles Spiel, sondern Ausdruck jener Unsicherheiten, jener vielen Ansichten, die in diesem Menschen vorhanden sind.

Kontinuität der Ironie

Es ist deutlich geworden, dass sich in Heines Werk eine Ironie findet, die aus dem Aufeinandertreffen verschiedener Perspektiven hervorgeht. Heine weiß um die Grenzen jeder Weltbeschreibung, um die Vielzahl der Geltungsansprüche in der Moderne und bezieht sich selbst in die Relativität mit ein: Auch der eigene Standpunkt zieht Begrenzungen nach sich, auch die eigenen Konzepte sind vorläufig, das Selbst ist kontingent und hinfällig. Wenn man an Texten wie den oben analysierten gesehen hat, dass es Heine weniger um ein zweckgebundenes und zielgerichtetes Verlachen und stattdessen um ein Widerspiel verschiedener Positionen, ein Vermeiden von Fixierungen geht, dann wird man auch scheinbar einfache Stücke neu lesen. Dies gilt für das erwähnte Gedicht »Das Fräulein stand am Meere«, in dem ohne Zweifel das vom Sonnenuntergang gerührte Fräulein ironisiert wird. Aber steht derjenige, der sie in ihren Gefühlen stört, sie in der Abendstimmung zur Munterkeit auffordert und den Hinweis auf die Wiederkehr von Sonnenaufgang und Untergang anbringt, eigentlich besser da? Ist das nicht ein ziemlich empfindungsloser, in seiner Wahrnehmung eingeschränkter Empirist, und ist nicht die ganze Szenerie, die das Textsubjekt und der Leser von außen betrachten, absurd? Ein Mensch versinkt im Kitsch und ein anderer gibt ihm unpassende Ratschläge, und beide haben Recht. Sie leben in verschiedenen Welten, und ihre Interaktion ist sinnlos, ein Spiel vor dem Hintergrund der Natur, der es gleichgültig ist, ob jemand seufzt oder jemand den Sonnenuntergang mechanistisch erklären möchte. Beides ist nicht wahr, aber beides kommt vor, und der Autor zerreibt es mit Ironie.

Man kann die Ironie als jene Größe ansehen, die Heines Werk Einheit gibt.[32] Denn sie ist seit dem frühen »Buch der Lieder« präsent. Schon dort wirkt sie als

Selbstparodie, wenn der romantische Jüngling eine »Liebe im Herzen« hat, die nie aufhört, dem zeitlichen Wandel widersteht. Aber wenn er sich vorstellt, wie er die Angebetete wieder sehen, wie er vor ihr auf die Knie sinken wird, dann fällt ihm der Ausruf ein: »Madame, ich liebe Sie!« – und damit ist die Geliebte wieder in die Ferne gerückt (DHA I, 135). Und Heine hat die Ironie im Gegensatz zu seinen romantischen Vorgängern ein Leben lang durchgehalten. Dort, wo er einen festen Punkt im Glauben suchte, behandelte er auch dieses Verlangen, anders als Friedrich Schlegel, ironisch. Ja, man kann sagen, dass Heine auch noch ironisch gestorben ist. Denn auch die Situation des eigenen Ablebens behandelt er mit Witz. Das geschieht manchmal in grob-scherzender Form, wenn im Gedicht »Leib und Seele« (DHA III, 187) die bevorstehende Trennung dieser beiden Teile des Menschen erörtert wird. Dabei klagt die Seele darüber, dass sie den Leib nicht verlieren möchte, dass ihr vor der Nacktheit im Himmel graut, während der Leib, der den spirituellen Part einnimmt, Trost spendet. Er erklärt ihr sein nahes Ende und malt ihr den Aufstieg in den Himmel aus:

> Vielleicht auch amüsirt man sich
> Im Himmel besser als du meinst.
> Siehst du den großen Bären einst
> (Nicht Meyer-Bär) im Sternensaal,
> Grüß ihn von mir vieltausendmal!

An einem Gipfelpunkt eines Gedichts, wo über den eigenen Tod gesprochen wird, in einem eingeklammerten Seitenhieb die Fehde mit dem Komponisten Meyerbeer fortzuführen, ein kalauerndes Sprachspiel einzusetzen: Das ist in der Härte des Kontrastes schwer zu überbieten und fordert auch geübte Heine-Leser heraus. Aber die Ironie dient auch dem Ausdruck von Trauer. Eindrucksvoll geschieht dies, wenn sich Heine ausmalt, wie seine Frau eines Tages sein Grab besuchen wird (DHA III, 114). Wenn er sich, der sozusagen aus dem Himmel herabblickt, ihr in Fürsorge zuwendet und vorschlägt, dass sie wegen ihres Übergewichts für den Rückweg vom Friedhof doch einen Fiaker nehmen solle, dann sieht man noch einmal, dass die Ironie nicht destruktiv ist, sondern dem Ausdruck von Gefühlen in einer Zeit dient, wo manches besser indirekt zu sagen ist.

Anmerkungen

Eine andere Fassung des Aufsatzes in: Die Sprache des Witzes. Heinrich Heine und Robert Gernhardt. Hrsg. v. Burkhard Moenninghoff. Iserlohn 2006, S. 11–31.

1 Manfred Frank: Einführung in die frühromantische Ästhetik. Frankfurt a. M. 1989, S. 341 ff., bes. S. 348.

2 Wolfgang Preisendanz: Ironie bei Heine. – In: Albert Schaefer (Hrsg.): Ironie und Dichtung. München 1970, S. 85–112. Wenn Preisendanz davon spricht, dass sich »Idealität nur ironisch reali-

sieren und Realität nur ironisch idealisieren« lasse, dann handelt es sich dabei um den Kerngedanken der Frühromantik.

[3] Friedrich Schlegel: Kritische Ausgabe (KA). Hrsg. von Ernst Behler unter Mitwirkung von Jean-Jacques Anstett, Hans Eichner u. a. Paderborn u. a. 1958rsff., Bd. II, S. 160 (Lyceum 108).

[4] Friedrich Nietzsche: Sämtliche Werke. Kritische Studienausgabe in 15 Bänden (KSA). Hg. von Giorgio Colli und Mazzino Montinari. München 1999, Bd. II, S. 18.

[5] Richard Rorty: Kontingenz, Ironie und Solidarität. Frankfurt a. M. 1989, S. 128.

[6] Uwe Japp: Theorie der Ironie. 2. Aufl. Frankfurt a. M. 1999, S. 313.

[7] Dies beinhaltet nicht, dass die Begriffe Wirklichkeit und Wahrheit aufgegeben werden. Es geht um die Erkennbarkeit und Formulierbarkeit von beidem. Die Ironie geht also nicht mit dem Konstruktivismus einher. Vgl. zum Stand der erkenntnistheoretischen Debatte Marcus Willaschek: Realismus – die vermittelte Unmittelbarkeit unseres Zugangs zur Welt. – In: Merkur 59 (2005), S. 762–772.

[8] Schlegel [Anm. 3], KA II, S. 152 (Lyceum 42).

[9] Ebd.

[10] Ebd., S. 160 (Lyceum 108).

[11] Ebd., S. 172 (Athenäum 51).

[12] Ebd., S. 160 (Lyceum 108).

[13] Ebd., S. 251 (Athenäum 431).

[14] So Schlegel über Platon: »Er ist nie mit seinem Denken fertig geworden, immer beschäftigt, seine Ansichten zu berichtigen, zu ergänzen, zu vervollkommnen«; [Anm. 3], KA XII, S. 209.

[15] Ebd., S. 185 (Athenäum 221), S. 253 (Athenäum 441).

[16] Ebd., S. 255 (Athenäum 451).

[17] Das hat zuletzt Wolfgang Braungart betont: Ironie als urbane Kommunikations- und Lebensform. Über Cicero, Quintilian und Friedrich Schlegel. – In: Neue Beiträge zur Germanistik 3, Heft 5 (2004), S. 9–24.

[18] Nietzsche [Anm. 4] KSA I, S. 875.

[19] Ebd., S. 884.

[20] Ebd., KSA II, S. 44.

[21] Ebd., KSA III, S. 595 ff.

[22] Ebd., KSA II, S. 15 ff.

[23] Rorty [Anm. 5], S. 127 ff.

[24] Dazu Heinz-Dieter Weber: Heines Harzreise und der Tourismus. – In: Deutschunterricht 38 (1986), H. 1, S. 51–64.

[25] Man könnte hier weitere Überlegungen anstellen: einerseits zur Unbestimmtheit des gedanklichen Substrats pantheistischer Konzeptionen, andererseits zum generellen Problem der Formulierung einer ›neuen‹ Religion, denn um vermittelbar zu sein, muss diese auf in der Gesellschaft vorhandenes, kommunikativ erprobtes und bekanntes Vokabular zurückgreifen, und das ist im europäischen Kontext die Sprache der christlichen Tradition.

[26] Generell kann man von der »Harzreise« sagen, dass sie nicht mit einfachen Dichotomien zu fassen ist, sondern diese Dichotomien gerade unterläuft. So weist Gerhard Höhn darauf hin, dass man nicht von einem Gegensatz von ›unentfremdeter Natur‹ und ›Entfremdung in der Stadt‹ sprechen könne. Der Text eröffnet diesen Gegensatz zwar am Anfang, um ihn dann aber spielerisch zu dementieren; Höhn 2004, S. 195. Zur Struktur der »Harzreise«, ihrer kompositorischen Kontrastkomik Slobodan Grubačič: Heines Erzählprosa. Versuch einer Analyse. Stuttgart u. a. 1975, S. 9 ff.

27 Auch in der »Harzreise« werden Religions- und Vernunftkritik parallel betrieben. Bei einem abendlichen Blick aus dem Fenster auf den Mond wird die Vorstellung von einem Mann im Mond zitiert. Dann geht der Gedankengang über zur Idee von Unsterblichkeit und mit dem Begriff »Petri-Schlüssel« zur Institution Kirche. Schon durch diese Kontextbildung von Kinderglauben und Auferstehungshoffnung geschieht eine Relativierung christlicher Gehalte, um dann eine direkte Kritik der Unsterblichkeitshoffnung anzuschließen, wie sie seit der Aufklärung bekannt ist. Religion wird auf Bedürfnisse und Wunschvorstellungen des Menschen zurückgeführt, ist eine Projektion, die unter dem Druck von Bedingungen entsteht. Eine entsprechend deutliche Kritik erfährt aber auch jene Vernunft, die eben noch die Religion entlarvt hatte. Die Konzentration auf die Vernunft wird personifiziert in der Gestalt des Doktor Saul Ascher, der den Menschen auf seine logisch-begriffliche Tätigkeit reduziert. Die Personenbeschreibung zeigt, dass dies zu einer Verkümmerung des Menschen und zu neuen Zwängen führt: Der Doktor ist eingeschnürt in einen Leibrock, er ist starr und bewegungsunfähig, hat »abstrakte Beine« und ein »frierend kaltes Gesichte«. Mit der Kritik des Nicht-Fassbaren, des Nicht-Begreifbaren verschwindet auch, wie der Erzähler im Folgenden erläutert, alles, was dem Leben Bedeutung gibt, alles »Herrliche«. Mit der Religion geht die Ausrichtung auf eine Wirklichkeit jenseits der Empirie, der Logik und der Begriffe verloren. Damit aber wird das Leben wertlos, wie das Ende Saul Aschers zeigt: Weil der Doktor seinen Mitmenschen einreden wollte, sich nicht auf ihre unsicheren Gefühle einzulassen, erweckt nun auch sein eigener Tod keine Gefühle mehr (DHA VI, 101–105).

28 Zu Heines Situation in Frankreich und zu seiner Einschätzung der historischen Rolle der beiden Nationen vgl. Jeffrey L. Sammons: Heinrich Heine. Stuttgart 1991, S. 67 ff.

29 Die romantische Sozialisation Heines, die Übernahme und Weiterentwicklung von romantischen Normen sowie die ästhetischen Folgen sind dargestellt von Sandra Kerschbaumer: Heines moderne Romantik. Paderborn 2000.

30 S. dazu die Analyse ebd., S. 218 ff.

31 Die Sammlung als Ganze ist von komischen Elementen durchzogen (vgl. dazu Christian Liedtke: »… und es lachten selbst die Mumien«. Komik und grotesker Humor in Heines *Romanzero*. In: Heine-Jahrbuch 43 (2004), S. 12–30), das Prinzip von Rede und Gegenrede tritt aber im Nachwort am deutlichsten hervor.

32 Von vielen Zeitgenossen ist das so gesehen worden, wobei vor allem die Junghegelianer, durch Hegels Romantik-Kritik geschult, die Kontinuität von romantischer und heinescher Ironie herausstellten; dazu Karl Heinz Bohrer: Die Kritik der Romantik. Frankfurt a. M. 1989.

Mythos und Moderne bei Heinrich Heine

Von Sabine Bierwirth, Washington

Heinrich Heine, »romantique défroqué« (DHA XV, 13) und kritisch revolutionärer Geist, wurde schon zu Lebzeiten für sein mutiges demokratisches Engagement geachtet, gefürchtet wegen seiner scharfen Zunge, geschätzt für seinen poetischen Humor und seine Kunst des Mythisierens. Er war ein großer Kenner der Mythologie, besonders des antiken »Göttergesindel[s], das so lustig nackt die Welt regierte«.[1] Doch er rezipierte die traditionellen Mythen nicht nur, sondern belebte sie neu, indem er sie dichterisch außerordentlich produktiv umdeutete. Und er schuf eine moderne »neue Mythologie«[2], man denke nur an den Mythos der Stadt – etwa Paris –, der Nordsee, der Reise – nach Italien –, an die Mythen Napoleon, Barbarossa, Loreley, selbst Maßmanns Lateinkenntnisse gediehen zur Sage.[3] Darüber hinaus kultivierte Heine auf faszinierende Weise den Mythos seiner selbst, seiner Kindheit, seines Großonkels, dem »Morgenländer«, seiner Leiden, seines Dichtertums.

Konzentriert man sich auf die griechische und jüdische Geisteswelt, was hier geschehen soll, so erkennt man, dass Heine wie kaum ein anderer sein Schriftstellertum und damit sein Werk mit diesen Ursprüngen verband. Er bezog sich auf Figuren und Ereignisse der griechischen und jüdischen Geschichte und Mythologie, die sein Interesse und seine Faszination weckten. In bestimmten Phasen seines Lebens verstand er sich als Jude oder als Hellene und band daran philosophische, religiös-ethische, politische und ästhetische Überlegungen. Die jüdischen und griechischen Quellen stellte er in eine modernisierende Interpretation. Das bedeutet, dass er sie auf absoluten Gegenwartsbezug verpflichtete, ihnen einen aktuellen Gehalt gab, der seine künstlerischen Innovationen, seine literarische, politische und weltanschauliche Haltung zum Ausdruck brachte. Zugleich suchte Heine damit die dem mythologischen Bereich eigene Kraft, nämlich eine gemeinschaftsbildende und -bindende Kraft, für sein demokratisches Ziel einzubinden. Die Anverwandlung jüdischer und antiker Figuren und Mythen vollzog sich in witzig intellektueller und sensibler Art und Weise. Heine nutzte das Spannungsfeld zwischen der Vergangenheit/Mythologie und der Gegenwart, zwischen dem restaurativen und dem zugleich revolutionär aufbegehrenden Europa, um Einsichten in geschichtliche wie ideologische Hintergründe und in die menschliche Psyche zu erlangen. Diese äußerte er dann gezielt in Zeitkritik. Mit der Aktualisierung jüdischer und griechischer Figuren schuf sich Heine »sein eigenes Mythensystem[...], um die Probleme seiner Epoche literarisch gestaltend zu kommentieren«.[4] Mit ihm konnte er dem Leser komplexere Zusammenhänge verständlicher darstellen, womit er seinem populärwissenschaftlichen Anspruch, aufklären und unterhalten zu wollen, nachkam. Dabei half ihm das Exoterische des Mythos an sich, d. h. die durch dessen Metaphorik gegebene Anschaulichkeit sowie dessen prinzipielle Ungeschichtlichkeit und somit leichte Übertragbarkeit auf verschiedene Zeiten und Geschehnisse. Indem er Bekanntes in ein neues Licht rückte, alten Darstellern neue Rollen – und vice versa – zuwies, gab er seiner Zeit wichtige Denkanstöße und kritische Anregungen. Typisch für Heine ist, dass sich die Bedeutung der Figuren und der aktualisierten Mythologeme entsprechend seiner eigenen Entwicklung verändern kann, dass man sich also nicht auf einen festgelegten Gehalt verlassen darf. Er weicht nicht nur insofern vom traditionellen Prinzip des Mythos ab, als zeitgenössische Ereignisse und Personen, gerne Gegner, nun die Folie bilden, sondern auch, indem er keinen Anspruch auf Gültigkeit seiner Mythen erhebt, sie vielmehr situativ und nach persönlichem Ermessen gestaltet. Heines modernisierende Interpretation kennzeichnet ferner, dass er traditionell sakrale Motive und religiöse Personen säkularisierte, ja profanierte, denn häufig formulierte er sehr freizügig, in spöttischem, »flippigem Tone«, wobei er nach der Maxime verfuhr, »je wichtiger ein Gegenstand ist, desto lustiger muß man ihn behandeln« (DHA VII, 256).

Ein weiteres Merkmal der Anverwandlung griechischer und jüdischer Elemente ist durch den autobiografischen und poetologischen Charakter seines Werks bedingt. Heine abstrahierte seine eigenen seelischen Konflikte in mythologische und religiöse Gestalten, mit denen er sich z. T. identifizierte. Subjektive Leidenserfahrungen erscheinen zugleich individuell und repräsentativ, indem er sie etwa in der Figur des Märtyrers chiffriert, auf das Leiden der Menschheit projiziert und in dem so genannten ›Weltriss‹ objektiviert, der damals modischen Metapher für den politischen Zustand Europas. Heine vertieft seine Überlegungen zu der ›Zerrissenheit‹ der Zeit und ihrer Menschen, indem er sie durch eine Antinomie von Sensualismus vs. Spiritualismus bzw. Hellenismus vs. Nazarenertum zu erklären sucht.[5]

Diese Begriffe und die unterschiedliche Intensität seiner Verbundenheit mit dem Judentum seien hier für das Vorverständnis seiner jüdischen und griechischen Mythenwelt kurz erläutert: Heine fasst Judentum und Christentum unter dem Begriff Nazarenertum zusammen, wie er generell das Christentum im Judentum fundiert sieht.[6] Die beiden Kulturkräfte kennzeichnen die aktiven und reaktiven Zeitströmungen: Die aktiven umfasst das Hellenentum, es beinhaltet Schönheit, Vitalität und eine Sozialutopie, die Heine in seiner Zeit realisiert sehen möchte. Diese gewährt nicht nur politische Freiheit, sondern auch moralische und religiöse, strebt damit körperliche und geistige Emanzipation an und verspricht einen sozialen Eudämonismus, der in der Verbindung von revolutionären mit ästhetischen Elementen an das Selbstverständnis der Antike erinnert. Die damals ungeheuerliche politische Sprengkraft dieser Vorstellungen liegt auf der Hand. Nazarenertum hingegen unterdrückt laut Heine all diese positiven Eigenschaften und Errungenschaften, somit gilt ihm seine radikale religiöse und politische Zeitkritik. Geschichtlich rekonstruiert er den Kampf zwischen Nazarener- und Hellenentum als den zwischen »dem dürren Boden Judäas« und »dem blühenden Griechenland«, als den Konflikt »zwischen Jerusalem und Athen, zwischen dem heiligen Grab und der Wiege der Kunst, zwischen dem Leben im Geiste und dem Geist im Leben« (DHA X, 11). Sein psychologisches Modell des Nazareners mit »ascetischen, bildfeindlichen, vergeistungssüchtigen Trieben« exemplifiziert er an politischen Gegnern, so z. B. an dem Republikaner Ludwig Börne, während er das des Hellenen, des Individualisten »von lebensheiterem, entfaltungsstolzem und realistischem Wesen« bis zum definitiven Ausbruch seiner Krankheit 1848 für sich beansprucht (DHA XI, 19). In der Spätzeit verändert sich seine Einstellung, er wertet das Hellenen- zugunsten des Nazarenertums ab, denn ersteres erscheint ihm nun als wenig konkret hilfreich für die Menschheit, während er das Nazarenertum in eine Ethik des Guten und Wahren überführt. Doch sein erklärtes Ziel ist es, diesen Kampf der Antipoden zu beenden, da er ihn als schädigend für die Gesellschaft empfindet. Er möchte eine Verbindung von Nazarener- und Hellenentum erreichen, d. h. eine Synthese ihrer positiven Elemente, eine gegenseitige Durchdringung von Körper/Schönheit und Geist. Wenngleich er am Ende seines Lebens feststellen muss, dass er sie nicht erreichen wird[7], lautet die für ihn stets zentrale Frage: »Ist vielleicht solche harmonische Vermischung der beiden Elemente die Aufgabe der ganzen europäischen Civilisazion?« Immer wieder gibt Heine in seinem Werk Beispiele dieser Vermischung, besonders sein Vorbild Shakespeare gilt als Ideal der Synthese, denn dieser »ist zu gleicher Zeit Jude und Grieche« (DHA XI, 45). Betrachtet man nun Heines Verbundenheit mit der jüdischen Geisteswelt, so drückt sich diese in seinem Werk durch die jüdischen Präfigurationen und seine Reflexionen über das Judentum aus.[8] Konstitutive Bedeutung kommt der Bibel zu mit über 400 Zitaten aus Altem und Neuem Testament, vielen biblischen Szenerien und Anspielungen. Das Alte Testament bzw. die Thora und der Talmud dienen ihm nicht nur als stoffliche Fundgrube, sondern umfassen, indem Heine sich Zeit seines Lebens mit ihnen respektive der Bibel auseinander setzte, unterschiedliche inhaltliche Interpretationsdimensionen.[9] Die Berufung auf sein eigenes Judentum steht trotz der Konversion zum Protestantismus – die allerdings nicht nur den pragmatischen Grund des »Entre Billet zur Europäischen Kultur« (DHA X, 313) besaß[10] – außer Frage. Heines negative Erfahrungen als Jude treffen ihn stets empfindlich und bedeuten eine permanente Konfliktquelle. Als wichtige Stationen seiner Beschäftigung mit dem Judentum seien hier erwähnt: Seine kurze, aber aktive Mitgliedschaft beim Berliner »Verein für Cultur und Wissenschaft der Juden« ab August 1822, der zu den reformerischen Bewegungen innerhalb des an seiner Identität festhaltenden Judentums zählte. Heines briefliche Aussage, »daß ich für die Rechte der Juden und ihre bürgerliche Gleichstellung enthousiastisch sein werde« (HSA XX, 106), ist Programm: mehr als das konfessionelle Bekenntnis liegt ihm das politisch-humantitäre Programm am Herzen. In den folgenden Jahren distanziert er sich gefühlsmäßig vom Judentum, geht sehr kritisch mit ihm um. Erst 1840 kommt es durch die so genannte Damaskusaffäre wieder zu einer Annäherung, der erklärte Gegner allen Fanatismus' engagiert sich für die verfolgten Juden in Syrien im »Interesse der Menschheit« (DHA XIII, 48). Der Begriff ›Jude‹ erhält bei Heine allgemein die Bedeutung eines leidenden Wesens, und das Leiden der Juden bildet von Anfang an ein Motiv seines Interesses. Die Thematik des jüdischen Exils spiegelt er in seinem Exildasein wider, auch ihn schmerzt der »geheime Fluch des Exils« (DHA XII, 239). Heine versteht sich als ruhe- und heimatloser Wanderer, der durch die stete Auseinandersetzung mit politischen Gegnern zu anstrengender Wachsamkeit angehalten wird – eine Variation der Figur des Ewigen Juden. Obwohl er seine zweite Heimat Paris, wo er seit 1831 lebt, nicht unkritisch liebt, sehnt er sich nach Deutschland. Vaterlandsliebe scheint fast eine Entdeckung des Exils. Doch Deutschland, allen voran Preußen, verwehrt ihm ein freies Leben und Arbeiten.[11] Mit seiner Krankheit erlischt jegliche Hoffnung auf eine Rückkehr. In der Zeit der »Matratzengruft« (1848–1856) identifiziert er sich mit dem jüdischen Volk als »Abkömmling jener Märtyrer, die der Welt einen Gott und eine Moral gegeben« haben (DHA XV, 42). Stolz will er mit dazugezählt werden und legitimiert diesen Anspruch nicht allein durch Herkunft, sondern auch moralisch-politisch. Er lobt den humanisierenden Einfluss, die Nächstenliebe der Juden, kurz ihre »große Civilisation des Herzens« (HSA XXIII, 378) – die Aufwertung des Nazarenertums geht damit einher. Wenn er sich 1849 als »armer todtkranker Jude« bezeichnet, deutet sich auch seine religiöse Hinwendung zum Judentum an (DHA XV, 112). Er öffnet sich ihm jedoch auf völlig unorthodoxe Weise, die eine kritisch-spöttische, (selbst)ironische, (selbst)anklagende und klagende Auseinandersetzung mit Gott zulässt. Seine persönliche Gottesvorstellung setzt er teilweise mit Jehova gleich.[12] Über die theologische Revision scheint die persönlich-emotionale Beziehung zum Judentum zu dominieren, sie drückt sich in Kindheitserinnerungen aus, in der Vertrautheit mit traditionellen jüdischen Riten, Zeremonien und in liebevoll-spöttischen, ausmalenden Beschreibungen.[13]

Vier Beispiele möchte ich aus jüdischen Quellen herausgreifen, um Heines modernisierende Anverwandlung mit jeweils sehr unterschiedlicher inhaltlicher Akzentsetzung zu zeigen: die Propheten, Moses, Hiob, die jüdische Dichtertradition.

Heine säkularisiert *Propheten*gestalt und -wort.[14] Hier finden sich Parallelen zu dem neutestamentarischen Apostelbild, zuweilen benutzt Heine beide Begriffe fast synonym. Der Prophet ist der von Gott gerufene und in Dienst genommene Mensch, der seinerseits zum Rufer bzw. Sprecher für Gott wird. Er steht also im Auftrag für etwas oder jemand Höheren. Die Propheten des Alten Testaments halfen ihrem Volk, trösteten und mahnten es, prangerten seine Sünden an. Die zusätzliche, heute vielleicht verbreitetere Bedeutung von Prophet ist die des Sehers, der dank seiner besonderen Fähigkeiten Ereignisse vorhersagt. Sie vermischt sich im vorliegenden Kontext mit der Tradition des Dichter-Prophetentums, des Vates. Heines Auffassung lässt sich, wenngleich nicht vollständig, durchaus mit diesem tradierten poetologischen Bild beschreiben, mit dem er das Dichtertum als Berufung und Weihe, aber zugleich als Unfreiheit und Zwang empfindet. Mit hinein spielt das Genieverständnis, bei dem der Dichter höchste Autorität besitzt und seine Dichtungen Wahrheiten offenbaren, die nur ihm zugänglich sind. Heine verknüpft in seinem Prophetenbild diese Ansichten und aktualisiert es, überträgt es auf seine Zeit. Anstelle von Gott, der die Propheten für sich verpflichtete, tritt die politische »Idee«, in deren Dienst der Dichter tritt. »Idee«, »Menschheitsideen« meinen den demokratischen Auftrag Heines, seinen Kampf für Freiheit, Gleichheit und Menschenrechte. Sie »ergreift uns, und knechtet uns, und peitscht uns in die Arena hinein«, das »innere Feuer« seines »Prophetenamts« verzehrt ihn, und doch, gleich dem Prophet Amos hat er keine andere Wahl als diese »heilige Zwingniß« (DHA V, 370). Sein aktivistisch-kämpferisches Mahner- und Seherbild erhebt zeitgeschichtlichen Anspruch: Er fühlt sich verantwortlich für sein Volk und das Zusammengehen der Völker, insofern muss er dem Volk auch unangenehme Wahrheiten verkünden, es rügen.[15] Heine greift Friedrich Schlegels Begriff vom Historiker als »rückwärts gekehrtem Propheten«[16] auf, bezieht ihn aber auf den Dichter, der dann ein Geschichtsschreiber der Gegenwart ist, ein Augenzeuge von tagespolitischen Ereignissen, die er zu berichten, zu kommentieren vermag, »und zwar im Sinne der Zukunft« (HSA XXI, 240). Dies geschieht aufgrund seines geniehaft-intuitiven Vermögens sinnlich unmittelbar und aufgrund seiner scharfen Beobachtungsgabe und genauen Kenntnis der Geschichte und Gesellschaft auch in klug analysierender Weise.[17] Natürlich modernisiert der Dichter den archaisch-prophetischen Ton, indem er seine Beurteilungen und Botschaften in die von ihm kultivierte populärwissenschaftlich-journalistische Art der Darstellung kleidet, sie anschaulich, unterhaltsam-spöttisch, mit Überzeugungskraft, »in einem lebendigen enthousiastischen Styl« (HSA XX, 181) mitteilt. So unterliegt die Prophetengestalt unterschiedlichen Tonlagen: Zur selbstherrlich-blasphemischen Geste – »Das Volk steinigt gern seine Propheten, um ihre Reliquien desto inbrünstiger zu verehren; die Hunde, die uns heute anbellen, morgen küssen sie gläubig unsere Knochen!« – tritt der ironische: »Manchmal auch wird der Prophet auf die Festung gesetzt, bis die Prophezeyung eintreffe, und da kann er lange sitzen« (DHA XI, 118; XII, 483).

Nicht selten erhält der Prophet Undank von seinem Volk, es quält ihn. Eng verbunden mit der Prophetenfigur ist die des Märtyrers. Die zahlreichen Auseinandersetzungen, die Heine mit seinen Zeitgenossen unterschiedlicher politischer Gruppierungen, mit Verlegern, Freunden und Familie in der Presse und privat austrägt, hinterlassen hier ihre Spuren, die Heine u. a. auf diese Figur projiziert. Optimistisch-energisch aber ist die Haltung des »praktischen Propheten der nicht lange fackelt« und »produktiven Liberalismus« verficht, als ein solcher tritt der Dichter 1844 für eine neue, zeitgemäße Literatur ein, die politisches Engagement und künstlerischen Anspruch auf sich vereint und wovon die »Zeitgedichte« und »Deutschland. Ein Wintermährchen« Zeugnis ablegen. »Der heutige Tag aber verlangt Profeten von minder sanften Stoffe. Es handelt sich jetzt nicht mehr um Zukunftsträume, sondern um die harte Frohn der Wirklichkeit« (DHA II, 206).

Heine spielt hierbei auf *Moses* an, dem in der Spätzeit als ein solcher ›praktischer Prophet‹ maßgebliche Bedeutung zukommt. Der Dichter folgt im Prinzip der jüdischen Sichtweise. Er identifiziert sich nicht mit Moses, dieser bleibt ein bewundertes und nachahmenswürdiges Ideal, in dem sich Heines Apotheose der Bibel konkretisiert. Das war nicht immer so: Um 1830 bezeichnete er Moses als »bornirt«, im Gegensatz zu Jesus engsichtig nur auf sein Volk bedacht (DHA XI, 43). Die früher eindeutig bevorzugte kosmopolitische Urjesusfigur wird in der Spätzeit kaum mehr erwähnt.[18] Die einstigen Vorwürfe der ›Bilderfeindlichkeit‹ und damit der Kunstfeindlichkeit kehren sich um: Moses selbst wird zu einem »großen Künstler«, und zwar im ethisch-erzieherischen Sinn, die Menschenbildung im weitesten Sinn betreffend: »dieser Künstlergeist [war] bey ihm [...] nur auf das Colossale und Unverwüstliche gerichtet. [...] er baute Menschenpyramiden [...] und schuf [...] ein Volk, [...] das allen andern Völkern als Muster [...] dienen konnte: er schuf Israel!« (DHA XV, 41). Moses' Einführung des Jubeljahrs lässt ihn in Heines Augen als »großen Emancipator«, als Sozialreformer erscheinen, der seine Ideale von Gerechtigkeit und Gleichheit auch zu realisieren versucht, indem er als »Socialist« und zugleich »praktischer Mann [...] statt die Abschaffung des Eigenthums tollköpfig zu decretiren, [...] nur die Moralisazion desselben« erstrebte und es in Einklang brachte »mit der Sittlichkeit, mit dem wahren Vernunftrecht« (DHA XV, 46 f.).

Das positive Bild des Moses geht mit der positiven Umbewertung des Nazarenertums einher. Diese wiederum führt zu der für die Spätzeit typischen harschen Form der Selbstkritik früherer Verhaltens- und Denkweisen, besonders der Hellenenattitüde und der »Hegelsche[n] Gottlosigkeit« (HSA XXIII, 24). So vergleicht sich Heine beispielsweise mit dem babylonischen König Nebukadnezar, dessen früherer Hochmut in Selbsterniedrigung endet, wenn er »wie ein Thier am Boden kroch und Gras aß« (DHA VIII, 498; XV, 39).[19]

Größte Qual und Reue symbolisiert die Gestalt *Hiobs*. Sie besitzt sowohl eine individuelle als auch eine eher allgemeine Dimension. Letztere besteht in einer Verschränkung von Mythos und Geschichte, sie beschreibt das so genannte Gesetz des Fatums, d. h. den Geschichtspessimismus des späten Heine. Er glaubt eine gewisse Gesetzmäßigkeit zu erkennen, die besagt, dass unter den gegebenen politischen und sozialen Zuständen immer der »schlechte Mann«, also der Korrupte, der Unsoziale, der Ungerechte, der gewissenlos Reiche siegt. Diesen circulus vitiosus stellen vor allem die »Historien« im »Romanzero« (1851) dar. Darauf kann ich an dieser Stelle nicht weiter eingehen, vielmehr soll Hiob als Verkörperung von Heines persönlichem Schicksal hier im Vordergrund stehen. Der ans Krankenbett Gefesselte identifiziert sich mit Hiob. Dabei tritt zum einen die pessimistische, sich selbst verachtende Haltung der Spätzeit verstärkt hervor, zum anderen aber verändert er die Figur des frommen Dulders, der Demut lernt, Gottes Willen nicht hinterfragt und schließlich von Gott belohnt wird: Der Dichter kann sich nicht in Hiobs Ergebenheit fügen, sondern interpretiert das Buch Hiob als das »Hohelied der Skepsis« (DHA XIV, 274). Er beharrt auf seinem Recht als aufgeklärtes Individuum, das sich fragt, warum Gott Ungerechtigkeit und Qual zulässt. Der Zweifel, den Heine als Hiob äußert, bezeugt das ihm eigene Selbstvertrauen, das ihm das Recht zusichert, sich gegen ihn bedrohende oder ihm fragwürdige Dinge aufzulehnen. »Warum muß der Gerechte Leiden? Wenn es einen Gott giebt, (…) warum läßt er das Uebel zu (…)? Wenn er das Uebel hindern konnte, und es zuließ, was wäre er denn? Selbst das Böse!«[20] Die Hiobfigur vermischt sich mit der neutestamentarischen Lazarusfigur[21]:

> Laß die heil'gen Parabolen,
> Laß die frommen Hypothesen –
> Suche die verdammten Fragen
> Ohne Umschweif uns zu lösen.
>
> Warum schleppt sich blutend, elend,
> Unter Kreuzlast der Gerechte,
> Während glücklich als ein Sieger
> Trabt auf hohem Roß der Schlechte?
>
> Woran liegt die Schuld? Ist etwa
> Unser Herr nicht ganz allmächtig?
> Oder treibt er selbst den Unfug?
> Ach, das wäre niederträchtig.
>
> Also fragen wir beständig,
> Bis man uns mit einer Handvoll
> Erde endlich stopft die Mäuler –
> Aber ist das eine Antwort? (DHA III, 198).

Wichtig für den kritischen Geist Heines ist, dass Hiob ihm die Möglichkeit gibt, den quälenden Fragen überhaupt Ausdruck zu verleihen. Um das unverständliche Leid ertragen zu können, muss das Individuum seine Zweifel äußern können. Er führt den Dialog Hiobs individuell fort, indem er sich kathartisch ›auszweifelt‹: »[...] eine solche überstarke Dosis von Zweifel ist das Buch Hiob; dieses Gift durfte nicht fehlen in der Bibel, in der großen Haus-Apotheke der Menschheit. [...] und wie durch das heftigste Weinen, so entsteht auch durch den höchsten Grad des Zweifels, den die Deutschen so richtig die Verzweiflung nennen, die Crisis der moralischen Heilung.« (DHA XIV, 275) Dieser modern-aufklärerische, psychologisierte Hiob half dem Dichter, sein Schicksal in der Matratzengruft zu bewältigen.

Eine weitere Anverwandlung jüdischer Ursprünge demonstrieren die »Hebräischen Medodien« im »Romanzero«: Sie liefern eine beeindruckende poetische Manifestation von Heines Judentum. Ob sie auch ein religiöses Zeugnis abgeben, sei dahingestellt, jedenfalls keines im üblichen Sinn.[22] Jehuda ben Samuel Ha-Levi (Jehuda Halevy), Salomon ben Juda ben Gabriol und Moses ben Jakob ibn Esra, an diesem »Dreygestirn« der spanisch-arabisch jüdischen Dichtertradition des 11. bis 13. Jahrhunderts, die der späte Heine hochschätzt, verdeutlicht er eine wichtige Komponente seiner späten poetologischen Vorstellungen. Er beruft sich auf klassisch-romantisches Gedankengut der dichterischen Eigengesetzlichkeit und Schöpferkraft, der Künstler und seine Werke werden glorifiziert. Das Verhältnis zum Volk ist wie bei der Prophetengestalt ambivalent, auch wird man an Moses erinnert, der sein Volk aus Ägypten führte. Jehuda gilt als »ein großer Dichter/ Stern und Fackel seiner Zeit, [...]

> Solchen Dichter von der Gnade
> Gottes nennen wir Genie:
> Unverantwortlicher König
> Des Gedankenreichs ist er.
>
> Nur dem Gotte steht er Rede,
> Nicht dem Volke – In der Kunst,
> Wie im Leben kann das Volk
> Tödten uns, doch niemals richten. – (DHA III, 151, 134 f.).

Innerhalb der jüdischen Thematik von »Jehuda ben Halevy« fällt sofort auf, dass der Dichter von der vertraut-fremden jüdischen Welt fasziniert ist, so etwa bei der Beschreibung der Thora, aus der der junge Jehuda rezitieren musste, und bei der exotisch-märchenhaften Darstellung der Haggada, des »Garten[s], hochphantastisch« (DHA III, 132). Die Sehnsucht nach Jerusalem und dessen Verherrlichung erscheinen dementsprechend als das den Künstler emotional und geistig bewegende Motiv, das seine Schaffenskraft erst auszulösen vermag. Anders verhält es sich bei dem königlichen Psalmensänger David[23], nicht ästhetische Faszination, sondern die religiöse Aussage steht im Vordergrund. Heine beschreibt David weniger als tapferen Krieger, sondern als vorbildlichen König und begnadeten prophetischen Lobpreiser Gottes. Ähnlichkeiten zur Hiobfigur liegen in der Duldung der – gerechtfertigten – Strafe Gottes und der Schicksalsschläge, die Saul ihm zufügt. Der Dichter steht hier in der jüdischen Tradition, die die Figur des Orpheus mit der Davids verschmelzen lässt. Völlig unironisch besingt er im 1854/55 verfassten Nachlassgedicht »Am Himmel Sonne Mond und Stern«: »

> Groß ist des Herren Gloria
> Hier unten groß wie in der Höh'.
> [...]
> Fort mit der Lyra Griechenlands
> Fort mit dem liederlichen Tanz
> Der Musen, fort, in frömmern Weisen
> Will ich den Herrn der Schöpfung preisen.
>
> Fort mit der Heiden Musika
> Davidis frommer Harfenklang
> Begleite meinen Lobgesang! [...] (DHA III, 410).

So brüsk diese Zurückweisung der Musen auch klingen mag, in der Spätzeit endet die Liebe des nunmehr abgetretenen »große[n] Heide[n] Nr. II« zur hellenischen Antike keineswegs (DHA XV, 112). Heines außerordentlich produktive Auseinandersetzung mit griechischen Ursprüngen macht es schwer, aus der Fülle dieser geschichtlichen und mythologischen Figuren, die er sich anverwandelte, einige herauszugreifen. Er war vertraut mit der griechischen Philosophie und Literatur, stellte sich in die Nachfolge seines »Vaters« Aristophanes, wurde auch von Zeitgenossen als ›deutscher Aristophanes‹ bewundert und zur Zeit seiner Krankheit als ›sterbender Aristophanes‹ betrauert (DHA IV, 155). In Aristophanes' Werken erkannte er eine »ungeheure Weltanschauung« (HSA XX, 219), aus der er neue poetologische Forderungen ableitete, die der modernen Zeit, ihrer Kontraste und Spannungen eher entsprachen als die des herrschenden klassisch-romantischen Kodexes.[24] Bekannt ist Heines Politisierung der aristophanischen Komödie durch das »Wintermährchen«. Der Dichter versteht sich weiterhin als Beschützer der antiken Mythen und ihrer Gestalten, denn sie bieten ihm eine unerschöpfliche Quelle der Kunst und Phantasie. Er versucht, sie in seine Suche nach neuen Ausdrucksmöglichkeiten der Literatur einzubeziehen.

Auch hier sollen wieder vier Beispiele diese modernisierende Interpretation verdeutlichen: die *Statuen* und *hellenischen Götter*, *Apoll*, *Pan* und *Titan*, *Pygmalion*.

Das Ganzheit versprechende griechische Schönheits- und Harmonieideal, das antike Lebensgefühl der Vollkommenheit, das die Statue der Venus figuriert, kann

Heine für seine Zeit nicht mehr gelten lassen. Er symbolisiert dies z. B. durch zerbrochene *Statuen*, »eine weibliche Bildsäule, wunderschön, aber die Arme abgebrochen, wie bey der Venus von Milo, und der Marmor an manchen Stellen kummervoll verwittert« (DHA XII, 504). Das in der Romantik beliebte Thema der sich wieder verlebendigenden Statuen stellt er in den Kontext seiner weltanschaulichen Konzeption und entwickelt eine eigene Mythostheorie: Durch die Herrschaft des Nazarenertums wird die den Statuen immanente Lebensherrlichkeit und Harmonie zerstört. Wie Pygmalion möchte er sie beleben oder sogar, so heißt es blasphemisch, »mit Freuden [...] des Martertodes« sterben, »könnte ich die geliebten Marmorbilder dadurch erlösen aus ihrer Starrheit, könnt ich ein Heiland werden für dieses Volk aus Stein« (DHA V, 362). Obwohl ihm dies nicht mehr gelingen kann, versichert der Mythologe, dass die »altgriechischen Gottheiten« noch leben, nur haben sie »durch den Sieg Christi all ihre Macht verloren« und mussten »sich zurückziehen [...] in die unterirdische Verborgenheit« (DHA IX, 47, 52).[25] 1835, in »Zur Geschichte der Religion und Philosophie in Deutschland«, erläutert er, dass das Christentum die Natur dämonisierte, um das heidnische und pantheistische Gedankengut zu bekämpfen. Doch es ist dem Volk noch lebhaft präsent, nur stellt es sich die heidnischen Götter als Geister und Teufel vor, denen zugleich der Reiz des Verbotenen anhaftet. In seiner Erzählung »Die Götter im Exil« (1853/54) spinnt er den mythologischen Faden weiter und erzählt vom jetzigen Dasein der verbannten Götter und popularisiert damit zugleich diesen Stoff im 19. Jahrhundert. Besonders im Schicksal Jupiters spiegelt sich der alternde, kranke, im Exil lebende Dichter, der »Unglückliche, welcher einst bessere Tage gesehen« (DHA IX, 142). Die anderen Götter verbergen sich durch geschickte Tarnung, die auf der einen Seite ihr Überleben sichert, auf der anderen Seite aber den Verlust ihrer einstigen sensualistisch-freiheitlichen Potenz besiegelt. So z. B. ist Hermes/Merkur ein holländischer Kaufmann, Dionysos bezeichnenderweise Superior eines Klosters, der einmal im Jahr im Geheimen sein Bacchanal feiert. Apoll lebt als Hirt in Niederösterreich, wird von einem Mönch entdeckt und schließlich hingerichtet, womit Heine auf die von der Außenwelt bedrohte Künstlerexistenz hinweist – eine Anspielung auf seine eigene, etwa durch den seit 1844 schwelenden Erbschaftsstreit destabilisierte Situation.

Der Gott der Musen ist in Heines Werk sehr kontinuierlich präsent. Er steht natürlich für das dichterische Genie, spielt aber auch in literaturpolitischen Auseinandersetzungen eine Rolle. Gerne vergleicht sich der Dichter mit ihm, verschmilzt das Apoll- und Orpheusmotiv und gibt seiner Dichtung eine magische Gewalt über die Menschen, die zu läutern vermag, doch ebenfalls bedrohlich sein kann. Die Tradition der Kabbala könnte hierbei Einfluss genommen haben. Apoll zusammen mit Venus symbolisieren die Schönheit, durch sie gibt der Dichter seiner ironischen Verachtung gegenüber Philistertum, Verkopfung, Pedanterie, Intoleranz und politischer

Unbelehrbarkeit Ausdruck. Er dagegen liegt (der Statue der) Venus zu Füßen: »[...] meine Augen tranken entzückt das Ebenmaß und die ewige Lieblichkeit ihres hochgebenedeiten Leibes, griechische Ruhe zog durch meine Seele, und über mein Haupt, wie himmlischen Segen, goß seine süßesten Lyraklänge Phöbus Apollo« (DHA VI, 89). In Korrelation zu dieser Apotheose aus der »Harzreise« von 1824 steht die sicherlich stilisierte Szene, die sich im Mai 1848 unmittelbar vor seiner endgültigen Lähmung zugetragen hat und mit der er sich von seinem Hellenentum distanziert: Im Louvre bricht er vor der Statue der Venus von Milo zusammen. »Zu ihren Füßen lag ich lange und ich weinte so heftig, daß sich dessen ein Stein erbarmen mußte. Auch schaute die Göttin mitleidig auf mich herab, doch zugleich so trostlos als wollte sie sagen: siehst du denn nicht, daß ich keine Arme habe und also nicht helfen kann?« (DHA III, 181). Nach 1848 erhält Apoll andere, teilweise traurige Züge, so, wenn sich der Todkranke auf Lazarus, auf das Leid und die Liedkunst des Mönchs aus der »Limburger Chronik«, beruft und ihn seinen »Bruder in Apoll« nennt (DHA XV, 57). Im Kontext seiner oft an Selbsterniedrigung grenzenden Eigenkritik thematisiert der späte Heine öfters die Gefährdung des Künstlers durch seinen eigenen zweifelhaften Charakter, durch sein »Schlemihlthum«:

> Dichterschicksal! böser Unstern,
> Der die Söhne des Apollo
> Tödtlich nergelt, und sogar
> Ihren Vater nicht verschont hat,
>
> Als er hinter Daphnen laufend
> Statt des weißen Nymphenleibes
> Nur den Lorbeerbaum erfaßte [...] (DHA III, 153).

Diese Entmythisierung Apolls und mithin des Künstlers, der kein reiner, edler Mensch mehr ist, kennzeichnet die Moderne, die die Brüchigkeit der Künstlerperson offen legt. Heine stellt eine von Chamissos Novelle unabhängige Genealogie des das Unglück ungewollt anziehenden Pechvogels Schlemihl auf und führt sie auf angeblich unbekannte jüdische Ursprünge, auf eine mündliche Überlieferung zurück[26]: Pinhas Speer traf einen Unschuldigen, »Den Schlemihl ben Zuri Schadday«, von dem »wir«, d. h. die Dichter, abstammen. Besagter Speer ist immer noch eine Bedrohung, »und wir hören ihn beständig/ Ueber unsre Häupter schwirren« (DHA III, 155 f.). Laut Hartmut Steinecke stellt sich Heine hier in die Tradition der »Selbstironie, Selbstverspottung, (des) Galgenhumors« des jüdischen Dichters Abraham Ibn Esra, die »in der jiddischen und jüdischen Literatur lebendig« blieb, Heine gilt als der eigentliche Schöpfer der Schlemihlgestalt.[27] Im Gedicht »Der Apollogott« sinkt das Schlemihltum auf die Stufe eines niederen Komödiantentums herab (DHA III, 32 ff.). Apoll ist hier ein aus seiner Heimat vertriebener, unstet herumziehender Gauner und Spieler, der auf dem Montparnasse in Paris lebt. Die Schilderung seiner ehemaligen Herrlichkeit in »Gräzia« wirkt unwirklich-verklärend und dadurch ironisch. Im letzten Teil des Gedichts wird Apoll als Rabbi Faibisch aus Amsterdam identifiziert – Faibisch als das hebräisierte Phöbus Apoll. Steinecke leitet aus diesen Angaben ein Indiz dafür ab, dass »in Rabbi Faibischs Genealogie [...] nicht nur der griechische Apollo, sondern auch der spanische Jehuda« steht, da Amsterdam »seit dem späten Mittelalter ein Zentrum des jüdischen Exils«, vor allem der Sephardim war.[28] Dass Heine hier eine Verschmelzung von hellenischen und jüdischen Ursprüngen andeutet, ist zwar auf den ersten Blick nicht gleich ersichtlich, aber trotz des ironischen bis abschätzigen Untertons konstitutiv für seine Anschauungen.

Werfen wir noch einen kurzen Blick auf die Aktualisierung Apolls durch den Literaturkritiker Heine. Sein Verriss der agitativen, nationalistischen Vormärzlyrik ist ein Muster der spöttisch-ironischen Formulierungskunst:

> Die Musen bekamen die strenge Weisung, sich hinführo nicht mehr müßig und leichtfertig umherzutreiben, sondern in vaterländischen Dienst zu treten, etwa als Marketenderinnen der Freyheit oder als Wäscherinnen der christlich germanischen Nazionalität. [...] Es giebt Spiegel, welche so verschoben geschliffen sind, daß selbst ein Apollo sich darin als eine Karikatur abspiegeln muß, und uns zum Lachen reitzt. Wir lachen aber alsdann nur über das Zerrbild, nicht über den Gott. (DHA IV, 10 f.)

Kunst besitzt für Heine in dem Sinne ein großes Maß ein Eigengesetzlichkeit, als sie nicht für propagandistische, ideologische, wirtschaftliche etc. Zwecke eingespannt werden darf. Trotz seiner verfochtenen Wirkungsästhetik sollte selbst das eigene demokratische Anliegen nicht dazu verleiten. Der Künstler muss stets eine gewisse Distanz zu seinem Werk bewahren, damit er überhaupt den ästhetischen Ansprüchen genügen und den (selbst-)kritischen Blick bewahren kann. So wie im obigen Zitat wirft Heine vielen politisch engagierten Schriftstellern einen Missbrauch der Kunst vor und spricht ihnen die Fähigkeit zur »selbstbewußten Freyheit des Geistes« ab (DHA XIV, 48). Das geflügelte Musenross Pegasus, Heines Symbol einer reichen dichterischen Phantasie, verbildlicht ähnlich Apoll diese künstlerische Freiheit. In provozierender Opposition zur so genannten Tendenzliteratur und zugleich als Geständnis seines Verhaftetseins in der Welt der (romantischen) Poesie beschwört Heine 1846 in »Atta Troll« den

> Traum der Sommernacht! Phantastisch
> Zwecklos ist mein Lied. [...]
>
> Nur der eignen Lust gehorchend,
> Gallopirend oder fliegend,
> Tummelt sich im Fabelreiche
> Mein geliebter Pegasus.

> Ist kein nützlich tugendhafter
> Karrengaul des Bürgerthums,
> Noch ein Schlachtpferd der Partheywuth,
> Das pathetisch stampft und wiehert! (DHA IV, 17).

Bekannter als diese Überzeugungen, ja sogar berüchtigt sind Heines polemische Attacken gegen seine literarischen und dann zumeist auch politischen Gegner. Hierzu kehrt er die stolzen, gefährlichen Züge des griechischen Gottes hervor und bezieht sich auf die Geschichte von Marsyas, den Apoll so grausam bestrafte:

> Du verstehst mich, großer schöner Gott, der du ebenfalls die goldene Leyer zuweilen vertauschtest mit dem starken Bogen und den tödtlichen Pfeilen ... Erinnerst du dich auch noch des Marsyas, den du lebendig geschunden? [...] ein ähnliches Beispiel thät wieder Noth ... Du lächelst, o mein ewiger Vater! (DHA I, 15).[29]

Eine ähnliche, aber geradewegs umgekehrte Möglichkeit, den literarischen Gegner durch vernichtende Kritik auszuschalten, bietet Heine der homerische Held Odysseus. Dieser habe die Feinde würdevoll ignoriert, ihnen damit die Bedeutung zugemessen, die ihnen zustehe – keine. »[K]öniglicher Dulder [...] Meister des Wortes, [...] jedem wußtest du Rede zu stehen, [...] nur an einen klebrigten Thersites wolltest du kein Wort verlieren, einen solchen Wicht [...] hast du (...) schweigend geprügelt ...« (DHA XI, 99).[30]

Wenn Heine zu den mythologischen Figuren des *Pan* und der *Titanen* greift, so drückt er durch sie seine kämpferische politische Haltung, sein aktives Eingreifen in die Tagespolitik aus. Die Gruppe der Titanen verkörpert Wildheit und Stärke, Pan ähnelt dem angriffslustigen Apoll, in ihm zentriert sich die Gewalt des Wortes, denn er ist derjenige, der mit seinem Pfeifen den Tod bringen kann. Bewegen sich die Titanen kämpfend in der Masse, so beherrscht Pan die intellektuelle Macht des Tötens. Er verfügt auch über die Gabe der Weissagung, in der er Apoll unterrichtete. Heines enthusiastisches Eintreten für die Revolution von 1830 liest sich folgendermaßen:

> [...] jene marseiller Hymne [...] durchschauert mich mit Feuer und Freude, und entzündet in mir die glühenden Sterne der Begeisterung und die Raketen des Spottes. [...] Und du, holde Satyra, Tochter der gerechten Themis und des bocksfüßigen Pan, leih mir deine Hülfe, du bist ja mütterlicher Seite dem Titanengeschlechte entsprossen, und hassest gleich mir die Feinde [...]. Leih mir das Schwert deiner Mutter, damit ich sie richte, [...] und gieb mir die Pickelflöte deines Vaters, damit ich sie zu Tode pfeife (DHA VII, 205).

Der Titan Prometheus, der Rebell, Erzieher und Kulturbringer der Menschen, fasziniert den Dichter besonders. Prometheus' Schaffen ist bei ihm kein fiktives mehr, sondern steht für das Gebären einer neuen Generation, die in Freiheit lebt. In einer Traumszene aus dem »Wintermährchen« beschreibt sich Heine als Rebell Prometheus, der mutig die politische Fehde mit Preußen angeht, die ihm aber schmerzende Wunden bereitet: »Der »preußische[n] Adler [...] hielt meinen Leib umklammert;/ Er fraß mir die Leber aus der Brust,/ Ich habe gestöhnt und gejammert« (DHA IV, 132). Auch in die literaturpolitische Auseinandersetzung mit Goethe, dem bewunderten und bekämpften Vorbild, geht die Titanenchiffre ein: Heine zählt sich zu den »anwachsenden Titanen« der neuen literarischen Generation von liberaldemokratischen Schriftstellern, die dem »Artistokratenknecht« den Garaus machen wollen (HSA XX, 302).

Oft ordnet Heine Goethe Eigenschaften griechischer Götter zu, gerne vergleicht er ihn mit Jupiter, respektive Zeus.[31] In der dem »Olympier« nachgesagten Unnahbarkeit greift Heine dessen unengagiertes, auf ästhetischen Genuss gerichtetes künstlerisches Schaffen an. Er kritisiert keineswegs das Artistische an Goethes Werk, sondern die Reduktion auf das rein Artistische. In der »Romantischen Schule« konzentriert sich seine Kritik programmatisch auf die politische Wirkungslosigkeit, die durch den *Pygmalion*-Mythos als Versteinerung des Lebens symbolisiert wird. Die

> goetheschen Meisterwerke [...] zieren unser theueres Vaterland, wie schöne Statuen einen Garten zieren, aber es sind Statuen. Man kann sich darin verlieben, aber sie sind unfruchtbar: die goetheschen Dichtungen bringen nicht die That hervor, wie die Schillerschen. Die That ist das Kind des Wortes, und die goetheschen schönen Worte sind kinderlos. Das ist der Fluch alles dessen, was bloß durch die Kunst entstanden ist. Die Statue, die der Pygmalion verfertigt, war ein schönes Weib, sogar der Meister verliebte sich darin, sie wurde lebendig unter seinen Küssen, aber [...] sie [hat] nie Kinder bekommen (DHA VIII, 155).

Der moderne Dichter vermag also nicht nur die neuen Gedanken um Freiheit und Demokratie gelungen zu formulieren, sondern sein Wort muss die Tat gebären, d. h. er muss Einfluss gewinnen und entsprechende Veränderungen erzielen können.

Diese für Heines Schaffen prägende Aussage, die er in den Mythos von Pygmalion kleidet, soll die Reihe der Beispiele seiner modernisierenden Interpretation der griechischen und jüdischen Ursprünge beenden. Beide darf man als gleich wichtig und gleichwertig für den Dichter erachten. Beide prägen sein Schaffen, beide macht er sich zu eigen und sucht sie zu verbinden. Konstitutiv für seine mythosschaffende Kraft ist die Vermischung, die versuchte Synthese der jüdischen und hellenischen Ursprünge. Diese Art Mythensynkretismus führt z. B. Apoll-Rabbi Faibisch vor. Auch die zwei Teile des Talmud, die Haggada und Halacha veranschaulichen eine Synthese der Quellen, die er im Gedicht »Jehuda ben Halevy« ausmalt: Assoziiert man die Halacha, die »große Fechterschule« eher mit dem politisch-kämpferischen Engagement des Dichters, so steht die Haggada für seine poetische Phantasie. Beide Teile aber sind gleichberechtigt und nicht voneinander zu trennen. Diesen gemeinsamen Ursprung entdeckt Heine ebenso beim »Buch der Schönheit« und dem »Buch der Wahrheit« aus »Byzanz und aus Egypten«, ersteres meint die klassische griechische Literatur, vor allem Homer, letzteres die Bibel:

> Beide aber hat Gott selber
> Abgefaßt in zwey verschiednen
> Himmelsprachen und er schrieb sie
> Wie wir glauben, eigenhändig. (DHA III, 364)

Die beschriebene Aktualisierung der hellenischen Mythen und jüdischen Präfigurationen erfasst unterschiedlichste Bereiche, in erster Linie Heines politisches und sozialrevolutionäres Engagement. Doch auch Phantasie, Exotik und Schönheit vereinen die Mythen, Heine beruft sich sowohl auf die griechische wie auf die jüdische Dichtertradition. Durch sein differenziertes Verständnis der griechischen und jüdischen Quellen gelingt es ihm, tiefgreifende Spannungen in seiner Zeit und in seinem Schicksal zu verstehen und zu verarbeiten. Er verbildlicht polemische Auseinandersetzung und Protest in Form seiner weltanschaulichen Theorien, dargestellt an der historischen, ästhetischen und psychologischen Interpretation von Nazarener- und Hellenentum. Verbindet man die griechischen Ursprünge mit Heines Hellenentum, das aber nur ein Segment ihrer Gesamtbedeutung für den Dichter ausmacht, so stellen sie viele Jahre das Lebens- und Denkelixier für ihn dar, in der Spätzeit treten dann die jüdischen Figuren, die jüdische Tradition in den Vordergrund. Er nutzt die Mythen auch als Orientierungshilfen für Gegenwart und Zukunft – legitimiert durch ihre angeblich in der Vergangenheit schon erprobte Verwirklichung[32] – und strukturiert insofern sein ›System‹ um, als nun Moses den Mythos der politischen Befreiung verkörpert. Dessen moralische Autorität und strenge Gerechtigkeit löst den Mythos der sensualistischen Befreiung ab. Die Anverwandlung ermöglicht ebenso eine Widerspiegelung seines Seelenbildes, oft in Zusammenhang mit einer Analyse der politischen Szenerie, doch auch sehr persönlich auf seine Situation bezogen. Nicht selten inszeniert er sich dabei selbst. Diese Selbstinszenierung besteht auch aus der Entmythisierung des Dichters der Moderne, der sich mit Leid und Exil auseinandersetzen muss, der sich engagiert, aufbegehrt, der resignieren kann, sich der Selbstironie und Selbstkritik nicht verschließt und das Unschöne, Unfertige bejaht. Damit steht Heine mitten in einem dynamischen Prozess, der kennzeichnend für seinen Umgang mit dem Mythos ist: Er reflektiert ihn, zweifelt ihn an, kreiert ihn neu, wandelt ihn wieder ab. Sein besonderer Bezug zum Mythos und zum mythologischen Denken ist durch Bewahren und Zerstören geprägt, durch das Wechselverhältnis von schöpferischer Phantasie und der ihm eigenen aufklärerischen Skepsis, von Mythisieren und Entmythisieren. Mythos und Moderne bilden für Heine somit eine schöpferische Einheit.

Anmerkungen

¹ DHA VI, 189. Nicht nur in der antiken Mythologie, z. B. auch in der indischen, der nordischen und im deutschen Volksglauben war er bewandert. Gute Kenntnisse in der Mythologie zu besitzen, war für einen damaligen Studenten nicht unüblich. Vgl. Eun-Kyoung Park: »... meine liebe Freude an dem Göttergesindel«. Die antike Mythologie im Werk Heinrich Heines. Stuttgart, Weimar 2005 (= Heine-Studien).

² Die frühromantische Literatur verlangte nach einer »neuen Mythologie« als große Aufgabe des Zeitalters, so Friedrich Schlegel in seiner »Rede über die Mythologie«, 1800 im »Athenaeum« veröffentlicht. (Friedrich Schlegel: Werke in einem Band. Hrsg. v. Wolfdietrich Rasch, Wien, München 1971, S. 496 ff.).

³ Hierbei muss man sich der unterschiedlichen Verfahrensweisen bewusst sein, die Heine verwendet, der »Rede über den Mythos« und der »mythosartigen Rede«. Vgl. Markus Winkler: Mythisches Denken zwischen Romantik und Realismus. Zur Erfahrung kultureller Fremdheit im Werk Heinrich Heines. Tübingen 1995, hier S. 61 ff. Kontrovers dazu Markus Küppers: Heinrich Heines Arbeit am Mythos. Münster 1994. Vgl. weiter: Hans Blumenberg: Arbeit am Mythos. Frankfurt a. M. 4. Aufl. 1986; Gerhart von Graevenitz: Mythos. Zur Geschichte einer Denkgewohnheit. Stuttgart 1987; Paul Reitter: Heinrich Heine and the Discourse of Mythology. – In: A Companion to the Works of Heinrich Heine. New York 2002.

⁴ Robert C. Holub: Heinrich Heine als Mythologe. – In: Gerhard Höhn: Heinrich Heine. Ästhetisch-politische Profile. Frankfurt a. M. 1991, S. 314 f. Vgl. auch Siegbert S. Prawer: Heine's Jewish Comedy. A study of his portraits of jews and judaism. Oxford 1983; Klaus Briegleb: Bei den Wassern Babels. Heinrich Heine, jüdischer Schriftsteller der Moderne. Stuttgart 1997.

⁵ Seine Theorien von Sensualismus und Spiritualismus stehen in engem Zusammenhang mit seiner Begeisterung für den Saint-Simonismus, mit dem er sich seit Ende der zwanziger Jahre und insbesondere dann in Paris beschäftigte. 1836 in den »Elementargeistern« ersetzte er die Termini durch Hellenen- und Nazarenertum, und band damit die abstrakten Begriffe fasslicher in historisch-kulturelle Gegensätze ein. Hier sei an die Tradition der Mythenkritik des 19. Jahrhunderts erinnert, in der Mythisch-Religiöses auf Historisch-Soziales zurückgeführt wird.

⁶ Vgl. z. B. in »Ludwig Börne. Eine Denkschrift«, DHA XI, 39 f. Die Quintessenz der Zusammenschau von Juden- und Christentum etwa in »Disputazion« lautet: »Welcher Recht hat, weiß ich nicht –/ Doch es will mich schier bedünken,/ Daß der Rabbi und der Mönch,/ Daß sie alle beide stinken.« (DHA III, 172).

⁷ So im Gedicht »Es träumte mir von einer Sommernacht«: »Stets wird die Wahrheit hadern mit dem Schönen, / Stets wird geschieden seyn der Menschheit Heer / In zwey Parthey'n, Barbaren und Helenen.« (DHA III, 396); vgl. insgesamt Sabine Bierwirth: Heines Dichterbilder. Stationen seines ästhetischen Selbstverständnisses. Stuttgart 1995.

⁸ Die Sakralisierung politischer Begriffe findet sich zwar oft in Heines Werk, war aber bei vielen Schriftstellern verbreitet, etwa bei den Jungdeutschen, Vormärzlern und auch schon zuvor im jakobinischen Umfeld, so dass ich dies nicht weiter ausführe. Vgl. etwa die Bezeichnung des Rheins als Jordan, von Paris als neues Jerusalem oder Babylon (DHA VII, 269; XIII, 115, 1419).

⁹ Er »empfindet ihre [der Bibel] Komplexität von poetischer Schönheit, revolutionärem Impetus und religiös-dogmatischem Anspruch. Daher rührt bei ihm die große Spannweite der Tonarten, in denen er sie erwähnt, von innig-liebevoll bis respektlos-frivol« (Peter Guttenhöfer: Heinrich Heine und die Bibel. – In: Heinrich Heine und die Religion, ein kritischer Rückblick. Hrsg. v. Manfred Windfuhr, Ferdinand Schlingensiepen. Düsseldorf 1998, S. 43). Mit Verweis auf Herder und Lessings

Bibelauslegungen hebt Guttenhöfer zu Recht Heines aufklärerische Tradition hervor. Doch seine Bibelauffassung als rein säkularisiert zu werten, greift zu kurz und schließt die religiöse Bedeutung völlig aus. Die personale Gottesauffassung der Spätzeit, die von den Begriffen Hilfe und religiöses Gefühl geprägt ist, basiert laut Heine auf dem intensiven Studium der Bibel, die er als »Quelle des Heils, als ein Gegenstand der frömmigsten Bewunderung«, als »schönes heiliges Erziehungsbuch[] für kleine und große Kinder« beschreibt (DHA XV, 40, 45). Vgl. die »Vorrede zur zweiten Auflage. <zu Salon. 2. Band. 1852>« (DHA VIII, 499) und das »Zweite Buch« von »Ludwig Börne« (DHA XI, 38, 44).

10 Ein pragmatischer Grund liegt in der Änderung der preußischen Judenpolitik durch die Aufhebung des Hardenbergschen Edikts 1822, Juden waren wieder u. a. von einer universitären Laufbahn ausgeschlossen, die Heine zeitweilig anstrebte.

11 Nach dem Bundestagsbeschluss von 1835 und nach mehreren Haftbefehlen sind Heine nur noch zwei Besuche in Hamburg unter Vorsichtsmaßnahmen möglich (1843 und 1844).

12 Vgl. HSA XXII, 301, 316, HSA XXIII, 24; Werner II, 112. Vgl. Karl-Josef Kuschel: Gottes grausamer Spaß? Heinrich Heines Leben mit der Katastrophe. Düsseldorf 2002.

13 Hebräisch-jiddische Sprachwendungen finden sich besonders in Früh- und Spätzeit, vgl. Manfred Windfuhr: Der private Heine. Emotionalität, Selbststilisierung, Privatsprache. – In: Heinrich Heine und die Religion [Anm. 9], S. 31 ff.

14 Auch die Jungdeutschen eignen sich diesen Wortgebrauch an. Nicht selten wird Prophet (Apostel, Seher) als Spottname genutzt für die, »die ihr Heil in der Zukunft suchen«. Vgl. Wulf Wülfing: Schlagworte des Jungen Deutschland. Berlin 1982, hier S. 281.

15 Doch natürlich auch trösten, hierzu visioniert Heine mehrfach die Ankunft des Messias und von Retterfiguren, die z. B. dem deutschen Volk aus der Not helfen, vgl. die Siegfried- und Barbarossagestalt (DHA XI, 111, DHA IX, 190 f.). Das modernisierte, Wirklichkeit erfassende politisch-poetische Prophetenbild kann man auch auf Heines Versuch übertragen, eine »jüdische Historiographie der Moderne« in Form des Romanfragments »Der Rabbi von Bacherach« zu verfassen, mit dem er zum ersten Mal originär jüdische Thematik in die deutsche Literatur einbrachte und seine Idee einer modernen jüdischen Literatur, die er während der Zeit des Kulturvereins entwickelte, zu verwirklichen suchte. Vgl. Alfred Bodenheimer: »Die Engel sehen sich alle ähnlich«. Heines Rabbi von Bacherach als Entwurf einer jüdischen Historiographie. – In: Heinrich Heine und die Religion [Anm. 9], S. 62. Dort finden sich auch weitere Interpretationen jüdischer Quellen, z. B. die des jüdischen Exils.

16 Friedrich Schlegel: 80. Athenaeum-Fragment. – In: »Werke in einem Band [Anm. 2], S. 34.

17 Heines visionäre Kraft wurde schon unzählige Male beschworen und bestaunt. Er selbst war sich seiner Fähigkeit sehr bewusst, bezog sie in die literarisch-politische Diskussion ein, z. B. wenn er in die Rolle des Propheten Jonas schlüpft und die 1830er-Revolution von Paris beschwört (DHA XI, 53) oder Mitte der dreißiger Jahre die deutsche Revolution ankündigt (DHA VIII, 44 f.) oder die Anfänge der kommunistischen Bewegung bis zur 1848er-Revolution beschreibt (DHA XIII, 18).

18 Die an ihr betonte Jugendlichkeit (vgl. DHA VII, 195) besitzt für den Kranken keine Bedeutung mehr. Heines vielfältige, sein politisches Selbstverständnis bestimmende Berufung auf Jesus – als Liebesgott, Märtyrer, Heiland, Friedensgott, als politischen Freiheitshelden, dem »bon dieu citoyen«, als seinen »armen Vetter« (DHA VII, 179; IV, 118) – möchte ich innerhalb des Aufsatzes ausklammern und auf die Dissertation von Beate Wirth-Ortmann (Heinrich Heines Christusbild. Grundzüge seines religiösen Selbstverständnisses. Paderborn 1994) verweisen. Zu betonen bleibt, dass er das Judesein Jesu sehr betont hat und damit nicht nur seine christlichen Zeitgenossen provozieren wollte, sondern sich auf historisch-theologischem Boden bewegte, vgl. den Anfang des Shakespeare-Aufsatzes (DHA X, 9).

19 Vgl. die ironisch-bittere Selbstbezeichnung im Brief an die geliebte Freundin Mouche kurz vor seinem Tod, HSA XXIII, 475.

20 Werner II, 123.

21 Vgl. die »Geständnisse« von 1854 (DHA XV, 57).

22 Jeffrey L. Sammons bezeichnet sie als »substantially less religious than many other poems of ›Romanzero‹, particularly the ›Lazarus‹ group, even though they deal with specifically Jewish materials«. Jeffrey L. Sammons: »Heinrich Heine. The elusive Poet«. New Haven/London 1969, S. 387.

23 Vgl. dagegen die Darstellung König Davids als »Despot«, DHA III, 40f.

24 Heine wandte sich damit u. a. gegen Hegels Geschichtsoptimismus. Ein tragikomisches Weltbild, Offenheit im Sinn von Brüchigkeit, Fragmenthaftigkeit sind hier die Kriterien der Modernität, verstanden als »qualitative Kategorie«, nicht als »chronologische«. Vgl. Theodor W. Adorno: Minima Moralia. Hrsg. v. Rolf Tiedemann, Frankfurt a. M. 1980, S. 247.

25 Vgl. das frühe Gedicht »Die Götter Griechenlands« aus »Die Nordsee« (1826, in »Buch der Lieder«), worin er das Thema der durch das Christentum besiegten, in der Jetztzeit ein unglückliches Gespensterdasein führenden, aber stolzen antiken Götter vorzeichnet (DHA I, 412 ff.). Vgl. »Elementargeister« (1835 bzw. 1837) und den Ballettentwurf »Die Göttinn Diana« (1846/54), hier verschmelzen die Mythen zu einem eigenen Reich von antiken Mythen, deutschem Volksglauben, Tannhäuser etc.

26 Israel Taback macht auf die zwei talmudischen Überlieferungen aufmerksam, in denen Simri u. a. Schlemihl heißt, worauf sich wiederum Chamisso bezieht (Heine and his heritage. A study of judaic lore in his work. New York 1956, S. 152).

27 Vgl. DHA III, 628 f. Hartmut Steinecke: ›Wir stammen von Schlemihl‹. Jüdische Dichter-Bilder in Heines Spätwerk von Jehuda ben Halevy bis Rabbi Faibisch. – In: Aufklärung und Skepsis. Internationaler Heine-Kongreß 1997 zum 200. Geburtstag. Hrsg. v. Joseph A. Kruse, Bernd Witte, Karin Füllner: Stuttgart 1998, S. 315 (hier mit Berufung auf Ruth R. Wisse).

28 Ebd., S. 316 f.

29 Vgl. die Passage über Ludwig Tieck in »Die romantische Schule«, die auch auf Heine zutrifft: »Er war der wirkliche Sohn des Phoebus Apollo, und wie sein ewig jugendlicher Vater führte er nicht bloß die Leyer, sondern auch den Bogen [...]. Er war trunken von lyrischer Lust und kritischer Grausamkeit [...]. Hatte er [...] einen literarischen Marsyas erbärmlichst geschunden, dann griff er, mit den blutigen Fingern, wieder lustig in die goldenen Saiten seiner Leyer« (DHA VIII, 177).

30 Der Titel »Meister des Wortes« bezieht Heine natürlich auch auf sich und seinen hohen formästhetischen Anspruch. Takanori Teraoka: ›Meister der Sprache‹. Zu Heines schriftstellerischem Selbstverständnis. – In: Doitsu Bungaku. Die deutsche Literatur 79. Tokio 1987, S. 120 ff.

31 Hier sei nur auf die »Romantische Schule« verwiesen (DHA VIII, 162 f.). Vgl. Robert C. Holub: Heinrich Heine's Reception of German Grecophilia: The Function and Application of the Hellenic Tradition in the First Half of the Nineteenth Century. Wisconsin-Madison, 1979, S. 59 ff. Auch der Napoleon-Mythos Heines formt sich aus Vergleichen des Korsen mit den hellenischen Göttern, mit Prometheus (DHA VII, 67) und auch mit Goethe (DHA XI, 40). Vgl. hierzu aus der zahlreichen Literatur: Markus Winkler: Heines Napoleon-Mythos. – In: Internationaler Heine-Kongreß 1997 [Anm. 27], S. 379 ff.

32 Vgl. Wulf Wülfing: Luise gegen Napoleon, Napoleon gegen Barbarossa. Zu einigen Positionen Heines in einem Jahrhundert der Mythenkonkurrenzen. – In: Internationaler Heine-Kongreß 1997 [Anm. 27], S. 396.

Illuminationswelten
Zum Prozess der Modernitätsentfaltung in Heines Lyrik

Von Wilfried Thürmer, Moers

Vorbemerkung

Für reflektierendes Begreifen heinescher Lyrik kann Adornos bedeutender Essay, entwickelt aus Benjamins Warenbegriff und dessen Schlüsselfunktion für den Baudelaire-Essay, besondere Aufmerksamkeit beanspruchen. (Heißenbüttel machte in den 70er Jahren empfehlend in diesem Zusammenhang auf Benjamin aufmerksam.)[1] Er repräsentiert freilich mehr Skizzencharakter, konkretisiert an einem einzigen Text. In diesen Kategorien versucht mein Artikel, Konstitutionsprinzipien und -prozesse heinescher Lyrik reflektierend aufzudecken.[2] Vollzogen wird das jedoch aus der Tiefe des lyrischen Werkes und dessen mikrostrukturellen Zentren heraus; in Textsequenzen und stetem Textkontakt; durch Schichten und Modifikationen bis in explizite Thematisierungen hinein: Ist in der Vielfalt artistischer Techniken, sprachlicher Manöver, raffiniertester Gesten, thematisch-motivischer Inszenierungen eine durchgängige Tendenz erkennbar? Lässt eine solche Tendenz, wenn sie denn plausibel zu machen ist, sich ihrerseits historisch aus umgreifenden Strukturen erklären; kann sie als poetische Konkretion/Objektivation historisch-sozialer Strukturen verstanden, mit ihnen vermittelt werden?

I.

Im 4. Gedicht des »Lyrischen Intermezzos« des »Buchs der Lieder« (DHA I, 137) konstituiert sich der lyrische Prozess in anwachsender Gefühlsintensität: Von »schwindendem Leid und Weh« über völlige Gesundheit eskaliert er zu »Himmelslust«. Psychologisch verstehbar wäre auch die Schlusswendung: »Doch wenn du sprichst: Ich liebe dich! / So muß ich weinen bitterlich«: Übergroßes Glück, das sich in der Bestätigung als gewiss erfährt, schlägt in Schmerz um. Verstehbar wäre die Stelle aber auch als ein Umschlagen in Verlust im selben Moment, wo das Ersehnte in die Gewissheit der Gegenwart sich verwandelt: »Haben«, »Erfassen« – ist »Verlieren«, »Entwerten«, »Wesensloswerden«. Ratio, als der Kern, das Wesen solch vergegenwärtigenden Habens (hier repräsentiert in der, trotz aller Gefühlsbeglückung, unausweichlichen semantischen Begrifflichkeit des Satzes), lässt absterben und zerstört.

Als Pendant dieses Gedichts wäre lesbar das übernächste dieser Gruppe (DHA I, 139): Das Zusammenfließen der Tränenströme, das Sich-Vereinigen der Herzensflammen, die dann (noch einmal steigernd) ineinandergelenkt werden und in offensichtlicher Kopulationsmetaphorik kulminieren, bewirken gleichwohl keine Erfüllung, sondern, scheinbar paradox, den Tod aus *Sehnsucht* nach der, doch behaupteten, Anwesenheit des Glücks. Schon die Vervielfachung gängiger Topoi (Tränenstrom, flammende Herzen, Umarmung) indiziert das Erlöschen des Wirkungspotentials in ursprünglich ›einfachen‹, gängigen Wendungen: Durch Intensivierung und Steigerung sucht der Text forcierte Verwirklichung – um sie gerade damit aufzulösen. Das Zusammentreffen der Tränenströme und der flammenden Herzen befriedigt nicht, sondern verstärkt das Sehnen, das dann seinen Träger ›auslöscht‹ und damit seine eigene Unmöglichkeit demonstriert.[3] ›Verwirklicht‹ wird also in beiden Fällen ein Gefühlszustand, eine Gefühlsverfassung durch Intensivierung, Potenzierung gängig-verbrauchter Topoi, womit aber schließlich ›Verwirklichung‹ sich gerade auflöst.

Signifikant und besonders eindrucksvoll erscheint deshalb das 28. Gedicht des »Lyrischen Intermezzos« (DHA I, 159 f.): Schon die Version, mit dem Monat »Mai« nicht Glück und Erfüllung, sondern den Verlust der Geliebten zu verbinden (die »man Madame tituliret«, die sich also anderweitig verheiratet hat), weicht vom gängigen Modell ab, disqualifiziert es. Verstärkt wird diese Tendenz im Modus poetischer Realisierung dieses »Mai«, wo »alles lacht und jauchzt, und [sich] freut«; »die Blumen sprießen, die Glöcklein schallen« – wo also konventionelle Topoi gehäuft und seriell auftreten – und gerade damit ihre Entleertheit anzeigen, die sich obendrein in ihrer Stereotypie noch selbst expliziert (»Die Vögel sprechen wie in der Fabel«). Nicht einmal bei diesem Grad an ›Verwirklichung‹ durch Disqualifikation und kompensierende Potenzierung bleibt der Text aber stehen: Er wird durchzogen von einer Kette reimender, primär unlyrischer Fremdwörter: »spendabel«, »kapabel«, »Fabel«, »miserabel«, »passabel«, »aimabel«. Artistisch ist das Suchen und Auffinden solcher Gleichklänge gleicher Herkunft und Bildungsweise und deren kunstvoller Einbau in den Text. Vor allem impliziert es jedoch in der Diskrepanz zu den ›Frühlings‹-Topoi eine weitere Disqualifikation poetisch erzeugter ›Wirklichkeit‹.

In ständigen Brüchen und Verwerfungen konstituieren sich also die Texte.[4] Lesbar sind ihre Konstitutionsprozesse als potenzierende, disqualifizierende Antworten auf vorgängige (entweder im Text selbst enthaltene oder assoziativ/konnotativ zu ergänzende) Folien und Grundformen, die eben in solcher Prozedur sich als erledigt erweisen[5], die meist aber auch über sich selbst hinausdrängen und sich aufheben. Es herrscht keine Identität; kein Bei-sich-selbst-Beruhen der Redewirklichkeit.⁶ Das Gedicht konstituiert sich, indem es sich in sich selbst übersteigt. Jede Verfasstheit provoziert ihre Modifikation, Sprengung, Aufhebung – und erst dadurch kann authentisches Gefühl höchst vermittelt sich bekunden, das zugleich tief und verletzt ist: Gefühl, um noch als authentisches sich bekunden zu können, muss durch Sprache solch vielfache Vermittlungen inszenieren.

Ins Extrem steigert diese Verhältnisse das 32. Gedicht des »Lyrischen Intermezzo« (DHA I, 163 f.): Schon die Liebesumarmung ins Grab zu verlegen verfremdet und disqualifiziert einen Topos (das »Liebesnest«) und zeigt ihn als verbraucht. Erst recht indiziert die dreifache Dreigliedrigkeit (»Ich küsse, umschlinge und presse dich wild, / Du Stille, du Kalte, du Bleiche! / Ich jauchze, ich zitt're, ich weine mild«) lyrische Verbrauchtheit des Wortes, der Situation, die in potenzierender Häufung sich kompensiert – und sich eben dadurch demonstriert und einbekennt.

Vor allem aber manifestieren die Bildkomplexe der dritten und vierten Strophe Verhältnisse, die schon die Wortwahl bestimmten, auf höherer Stufe, die in sich nochmals gestuft ist: Disqualifiziert doch die dritte Strophe den Topos der Gespensterstunde zwischen Mitternacht und ein Uhr, wo die Toten ihre Gräber verlassen zu vergnüglichen oder schaurigen Umtrieben; was die Szene der Schlussstrophe grandios überbietet in der apokalyptischen Vision des Jüngsten Gerichts, das die Liebenden souverän ignorieren. Auf mehreren Stufen also setzt der Text verbrauchte Folien, Vorformen außer Kraft; deren Verbrauchtheit er durch reorganisierende, verfremdende Maßnahmen zugleich indiziert und kompensiert (durch Potenzierung, Steigerung ins Grotesk-Makabre). Erst in der artistischen Modifizierung verfügbarer Folien können Gefühl und Befindlichkeit sich bekunden, die eben deshalb Prozesse artistischen Modifizierens in Gang setzen, *um* sich bekunden zu können.⁷

II.

Nun walten die skizzierten Verhältnisse und Verfahren bekanntlich nicht nur im Frühwerk, in dessen Liebes- bzw. Naturgedichten. Ihre eigene Beschaffenheit drängt über diesen Bereich hinaus. Leicht greifbar sind sie in den »Neuen Gedichten« – und da vor allem in den »Zeitgedichten«, wo sie zum Medium decouvrierend-satirischer, politischer Kritik werden.

Als Glanz- und Paradestück politischer Satire kann »Zur Beruhigung« (DHA II, 125 f.) gelten. Faszinierend und unübertrefflich in ihrer Wirksamkeit ist die durchgängige Remetaphorierung: Aus dem metaphorisch gebrauchten (und schon ironisch getönten) »Tyrannenfresser« entwickelt der Text eine ganze ›Speisekarte‹ der Deutschen – und kontrastiert die einzelnen Gerichte jeweils zynisch mit politischen Komponenten.⁸ In stetiger Rückkoppelung an die Ausgangsmetapher (die damit assoziativ gegenwärtig gehalten wird) schreiten politisch Konstatiertes und remetaphorisch wörtlich genommene ›Speise‹, einander in greller Diskrepanz begleitend, voran – mit dem impliziten Appell der letzteren freilich, wieder metaphorisch und damit politisch wirksam zu werden: »Ein jedes Volk hat seine Größe; / In Schwaben kocht man die besten Klöße«; »Vergeblich würd' er [ein Brutus unter uns] den Caesar suchen; Wir haben gute Pfefferkuchen«; »[...] Vaterland / Benennen wir dasjenige Land, / Das erbeigenthümlich gehört den Fürsten; / Wir lieben auch Sauerkraut mit Würsten.« Und auch wenn es die Deutschen dürstet, verlangen sie »nicht nach dem Blute [ihrer] Fürsten« (was offensichtlich die Metapher vom »Blutdurst« implizit voraussetzt, auch wenn sie wortwörtlich gar nicht da steht). Den Kulminationspunkt allen Remetaphorierungs-Spiels erreicht der Text, artistisch gezielt, in seiner Schlussstrophe: Die Deutschen erscheinen als willfährig-höfliche Untertanen: Sie haben eine »Kinderstube« (das ist die redensartlich erstarrte Metapher des Hintergrunds und betrifft deren gesittetes Betragen ihren Fürsten gegenüber); welche »Kinderstube« *hier* sich in die buchstäblich-wortwörtliche »Kinderstube« zurückverwandelt, die »Deutschland« *ist* (und »keine römische Mördergrube«) – womit alles Unerwacht-Hilflose, Infantile, Untertänig-Willfährige auf den Bildbegriff kommt; das Sich-Schicken in Verhältnisse, weil sie andressiert sind.

Der Text arbeitet demnach mit ständigen inneren Überschreitungen. Das vorgefundene Gesagte drängt über sich hinaus; setzt in der transzendierenden (hier: remetaphorierenden) Praxis seinen Gehalt frei bzw. erzeugt eine neue Belichtung des Gegebenen/Vertrauten.[9] Darin eben bekundet sich die faszinierende Gescheitheit heineschen Dichtens – die solche Prozesse des Aufspürens und sprachlichen Umwendens ermöglicht. Der Vorgang manifestiert sich als auflösend-umbauende, zynische Kritik verfestigter Zustände in der Welt der Sprache, die solche Zustände mit herbeiführt und erhält.[10]

Verfahren und Verhältnisse solchen Typs lassen sich in den »Zeitgedichten« allenthalben beobachten: Wenn in der »Verheißung« (DHA II, 121) die »Deutsche Freyheit« »nicht mehr baarfuß« »durch die Sümpfe« »traben« soll, erkennt man eine ganze Reihe zynischer Metaphern: die erhaben-allegorische Figur – personifiziert als Elendsgestalt (»baarfuß«), die »durch die Sümpfe« der Reaktion ›trabt‹, also zum Vieh entwürdigt ist, »Endlich [...] auf die Strümpfe« kommen, also aufsteigen soll – während das Leserbewusstsein sogleich den Hohn solchen Aufstiegs registriert in dem mitschwingenden Konnotat ›auf den Hund kommen‹. »Deutsche Freyheit«, der »Eine warme Pudelmütze« zugebilligt werde, »Daß sie dir die Ohren schütze« – und sie damit auch gegen Einflüsterungen abschirme, die »vom welschen Satyr« ausgehen könnten (was der Text nicht sagt – aber nahe legt); der »eine große Zukunft naht«, worin sie »sogar zu essen« bekommt: schwer zu überbieten ist ein Zynismus, worin das Erlangen des elementar Lebensnotwendigen als prophezeite ›Zukunftsgröße‹ prognostiziert wird. Obendrein ist aber der »Respekt« vor den als »hohe[...] Obrigkeiten« anerkannten Instanzen »Und dem Herren Bürgermeister« vorauszusetzen – während die Freiheit, solche Instanzen zumindest kritisch zu befragen, gerade die Elementarform aller Freiheit wäre; womit die »Verheißung« das Unterlassen ihrer elementaren Inhalte geradezu impliziert – die vollendete Paradoxie also.[11]

Wenn in dem Gedicht »Jetzt wohin?« (DHA III, 101 f.), dem Inbegriff aller Exil-Gedichte, weder Deutschland noch England, Amerika oder Russland als Ziele in Betracht kommen; sogar der Himmel zum »Labyrinth« verkommt ohne orientierenden Stern (und damit die Ausweglosigkeit zur absoluten sich steigert, den Bethlehemischen Heils-Stern disqualifizierend) – dann ist das vor allem und zuerst die Situation des politischen Querkopfs, des sensiblen Ästheten und heimlichen Aristokraten, der seinerseits um Freiheit, womöglich um sein Leben bangen muss. Aber diese Situation macht auch hellsichtig für die wahren Verhältnisse: Das freie Amerika erscheint als »große[r] Freyheitsstall«; seine Bewohner als zivilisatorisch Regredierte, die »ohne Spucknapf speyen«, als Stallvieh, wo die Gleichheit die Gleichheit der Flegelei ist; es stößt ihn, (sehr charakteristisch!) ab, dass »ohne König« gekegelt wird, während doch zuhause am König kein gutes Haar gelassen wurde: Nachdem die Ungleichheit der gleichen Menschen erlitten worden war, gilt jetzt die Gleichheit des doch Ungleichen als anstößig. Das manchester-kapitalistische England stößt ab – obwohl dessen breite Gentry-Kultur ja ganz anderes erwarten ließe und im Gegensatz zu »Freyheitsstall« und »Gleichheitflegeln« stände.

Vor allem aber fasziniert die Begründung, womit eine Rückkehr nach Deutschland ausscheidet: In die Person selbst wird der »Unterschied« verlegt: »Fuß« will anders als »Verstand« – der seinerseits in der Einheit eine Zweiheit darstellt: der »Verstand« »schüttelt klug das Haupt« (Dissoziation desselben in sich selbst; metonymische Synonymie/Remetonymierung) – was dann den grandiosen Neologismus »Erschießliches« hervorbringt (der offenbar die Klang-Assoziation »Ersprießliches« weckt, die ja, als geschichtlich-antizipierende Tendenz des heineschen Werks, viel näher liegt und über den Welt-Zustand, der sie in »Erschießliches« verwandelt, bedenkliche Auskunft gibt).[12]

Und diese Einsicht erledigt gleich noch einen zu beinahe mythischer Geltung gekommenen Typus: den des Helden. Denn ihm muss es, so wäre rückläufig aus dem Wortlaut des Textes zu folgern, ›angenehm‹ sein, erschossen zu werden, weil das zu »pathetischen Geberden« Anlass gäbe – was dann aber den Heldenkult als Theatralik entlarvt, die der Differenziertere sarkastisch verspottet in der Oxymoron-Diskrepanz vom »unangenehm[en]« »Erschossen-werden« (und dessen eklatant-ironischer Untertreibung). Man sieht, mit welcher Virtuosität der Text in Sprache, Vorstellungsrepertoirs und politischer Geographie aufräumt. Und man sieht, wie sprachlich auf- und umräumende Gesten erweiternde Tendenz entfalten.[13]

Das Nirgends-Fuß-Fassen-Können, das ständige Weggerissen-Werden zu Neuem als Resultat der absolut gewordenen Exilsituation, erscheinen als der Modus einer Konstitutionweise der Texte selber. Er markiert eine Schwelle zur Moderne als der ›Exiliertheit‹ aus allen Halterungen, Festigkeiten; wonach man nur noch in raschester Ablösung, im Wechselbad der Vorstellungen existieren kann. An keinem Ort eine Bleibe finden können, Beschaffenheit, Charakter und Geltung aller denkbaren Verfasstheiten ironisch-sarkastisch dekuvrieren und demontieren zu müssen, sind sein Wesen. Sprache findet nirgends Ruhe; kein zu Hause im unbezweifelt mit sich selbst Identischen. Im Bereich des Politischen, wo die Bedingungen der Wirklichkeitskonstitution verhandelt werden, erreichen solche Verfahren ihre radikalsten Manifestationen.

III.

Der dekuvrierend-umwertende poetische Gestus greift nicht nur in Räume, er greift auch in Geschichte (was ja politische Gedichte auch schon taten). In den »Valkyren« des »Romanzero« (DHA III, 21) wird das geradezu thematisch: »Und der schlechte Mann gewinnt« (Wilhelm der Eroberer nämlich – während König Harold fällt) – ein Ereignis, anlässlich dessen sich die gesellschaftliche Totale in ihrer Korrumpiertheit enthüllt: »Lorbeerkränze, Siegesbogen!« werden dem ›Schlechten‹ dargebracht, der »gewonnen Leut' und Land«; in selbstkorrumpierendem Opportunismus unterwerfen sich willfährig die Eliten: »Bürgermeister und Senator / Holen ein den Triumphator, / Tragen ihm die Schlüssel vor, / Und der Zug geht durch das Thor«; auch das Volk ist nicht besser; es bietet den Euphorie-Rausch des charakterlos-wetterwendischen Pöbels. Vor allem aber präsentiert sich in den Damen der Gesellschaft (»Schöne Frau'n« »auf Balkonen« – doch wohl Töchter, Witwen, Schwestern der Gefallenen) die erbärmlichste Form der Korrumpierung: die Willfährigkeit gegenüber dem Sieger; kein Sich-Verschenken, sondern ein Sich-Verkaufen an die Macht – um fortwährender Teilhabe am Glanz willen.[14]

In transzendierend-umorganisierender Geste schreitet der lyrische Prozess im Gedichtband fort zu »Schlachtfeld bey Hastings« (DHA III, 22–25) – einem thematisch mit den »Valkyren« verbundenen Text.[15] Zuerst jedoch treten Repräsentanten auf, die im anderen dasselbe darstellen und so erkennbar werden: Sosehr »der Abt von Waltham« den Tod König Harolds schmerzlich empfinden mag, besonders scheint er doch daran interessiert, sein Kloster zur Ruhestätte des letzten Sachsenkönigs zu machen – mit dem erwartbaren besonderen Rang, der ihm daraus erwachsen wird (V. 1–8, 57–60, 69–72, 117–120). Erst recht zeigen die Mönche eine ganz unmönchische Gesinnung: Weltliche Interessen scheinen zu dominieren, wenn sie sich als »verlassen vom Glücke« bezeichnen; Macht- und Prestigevorstellungen bestimmen sie (wer das Land erhält; wer Freier, wer Knecht sein wird; das Missverhältnis von Rang und Kriegsglück); Ressentiment bis zum Neid auf Status-Symbole (wer zum »Lord« avancieren, mit goldenen Sporen reiten darf: V. 18–20); selbst ihre Himmelsvorstellung ist durchsetzt von Prestigegerangel (V. 21–24); bis sie (sarkastisch modellierter Hexen-Gipfel unfrommen Wesens!) Harolds Niederlage zur Bestätigung eines Unheil ankündigenden Kometen erklären (»[…] der heuer / Blutroth am nächtlichen Himmel ritt / Auf einem Besen [!] von Feuer«!) – eine zynische Parodie auf mönchische Glaubens-Frömmigkeit!

Radikal ändert sich das Bild, wenn die zentrale Figur auftritt, die der Abt als ›Such-Hund‹ vereinnahmt: Edith Schwanenhals, ehemalige Geliebte Harolds: gealtert, verarmt, vereinsamt – ist sie, wortlos, sofort bereit; nimmt, von Mitternacht bis Tagesanbruch, den langen Marsch »Durch Sümpfe und Baumgestrüppe« auf sich; sucht den ganzen Tag auf dem grässlich zugerichteten Schlachtfeld, stumm, kalt, forschend, um dann, mit »gelle[m] Schrey« in verzweifelte Glückseligkeit auszubrechen im Wiederfinden des nie Vergessenen, endgültig Verlorenen: Nichtig sind auf einmal Zeit (»[…] wohl sechzehn Jahr' / Verflossen unterdessen«), Elend, Tod – vor der Absolutheit eines Gefühls, das im Augenblick, angesichts des Toten, in ihm ›alles‹ zurückerhält. Der Text erreicht eine Erhabenheit, Wucht und Größe, die noch heute ergreifen:

> Sie suchte schon den ganzen Tag,
> Es ward schon Abend – plötzlich
> Bricht aus der Brust des armen Weib's
> Ein geller Schrey, entsetzlich.
>
> Gefunden hat Edith Schwanenhals
> Des todten Königs Leiche.
> Sie sprach kein Wort, sie weinte nicht,
> Sie küßte das Antlitz, das bleiche.
>
> Sie küßte die Stirne, sie küßte den Mund,
> Sie hielt ihn fest umschlossen;
> Sie küßte auf des Königs Brust
> Die Wunde blutumflossen.
>
> Auf seiner Schulter erblickt sie auch –
> Und sie bedeckt sie mit Küssen –
> Drey kleine Narben, Denkmäler der Lust,
> Die sie einst hinein gebissen.

Dass das lyrische Ich, in größter Sachlichkeit, sich nur zum registrierenden Beobachter des Wahrgenommenen macht, in monoton-anaphorischer Kette »sie« und immer nur »sie«[16] stumm die überwältigende Kraft authentischen Gefühls bekunden lässt, stößt alles vorgängig Geltende um: die korrumpierte »Valkyren«-Welt des Opportunismus; die des Abtes; der Mönche.[17] Bei der Unscheinbarsten, Dürftigsten sind Wahrheit und Authentizität: Edith Schwanenhals, »Der Leiche ihrer Liebe« folgend – ambivalent-doppeldeutig und widersprüchlich in sich ist die Formulierung, ist doch diese »Leiche« als »Liebe« zugleich von lebendigster Gegenwart –, »[…] sang die Todtenlitaney'n / In kindisch frommer Weise«. Ihr sind *das* und *der* Tote unverlierbar in der Fixiertheit der Liebenden, die, in »kindisch[er]« (schwachsinniger? seniler?) Frömmigkeit eingeschlossen, gegen alle Welt, alle Vernunft, zum alleinigen Ort der Treue und Wahrheit des Gefühls wird – und eben darin gegen die Welt, sie disqualifizierend, Recht behält.

IV.

Im heineschen Gedichtwerk vollzieht sich modifizierend-durchbrechendes Umbauen, besonders auch beim Griff in Märchen und Mythologie. Im 40. Gedicht aus dem »Heimkehr«-Zyklus des »Buchs der Lieder« (DHA I, 253) liest man eine Modifikation des »Loreley«-Gedichts, hier jedoch im Auftauchen eines Glücksbildes aus der Zeitentiefe: »ein lichtes Bild« »taucht aus dunkeln Zeiten« hervor. Es ist das Bild einer glückhaften Liebesgemeinschaft, einer gemeinsamen (nicht vereinzelten) Fahrt den Rhein hinab: »Saßen all auf dem Verdecke, / Fuhren stolz hinab den Rhein«; »Sinnend saß ich zu den Füßen / Einer Dame, schön und hold«. In der Schönheit der Landschafts- und Naturbilder (»Und die sommergrünen Ufer / Glühn im Abendsonnenschein«) erkennt man die (in sich modifizierte) Motiv-Rekurrenz aus dem »Loreley«-Gedicht.

Vor allem erkennt man die völlig veränderte Wiederkehr des Musik-Motivs: Dort war es Sirenen-Dämonie, die den Schiffer zugrunde richtete; hier wirkt die Schönheit der Landschaft, des Himmels- und Naturbildes, als hätte Musik sie zur Glücksaura um die Liebenden befreit:

> Lauten klangen, Buben sangen,
> Wunderbare Fröhlichkeit!
> Und der Himmel wurde blauer,
> Und die Seele wurde weit.

Sie wirken auf die Geliebte ein – und strahlen aus ihrem Auge zurück.

> Mährchenhaft vorüberzogen
> Berg und Burgen, Wald und Au'; –
> Und das Alles sah ich glänzen
> In dem Aug' der schönen Frau.

Schönheit, Freiheit, Glück erscheinen als reflektiert *in* sich selbst und durch solche Reflexion *zu* sich selbst befreit. Das aber ist mit einer charakteristischen Änderung verknüpft: Dem Glück der Erreichbarkeit: Nicht nur befinden sich die Liebenden hier auf einer Ebene (»zu den Füßen« der Dame zu sitzen, widerspricht dem nicht, ist eher ein Akt der Huldigung) – während im »Loreley«-Gedicht[18] (DHA I, 207 f.) »die schönste Jungfrau« »dort oben« sitzt; der Schiffer »mit wildem Weh« »nur hinauf in die Höh'« schaut. Das »rothe Sonnengold«, wenn auch primär auf die Geliebte zentriert, leuchtet *hier* universal, gilt allen und allem als ›natürliches‹ Gold – während die hohe, dämonenhaft-verführerische Loreley »gold'nes Geschmeide« hat, »goldenes Haar« »mit goldnem Kamme« kämmt – also über Gold als persönliches Attribut verfügte. »Loreley« und der Untergang des »Schiffers« sind Konfigurationen eines als ruinöser Druck erfahrenen Klassenverhältnisses.[19] Und eben das scheint jenen Drang mit zu erzeugen, über die Grenzen einer solchen Konkretion hinaus und in eine modifizierte Realisation hinein zu gelangen. –

Dass modifizierende Konfigurationen des Loreley-Gedichtes schon viel früher im »Buch der Lieder« erscheinen, ist bekannt. Ist doch bereits das unmittelbar auf das »Loreley«-Gedicht folgende, dritte »Heimkehr«-Gedicht eine solche Modifikation[20]: Die Perspektive ›oben‹-›unten‹ wird vertauscht; anstelle des Rheins tritt, trivialisierend, der Stadtgraben; der Sehnsuchtsschiffer findet seinen banalen Ableger im angelnden, pfeifenden, Kahn fahrenden Knaben; zu Wäsche bleichenden, im Gras herumspringenden Mägden verbürgerlicht und vervielfacht sich das dämonische Sirenen-Wesen; Spitzweg-Idylle mit »Lusthäuser[n]«, »Gärten«, »Menschen«; »Ochsen«, »Wiesen«, »Wald«, »Mühlrad«, »Schilderhäuschen« breitet sich aus; und das Subjekt überlebt, wenn auch traurigen Herzens, den Tod wünschend – wohl jetzt als den Fluchtweg aus solcher Banalität. –

Bedenkt man z. B. noch die drastische, ins Grotesk-Obszöne führende, in immer weiteren Modifikationen, Umkehrungen des Ausgangsmaterials artistisch fortschreitende »Loreley«-Parodie/-Travestie des »Apollogotts«[21] (DHA III, 32–36), dann verdeutlicht sich: zum Wesen heinescher Lyrik gehört das ständige Durchbrechen; keine Konkretion hält es bei sich aus – auch bei Vorgefundenem ist kein Aushalten möglich (dass es Vorlieben für bestimmte Themen gibt, widerspricht dem nicht, trägt vielmehr zum ständigen Durchbrechen- und Verändernmüssen bei; ermöglicht es geradezu).

Eine Formel gleichsam für solche Verfahren liefert in der Sprache des 42. Gedichts der »Heimkehr«: »Theurer Freund! Was soll es nützen, / Stets das alte Lied zu leiern?« (DHA I, 257). »Stets das alte Lied zu leiern« wird als monotone Wiederholung des immer Gleichen erfahren – obwohl dieser Text doch auf zwei, die ursprüngliche Loreley-Realisation umbauende Texte folgt, die eben deshalb *gerade nicht* »das alte Lied«

»leiern«, sondern es innovierend modifizieren²². Verstehbar wird die Konkretion des Textes dann wohl am ehesten, wenn die innovierende Modifikation als nicht innovierend genug erfahren wird.

V.

Eine Bewegung des Textes als gezielte Disqualifizierung konventioneller Förmlichkeit bietet das Gedicht »Gedächtnißfeyer« (DHA III, 114) des »Lazarus«-Zyklus aus dem »Romanzero«. Schon die Diskrepanz zwischen Titel (dem liturgisch-rituellen Ereignis) und dem Gedichtauftakt in doppelter Negation des Rituellen (»Keine Messe wird man singen, / Keinen Kadosch wird man sagen«), die sich in zwei weiteren Negationen fortsetzt (»Nichts gesagt und nichts gesungen / Wird an meinen Sterbetagen«) repräsentiert exemplarisch Auflösung und Durchbrechung. Und wenn an die Stelle des Offiziellen dann Persönliches tritt, steigert sich solche Disqualifikation: In kurios-komischer Profanierung (der ironische, ja zynische Bitterkeit beigemengt sein mag) tritt an die Stelle des liturgischen Rituals die Eventualität des »vielleicht« möglichen Spaziergangs, »Wenn das Wetter schön und milde« – womit »Gedächtnißfeyer« sich ironisch modifiziert in die Zerstreuung des urbanen Schlenderns von »Mathilde«, deren Reimfähigkeit auf die »Milde« des Wetters nicht billig, sondern ingeniös ist: so wendisch, launisch, beliebig wie das Wetter ist diese Frau. Und wenn sie es immerhin bis zum »Kranz von Immortellen«, zum geseufzten »*Pauvre homme!*«, zu »Feuchte[r] Wehmuth in den Blicken« bringt – dann ergänzt das der Text in einer zweiten Stufe ironisierender Disqualifizierung: Die religiöse Auferstehungsvorstellung ironisiert er im »viel zu hoch«-Wohnen (dessen »leider« das Ironie-Moment noch verstärkt); und er verstärkt es nochmals in der profan-gesellschaftlichen Geste des ›Stuhlanbietens‹, das wünschenswert wäre, da selbst dieser Spaziergang Mathilde überfordert zu haben scheint; die der Text in ironischer Vulgarisierung »meine [...] Süße [...]« nennt, womit er das zuvor schon ironische ›Stuhl-Anbieten‹ fortsetzt.²³ Nicht einmal damit aber ist die Bahn des Textes als Flucht aus dem Zwang des Konventionellen beendet. Er überbietet die Vulgarität der »Süßen«, noch in der Anrede »Süßes, dickes Kind«, für dessen Schwanken »mit müden Füßen« er den Hinweis auf die »Fiaker« am »Barrière-Gitter« bereithält – womit der »Gedächtnißfeyer«-Spaziergang sich (zumindest zur Hälfte) in eine Spazierfahrt wandelt – und sich damit praktisch in Lustbarkeit auflöst.

Ein Beispiel für die Entfaltung der Texte als Bahn inneren Überschreitens stellt besonders »Das neue Israelitische Hospital zu Hamburg« dar (DHA II, 117 f.). Natürlich repräsentiert dieses Gedicht zuerst Klage über die endlose Kette geschichtlicher Leidenserfahrungen, über das Stigma des Judentums. Bemerkbar wird aber schon in dieser Dimension eine andere Nuance: Wenn von »tausendjährige[m] Familienübel«

die Rede ist, von »ungesunde[m] Glauben«, vibriert unter ernstester Problemdecke der Schalk, der selbst damit sein Gespött zu inszenieren gesonnen ist, was sich zu zeigen beginnt, wenn gegen »Unheilbar tiefes Leid!« »Nicht Dampfbad, Dusche, nicht die Apparate / Der Chirurgie« helfen: Natürlich helfen sie nicht dagegen! Aber trotz dieser jedermann ohne weiteres einsehbaren Nutzlosigkeit medizinischen Aufwands ihn gleichwohl aufmarschieren zu lassen, eben das beginnt einen komischen, den Ernst des Problems verzerrenden Effekt zu gewinnen. Der setzt sich in »siechen Gästen« fort, denen etwas ›geboten‹ wird; und er endet im »vernünftig seyn und glücklich« der jüdischen Enkel. Denn wer könnte annehmen, der Antisemitismus ließe sich durch ein »Vernünftigwerden« der Juden beenden – wo doch im Vernünftigwerden der Antisemiten eine eklatant wichtigere Vorbedingung läge.

Durchzogen wird der Text aber auch von einer Dimension des Lobpreises der Großherzigkeit und Güte des Hospitalstifters Salomon Heine. Unverkennbar vollzieht sich auch hier ein Übergang: vom »preisen jenes Herz[ens], das klug und liebreich / Zu lindern suchte, was der Lindrung fähig«. geht es über »De[n] theure[n] Mann!« zur »reich're[n] Spende«, die »Entrollte manchmal seinem Aug', die Thräne, / Die kostbar schöne Thräne, die er weinte / Ob der unheilbar großen Brüderkrankheit«. Lässt dieser Übergang sich nicht lesen als Wendung vom Lobpreis zur Schmeichelei? Und zieht diese Schmeichelei gegen Schluss hin (beim »Entrollen« der »Thräne« »Ob« der »Brüderkrankheit«) nicht geradezu, sich selbst dekuvrierend, Effekt aus sich selbst? Dem Text jedoch genügt nicht einmal das: »Der theure Mann!« der drittletzten Strophe kehrt in der vorletzten wieder als »Ein Mann der That, that er was eben thunlich«: Jeder Leser registriert den Signal-Charakter der alliterativen Kette, die sich im hingegebenen »Taglohn« fortsetzt; in die Klangäquivalenz »Durch Wohlthun sich erholend« übergeht, um zu enden in der Steigerung: »Er gab mit reicher Hand – doch reich're Spende [...]«. Schwerlich überzieht man die Deutung des Textes, wenn darin versteckte Kritik, Aufforderung zu gleichem tätigen Wohltun gegenüber dem Schreibenden, zu Zahlungen an Heinrich Heine also, gesehen wird – das ewige Verwandschafts- und Leidensproblem des Dichters. Natürlich dient die sprachliche Artistik dem Ausdruck eben dessen: Im Vollzug dieses Ausdrucks- Geschehens wird sie aber auch sichtbar.

Zu lesen wäre das Gedicht, in der weltgeschichtlichen Weite seines Bezugs, der Urbanität der wohltätigen Stiftung, als angelegt, den persönlichen Wunsch, die individuelle verwandtschaftliche Erwartung zu transportieren, die sich obendrein selbst zu karikieren scheint; welcher Effekt sich aber nur verwirklichen kann, indem eine Schicht die andere übersteigt, außer Kraft setzt, Dissonanzen und Disqualifikationen erzeugt.

Wie das Modell und die Urform aller disqualifizierenden Innovation wirkt schließlich »Adam der Erste« (DHA II,109 f.) aus dem Zyklus »Zeitgedichte« der

»Neuen Gedichte«, wo Persönliches sich ins Archetypische zurückverwandelt, das wiederum die persönliche Situation illustriert [24] Radikal modifiziert der Text die biblische Version der Vertreibung aus dem Paradies: Nicht Sehnsucht und Rückkehrverlangen löst sie aus, sondern »Vermissen werde ich nimmermehr / Die paradiesischen Räume«; das Paradies selbst wird diskreditiert: »Das war kein wahres Paradies – / Es gab dort verbotene Bäume.« In noch gesteigertem Konventionsbruch produziert der Text die Blasphemie: Verjagung »Ganz ohne Recht«; die sich zur baren Lästerung steigert: »Du kannst nicht ändern, daß ich weiß / Wie sehr du klein und nichtig, / Und machst du dich auch noch so sehr / Durch Tod und Donnern wichtig.«[25] Thematisch wird dieses »Wissen« in der vierten Strophe: die Vertreibung konfiguriert zur ausgeführten Relegationsmetapher mit »Magnifikus«, »Lumen-Mundi« und »Consilium-abeundi«, worin Gott zum dümmlichen Uni-Rektor avanciert, dessen Prinzip (das Wissen), das er (prinzipienwidrig) vorenthalten wollte, ihn bereits disqualifizierte, was ihm der Text offenbar *sagen* muss, da er, der Inhaber allen Wissens, es, ebenso offenbar, nicht weiß (womit er sich selber diskreditiert). Schließlich kulminiert das Gedicht in der Komplementarität »volles Freyheitsrecht« – »g'ringste Beschränkniß«, und es demonstriert zugleich deren strikte Vermittlung: »Beschränkniß« (genialer Neologismus, der die Gefängnismetapher herbeizieht) ist das Unerträgliche und produziert geradezu die Exilsituation, deren Modell das Gedicht auch ist (»Ich ziehe fort mit meiner Frau / Nach andren Erdenländern«: das falsche Paradies erscheint gar nicht mehr als exorbitant!). Als »Beschränkniß« kann aber praktisch jede Satzung/Setzung, jede institutionelle Verfasstheit gelten. Alles irgendwann Gesagte, Approbierte, Konventionalisierte wird dazu. Und gegen all das, insbesondere gegen alle »verbotenen[n] Bäume«, die den Inbegriff aller Verbote und alles konventionell Approbierten darstellen, ist das »volle[…] Freyheitsrecht« durchzusetzen. Das aber geschieht in der Weise des Sagens, die dieses Gedicht vorträgt: »Adam der Erste« heißt so, weil er, als Rückprojektion Heines, den ersten Vertreter, die Urpersonifikation der Kritik, des Protests, der disqualifizierenden Innovation und des Exils repräsentiert.

Zugleich aber produziert ja erst die »Beschränkniß«, in der widerspenstig-aufsässigen Leidenschaft des »Ich will«, jene Dynamik, der dieses Gedicht in seiner kalten Kühnheit zu danken ist – das, folgt man der skizzierten Deutung, als Paradigma heineschen Imaginierens überhaupt verstanden werden darf: »Beschränkniß« auf allen Stufen, in allen Dimensionen (auch den selbstgeschaffenen!); »Beschränkniß« jeder Art und Intensität provoziert den Impuls dieses Dichtens, löst ihn aus als »ins Exil« des Neuen, Überraschenden, Unerhörten im Gedicht Noch-nie-Dagewesenen zielend: ob das die »Preußischen Hämorrhoiden«, die »Coliken«, »Harnbeschwerden« des »Vermächtniß« (DHA III, 120 f.) sind oder der »Schelfischseelenduft« und die »zahlungsfähige Moral« in »Anno 1829« (DHA II, 79 f.); ob der »Hofweltweise

[…] Confusius« im »Kaiser von China« (DHA II, 122 f.), oder die »Sangeslichter« in »In Mathildens Stammbuch« (DHA III, 99) oder »Erschießliches«, »Freyheitsstall«, »Gleichheitsflegel« in »Jetzt wohin?«; ob es die Serien unerhörter Kühnheiten im »Wintermährchen« sind (Caput XIII zum Beispiel) oder die überschwänglichen Tollheiten in den »Lobgesängen auf König Ludwig« oder die genialen Passagen, vor allem die Schlusseskalation, in »Erinnerung aus Krähwinkels Schreckenstagen« oder die ungeheuren, martialisch-zynischen Schimpfkanonaden der »Disputazion« oder Passagen aus »Jehuda ben Halevy« – oder die Fülle weiterer Stellen, die jeder Heine-Kenner hier anfügen könnte.

VI.

Mehrere Hypothesen zur Erklärung der Konstitutionsfigur heinescher Lyrik sind möglich: die Verbrauchtheit vorgefundener Formeln und Modelle (die im faktisch schon einmal Gesagten ihre Elementarform hat) und die zu kompensieren ist; sprachliche Intelligenz, die an solchen Situationen leidet, sich aus ihnen befreit durch Kompensation, Innovation, und sich in solchen Befreiungsakten zugleich schärft und schult; »Beschränkniß« jeder Art und jeden Grades (erotische, geistige, ökonomisch-materielle, politische, existentielle), die »ins Exil« im wörtlichen und metaphorischen Sinn treibt, auch »ins Exil« des Neuen, Gewagten, Unerhörten.

Zu suchen ist aber ein Textmodell, das solche Modi umfassen könnte, deren Flucht- und Konvergenzpunkt darstellend. »Der Dichter Firdusi« aus dem ersten Buch des »Romanzero« (DHA III, 49–55) scheint eine solche Erklärungsmöglichkeit zu gestatten. Klar erkennbar ist einmal die biographische Folie: Der arme, bedeutende Dichter; sein großes Werk; ein reicher, mächtiger Gönner/Verwandter; Versprechungen oder zumindest In-Aussicht-Stellungen und das Verlangen nach Fülle, zumindest Wohlstand; die schnöde Täuschung; Tod in Entbehrung und die zu spät kommende, überreiche Belohnung: Heines Verhältnis zum Onkel Salomon Heine und dessen Familie zeichnen sich ab.[26]

Offensichtlich ist auch die Faszination, die von orientalischer Poesie und deren Brechung/Assimilation im »West-östlichen Divan« auf Heine ausgeht (von Hammer-Purgstall/Goethe; man erinnere sich der Passagen aus der »Romantischen Schule«). Begreifende Reflexion hätte mehr zu erfassen. Vereinfacht gesagt, baut sich der Text aus mehreren Komplementär-Paaren auf: der arme Dichter – der unermesslich reiche Schach; Erschaffung des Nationalepos »Schach Nameh«, wofür Belohnung versprochen, die aber als unangemessen (silberne, statt der als selbstverständlich erwarteten goldenen Thoman) zurückgewiesen, und der die Rückkehr in die Armut vorgezogen wird; schuldbewusste nachträgliche und überschwängliche

Belohnung durch den Schach, die jedoch erst eintrifft, als Firdusis Leichenzug die Stadt »am andern End'« verlässt, also vergeblich ist.

Diesem Plot der ›Historie‹ vom »Dichter Firdusi« lässt sich ein regelrechtes Argumentations-Muster entnehmen: Firdusis Werk ist Vergewisserung und Vergegenwärtigung der Geschichte seines Landes, die vom Souverän in Auftrag gegeben wurde (»[...] Seiner Heimath Fabel-Chronik / Farsistans uralte Kön'ge, // Lieblingshelden seines Volkes, / Ritterthaten, Aventüren, / Zauberwesen und Dämonen [...]«). Dieses Werk entfaltet mit den dargestellten Ereignissen des historischen Prozesses einen Reichtum, dem erst die Gleichzeitigkeit der Fülle kostbarster Gegenstandswelten entspricht. Erst in *diesem* Stadium (und nicht schon in dem zwar herrlichen, aber anachronistischen der Gold-Thoman: darin bestände ein bedeutsames Wahrheits-Moment dieses Textes!) entstände ein wirklich historisch angemessenes Äquivalent der dichterischen Leistung: die objektive, wesentliche Dimension; das Telos eines »Schach Nameh«, das der Tendenz von »Geschichte« folgt, wäre, dem Anspruch der Geschichte nach, die Gegenwart der substantiellen Fülle des Wirklichen – repräsentiert in der Geschenkkarawane des Schachs. Der Text in seiner Gesamtheit nämlich ist weiser als sein Protagonist, beansprucht höheren Wahrheitsgehalt. Dieser Protagonist (Firdusi) muss durch die bittere Erfahrung der ersehnten und entgangenen Gold-Thoman hindurchgehen, damit, wenn auch zynisch, der volle, gnadenlose Wahrheitsgehalt der geschichtlichen Stunde sich zeige. Denn: Wie substantiell ist diese substantielle Fülle des Wirklichen wirklich?

Was da sich anhäuft an Vielfalt und Pracht, der Reichtum an Dingen, Geräten, die Augenweiden, Tast- und Gaumenfreuden, die tendenziell unendliche Kette – ist die phantastische Fülle einander übertreffender Waren (durch seinen Tausend und eine Nacht-Märchencharakter hindurch). Das Warenhaus rückt an; die »Passage« setzt sich in Bewegung, die auch im »Jehuda ben Halevy« Orgien feiert (und dort schon explizit genannt wird).[27] Der Dichter jedoch hat nichts davon; dem Phantastischen solcher Reize entzieht er sich im Tod. Er wird darin zum Protagonisten des Widerstandes gegen die ins Phantasmagorische mündende Tendenz von Geschichte.

Tatsächlich aber wird er auch Protagonist des Gegenteils – im Vollzug seiner Erfahrung. Denn betrachtet man, wie der Text sein entstehendes Werk, das »Schach Nameh«, charakterisiert, dann entfaltet dieses Werk sich selbst schon in den Ausstellungs-, Präsentations-, Phantasmagorie-Charakteren der Warenhauswelt, die es zugleich zu vermeiden trachtet[28]:

> Alles blühend und lebendig,
> Farbenglänzend, glühend, brennend,
> Und wie himmlisch angestralt
> Von dem heil'gen Lichte Irans,

> Von dem göttlich reinen Urlicht,
> Dessen letzter Feuertempel,
> Trotz dem Koran und dem Mufti,
> In des Dichters Herzen flammte.

Gerade das am stärksten akzentuierte Moment ist Indiz für eine ›Schwäche‹. Es kompensiert, bekräftigend, das zum Surrogat gewordene ursprünglich Authentische und verrät es eben damit: Die mehrfach potenzierte, ins Überirdische entrückte, ins letzte Residuum des Dichterherzens gerettete Licht-Metapher ist es, die schon alle Eigenschaften des dekorierenden Ins-Licht-Setzens der Waren-Präsentation darbietet.[29] In der Brechung heinescher Konkretion besteht die Anstrengung des Dichters Firdusi darin, der Welt der Waren das episch gedichtete Wesen der Nation abzugewinnen, das aber seinerseits, in der poetischen Mimesis und um deren Authentizität willen, in »Warenkategorien« aufscheinen muss. Firdursis »Dichterherz« ist eine Konfiguration des heineschen Dichterherzens. Firdusis Verstummen jedoch und schließlich sein Todesabgang werden lesbar als der ohnmächtige Protest vor einer geschichtlichen Notwendigkeit, *die er selbst mit vollziehen muss* als das historisch Fällige. Seinen Leichenzug »durch das Ost-Thor« (!) die Stadtgrenze überschreiten zu lassen, während die Karawane »durch das West-Thor« einzieht, mag den utopischen Vorschein eines dereinst tagenden anderen, heileren Zustands intendieren.

In Heines Texten überhaupt aber, wenn man »Der Dichter Firdusi« als weiteren Schlüsseltext akzeptiert, manifestiert sich das Wesen der frühen Moderne durchs Disqualifikations-, Innovations- und Kompensationsprinzip der Waren hindurch: Heines Dichten ist die unablässige *Suche* nach dem authentischen Ausdruck – unter dem Zwang der *Korrumpierung* des Authentischen durch das Prinzip der allgegenwärtigen Ware und deren Reflex in der Sprache.[30] *Sie* ist es, die alle Disqualifikation, Innovation, Steigerung herbeizwingt, weil unter ihrem Diktat und dessen Fernwirkungen alles immer neu, anders, raffinierter, ausgefallener, ›noch nie da gewesen‹ sein muss – und eben darauf reagiert das poetische Ingenium Heines; dessen Größe mit darin besteht, diese Tendenz als eine wesentliche Tendenz der Geschichte erkannt, und sich, dichtend, darauf eingelassen zu haben.

Anmerkungen

1 »Das Neue am Immerwiedergleichen und das Immerwiedergleiche am Neuen«: Walter Benjamin: Zentralpark. – In: Ders.: Gesammelte Schriften. Bd. I/2. Hrsg. v. R. Tiedemann u. H. Schweppenhäuser. 2. Aufl. Frankfurt a. M. 1978, S. 673; die »Spontaneität [der heineschen Gedichte war] eins mit der Verdinglichung. Ware und Tausche bemächtigten sich in Heine des Lauts, der zuvor sein Wesen hatte an der Negation des Treibens«: Theodor W. Adorno: Die Wunde Heine. – In: Ders.: Noten zur Literatur. Bd. I. Frankfurt a. M. 1961, S. 147. Helmut Heißenbüttel: Materia-

lismus und Phantasmagorie im Gedicht. Anmerkungen zur Lyrik H. Heines. – In: Ders.: Zur Tradition der Moderne. Aufsätze und Anmerkungen 1964–1971. Neuwied 1972, S. 69.

2 Ähnlich der Intention Gerhard Kaisers, versucht mein Aufsatz die Charakterisierung einer Tendenz der Lyrik Heines, wenn auch Perspektive und kategoriale Verfasstheit (wie oben angemerkt) ganz andere sind (Gerhard Kaiser: Lazarus als Lyriker. Über das lyrische Werk Heinrich Heines. – In: HJb 2004, S. 62–98). Vor welchen Schwierigkeiten bisherige Forschungsliteratur steht, um solche Einsichten sich zu erschließen, bzw. wie weit sie sich ihnen annähert, ist an signifikanten und repräsentativen Forschungsbeiträgen sichtbar zu machen.

3 Karl Heinz Götze rekapituliert in seinem Aufsatz: Die unmögliche und die mögliche Liebe. Heines Liebeslyrik in der Geschichte der Gefühle (HJb 1999, S. 29–45) forschungsgeschichtliche Versuche, Determinanten für Heines Variierungen unglücklicher Liebe, Sinnlichkeit, tragischer Desillusionierung zu finden; er orientiert sich an Niklas Luhmanns und Manfred Schneiders ›Inkommunikabilität‹ der Liebe, um dann Heines Dichtung »einzuschreiben« »in die Geschichte der Liebesdiskurse« (S. 33 f.), wobei er freilich mehr Entwicklungs-/Modifikationsstufen von Empfindungslagen im Blick hat, die er mit »epochale[n] Konstellation[en]« korreliert (S. 37 ff.), was sich in minimalem Textbezug ausdrückt. Demgegenüber ist mein Versuch primär interessiert am sprachlichen Vollzug als Austragungsort, worin sich virtuose Spiele vollziehen, die ihrerseits auf sedimentierten Gehalt zu befragen sind. Gefühlserfahrung steht also gegen Spracherfahrung.

4 Wolfgang Preisendanz, der historische Rezeptionsweisen rekapituliert, betrachtet als communis opinio, »diese Lyrik [sei] primär […] als poetische Darstellung der Entfremdung zwischen modernem Lebensgefühl, modernem Bewußtsein, moderner Gesellschaftserfahrung und tradierter lyrischer Kommunikation« zu sehen. Wodurch wird aber modernes Lebensgefühl, moderne Gesellschaftserfahrung induziert? Worin bestehen sie überhaupt? Nach Preisendanz sind es nicht hinterfragbare letzte Determinanten: »Kurzum, die Entfremdung zwischen dem poetischen und praktischen Bewußtsein« (Wolfgang Preisendanz: Heinrich Heine. Werkstrukturen und Epochenbezüge. München 1973, S. 108, 111).

5 Was Andreas Böhn (Erinnerungswelten. Geschichte und Exotik im »Romanzero«. – In. HJb 2003, S. 3–13) als »Prozess der Modernisierung« beschreibt, der komplementär, »als Gegenstrategie zu dieser Entwicklung, Praktiken der Musealisierung hervor[bringt]«, »Vertraute[s] der alltäglichen Lebenswelt […] immer schneller zu etwas Veraltetem, Anachronistischem […], Fremden« macht (S. 5) (primär sind Gegenstände: Curiosa, Sammlerstücke, aber auch geschichtliche Exempla gemeint), das vollzieht sich vergleichbar in Heines Umgang mit sprachlichem Material, einschließlich der aus solchen »Musealisierungsstrategien« »resultierenden Verzerrungen« (S. 8). die natürlich ihrerseits artistisch gewollt sind.

6 Karin Sousa (Wahrheit und Widersprüche in Heinrich Heines »Buch der Lieder«. – In: HJb. 2003, S. 73–87) demonstriert, ansetzend bei dem kleinen Wörtchen »festgelogen« (DHA I, 269), wie »die Suche nach dem Reinen und Unverstellten, der nackten Wahrheit vergeblich« ist (S. 85): »im Schein ist das Sein, im Spiel der Ernst, im Lügengeständnis die Liebe präsent«, – eine andere Version desselben Sachverhalts.

7 Dass Heines Lyrik sich im Spannungsfeld des Petrarkismus entfaltet, ist eine plausible These Manfred Windfuhrs. Dem Belegmaterial, das Windfuhr mit souveräner Kennerschaft beizieht, kann nicht gut widersprochen werden. Natürlich sieht er aber den nicht-petrarkistischen Umgang Heines mit diesem Material. Nicht in den Blick kommen jedoch entscheidende Determinanten der artistischen »Weiter- und Umbildungs«-Strategien; »Geist der neuen Zeit«, »demokratisierte ältere Liebeskonzeptionen«, ironische Brechungen als Sicherungen (S. 229 f.) greifen m. E. zu kurz. Welches sind z. B. die Determinanten »von allzu leicht gesuchten Effekten« (S. 231), die der »verstän-

dige[n] und wirksame[n] Entlarvung des idealisierten Liebesbildes«? Warum ist Heine der »sentimentale Petrarchismus« (DHA X, 260) »noch zu spiritualistisch« (S. 232)? Für Windfuhr sind es literaturimmanente Erwägungen des Sprachkünstlers Heine (Manfred Windfuhr: Heine und der Petrarkismus. Zur Konzeption seiner Liebeslyrik. – In: Ders.: Rätsel Heine. Autorprofil – Werk – Wirkung. Heidelberg 1997, S. 213–235).

⁸ Walter Hinck (Ironie im Zeitgedicht Heines. Zur Theorie der politischen Lyrik. – In: Internationaler Heine-Kongreß Düsseldorf 1972. Referate und Diskussionen. Hrsg. v. Manfred Windfuhr. Hamburg 1973, S. 81–104) zeigt, wie in diesem Gedicht Ironie, Komik, Satire, Hohn einander durchdringen im »Ausdehnungsdrang der Ironie«, die »chamäleonhaft« vor nichts Halt macht; sogar, sich selbst verzehrend, »zum Bumerang« wird (S. 94 f.). Allerdings bewegt sich Hinck im Kontext der Rezeptionsästhetik, was schon terminologisch deutlich wird; primär sind also die Funktionsweisen leserlenkender Stimuli im Blick. Dass die dabei zitierten »Haltungen präsentiert, ausgestellt wirken« (S. 87), wie Hinck, an Heißenbüttel orientiert, schreibt, provoziert aber auch Heißenbüttels zentrale Frage, die Hinck gerade nicht stellt: die nach Stellenwert und Ausdrucksgehalt des sprachlichen Materials selbst, dessen eminenter Lockerung, Beweglichkeit sprachlicher Vollzüge im Bereich der Ironie.

⁹ Gerhard Höhn formuliert in seinem Heine-Handbuch Kriterien für »Rang und Überlegenheit« der »Zeitgedichte« überhaupt: Sie beruhen auf »historischen Parallelen, die das Aktuelle verfremdet zur Sprache bringen, sowie auf einem verwirrenden Spiel mit Rollen, Masken und Tarnungen« (S. 109). Welchen Gehalt aber diese sprachlichen Manöver haben, ist hier zu fragen. Ein »dissonantes, anti-klassisches und anti-romantisches Verfahren« als Funktionsbestimmung (S. 72) greift m. E. zu kurz (Höhn, 2. Aufl. 1997).

¹⁰ Deutlich stärker als W. Hinck und G. Höhn arbeitet, in wirkungsästhetischer Orientierung, den sozialkritischen Impuls des Textes Winfried Freund heraus. Er sieht dessen »ironische Kontrastierung«, die den »indirekt[en] Appell zur republikanischen Revolution« enthält; und konstatiert eine Dialektik als Gestaltungsmittel des lyrischen Subjekts, »die auf eine Prozessualisierung erstarrter historischer Positionen abziel[t]« (Winfried Freund: Das Zeitgedicht bei Heinrich Heine. Zum Verhältnis von Dialektik und didaktischer Funktion. – In: Diskussion Deutsch, Heft 35, Juni 1977, S. 271–280, hier S. 276 f.).

¹¹ Manfred Windfuhrs Allgemeincharakteristik der »Zeitgedichte« enthält deren Konstitutionsprinzip: »[Nicht einstimmen] in die allgemeine Begeisterung«, »entschiedene inhaltliche und formale Bedenken gegen die neue politische Lyrik« (S. 205). Kritische Distanzierung also. Das schon für das »Buch der Lieder« formulierte Produktionsprinzip wirkt weiter: nicht »harmonische Verhältnisse«, »sondern die widersetzlichen, gegenläufigen« gelten (S. 24): Es muss anders sein, um jeden Preis, wofür aber die Bedingungen gerade zu ermitteln wären (Manfred Windfuhr: Heinrich Heine. Revolution und Reflexion. Stuttgart 1969).

¹² Christian Liedtke erinnert anlässlich dieses Neologismus an Freuds »komische ›Verdichtung‹« durch ›Herstellung eines Mischwortes‹«, was »hier als witzige Pointe schlaglichtartig die restaurative Situation beleuchtet«. Die »Pointe« ist aber zuerst sprachliches Ereignis, das die oben bezeichnete Konnotation auslöst; womit eine Widerspruchsanpassung sich durch den sprachlichen Vollzug hinzieht; und dieser Effekt (von der Pointen-Funktion unterscheidbar) wäre in seinem sozialen Gehalt zu erklären (Christian Liedtke: »...und es lachten selbst die Mumien«. Komik und grotesker Humor in Heines »Romanzero«. – In: HJb 2004, S. 12–30, hier S. 15).

¹³ Alfred Riemen identifiziert Assoziationsketten, die ihren Fluchtpunkt im Poeten haben, als Konstitutionsprinzip der Texte. Er betont deren Präzision, Ökonomie in Verweisungscharakter und Signaturtechnik (S. 55 ff.). Die Assoziationskette insgesamt sieht er »nach einem Generalthema

ausgerichtet«, in diesem Gedicht dem der Inhumanität (S. 62) (Alfred Riemen: Gedichte und Publizistik. Zu Heinrich Heines lyrischem Stil. – In: HJb 1975, S. 50–69). – Am radikalsten, und wohl zutreffend, begreift Olaf Briese den Gehalt solcher Gedichte, der zeitkritischen Texte des Spätwerks: als totalen Entfremdungszusammenhang aller Geschichte »ohne dass es ein Zentrum der Erfüllung je geben wird oder je gegeben hat« (S. 24). Es ist die »Vertreibung aus dem Sinnes-, Liebes- und Lebensparadies« (S. 19). (Olaf Briese: Exil auf Erden. Facetten einer Zumutung in Heines Spätwerk. – In: HJb 2003, S. 14–36).

14 Eine Verbindung von »historische[r] Kulisse« und »zeitgeschichtliche[r] Invektive« identifiziert Hans Peter Bayerdörfer für diesen Text: Im Nachklang der 48er Revolution sei »die Allgemeinheit dieser Sentenzen leicht politisch und zeitgeschichtlich zu konkretisieren«, – was sich durch sprachliche Formationen vollzieht, deren zeitgeschichtlich-politischer Charakter jedoch zu bedenken wäre! (Hans-Peter Bayerdörfer: Politische Ballade. Zu den »Historien« in Heines »Romanzero«. – In: DVjs 46 (1972), Heft 3, S. 435–468, Hier S. 438).

15 Bayerdörfer rechnet den Text zu »den echten Nachfahren der alten Balladenform« ([Anm. 14], S. 436); er dürfte aber zu einer anderen Einschätzung gelangen, wenn er ihn (in seiner unverkennbar gewollten!) Relation zum vorangehenden »Valkyren«-Gedicht analysierte.

16 Jeffrey L. Sammons erinnert an Heines »Gewohnheit«, bei der Zyklenbildung Elfer-Gruppen zu bilden. Hätte man hier einen Reflex dessen? Mit obsessiver Insistenz geradezu kehrt in den Strophen 26–28 (vom Moment des Auffindens des Leichnams an) elf Mal »sie« wieder als Pronomen für Edith Schwanenhals: Apotheose der absoluten Liebe? (Jeffrey L. Sammons: Heinrich Heine. Stuttgart 1991, S. 34). Dass mit Zahlensymbolik bei Heine zu rechnen ist, demonstriert J. A. Kruse an der artistisch durchkonstruierten Symmetrie des »Dichter Firdusi«, vgl. Anm. 17.

17 Gewiss sind »Liebe und Machtkonstellationen« »bestimmende Faktoren« in diesem Text (Joseph A. Kruse: Heinrich Heines »Der Dichter Firdusi«. Fremde Historie als eigene Situation. – In: Winfried Woesler (Hrsg.): Ballade und Historismus. Die Geschichtsballade des 19. Jahrhunderts. Heidelberg 2000, S. 116–134, hier S. 120.) Zu untersuchen ist hier, wie sie gegeneinander in Bewegung gesetzt werden und dabei konventionelle Konstellationen verschieben, wo nicht gar sprengen.

18 Den hochkomplexen, artistischen Kunstcharakter des Produkts hat jüngst Gerhard Kaiser herausgearbeitet, wo er »Projektionen, Spiegelungen« überall herrschen sieht, »die Naturerscheinung [...] zugleich [als] Kunsterscheinung« wahrnimmt, »Verschichtung und Verschmelzung von Sprachebenen«, den generellen Zitatcharakter als Konstitutionsprinzip deklariert: »Heine zitiert Rheinromantik und romantischen Volksliedton« ([Anm. 2], S. 73 f.).

19 Gerhard Höhns Einschätzung, dass sie »durch ihre überreich goldene Ausstattung wie eine Märchenprinzessin erscheint«, lese ich hier weniger als eine »Distanz zur Naivität des Volksliedes« ankündigende »übertriebene Wiederholung« des ›goldenen‹«, sondern (aller Artistik des Gebildes unbeschadet!) als Insistieren auf dem »Gewicht sozialer Abstände« ([Anm. 9], S. 67 f.).

20 Ulrike Brunotte widmet diesem Gedicht eine detaillierte, Subtilitäten sorgfältig herausarbeitende Studie, betrachtet und analysiert jedoch weitgehend auf Binnenverhältnisse hin und deren Kontrastierung mit Volksliedtraditionellem. Welchen Stellenwert dieser Text in seiner Konstellation zum vorausgehenden »Loreley«-Gedicht und in der Korrelation zu weiteren Modifikationen dieses Themas einnimmt, bleibt weitgehend unbeachtet. So sehr man Einzelerkenntnisse ihrer Analyse schätzen wird (Biedermeier-Beeinflussung, hyperrealistische Beobachtung, Kulissenwelt; Verfremdungsmethode, »Übermacht des entqualifizierenden ›und‹«, »Proßeß von Erfahrungszerfall« (S. 61 ff.) – unübersehbar überzieht ihre Deutung jedoch streckenweise den Text (Stellenwert des Mühlrads, S. 65–69; Schlussvers, dem ein Absolutheits-Pathos zugeschrieben wird, das gerade

dem ironischen Relativismus, worin dieser Text zum vorangegangen »Loreley«-Gedicht steht, inadäquat wäre). (Ulrike Brunotte: »Ein absichtsvoll falsches Volkslied«. Konstruktion und Kritik der Idylle in Heinrich Heines »Heimkehr IIi«. – In: HJb 1992, S. 57–77).

21 In v. Wieses Konkretisierung dieses Textes, von einer »doppelten Perspektive« ausgehend, wonach »Mythentravestie« und »destruktive Ironie« (S. 159) zum Medium der Entdeckung der eigenen Existenz avancieren, dominieren Theater-, ja Straßentheater-, Zirkusmetaphern: Ein ironisierendes Spiel mit Masken wird zum Medium eines poetischen Genius, der nur so Apoll zum »Gott der Moderne« (S. 173) werden lassen und sich selbst finden kann. Wiederum bleibt jedoch die entscheidende Frage ungefragt: Welche Determinanten verursachen »bereits gewollt klischeehafte Züge«, eine »kulissenhaft statuarisch […] gestellte Theaterszene? (S. 169) Für v. Wiese ist es das heinesche »Wesen«, das »immer der Maske« bedarf, »sich selbst zu mystifizieren« (S. 170), während m. E. viel weiter reichende, objektive Prozesse ins Auge zu fassen sind (Benno von Wiese: Mythos und Mythentravestie in Heines Lyrik. – In: Ders.: Perspektiven I. Studien zur deutschen Literatur und Literaturwissenschaft. Berlin 1978, S. 146–174). – Eine gründliche Spezial-Untersuchung liefert Helmuth Mojem. Als eine »Auseinandersetzung« der Religionen Christentum, Hellenentum, Judentum (deren jede aber prekär gebrochen erscheint: »Romantikparodie«, »Antikentravestie« »depraviertes Judentum«) liest er den Text (S. 275), um ihn in einer »Generalabrechnung« mit dem »Bereich der Dichtkunst« (S. 278) münden zu lassen. Zwar wird der Bezug zum »Loreley«-Gedicht erwähnt, aber nicht thematisiert (S. 267); so sehr der Autor eine »Vielzahl poetischer Stilmittel« demonstriert (S. 273–277) – auch ist reflektiert nicht Bedingungen/Inhaltlichkeit dieses Formalen, der sprachlichen Manöver (Helmuth Mojem: »Der Apollogott«. Eine Interpretation. – In: Wirkendes Wort 5 (1985) S. 266–283). – Ebenso könnte man Bayerdörfer [Anm. 14] fragen, was »die Elemente der romantischen Geschichtsballade […] längst zu auswechselbaren Versatzstücken«, die von »Heine ausdrücklich als Kostüm« verwendet werden, gemacht hat und »das Balladenmuster von vornherein entleert« erscheinen lässt (S. 437 f.)? Dass es dann »auf die politische Spitze hin funktionalisiert« wird, leuchtet ein, entlässt aber nicht aus dem Zwang, den vorgelagerten Reflexionsschritt zu vollziehen.

22 Norbert Altenhofer konstatiert eine »vertikalthematische[] und horizontal-konsekutive[] Orientierung des Einzelgedichts« und sieht daraus »zwangläufig ein Moment der lyrischen Selbstreflexion« entspringen; nicht mehr »individueller Ausdruck eines erfüllten Augenblicks, sondern paradigmatisch als Variation eines Themas, syntagmatisch als Antwort auf eine vorangegangene und als Exposition einer folgenden Situation« (S. 51) liegen vor. Altenhofer spricht von »distanzierender Artistik« (S. 54), von einer »Technik der reflexiven und historisierenden Brechung« (S. 56), und rekurriert auf Heines »Variationen des selben kleinen Themas« (HSA XX, 91). Insgesamt eine höchst förderliche Beschreibung des Sachverhalts. Folgen muss aber eine Reflexion der von Altenhofer konstatierten »reflexiven […] Brechung« heinescher Texte. (Norbert Altenhofer: Ästhetik des Arrangements. Zu Heines »Buch der Lieder«. – In: Heinrich Heine. Neue Wege der Forschung. Hrsg. von Christian Liedtke. Darmstadt 2000 S. 49–67).

23 Für G. Kaiser gibt dieser Text Anlass zu einem »Bekenntnis zum Parlando Heines« und dessen »Manierismus« »unendlicher Ironie«, woraus uns sehr wohl »auch heute noch Stromstöße treffen« ([Anm. 2], S. 96), besonders wenn man das in diesem Gedicht geschilderte Frauenverhalten mit der Edith Schwanenhals, deren bedingungsloser Selbstaufopferung und Liebe, vergleicht.

24 Die Geschichte der Bemühungen um die Kontextuierung dieses Gedichts und seine Bezüge (Affäre Hoffmann v. Fallersleben, dessen Entlassung aus dem Universitätsdienst als königliche Reaktion auf das Gedicht: »Wir wollen es nicht haben«) rekapituliert, korrigiert und ergänzt Werner Bellmann. Er betont aber den Folienbezug m. E. zu stark, reduziert das poetische Geschehen in

Heines Text auf Reaktion darauf (parodistisch, persiflierend) (S. 68). Der Skandal ist zwar Auslöser, nicht aber Determinante. Das Heine-Gedicht hat einen viel weiter reichenden Horizont (Werner Bellmann: Chiffrierte Botschaften. Ästhetische Kodierung und Rezeptionsvorgaben in Heines »Zeitgedichten« – In: HJb 1987, S. 54–77). – Natürlich scheint sich nur schwer etwas gegen M. Windfuhrs »Grundfaktum politischer Dichtung«: »ihre Kommentarbedürftigkeit« vorbringen zu lassen, wenn Windfuhr das nicht geradezu selbst täte: »Nur dort [nämlich], wo die Hülle für sich selbst spricht und poetischen Reiz hat, kann dieser Mangel ausgeglichen werden«. Wo aber spräche in den »Zeitgedichten« die Hülle nicht für sich selbst? Wo fehlte poetischer Reiz? Es ließe sich fast behaupten, Kommentierung lenke ab, auf einen Zeitbestand dieser Texte, ihren historischen Anlass, den das Werk weit übersteigt ([Anm. 11], S. 208).

25 Zu erinnern wäre hier auch an den eindrucksvollen (durch Heine selbst inspirierten) Deutungsansatz von Preisendanz, wonach »gerade die Blasphemie dadurch religiös wird, daß sie nicht aufhört, auf Rechtfertigung des Leidens zu dringen. Ironisch schlägt die religiöse Ergebung in Lästerung um, ironisch verkehrt sich aber die Blasphemie in Demut« ([Anm.4], S. 19).

26 Joseph A. Kruse [Anm. 17] erinnert an diese »tragische[] Erbschaftsgeschichte« (S. 122). Besonders aber verweist er auf das zeitübergreifende Weiterwirken von »Funktionen und Strukturen«, die auch für Heines »Rolle als Schriftsteller in der modernen Gesellschaft gelten« (S. 119), was besonders in seinen Weiterungen und Umkehrungen hier zu verfolgen ist.

27 Betrachtet man den Mittelteil des Triptychons, so erscheint Schach Mahomet selbst als Täuschung, Trugbild, Phantasmagorie, als Modifikation des Warenkörpers, der blendet und einnimmt. Das Ambiente seines Gartens zu Beginn des dritten Teils wirkt wie eine Dekorationswelt, worin Ware sich darbietet; und der Gesamtcharakter dieses Gartens ist so sehr Gegenteil des »vermaledeite[n] Garten[s]« der »Affrontenburg«, dass man diese Extreme fast als einander berührend lesen möchte. Weiteres Indiz für die biographische Folie? Zeigt doch Kruse auch deutliche Parallelen zwischen dem Stifter des »Neuen israelitischen Hospitals«, Salomon Heine also, und Schach Mahomet ([Anm. 17], S. 127). – Mauro Ponzi sieht Heines Modernität in der Anerkennung wirtschaftlicher, finanzkapitalistischer Determinanten als bestimmend für den Gesellschaftsprozess und demonstriert das an Passagen aus den »Französischen Zuständen«. Er stellt geradezu Beziehungen her zu Marx' Analyse der Bourgeoisie-Gesellschaft und deren innerer Produktions-, Destruktionsdialektik (bes. S. 787 ff.). Allerdings bietet Ponzi keine textanalytisch durchgeführte Konkretisierung solch einer Prämisse. Kursorische Bemerkungen über Demontage und Umfunktionierung dichterischer Bilder der Romantik im »Buch der Lieder« (S. 787), können diesen Status nicht beanspruchen (Mauro Ponzi: Heine und die neue Zeit oder Die schwarze Sonne der Zukunft. – In: Aufklärung und Skepsis. Internationaler Heine-Kongreß 1997 zum 200. Geburtstag. Hrsg. v. Joseph A. Kruse, Bernd Witte u. Karin Füllner. Stuttgart, Weimar 1999, S. 783–798). – Dolf Oehler nähert sich einem solchen Verständnis an, wenn er in Heines Strategien »einen Appell zur Infragestellung nicht nur von Ideen und Personen, sondern der gesellschaftlichen Verhältnisse selber [sieht], deren Ausdruck jene sind« (Dolf Oehler: Letzte Worte – Die Lektion aus der Matratzengruft. – In: Heinrich Heine ([Anm. 22], S. 118–146, hier: S. 121). – Eberhard Scheiffele geht in seiner Analyse dieses Textes am weitesten; ihm ist zuzustimmen: das sind »Kolonialwaren«, »Orientalica«, wir sind in der »Welt von Kapital, Industrie und Kommerz«, »massenhaft[er] Produktion«, »reproduzierbarer Raritäten«, in der Welt der »Passagen« (S. 86 ff.). Man könnte ihm sogar die »marktschreierischen Anordnungen«, den »Reklamefachmann« (S. 83) abnehmen. Vorbehalte melden sich jedoch gegenüber Scheiffeles Leseweise der »*poetischen* Machart« (S. 84) des Textes: eine Wahrnehmung »abgewelkt-unzeitgemäßer Topoi«, »unwiderstehlicher Komik« (S. 86) scheint mir den Text (zumindest bisweilen) zu überziehen. Aber das ist nicht der Grund für Firdusis Verstum-

men. (Eberhard Scheiffele: Die Verabschiedung des »königlichen« Dichters. »Der Dichter Firdusi« als ›Dichtergedicht‹. – In: HJb 1993, S. 74–93).

[28] Eben die, durch Kruse [Anm. 17] betonte Strukturenkontinuität, sich personifizierend in Heines »Identifikationsfigur« »Firdusi«, vollzieht zugleich, wenn auch in einem anderen Sinn als Kruse es versteht, »weltanschauliche Bestimmungen«, die sich gerade in »Fragen seines Berufs«, (S. 124), objektivieren. Dem so reflektierenden Zugriff wird der Ereignisvorgang des Textes lesbar als mimetisch-konfigurierende Deutung nicht nur des Dichters, sondern des Spielraums und der Lage der Poesie selbst, ihrer sich selbst reflektierenden Konkretion im poetischen Vollzug. In solcher Perspektive »hängt« »der Überfluß der ausgewählten [...] guten Gaben« nicht »am Ende in der Luft« (S. 122), sondern er wird zum signifikanten Glied eines sozialgeschichtlich argumentierenden Nexus [vgl. Anm. 27].

[29] Dass Mahomet »den Schöpfer eines Unikats mit *reproduzierbaren* ›Raritäten‹ [...] versöhnen« möchte, wie Scheiffele meint ([Anm. 27], S. 87), »das ›Buch der Könige‹ als – wenn auch noch so kostbare – Ware betrachtet«, ist kein Fehlverhalten, worauf der Text den Firdusi mit endgültigem Verstummen reagieren ließe (S. 88 f.) Vielmehr bildet, in der Ökonomie dieses Textes, das erst die adäquate, historisch gegebene Lage der Poesie, die sogar und gerade das »Schach-Nameh« als Integral in seinen Bann zieht: Der Text ist in seinem gesamten Verweisungszusammenhang als Konfiguration und Symbolisierung des alles usurpierenden Warenverhältnisses zu begreifen. Gold zu empfangen (um »an ihm sich zu erlaben«) wäre demgegenüber restaurativ gewesen: Restauration der ›Kunstperiode‹ (S. 79). In hohem Grade stimmig erscheint es, wenn der Warencharakter sogar die Ur-Reminiszenz der zoroasterschen Licht-Metapher ergreift und umwertet, wie im Haupttext dargelegt.

[30] Hier nun wird dasjenige eingelöst, was Benjamin Adorno, Heißenbüttel für eine Deutung inaugurierten und was, nach dem reflektierenden Durchschreiten des Werks, sich in mannigfacher Brechung und Konkretisierung als konstitutiv für lyrische Prozesse Heines wohl verdeutlichte: Die Phantasmagorie des Waren-Charakters, mit der Flut sich auflösend-übertreffender Reize, bestimmt das Wesen dieser Texte.

»Ich bin ein deutscher Dichter«
Liebe und Unglück
in Heines »Buch der Lieder«

Von Bernd Kortländer, Düsseldorf

I.

Ich bin ein deutscher Dichter,
Bekannt im deutschen Land.
Nennt man die besten Namen,
So wird auch der meine genannt.

Diese Zeilen des 26jährigen Heine aus dem Gedicht »Heimkehr« 13 im »Buch der Lieder« sind nicht nur deutliche Zeichen eines ausgeprägten Selbstbewusstseins, eines Selbstbewusstseins als Dichter, das sich damals lediglich auf zwei schmale Gedichtbände und einige Zeitschriftenpublikationen gründen konnte. Auffällig ist, dass der »fremde, kranke Mann« dieses Gedichts, der hier zu seiner Dame spricht, offenbar großen Wert auf das Adjektiv *deutsch* legt: Nicht irgendein Dichter will er sein, sondern ein »deutscher Dichter«.

Wir kennen den weiteren Verlauf der Geschichte, wissen um die tragischen und manchmal auch tragi-komischen Verwerfungen im Verhältnis Heines zu diesem Deutschland, dem er sich so früh an exponierter Stelle zugehörig weiß und bekennt. Bereits die Zeitgenossen haben, nach anfänglichem Zögern, das »Buch der Lieder« als moderne Fortsetzung der deutschen Volksliedtradition begrüßt und gefeiert. Dazwischen gab es aber auch giftige Stimmen wie die des damals prominentesten Literaturkritikers Wolfgang Menzel, der der »Loreley« in der silcherschen Vertonung die Befähigung zum Volkslied rundweg absprach.[1] Das Vertrackte dabei ist, dass Menzel mit seiner Prognose natürlich völlig und absolut falsch lag, dass er andererseits aber nicht einmal Unrecht hatte mit dem Verdacht, der Text sei eigentlich zu kompliziert, um ein Volkslied sein zu können.

Heine ist dann mit den Gedichten des »Buchs der Lieder« doch der meistvertonte Dichter deutscher Sprache mit ca. 10.000 Vertonungen geworden, die »Loreley« eines der am meisten gesungenen deutschen Lieder. Es ist fast schon eine Groteske, wenn der Verfasser dieses ›deutschesten‹ aller Lieder, das bis heute für sehr viele Menschen auf der ganzen Welt den Begriff des deutschen Gemütes in nuce enthält, nicht erst von den Nationalsozialisten, sondern bereits von deren breiter Vorläuferschaft seit dem Ende des 19. Jahrhunderts als der undeutscheste Autor der deutschen Literatur angeprangert und bloßgestellt wird.[2] Dieselben sangesseligen Kehlen, die gerade noch die »Loreley« oder eine der Vertonungen von Schubert, Schumann oder Brahms gesungen, und dieselben Stimmen, die diesen Gesängen eben noch gerührt Beifall gerufen hatten, ereiferten sich wenig später über den Franzosenfreund und kritischen Nestbeschmutzer, über den unmoralischen, den ›undeutschen‹ Juden Heine. Man könnte sich sogar die Situation vorstellen, dass ein unbedarftes Fähnlein der Hitlerjugend mit dem Lied von der Loreley auf den Lippen die Schriften Heinrich Heines ›dem Feuer übergab‹. Die Schwierigkeiten im Umgang mit diesem Heine finden ihre Fortsetzung in gewisser Weise bis heute in dem Mysterienspiel um das, was man das »Dichter unbekannt-Phänomen« nennen könnte. Viele ältere Heine-Liebhaber erinnerten sich nach dem Krieg an Schulbücher aus der NS-Zeit, in denen die »Loreley« angeblich mit dem Hinweis »Dichter unbekannt« an Stelle des Verfassernamens abgedruckt gewesen sei, obwohl ein derartiges Schulbuch wirklich und nachweislich nicht existiert und auch nie existiert hat. Die Anekdote, 1935 von einem Autor in der Emigration in völlig anderem Kontext als Beleg für die herrschende Barbarei in Deutschland zuerst erzählt, diente im Nachkriegsdeutschland dazu, die Scham über den eigenen Verrat an diesem Dichter zu kaschieren.[3]

Dem gebrochenen Verhältnis des deutschen Publikums zu seinem Dichter entsprach umgekehrt ein gebrochenes Verhältnis des Dichters zu seinem Publikum und darüber hinaus zu seinem Land. Die Spannungen in den Texten der frühen Lyriksammlung sind zu einem Teil diesem gespaltenen Verhältnis geschuldet: Heine verachtete das bürgerliche Publikum einerseits und ließ es diese Verachtung auch spüren; andererseits war es doch dieses Publikum, für das er seine Gedichte schrieb, von dem er anerkannt, applaudiert sein wollte: »Es liegt mir viel, sehr viel an der Anerkennung der Masse, und doch giebts niemand, der wie ich den Volksbeyfall verachtet und seine Persönlichkeit vor den Aeußerungen desselben verbirgt«, schreibt er als 26jähriger 1823 (HSA XX, 124). Heine schrieb für die Gegenwart und nicht für die Nachwelt, wie die im selben Jahr wie er geborene Annette von Droste-Hülshoff, die in hundert Jahren gelesen werden wollte.

Das gebrochene Verhältnis zu seinem Deutschtum bereits in den frühen Jahren des »Buchs der Lieder«, also noch während seines Aufenthaltes im Lande selbst, ist vielfältig belegt. Im März 1824 schreibt er an seinen Schulfreund Rudolf Christiani:

> Ich weiß daß ich eine der deutschesten Bestien bin, ich weiß nur zu gut daß mir das Deutsche das ist, was dem Fische das Wasser ist, daß ich aus diesem Lebenselement nicht heraus

kann, und daß ich – um das Fischgleichniß beizubehalten – zum Stockfisch vertrocknen muß wenn ich – um das wäßrige Gleichniß beyzubehalten – aus dem Wasser des deutschthümlichen herausspringe. Ich liebe sogar im Grunde das Deutsche mehr als alles auf der Welt, ich habe meine Lust und Freude dran, und meine Brust ist ein Archiv deutschen Gefühls (HSA XX, 148).

Zwischen den enthusiastischen Sätzen hört man bereits die Spannbreite dieser besonderen Beziehung heraus: Die Begeisterung der letzten Sätze kontrastiert grell mit dem Selbsthass der Eingangsbemerkung. Dieses Pendeln zwischen Abscheu »(O Deutschland! Land der Eichen und des Stumpfsinnes!«[4]) und vielfach gebrochener Zuneigung (»Trotz meinem Streben nach französischem Weltsinn, trotz meinem philosophischen Cosmopolitismus, sitzt doch immer das alte Deutschland mit allen seinen Spießbürgergefühlen in meiner Brust« (DHA VIII, 97)) kennzeichnet die Beziehung von der Frühzeit bis in die späten Jahre. In der »Lutezia« heißt es resümierend: »Ich habe es nie übers Herz bringen können, mich ganz loszusagen von meinem Hauskreuz. [...] Ich habe auch nicht eine Borste meines Deutschthums, keine einzige Schelle an meiner deutschen Kappe eingebüßt, und ich habe noch immer das Recht, daran die schwarz-roth-goldne Cokarde zu heften.« (DHA XIV, 83)

Dieses Spannungsfeld baut sich auf in den Texten der frühen Zeit, in den »Reisebildern« ganz besonders, aber auch in den Gedichtzyklen, die Heine dann 1827 im »Buch der Lieder« zusammenfasst. Das »Buch der Lieder« scheint auf den ersten Blick – und insbesondere auf den Blick, der von heute aus darauf geworfen wird – mit dem Deutschland-Thema wenn überhaupt, dann nur sehr indirekt zu tun zu haben. Variiert es doch ständig und mit steter Wiederholung die Botschaft vom Liebesunglück, von der süßen Traurigkeit der Gefühle. Aber bereits Heine selbst hatte davor gewarnt, zu sehr die Naivität dieser Gedichte zu betonen. Und einer seiner ersten Kritiker hat denn auch bereits gespürt, dass hier jemand mit den Mitteln der Tradition, dem Volksliedton und dem gängigen Liebesthema, einen ganz anderen Schmerz zum Ausdruck brachte. Der Dichter Karl Immermann schrieb 1822 in seiner Rezension von Heines erstem Gedichtband, die Texte verrieten eine »tiefe Feindschaft gegen die Zeit, das Bewußtseyn eines tiefern Zwiespalts. Der Dichter, der sonst freundschaftlich mit den Menschen verkehrt, muss jetzt sein Schwerdt immer zum Ausfall bereit halten.«[5] Heine fühlte sich von Immermann zutiefst verstanden und gab ihm seine Befriedigung brieflich zu verstehen. Jenes Unglück, von denen Heines frühe Gedichte unablässig künden, ist auch das Unglück mit der Zeit, den Umständen, mit Deutschland. Hinter den Tod und Verderben stiftenden geliebten Frauengestalten steckt auch immer jene Jungfrau Germania, von der Heine schreibt, er erinnere sich wohl noch einiger schöner Mondscheinnächte mit ihr, nach denen aber stets eine »verdrießlich gähnende Kühle« eintrat und »das Keifen ohne Ende«. (DHA XIV, 83)

II.

Wie sehr sich der Dichter des »Buchs der Lieder« der Tradition der deutschen romantischen Poesie verpflichtet sah, zeigen deutlicher noch als sekundäre Äußerungen die Gedichte selbst. Im ersten Zyklus, »Junge Leiden«, ist dieser Anschluss an die Tradition noch ein sehr stofflicher: Die »Traumbilder« mit ihren Geister- und Gespensterthemen ebenso wie die mittelalterlichen und biblischen Stoffe der »Romanzen« sind aus dem traditionellen romantischen Repertoire geschöpft. Am Ende der »Romanzen« kommt dann bereits ein neuer Ton zum Klingen, der in den folgenden beiden Zyklen weiter in den Vordergrund drängen wird und das Eigentümliche der Weiterführung der romantischen Tradition durch Heine markiert. Der poetischen Phantasiewelt wird dort eine durch und durch prosaische, hässliche Alltagswelt gegenübergestellt. Besonders drastisch ist diese Gegenüberstellung im Gedicht »Gespräch auf der Paderborner Haide« ausgefallen, wo sich die Musik in das Grunzen von Schweinen, das wunderliebliche Glockenläuten der Dorfkapelle in die Töne der »Schellen // Von den Ochsen« (DHA I, 111) etc. verwandeln. Resümierend heißt es dann im letzten Gedicht dieser Gruppe mit dem Titel »Wahrhaftig«:

> Doch Lieder und Sterne und Blümelein,
> Und Aeuglein und Mondglanz und Sonnenschein,
> Wie sehr das Zeug auch gefällt,
> So macht's doch noch lang keine Welt. (DHA I, 113)

Damit ist das beherrschende Thema der heineschen Frühzeit angeschlagen, das ein zentrales Thema seines Schreibens insgesamt bleiben wird: die Frage nach dem Verhältnis von poetischer und wirklicher Welt. Es geht darum, ob die romantische Poesie, in deren Tradition Heine sich sieht und sich auch ausdrücklich stellt, ihren Anspruch einer Versöhnung beider Seiten, sei es auf dem Wege der ästhetischen Erziehung, sei es im Sinne einer die Widersprüche aufhebenden Universalpoesie, einzulösen vermochte oder ob sie lediglich ideale Fluchträume aus der Realität eröffnet hat. Heine, und das ist die Grundierung des gesamten »Buchs der Lieder«, sieht die Möglichkeit einer solchen Versöhnung für die moderne Welt nicht mehr bzw. er sieht diese Möglichkeit nur um den Preis der Wahrheit.[6] Im Reisebild »Die Bäder von Lukka« schreibt er dazu: »Einst war die Welt ganz [...] und es gab ganze Dichter. [...] aber jede Nachahmung ihrer Ganzheit ist eine Lüge, eine Lüge, die jedes gesunde Auge durchschaut, und die dem Hohne dann nicht entgeht.« Poetische Welt und wirkliche Welt, Kunst und Leben sind auseinandergetreten, die Welt ist endgültig zerrissen. Im selben Zusammenhang stellt er programmatisch fest:

Denn da das Herz des Dichters der Mittelpunkt der Welt ist, so mußte es wohl in jetziger Zeit jämmerlich zerrissen werden. Wer von seinem Herzen rühmt, es sey ganz geblieben, der gesteht nur, daß er ein prosaisches weitabgelegenes Winkelherz hat. Durch das meinige ging aber der große Weltriß [...]. (DHA VII, 95)

Hier haben wir die eigentliche Quelle jener berühmten heineschen Ironie vor uns. Sie speist sich aus dem grundlegenden Missverhältnis, das die Welt bestimmt, dem »großen Weltriß«, aus der prinzipiellen Unversöhnlichkeit der bürgerlichen Verhältnisse mit der Kunst.

Anders als manche seiner Zeitgenossen aus der hegelschen Schule hielt Heine deshalb die Möglichkeiten der Kunst aber nicht für ausgeschöpft, auch wenn es in der Vorrede zur zweiten Auflage des »Buchs der Lieder« 1837 heißt, im Grunde »sey in schönen Versen allzuviel gelogen worden«, und so langsam scheue sich die Wahrheit bereits, »in metrischen Gewanden zu erscheinen.« (DHA I, 564) Im Gegenteil: Schon die Tatsache, dass er trotzdem Gedichte und Gedichtzyklen im romantischen Grundton verfasst, zeigt, dass er der Kunst auch unter den veränderten gesellschaftlichen Bedingungen eine wichtige Rolle zutraut, allerdings unter der Voraussetzung, dass der Bruch, der »Weltriß« nicht zugekleistert, sondern in die Texte, in ihre Schreibart mit hineingenommen wird. Es ist das, was man Heines »Modernität« nennen könnte. Und es ist die Wurzel für jenen typischen, unverwechselbaren und viel imitierten ›Heine-Ton‹, ein widerspruchsvolles Mit- und Gegeneinander von schönen Bildern und deren ironischer oder sarkastischer Kritik, das die Vorstellung einer schönen, versöhnten Welt und das Bewusstsein von deren Unmöglichkeit zugleich enthält.

Besagter Heine-Ton erscheint in seiner reinen Form zum ersten Mal im zweiten Zyklus des »Buchs der Lieder«, dem »Lyrischen Intermezzo«.[7] Versteckt hinter dem unendlich variierten Thema der unglücklichen Liebe, macht er in den 66 Gedichten endgültig die Unversöhnlichkeit der Welt zum eigentlichen Gegenstand.[8] Das gebrochene und zerrissene Herz spielt dabei als Motiv eine besondere Rolle; wir wissen allerdings auch bereits, dass das zerrissene Dichterherz über das Liebesleid hinaus den »großen Weltriß« abbildet.[9] In »Intermezzo« 39 (»Ein Jüngling liebt ein Mädchen«) wird die ganze Banalität des Leides, die Trivialität jener Welt, deren Widersprüche nicht zu heilen sind, in lakonischer Verknappung vorgeführt.

In geradezu emblematischer Weise spiegelt sich diese Unversöhnlichkeit, die Unüberwindbarkeit des Widerspruchs in »Intermezzo« 23, dem Gedicht von der amour fou des Fichtenbaums zur Palme (»Ein Fichtenbaum steht einsam«). Am Ende steht in diesem Gedicht die Erkenntnis, dass kein Gequälter Heilung von der Mühsal, einzeln zu leben und zu leiden finden wird.[10] Es geht in diesem Gedicht um das Prinzip der Einsamkeit, um ein konkretes Bild dafür, was radikales Getrenntsein bedeutet. Andererseits geht es in ihm aber auch, worauf zu Recht aufmerksam gemacht wurde, um eine sentimentale Attitüde und deren ironische Kritik: Die völlig abwegige und hoffnungslose Leidenschaft des Fichtenbaums für die Palme, Schwärmerei ohne jede Aussicht auf endliche Realisierung, ist gewissermaßen die Kehrseite des hier so pathetisch vorgezeigten großen romantischen Gefühls.[11]

Im »Lyrischen Intermezzo« kennt Heine aber natürlich auch weit drastischere Mittel, um den »Weltriß« wirkungsvoll zur Geltung zu bringen und ins Bild zu setzen. Desillusion, Ironie, das schockartige Erwachen aus Glücksträumen etc. zählen ebenso dazu wie etwa der gezielte Einsatz ungewöhnlicher Reime, durch die die Distanz zwischen Text und Leser gewahrt, er davor geschützt wird, unter der glänzenden Oberfläche das notwendige Scheitern des Vermittlungsversuchs zu ignorieren. Ein besonders gelungenes und amüsantes Beispiel ist hier »Lyrisches Intermezzo« 50 (»Sie saßen und tranken am Theetisch«).

Im dritten Zyklus des »Buchs der Lieder« schließlich mit dem Titel »Die Heimkehr«, thematisiert bereits das Einleitungsgedicht (»In mein gar zu dunkles Leben,/ Strahlte einst ein süßes Bild«) den Verlust des romantischen Mythos[12] und die Unmöglichkeit der Versöhnung. Die Kunst erscheint als Anschreiben gegen die Angst, allerdings einzig mit dem individuell-therapeutischen, nicht aber mit einem allgemein heilenden Effekt. Zwar verringert sich die Angst, aber die Welt bleibt trotzdem »nachtumhüllt«, und jenes »süße Bild«, das einst in das »gar zu dunkle Leben« hinein strahlte, ist für immer erloschen. Die Vereinzelung der Subjekte in der bürgerlichen Gesellschaft, der Verlust eines Zusammenhangs zwischen dem einzelnen und der Welt, das Zurückschneiden der Funktion der Kunst, die diesen Zusammenhang nicht mehr im ganzen herstellen kann: all das wird in diesem Einleitungsgedicht angesprochen.

Gleich das zweite Gedicht des Zyklus, die berühmte »Loreley«, wiederholt diese Figur in variierter Konstellation: »Ich weiß nicht, was soll es bedeuten,/ Daß ich so traurig bin«. Wieder strahlt ein »süßes Bild« in das Leben einer männlichen Figur, des »Schiffer[s] im kleinen Schiffe«, und wieder endet die Sehnsucht in Nacht und Tod. Allerdings erscheint den Lesern (und Sängern), die sich bis heute massenhaft von diesem Text anrühren lassen, die Kunst hier in doppelter Funktion: Einerseits bringt sie, indem sie anrührt, jene therapeutisch-befreiende Wirkung hervor, verzaubert sie die Welt mit ihrer »wundersame[n], / Gewaltige[n] Melodie«; andererseits wird im Gedicht selbst aber ihre verhängnisvolle Rolle beim Scheitern des Schiffers vorgeführt: Verlockt von den Sirenentönen fährt er seinen Kahn auf das Riff und ertrinkt. Auch er ist, wie der Fichtenbaum, einer Schwärmerei erlegen, auch seine die Realität verfehlende sentimentale Attitüde wird hier ironisch gebrochen.

Es sind solche Texte, in denen, wie in der »Loreley«, der poetische Zauber gewahrt bleibt und gleichzeitig kritisiert wird, die gewissermaßen Gift und Gegengift in eins sind, die das Zentrum des »Buchs der Lieder« ausmachen. Heine hat diese

Wechselbeziehung in einem Gedicht genau in der Mitte dieses Zyklus zum ausdrücklichen Thema gemacht (»Heimkehr« 44: »Nun ist es Zeit, daß ich mit Verstand / Mich aller Thorheit entled'ge«) und über das unentwirrbare Ineinander von Sein und Schein, von Pose und wahrem Gefühl reflektiert [13]

Der Wunsch, eine Wahrheit zu entdecken, die sich mit den althergebrachten Formeln nicht mehr beschwören lässt, oder doch zumindest diesen Umstand deutlich zum Ausdruck zu bringen, ist eine der Triebfedern für den Verfasser des »Buchs der Lieder«. Vor diesem Hintergrund erscheint dann auch die zunächst verwirrende Behauptung aus dem Reisebild »Ideen. Das Buch Le Grand« in einem neuen Licht, er, der Autor, habe »in unzähligen Liedern« die Vernunft besungen, »und zwar unter dem Bilde einer weißen, kalten Jungfrau, die mich anzieht und abstößt, mir bald lächelt, bald zürnt, und mir endlich gar den Rücken kehrt. [...] Lesen Sie [...] mein lyrisches Intermezzo – Vernunft! Vernunft! nichts als Vernunft!« (DHA VI, 215 f.) Hier haben wir einen zwar im Textzusammenhang der »Ideen« teilweise ironisierten, aber durchaus nicht nur ironisch gemeinten Lesehinweis für die Gedichte des »Buchs der Lieder«: Die ständig wiederkehrende Figur der abweisenden Geliebten als Vernunft und die ständig neu verunglückende romantische Liebe als vergeblicher Versuch, die Welt als sinnvollen, als vernunftfähigen Zusammenhang zu begreifen. Die verzweifelt-lächerliche Klage des Reisebild-Erzählers lautet denn auch: »Aber ich hab nun mahl diese unglückliche Passion für die Vernunft! Ich liebe sie, obgleich sie mich nicht mit Gegenliebe beglückt.« (ebd.)

Gegenüber den beiden frühen Zyklen erreicht »Die Heimkehr« dabei noch eine neue Qualität der Darstellung. Heine führt im Wohllaut und vollendeter sprachlich-klanglicher Perfektion jene Welt des Einklangs vor, deren Möglichkeit er gleichzeitig in den Texten selbst dementiert. Ein hochpathetisches Gedicht wie »Das Meer erglänzte weit hinaus« (»Heimkehr« 14), von Franz Schubert wunderschön vertont, kann dafür als Beispiel dienen.

Die kompositorische Dichte des Textes mit seinen Anaphern (»Wir saßen«) und einem identischen Reim (»Hand«), der Vokalreichtum und die Dominanz bestimmter Vokalgruppen in den Strophen (1. Strophe: -ei-, -au-; 2.: – ie-, -o-; 3.: -a-, 4.; -e-, -i-) führen zu einem sehr geschlossenen Klangbild. Wie weit Heine dabei geht, zeigt der letzte Vers, wo nicht nur mit dem einzigen unreinen Reim (»Sehnen« – »Thränen«) ein Akzent auf die »Thränen« gelegt wird, sondern zugunsten der geschlossenen -i- Reihe (»Vergiftet mit ihren [...]«) das beim Beziehungswort »Weib« grammatisch eigentlich zu erwartende »seinen« kurzerhand in »ihren« verändert wurde. Dieser in sich abgeschlossenen und völlig zusammenhängenden Welt des Wohlklangs und der Harmonie steht die Aussage des Textes diametral entgegen: Die Welt des Liebhabers ist eine der Zerrissenheit und des Unglücks, seitdem er von dem »unglückseel'ge[n] Weib« (eine wörtliche Übersetzung des französischen »femme fatale«) mit ihren Tränen vergiftet wurde. Gleichzeitig wird auch in diesem Text wieder die Subtilität der sprachlich-lautlichen Konstruktion durch die eine Spur zu theatralische Pose des Helden konterkariert und auf diese Weise eine mehrfache Gebrochenheit erzeugt.

In anderen Gedichten wird der »Weltriß« offener thematisiert. In dem in schubertscher Vertonung berühmt gewordenen Gedicht »Heimkehr« 24 (»Ich unglücksel'ger Atlas«) wird die gesamte Existenz unter die Dichotomie zwischen einer Welt des Elends und Leidens und einer ersehnten, erhofften oder erträumten Welt des Glücks und der Harmonie gestellt. Wieder bezeichnet das Herz den Punkt des Bruchs zwischen Glück und Elend, die Stelle, an der der Weltriss zu Tage tritt. In »Heimkehr« 60 (»Sie haben heut Abend Gesellschaft«) wird das in wildem, erneut hochtheatralischem Pathos gesagt.

»Heimkehr« 20, das »Doppelgänger«-Gedicht ist zu Recht als eines der Schlüsselgedichte des gesamten »Buchs der Lieder« bezeichnet worden.[14] Wieder reflektiert der Autor ganz offen über die Unmöglichkeit romantischer Liebesgedichte in veränderten, bürgerlichen Zeiten. Es geht in diesem Gedicht zunächst um einen Schmerz, der angesichts der veränderten Zeitumstände unangemessen geworden ist. Die Stadt, in die das Ich heimkehrt, – man kann dahinter Hamburg erkennen – hat sich durch den Wegzug der Geliebten völlig verändert. Sie repräsentiert eine Welt ohne Hoffnung, eine dunkle, verlassene Welt. In einer solchen hoffnungslosen Welt nun führt der Doppelgänger, die Inkarnation aller romantischen Figuren, das romantische Schauspiel eines Ausbruches von Liebesschmerz vor: »Und ringt die Hände, vor Schmerzensgewalt« (DHA I, 231). Dem Ich, das den Doppelgänger beobachtet, ebenso wie dem Leser muss dieser Ausbruch geradezu als eine Parodie seiner früher durchlittenen tatsächlichen Schmerzen vorkommen. Der romantische Schmerz hat in der modernen Welt offensichtlich keinen Platz mehr, wirkt völlig deplaziert. Insofern handelt dieses Gedicht eben nicht nur von der Unmöglichkeit eines romantischen Schmerzes, sondern zugleich von der Unmöglichkeit romantischer Schmerzenslieder.[15] Dem Heimkehrer »des Zyklus insgesamt ist das Vertraute, als Resultat des romantischen Wollens begriffen, […] zum Fremden geworden,«[16] das er unter den radikal veränderten Bedingungen einer bürgerlichen Gesellschaft auf einer neuen Ebene des Bewusstseins darzustellen und zu diskutieren unternimmt.

III.

Vom Einbruch des Gesellschaftlichen in die Gedichte des »Buchs der Lieder« hatte Heine selbst bereits in seinem Brief an den Liederdichter Wilhelm Müller geschrieben: »In meinen Gedichten hingegen ist nur die Form einigermaßen volksthümlich, der Inhalt gehört der conventionnellen Gesellschaft.« (HSA XX, 250) Fragen wir jetzt zunächst danach, welcher Typus von Gesellschaft sich in den Gedichten niedergeschlagen hat und dann, ob er sich historisch identifizieren lässt. Wir konzentrieren uns dabei erneut auf die Gedichte der »Heimkehr«, die auch hinsichtlich ihres sozialen Gehaltes eine größere Wirklichkeitsnähe und Wirklichkeitsbreite[17] besitzen, als die Gedichte der früheren Zyklen. Wie sehr der gesamte Raum, den diese Gedichte umfassen, als gesellschaftlich geprägt eingeschätzt wird, zeigt schon der Umstand, dass sowohl Gott wie der Teufel ironisch als Gesellschaftslöwen vorgeführt werden: In »Heimkehr« 35 (»Ich rief den Teufel und er kam«) entpuppt sich Satan als Diplomat und alter Bekannter; in »Heimkehr« 66 (»Mir träumt': ich bin der liebe Gott«) benimmt sich Gott wie ein übermütiger Berliner Student. Die so bis in ihre metaphysischen Rahmenbedingungen verbürgerlichte und trivialisierte Gesellschaft wird in den Texten selbst charakterisiert als eine solche, die geprägt ist von den Merkmalen Verlust und Entfremdung. Dabei steht der Liebesverlust bzw. die Liebesenttäuschung als Thema mit Variationen im Vordergrund. Das Verschwinden der Liebe *durch* Entfremdung wird dabei am schönsten in »Heimkehr« 33 (»Sie liebten sich beide, doch keiner«) zum Ausdruck gebracht.

Daneben wird aber u. a. auch vorgeführt: der Verlust des familiären Zusammenhalts (»Heimkehr« 5; 28); der Verlust der Kindheit (»Heimkehr« 38); der Verlust von Menschlichkeit und Wärme ganz allgemein (»Heimkehr« 39). Gerade »Heimkehr« 39 enthält in seiner letzten Strophe eine Zustandsbeschreibung jener Gesellschaft, die den Hintergrund dieser Gedichte abgibt:

> Und Alles schaut so grämlich trübe,
> So krausverwirrt und morsch und kalt,
> Und wäre nicht das bischen Liebe,
> So gäb' es nirgends einen Halt. (DHA I, 253)

Wie zum Hohn wird hier die unglückliche Liebe noch als der letzte Funken von Menschlichkeit in einer ansonsten unwirtlichen und abweisenden Gesellschaft begriffen. Dabei weiß sich diese Gesellschaft, genau wie die Geliebte, den Anstrich des Harmlosen und Anständigen zu geben. Das Gedicht »Heimkehr« 3 hat diese Tarnung zum Thema und ist ein Befreiungsschlag gegen die falsche Idylle und die biedermeierliche Verharmlosung. Die Schlusspointe des Gedichts ist einerseits Theatercoup und als solcher von durchaus ironischer Qualität, andererseits aber auch Durchbrechen des erstarrten Bildes und als solches Kritik eines falschen gesellschaftlichen Bewusstseins:

> Am alten grauen Thurme
> Ein Schilderhäuschen steht;
> Ein rothgeröckter Bursche
> Dort auf und nieder geht.

> Er spielt mit seiner Flinte,
> Die funkelt im Sonnenroth,
> Er präsentirt und schultert –
> Ich wollt', er schösse mich todt. (DHA I, 211)

Diese als kalt, fremd und unmenschlich charakterisierte Gesellschaft nimmt in den Gedichten des »Buchs der Lieder« explizit noch kaum historisch lokalisierbare Züge an. Dass im Hintergrund Deutschland, die deutsche Gesellschaft stehen könnte, kann man zwar vermuten, da dem jungen Autor andere Erfahrungen noch nicht zugänglich waren; wirkliche Belege finden sich aber wenige, wobei zu bedenken ist, dass Heine allein schon aus Gründen der Zensur gar nicht offen sprechen konnte. Selbst der Rhein, der gelegentlich durch die Gedichte fließt, ist doch eher Zeichenstrom als geographische Bezeichnung. Das gilt zunächst auch für jene »Stadt mit ihren Thürmen«, die in den Gedichten »Heimkehr« 16–20 eine Rolle spielt als Ort tiefer Enttäuschungen und Niederlagen – ich erinnere an das »Doppelgänger«-Gedicht; auch sie ist poetische Chiffre für die eben beschriebenen allgemeinen Zustände. Zugleich darf man unterstellen, dass hier Heines Erfahrung mit Hamburg und der Hamburger Verwandtschaft eingeflossen ist und hält damit gewissermaßen einen ersten historischen Lektürehinweis in der Hand. Hamburg war für Heine ja nicht nur Ort der konkreten Liebesenttäuschung durch die Zurückweisung, die er von seinen beiden Kusinen erfuhr. Die Stadt verkörperte für ihn auch einen bestimmten sozialen Typus, eine bestimmte soziale Realität, nämlich die Herrschaft des Geldes, die Herrschaft jener lediglich auf den Nutzen orientierten Bourgeoisie.[18] In diesen Gedichten gewinnt das »Buch der Lieder« deshalb, blickt man z. B. von den Hamburg-Satiren des Reisebildes »Ideen. Das Buch Le Grand« oder »Aus den Memoiren des Herren von Schnabelewopski« aus darauf zurück, eine historische Zuordnung.

Eine solche Zuordnung seiner frühen Lyrik ganz konkret auf die deutschen Zustände nimmt Heine dann selbst in der Rückschau direkt nach der Übersiedlung nach Paris vor. In »Artikel IX« der »Französischen Zustände« beschreibt er 1832, wie seine Gedichte direkte Reaktionen auf die deutschen Verhältnisse waren, die ihm damals vorkamen wie ein bleierner Schlaf:

> Göthe mit seinem Eyapopeya, die Pietisten mit ihrem langweiligen Gebetbücherton, die Mystiker mit ihrem Magnetismus hatten Deutschland völlig eingeschläfert, und weit und breit, regungslos, lag alles und schlief. Aber nur die Leiber waren schlafgebunden; die Seelen, die darin eingekerkert, behielten ein sonderbares Bewußtseyn. Der Schreiber dieser Blätter wandelte damals, als junger Mensch durch die deutschen Lande und betrachtete die schlafenden Menschen; ich sah den Schmerz auf ihren Gesichtern, ich studirte ihre Physiognomien, ich legte ihnen die Hand aufs Herz und sie fingen an nachtwandlerhaft im Schlafe zu sprechen, seltsam abgebrochene Reden, ihre geheimsten Gedanken enthüllend. [...] Wie ich so dahin wanderte, mit Rän-

zel und Stock, sprach ich oder sang ich laut vor mich hin, was ich den schlafenden Menschen auf den Gesichtern erspäht oder aus den seufzenden Herzen erlauscht hatte; – es war sehr still um mich her, und ich hörte nichts als das Echo meiner eigenen Worte. (DHA XII, 177)[19]

Was gleich auffällt, ist die Nähe der hier beschriebenen Situation zum eben gehörten Einleitungsgedicht der »Heimkehr«: Der Poet, allein in dunkler Welt, laut vor sich hin singend. Aber es gibt noch eine weitere Verbindung zwischen dem Prosatext und den Gedichten: das Motiv des Wanderns (»mit Ränzel und Stock«). Das gilt nicht nur für die Titelwahl »Heimkehr«, sondern auch für den Umstand, dass der Gedicht-Zyklus als Teil eines »Wanderbuches« gedacht war, so der von Heine ursprünglich ins Auge gefasste Titel, aus dem dann der erste Band der »Reisebilder« wurde. Schon durch diese Zuordnung, die ihren Ausdruck dann auch im Titel des Zyklus fand, rückt die »Heimkehr« in die Nähe der direkten Kritik der deutschen Zustände, wie sie z. B. in der »Harzreise« geübt wird.

Die Textstelle aus den »Französischen Zuständen« stimmt aber noch in einem weiteren Punkt mit dem Befund der Textanalysen, wie sie oben angestellt wurden, zusammen. Der Prosatext schildert die Gleichzeitigkeit von schlafgebundenen Leibern und im Gegensatz dazu mit einem sonderbaren Bewusstsein versehenen Seelen. Dieses merkwürdige Ineinander zweier unterschiedlicher, sich widersprechender Bewusstseinsstufen, Schlafen und Wachen, Schweigen und Reden, ist auch charakteristisch für Teile der frühen Lyrik und drückt sich konkret aus in der bei Heine häufig verwendeten Figur des Oxymorons, wie etwa »Entzückende Marter und wonniges Weh«.

Diese Beispiele entstammen einem Gedicht mit der Anfangszeile »Das ist der alte Mährchenwald«, das Heine im Jahr 1839 – er lebte seit 8 Jahren in Frankreich – als Vorwort der dritten Auflage seiner Gedichtsammlung voranstellte. Es eröffnet einen weiteren, neuen Zugang, um jenen Raum näher zu bestimmen, der in den Texten des »Buchs der Lieder« entworfen wird.[20] Auch diesmal landen wir wieder in Deutschland, aber in einem ganz anderen Deutschland, als dem eben beschriebenen. Schon im Vorwort zur zweiten Auflage von 1837 hatte Heine an die deutsche Muse als seine Inspirationsquelle erinnert:

> Ach! die Küsse dieser guten Dirne verloren seitdem sehr viel von ihrer Glut und Frische! Bey so langjährigem Verhältniß mußte die Inbrunst der Flitterwochen allmählig verrauchen; aber die Zärtlichkeit wurde manchmal um so herzlicher, besonders in schlechten Tagen, und da bewährte sie mir ihre ganze Liebe und Treue, die deutsche Muse! Sie tröstete mich in heimischen Drangsalen, folgte mir ins Exil, erheiterte mich in bösen Stunden des Verzagens, ließ mich nie im Stich, [...] die deutsche Muse, die gute Dirne! (DHA I, 564)

Heine verweist mit dieser Textpassage, jetzt schon aus dem Abstand eines sechsjährigen Frankreichaufenthaltes, auf den deutschen Charakter seiner frühen Gedichte, die eben der deutschen Muse, und nicht etwa der Muse ganz allgemein geschuldet sind. Dieser Akzent verstärkt sich dann noch zwei Jahre später in besagtem Einleitungsgedicht. In diesem Gedicht, das im Erstdruck den Titel »Die Liebe« trug, erlebt das dichterische Ich die Wiederbegegnung mit seiner eigenen Jugendlyrik als Wiedereintauchen in den deutschen Märchenwald und beschwört mit wenigen Reizwörtern dessen typische Atmosphäre herauf:

> Das ist der alte Mährchenwald!
> Es duftet die Lindenblüthe!
> Der wunderbare Mondenglanz
> Bezaubert mein Gemüthe. (DHA I, 11)

Der Wald, die Linde, der Mondenglanz, das Gemüt, die Nachtigall, die Tränen und das Liebesweh: all das sind die Zeichen, mit denen Heine die Atmosphäre jenes Märchenwaldes seiner Jugend schlagartig kenntlich macht. Und es sind auch die Zeichen, die sich gehäuft in den Texten des »Buchs der Lieder« finden. Blickt man auf die »Heimkehr«, so fällt sofort auf, dass die Mondlandschaften und damit selbstverständlich Abend- und Nachtstimmungen, das Halbdunkel oder das Dunkel, überwiegen. Nebel taucht häufiger auf, zu dem sich weiße Frauenkörper und blasse, bleiche Männergesichter gesellen, der Wald erscheint gelegentlich, auch Blumen und Nachtigallen: aufs Ganze gesehen ein sehr romantisch-poetischer Handlungsraum.[21] Man denke an die Szenerie der Loreley, oder auch an ein Gedicht wie »Heimkehr« 85 mit der Eingangsstrophe:

> Dämmernd liegt der Sommerabend
> Ueber Wald und grünen Wiesen;
> Goldner Mond, im blauen Himmel,
> Strahlt herunter, duftig labend. (DHA I, 299)

Wieder hilft bei der Zuordnung dieses Zeichenvorrats ein Blick auf das spätere Werk. Es sind nämlich genau diese Elemente, die Heine in den in Paris entstandenen Texten zur positiven Kennzeichnung seiner deutschen Heimat verwendet: »Dort wob ich meine zarten Reime/ Aus Veilchenduft und Mondenschein« heißt es im Gedicht »Anno 1839«; »Mit seinen Eichen, seinen Linden,/ Werd ich es immer wiederfinden« schreibt er über Deutschland in den berühmten »Nachtgedanken«; und auch der anrührende Text über die Exilerfahrung »In der Fremde« III nimmt diese Stichworte auf: »Der Eichenbaum/ Wuchs dort so hoch, die Veilchen nickten sanft ...« Die Reihe ließe sich leicht vermehren.

Heine selbst, dafür sprechen die beiden Vorworte, las seine Gedichte offenbar als Ausdruck der positiven Möglichkeiten Deutschlands und der deutschen Kultur; die Gedichte selbst waren ihm der schlagendste Ausdruck dieser Möglichkeiten. In der Poesie, im Liede, sah er die Deutschen an der Spitze, vor allen anderen Nationen. Die deutsche Sprache schien ihm für das lyrische Gedicht die am besten geeignete und man darf davon ausgehen, dass Heine ohne falsche Bescheidenheit seine eigenen Texte als den vorläufigen Höhepunkt dieser Entwicklung ansah und die von ihm selbst entwickelte Schreibart als die Speerspitze jener nachrevolutionären modernen, ›neuen Kunst‹ betrachtete.

So lässt sich festhalten, dass es im »Buch der Lieder«, wie überhaupt bei Heine, zwei Deutschlandbilder gibt: Das hässliche Bild einer deutschen Gesellschaft ohne Perspektive, ohne Aussicht auf Überwindung ihrer inneren Leere und ihrer Erstarrung; und das schöne Bild eines poetischen Deutschland, eines Landes der Dichter und Denker, in denen sich auch menschliche Hoffnungen und Utopien aussprechen.[22] Der Abstand, der Bruch zwischen diesen beiden Bildern ist tief, und die Gedichte des »Buchs der Lieder« spiegeln, wie wir gesehen haben, auf sehr unterschiedliche Weise diesen Abgrund.

Und noch ein weiterer Aspekt wäre hier zu berücksichtigen, den ich aber nur streifen kann: Heines deutsch-jüdische Identität.[23] Wie viele deutsche Juden des 19. und des 20. Jahrhunderts hat er in der deutschen Kultur Zuflucht gesucht vor den Brüchen und Schwierigkeiten dieser Identität. Und er wusste doch zugleich um die Hoffnungslosigkeit dieser Suche, darum, dass die Zugehörigkeit zu dieser Kultur keineswegs bereits die Zugehörigkeit zu jener deutsch-christlichen Gesellschaft bedeutete, für die er schließlich sogar die Erniedrigung der Taufe auf sich nahm. Das schöne Deutschland, das Deutschland der Poesie und der Kultur, blieb Heines Heimat auch noch, als das hässliche Deutschland ihn bereits mit allen polizeilichen Mitteln, und schließlich sogar mit einem steckbrieflichen Haftbefehl verfolgte. Hierin – allerdings auch nur hierin – gleicht der Emigrant Heine den jüdischen und auch nicht-jüdischen Emigranten der Jahre nach 1933, von denen ebenfalls viele – und vor allem die Schriftsteller – an jener Unterscheidung vom schönen und vom hässlichen Deutschland festhielten und festhalten mussten, wollten sie denn in ihrer Muttersprache weiterschreiben. Thomas Manns selbstbewussten Satz: »Wo ich bin, ist Deutschland!« hätte Heine wohl ebenso formulieren können. Im Vorwort zum »Wintermährchen« hat er eingestanden, er träume gelegentlich in der Fremde davon, die deutsche Fahne auf der wirklichen Höhe des deutschen Gedankens aufzupflanzen; das sei seine Form von Patriotismus. (DHA IV, 300 f.)

Erst vor diesem Hintergrund lässt sich jenes Gedicht (»Heimkehr« 13) wirklich verstehen, aus dem eingangs eine Strophe zitiert wurde und das so selbstbewusst Heines Identität als deutscher Dichter behauptet. Auch in diesem Gedicht treffen sich der Stolz auf die deutsche poetische Tradition (»Ich bin ein deutscher Dichter«) und die schlimmsten Schmerzen, die ein Leben in der Gesellschaft der Deutschen auslöst. Liebe und Unglück im »Buch der Lieder« meinen immer auch und zugleich die Liebe zu und das Unglück mit Deutschland. Der Text sei hier zum Abschluss noch einmal vollständig zitiert:

> Wenn ich an deinem Hause
> Des Morgens vorüber geh',
> So freut's mich, du liebe Kleine,
> Wenn ich dich am Fenster seh'.
>
> Mit deinen schwarzbraunen Augen
> Siehst du mich forschend an:
> Wer bist du, und was fehlt dir,
> Du fremder, kranker Mann?
>
> »Ich bin ein deutscher Dichter,
> Bekannt im deutschen Land;
> Nennt man die besten Namen,
> So wird auch der meine genannt.
>
> Und was mir fehlt, du Kleine,
> Fehlt Manchem im deutschen Land;
> Nennt man die schlimmsten Schmerzen,
> So wird auch der meine genannt.« (DHA I, 223)

Anmerkungen

[1] Vgl. seine Rezension der silcherschen Lieder in: Literaturblatt zum Morgenblatt, 17. August 1838; vgl. auch Bernd Kortländer: Nachwort. In: H. Heine: Buch der Lieder. Stuttgart 1990, S. 377

[2] Vgl. zu dieser Rezeption zuletzt Paul Peters: Die Wunde Heine. Zur Geschichte des Heine-Bildes in Deutschland. Bodenheim 1997.

[3] Vgl. Bernd Kortländer: Le poète inconnu de la »Loreley«: le médiateur supprimé. – In: romantisme 101. 1998, S. 29–40.

[4] An Friedrich von Beughem, 9. 11. 1820; HSA XX 33.

[5] Zitiert nach: DHA I, 591.

[6] Der Frage, inwieweit Heine bei dieser Einschätzung durch seine Hegel-Lektüre beeinflusst sein kann, ist u. a. Johann Jokl in seiner lesenswerten Arbeit zum »Buch der Lieder« nachgegangen: Von der Unmöglichkeit romantischer Liebe. Heinrich Heines »Buch der Lieder«. Opladen 1991, Kap. I.

[7] »Kleine maliziös-sentimentale Lieder« nennt er die Texte dieser Sammlung zutreffend im Brief an Karl Immermann vom 24. 12. 1822 (HSA XX, 61). Am 10. 6. 1823 gesteht er demselben Briefpartner, der größte Fehler dieser Gedichte sei ihre Einseitigkeit, »indem sie alle nur Variazionen desselben kleinen Themas sind.« (HSA XX, 91).

[8] Von diesem Ansatz aus hat als erster Theodor W. Adorno Heines frühe Lyrik interpretiert, allerdings nicht, wie man hätte erwarten können, als entscheidenden Schritt Richtung Moderne, sondern eher als Scheitern; vgl.: Die Wunde Heine. – In: Noten zur Literatur I. Frankfurt a. M. 1968.

⁹ Vgl. zu den Motivkomplexen Gertrud Waseem: Das kontrollierte Herz. Die Darstellung der Liebe in Heinrich Heines »Buch der Lieder«. Bonn 1976.

¹⁰ Wolf Wondratschek: Was träumt die Palme? – In: Frankfurter Anthologie. Gedichte und Interpretationen. Hrsg. von Marcel Reich-Ranicki. Bd. VIII. Frankfurt a. M. 1984, S. 94.

¹¹ Jokl [Anm. 6], S. 147 ff.

¹² Vgl. dazu ebd., S. 165.

¹³ Vgl. hierzu meinen Aufsatz: Poesie und Lüge. Zur Liebeslyrik des »Buchs der Lieder«. – In: Gerhard Höhn (Hrsg.): Heinrich Heine. Ästhetisch-politische Profile. 2. Aufl. Frankfurt a. M. 1997, S. 195–213.

¹⁴ Siegbert S. Prawer: Heine. The Tragic Satirist. Cambridge 1961, S. 2.

¹⁵ Vgl. dazu auch Michael Perraudin: Heinrich Heine. Poetry in Context. A Study of »Buch der Lieder«. Oxford u. a. 1989, S. 80.

¹⁶ Jokl [Anm. 6], S. 30.

¹⁷ Helmut Brandt: Heinrich Heines »Buch der Lieder« im Ausklang der klassisch-romantischen Literaturepoche. Jena 1968 (masch.), S. 260.

¹⁸ Vgl. den entsprechenden Abschnitt bei Brandt, S. 158.

¹⁹ In der Handschrift hat Heine diesen Gedanken, dass er selbst damals der einzige war, der laut über den deutschen Zustand sprach, weiter ausgeführt: »[…] ich war vielleicht der Einzige, dessen Wort gehört wurde in jener stummen Zeit; nicht weil ich gar so laut sprach, sondern weil ich sprach, während andre schwiegen oder nur schläfrig brümmelten und summten.« (DHA XII, 709).

²⁰ Vgl. meine Interpretation dieses Gedichts: Die Sphinx im Märchenwald.- In: Gedichte von Heinrich Heine. Hrsg. von Bernd Kortländer. Stuttgart 1995 (=Interpretationen), S. 15–31.

²¹ Einen Überblick über die wichtigsten im »Buch der Lieder« eingesetzten Chiffren gibt das allerdings auf Heines Gesamtwerk bezogene Register in der Ausgabe von Klaus Briegleb, B VI/2, 828–847.

²² Vgl. dazu z. B. Klaus-Hinrich Roth: Deutsche Fragmente. Über den Umgang mit Heines Deutschlandbildern. – In: Ich Narr des Glücks. Heinrich Heine 1797–1856. Bilder einer Ausstellung. Hrsg. v. Joseph A. Kruse unter Mitwirkung von Ulrike Reuter u. Martin Hollender. Stuttgart und Weimar 1997, S. 24–30 (Ausstellungskatalog Düsseldorf).

²³ Vgl. dazu jetzt insbesondere: Jakob Hessing: Der Traum und der Tod. Heinrich Heines Poetik des Scheiterns. Göttingen 2005, mit einigen interessanten Interpretationen der frühen Lyrik.

Aut poeta aut nihil:
Poesie als Vexierspiel in Heines »Romanzero«

Von Sonja Sakolowski, Berlin

Das Groteske als Mystifikation des Lesers

Es muss bezweifelt werden, ob es im Fall der Heineschen Leidenslyrik im allgemeinen und des »Romanzero« im besonderen noch zulässig ist, von einer humoristischen Schreibart zu sprechen. Die komische Wirkung jeder Art von Humor gründet sich immer auf einer geistigen Distanzierung von den Mangelhaftigkeiten der erfahrenen Realität und gipfelt in einer kathartisch wirkenden, metaphorischen Erhebung über dieselbe. Jean Paul, der »konfuse Polyhistor von Bayreuth« (DHA XI, 17), hatte in seiner »Vorschule der Ästhetik« von 1804 die Bedingungen und Wirkungen des poetischen Humors folgendermaßen bestimmt:

> Wenn der Mensch, wie die alte Theologie es tat, aus der überirdischen Welt auf die irdische heruntersachauet: so zieht diese klein und eitel dahin; wenn er mit der kleinen, wie der Humor tut, die unendliche ausmisset und verknüpft: so entsteht jenes Lachen, worin noch ein Schmerz und eine Größe ist.[1]

Gälte diese Bestimmung auch nur noch ansatzweise für den »Romanzero«, so wäre es dem Leser entweder möglich, in ein Lachen mit oder ein Lachen über das lyrische Subjekt einzustimmen, in jedem Fall aber müsste die Möglichkeit einer gewissen Distanzüberbrückung zwischen Publikum und dem leidendem Ich gegeben sein, das ihm meist in der Maske des sterbenden Heinrich Heine entgegentritt. Die für Jean Pauls Humorkonzeption konstitutive »Größe« ist aber kein Unterton mehr des Lachens im »Romanzero«.

Der Leser darf sich durch das allerorten im »Romanzero« erschallende Gelächter keinesfalls mehr als »Komplize des Autors«[2] fühlen. Er wird nicht zu einem erleichterten Einstimmen gereizt, sondern aggressiv dadurch provoziert. Die Komik, der geistreiche Witz, der trotzdem in fast allen Gedichten oft die seltsamsten Blüten treibt, erscheint fremdartig, grotesk und in den meisten Fällen schlicht unangenehm.[3] Ein Beispiel für diesen grotesken Ton findet man in »Der Ex-Nachtwächter«, wo jedoch weniger die »therapeutische Wirkung«[4] des Gelächters der humanistischen Partei überrascht, als vielmehr seine beängstigenden Ausmaße, die es – trotz seiner primär heilenden Wirkung – in die Nähe einer wahnhaften Krankheit rücken:

> Der Erasmus mußte lachen
> So gewaltig ob dem Spaß,
> Daß ihm platzte in dem Rachen
> Sein Geschwür und er genaß.
>
> Auf der Ebersburg dergleichen
> Lachte Sickingen wie toll,
> Und in allen deutschen Reichen
> Das Gelächter widerscholl. (DHA III, 44)

Der Grund für dieses sich im ganzen »Romanzero« epidemieartig ausbreitende Lachen ist schnell gefunden, wirft man einen Blick auf die Thematik besonders der »Historien«. Die Herrschaft von Hässlichkeit und Leid sind in dem von Heine darin entworfenem Geschichtsbild die alles unterwerfenden Axiome, die mit dem menschlichen (und namentlich Heineschen) Wunsch nach Harmonie, Schönheit und Gerechtigkeit in fast ausnahmslos jedem Gedicht kollidieren, darüber hinaus als unüberwindbar erkannt werden müssen. Das Lachen ist somit nicht mehr aktive Entgegenhaltung (wie z. B. noch im dritten der »Fresko-Sonette an Christian S.«), sondern in seiner Grellheit und Hemmungslosigkeit (man denke nur an die Prinzessin in »Rhampsenit«) Widerspiegelung des allseits erfahrenen Elends, hässliches Echo der die verkehrten Welt dominierenden Schmerzensschreie und Hohngelächter. Es hat – und das ist wichtig zu erkennen – jede vernünftige oder agitatorische Funktion verloren.

Der Verdacht, dass Humor in Heines drittem Gedichtband schlechterdings nicht mehr vorhanden ist, erhält zusätzliche Brisanz, wirft man einen Blick auf die Reaktionen des Publikums bei Erscheinen des »Romanzero«. Heines zeitgenössische Leserschaft war bekanntermaßen besonders über diese Lyriksammlung geradezu entsetzt und empfand Ton und Gehalt der Texte mehrheitlich nicht als humoristisch, sondern als zynisch und blasphemisch.[5] Selbst dem Autor nahestehende Bekannte und Freunde zeigten sich vielfach vom geistreichen, aber grotesken Witz verstört und abgestoßen. Heine habe es »[...] Denen die ihn liebhaben durch zwei Dutzend Worte schwer [ge]macht, ihn voll und würdig gegen die Frechheiten der Halb- und Untalente zu verteidigen [...]«, ereiferte sich z. B. Richard Georg Spiller von Hauenschild, und Moritz Carrière bedauerte, dass der Dichter auf seine »[...] Gemälde im Romanzero so oft noch einmal den Pinsel ausgespritzt [...]« habe.[6] Die Ablehnung, auf die Heine zu Lebzeiten (und teilweise in nicht unerheblichem Maße bis in die Gegenwart) gestoßen ist, kann m. E. dennoch auch als vom Autor in sein literarisch-ästhetisches Konzept einkalkulierte Größe betrachtet werden, die zum ästhetischen »Gelingen« seiner Lyrik nicht unerheblich beigetragen hat und beiträgt.[7]

Demnach stellen Ironie und Komik, die dem Leser in den Gedichten des »Romanzero« in so groteskem und makaberem Manierismus[8], so »neurasthenisch«

entgegentreten, nicht den Versuch dar, mittels des Humors und der Komik seine poetisch-ästhetischen Leiden zu lindern, oder – anders ausgedrückt – durch die humoristische Schreibart dem Publikum »Subjektivität als unaufhebbare Ambivalenzerfahrung«[9] zu vermitteln. Das geschieht nur auf den ersten Blick, an der Oberfläche der Texte, mit der grotesken Behandlung der Stoffe, die den Rezipienten öfter verstört als belustigt. Der Autor betreibt stattdessen ein gänzlich *humorloses Spiel* mit dem Leser, das sich zwar der Mechanismen des altbekannten Heineschen Humors bedient, aber letztlich nur noch wenig damit zu tun hat. Mit Hilfe dieses Spiels, das durch Vexierung und bewusste Irreführung funktioniert, gelingt es ihm nun – auf Kosten seines Publikums – sich mit den Widersprüchlichkeiten und Grausamkeiten des Seins auf poetischer Ebene auseinander zu setzen und im Leiden einen *ästhetischen Genuss* jenseits von komischer Katharsis oder Pathos des Sterbens zu gewinnen. Heines Poesie der »Matratzengruft« und namentlich des »Romanzero« hat – und dies ist zu unterstreichen – keinerlei politische oder agitatorische Ambitionen, sondern ist ausschließlich Ausdruck einer Kunstauffassung, in der die Poesie notwendig nur um ihrer selbst willen existiert und funktioniert.

Zum Gelingen jenes Vexierspiels bedarf es jedoch einer bestimmten Rezeptionshaltung des Publikums, bzw. deren hypothetischer Konstruktion beim Autor. Dem Leser, der bei der Rezeption der Gedichte (im engeren Sinne) passiv bleibt[10], muss zwar der Kunstcharakter, die Differenz dessen, was er liest, zu seiner Lebenswelt transparent werden (nicht zuletzt durch die Form, die ja die Künstlichkeit des Spiels betont), damit er angemessen mit dem artifiziellen Wesen der Texte umgehen kann; doch der Leser wird vom Autor auch immer wieder gezielt zur Biographisierung der Verse und der darin vermeintlich ungefiltert vermittelten Emotionen verleitet, und bleibt somit also in gewissem Sinne passiv, da er unmerklich in seiner Rezeptionshaltung dirigiert wird. Selbst bei einer reflektierten, philologischen Lektüre der Leidenslyrik scheinen die Texte mit ihrer geschickt fingierten Sprachhaltung des Bekennens deswegen eben dennoch oft zu (wenn auch nachvollziehbarer) Larmoyanz zu neigen. Dies ist, so unterstelle ich, ein vom Autor gewollter und herbeigeführter ästhetischer, nicht moralischer Effekt, den man sich in seiner Forciertheit bewusst machen muss, auch wenn die skandalisierende Wirkung Heinescher Provokationen auf den heutigen Leser vermutlich ungleich geringer ist, als vor über einhundertfünfzig Jahren.

Der vermeintlichen Überlegenheit über das todkranke lyrische Subjekt, zu der man sich als (gesunder) Betrachter seiner Leiden oftmals verleitet fühlt, wird im Moment der Einsicht in das buffoneske Vexierspiel jede Grundlage entzogen, denn das Dichter-Ich, das man in seiner Lage zu bedauern geneigt war (oder über dessen klägliches Ende man, wie viele negative Rezensionen des »Romanzero« belegen, Genugtuung verspürte), hat längst eine Perspektive eingenommen, die der des Lesers – in gewisser Hinsicht – überlegen ist.[11] In »Gedächtnißfeyer« ermöglicht so der Tod, trotz der von ihm ausgehenden Bedrohung, in der ironisch-ästhetischen Antizipation dem Ich eine distanzierte Position, die ungeachtet aller Trostlosigkeit der Situation seine beanspruchte Überlegenheit dem Publikum und der Welt gegenüber demonstriert:

>Keine Messe wird man singen,
>Keinen Kadosch wird man sagen,
>Nichts gesagt und nichts gesungen
>Wird an meinen Sterbetagen.
>
>Doch vielleicht an solchem Tage,
>Wenn das Wetter schön und milde,
>Geht spazieren auf Montmartre
>Mit Paulinen Frau Mathilde.
>
>Mit dem Kranz von Immortellen
>Kommt sie mir das Grab zu schmücken,
>Und sie seufzet: Pauvre homme!
>Feuchte Wehmuth in den Blicken.
>
>Leider wohn' ich viel zu hoch,
>Und ich habe meiner Süßen
>Keinen Stuhl hier anzubieten;
>Ach! sie schwankt mit müden Füßen.
>
>Süßes, dickes Kind, du darfst
>Nicht zu Fuß nach Hause gehen;
>An dem Barrière-Gitter
>Siehst du die Fiaker stehen. (DHA III, 114)

Die entrückte Perspektive, die diese Verse demonstrativ vorführen, kann zwar durchaus auch als Zeichen einer transitiven Selbstironie gedeutet werden, ist aber vor allem Ausdruck einer buffonesken Ästhetik, von deren Verständnis der Leser ausgeschlossen ist, ja von Heine systematisch ausgeschlossen wird. Denn die beängstigende Lustigkeit in vielen Gedichten im Angesicht der allgemeinen Negativität und des Todes schließt den Rezipienten oft nur insofern ein, als das Gelächter im »Romanzero« insbesondere ein Lachen über ihn darstellt, der nicht zu unterscheiden im Stande ist, was Schein und was Sein, was poetische Gestaltung einer Agonie und was schmerzliche Realität ist. Die vermeintliche Immoralität und aggressiv-polarisierende Tendenz der Lyriksammlung wurde folglich, wie in dieser anonymen Rezension, (nicht ganz unberechtigterweise) als ihr Hauptmerkmal proklamiert:

> Merkwürdig ist, daß Heine nie gern vom Bösen spricht, ihn nie zitiert; der Teufel waltet ungerufen in seinen Werken, selbst in seinen hinkenden Versen spürt man den Pferdefuß des Junker Satanas, und am Bocksgeruch hat es ja doch wahrlich nie gefehlt. [...] An Teufeleien, oft

sehr schnöden, oft sehr ergötzlichen, ist der Romanzero so reich wie irgend ein Buch der Heine'schen Blocksbergpoesie.[12]

Die daraus resultierenden Mechanismen bei der Rezeption sind nachvollziehbar: Der (zeitgenössische) Leser sieht sich schnell verleitet, die Äußerungen des leidenden, aber letztlich fiktiven Ich (dessen Agonie freilich eine Entsprechung in der Realität hat) für bare Münze zu nehmen und hält folglich in einer Übertragung auch die groteske Welt der Pomare und des Vitzliputzli für wirklich, stört sich an der intim-frechen Darstellung des Besuchs der Witwe am Dichter-Grab. Im »Nachwort« erreicht die Süffisanz einen Höhepunkt:

> Ich breche hier ab, denn ich gerathe in einem larmoyanten Ton, der vielleicht überhand nehmen kann, wenn ich bedenke, daß ich jetzt auch von dir, theurer Leser, Abschied nehmen soll. Eine gewisse Rührung beschleicht mich bey diesem Gedanken; denn ungern trenne ich mich von dir. Der Autor gewöhnt sich am Ende an sein Publikum, als wäre es ein vernünftiges Wesen. Auch dich scheint es zu betrüben, daß ich dir Valet sagen muß; du bist gerührt, mein theurer Leser, und kostbare Perlen fallen aus deinen Thränensäckchen. Doch beruhige dich, wir werden uns wiedersehen in einer besseren Welt, wo ich dir auch bessere Bücher zu schreiben gedenke. Ich setze voraus, daß sich dort auch meine Gesundheit bessert [...]. (DHA III, 181)

Die Glaubensbereitschaft des Lesers (oder das, was bei Jean Paul die »Liebe zum Autor« ausmacht) ist an dieser Stelle der Lektüre so stark geworden, dass die sentimentale Verabschiedung des sterbenden Dichters natürlich erscheint, und doch verbittet sich das Ich »[...] jede falsche Gemeinschaft mit dem Leser – eine Gemeinschaft, die auf (Wort)gläubigkeit beruht, zu der es ihn zuvor verführt hat.«[13] Heine begründet hier ein neues Verhältnis zwischen sich und seinem Publikum.[14] Mit dieser Poesie der »Grausame[n] Narrethey« (DHA III, 55) verlässt er zwar den Tummelplatz des versöhnlichen Humors und betritt stattdessen die Wahlstatt der verzweifelten Groteske; zugleich weiß er sich so vor den Bedrohungen der auf ihn eindringenden Realität in einer Art poetischen Freistatt zu bewahren.

Der Dichter als Narr

Die gespenstische Komik, derer sich das Dichter-Ich des »Romanzero« befleißigt, darf man mit Fug und Recht eine in der Schrecklichkeit der Erfahrung begründete Narrenposse nennen, nicht jedoch Humor. »Meine geistige Aufregung ist vielmehr Produkt der Krankheit, als des Genius«, heißt es dementsprechend am 12. August 1852 in einem Brief an Campe. »Rasend vor Schmerzen, wirft sich mein armer Kopf hin und her in den schrecklichen Nächten, und die Glöckchen der alten Kappe klingen alsdann in unbarmherziger Lustigkeit.« (HSA XXIII, 225) Die Gestalt des

Narren – die in Heines gesamtem Œuvre bekanntermaßen von großer Bedeutung ist – wird besonders im Spätwerk geradezu identisch mit der des Dichters, denn mit ihrer Hilfe vermag er es, die Existenz des enttäuschten Poeten und Ästheten sub specie Dissonanz, Nicht-Harmonie, Disproportion von Poesie und Leben zu offenbaren, jenes Entsetzen über das Missverhältnis zum Ausdruck zu bringen, das dem Dichter im »Romanzero« so schwer zusetzt und letztlich der Grund für all sein Leiden ist: die Inkommensurabilität von Ideal und Wirklichkeit, Poesie und Realität.

Im Gegensatz zu gewöhnlichen Narren ist sich der Dichter-Narr bei Heine seines Narrentums bewusst und weiß sowohl um dessen Tragik als auch um dessen Nutzen.[15] In diesem Bewusstsein liegt seine Besonderheit und paradoxerweise auch seine (närrische) Vernunft, die ihn freilich als Dichter zugleich zum Ausgestoßenen macht.[16] Trotz und gerade wegen dieser Außenseiterrolle, die er als Dichter-Narr innehat, wird vom Ich der »Lamentazionen« zugleich aber die Aufmerksamkeit des Publikums benötigt, weil das unbarmherzige Klingeln seiner Narrenkappe nicht ungehört verhallen darf. Denn die gewollte und im Narrentum ausgedrückte Distanz, die das Ich nun vom Leser trennt, ermöglicht zugleich ein neues, ästhetisches Verhältnis, das uns die Dekonstruktion des Humors bereits hat ahnen lassen. Die Rezipienten werden vom Dichter-Narren gebraucht, Heine möchte, um mit Luciano Zagari zu sprechen, »[…] weiterhin mitten unter seinem Publikum sein.«[17]

Doch folgen können die Leser dem Ich nur noch bedingt, auch wenn sie es versuchen. Das dichterische Vexierspiel, das mit dem Publikum mit Hilfe der Narrenmaske getrieben wird, zielt auf eine Abstoßung und bewusste Abgrenzung des Rezipienten und baut zugleich, um als Dichtung noch funktionieren zu können, auf die ungebrochene Aufmerksamkeit des provozierten Lesers. Die ›Narrenfreiheit‹ gewährt dem Ich solch unbegrenzte Möglichkeiten zum Verkünden seiner (ästhetischen) Ansichten, dass sie in der Wirkung einer Autonomisierung seiner Kunst gleichkommen. Das Dichter-Narrentum, dessen Ausdruck das närrische Lachen ist, wird von Heine ästhetisch genutzt, um den Leser in seinem poetischen Vexierspiel zu verwirren, sich jeglicher Festlegung zu entziehen und als unfassbarer Schalk aus jeder Offenbarung eine weitere Täuschung zu machen. Man könnte in Bezug auf den närrischen Dichter im »Romanzero« somit auch mit Polonius ausrufen: »Though this be madness, yet there is method in't.« (Hamlet II, ii)

Der leidende Ästhet und seine Masken

Ziel jenes Vexierspiels Heines im »Romanzero« ist es, dem Dichter-Ich die »Pauken und Zimbeln des Schmerzes, die ganze Janitscharenmusik der Weltqual« (DHA XI, 116) erträglich zu machen, aber eben nicht durch die »unendliche Entrücktheit« in

Jean Paulscher, humoristischer Manier, sondern durch eine im Gegensatz humorlose, ästhetische Bewältigung. Dafür spricht auch die Tatsache, dass der Autor die lyrische Ausdrucksform gewählt hat, die ja die Künstlichkeit dieses ästhetischen Spiels zusätzlich betont. Der Narr jedoch, in dessen Maske uns Heine erscheint, ist lediglich *eine* vis comica, die Ausgangsrolle für ein weitaus komplexeres Verwirrspiel, in dessen Verlauf das Dichter-Ich noch verschiedene Male seine Maske wechselt und der Autor Heinrich Heine seine Identität mit der Rolle in einen »fruchtbaren dialektischen Austausch«[18] bringt.

Dass es Heine dabei nicht um die Entlarvung seiner wahren Persönlichkeit gehen konnte, belegt auch folgende Aussage aus den »Geständnissen« von 1854: »jeder von uns möchte dem Publikum in einer anderen Farbe erscheinen, als die ist, womit uns die Fatalität angestrichen hat. Gottlob, daß ich dieses begreife, und ich werde mich daher hüten, hier in diesem Buche mich selbst abzukonterfeyen.« (DHA XV, 15) Die poetische Verschlüsselung von authentischen, historisch-wahren Bekenntnissen des Autors (was auch immer man darunter verstehen mag) ist nicht nur unmöglich, sondern auch irrelevant. Was für den Dichter einzig zählt, ist der ästhetische Lustgewinn, den der Autor durch die Brechung der eigenen Persönlichkeit in den unendlichen Facetten des Dichter-Ich in der poetischen Darstellung erreichen will. Vom Autor mit der Scheinfrage zurückgelassen, wo und inwiefern uns im »Romanzero« Heinrich Heine entgegentritt, bleibt dem Publikum die etwas undankbare Aufgabe zugewiesen, das Subjekt in seinen undurchschaubaren Masken und Larven zu bestaunen und so dessen narzisstische Lust an der Selbstinszenierung zu befriedigen, gleich einem »Sancho Pansa des verrückten Poeten« (DHA VII, 198).

Die Rollen, in die das Dichter-Ich scheinbar aus einer närrischen Laune heraus schlüpft, haben meist einen unmittelbaren Bezug zu seiner Leidenssituation (die ja wiederum eine Verquickung von heineschen Stilisierungen und authentischen Merkmalen ist). Lazarus, der aussätzige Kranke aus dem Evangelium, dem im zweiten Teil des »Romanzero« ein ganzer Zyklus von Gedichten gewidmet ist[19], erscheint zunächst einmal wegen seiner Leiden als geeignete Identifikationsfigur für Heine, bzw. für dessen stilisiertes alter ego in den »Lamentazionen«. Die Ähnlichkeit mit dem biblischen Schmerzensmann sind dabei unübersehbar: Nicht nur dessen Krankheit und Armut zeigen Übereinstimmungen mit Heine bzw. seiner Stilisierung im Dichter-Ich; auch sein Ausgestoßensein aus der Gesellschaft, sein als ungerecht empfundenes Leiden und seine Stigmatisierung machen Lazarus zu der idealen Identifikationsfigur des siechen, von der Undankbarkeit der Welt geschlagenen Poeten. Seine lamentationes drehen sich dementsprechend auch um die Dilemmata, mit denen sich der biblische Lazarus konfrontiert sieht.

Auf der einen Seite das unverdiente Wohlleben, auf der anderen Seite unverschuldeter Niedergang, kennzeichnen Ungleichheit und Ungerechtigkeit die Welt, an der der exilierte und kranke Dichter schier verzweifeln will: »Und Ade! sie sind zerronnen, / Goldne Wünsche, süßes Hoffen! / Ach, zu tödlich war der Faustschlag, / Der mich just in's Herz getroffen.« (DHA III, 113) Der Erfolg der Glücklichen wird stets auf deren »Lumpenthum« (DHA III, 108) zurückgeführt, denn nur der schlechte Mann, das ist der Tenor aller Gedichte des »Romanzero«, geht als Sieger aus der Geschichte hervor, während das unterlegene Dichter-Ich sich vor dem Erfolgreichen demütigen muss. Der Lazarus bei Heine ist, wie der Narr, auch immer ein Dichter (man denke an Firdusi), und sein Leiden ist auch hier primär das des Poeten, der um die Kunst und ihre Autonomie fürchtet.

Jedoch gibt es bei dem poetischen Lazarus aus Paris trotz aller Ähnlichkeiten mit dem Vorbild keine Auflösung der Leiden, die ja die Quintessenz der biblischen Parabel bleibt. Die glückliche Wiederauferstehung des Lazarus-Dichters aus seinem prosaischen Schattendasein wird zwar herbeigesehnt und ist Thema manch spöttischer Reflexion (z. B. in »Fromme Warnung« oder in »Gedächtnißfeyer«); doch erlebt sie weder der Leidende, noch kann der Leser bei der Lektüre an die Aufrichtigkeit der Beschwörung einer göttlichen Gerechtigkeit glauben. Alle christliche Hoffnung des Ich ist somit letztlich genauso in einer Pose zur Schau gestellt, wie seine Rolle fiktiv ist: »Und ist man todt, so muß man lang / Im Grabe liegen; ich bin bang, / Ja, ich bin bang, das Auferstehen / Wird nicht so schnell von statten gehen.« (DHA III, 111)

Statt in der frommen Hoffnung auf eine jenseitige Gerechtigkeit zu verharren, ergeht sich Lazarus-Heine vielmehr in düsteren poetischen Phantasien über das Jenseits, in dem die himmlischen Mächte des christlichen Evangeliums keine Autorität mehr haben:

> Das ist der böse Thanatos,
> Er kommt auf einem fahlen Roß;
> Ich hör' den Hufschlag, hör' den Trab,
> Der dunkle Reiter holt mich ab –
> Er reißt mich fort, Mathilden soll ich lassen,
> O, den Gedanken kann mein Herz nicht fassen! (DHA III, 116)

Selbst in der Rolle des aussätzigen Lazarus, dem im Neuen Testament die Gerechtigkeit Gottes widerfährt, gilt die Aufmerksamkeit des kranken Ich weniger dem versprochenen Leben nach dem Tode, als vielmehr dem Gegenwärtigen, oder doch denjenigen Menschen, die zurückgelassen werden. Die biblische Rolle deutet jedoch keinesfalls primär auf eine theologische Auseinandersetzung des Dichter-Ich und eine Rückkehr zu Gott (welchem auch immer) hin. Heine sieht durch sie vielmehr die Möglichkeit gegeben, seine Leiden zu literarisieren, seine persönlichen

Befindlichkeiten durch die Maske poetisch umzuwandeln, ohne damit melodramatisch oder unerträglich zu werden. Die in der Heine-Forschung oft erörterte Frage nach der theologischen Revision des Dichters in der Spätzeit muss vor diesem Hintergrund sekundär erscheinen.

Die Beharrlichkeit, mit der das Dichter-Ich am Lebensweltlich-Sinnlichen festhält und an dem erfahrenen Leid verzweifelt, rückt es in die Nähe einer anderen biblischen Identifikationsfigur, die zwar im »Romanzero« nicht direkt beschworen wird[20], deren Schicksalsverwandtschaft mit dem Dichter-Ich aber frappiert. Hiob, der von Gott Geprüfte und an Gott Verzweifelnde, findet sich mit seinen Leiden nicht demutsvoll ab, sondern fragt nach den Gründen seines Elends und zeigt damit in seinem Schicksal weit mehr Ähnlichkeit mit dem stilisierten Heine, als Lazarus. Dessen glückliche Rettung ist eine jenseitige, während Hiob bereits im Diesseits eine Antwort verlangt: »Warum schleppt sich blutend, elend, / Unter Kreuzlast der Gerechte, / Während glücklich als ein Sieger / Trabt auf hohem Roß der Schlechte?« (DHA III, 198), heißt es in »Gedichte. 1853 und 1854« ähnlich wie aus dem Munde des Heimgesuchten Hiob: »Warum bin ich nicht gestorben bei meiner Geburt? [...] Dann läge ich da und wäre still, dann schliefe ich und hätte Ruhe [...].« (Hiob 3, 11–13) Und im Gedicht »K.-Jammer« erhebt das Ich eine ähnliche Klage über das Verschwinden seines Glücks, wie Hiob, der angesichts seines Elends in seiner herrlichen Vergangenheit schwelgt[21]:

> Diese graue Wolkenschaar
> Stieg aus einem Meer von Freuden;
> Heute muß ich dafür leiden
> Daß ich gestern glücklich war.
>
> Ach, in Wermuth hat verkehrt
> Sich der Nektar! Ach, wie quälend
> Katzen-Jammer, Hunde-Elend
> Herz und Magen mir beschwert! (DHA III, 101)

Bei den beiden biblischen Rollen, die das Ich solchermaßen spielt, handelt es sich also nicht um eine theologische Auseinandersetzung mit dem »Buch der Bücher«, sondern um eine literarische Lesart des Dichters, die grundsächlich ästhetisch begriffen werden muss. Was Heine an der Heiligen Schrift faszinierte, waren ihre poetischen mehr als ihre religiösen Offenbarungen und Tröstungen.[22] Hiob und Lazarus als Rollen des leidenden Ich ermöglichen die Literarisierung und ästhetische Gestaltung von Themen, die ohne diese künstlerische Brechung unlesbar wären.

Auch wenn sich das Ich niemals explizit zu der Rolle des Hiob bekennt, sind die Übereinstimmungen mit dem Vorbild offensichtlich.[23] Doch die Masken des Dichter-Subjekts im »Romanzero« wechseln zusehends überraschender, und die

Grenzen zwischen den Rollen werden so fließend, dass eine Bestimmung des lyrischen Subjekts durch sein Maskenspiel nicht erleichtert, sondern noch zusätzlich erschwert wird. Das Ich des »Romanzero« lässt sich niemals festlegen, erscheint als Narr, als leidender Dichter, als poète allemand Heinrich Heine, nimmt die Identität biblischer Gestalten an, um diese sogleich in Frage zu stellen und zu relativieren. Das Verwandlungs- und Vexationsspiel des Autors gerät schließlich außer Kontrolle, die Übergänge von authentischer Äußerung und Scharade werden so fließend, dass sie nur auf eine Art poetischer Persönlichkeitsspaltung zurückzuführen sind[24], die das Ich in unendlich viele und nicht mehr voneinander zu trennende Individuen vervielfältigt hat, die als narrative Ich-Instanzen durch Zeit und Raum geistern.

Man erinnere sich an das Ich in den »Spanischen Atriden«, das sowohl »Am Hubertustag des Jahres / Dreyzehnhundert drey und achtzig« (DHA III, 84) an der Tafel eines spanischen Granden sitzt, als auch im Amerika des Cortez angelangt und dessen Bluttaten beobachtend, über seine Erlebnisse im restaurativen Europa »auf Regentstreet« und »zu Rotterdam, / Neben des Erasmi Bildsäul'« (DHA III, 58) sinnieren kann: »Meine schönsten Lebensjahre, / Die verbracht' ich im Kyffhäuser, / Auch im Venusberg und andern / Katakomben der Romantik.« (DHA III, 58) Das Ich wechselt von Ort zu Ort, von Epoche zu Epoche und erscheint dabei mal als wilder Verehrer einer Dame der Pariser Halbwelt in »Pomare«, mal als siecher und exilierter Dichter in den »Lamentazionen«, oder als unbemerkter Beobachter der archaisch-märchenhaften Sabbatfeierlichkeiten in einer Synagoge in »Prinzessin Sabbath«, immer bemüht, die Poesie des Augenblicks zu erhaschen:

> Durch das Haus geheimnißvoll
> Zieht ein Wispern und ein Weben,
> Und der unsichtbare Hausherr
> Athmet schaurig in der Stille.
>
> Stille! Nur der Seneschall,
> (Vulgo Synagogendiener)
> Springt geschäftig auf und nieder,
> Um die Lampen anzuzünden.
>
> Trostverheißend goldne Lichter,
> Wie sie glänzen, wie sie glimmern!
> Stolz aufflackern auch die Kerzen
> Auf der Brüstung des Almemors. (DHA III, 126)

Auch die Bezüge der Gedichte untereinander sind mannigfaltig. In »Prinzessin Sabbath« werden Lieder des »Hochberühmten Minnesinger[s] / Don Jehuda ben Halevy« (DHA III, 127) gesungen, in »Jehuda ben Halevy« wiederum wird die

Geschichte von Geoffroy Rudèl und Melisande von Tripoli erwähnt (cf. DHA III, 140 f.), die bereits in den »Historien« im gleichnamigen Gedicht ihr Wesen trieben. Die »Disputazion« des Rabbiners und des Mönchs führt den Leser zurück in die spanische Geschichte, die im ersten Teil des »Romanzero« so viel poetischen Stoff geliefert hat, und der Fluch des Vitzliputzli, sich an Europa mit der Verbreitung der Syphilis zu rächen (cf. DHA III, 718), führt uns zu Pomare, der Pariser Kokotte, die jämmerlich zugrunde geht (DHA III, 30 ff.); es fällt nicht schwer zu erraten, woran.

Auf dieser poetischen Parforcejagd durch Epochen und Welten wird der Leser stets vom lyrischen Ich begleitet, das jeweils die Färbung seiner Umgebung annimmt, darin auf- und untertaucht und manchmal mit den poetischen Figuren verschmilzt. So gibt sich das Ich während seiner assoziativen tour de force durch Raum und Zeit in »Jehuda ben Halevy« gar als eigentliches Objekt der Lobpreisung des jüdischen Dichters aus dem 12. Jahrhundert zu erkennen, wenn es bei der Beschreibung des Poeten beispielsweise durch ein geschickt gesetztes »wir« allmählich eine Identität im Dichtertum konstituiert:

> Wie im Leben, so im Dichten
> Ist das höchste Gut die Gnade –
> Wer sie hat, der kann nicht sünd'gen
> Nicht in Versen, noch in Prosa.
>
> Solchen Dichter von der Gnade
> Gottes nennen wir Genie:
> Unverantwortlicher König
> Des Gedankenreiches ist *er*.
>
> Nur dem Gotte steht *er* Rede,
> Nicht dem Volke – In der Kunst,
> Wie im Leben kann das Volk
> Tödten *uns*, doch niemals richten. – (DHA III, 135)[25]

Doch so undurchdringlich dieses Vexierspiel im »Romanzero« erscheinen mag, so wenig man vom Ich durch die Etablierung dieser unterschiedlichen poetischen Existenzformen einen genauen Begriff bekommen kann, charakterisiert es sich doch immer und grundsätzlich als Ästhetiker: Denn das Ästhetische[26] ist das Sichtbare, die Maske, die nur auf eine bestimmte Wirkung angelegte Darstellung seiner Person. Als solchen, nicht als politischen Agitator oder jammernden Bekehrten muss man auch Heine und seine lyrischen Stilisierungen betrachten, um zu einer gültigen Bewertung seiner Poesie, namentlich der Lyrik der »Matratzengruft« zu kommen.[27]

Kierkegaards Ästhetiker
und das leidende Ich im »Romanzero«

Zur genaueren begrifflichen und inhaltlichen Fassung dieser Heineschen Vorstellung des Ästhetikers eignet sich überraschenderweise Søren Kierkegaards Bestimmung in seinem Hauptwerk »Entweder – Oder«. Es soll hier freilich nicht versucht werden, Heines Lyrik einer philosophischen Lektüre zu unterziehen. Der Dichter kannte das Werk des dänischen Philosophen nicht und wurde folglich nicht direkt von ihm beeinflusst.[28] Um den Nachweis einer Einflussnahme soll es hier nicht gehen. Doch wenn man einen Blick auf Lebensweise und -betrachtung des von Kierkegaard beschriebenen fiktiven Ästhetikers A wirft (dessen Werk im Übrigen stark literarischen Charakter hat), so müssen die Ähnlichkeiten mit dem leidenden Ich in Heines später Lyrik frappieren. Um diese Parallelen und Definitionen des Ästhetikers soll es in der folgenden, tendenziell philologischen Lektüre gehen, denn sie werden helfen, das lyrische Subjekt des »Romanzero« und seine Motivation und am Ende das Spiel, die Wechselwirkungen zwischen Autor und Werk, besser zu verstehen.

Der Ästhetiker A bei Kierkegaard setzt, ganz wie Heines stilisiertes alter ego in den Rollen des »Romanzero«, auf die Täuschung seiner Mitmenschen, indem er ihnen nur die Facetten seines Selbst präsentiert, die ihn in einem gewissen, von ihm gewünschten Licht erscheinen lassen. In einem Brief an A entlarvt der Ethiker B (zu dem es bei Heine freilich kein Pendant gibt, geben kann) seinen Freund als einen auf seine Außenwahrnehmung fixierten Menschen, und kennzeichnet ihn damit eindeutig als Ästheten:

> Das Leben sei eine Maskerade, erklärst Du, und das ist Dir ein unerschöpflicher Stoff zum Vergnügen, und noch ist es niemandem gelungen, Dich zu erkennen; denn jede Offenbarung ist immer eine Täuschung, so nur kannst Du atmen und verhindern, daß die Leute auf Dich eindringen und die Respiration beeinträchtigen. Darin hast Du Deine Tätigkeit, Dein Versteck zu bewahren, und das gelingt Dir, denn Deine Maske ist die rätselhafteste von allen; Du bist nämlich nichts und bist immer nur im Verhältnis zu anderen; und was Du bist, bist Du durch dies Verhältnis.[29]

Diese bewusste Täuschung macht B seinem Freund jedoch niemals zum Vorwurf: »In dieser Hinsicht erhält Dein Wesen, sobald Du Dich mit Menschen einläßt, ein hohes Maß an Treulosigkeit, die man Dir ethisch jedoch nicht zum Vorwurf machen kann; denn Du stehst außerhalb ethischer Bestimmungen.«[30] Dem Ästhetiker ist also, ebenso wie dem Dichter Heine in seinen Stilisierungen, mit ethischen Maßstäben nicht beizukommen; denn beider Täuschung verlangt hohe Geschicklichkeit, sie sind in diesem Sinne Künstler und damit (zumindest in der Auffassung

Kierkegaards und Heines) moralischen Bedenklichkeiten überhoben. Der eigentliche Grund für eine solche Maskerade ist darüber hinaus nicht Bosheit oder Falschheit. Die Täuschung – sei es nun die gesellschaftlicher oder poetischer Art – dient dem Schutz des Ästheten, der ohne seine Verstellung seine fragile Natur in Gefahr sähe.[31] Die ästhetische Täuschung ist also Abwehr einer Wirklichkeit, die dem sensiblen Ästheten gefährlich werden kann und ihn in eine tiefe Trauer und Verzweiflung versetzt.

Es gibt bei Kierkegaard grundsätzlich zwei Gründe für solch eine Maskerade. Zum einen soll damit eine bestimmte täuschende Wirkung nach außen erzielt werden, (im »Romanzero« soll etwa das Publikum genarrt werden); zum anderen kann sich A damit selbst über seinen trostlosen Zustand belügen und in der Verstellung Erleichterung von der Realität suchen: »Wenn Du die Leute dazu bringen kannst, daß sie lachen und jubeln und sich über Dich freuen, so triumphierst Du über die Welt, so sagst Du zu Dir selber: Wenn ihr nur wüßtet, worüber ihr lacht!«[32]

Werfen wir nun einen Blick auf diesen Genuss, der für A wie für das leidende Ich im »Romanzero« den einzigen Sinn in einer sonst sinnlosen Existenz darstellt. Der Ethiker B charakterisiert in einem weiteren Brief an A dessen auf Sinnlichkeit basierende Lebenshaltung folgendermaßen:

> Hier also liegt eine Lebensanschauung, welche lehrt: genieße das Leben, und dies wiederum so ausdrückt: genieße dich selbst; im Genuß sollst du dich selbst genießen. Dies ist eine höhere Reflexion; indessen dringt sie natürlich in die Persönlichkeit selbst nicht ein, diese bleibt in ihrer zufälligen Unmittelbarkeit. Die Bedingung für den Genuß ist doch auch hier eine äußere, die nicht in der Macht des Individuums steht; denn obwohl es, wie es sagt, sich selbst genießt, so genießt es sich doch nur im Genuß, der Genuß selbst aber ist an eine äußere Bedingung geknüpft. Der ganze Unterschied ist also, daß es reflektiert genießt, nicht unmittelbar.[33]

Im Genuss nimmt der Genießende etwas auf, was sinnlich wahrgenommen werden kann. Gleichgültig, ob dies ein Geschmack, eine Berührung oder ein Geräusch ist, das Genossene ist – für Kierkegaard – niemals geistig, sondern immer Objekt, »äußere Bedingung«, wie B sagt. Das Wahrgenommene ist somit immer mittelbar, nie unmittelbar geistig. Im Falle des »Romanzero« könnte man also die Poesie als orales Genussmittel, die Sprache in ihrer Musikalität und mit ihrer sprachlichen Gestaltung als solch ein mittelbares Genussmittel im kierkegaardschen Sinne verstehen, mit dessen Hilfe das Ich Vergessen sucht und findet.

Der Ästhetiker bildet sich ein, die Zeit und damit die Realität überlisten zu können, indem er sie im Genuss kurzfristig außer Kraft setzt. Jedoch ist dies ein Irrtum, da er zwangsläufig irgendwann keine Objekte mehr finden wird, deren Reize ihn fesseln und die er genießt. Er muss also stets nach neuen Objekten des Genusses suchen und endet so schließlich beim Genuss des Genusses, der Lust am

Genießen selbst, die allein noch übriggeblieben ist und es vermag, ihn ästhetisch zu befriedigen. Ein weiterer Aspekt, den der kierkegaardsche A mit Heines poetischem alter ego gemein hat, ist folglich dessen *Zeitlosigkeit*, die immer so lange währt, wie der Ästhetiker genießt. Während dieses Momentes muss er nicht reflektieren, denn jede Reflexion bedeutet die Bewusstmachung der Trostlosigkeit des Lebens.

Ein ästhetisch lebender Mensch, so erhellt aus dem in »Entweder – Oder« eingeschobenen Text »Der Unglücklichste«, kann jedoch nur dann glücklich genannt werden, wenn er »präsentisch« lebt, d. h. seine Gedanken und Fähigkeiten nicht ausschließlich auf Vergangenes oder Zukünftiges richtet, sondern im Augenblick lebt, das Hier und Jetzt voll ausschöpft und genießt. Die Erinnerungen und Hoffnungen, denen sich das Ich im »Romanzero« hingibt, sind solchermaßen Potential, dass der Ästhet genießend nutzen kann; und doch gewinnen in vielen Fällen bei Heine die Erinnerungen eine dermaßen schmerzhafte Dringlichkeit, dass das Ich Gefahr läuft, sich in Vergangenem zu verlieren und darüber unglücklich zu werden. So ist der Ästhet im »Romanzero« immer der Bedrohung ausgesetzt, zu dem »Unglücklichsten« zu werden, den Kierkegaard folgendermaßen beschreibt:

> Der Unglücklichste ist nun derjenige, der sein Ideal, seinen Lebensinhalt, die Fülle seines Bewußtseins, sein eigentliches Wesen irgendwie außer sich hat. Der Unglücklichste ist immer sich abwesend, nie sich selbst gegenwärtig. Abwesend kann man aber offenbar entweder in der vergangenen oder in der zukünftigen Zeit sein. Hiermit ist das ganze Territorium des unglücklichen Bewußtseins hinlänglich beschrieben.[34]

Die Konsequenz daraus besteht für den unglücklichen Ästheten in der absoluten Zeitlosigkeit seiner Person, da er weder in Vergangenheit, Gegenwart, noch Zukunft gänzlich zuhause ist. Er ist der Gegentyp des Augenblicksmenschen Don Juan, den Kierkegaard an anderer Stelle einer ausführlichen Charakterisierung unterzieht. Der unglückliche Ästhet ist niemals festzulegen; erscheint er in einer Maske, so ist er diese schon nicht mehr, er springt von einer Rolle zur anderen, lebt nur noch durch das Gefühl des Begehrens, das allerdings nicht mehr befriedigt werden kann, sondern nur noch als Begierde am Leben erhalten wird:

> Sein Leben kennt keine Ruhe und hat keinen Inhalt, er ist sich nicht präsentisch im Augenblick, nicht präsentisch in der zukünftigen Zeit, denn das Zukünftige ist schon erlebt, nicht in der vergangenen Zeit, denn das Vergangene ist noch nicht gekommen. So wird er umhergetrieben wie Latone in die Finsternis der Hyperboräer, nach des Äquators heller Insel, kann nicht gebären und ist doch immerfort wie eine Gebärende. […] er kann nicht alt werden, denn er ist nie jung gewesen; er kann nicht jung bleiben, denn er ist schon alt geworden; er kann gewissermaßen nicht leben, denn er ist ja schon gestorben; er kann nicht lieben, denn die Liebe ist immer präsentisch, und er hat keine gegenwärtige Zeit, keine zukünftige, keine vergangene,

und doch ist er eine sympathetische Natur, und er haßt die Welt, nur weil er sie liebt; er hat keine Leidenschaft, nicht weil es ihm daran fehlte, sondern weil er im selben Augenblick die entgegengesetzte hat, er hat zu nichts Zeit, nicht weil die Zeit von anderem angefüllt wäre, sondern weil er überhaupt keine Zeit hat [...].35

Das leidende Ich im »Romanzero« wäre also, würde man die kierkegaardschen Bestimmungen auf die Texte übertragen, gleichermaßen in seinen Masken und Rollen ein Getriebener, in seinen Sprüngen in Zeit und Raum ein Unglücklicher, dessen Leben allein durch die Begierde nach sinnlichem Genuss erhalten wird. Aber auch die letzte Stufe des Genussstrebens, wie es Kierkegaard in all seinen Auswirkungen im »Tagebuch des Verführers« beschreibt, erreicht das Dichter-Ich mit seinem ästhetischen Verwirrspiel, denn es genießt sich selbst narzisstisch in seinem kunstvollen Vexierspiel auf Kosten des Publikums, ähnlich, wie der Verführer Johannes bei Kierkegaard skrupellos aber raffiniert Cordelia zum Mittel seiner Zwecke macht. Denn dieser versucht durch die Reproduktion des ästhetischen Genusses künstlich den Genuss ein zweites Mal zu genießen: Johannes strebt nicht die Verführung der jungen Frau als Ziel an – sie ist ihm Mittel zum Genuss seines eigenen Raffinements: »Im ersten Fall genoß er persönlich das Ästhetische, im zweiten Fall genoß er ästhetisch seine Persönlichkeit.«36 Im »Romanzero« geschieht Ähnliches. Das lyrische Ich genießt zunächst die Unmittelbarkeit der ästhetischen Begierde in der Poesie, aber zugleich auch sich selbst und seine Kunstfertigkeit durch die Täuschung des Publikums.

Damit wird allerdings die äußerste Phase des ästhetischen Genusses erreicht, der sich nun seine eigene Realität schaffen muss, nur noch sich selbst genießen kann, weil in der Wirklichkeit kein Objekt der Begierde mehr zu finden ist. A, der sich als Herausgeber des Tagebuchs zu erkennen gibt, beschreibt bei seiner Analyse des Verführers zugleich auch Heines Poetik und die Mechanismen des »Romanzero«:

> Im ersten Fall bedurfte er ständig der Wirklichkeit als Anlaß, als Moment; im zweiten Fall war die Wirklichkeit im Poetischen ertrunken. [...] Hinter der Welt, in welcher wir leben, fern im Hintergrunde liegt eine zweite Welt, die zu jener etwa im selben Verhältnis steht wie eine Szene, die man im Theater bisweilen hinter der wirklichen Szene sieht, zu dieser. Man erblickt durch einen dünnen Flor gleichsam eine Welt aus Flor, leichter, ätherischer, von anderer Bonität als die Wirklichkeit. Viele Menschen, die leiblich in der wirklichen Welt erscheinen, sind nicht in dieser zuhause, sondern in jener anderen. Die Tatsache jedoch, daß ein Mensch derart dahinschwindet, ja nahezu der Wirklichkeit entschwindet, kann ihren Grund entweder in einer Gesundheit oder in einer Krankheit haben. Letzteres war bei diesem Menschen der Fall, den ich einmal gekannt habe, ohne ihn zu kennen. Er gehörte nicht der Wirklichkeit an, und doch hatte er viel mit ihr zu tun. [...] Er verhob sich nicht an der Wirklichkeit, er war nicht zu schwach, sie zu tragen, nein, er war zu stark; aber diese Stärke war eine Krankheit. Sobald die Wirklichkeit ihre Bedeutung als Inzitament verloren hatte, war er entwaffnet [...].37

Diesen Verlust von Wirklichkeit kann man aber auch bei Heine beobachten, der – am Ende seiner Genussfähigkeit angelangt – sich der Realität der Poesie ergibt, die mit der Wirklichkeit nur noch sehr vermittelt zu tun hat. Der »Romanzero« ist der Schlusspunkt Heinescher Dichtkunst – und gewissermaßen ihr eigentümlicher Anfang. Der von der Wirklichkeit getrennte Poet kann nicht zu ihr zurückfinden und beschließt seine Poesie als leidender Ästhet. Inwiefern die Poesie in dieser Abkopplung noch funktionieren kann, sei dahingestellt.

Der unmittelbar geistige Genuss in der Poesie

Die Parallelen, die ich eben zwischen der Auffassung Søren Kierkegaards und der dem »Romanzero« zugrundeliegenden Poetik aufgezeigt habe, bleiben unbeabsichtigte Analogien, die lediglich illustrierenden Charakter besitzen. Kierkegaard sieht im Zustand des Ästheten ein überwindbares Stadium, das von dem des Ethikers abgelöst werden soll. Solche weiterführenden Überlegungen sind für unser Thema jedoch irrelevant.

Kommen wir zurück zu Heine. Es ist an dieser Stelle der Analyse deutlich geworden, wie wichtig es ist, den Autor des »Romanzero« bewusst als Produkt seiner eigenen ästhetischen Stilisierung wahrzunehmen (sieht man von seiner Stilisierung nach über einhundertfünfzig Jahren Heine-Rezeption einmal ab). Solchermaßen wird in Heines Fall der Gestalter von Fiktion, also der Verfasser des »Romanzero«, konstitutiver Teil seiner eigenen poetischen Schöpfung. Der von Heine stets angestrebte sensualistische Genuss wird paradoxerweise auf der geistigen Ebene re-etabliert, eine Alternative zum nicht mehr möglichen sinnlichen Genuss geschaffen, der bei Heine überraschen muss, jedoch auch in seiner modernen Auffassung von Dichtertum begründet ist.

Das Verständnis des Spielcharakters erfordert freilich beim Leser, der sich auf dieses Spiel einlassen will, eine ähnliche Sensibilität, wie die, über die der Dichter verfügt. Der Großteil des von Heine meist als philisterhaft geschmähten Publikums hat diese Bereitschaft freilich selten aufgewiesen. Die Widersprüchlichkeiten, die ein solches ästhetisches Vexierspiel verursacht, mögen verwirren und provozieren, doch gehören diese Ungereimtheiten zum Lebensrecht des wahren Dichters. Eine Verleugnung derselben würde vom (philiströsen) Publikum vielleicht begrüßt, bedeutete aber auch das Ende der (autonomen) Kunst, und das kann der Dichter Heine nicht akzeptieren. Einzig durch die komplizierten und verwirrenden Reflexions- und Fiktionsstufen kann der Dichter sich ausdrücken, kann trotz Leidens den geistig-poetischen Genuss erreichen. Wie dies konkret funktioniert, wird sich im folgenden zeigen.

Die Dichtung als Scheinwelt

In »Der weiße Elephant«, einem der zahlreichen Gedichte des »Romanzero«, in dem der Exotismus der Szenerie in krassem Widerspruch zur Leidensrealität Heines und der des Dichter-Ich der »Lamentazionen« steht, ist diese Suche nach ästhetischem Genuss und die Täuschung durch poetische Welten offenkundig. Die Pracht des Palastes des Mahawasant wird so üppig und mit solch einer Betonung der Sinnlichkeit dieses Ortes geschildert, dass man fast vergisst, dass es ausschließlich die Wortgewalt der Heineschen Sprache ist, die die geschilderten Genüsse, die dem Elefanten kredenzt werden, uns vor Augen führt:

> Als Wohnung für diesen erhabenen Gast
> Ließ bauen der König den schönsten Palast;
> Es wird das Dach, mit Goldblech beschlagen,
> Von Lothos-knäufigen Säulen getragen.
>
> Am Thore stehen dreyhundert Trabanten
> Als Ehrenwache des Elephanten,
> Und knieend mit gekrümmten Rucken,
> Bedienen ihn hundert schwarze Eunucken.
>
> Man bringt auf einer güldnen Schüssel
> Die leckersten Bissen für seinen Rüssel;
> Er schlürft aus silbernen Eimern den Wein,
> Gewürzt mit den süßesten Spezerey'n.
>
> Man salbt ihn mit Ambra und Rosenessenzen,
> Man schmückt sein Haupt mit Blumenkränzen;
> Als Fußdecke dienen dem edlen Thier
> Die kostbarsten Shawls aus Kaschimir. (DHA III, 15)

Der »Romanzero« ist nicht nur ein Gedichtband, in dem es um das Leiden in all seinen Facetten geht, sondern auch um Sinnlichkeit, um Genuss oder – mit der Begrifflichkeit Heines – um Sensualismus. Die Darstellung dekadenter sinnlicher Genüsse findet sich im ganzen »Romanzero«, neben dem Leid und dem Elend der Unterlegenen, hat Sinnlichkeit und Ästhetik – so unvereinbar diese beiden Bereiche scheinen – immer ihren festen Platz. In »Der Mohrenkönig« und in »Spanische Atriden« kann dieses Nebeneinander von poetischer Feier des Sensualismus und dem Leid der Gerechten beobachtet werden.

Der verloren geglaubte Sensualismus hat sich auf poetischer Ebene wieder etabliert und zwar durch das Wort und die dichterische Sprache. Diese allein ist es, die die exotischen Genüsse vor unsere Augen und die des Dichters führt, das Wort allein vermag im »Romanzero« das zu leisten, wozu der leidende Dichter in der Realität nicht mehr in der Lage ist: Es gewährt ihm durch seine poetische Suggestivkraft und Musikalität den Genuss, den er als sterbender Ästhet in einer schrecklichen, hässlichen Realität nicht mehr finden kann. In »Jehuda ben Halevy« erscheint die Fähigkeit der Dichter-Imagination, Sinnlichkeit und Genuss erfahrbar zu machen, in den arabesken Gestaltungen des Sensualismus der exotisch fernen Orte aber zugleich auch – in einer Art negativen Sinnlichkeit – in dem entsetzlichen Ende des Schlemihl-Dichters in ihrer beeindruckendsten Entfaltung. Das ganze Gedicht ist ein Luxurieren einzelner Bilder, die in ihren sprachlichen Digressionen und Assoziationen ein Panorama der Sinnlichkeit und der Grausamkeit der Welt entfalten, ein groteskes Oszillieren zwischen zwei Extremen, das sich zum Beispiel an der Schilderung der poetischen Herrlichkeit des Talmuds einerseits und dem Tod des Jehuda andererseits demonstrieren lässt. Der jüdische Dichter wird unvermittelt von einem »freche[n] Sarazene[n]« (DHA III, 148) umgebracht, während er – wirklichkeitsvergessen wie das berichtende Dichter-Ich – wortgewaltig über die Zerstörung Jerusalems lamentiert. Doch der Tod Jehuda ben Halevys geht als Faktum geradezu unter in der Üppigkeit der Sprache und der Wortflut, mit der Heine schildert. Auch die Lektüre der Haggada gerät zu einem arabesken Feuerwerk der Sinnlichkeit und der Sprache, in dem freilich der Gehalt, die religiöse Offenbarung der Hagada zu einer ästhetischen umgedeutet wird:

> Also leuchtet auch der Talmud
> Zwiefach, und man theilt ihn ein
> In Halacha und Hagada.
> Erstre nannt' ich eine Fechtschul' –
>
> Letztre aber, die Hagada,
> Will ich einen Garten nennen,
> Einen Garten, hochphantastisch
> Und vergleichbar jenem andern,
>
> Welcher ebenfalls dem Boden
> Babylons entsprossen weiland –
> Garten der Semiramis,
> Achtes Wunderwerk der Welt.
> [...]
> Hoch auf kolossalen Säulen
> Prangten Palmen und Cypressen,
> Goldorangen, Blumenbeete,
> Marmorbilder, auch Springbrunnen,
>
> Alles klug und fest verbunden
> Durch unzähl'ge Hänge-Brücken,
> Die wie Schlingepflanzen aussahn
> Und worauf sich Vögel wiegten –

> Große, bunte, ernste Vögel,
> Tiefe Denker, die nicht singen,
> Während sie umflattert kleines
> Zeisigvolk, das lustig trillert –
>
> Alle athmen ein beseligt,
> Einen reinen Balsamduft,
> Welcher unvermischt mit schnödem
> Erdendunst und Mißgeruche. (DHA III, 132 f.)

In immer neuen arabesken Schilderungen und Schwelgereien in der Sprachflut ergibt sich das Ich. Auch wenn Heines »Netz aus Worten, das keine lockeren Maschen aufweist«[38], das vollbringt, was in der Realität längst nicht mehr funktioniert, nämlich dem leidenden Dichter Sinnlichkeit und Genuss zu gewährleisten, so gibt es doch an dieser Stelle keine eigentliche Aussage der Verse mehr, und somit wird auch dem Leser kein kommunikativer Sinn vermittelt, außer diesem: Aut poeta, aut nihil – ein Leben außerhalb der Dichtung kann es für den Autor nicht mehr geben.

Diese unaufhörlichen Digressionen und Aberrationen haben trotz aller Herrlichkeit in ihrer Tendenz zur Maßlosigkeit etwas Beängstigendes und Gespenstisches, vielleicht noch mehr als die ebenso sinnliche Beschreibung der historischen Greueltaten z. B. in »Vitzliputzli« oder »Schlachtfeld bey Hastings«. Die Unheimlichkeit der ausschweifenden Beschreibungen liegt zum einen darin, dass – gleichsam als Ausgleich für die Eintönigkeit der »Matratzengruft« – die Exotik und die Farben bis ins Grelle, Unnatürliche gesteigert werden und dadurch oft umschlagen ins Groteske, das hier in Verbindung mit dem Schönen und Guten oft makabrer wirkt als die Steigerung des Hässlichen. Einen ähnlichen Effekt haben wir ja bereits beim grotesken Gelächter beobachtet. Aber es trägt zu dem befremdenden Gefühl bei der Lektüre die Tatsache bei, dass das Dichter-Ich sich ausschließlich in der Welt der Legenden und der Fiktion, des Traumes und der Erinnerung bewegt. Zwar behält Heine, oberflächlich betrachtet, dieselbe Tonart bei, die man von ihm bereits kennt; er wählt ähnliche Themen wie eh und je und nutz dieselben stilistischen Mittel. Doch inhaltlich entfernt er sich vom Publikum, wird unverständlich nicht allein wegen der ständig verstärkten Digression, sondern weil er sich im »Romanzero« von der Wirklichkeit seiner Leserschaft längst verabschiedet hat und die tote Welt der Erinnerung und der Legende – wenn auch mit unglaublicher Suggestionskraft – in ein gespenstisches und schattenhaftes Leben ruft.

Doch der scheinbare Irrlauf durch die Schichten der individuellen und kollektiven Erinnerung hindurch ist alles andere als allgemeinverständlich, setzt man z. B. die Maßstäbe und Erwartungen an, die man als Leser an die Poesie des »Buchs der Lieder« hatte. Selbst in einem Gedicht wie »Böses Geträume«, das auf den ersten

Blick mit seiner Schlichtheit und Schnörkellosigkeit hinter dem Gefunkel der anderen Texte versteckt ist und den »klaren« Heine mit seinem ironisch-sentimentalen Tonfall vorzuführen scheint, hat der Dichter sich längst vom Publikum und seine Erwartungen verabschiedet:

> Im Traume war ich wieder jung und munter –
> Es war das Landhaus hoch am Bergesrand,
> Wettlaufend lief ich dort den Pfad hinunter,
> Wettlaufend mit Ottilien Hand in Hand.
>
> Wie das Persönchen fein formirt! Die süßen
> Meergrünen Augen zwinkern nixenhaft.
> Sie steht so fest auf ihren kleinen Füßen,
> Ein Bild von Zierlichkeit vereint mit Kraft.
>
> Der Ton der Stimme ist so treu und innig,
> Man glaubt zu schaun bis in der Seele Grund;
> Und alles was sie spricht ist klug und sinnig;
> Wie eine Rosenknospe ist der Mund. (DHA III, 119)

Auf diese Strophen folgt keine ironische Brechung, keine Relativierung der Idylle durch Humor. Die für Heine geradezu verdächtige Süßigkeit der Szene erhält einzig durch die Tatsache einen bitteren Nebengeschmack, dass dies alles ein Traum ist, dessen Verwirklichung zwar sehnlichst herbeigewünscht wird, aber doch niemals erfüllt werden kann. Das kranke Dichter-Ich als Repräsentant einer hässlichen, unidealen Welt ergeht sich keineswegs in falschen Utopien. Nicht das biedermeierliche Idyll ist hier heuchlerisch und korrekturbedürftig, sondern die Wirklichkeit, in die das Dichter-Ich erwacht und die – wie das Bild mit der Lilie zeigt – ihre Unschuld verloren hat:

> Es ist nicht Liebesweh, was mich beschleichet,
> Ich schwärme nicht, ich bleibe bey Verstand; –
> Doch wunderbar ihr Wesen mich erweichet
> Und heimlich bebend küss' ich ihre Hand.
>
> Ich glaub' am Ende brach ich eine Lilie,
> Die gab ich ihr und sprach ganz laut dabey:
> Heirathe mich und sey mein Weib, Ottilie,
> Damit ich fromm wie du und glücklich sey.
>
> Was sie zur Antwort gab, das weiß ich nimmer,
> Denn ich erwachte jählings – und ich war
> Wieder ein Kranker, der im Krankenzimmer
> Trostlos darniederliegt seit manchem Jahr. – – (DHA III, 119 f.)

Humor oder Ironie, wie man sie aus dem Frühwerk Heines kennt, und womit er bisher solche Szenerien ihrer Scheinhaftigkeit zu überführen wusste, sind im »Romanzero« auch deshalb nicht zu finden, weil diese künstlerisch-dichterische Idylle nun mit allen Mitteln (zumindest in der Kunst) zu etablieren gesucht wird. Die Scheinwelt der Poesie, deren Gefahren von Heine durchaus erkannt werden (nicht zuletzt deshalb kehrt er immer wieder in die schreckliche Realität zurück), ist zum letzten Refugium des Ästheten geworden.

Freilich sind diese Welten der Erinnerung und des Traums im »Romanzero« unheimlich und auf gewisse Weise in ihrer Grelle und Überzogenheit ähnlich kränklich, wie das Dichter-Ich. Sie gewinnen im selben Maß an Gespenstigkeit, wie sie an Wirklichkeitsbezug verlieren: »Das Wort kann nur das bereits Geschehene, endgültig Besiegelte, seines früheren Sinnes Entleerte in seiner äußeren Form festlegen«.[39] Die Gedichte und die in ihnen geschilderte Welt – mag sie nun schrecklich oder exotisch-üppig sein – wirken auf den Leser fremd, ja grotesk, denn ihr Ursprung ist nicht das Leben, sondern das bereits Gelebte, die in einem grotesken poetischen Reigen wiederbelebte Erinnerung, die im Kopf des Dichters und schließlich in den Gedichten zu einer (immerhin wirkmächtigen) Scheinexistenz gelangen. Heine selbst hat diesen Vorgang der poetischen Gestaltung so umschrieben: »Es mögen wohl Gespenster seyn, / Altheidnisch göttlichen Gelichters; / Sie wählen gern zum Tummelplatz / Den Schädel eines todten Dichters. –« (DHA III, 199)

In »Geoffroy Rudèl und Melisande von Tripoli« ist so die Kunst, die das Leiden und Sterben der beiden unglücklichen Liebenden auf einer Wandtapete festhält, der Garant dafür, dass das im Leben Versäumte nicht unwiederbringlich verloren ist. Als Wiedergänger lustwandeln Geoffroy und Melisande durch das nächtliche Schloss, eifrig bestrebt, die versäumte Sinnlichkeit wenigstens als Schatten nachzuholen:

> Trautes Flüstern, sanftes Tändeln,
> Wehmuthsüße Heimlichkeiten,
> Und posthume Galantrie
> Aus des Minnesanges Zeiten:
>
> »Geoffroy! Mein todtes Herz
> Wird erwärmt von deiner Stimme,
> In den längst erloschnen Kohlen
> Fühl' ich wieder ein Geglimme!«
>
> »Melisande! Glück und Blume!
> Wenn ich dir in's Auge sehe,
> Leb' ich auf – gestorben ist
> Nur mein Erdenleid und -Wehe.«

>»Geoffroy! Wir liebten uns
Einst im Traume, und jetzunder
Lieben wir uns gar im Tode –
Gott Amur tat dieses Wunder!«

»Melisande! Was ist Traum?
Was ist Tod? Nur eitel Töne.
In der Liebe nur ist Wahrheit,
Und dich lieb' ich, ewig Schöne.« (DHA III, 48)

Auch wenn das bleiche und ein wenig ironisierte Tändeln der beiden Gespenster etwas ätherisch wirkt, so ermöglicht ihre Existenz in der Kunst (also auf der Tapete), ihr Geistersensualismus doch eine nicht zu unterschätzende Möglichkeit zur Kompensation. Wie Heines Poesie, so stellt der nächtliche Spuk im Schloss eine Alternativrealität dar, deren Traumhaftigkeit in Kauf genommen wird, um überhaupt noch Sinnlichkeit erfahren zu können. Die künstliche Realität mit ihrem Liebesgeflüster erscheint so romantisch verführerisch, dass die Kälte ihrer Künstlichkeit kurzfristig vergessen wird: »›Geoffroy! Wie traulich ist es / Hier im stillen Mondscheinsaale, / Möchte nicht mehr draußen wandeln / In des Tages Sonnenstrale.‹« (ebd.)

Es wäre dennoch falsch nun zu denken, dass die Gedichte des »Romanzero« in ihrer Wortgewalt nur »gleißende Oberfläche«[40] wären, und in ihren zersplitterten symbolischen Bezügen, mit ihrem Erinnerungscharakter völlig aussagefrei seien, wie Luciano Zagari meint. Denn Heines »zu Kunst erstarrte[s] Stück Leben«, seine sich auf Erinnerung und Traum gründende Realität im »Romanzero« ist deswegen nicht der Dichtungscharakter abzusprechen, weil er die Beziehung von Text – Aussage – Leser vernachlässigt. Heine mag vielleicht seinem Publikum mit dem »Romanzero« keine Inhalte vermitteln, die einen direkten Bezug zu seinem Lebensvollzug haben; doch ergibt sich aus dem bisher Eruierten, wenn auch nur implizit, eine poetologische Aussage, die in der impliziten Darlegung der Heineschen Dichtungstheorie besteht.

Die Verabschiedung des Dichters von der Wirklichkeit

Heines dritter Gedichtband ist schöner Schein jenseits der Realität, ist Utopie ohne Hoffnung auf eine Einlösung in der Wirklichkeit. Dass das dichterische Wort in der Realität machtlos ist und doch die Macht hat, eine andere Realität losgelöst von der Wirklichkeit zu schaffen, dieses Paradoxons ist sich Heine bewusst und er macht sich diese Einsicht (die freilich auch die Absage an eine auf Wirkung basierende politische Ästhetik bedeutet) zunutze. Die Schönheit als eine auf die gegenwärtige Welt sich beziehende Macht ist jedoch damit für die Ästhetik des »Romanzero« ebenso hoffnungslos verloren, wie ihre Verwirklichung in der schrecklichen Realität sich als unmöglich erwiesen hat. Der Dichter selbst muss ihr den Todesstoß geben, um sie vor der Befleckung durch die hässliche Realität zu retten. Ich erinnere an »Nächtliche Fahrt«:

> Grausame Narrethey! Mir träumt
> Daß ich ein Heiland sey,
> Und daß ich trüge das große Kreuz
> Geduldig und getreu.
>
> Die arme Schönheit ist schwer bedrängt,
> Ich aber mache sie frey
> Von Schmach und Sünde, von Qual und Noth,
> Von der Welt Unflätherey.
>
> Du arme Schönheit, schaudre nicht
> Wohl ob der bittern Arzney;
> Ich selber kredenze dir den Tod,
> Bricht auch mein Herz entzwey. (DHA III, 55 f.)

Der »Romanzero« ist frei von Schönheit im klassischen Sinne, von Ebenmaß und Harmonie, in den Gedichten wird kein politisches oder soziales Ideal verfochten, und doch wird die dichterische Macht gefeiert, die den Poeten zum »Unverantwortliche[n] König / Des Gedankenreiches« seiner eigenen Schöpfung macht. Heine besingt sich solchermaßen selbst als Dichter, nun am Ende seines Lebens unabhängig und autonom, wie seine Dichtung: »Ja, er ward ein großer Dichter, / Absoluter Traumweltsherrscher / Mit der Geisterkönigskrone, / Ein Poet von Gottes Gnade« (DHA III, 137). Dieser Poet und seine Kunst, seine Leiden, seine Begierde nach ästhetischem Genuss sind das eigentliche Thema des »Romanzero«.

Das Dilemma von Heines Dichtertum besteht jedoch eben darin, dass sinnlicher Genuss, dessen Verwirklichung in der Realität er stets in der Poesie forderte, nur in der Dichtung, in der Poesie möglich ist. Um sinnlich zu genießen wird der Dichter zurückgeworfen auf seine poetische Scheinwelt, während er in der Realität (wie Rabbi Faibisch oder Firdusi) unter Missachtung, Neid und Kränkungen zu leiden hat, bestenfalls den posthumen Dichterruhm bekommt, der schlechterdings nicht den Verlust des sinnlichen Genusses aufwiegen kann:

> Dichterschicksal! böser Unstern,
> Der die Söhne des Apollo
> Tödtlich nergelt, und sogar
> Ihren Vater nicht verschont hat,

> Als er hinter Daphnen laufend
> Statt des weißen Nymphenleibes
> Nur den Lorbeerbaum erfaßte,
> Er, der göttliche Schlemihl!
>
> Ja, der hohe Delphier ist
> Ein Schlemihl, und gar der Lorbeer,
> Der so stolz die Stirne krönet,
> Ist ein Zeichen des Schlemihlthums. (DHA III, 153)

Der Poet ist ein »(kranker) Genius«[41], den der Verlust von Lebendigkeit und Schönheit in der Realität zwangsläufig zum Herrscher über das Geisterreich der Poesie macht. In »Der Apollogott« erscheint der Dichter so als groteske Figur (in Verkehrung aller bekannten romantischen Bilder), als Amsterdamer Jude, der sich als Apoll verkleidet hat und auf dem Rhein in einem Kahn und begleitet von Dirnen, eine junge Nonne mit seinem Lied betört. (cf. DHA III, 32 ff.) »Das anmutige Hellenentum erscheint als Mummenschanz, als Selbstparodie, als Karikatur [...]«[42], stellt Helmut Mojem fest, und doch desavouiert diese Darstellung in der ihr zugegebenermaßen vorhandenen Lächerlichkeit die Poesie nicht. Denn der vagabundierende Rabbi Faibisch Apoll ist ja trotz seines grotesken Auftretens befähigt, seine Zuhörer zu bezaubern; die Dichtung hat in dieser Verzerrung nicht ihre Wirksamkeit verloren – und damit ist »Der Apollogott« exemplarisch für den »Romanzero«: Der Poet mag ein entlaufener Vorsänger und Schlemihl sein und durch sein komisches Auftreten auffallen; seine Erwähltheit, dichterische Macht und die Zweckfreiheit seiner Poesie (denn Rabbi Faibischs Lied hat keinen bestimmten Sinn oder verfolgt kein Ziel, außer zu gefallen) wird niemals angezweifelt. Die Vertreibung des Dichters aus dem sensualistischen Paradies, das in der Heineschen Vorstellungswelt mit dem Griechenland der Mythen identisch und Heimat des »Vaters« aller Dichter, Apollos, ist, bedeutet eben keine Abkehr vom sinnlichen Genuss. Die Poesie des »Romanzero« vermag es, alles Imaginierte, Erinnerte durch Worte geistig zu materialisieren, aber eben nur für die Dauer des poetischen Spiels. In »Sie erlischt« wird solchermaßen das Ende der Dichtung auch zum Lebensende des Poeten, der jenseits der Fiktion nicht mehr lebensfähig ist:

> Der Vorhang fällt, das Stück ist aus,
> Und Herrn und Damen gehn nach Haus.
> Ob ihnen auch das Stück gefallen?
> Ich glaub' ich hörte Beyfall schallen.
> Ein hochverehrtes Publikum
> Beklatschte dankbar seinen Dichter.
> Jetzt aber ist das Haus so stumm,
> Und sind verschwunden Lust und Lichter.

> Doch horch! ein schollernd schnöder Klang
> Ertönt unfern der öden Bühne; –
> Vielleicht daß eine Saite sprang
> An einer alten Violine.
> Verdrießlich rascheln im Parterr'
> Etwelche Ratten hin und her,
> Und Alles riecht nach ranz'gem Oehle.
> Die letzte Lampe ächzt und zischt
> Verzweiflungsvoll und sie erlischt.
> Das arme Licht war meine Seele. (DHA III, 120)[43]

Die poetische Fiktion des »Romanzero« wird zur privaten Wirklichkeit des leidenden Dichters. Mit seinen Leiden will er sich darin auseinandersetzen, seinen ästhetischen Genuss sucht er zuerst darin. Die Außenwelt und das Publikum interessieren ihn nur noch insofern, als sie ihn durch ihre Mystifikation in seiner dichterischen Fähigkeit bestätigen, mit seiner poetischen Sprache eine funktionierende (Schein)Realität stiften zu können, die ihm hilft, sich von der existenzbedrohenden Leidenssituation zu distanzieren und sich über sie zu erheben. Die kann aber – in einem letzten Schritt – nur durch die völlige Abkopplung des leidenden Subjekts von der Realität des Lesers gelingen, der (durch den Dichter vexiert) diese Entwicklung in Gang bringt, aber schließlich, nach dem gelungenen Rückzug des Poeten, in seiner Wirklichkeit zurückgelassen wird.

Wenn man nach dem Wesen und Ursprung des Leidens im »Romanzero« fragt, so ist es grundsätzlich richtig, es gewollt und ausschließlich als Auseinandersetzung mit dem dichterischen, ästhetischen Leiden zu begreifen. Man muss aber davon absehen, im Dichter und seiner Qual primär ein Symbol oder Sprachrohr für seine Epoche zu sehen, oder den »Romanzero« als politisch motivierten Solidarisierungsversuch mit dem unterdrückten Teil der Menschheit zu verstehen. Die Gedichte haben weder eine tagespolitische oder soziale Aussage, noch prangern sie primär ungerechte Machtverhältnisse an.

Der »Romanzero« steht am Ende eines prozessualen Vorgangs der literarischen Leidensbewältigung, Heine befindet sich als Interpret jener Textwelten, losgelöst von der planen Wirklichkeit, sozusagen am äußersten Punkt einer hermeneutischen Spirale, die mit der zu höchster Artifizialität getriebenen Formulierung seiner Qual in ihrer Bewegung zu einem Halt gekommen ist. Diese Position des Dichters, der die Poesie auf eine neue Stufe gehoben hat, birgt jedoch gleichzeitig die Gefahr des Endes seiner Dichtung in sich. Wenn mit dem (dichterischen) Demiurgen und Ausleger des Leidens auch die (dichterische) Schöpfung und Auslegung stirbt, so darf der »Romanzero« als der logische und poetologische Schlusspunkt der Heineschen Lyrik betrachtet werden.

Anmerkungen

1 Jean Paul: Werke. Hrsg. v. Norbert Miller. Bd. V. München 1980, S. 129.
2 Dolf Oehler: Heines Frömmigkeit als List der Vernunft. – In: Merkur 39 (1985), S. 970.
3 Auf diesen bedeutenden Sachverhalt ist erst in der jüngeren Forschung explizit hingewiesen worden, z. B. im Aufsatz: Christian Liedtke: »...und es lachten selbst die Mumien«. – In: HJb 43 (2004), S. 12–30.
4 Ebd., S. 16.
5 Zur Aufnahme des »Romanzero« cf. DHA III/2.
6 Beide Zitate nach: Alberto Destro: Öffentlich und privat. – In: Der späte Heine. Hrsg. v. Wilhelm Gössmann und Joseph A. Kruse. Hamburg 1982, S. 61 f.
7 Jauß sieht in der »ästhetischen Distanz« des Publikums zu einem literarischen Werk den Indikator, an dem man seinen Kunstcharakter abzulesen vermag. Je größer also die Distanz der Rezipienten zum Werk, desto größer sein Kunstcharakter. Cf. Hans Robert Jauß: Literaturgeschichte als Provokation der Literaturwissenschaft. – In: Rezeptionsästhetik. Hrsg. v. Rainer Warning. München 1994, S. 135.
8 Auf den Manierismus der Heineschen Lyrik und seine Wirkungen hat kürzlich auch Gerhard Kaiser hingewiesen: »Das lyrische Subjekt fällt auf sein eigenes Arrangement hinein und lässt damit erst recht sein Publikum hereinfallen.« (Gerhard Kaiser: Lazarus als Lyriker. – In: HJb 43 (2004), S. 73.)
9 Wolfgang Preisendanz: Memoria als Dimension lyrischer Selbstrepräsentation in Heines »Jehuda ben Halevy«. – In: Memoria. Hrsg. v. Anselm Haverkamp. München 1993, S. 348.
10 Im weitesten Sinne ist der Leser natürlich als Nachschaffer dessen, was er liest, kreativ und aktiv; ich spreche jedoch hier davon, dass der Leser in unserem Falle vom Autor gezielt in der Rezeption geleitet und beeinflusst wird. Die Aufgabe des Nachvollziehens bleibt natürlich wie bei jedem Werk der Kunst, so auch hier, dem Rezipienten überlassen, wenn auch freilich nicht grundsätzlich von einem philologisch geschulten Leser ausgegangen werden darf, der als »[...] wahrnehmendes Subjekt [...] den Anweisungen des Textes folgend, die Unterscheidung der Form und die Aufdeckung des Verfahrens zu leisten hat.« (Jauß [Anm. 7], S. 126.)
11 Cf. Jauß [Anm. 7], S. 131: »Der neue Text evoziert für den Leser (Hörer) den aus früheren Texten vertrauten Horizont von Erwartungen und Spielregeln, die alsdann variiert, korrigiert, abgeändert oder auch nur reproduziert werden.« In unserem Fall besteht die Variation im bloßen Scheincharakter des Humors, der aber lediglich in bestimmten auslösenden Signalen (z. B. Lachen, Ironie), in Mechanismen also, (für den Leser) aber nicht mehr real vorhanden ist. Eine echte Überlegenheit des Autors besteht also auch in dem Wissen um die Scheinhaftigkeit, die eingebildete Überlegenheit des Lesers ist lediglich moralischer Art.
12 Zitiert nach: B VI/2, 34.
13 Sabine Schneider: Die Ironie der späten Lyrik Heines. Würzburg 1995, S. 101.
14 Das schwierige Verhältnis Heines zu seinem Publikum belegt auch folgender Brief an Karl Gutzkow vom 23. 8. 1838: »Wie letztere sind auch meine angefochtenen Gedichte kein Futter für die rohe Menge. [...] Nur vornehme Geister, denen die künstlerische Behandlung eines frevelhaften oder allzu natürlichen Stoffes ein geistreiches Vergnügen gewährt, können an jenen Gedichten Gefallen finden. Ein eigentliches Urtheil können nur wenige Deutsche über diese Gedichte aussprechen, da ihnen der Stoff selbst, die abnormen Amouren in einem Welttollhaus, wie Paris ist, unbekannt sind. Nicht die Moralbedürfnisse irgend eines verheuratheten Bürgers in einem Winkel Deutschlands, sondern die Autonomie der Kunst kommt hier in Frage.« (HSA XXII, 292)

¹⁵ Die Narrheit der Welt ist bei Heine bereits im Frühwerk bekanntermaßen ein zentrales Thema, wenn auch nicht Anlass solch negativer Reflexionen wie in der Spätzeit.

¹⁶ Man vergleiche das XV. Kapitel von »Ideen. Das Buch Le Grand«, DHA VI, 215.

¹⁷ Luciano Zagari: »Das ausgesprochne Wort ist ohne Scham«. – In: Zu Heinrich Heine. Hrsg. v. Luciano Zagari und Paolo Chiarini. Stuttgart 1981, S. 137.

¹⁸ Michael Werner: Rollenspiel oder Ichbezogenheit? – In: HJb 18 (1979), S. 115.

¹⁹ Zum Zyklus »Lazarus« im »Romanzero« gehören 20 Gedichte, insgesamt 11 Gedichte des Bandes »Gedichte. 1853 und 1854« sind unter dem Titel »Zum Lazarus« versammelt, und im Nachlass Heines existiert eine Gruppe von 17 Gedichten, die vom Autor diesem Zyklus zugeordnet wurden. Cf. hierzu DHA III/2, 724 f.

²⁰ Nur an einer Stelle wird der Vergleich mit Hiob bemüht, nämlich in »Jehuda ben Halevy«: »Und die Zeit leckt meine Wunde, / Wie der Hund die Schwären Hiobs.« (DHA III, 136).

²¹ Cf. Hiob 29, 2–6: »O das ich wäre wie in den früheren Monden, in den Tagen da Gott mich behütete, da seine Leuchte über meinem Haupt schien und ich bei seinem Licht durch die Finsternis ging! Wie war ich in der Blüte meines Lebens, als Gottes Freundschaft über meiner Hütte war, als der Allmächtige noch mit mir war und meine Kinder um mich her, als ich meine Tritte wusch in Milch und die Felsen Ölbäche ergossen!« (Luther-Übersetzung).

²² In »Ludwig Börne« heißt es in diesem Zusammenhang: »Welch ein großes Buch! Merkwürdiger noch als der Inhalt ist für mich diese Darstellung, wo das Wort gleichsam ein Naturprodukt ist, wie ein Baum, wie eine Blume, wie das Meer, wie die Sterne, wie der Mensch selbst. Das sproßt, das fließt, das funkelt, das lächelt, man weiß nicht wie, man weiß nicht warum, man findet alles ganz natürlich.« (DHA XI, 44).

²³ Dass sich Heine mit dem Buch Hiob und dessen Problematik auseinandergesetzt hat, belegt auch folgende Textstelle aus der »Späteren Note« zu »Ludwig Marcus. Denkworte« (1854): »Aber warum muß der Gerechte so viel leiden auf Erden? [...] Das Buch Hiob löst nicht die böse Frage. Im Gegentheil, dieses Buch ist das Hohelied der Skepsis, und es zischen und pfeifen darin die entsetzlichsten Schlangen ihr ewiges: Warum?« (DHA XIV, 274).

²⁴ Eine ähnliche Auffassung vertritt auch Bernhild Boie: Am Fenster der Wirklichkeit. – In: Heinrich Heine und die Zeitgenossen. Berlin/Weimar 1979, S. 163 ff.

²⁵ Hervorhebungen von der Verfasserin.

²⁶ Hier sei auf den eigentlichen Wortsinn von »Ästhetik« verwiesen, das sich vom griechischen aisthesis = Wahrnehmung, ableitet.

²⁷ Wolfgang Preisendanz hat 1973 genau jene biographische »Betonung des Selbstverständlichen« bei der Interpretation der Leidenslyrik beklagt: »Kaum in den Griff kommt dagegen die sprachliche, stilistische, textformale Besonderheit dieses Sagens, sein kommunikativer Sinn, oder gar sein literarhistorischer Ort und Index. Denn freilich: vor welcher Folie, in welchem Kontext, welchem Bezugsrahmen außer dem biographischen sind diese Gedichte zu beschreiben und zu verstehen?« (Wolfgang Preisendanz: Die Gedichte aus der Matratzengruft. – In: Ders.: Heinrich Heine. München 1973, S. 114.).

²⁸ »Enten – Eller« erschien erstmals 1843, die erste deutsche Übersetzung datiert lange nach Heines Tod, 1885. Äußerungen zu Kierkegaard konnte die Verf. – wie folglich wenig verwundern kann – weder in Briefen, noch im dichterischen Werk ausfindig machen.

²⁹ Søren Kierkegaard: Entweder – Oder. Teil I und II. Unter Mitwirkung von Niels Thulstrup und der Kopenhagener Kierkegaard-Gesellschaft hrsg. v. Hermann Diem und Walter Rest. München 1998, S. 707.

³⁰ Ebd., S. 759.

31 Interessanterweise bedient sich Kierkegaard – besonders in seinem Hauptwerk – ähnlicher Maskeraden wie Heine oder auch A. Bei der Herausgabe von »Entweder – Oder« verwendete er ein Pseudonym (Victor Eremita), während der gesamte Text auf einer hochkomplizierten, aber fingierten Edition verschiedenster Texte und Papiere unterschiedlichster (fiktiver) Personen zu beruhen scheint, deren Ordnung kaum zu durchschauen ist.
32 Kierkegaard [Anm. 28], 761.
33 Ebd., S. 744.
34 Ebd., S. 259.
35 Ebd., S. 263 f.
36 Ebd., S. 354.
37 Ebd.
38 Zagari [Anm. 17], S. 126.
39 Ebd., S. 137.
40 Ebd., S. 128.
41 Sabine Bierwirth: Heines Dichterbilder. Stuttgart/Weimar 1995, S. 406.
42 Helmut Mojem: Heinrich Heine: Der Apollogott. – In: Wirkendes Wort 35 (1985), S. 273.
43 Zu bemerken ist, dass das Publikum auch hier eine für den Dichter relativ marginale Rolle spielt. Zwar ist es »hochverehrt«, aber ob es der Vorstellung tatsächlich Wohlwollen zollt, bleibt ebenso nebensächlich (»Ich glaub' ich hörte Beyfall schallen«), wie seine Anwesenheit für den Dichter letztlich unbedeutend ist. Die Poesie ist nicht am Ende, weil das Publikum das Theater verlässt, sondern das poetische Spiel ist beendet, und dies bedeutet das Ende für den Dichter.

II.

Heinrich Heine
und sein Verleger Johann Friedrich Cotta

Von Bernhard Fischer, Marbach

Nur wenigen Menschen widmete Heinrich Heine so großartig-verklärte Zeilen wie dem »geliebten«, »wackern würdigen Mann« Johann Friedrich Cotta, die in dem Wort gipfeln: »Das war ein Mann, der hatte die Hand über die ganze Welt!«[1]. Und wie herzlich und voller Hochachtung er auch dem Sohn anhing, zeigt die Formulierung in der Ehrenerklärung[2] für Georg von Cotta aus dem Jahr 1854 in der Affäre um den entstellenden Nachdruck der »Aveux d'un poète« / »Geständnisse«: »In dem jüngsten Briefe, womit er mich beehrte, fand ich die rührenden Worte: ich erbte nicht den Geist meines Vaters, aber ich glaube sein Herz habe ich geerbt. Um solches zu sagen muß man wirklich Geist besitzen.«[3]

Dabei war J. F. Cottas Verhältnis zu Heine ungleich offener, wohlmeinender, ja herzlicher als das seines Sohns Georg. Der alte Cotta und Heine schätzten einander nicht nur, sondern begegneten sich in einer Art Urvertrauen. Eine Rolle spielte in diesem Zusammenhang auf Cottas Seite der Streit mit Victor Aimé Huber, an dem er einen angenommenen Sohn verloren hatte – an seine Stelle traten in Cottas Gefühlsökonomie Gustav Kolb und eben Heine. Deshalb trafen Heines Rückzug aus den »Annalen« und seine Unlust, an ihrer Erneuerung mitzuwirken, Cotta so schmerzlich, dass er offenbar seinem Sohn Georg vorwarf, Heine durch zensierende Eingriffe in die Reiseschilderungen aus Italien fürs »Morgenblatt« aus dem Verlag vertrieben zu haben.[4]

Heines Verhältnis zum alten Cotta bestimmte u. a. die gemeinsame Verehrung Napoleons und – eng damit verbunden – J. F. Cottas Eintreten für die Emanzipation der Juden[5], die Napoleon in den neufranzösischen Rheinlanden mit dem Code Napoleon verwirklicht hatte. Heine fühlte sich Cottas sicher. So konnte es Ende 1828 auch nicht das Verhältnis trüben, dass Cotta Platens »Romantischen Oedipus« mit seinen antisemitischen Ausfällen gegen Immermann und Heine in Verlag nahm. Möglicherweise wusste er zunächst nicht einmal, was er da übernahm, spätestens aber als er Georgs Brief vom 16./18. November 1828 erhielt, handelte er im vollen Bewusstsein; Georg schrieb hier:

> Der romantische Oedipus wurde gestern Abend bey mir in einer Gesellschaft gelesen, zu welcher ich Menzel, Schwab, Hauff und troz des Abschreibens auch Spindler gebeten habe. Platen geißelt darin die romantische Schule und so viele der neuen Skribler: Immermann, Kind, Houwald, Müllner, Bötticher u.a. werden darin getroffen. Ersterer am heftigsten indem er als der Repraesentant der unberufenen Tragödienschreiber als Nimmermann, eine eigene Person des Stückes, handelnd aufgeführt wird, mit ihm Heyne, der Jude der nach Knoblauch riecht. Es ist so stark, daß man es im Morgenblatt nicht geben kann.
> Indessen ist es ganz köstlich und wird großes Aufsehen, wenn auch viel böses Blut machen. Inwiefern die Immermann'schen Anträge von derselben Verlagshandlung die den Oedipus herausgiebt angenommen werden können, kann ich vom Immermann'schen Standpunkt aus nicht beurtheilen.[6]

Ebenso wenig wie Heine ließ sich übrigens auch Immermann, der sich 1827 als Nachfolger des verstorbenen Wilhelm Hauff um die Redaktion des »Morgenblattes« beworben hatte, von Cottas Übernahme des »Oedipus« beeindrucken – bald darauf bot er Cotta seine »Schule der Frommen« an und 1829/30 schloss er einen Vertrag über seine publizistischen Produkte. Wie stark aber Heines Vertrauen in J. F. Cotta war, sollte sich 1829 bei dem Streit über die Honorarabrechnung zeigen, der bei aller Heftigkeit und persönlichen Verbitterung erstaunlich schnell zu versöhnen war. – Im Vergleich damit wirkt Georgs Verhältnis zu Heine ambivalent, geprägt von seiner Anerkennung eines ausgezeichneten Kopfes wie von der Abscheu eines tiefgläubigen Protestanten vor aller Sinnlichkeit. Noch weiter entfernte sich Georg von Heine wie von seinem Vater in den 1850er Jahren mit solchen antisemitischen Äußerungen, die ihn in die Nähe zum notorischen Antisemitismus eines Altenhöfer und Peschel brachten.

Das Folgende will kein Gesamtbild des Verhältnisses bieten[7], ebenso wenig die Beziehungen von Heine und J. F. Cotta mit denen zu seinem Freund und Stammverleger Campe vergleichen, dem er lange Jahre durch dick und dünn die Treue hielt. Es geht an dieser Stelle um zwei Marginalien: die eine rundet die Geschichte ab, wie Heine und Cotta zusammenfanden, die andere handelt von der Bedeutung der Heineschen Korrespondenzen für die Augsburger »Allgemeine Zeitung«, kurz die »AZ«.

*

Man schreibt Karl August Varnhagen von Ense das Verdienst zu, Cotta die entscheidende Empfehlung gegeben zu haben, welche die jahrzehntelange enge Beziehung zwischen Heine und dem Klassikerverlag herstellte. Bekanntlich folgte Varnhagen dabei der Bitte Heines vom 1. Mai 1827, die der überaus teuren Lebenshaltung in London und einer gewissen Enttäuschung über Campes Geldverlegenheit entsprang:

> Wenn Sie in Correspondenz mit Cotta sind, so fragen Sie ihn doch ob er mich für sein Morgenblatt hier oder in Paris beschäftigen will. Aber dieses müsten Sie bald thun. Versteht sich

von selbst daß er etwas stark honoriren müste, wenn ich etwa für ihn länger in England bleiben sollte. Hier ist alles beyspiellos theur, ich muß, weil ich Alles sehe, täglich über eine Guinee ausgeben, welches sehr viel ist für einen deutschen Schriftsteller. (HSA XX, 287 f.)

Dieser Bitte kam Varnhagen am 11. Mai mit folgenden Worten nach:

Wollen Sie, Hochverehrter! meinen jungen Freund H. Heine, den Verfasser der zwar überdreisten, aber auch hochgenialen Reisebilder, von welchen der zweite Theil eben jetzt erschienen ist und großes Aufsehn macht, für das Morgenblatt während der nächsten Zeit beschäftigen, die er in England und demnächst in Frankreich zuzubringen gedenkt, so bitte ich Sie, ihm dies und die Bedingungen, die er freilich sehr günstig gestellt erwartet, mit ein paar Worten nach London unter Adresse von B. A. Goldschmidt & Co. gefälligst anzuzeigen. Besondere Wünsche würde er gern berücksichtigen; seinen eignen Zwecken zufolge kann sein Aufenthalt in England etwa drei Monate dauern, wäre in Bezug auf das Morgenblatt ein Verlängerung angemessen, so hätte darüber, der großen Theurung wegen, ein näheres Abkommen Statt zu finden. Auf sein an mich gerichtetes Ersuchen theile ich Ihnen diesen Antrag mit.
Heine ist Doctor Juris, aber bisher jeder amtlichen oder bürgerlichen Laufbahn fremd geblieben; als Neffe des reichen Salomon Heine in Hamburg befindet er sich in einer Lage, die ihm erlaubt völlig unabhängig zu bleiben. Sein Talent brauche ich Ihnen nicht anzurühmen. Er ist ein würdiges Gegenstück zu Börne, mit dem Vorzuge, den immer das produktive poetische Genie vor dem kritischen prosaischen hat.[8]

Cotta ließ darauf an Heine »sogleich schreiben«, und – so an Varnhagen am 21. Juli 1827 – »ich würde mich herzlich freuen, wenn ich disen genialen Mann für mich u. meine Institute gewinnen könnte –«.[9] Am 1. Juni schließlich bemerkte Heine gegenüber Merckel:

Wie kontrastirt dagegen [gegen die ihm von Varnhagen mitgeteilte »servile« Aufnahme der »Reisebilder« in Berlin, B.F.] der offne süddeutsche Brief aus Augsburg. Es ist mir nichts neues daß mir von dorther viel Anlockendes zukam. Ach! ich bin gefesselt an Norddeutschland. Ein schöner Gedanke, Liberalenhäuptling in Bayern zu werden. Aber ach! ich bin krank, ruinirt und gefesselt. – [...] Cottas Proposizionen sollst Du bey Leibe nicht an Campe mittheilen, auch hast Du kein Recht dazu. Ich will bey Leibe Campen kein Floh ins Ohr setzen. Das wär jetzt ohne Nutzen, und ich hab ihn zu lieb um ihn unnöthiger Weise zu prickeln. Er thut viel für meine Kinder [will sagen: für das Erscheinen der »Reisebilder«, B. F.] und ich bin dankbar. Aber auf seine Generosität werde ich mich nie mehr verlassen. (HSA XX, 289)

Man sieht, wie nahe ihm sein Freund Campe stand, auch wenn er ihm statt der verlangten 80 nur 50 Louisd'or Honorar für den zweiten Band der »Reisebilder« zahlen mochte oder konnte, und ihn so geradewegs Cotta in die Arme trieb; unter Druck setzen, ausspielen jedenfalls mochte er Campe mit der sprichwörtlichen »Liberalität« Cottas nicht. Zweifellos war ihm Cotta, bis er ihn persönlich kennen lernte, nur eine Art Geldesel: »Cotta werde ich seiner Zeit zu benutzen wissen.« (Ebd. S. 290) Die Loyalität zu beiden Verlegern wird später nur gelingen, weil Heines Publikationsstrategie die journalistischen Beiträge und die aus ihnen entstehenden Bücher als andersartig, aber gleichwertig betrachtet: Was diesen an politischer Aktualität und Durchschlagskraft abgehen mag, machen sie durch ihren gesteigerten ästhetischen Mehrwert wett und umgekehrt. Und so wird er die Feuilletons dem Zeitungsverleger Cotta, Campe die daraus entstandenen Bücher liefern.

Dass Cotta auf Varnhagens Empfehlung hin Heine umwerben ließ, überzeugt auf den ersten Blick. Varnhagen und Varnhagens Schwager Ludwig Robert, zu deren Kreis Heine seit 1821 engere Beziehungen unterhielt, waren seit langem Cotta-Autoren. Sie veröffentlichten bei Cotta einige Bücher, vor allem arbeiteten sie seit langem für seine Zeitungen (»Institute«): Varnhagen korrespondierte für die Augsburger »Allgemeine Zeitung«, Robert für das »Morgenblatt« – später übrigens auch für die »AZ«. Dass sie des Verlegers höchste Wertschätzung genossen, zeigt, dass beide ein Honorarfixum erhielten und dass er sich ihrer bei heikelsten Missionen bediente. Wohl von Varnhagen, wenn nicht von Robert könnten die Angebote stammen, Heine möge im »Morgenblatt« publizieren, von denen dieser Gubitz und Merckel berichtete.[10] Aber auch Heines Bekannte Elise von Hohenhausen, Fouqué, Oehlenschläger und Uhland waren Cotta- und »Morgenblatt«-Autoren – Heine war wie umzingelt von Cotta; wer allerdings in der literarischen Welt der 1820 Jahre wäre das nicht gewesen, und wenig verwunderlich werden fast alle aus Heines Freundeskreis einmal bei Cotta landen – gleich ob Maximilian Donndorf oder Moses Moser (der Roberts Korrespondenz für die »AZ« 1829 vertretungsweise übernimmt und 1831 bis 1833 eine ganze Reihe von Artikeln aus Berlin liefert), oder Immermann, Johann Baptist Rousseau, Joseph Lehmann, Eduard Gans, oder – von Heine selbst vermittelt – Eugen von Breza[11], August Lewald[12] oder Johann Hermann Detmold.[13]

Tatsächlich aber ist die Bedeutung von Varnhagens Empfehlung zu relativieren[14], war man doch bei Cotta schon vor ihr auf Heine aufmerksam geworden, und Varnhagen bestärkte nur eine ohnehin vorhandene Absicht, mit Heine ins Geschäft zu kommen. Am 5. Mai 1827 – also sechs Tage vor Varnhagens Brief – hatte Friedrich Ludwig Lindner an Cotta geschrieben:

> Dem Dr. Heine in hamburg schicke ich ein Exemplar dieses heftes Annalen, worin sein Aufsatz »Über Napoleon«, den ich Ihnen in München vorlas. Ich habe seitdem von dem selben Verfasser eine Schrift: »Reisebilder«, kennen gelernt; sie zeugt von einem genialen Geiste. Von diesen Reisebildern werde ich für d. Literaturblatt des Mgbl. eine Anzeige machen. Mein Brief an Hrn Dr. Heine soll ihn hoffentlich in dauernde Verbindung mit Ihren Zeitschriften bringen.

Dass sich Lindners (und J. F. Cottas) Interesse an Heines »majestätischem Aufsatz«[15] »Über Napoleon« in Müllners »Mitternachts-Blatt« vom 16. März entzündete, ist wenig verwunderlich: Lindners napoleonische Tendenz ist ebenso notorisch wie Cottas Verehrung für den Kaiser der Franzosen. Heines Aufsatz muss Lindner sehr beeindruckt haben, wenn er ihn Cotta – vermutlich Mitte April 1827 – vorlas; möglicherweise bestimmte ihn das nun geweckte Interesse zur Lektüre der »Reisebilder«, die ihm den Eindruck bestätigte, so dass Lindner nun Heine direkt anwerben wollte. Folgeträchtig aber für die Tendenz der Werbung war, dass der Napoleon-Aufsatz Lindners und Cottas Interesse unmittelbar auf den politischen Heine lenkte.

Heine musste von Lindners Brief überrascht sein, hatten er und Varnhagen doch eine Mitarbeit im entschieden unpolitischen »Morgenblatt« eingeleitet. Wenn etwas Lindners eigenes Interesse verrät, dann das eben verwunderliche Angebot an Heine, »Liberalenhäuptling in Bayern« zu werden. Lindner ging es nicht nur darum, seine »Annalen« zu erneuern, sondern auch stärkeren Einfluss auf die andern cottaschen Journale zu gewinnen. Seit 1826 liefen die Planungen der Münchner Filiale des Cotta-Verlags, der 1827 gegründeten Literarisch-artistischen Anstalt, und der Aufbau einer Mannschaft von Redakteuren für die hier vorgesehenen Zeitschriften. Cotta suchte fähige neue Köpfe und Lindner suchte, diese um sich zu scharen. Lindner zielte auf die Stellung des primus inter pares und damit auf die Überflügelung des eifersüchtig jeden Eingriff in sein Reich abwehrenden Chefredakteurs der »AZ« Karl Joseph Stegmann. Lindner arbeitete um so energischer dieses Ziel zu erreichen, als Victor Aimé Huber, der Sohn Ludwig Ferdinand und Therese Hubers und designierte Chefredakteur der »AZ«, nach einem Zerwürfnis mit Cotta den Verlag verlassen hatte. In diesem Sinne regte Lindner bei Cotta mehrfach an, die »verschiedenen Institute [zu] conzentriren und somit zur wechselseitigen Unterstützung [zu] organisiren«[16], auch die »AZ« aus Augsburg und das »Morgenblatt« aus Stuttgart in München anzusiedeln.[17] Seine Lieblingsidee war die Einrichtung einer Art von ›Pool-Redaktion‹, in der alle in München versammelten Redakteure unter seiner Führung an allen hier angesiedelten Zeitungen und Zeitschriften mitgearbeitet hätten.

Varnhagens Empfehlung aber hatte bei Cotta ihren Eindruck nicht verfehlt. Sie trieb Cotta dazu an, das von Lindner ausgelöste Werben zu intensivieren. So blieb Lindners Brief vom Mai nicht der einzige Werbebrief. Möglicherweise beunruhigt durch das Schweigen von Heine, wandte sich Cotta selbst vor dem 11. Juli 1827[18] an ihn. Und nachdem der auch bis Ende August noch nicht auf Lindners Maibrief geantwortet hatte[19] und Varnhagen bei einem Besuch in München am 28. August seine Empfehlung wohl noch einmal bestärkt hatte, folgte ein weiterer Brief aus München – vermutlich wieder von Lindner –, über den Heine Varnhagen am 19. Oktober 1827 in Kenntnis setzte.[20] Jetzt waren die Würfel gefallen: Die neuerlichen Angebote führte zur definitiven Erklärung Heines gegenüber Lindner/Cotta, die Redaktion der »Annalen« zu übernehmen, nicht mehr und nicht weniger.

Varnhagens Empfehlung in der Verbindung mit Lindners diversen Interessen ließen Heine zu einer Art Wunschmitarbeiter in München werden, der nach der Vielfalt seiner poetischen und publizistischen Arbeiten jedem Sattel gerecht zu sein schien. Und deshalb spielte er nicht nur in Lindners Überlegungen zu den »Annalen«, sondern auch bei der Planung des »Auslands« eine Rolle.[21] Als er am 26. November dann in München eintraf, erwarteten ihn die Cottas. Bei der Begegnung fand man Gefallen aneinander, auch wenn Heine Cottas Angebot, ihn mit der Redaktion des »Auslands« zu betrauen[22] ebenso ablehnte wie jede konkrete Verpflichtung zu einzelnen Arbeiten. Kurz: »Cotta hält viel auf mich, folgt mir wo ich ihm rathe (ich gehöre zum literarischen Staatsrath) ich bin ganz mit ihm zufrieden und er wird immer Ursache haben es mit mir zu seyn, da ich wenig verspreche und immer mein Versprechen halte. Ich halte ihn für einen sehr edlen Menschen, für wahrhaft liberal und daher werde ich mit ihm fertig.« (HSA XX, 315 f.). Dem ständig »klammen«, dabei höchst selbstbewussten Heine imponierte Cottas offenes Entgegenkommen, seine Art, sich die Autoren seiner Wahl durch großzügigste Honorare, ohne direkten Druck persönlich in ihrer Freiheit zu verpflichten. Mit Blick auf Campe schrieb Heine am 1. März 1828 in diesem Sinne an Merckel:

> Er [Campe, B. F.] weiß nie zur rechten Zeit ein paar lumpige Louisd'or wegzuwerfen; dieses sollte er von Cotta lernen. Cotta giebt mir für die Redakzion der »Annalen« 100 Louisd'or bis July[23] (ich habe mich nicht länger verpflichten wollen), und diese Generösität verpflichtet mich, ihm mehrere Aufsätze zu schreiben, verpflichtet mich umso mehr, da ich mich nicht dazu förmlich verpflichtet und er nur gegen Lindner den Wunsch geäußert hat, daß ich dergleichen thue. Er versteht seinen Mann. (HSA XX, 320)[24]

**

Wie sehr Heine sich Johann Friedrich Cotta verpflichtete, indem er wenig versprach und also sein »Zutrauen« nicht missbrauchte, das ahnte Heine erst später.[25] Dabei erfüllte er zunächst nicht entfernt die Hoffnungen, die Cotta in sein »seltenes Talent« setzte.[26] Die Arbeit an den »Neuen politischen Annalen« endete nach einem halben Jahr[27], die geplante Fortsetzung mit einem erweiterten Programm: »Neue Annalen, eine Zeitschrift für Politik Literatur und Sittenkunde« (HSA XX, 348), für deren Redaktion Heine ohnehin Lindner oder Kolb hatte einspannen wollen, zerschlug sich.

Furore machte Heine bei Cotta dann mit seinen Artikeln über die »Französischen Zustände« in der »AZ« seit dem Dezember 1831, zu denen ihn Gustav Kolb bei seinem Parisbesuch im Herbst 1831 aufgefordert hatte.[28] Heines Korrespondenzen lösten virtuos das traditionelle Gattungsgesetz der Brief-Korrespondenz ein, Mannigfaltigkeit der Inhalte in einer Einheit vor allem des Tons zu geben, sie zeichneten sich aus durch »Geist«, assoziativen Witz, durch Beziehungsreichtum wie durch ihre rhetorische Qualität, kurz durch einen ästhetischen Überschuss und Eigenwert. Cotta schrieb ihm: »Wie Ihre Art. in der Allgemeinen Zeitung interessiren Aufsehen erregen und der Zeitung Lebendigkeit und Frische geben hören Sie von allen Seiten her; [...] Allgemein war in der lezten Zeit nur davon die Rede wie geistvoll Sie über Canning pp gesprochen, und Leser aller Farben haben sich dafür in Ihrem Lobe vereinigt.« (HSA XXIV, 119)

Heines politische Feuilletons waren ein Trumpf im Konkurrenzkampf mit den anderen deutschen Zeitungen.[29] Der »AZ« aber über ihre nachrichtliche Qualität hinaus auch stilistische Lebendigkeit, Frische zu geben, wobei diese natürlich gepaart mit liberalem Geist sein sollten, dies ging auf Gustav Kolb zurück, der seine Ideen just in Paris, wohl auch unter dem Eindruck Heines entwickelte:

> Ich bin überhaupt der Ansicht, daß jetzt, wo die Welt an Ereignissen wieder ärmer wird, vor allem auf *geist*volle Correspondenten u. Mitarbeiter gesehen werden sollte. [...] Ich würde, stünde ich an Ihrer Stelle, gerade jetzt nach allen politischen Köpfen in Deutschland herum blicken, u. sie für die Allgem. Zeitg zu gewinnen suchen. Diese sicherte sich dadurch in ihrer äußern Stelung um so besser vor dem liberalen Anflug jüngerer Blätter u. würde zugleich für die geistigen Kämpfe, die sich vorbereiten, ein gewichtiges Forum. Dringend würde ich Menzel, Weitzel, Rottek, Jassoi, Mittermaier, Zschokke, Lindner, Pfitzer pp auffordern. Gewiß viele würden mitthun, wenn sie nur wieder einmal einen lebendigern Impuls wahrnähmen, u. die Fürsten u. Minister, die jetzt von jungen Blättern u. noch zum Theil unreifen Schriftstellern unwillig manche Halbwahrheit hinnehmen, würden, wo nicht willig, doch mit Achtung, die Wahrheit aus reifern Händen empfangen. Das Reaktionssystem, das mehr u. mehr in Gang kommt, *führt gewiß zu nichts Gutem,* am wenigsten für die, die sich am meisten beeifern es in Gang zu bringen, u. die am gelingen nicht zweifeln, weil die ersten Schritte ihnen günstig scheinen.[30]

Das sahen Metternich und Gentz anders, und so unbestritten meisterhaft Heines Feuilletons waren, so wussten auch Cotta und Kolb, dass Heine ein »heißes Eisen« war. Nur bedingt trifft Börnes frühe Warnung, seine Selbständigkeit nicht gegen Cotta zu verlieren: »Wäre Ihnen [Heine] mit Ehren gedient, so würde man sie Ihnen erweisen Sie dafür aber in's Garn nehmen und Ihrer Meinung berauben. –« (HSA XXIV, 48) Auch hier scheint die Lage der Dinge, will sagen: Cotta Verhältnis zu Heine, komplexer zu sein.

Johann Friedrich Cotta schätzte den »genialen« Heine persönlich – Heine wird nicht müde, vom gegenseitigen »Zutrauen«[31] zu sprechen –, und vermutlich sah er sich im gemeinsamen Ziel der »Wohlfahrt der Völker«[32] mit ihm vereint. Auch darf man annehmen, dass er Heines Einschätzungen in den »Französischen Zuständen« in ihrem historiographisch-analytischen Gehalt durchaus teilte – auch werden Heine politische Zustandsberichte gerade wegen ihres Stimmungsgehalts für das liberale Bürgertum interessant gewesen sein -: Heine erkannte weitblickend die zukunftsträchtigen gesellschaftlichen und politischen Spannungen und Konflikte, er schrieb gewissermaßen aus der revolutionären Tendenz der Entwicklung heraus, womit er sehr genau das Selbstverständnis der »AZ« traf, deren Absicht Tagesgeschichtsschreibung im höchsten Wortsinn sein sollte. Heine sollte nicht der einzige ›Radikale‹ bleiben, dessen kritischen und prophetischen Blick sich die »AZ« verpflichtete: auch Karl Blind, Gottfried Kinkel, Ohly, Wilhelm Liebknecht oder Ferdinand Wolff – um die bekanntesten zu nennen – wurden Auslandskorrespondenten der Cotta'schen Blätter, zur Publizistik getrieben ›aus der Not‹, weil sie als Exilanten, als Intelligenzler ohne bürgerliche Berufe sich nicht anders ernähren konnten – sie waren wider Willen freie Publizisten.

Gleichwohl, dem konservativ-liberalen Cotta klang die Schärfe des heineschen Tons in den Ohren, auch deswegen, weil er die Aufmerksamkeit Metternichs und Gentz' kannte und Zensur-Querelen fürchtete. Von den »Annalen«-Zeiten an legte er Heine dringend ans Herz, seinen Ausdruck zu mäßigen[33], und auch Kolb bat Heine wiederholt, »ernst« zu bleiben, den Spott – will sagen: die ätzende Ironie – und Angriffe auf Religion und Persönlichkeiten zu unterlassen.[34] Noch weniger wird der pietätvolle Georg von Cotta später der sich radikalisierenden Gesinnung Heines abgewonnen haben – trotz aller persönlichen Hochachtung.

Um aber Heines »Geist« der »AZ« erhalten zu können, empfahl ihm Johann Friedrich Cotta auch, seinen Geist auf unschuldigere Gegenstände zu lenken. Die Richtung gab dabei Heines Untertitel für die erneuerten »Annalen«: »Politik Literatur. Sittenkunde« an, der sich wie ein Echo von Cottas Instruktion für August Campes AZ-Korrespondenzen aus Paris von 1799 ausnimmt:

> Was ich aber besonders wünschte, das sind Gemälde über den sittlichen u. CulturZustand, vile Künste und Wissenschaften, Luxus, besonders in Vergleichung mit altem Paris, einen kleinen tableau von Paris nach Mercier, Handel, GeldWucher, SpeculationsGeist, kurz alles, was das grosse Publicum in Hinsicht auf einen so wichtigen Punkt interessieren kan – also auch Schilderung der wirklich handelnden Personen; Privatbetragen derselben p. p.[35]

In diesem Sinne legte Kolb Heine im Blick auf die Fortsetzung der »Französischen Zustände« ans Herz: »schildern Sie mit Ihrem, hierin jzt einzig stehenden Geist das Volk in seinem Leben und Treiben, in einzelnen Gruppen und in ganzen Massen; geben Sie uns, statt französischer Politik, die so jämmerlich ist wie jede andere, französisches Leben, angeschaut von Ihrem Geist. Behalten Sie dabei möglichst den *ernsten* Geist bei, dem Sie doch nur wie der Heimath des Paradieses entlaufen sind.«[36] Darauf wollte sich Heine nicht einlassen, und da weder Heines Selbstzensur[37] noch Kolbs Eingriffe ausreichten, kam es zu den bekannten Zensurquerelen.

Der Augsburger Zensor, Louis-Philippe und Metternich konnten sich am ästhetischen Mehrwert der heineschen Artikel nicht freuen, ihnen war er entscheidend beteiligt an der Durchschlagskraft und Energie der Artikel, die sie als Äußerung einer Parteimeinung auffassten, einer Partei, der sich Heine anfangs selbst gar nicht zurechnen wollte. Je mehr Heine dann wirklich ›Partei‹ wurde, also nicht mehr bloß auf »Posten« stand (HSA XXI, 393), desto mehr geriet er in Spannung zum »liberalen« Selbstverständnis der AZ und zu ihrem von Kolb und Georg von Cotta proklamierten »verständigen Conservatismus«[38], irgendwann musste der Punkt kommen, an dem Heine sich von der »AZ« lösen würde.

Anmerkungen

Siglen
CA   Cotta-Archiv (Stiftung der »Stuttgarter Zeitung«)
DLA   Deutsches Literaturarchiv, Marbach

[1] Heine an Georg von Cotta, 26. 3. 1852 (HSA XXIII, 193).

[2] Deutscher Entwurf zur »Préface« der »Lutèce« (DHA XIII, 288–291). – Oskar Ferdinand Peschel hatte während einer Abwesenheit Kolbs eigenmächtig eine entstellende Übersetzung in die »Allgemeine Zeitung« aufgenommen und dabei Heine aufs übelste angegriffen.

[3] Ebd. S. 289. Heine bezog sich auf G. v. Cottas Brief vom 8. 3. 1841 (HSA XXV, 309): »Sie wissen, und ich habe es Ihnen schon mehrere Male gesagt, daß ich von meinem seeligen Vater mit Ausnahme von Kopf und Geist Alles geerbt habe, also auch die Anerkennung und Werthschätzung, die Sie an ihm rühmen. Diese fehlt auch bei mir nicht, und ich bitte Sie ganz davon auszugehen.«

[4] So meldete G. v. Cotta, der während der Abwesenheit seines Vaters in Stuttgart als Relais der Geschäftsführung fungierte, diesem am 26. 11. 1828 nach Berlin: »Heine schickt seine Reisetagbuch für das Morgenblatt das ich sogleich gebe. Er schreibt zugleich wegen der Annalen. Ich zeigte ihm Ihre Abwesenheit an und bat um Fortsezg. ser. Beyträge für das Morgenblatt.« (DLA/CA, Cotta Br.: Gg. v. Cotta, Nr. 24); am 28. 11. 1828 äußerte er ängstliche Bedenken: »Heyne's Briefe sind recht schön; wenn sie nur nicht anstoßen.« (ebd., Nr. 25); und um den 12. 12. 1828: »Aus Heyne's Briefen ist nichts weggeblieben, als was die Censur gestrichen, oder was ganz schmuzig und unflähtig war. Ja es ist nach meiner Ansicht noch mehr stehen geblieben als der keusche Sinn des Morgenblattes gut vertragen mag. / Übrigens sollte es mir unendlich wehe thun, wenn H. deshalb die Fortsezung uns nicht wollte zukommen lassen, weil ich seine Feder unendlich verehre. Er solle doch bedenken, daß das Mbltt. seinem größeren Publikum nach ein Damen Blatt ist. Macht er übrigens in diesem bey ihm stereotyp gewordenen sinnlich schmuzigen Tone fort, so ist er am Ende nur noch für Herren lesbar.« (ebd, Nr. 28) – Am 17. 12. 1828 wehrte Georg sich dann gegen seines Vaters Vorhaltung, die sich auf »die Heyne'sche Reclamation« stütze, »die mich doppelt schmerzt, weil Sie zugleich die Vermuthung durchblicken lassen als seye das Verscheuchen dieses gewiß ausgezeichneten Kopfes unsere Schuld. Hätten wir nehmlich die schlüpfrigen Stellen stehen lassen wie ›todtlechzende Liebesblicke‹, ›liederlich schöne Hüften‹ u. s. w. so würde man andernseits die Red. angeklagt haben. / Unmöglich in solchen Fällen allen Ansprüchen, selbst den eigenen Wünschen zu entsprechen! / Ebenso klage ich wegen der Briefe eher deren Verfasser als die Redaction an. Ersterer mußte besser

wißen was Oestreich beleidigt als die Redaction dieß wissen kann.« (ebd., Nr. 29) – Dass J. F. Cotta bei Heines Durchreise in München Ende 1828 und seinem Berliner Aufenthalt dessen Verständnis für die notwendigen Rücksichten und vorgefallenen Eingriffe hatte gewinnen können, zeigt Heines Bemerkung vom 7.6.1829 gegenüber J. F. Cotta: »Indem ich Ihnen beyliegend etwas Italienisches, wie Sie zu haben wünschten, für das Morgenblatt schicke, hoffe ich, daß Sie nichts anstößiges drin finden mögen, indem es das Gemäßigste ist was ich geben kann und ich deßhalb schon gegen die geringste Verstümmelung protestiren muß. Ist der unverkürzte, unverstümmelte Abdruck nicht möglich, so bitte ich mir das Manuskript unter Varnhagens Addresse zurückzuschicken.« (HSA XX, 360).

5 S. Heine an Moses Moser, 14.4.1828: »In der würtemberger Kammer hat die Humanität einen großen Sieg erfochten. Cotta, der brave Cotta hat wie ein braver Mann für die Juden gesprochen.« (HSA XX, 328). Cotta hatte in seinen Debattenbeiträgen am 23. Februar 1828 zum »Judengesetz« streng die »mosaische[] Religion, aus welcher ja auch das Christenthum hervorgegangen« und das talmudische »Pfaffenthum« unterschieden (Verhandlungen der Kammer der Abgeordneten des Königreichs Württemberg auf dem außerordentlichen Landtage von 1828. Stuttgart 1828, H. 3, S. 797), vor allem aber auf die Irrelevanz des religiösen Bekenntnisses, insofern es bloß in der Sphäre der subjektiven »Meinung« sei, für den Gesetzgeber hingewiesen (ebd.), auch sich für die Befähigung der Juden zu vielen Beamtenstellen trotz der Sabbatheiligung ausgesprochen (ebd., H. 4, S. 904). Bezeichnenderweise wurden Cottas Äußerungen in Carl Weils Bericht »Verhandlungen in der Kammer der Abgeordneten des Königreichs Württemberg über den K. Gesetzvorschlag, die öffentlichen Verhältnisse der Juden betreffend« (»Neue allgemeine politische Annalen« [1828], Bd. 27, H. 2, S. 99–218, dort 151 f., S. 172, S. 199) referiert, der auch als Separatum mit 200 Exemplaren einzeln gedruckt wurde. Wie hoch die Berliner aufgeklärte jüdische Gemeinde Cottas liberales Eintreten für die Juden schätzte erhellt aus der Gesellschaft, von der Varnhagen berichtet: »Den 5. Dezember 1828. Heute Abend bei Mad. Beer im Thiergarten; große glänzende Gesellschaft und herrliche Musik. Eigentlich war der Abend Herrn von Cotta zu Ehren, weil der in der württembergischen Ständeversammlung für die Juden günstig gesprochen hat. Graf Alopeus, Fürst und Fürstin Carolath, Generalin von Witzleben etc. waren dort.« (Karl August Varnhagen von Ense: Blätter aus der preußischen Geschichte. Aus dem Nachlasse. Bd. V. Leipzig 1869, S. 143 f.)

6 G. v. Cotta an J. F. Cotta, 16./18.10.1828 (DLA/CA, Cotta Br.: Gg. v. Cotta, Nr. 22).

7 Zu Heines AZ-Mitarbeiterschaft s. Volkmar Hansens Katalog: Heinrich Heines politische Journalistik in der Augsburger »Allgemeinen Zeitung«. Katalog zur Ausstellung: Heines Artikel in der »Allgemeinen Zeitung« im Rahmen der Veranstaltungsreihe Heinrich Heine der Stadt Augsburg. Augsburg 1994.

8 Varnhagen an J. F. Cotta, Berlin 11.5.1827 (DLA/CA, Cotta Br.: Varnhagen, Nr. 136).

9 J. F. Cotta an Varnhagen, 21.7.1827 (Krakau, Biblioteka Jagiellońska, Slg. Varnhagen 49).

10 Heine an Friedrich Wilhelm Gubitz – selbst ein langjähriger Korrespondent des »Morgenblattes« – am 23.11.1825, im Blick auf das Angebot der »Harzreise« für den »Gesellschafter«: »Vielfach, wie Sie wohl denken können, bin ich angegangen worden, an andre Blätter, namentlich am Morgenblatte zu arbeiten [...]« (HSA XX, 223); an Friedrich Merckel, London 1.6.1827: »Er [Campe, B. F.] hat nie eigentliches Zutrauen zu mir gehabt, wenn ich ihm von eignen Opfern die ich für mein letztes Buch brachte gesprochen, so hat er es als eine Redensart abgelehnt, ebenfalls wenn ich ihm versicherte daß mir Cotta längst anbiethen ließ mir meine Aufsätze fürs Morgenblatt aufs allerglänzendste zu honoriren – [...]« (Ebd., S. 289).

11 Heine an G. v. Cotta, 3.11.1834 (HSA XXI, 90 f.).

12 Heine an J. F. Cotta, 11.4.1832 (HSA XXI, 33 f.).

¹³ Heine an G. v. Cotta, 19.4.1837 (HSA XXI, 202 f.).

¹⁴ Die politische Stoßrichtung Lindners weist ihn als den entscheidenden Impulsgeber für Cotta aus; sie macht es auch unerheblich, ob Lindners Brief eine direkte, von Varnhagens Empfehlung motivierte Weisung Cottas zugrunde lag. Allerdings ist zu fragen, ob sich wegen der Kürze des Zeitraums Varnhagens Brief vom 11. Mai überhaupt mit der Heineschen Reaktion vom 1. Juni verbinden lässt. Varnhagens Brief lief mindestens 6 Tage bis Stuttgart, kam also frühestens am 17. Mai dort an, Cotta ließ nun »sogleich schreiben«, sein Brief erreichte Lindner am 18. Mai, dessen Brief hatte dann nur noch 12 Tage, um, über Heines Chargé d'affaire Friedrich Merckel in Hamburg, Heine in London zu erreichen. Die Frage stellt sich, weil es keinen Eingangsvermerk Cottas auf Varnhagens Brief vom 11. Mai gibt.

¹⁵ Lindner an J.F. Cotta, 8.6.1827 (DLA/CA, Cotta Br.: Lindner Nr. 80).

¹⁶ Ebd.

¹⁷ Lindner nahm den Plan der Umsiedlung der AZ nach München Anfang 1829 im Zusammenhang mit der Gründung des »Inlands« wieder auf (Lindner an J.F. Cotta, 12.1.1829, DLA/CA, Cotta Br.: Lindner Nr. 107), unterstützt wurde er dabei bezeichnenderweise von Kolb (Gustav Kolb an J.F. Cotta, 2.5. und 13.9.1829, DLA/CA, Cotta Br.: Kolb No. 27 und 30) während Stegmann, dessen Argumenten Cotta schließlich folgte, sie aus grundsätzlichen Erwägungen heraus ablehnte (Karl Josef Stegmann an J.F. Cotta, 30., 31.10. und 2.11.1829 (DLA/CA, Cotta Br.: Karl Josef Stegmann No. 78–80).

¹⁸ Lindner an J.F. Cotta, 17.7.1827 als Antwort auf einen Brief von J.F. Cotta vom 11.7.1827 (DLA/CA, Cotta Br.: Lindner Nr. 80).

¹⁹ Heine an Friedrich Merckel, Norderney 20.8.1827 (HSA XX, 296): »Auch an Lindner hab ich noch nicht geschrieben, es soll aber nächstens geschehn. Cotta hat mir sehr liberale Vorschläge gemacht. Indessen ich gehe in nichts ein, und will ihm auch nicht früher antworten bis ich mich in Hamburg mit Dir darüber besprochen.«

²⁰ »Ich war, nachdem ich Frau v. Varnhagens Responsum erhalten, schon im Begriff zu Ihnen zu reisen, alle Verfügungen dazu waren schon getroffen, als ich einen Brief aus München erhielt, der mich kurz bestimmte dorthin zu reisen. Schon längst hatte man mich hingewünscht. Jetzt verspricht man mir Holland und Braband. Auf jeden Fall finde ich dort Ruhe, das ist mir jetzt die Hauptsache. Januar 1828 erscheinen die politischen Analen in München unter der Redakzion Ihres Freundes Heine und des Dr Lindner. Dieses wird den Leuten das erste Zeichen seyn was es bedeutet daß ich in München bin. Ueber diesen Punkt nächstens mehr. Ich habe diese Redakzion angenommen, weil ich überzeugt war Sie sind nicht bloß damit zufrieden, sondern auch darüber erfreut. Die Tendenz sehen Sie wohl voraus.« (HSA XX, 300).

²¹ Gustav Kolb an J.F. Cotta, 21.8.1827 (DLA/CA, Cotta Br.: Kolb Nr. 10).

²² Heine an Varnhagen, München 28.11.1827 (HSA XX, 306); an Campe, 1.12.1827 (ebd., S. 309) – das Campe gegenüber hier erwähnte Angebot, das »Morgenblatt« zu übernehmen, ist dagegen nicht glaubwürdig: Wie hätte Heine von München aus die Redaktion führen können? Zudem war nach Wilhelm Hauffs Tod mit seinem Bruder Hermann, der schon vorher intensiv am »Morgenblatt« mitgearbeitet hatte, eine tragfähige Lösung gefunden worden); an Merckel, 1.12.1827 (ebd., S. 310), an Menzel, 12.1.1828 (ebd., S. 315); dazu, dass Heine sich dann offenbar doch für Cottas »Ausland« engagieren wollte s. Helmuth Mojem: Als Cottascher Musquetier. Zu einem neu aufgefundenen Brief an Heinrich Heine. – In: Jahrbuch der Deutschen Schillergesellschaft XLII (1998), S. 5–20.

²³ Recte 100 Carolins, wie Heine an andere Adressaten schreibt (s. auch Heine an J.F. Cotta, 31.10.1831 mit der Schilderung der Auseinandersetzung über den Abrechnungsmodus, bei dem

Cotta plötzlich Bogen- und Zeilenhonorar in Anschlag gebracht habe, HSA XXI, 23 f.). Diese 100 Carolins wären mehr als das Honorar gewesen, das Campe für die beiden ersten Bände der »Reisebilder« gezahlt hatte, auch entsprachen sie den von Cotta für Heines Mitredaktion auch am »Ausland« angebotenen 2.000 fl., was dafür spricht, Heine habe wirklich Cotta seine, wenn auch nur formelle Mitarbeit zugesichert.

24 Auf dieses Verhältnis ist auch die auf den ersten Blick abschätzige Formulierung gegenüber Moser vom 14.14.1828 »Ich bin eine von Cottas theuersten Puppen« (HSA XX, 328) zu beziehen, die Campes als Ausdruck freundschaftlicher Fürsorge für seinen Autor-Schützling gemeintes Wort: »Sie wißen es lieber Heine, daß ich Sie als meine Puppe betrachtete« (HSA XXIV, 37), aufnimmt.

25 Heine an G. v. Cotta, 3.3.1841: »Was das Gedrucktwerden betrifft so treibt mich wahrlich nicht die Eitelkeit in der Allgemeinen Zeitung zu figuriren, statt in einem minder angesehenen Blatte; dort lockt mich vielmehr der Umstand, daß die Redakzion in befreundeten Händen und daß die Allgemeine Zeitung das Lieblingsinstitut ihres seeligen Vate eines Mannes den ich liebte und der mich zu den wenigen rechnete, die nie sein Zutrauen mißbrauchten!« (HSA XXI, 392 f.).

26 J. F. Cotta an Varnhagen, 10.3.1832 (Krakau, Biblioteka Jagiellońska, Slg.Varnhagen 49).

27 S. dazu zuletzt: Marie-Ange Maillet: Heinrich Heine und die »Neuen allgemeinen politischen Annalen«: die Zeitschrift und ihre Bedeutung für ihren Redakteur in den Münchener Verhältnissen. – In: HJb 43 (2004), S. 111–131.

28 Gustav Kolb hielt sich seit dem 19.9.1831 in Paris auf (Gustav Kolb an J. F. Cotta, Paris 21.9.1831, DLA/CA, Cotta Br.: Kolb No. 100), wo er Ende September von Heine, der aus Dieppe zurückgekehrt und schon durch Donndorf von Cottas weiterhin »freundschaftlichen Gesinnungen unterrichtet« worden war (Heine an J. F. Cotta, 31.10.1831, HSA XXI, 23), aufgesucht wurde. Kolbs Versicherung gegenüber Heine »daß ich Sie bereit fände meine Bedingungen für solche Mittheilungen zu genehmigen« (ebd., S. 25) legen nahe, dass er in Cottas Auftrag handelte. Als weiteres Signal an Heine, dass Cotta die durch die Abrechnung eingetretenen Misshelligkeiten bereinigen wolle, ist wohl auch der Abdruck der »Gedichte von H. Heine« im »Morgenblatt« vom 2./4.7.1831 zu nehmen.

29 Für das deutsche Vormärz-Publikum war Paris das politische Laboratorium Europas, und entsprechend aufmerksam wurde die politische Entwicklung hier verfolgt. So war die ›nachrichtliche‹ Berichterstattung aus Paris in Deutschland allgemein so gut, dass die AZ weder durch einen Informationsvorsprung noch durch ein vollständigeres Nachrichtenbild die Hauptkonkurrenten unter den deutschen Zeitungen hätte überflügeln können. Nichts illustriert den Nachrichtenhunger und die Nachrichtendichte besser, nichts konturiert aber auch die Eigenart der AZ besser als die sieben Pariser Korrespondenten der AZ Ende 1831 (Audibert, Donndorf, Eckstein, Heine, Ivers, Mohl, Schnitzler), die – entsprechend der Berichterstattung pro und contra – durchaus verschiedene, ja entgegengesetzte Positionen hatten und den Kampf der Lager vor dem Zeitungspublikum weiter ausfochten. – Ein unmittelbarer Reflex der Kolb'schen Anstrengungen findet sich in Heines Bemerkung über die »ästhetischen Neigungen ihres Publikums« im Brief an J. F. Cotta vom 1.3.1832 (HSA XXI, 31).

30 Gustav Kolb an J. F. Cotta, Paris 14.12.1831. (DLA/CA, Cotta Br.: Kolb No. 112); ähnlich Kolb an J. F. Cotta, 2.1.1832: »Euer Hochwohlgeboren / habe ich die Ehre, beigeschlossen eine Correspondenz Heines für die Allgemeine Zeitung zu übersenden. Er will auf dise Weise fortfahren. – Mir scheinen solche geistreiche Einsendungen ein unentbehrliches Element der Allgem. Zeitg., um dem zunehmenden Ruf, als altere sie u. werde zu servil, zu begegnen.« (DLA/CA, Cotta Br.: Kolb No. 116). Kolb vertrat damit eine Erneuerung, der Stegmann nichts abgewinnen konnte, wie man etwa seiner Bemerkung ablesen kann: »Gute Korrespondenten, die aber meist sich nur auf der Außenseite herumtreiben [statt das »Untere der Karten« zu kennen, B. F.], mit den Zeitungen

konkurriren oder sie suppliren und kommentiren, haben wir wohl zur Genüge: Heyne, Donndorf, Schnitzler, Mohl pp (von diesen vier ist Mohl wohl der Gediegenste.)« (DLA/CA, Cotta Br.: Karl Josef Stegmann No. 92).

31 Z. B. im Brief an G. v. Cotta, 29. 1. 1837 (HSA XXI, 180).

32 J. F. Cotta an Heine, 7. 12. 1831 (HSA XXIV, 102). Heine selbst stellte sich nach den Erfahrungen »mit den hiesigen deutschen Jakobinern« in Paris Cotta gegenüber als »noch gemäßigter als jemals« vor (HSA Bd. XXI, 28, ähnlich am 1. 3. 1832 (ebd., S. 31), wo er sich als Konstitutionellen darstellte). Wie weit das nur rhetorisch gemeint war, ist schwer zu sagen, da Heine die politische Konfession in der Vorrede zur Buchform, die den Artikeln die Gesinnung beistellte, einige Zeit später verfasste. Jedenfalls warb er auch gegenüber G. v. Cotta beim Versuch, diesen für seinen Pariser Zeitungsplan, die Gründung einer »Filialzeitung der Allgemeinen Zeitung«, zu gewinnen, am 10. 6. 1835 damit, sein Name werde die »Mäßigung der Gesinnung« garantieren (HSA XXI, 112); zum Projekt der ›Pariser Zeitung‹ s. Heine an Lewald, 1. 3. 1838 (HSA XXI, 256–260) so wie er am 1. 2. 1837 gegenüber Lewald eine Wendung Kolbs aufgriff: »Bei der Kenntniß meines antidemagogischen Wesens, werden Sie wissen, daß meine Mißverständnisse mit den Regierungen wo nicht in kurzer Frist doch immer sehr balde ausgeglichen werden, und der Verleger [der Sämmtlichen Werke, B. F.] daher in dieser Hinsicht nichts riskirt.« (HSA XXI, 181); ähnlich harmlos gab er sich gegenüber Varnhagen: »Wie ich es seit der Juliusrevoluzion immer gethan habe, mit Ueberzeugung gethan habe, werde ich auch hinfüro dem monarchischen Prinzip huldigen.« (HSA XXI, 253).

33 So beschwor er Heine schon am 7. 12. 1831 mit Hinweis auf Schillers »Glocke«, seine literarischen Fähigkeiten verantwortungsvoll und besonnen einzusetzen: »Ihr Geist findet ganz andre Stoffe zur Schilderung, Ihre Feder weiß selbst aus Steinen Funken zu schlagen, die zur Flamme werden – aber Sie werden diese nur zu wahrem Licht v. Freiheit und Aufklärung entzünden wolen und jenen Stoff nur da wählen und bearbeiten wodurch, wie ein Schiller so schön in der Gloke spricht, die rohe Kraft nicht zum sinnlos Walten veranlaßt werde, sondern die Wohlfahrt der Völker befördert« (HSA XXIV, 102).

34 Gustav Kolb an Heine, 8. 2. 1836 (HSA XXVI, 375 f.): »Diese Versöhnung [Heines Versöhnung mit den deutschen Regierungen, B.F:] wünsche ich, weil es uns und Deutschland die Verbindung mit Ihnen und Ihrem Geiste erleichtert, und dieser Geist nichts verliert sondern nur gewinnt, wenn er jezt an die Stelle des leichten Spotts mehr und mehr den tieferen, redlichen Ernst sezt. [...] Könnten Sie dabei [bei den »literarischen Charakteren des Auslandes«, B. F.] jeden neckenden Seitenhieb auf Religion und Politik vermeiden, und die Charaktere mehr aus ihrem innersten Leben heraus, als in Bezug auf die doch immer äußerlichen Zustände der sie umgebenden Politik entwickeln – das Ewige in ihnen, mehr als das mit dem Moment vorüberrauschende?«

35 J. F. Cotta an August Campe, 1. 10. 1799 (SUB Hamburg, Campe Sammlung 20 b).

36 Gustav Kolb an Heine, 15. 9. 1832 (HSA XXIV, 143) – Heine replizierte gegenüber Cotta: »Daß ich nicht mehr im halben Reflexionsstyle des vorigen Jahrs schreiben dürfte, habe ich aus Kolbs letztem Brief ersehen. Und dabey bin ich durch die jetzigen Reakzionen sehr bitter gestimmt.« (HSA XXI, 47). Der von Kolb weitergegebene Zensurdruck trug dazu bei, dass Heine sich in der Buchform der Artikel »ganz ausspracht« und seine Gesinnungen erklärte (ebd.). – Auf Lewalds Empfehlung hin nahm Heine mit seinem Brief vom 28. 3. 1836 (HSA XXI, 145 f.; – Antwort: G. v. Cotta an Heine, 3. 4. 1836, HSA XXIV, 387 f.; s. auch Heine an Kolb, 28. 4. 1836, HSA XXI, 152 f.), der Arbeiten für AZ und »Morgenblatt« versprach, die Beziehung wieder auf.

37 Heine an J. F. Cotta, 21. 4. 1832: »Ich bitte, Herr Baron, sorgen Sie, daß mir an meinen Artikeln wenig verändert wird, sie kommen ja doch schon censirt aus meinem Kopfe.« (HSA XXI, 35).

38 Gustav Kolb an G. v. Cotta, 23. 10. 1841 (DLA/CA, Cotta Br.: Kolb, Nr. 521).

Heinrich Heine und die Pianisten seiner Zeit

Von Friedrich W. May, Düsseldorf

Für ihre Soiree am 31. März 1837, zu der auch Heine geladen war[1], hatte sich die Principessa Belgiojoso-Trivulzio (1808–1871) etwas Besonderes ausgedacht: Es sollte einen Wettstreit der beiden Pianisten Franz Liszt (1811–1886) und Sigismund Thalberg (1812–1871) geben. Nach diesem Rencontre wurde die Gastgeberin gefragt, wer denn gesiegt habe. Sie soll gesagt haben, »Thalberg ist der erste Pianist der Welt«; der Frager darauf, »und Liszt?«, worauf die Hausherrin erwidert haben soll: »Liszt – das ist der einzige!«[2]

Aber, so fragen wir, was ist mit all den anderen Pianisten der Heine-Zeit wie Frédéric Chopin (1810–1849), John Baptist Cramer (1771–1858), Alexander Dreyschock (1818–1869), Theodor Döhler (1814–1856), Charles Hallé (1819–1895), Stephen Heller (1814–1888), Henri Herz (1803–1888), Ferdinand Hiller (1811–1885), Friedrich Kalkbrenner (1785–1849), Felix Mendelssohn Bartholdy (1809–1847)[3], Ignaz Moscheles (1794–1870), Johann Peter Pixis (1788–1874), Eduard Wolff (1816–1880)? Wen von ihnen hat Heine wo gehört, wen hat er rezensiert und wen persönlich gekannt? Solchen und weiteren Fragen nachzugehen, wird im folgenden die Aufgabe sein, um eine Charakteristik der Pianisten und ihrer Pianistik in Heine-literarischer und musikalisch- musikhistorischer Sicht zu geben. Dies ist nicht zuletzt insofern von kulturhistorischem Belang, als im Pianoforte, dem »heimlichen Held der Epoche«[4] und Leitinstrument des 19. Jahrhunderts, wesentliche Einflüsse und Tendenzen kulminieren.

Einerseits gestattete die fortschrittliche Verwendung von (Guss-)Eisen wesentliche Neuerungen im Klavierbau, andererseits beförderten diese wiederum durch die sich eröffnenden größeren spieltechnischen Möglichkeiten das Aufkommen ungeahnter Virtuosität. Heines Verdienst ist es nun, kritisch danach zu fragen und sich Gedanken darüber zu machen, was diese Veränderungen im (Pariser) Musikbetrieb für die Menschen, für die Gesellschaft bedeuten, – dies ist unter anderem Gegenstand und Anliegen seiner Musikberichte[5]; denn dass die neuen Tendenzen und Wandlungen auch das Publikum verändern würden, war für Heine unzweifelhaft. Diese Gesichtspunkte berechtigen dazu, innerhalb des Heineschen Werkes, gestützt vor allem auf seine zwischen 1840 und 1844 geschriebenen Artikel für die Augsburger »Allgemeine Zeitung«, die er 1854, zum Teil erheblich überarbeitet in seine »Lutetia« aufnahm, den Blick besonders auf die Pianisten und die Pianistik zu konzentrieren, um im Schnittmengenfeld der Einflüsse und Bestimmungsgründe das Ineinander der Antriebskräfte zu verdeutlichen und anhand einiger Motive und

Hintergründe der Musikkorrespondenzen Heines verständlich zu machen, wieso er den sozialen Aspekten und gesellschaftlichen Phänomenen der Pianistik in seinen Musikberichten eine so pointierte Rolle zuweist. Und nicht zuletzt ist es von Interesse, diese Heineschen Musikkritiken – wenn es denn solche wären – zu einer strikt musikalischen Betrachtung in Bezug zu setzen, um im unmittelbaren, ausdrücklichen Nebeneinander den Abstand und die Unterschiede zu präzisieren. Dabei konnte es Heine kaum vermeiden, namhafte Pianisten der Pariser Musikszene zu vergleichen; er war sich aber deutlich bewusst, wie prekär ein solches Vergleichen ist und hat redlicherweise zugleich die Fragwürdigkeit und die Vorbehalte eines solchen Vergleichens mitformuliert.

Überhaupt darf nicht übersehen werden, dass Heine selbst seine Musikberichte unter mehrfache Vorbehalte gestellt hat. Erstens hat er seine Texte eingebettet in Berichte über Politik und Volksleben, was auch seinen Musikpassagen einen politischen Beiklang gibt. Zweitens bekennt sich Heine klar zu seinem Mangel an musikalischem Fach- und Sachverstand[6], und drittens hat er sich, in Verwahrung gegen den Fachjargon der Musik[7], weniger als Musikkritiker sondern mehr als Musikreferent verstanden. Es sind diese Vorbehalte, die Heines Musikberichte jenseits ihrer Verdienste ergänzungsbedürftig erscheinen lassen. Heines »Musikberichte sind also als musikhistorische Quellen nur mit größter Vorsicht zu gebrauchen«, schreibt Michael Mann, denn Heine gibt uns als Musikreferent ein zwar lebendiges aber kein umfassendes Bild des Pariser Musiklebens[8], das überdies noch durch seine Neigung zum Skizzenhaften sowie durch die Tatsache mitbestimmt ist, dass er seine Informationen auch aus zweiter Hand bezogen hat, wie es durch Lektüre der (Fach-)Presse in den Lesekabinetten allgemein üblich war.

Heines Verhältnis zur Musik

Heines Verhältnis zum Klavier ist zunächst eingebettet in sein Verhältnis zur Musik überhaupt, das hier, wenngleich häufig behandelt[9], skizzenhaft rekapituliert werden soll. Wie hoch Heine von der Musik gedacht hat, ergibt sich aus dem 9. Brief »Über die französische Bühne«; es heißt dort: »Es hat mit der Musik eine wunderliche Bewandtnis; ich möchte sagen, sie ist ein Wunder«, und wenig später »Das Wesen der Musik ist Offenbarung, es läßt sich keine Rechenschaft davon geben, und die wahre musikalische Kritik ist eine Erfahrungswissenschaft.« (B III, 332 f.) Diese hohe Meinung von der Musik hat bei Heine aber nicht immer und ohne Einschränkung Bestand gehabt, denn ihren apolitischen Charakter hat er sehr wohl erkannt; so gibt Heinrich Laube 1840 in einem Artikel über einen gemeinsamen Besuch bei George Sand, der im Dezember 1839 stattgefunden hat, eine Äußerung Heines wieder:

Sie [Sand] sucht Gott, und er ist ja nirgends schneller zur Hand als in der Musik. Das ist so allgemein, das fordert keinen Widerspruch heraus, das ist niemals dumm, weil es niemals klug zu seyn braucht, das ist alles, was man eben will und kann – das erlöst vom Geiste, der uns peinigt, ohne doch geistlos zu machen.[10]

Welche Erfahrungen hatte nun aber Heine mit der Musik? In seinen »Memoiren« berichtet er, dass seine Mutter Flöte spielte »als sie noch ein junges Mädchen war« (B VI/1, 570), wobei offen bleibt, ob er sie je spielen gehört hat. Heine hat Geigenunterricht genossen, ohne jedoch im eigentlich musikalischen Sinne daraus Nutzen zu ziehen. Adolf Strodtmann, der erste Heine-Biograph, berichtet unter Berufung auf Heines Bruder Maximilian, dass Heine die Violinstunden sehr zum Erstaunen und wohl auch zur Enttäuschung seiner ihn einmal kontrollierenden Mutter auf dem Sofa hingestreckt träumend verbrachte, indem er sich von seinem Geigenlehrer vorspielen ließ; Heine wusste laut Strodtmann bzw. Maximilian Heine nicht einmal eine Tonleiter sauber zu spielen.[11]

In seiner Jugend ist Heine aber mit der Musik in der Form des Volkslieds in Berührung gekommen, wie er in den »Memoiren« berichtet. Mit 16 Jahren verliebte er sich in Josepha – das rote Sefchen –, die viele alte Volkslieder kannte und in ihm, nach seinen eigenen Worten, »den Sinn für diese Gattung« (B VI/1, 601 f.) weckte, indem sie ihm diese Lieder vorsang. Es kann an dieser Stelle davon abgesehen werden, welche Bedeutung dieser ›Volks‹-Charakter der Lieder für Heines politische Anschauungen einerseits und für seine ›nach‹-romantische Lyrik andererseits hatte. Nur so viel sei hier gesagt: Während Heine zunächst (bis 1828) für eine deutsch volkstümliche Musik eingenommen war, die seinem Ideal nach schlicht und natürlich zu sein hatte[12], war er später (bis 1836) der italienischen Musik zugetan, an der er ebenfalls die Volksverbundenheit schätzte und lobte. In beiden Fällen erschien Heine die Musik als Medium und Ausdruck politischen Begehrens, der Sehnsucht nach Freiheit der beiden Völker. Dabei blieb es aber nicht, denn spätestens etwa ab 1841 deutet Heine die gewaltig einsetzende Musikbegeisterung mehr und mehr als soziale Verfallserscheinung, die nach seiner Meinung aus dem politischen Stillstand nach der Julirevolution hervorging.[13]

Fest steht, dass Heine kein fachspezifisches Musikverständnis besaß.[14] Dies belegt auch ein Brief an Eduard Marxsen vom 18. November 1830 datiert, in dem Heine formuliert »[...] kaum wage ich das Bekenntniß, ich verstehe keine Note.« (HSA XX-XXVII R, 299) Diesem Selbstzeugnis entspricht die Erfahrung, die Ludwig Börne nach einem Konzertbesuch mit Heine am 8. Dezember 1831 in einem Brief an Jeanette Wohl schildert:

Heine saß in Hillers Konzert neben mir. Der ist so unwissend in Musik, daß er die 4 Teile der großen Symphonie für ganz verschiedene Stücke hielt und ihnen die Nummern des Konzertzettels beilegte, wie sie da aufeinander folgen. So nahm er den 2ten Teil der Symphonie für das angekündigte Alt-Solo; den 3ten Teil für ein Violoncello-Solo und den 4ten für die Ouvertüre zum Faust! Da er sich sehr langweilte, war er sehr froh, daß alles so schnell ging, und ward wie vom Blitz gerührt, als er von mir erfuhr, daß erst Nr. 1 vorbei sei, wo er dachte, schon 4 Nummern wären ausgestanden.[15]

So kann Michael Mann von Heines musikalischem Nihilismus sprechen.[16] Seine Inkompetenz hat Heine aber nicht davon abgehalten, sich bereits früh schriftstellerisch zu Musikbelangen zu äußern.[17]

Am 19. Mai 1831 trifft Heine in Paris ein, das man getrost als damalige Welthauptstadt auch der Musik bezeichnen darf. »Aber diese Stadt der Sünden, Paris – der liebe Gott muß sie doch liebhaben; was er nur Schönes hat, was Gutes, alles schenkt er ihr. Die schönsten Gemälde, die besten Sänger, die vortrefflichsten Komponisten. Dieses eine Konzert – was hörte man da nicht alles zugleich! Das beste Orchester der Welt.«, schreibt Ludwig Börne nach dem Besuch eines Konzertes am 1. Februar 1831 aus Paris.[18] Hier also beginnt jetzt Heines Exil; von hier wird er für die Augsburger »Allgemeinen Zeitung« zahlreiche Berichte auch über das Musikleben ohne musikalische Kennerschaft schreiben und publizieren wird.

Tendenzen des Musikmarkts auf dem Felde der Klaviermusik

Da Klaviermusik ab den 1830er Jahren in Paris einen wesentlichen Teil des Konzertwesens ausmachte, müssen die wichtigsten Tendenzen des Musikmarkts beschrieben werden, um Heines Äußerungen über die Pianisten und die Pianistik in seinen Musikberichten in den angemessenen musikhistorischen Kontext einzuordnen.[19]

Nach der Julirevolution von 1830, die den Bürgerkönig Louis-Philippe an die Macht brachte, geriet auch das Musikleben unter stark veränderte Rahmenbedingungen. Mit der Devise des Ministers Guizot »Enrichissez vous!« kam es ab 1830/1831 zu einem wirtschaftlichen Aufschwung, der die Finanzaristokratie und vor allem das Bürgertum begünstigte. Diese Entwicklung war nicht ohne Auswirkungen auf den Musikmarkt. Waren zwischen 1810 und 1830 Musikdarbietungen von Ensembles schon mehr und mehr üblich und öffentlich gegen Entgelt allgemein zugänglich geworden, so hatte sich 1830 das Besitzbürgertum die Musik als Bildungsgut angeeignet und die Demokratisierung der Musik war abgeschlossen. In diesem Prozess erlangte das Klavier einen bedeutenden Stellenwert: Nachdem Liszt 1824 und Chopin 1832 erstmals öffentlich konzertierend in Paris aufgetreten waren, war die Vorherrschaft des Musiktheaters bald gebrochen und die Musik aus der Exklusivität der privaten Zirkel und Salons mehr in die Öffentlichkeit der Solisten- und Virtuosenkonzerte überführt. Es begann ein wahrer Musiktaumel, in dem sich die Musikmatineen und -soireen besonderer Beliebtheit erfreuten, die speziell von den führenden Musikverlagshäusern veranstaltet und über Fachzeitschriften propagiert wurden.[20]

Dem Klavier wuchs nun die Rolle eines tonangebenden Leitinstrumentes zu in dieser voranschreitenden Kommerzialisierung des Musikbetriebs, die sich in zunehmender Marktverbreitung und -vertiefung ausdrückte. Bald war ein großes und zahlungskräftiges Publikum da, das oft selbst Klavier spielen konnte und Opern, Symphonien etc. schon aus den Auszügen und Einrichtungen dieser Werke für Klavier kannte, sich soziologisch als gutsituiertes wohlhabendes Bildungsbürgertum charakterisieren lässt, und das als Hörer-Konsumenten wachsendes Musikinteresse bekundete. Im Zuge dieser Vorgänge entstanden in Verbindung mit der immer größer werdenden Nachfrage neue Berufe wie der des Sekretärs der Solisten oder der des Konzertagenten, der alle anfallenden Aufgaben des Musik- und Konzertmanagements übernahm.[21]

Mit der Erweiterung des Musikmarktes änderten sich auch für die Klaviermusik die Marktstrukturen. Es kam zu einer Spezialisierung, die als Professionalisierung und Berufsmusikertum sich auswirkte auf die Ausbildungsgänge und -stätten sowie die Musikverlage auswirkte, und zu einer Marktspaltung in ›ernste‹ und ›unterhaltenen‹ Musik, die am Gegenpol der Liebhaber- und Hausmusik eine verbreitete Trivialisierung bewirkte. Während die Virtuosen vermehrt und mit (fast) allen Mitteln miteinander in Wettbewerb traten und durch immer perfektere Artistik in Tempi und Dynamik sowie durch Werbestrategien, die sie sich organisieren ließen, um Ruhm und finanziellen Erfolg, um Verehrung als Klaviermusikidole und um die Triumphe als Tastenmatadore stritten, machte sich am anderen Ende ein banaler Musikgeschmack breit, der eine »Sündflut« (B V, 357) von musikalischer Massenware und Kitsch entstehen ließ, ein leicht spielbares Riesenrepertoire von sentimental gefühligen Klavierstück(ch)en einerseits und von brillant effektvollen Bravourpiecen andererseits.

Eine der Voraussetzungen für die beschriebenen Veränderungen waren Fortschritte in der Technik des Klavierbaus, denn die Ausgangslage war z. B. 1824 noch desaströs. Zwar erfand Sébastien Erard (1752–1831) 1821 die verbesserte Repetitionsmechanik (das double échappement), aber noch 1824 mussten im Konzertablauf Instrumente zwischenzeitlich hinauf gestimmt werden, weil ein einziges Stimmen nicht hielt. Es kam auch nicht selten vor, dass, um den technischen Mangel auszugleichen, mehrere Instrumente aufs Podium gestellt oder in Reserve gehalten wurden, so dass die Künstler während des Konzerts von einem Klavier aufs andere übergehen konnten.

Die technische Entwicklung im Klavierbau vollzog sich ab 1800 in folgenden wesentlichen Schritten[22]: Ausdehnung von 5 auf 6 bis zu 7 Oktaven, Verwendung stärkerer Saiten und schwererer Hämmer, die statt des Lederbezuges mit Filzbezug versehen wurden, Erhöhung der Stimmfrequenz(en), Einbau der bereits erwähnten

Erardschen Repetitionsmechanik und Einsatz des Metallrahmens, der aber schon 1824 in Chicago durch die Erfindung des Babcockschen Gusseisenrahmens abgelöst wurde. Nachdem Henri Herz die Erardsche Erfindung nochmals verbesserte, war die Entwicklung hin zum modernen Klavier in den wesentlichen Punkten abgeschlossen. Begleitet war dieser ganze Prozess von Verbesserungen in der Pedaltechnik, die eine Erweiterung und Verfeinerung des Klangraumes und der Klangfläche durch Dämpferaufhebung (qua Fortepedal) bzw. Verschiebung (zum una corda Spiel) ermöglichten.[23]

Die größere Leistungsfähigkeit der Instrumente musste nun Auswirkungen auf das haben, was das Publikum zu hören bekam, soweit die Pianisten die neuen Möglichkeiten spieltechnisch zu nutzen verstanden. Der Tonumfang explodierte, die Tonhöhen klangen höher und brillanter, Anschlagstiefe und -kraft wuchsen und damit Dynamik und Lautstärke, mit der weiter mensurierten Tastenbreite erhöhte sich die Treffsicherheit in der Sprung- und Wurftechnik, die Anschlagskultur differenzierte sich auf der ganzen Skala und ließ auch für Passagen, Oktavgänge, Triller etc. ganz andere, höhere Tempi zu.

Der immer anspruchsvollere Geschmack des Publikums, das oft genug als dilettierende Amateure selbst Klavier spielte, ließ in Verbindung mit dem wachsenden Wohlstand die Nachfrage nach und die Produktion von Klavieren anschwellen. So gab es 1750 in London 12 Musikgeschäfte, 1824 waren es 150; 1802 stellte Broadwood 400 Klaviere jährlich her, 1825 waren es 1500.[24] Aufschlussreich besonders auch für Paris ist die Liste, die Franz Josef Hirt[25] für die wichtigsten Klavierbauer mit den Gründungsdaten der Firmen zwischen 1750 und 1880 zusammengestellt hat. Nur am Rande sei vermerkt, dass auch Klavierkuriositäten mit exotischen Klangeffekten sowie »Spielereien« gebaut wurden und dass die luxuriöse Ausstattung der Instrumente im Lauf der Zeit zunächst zunahm.[26]

Sollten die neuen Möglichkeiten, welche die verbesserten Klaviere eröffneten, genutzt werden, so bedurfte es auch veränderter Einstellungen in den Bereichen der Klavierpädagogik und der pianistischen Ausbildung.[27] Am Anfang des 19. Jahrhunderts steht als Klavierpädagoge Muzio Clementi (1752–1832), dessen »Introduction à l'art de toucher le Pianoforte« aus dem Jahre 1803 die Pianistik aufs kraftvoll Großartige und auf Klangfülle und -seligkeit ausrichtete. Die Klaviervirtuosität gedieh in raschem Maße und wurde des weiteren intensiv befördert von Carl Czerny (1791–1857), der mit seinem Lehrwerk »Vollständige theoretisch praktische Pianoforte-Schule« op. 500 von 1839 Schule machte und der neben vielen anderen guten Pianisten Franz Liszt und Theodor Leschetizky (1830–1915) ausbildete. Auch die Lehrwerke »Nouvelle Méthode« (1820) von Franz Hünteler (1793–1878), Sigismund Thalbergs »L'Art du chant applique au piano« op. 70 von 1850 und »Méthode complete et progressive de Piano« (1840) sowie »Gymnastique des doigts« (1843) von Henri Jerome Bertini (1798–1876) sind in diesem Zusammenhang von Bedeutung. Auch ohne bedeutende Schulwerke zu hinterlassen, waren Friedrich Kalkbrenner, Johann Nepomuk Hummel und Ignaz Moscheles nicht bloß namhafte Pianisten, sondern auch bedeutende Lehrer. Neben den zum Teil abweichenden Anschauungen und Empfehlungen in diesen Lehrwerken, sozusagen unterschiedlichen Philosophien des Klavierspiels, wurden, um die Virtuosität zu fördern, auch allerlei kuriose Hilfen und Vorrichtungen ersonnen, die den schnellen Weg zum Erfolg garantieren oder wenigstens ebnen sollten.

Wohin zielten und wirkten nun diese veränderten, damals modernen Lehr- und Ausbildungsmethoden? Entsprechend dem romantischen Klangideal der Zeit waren sie auf Erweiterung, Differenzierung und Verfeinerung von Klang und Brillanz aus. Dazu wurden neue Spielarten und neue Spieltechniken eingeübt und eingesetzt: anderes Fingersatzgebaren, andere Bewegungsführung der Hände, anderes Anschlagverhalten unter Beteiligung des Handgelenk- und Armgewichts, Skalen über größere Teile der Klaviatur d. h. mehrere Oktaven, Doppelgriffspiel, freie und treffsichere Wurftechnik, andere Griffweiten und ähnliches mehr. Die neuen Techniken wurden durch Übungs-, Etüden- und Exerzitienwerke, z. B. Johann Baptist Cramers »Etudes pour le pianoforte en 42 exercises« (1804 und 1810) oder »Gradus ad parnassum« (1817 und 1827) von Muzio Clementi, auch der zunehmenden Zahl von Dilettanten vermittelt.[28] Mit dem ab 1830 so recht einsetzenden virtuosen Konzertieren wurden Konzertetüden komponiert, die technisch und kompositorisch z. B. bei Franz Liszt und Frédéric Chopin auf wesentlich höherem Niveau angesiedelt waren und nicht zuletzt dem öffentlichen Nachweis hoher Klavierspielkunst dienten.[29] Zur Technik des Klavierspielens kann man auch die Frage zählen, ob mit oder ohne Noten gespielt wird. Es ist dies abermals eine Steigerung der Anforderungen insofern, als der zu spielende Part mit Phrasierung, Dynamik etc. ja nicht nur in den Fingern, sondern auch im Gedächtnis beherrscht werden mußte. Clara Wieck-Schumann kommt das Verdienst zu, dieses Spiel ohne Noten, das dem romantischen Ideal einer Verinnerlichung entsprach, als erste praktiziert zu haben.

Die geschilderten Marktentwicklungen haben auch die Praxis des Konzertierens wesentlich beeinflusst, worunter hier primär die Konzertprogramme und das Auftreten der Pianisten verstanden werden soll. Vom Jahre 1830 an begann sich das Solistenkonzert mehr und mehr durchzusetzen, die Solisten und Klavierstars verließen, wenngleich nicht alle und für immer, die Salons des Adels und der Finanzaristokratie. Nun gewannen die Überwindung des Lampenfiebers und das genau kalkulierte öffentliche Auftreten erst recht große Bedeutung, wozu Carl Czerny eigens in einem Kapitel seines schon erwähnten Lehrwerks von 1839 Anweisungen, Ratschläge und Verhaltensmaßregeln gab.

Das Niveau der Konzerte war dabei anfangs nicht sonderlich hoch, auch ließen die Konzertprogramme ein klares Konzept vermissen. Im Ablauf eines Konzerts spielte der Pianist keineswegs alles allein, vielmehr wurden einzelne Programmnummern von anderen Musikern dargeboten. Selbst wenn er als Klaviersolist in Aktion trat, spielte er üblicherweise ein Sammelsurium von Stücken, bei denen er sich oft Eingriffe erlaubte, – der Begriff der Werktreue war noch unbekannt und widersprach auch der romantischen Auffassung vom Künstler – gewisse Favoritstücke, Paraphrasen und Potpourris oder Phantasien, z. B. über Opernthemen, dominierten und eigene Kompositionen des Solisten kamen reichlich zur Geltung. Darin schlug sich auch Rücksichtnahme auf den Publikumsgeschmack nieder, der die Oper ja gerade in Paris lange bevorzugt hatte und die Klavierauszüge von Opern, Symphonien etc. oft lange vor den Werken selbst kannte. Zu diesen von Missständen gehörte auch oft der Mangel an Konzertsälen, so dass allermeist in Räumen ganz anderer Zwecksetzung gespielt werden musste.

Viele Gepflogenheiten, die später selbstverständlich wurden, bildeten sich erst im Laufe der damaligen Zeit heraus. So ist es etwa Johann Ladislaus Dussek (1760–1812) zu verdanken, dass der Flügel zum Publikum hin geöffnet aufgestellt wird und der Pianist sich im Profil präsentiert. Das Verdienst, die Tradition der »Recitals« begründet zu haben, kommt wohl Franz Liszt zu, der offenbar als erster damit begann, ein ganzes Konzert allein am Klavier zu bestreiten.

Die Konzerttätigkeit konzentrierte sich zunächst vor allem auf die Musikmetropole Paris; wie stark der Wettbewerb in diesem Segment des Musikmarkts war, ist beispielsweise daraus zu ersehen, dass im Winter 1844 in Paris 75 Pianisten konzertierten.[30] In Paris war das größte Interesse, der größte Zuspruch zu erwarten, von hier verbreitete sich der errungene Erfolg am schnellsten und deshalb wurde Paris die bevorzugte Basis für Konzertreisen, die aber bald auch schon beklagt oder, wie Liszt es 1847 tat, aufgegeben wurde. Die Liste der konzertgeschichtlichen Ereignisse gibt einigen Aufschluss darüber, in welchem Umfang und Tempo sich das pianistische Konzertieren geographisch ausdehnte und welchen Anteil namhafte Solisten daran hatten, über die auch Heine berichtet hat.[31]

Heinrich Heine und die Pianisten seiner Zeit

Nachdem die Rahmenbedingungen geschildert sind, sollen nun die Pianisten in der beschriebenen Doppelsicht behandelt werden. Dabei soll so vorgegangen sein, dass wir mit den weniger bedeutenden Personen beginnen, um uns dann den großen Namen zu nähern.

Im »Ersten Bericht« über die »Musikalische Saison von 1844« kommt Heine, nachdem er sich mit den Komponisten Berlioz und Mendelssohn Bartholdy beschäftigt hat, auf die »konzertgebenden Pianisten« zu sprechen, von denen nur drei

»eine ernste Beachtung verdienen, nämlich: Chopin, der holdselige Tondichter, […] dann Thalberg, die vornehme Gestalt, […] und dann unser Liszt […]«, mit dem er sich ausführlich auseinandersetzt (s. u.), um dann fortzufahren: »Der Übergang vom Löwen zum Kaninchen ist etwas schroff. Dennoch darf ich hier jene zahmeren Klavierspieler nicht unbeachtet lassen, die in der diesjährigen Saison sich ausgezeichnet. Wir können nicht alle große Propheten sein, und es muß auch kleine Propheten geben, wovon zwölf auf ein Dutzend gehen.« (B V, 531, 534 f.)

Zu ihnen gehört der heute fast völlig vergessene Joseph Schad, den selbst Schonberg nicht unter die (großen) Pianisten aufgenommen hat. Heine »kann nicht umhin« ihn zu erwähnen, und gesteht ihm in der Journalfassung des Artikels noch zu, dass er »ziemlich viel Beifall« erwirbt. (B V, 1027)

Ähnlich wie Joseph Schad ist auch Charles Hallé ein kleiner Prophet »von ebenso bescheidenem wie wahrem Verdienst.« (B V, 535) Boshafter aber liest es sich in der AZ-Fassung: Er »ist ungefähr einer von denen, die sogar ein Walfisch nicht vertragen kann und wieder ausspucken muß.« (B V, 1027)[32] Dies stellt sich in der Geschichte der Klaviermusik aber positiver dar. Hallé war ein Pianist der Romantikerzeit, der die Salonmusik verachtete und Bach, Mozart, Beethoven und anspruchsvolle Kammermusik als Repertoire pflegte; sein Verdienst ist, die späten Beethoven-Sonaten bekannt gemacht zu haben.[33]

Theodor Döhler, »der Größte unter den Kleinen« Propheten, »spielt in der Tat hübsch, nett und niedlich. Sein Vortrag ist allerliebst, beurkundet eine erstaunliche Fingerfertigkeit, zeugt aber weder von Kraft noch von Geist.« (B V, 359) In der Zeitungsfassung fragt Heine: »Von welcher Bedeutung ist aber der wirkliche Wert des berühmten Döhler? Die einen sagen, er sei der letzte unter den Pianisten des zweiten Ranges; andere behaupten, unter den Pianisten des dritten Ranges sei er der erste.« (B V, 1009) Von Interesse ist der kritische Kontext, in den Heine Döhler rückt: Demnach ist Döhler auch einer der Pianisten gewesen, die in den »Reklamen« Eigenlob und »Selbstvergötterung« betreiben und sich als Wunder ankündigen lassen. Heines Beschreibung trifft wohl ziemlich ins Schwarze, denn auch Schonberg[34] reiht Döhler unter »noch mehr Salonpianisten« ein, deren Wiedergaben im allgemeinen leichtfingrig, elegant und oberflächlich waren.

Auch Johann Peter Pixis war, wenngleich heute vergessen, kein ganz unwichtiger Pianist, Komponist und Lehrer. Auf einer Soiree der Principessa Belgiojoso, zu der die sechs berühmtesten Pianisten geladen waren, war Pixis mit von der Partie.[35] Heine erwähnt ihn als »Kuriosität« und spricht seinen Kompositionen lediglich Drehorgelqualität zum Abrichten von Kanarienvögeln zu. (B V, 447) Heine zählt ihn, wie Moscheles, Herz, Kalbrenner und Cramer, zu den »älteren Pharaonen«, den Mumien, die von den nachrückenden jungen Talenten »täglich mehr überflügelt« werden und in »mutloser Dunkelheit« versinken. (B V, 1027)

»Wo ist Cramer? In welchem Museum steckt diese andre Mumie?« fragt Heine in der AZ-Fassung der »Musikalische Saison«. I. (ebd.) Johann Baptist Cramer war als Schüler Clementis »der strengste aller Klassiker.«[36] Sein Spiel war klar, präzise, sensibel im Anschlag und besonders schön im Legato, das er mit beiden völlig ausgeglichenen Händen entschieden bevorzugte. Als einer der ersten Pianisten widmete er verdienstvollerweise einen erheblichen Teil seiner Programme anderen Komponisten, besonders seinen Favoriten Mozart und Bach. Seine Spielweise beruhte noch sehr auf der Fingertechnik bei ruhiger Armhaltung, womit er den Pianisten der Romantik altmodisch und überholt vorkam –, daher auch Heines Diktum.

Ein weiterer namhafter Pianist der Zeit war Friedrich Wilhelm Kalkbrenner, der auch Mitinhaber der Pleyelschen Pianofabrik war. Im 10. Brief »Über die französische Bühne« für August Lewalds »Allgemeine Theater-Revue« schreibt Heine über ihn: »Überhaupt, seit Kalkbrenner die Kunst des Spiels zur höchsten Vollendung gebracht, sollten sich die Pianisten nicht viel auf ihre technische Fertigkeit einbilden.« Heine verwahrt gegen »alle virtuosische Tours-de-force«, die er »ins Gebiet der Taschenspielereien, des Volteschlagens, der verschluckten Schwerter, der Balancierkünste und der Eiertänze« verweist. Bezogen auf die Rivalität mit Thalberg heißt es wenige Zeilen später: »Wie mußte Kalkbrenner lächeln, als er von der neuen Entdeckung hörte!« –, dass nämlich Thalberg auf seinem Instrument revolutionär sei.« Bereits 1831 hatte Heine in der Besprechung von »F. Hillers Konzert« erwähnt, dass »Herr Kalkbrenner ein von ihm komponiertes Konzert für zwei Pianos mit dem Konzertgeber so bewunderungswürdig ausgeführt, daß er das größte Entzücken erregt hat.« (B V, 128) Bei der Besprechung der Saison von 1843 ist Heine nicht mehr so wohlwollend: »Nur Kalkbrenner hält sich noch ein bißchen. Er ist diesen Winter wieder öffentlich aufgetreten, in dem Konzerte einer Schülerin; auf seinen Lippen glänzt noch immer jenes einbalsamierte Lächeln, welches wir jüngst auch bei einem ägyptischen Pharaonen bemerkt haben, als dessen Mumie in dem hiesigen Museum abgewickelt wurde.« Er spricht von »seinem eleganten äußern Auftreten«, »seinem feinen geschniegelten Wesen«, »seiner Glätte und Süßlichkeit«, von der »ganzen marzipanenen Erscheinung, die jedoch [...] einen etwas schäbigen Beisatz hat« und zitiert einen Ausspruch Ferdinand Koreffs: »Er sieht aus wie ein Bonbon, der in den Dreck gefallen.« (B V, 439 f.)

Kalkbrenner war ein Pianist der älteren Schule im klassischen Stil Cramers.[37] Er war ein eitler Mensch und sehr von sich eingenommen, aber Klavier spielen konnte er mit Schliff, Eleganz und Genauigkeit; seine Spielweise agierte vorzüglich aus dem Handgelenk und der Fingerhaltung dicht bei oder auf den Tasten. Immerhin spricht Chopin nach einem Besuch bei Kalkbrenner von calme und bezauberndem Anschlag und hat anfangs erwogen, bei ihm Unterricht zu nehmen.[38] Durch seine selbstbezogene Art ist Kalkbrenner zum Gespött vieler Kollegen geworden[39], aber seinem »Methoden«-Werk verdanken wir viele Hinweise auf die damaligen Interpretationsweisen. Geht man über die engeren pianistischen Aspekte hinaus, so versetzt Heine Kalkbrenner in einen anekdotischen Kontext, der ihn als »Parvenu des Podiums mit den Usurpatoren der Gesellschaft« in Zusammenhang bringt und ihn als Virtuose »mit den gesellschaftlichen Privilegien [...] auch die toten Ideale« der untergegangenen Zeit erben lässt.[40]

»Herr Herz gehört wie Kalkbrenner und Pixis zu den Mumien; er glänzt nur noch durch seinen schönen Konzertsaal, er ist längst tot und hat kürzlich geheiratet.« (B V, 441) Henri Herz war als Salonlöwe höchst populär; er war in seiner Art ein eleganter Pianist mit geläufiger Fingertechnik und einem reizvollen, flachen Ton, der als Komponist leerer, liebenswürdiger Salonstücke sehr gefragt war und zu Reichtum kam.[41] In der Sicht Robert Schumanns lieferte er aber immerhin Schätzenswertes an Pianoforte-Etüden.[42]

»Am traurigsten erging es dem armen Ignaz Moscheles, der vor einem Jahr aus London herüberkam nach Paris, um seinen Ruhm, der durch merkantilische Ausbeutung sehr welk geworden, ein bißchen aufzufrischen. Er spielte in einem Schlesingerschen Konzerte, und fiel durch, jammervoll.« (B V, 1009). So die Journalfassung des Artikels vom 20. April 1841 Drei Jahre später schrieb Heine im Entwurf zur »Musikalischen Saison von 1844«: »Moscheles, der Ammenophes oder Amasis des Piano, war vorigen Herbst wieder hier und spielte wieder eine rührende Variation über seinen Untergang im roten Meer der Vergessenheit.« (B V, 1027). Im AZ-Druck fehlt diese Passage und beide fehlen in den entsprechenden Kapiteln von »Lutetia«.

Heine hat Ignaz Moscheles während seines Englandaufenthaltes in London besucht und soll angeblich, weil Moscheles ihn in die englische Gesellschaft einführte, den Pianisten zeitlebens geschont haben.[43] Moscheles begann als Virtuose in Clementis Tradition und spielte zunächst aus den Fingern und Handmuskeln bei ruhiger Handhaltung ohne Bewegung von Handgelenk und Arm.[44] Er verstand es aber auch, sich die Fortschritte des Klavierbaus in der Spieltechnik zunutze zu machen und war dann bei seinen Tonrepetitionen, Sprüngen und Akkordfolgen für seine unerhörte Präzision berühmt. Später verlor er zu den jüngeren Pianisten den Anschluss und vermochte es nicht mehr, die ältere Auffassung und die neuere Manier des Klavierspiels zu einer Synthese zu bringen. Als Interpret und vielreisender Pianist sah er sich als Missionar der Musik und gestaltete seine Programme fast nur mit anspruchsvollen Musikwerken wie z. B. den damals noch unpopulären Beethoven-Sonaten op. 109 und op. 111. Moscheles hat die Virtuosität vergeistigt und mit dem Adel der Kunst versehen.[45]

Über Alexander Dreyschock berichtet Heine als einen der Matadore der Saison von 1843 und bezeichnet ihn als »furchtbaren Klavierschläger«. Der Pianist wird von der öffentlichen Meinung für einen »der größten Klaviervirtuosen« gehalten; er »macht einen höllischen Spektakel. Man glaubt nicht, einen Pianisten Dreyschock, sondern drei Schock Pianisten zu hören.« Im Vergleich mit »diesem Donnergott, der wie Birkenreiser die Stürme zusammenbindet und damit das Meer stäupt«, ist Franz Liszt ein »gewöhnlicher Windgötze«. (B V, 437, 438 f.)

Dreyschock war ein »Meister technischer Bravourleistungen« und »eine der außerordentlichen manuellen Begabungen in der Geschichte des Klavierspiels.«[46] Insbesondere muss seine linke Hand anatomisch von besonderer Leistungsfähigkeit gewesen sein. Er spielte laut und schnell, nach Theodor Kullak (1818–1882) hatte Dreyschock eine bessere Technik als Liszt. Immerhin ging in Europa die Rede von der neuen Dreifaltigkeit mit Liszt als Vater, Thalberg als Sohn und Dreyschock als Heiliger Geist. Er war offenbar ein Virtuose, dessen technische Magie zahlreiche Hörer faszinierte. Diesen hohen Standard erreichte er nicht zuletzt durch ein verbissenes Klavierüben –, bis zu 16 Stunden am Tag! Sein Repertoire scheint nicht sehr ausgedehnt gewesen zu sein, auch Defizite beim prima vista-Spiel muss er gehabt haben; hingegen bestand seine technische Glanzleistung, die in jedem seiner Programme geboten wurde, darin, in Chopins Revolutions-Etüde die Arpeggien der linken Hand in Oktaven zu spielen! –, eine außerordentliche Leistung, wenn er sie in dem vorgeschriebenen Tempo gespielt hat. Dergleichen lässt aber vermuten, dass Dreyschock die Musik schließlich nur noch ein Mittel war, seine Technik zu Schau zu stellen.

Positiv ist Heines Urteil über Stephen Heller. Heine berichtet, dass Heller »wegen seines Klavierspiels sehr geehrt wird« und lobt seine Kompositionen. »Er ist ein wahrer Künstler, ohne Affektation, ohne Übertreibung; romantischer Sinn in klassischer Form.« (B V, 441) Damit bietet Heller das positive Gegenbild zu den virtuosen Extravaganzen anderer Pianisten. Heller hätte einer der besten Salonpianisten sein können, doch schreckte er vor öffentlichem Spielen zurück.[47] Seine liebenswürdigen Klavierstücke wurden seinerzeit oft höher als die von Chopin geschätzt, aber nur bei einigen wäre eine Wiederentdeckung lohnend.[48]

Im Dezember 1831 besprach Heine das schon erwähnte Konzert Ferdinand Hillers für Cottas »Morgenblatt für gebildete Stände«. (B V, 125–128) Er sieht in Hiller in erster Linie den Komponisten, erwähnt aber auch, dass dieser »selbst mit großem Talente« spiele und den »zarten Vortrag des tief empfundenen Adagios« im hillerschen Konzert. Heines Verhältnis zu Ferdinand Hiller war und blieb gut. 1844 lobt er seine Kompositionen als »immer anmutig, reizend und schön«, als frei von »schiefmäuliger Exzentrizität« und vergleicht ihn mit Goethe. (B V, 530) Ferdinand Hiller war Schüler Hummels und ist zu den Pianisten der Romantikerzeit zu zählen. Er war als Pianist angesehen, war Spezialist für Bach und Beethoven und hat als erster Beethovens Klavierkonzert in Es-Dur öffentlich gespielt.

In der schon eingangs erwähnten Soiree der Principessa Belgiojoso zugunsten italienischer Flüchtlinge taten sich zwei Rivalen zusammen, die sich zuvor schon befehdet und Paris in zwei widerstreitende Lager gespalten hatten, in Lisztianer und Thalbergianer. Liszt hatte in der »Gazette Musicale« vom 8. Januar 1837 einen Artikel gegen Thalberg geschrieben, außerdem waren beide in konkurrierenden Konzerten aufgetreten. Auf dieses oppositionelle Verhältnis kommt Heine im Artikel vom 20. April 1841 für die »Allgemeine Zeitung« zurück, nachdem er sich schon ausführlich im 10. Brief »Über die französische Bühne« in der Fassung für die »Allgemeine Theater-Revue« damit beschäftigt hatte. Hier weigert er sich den einen auf Kosten des anderen zu loben, er charakterisiert vielmehr beide in ihrer gegensätzlichen Art und widmet sich dann der Problematik des Vergleichens von Virtuosen überhaupt, insbesondere wenn dies einseitig unter dem Kriterium der bloßen technischen Bravour geschieht. Rossini scheint da weniger Bedenken gehabt zu haben.[49] In Heines Sicht bekommt Thalberg gegenüber dem exzentrischen, genialischen Liszt mit seiner forcierten Virtuosität gute Noten, indem er sein »musikalisches Betragen«, seinen »angebornen Takt« und seinen Vortrag als »gentlemanlike, so wohlhabend, so anständig, so ganz ohne Grimasse, so ganz ohne forciertes Genialtun« (B V, 441 f.) lobt. Für Heine gehört Thalberg neben Liszt und Chopin zu den drei Pianisten, die ernstlich beachtenswert sind. »Thalberg, der musikalische Gentleman, der am Ende gar nicht nötig hätte, Klavier zu spielen, um überall als eine schöne Erscheinung begrüßt zu werden, und der sein Talent auch wirklich nur als eine Apanage zu betrachten scheint« (B V, 531). Thalberg war Schüler von Hummel und Moscheles und spielte unbeweglich und aufrecht mit geringstem Aufwand. Sein besonderer Effekt war, mit beiden Daumen in der Mittellage der Tastatur die Melodie zu spielen und diese dann zur Tiefe wie zu Höhe hin mit Arpeggien zu umgeben, weshalb er der Harfenist genannt wurde.[50] Seine Technik war makellos, gewonnen durch ein gewaltiges diszipliniertes Übepensum. Die Besonderheit der Anschlagskultur lag bei ihm darin, die Tasten mit sensiblen Fingern sanft zu drücken, zu kneten[51], fast zu streicheln. Im Repertoire bediente er sich aus den eigenen Kompositionen an Opernphantasien, die bei dürftiger musikalischer Substanz aber als Virtuosenstücke pianistisch blendend gemacht sind. »Liszt ist das Mandl, Thalberg das Weibl« hieß es sprichwörtlich in Wien, um das gegensätzliche Spiel und Auftreten der Rivalen zu charakterisieren.[52]

Bedenkt man Heines häufig satirischen Stil seiner Musikberichte, so kommt Frédéric Chopin vergleichsweise gut davon. Im 10. Brief »Über die französische Bühne« heißt es über ihn, dass er »nicht bloß als Virtuose durch technische Vollendung glänzt, sondern auch als Komponist das Höchste leistet.« Und wenige Zeilen später, als Heine ihm die besten Qualitäten dreier Nationen – Polen, Frankreich und Deutschland – zuerkennt:

> Ja, dem Chopin muß man Genie zusprechen, in der vollen Bedeutung des Worts; er ist nicht bloß Virtuose, er ist auch Poet, er kann uns die Poesie, die in seiner Seele lebt, zur Anschauung bringen, er ist Tondichter, und nichts gleicht dem Genuß, den er uns verschafft, wenn er am Klavier sitzt und improvisiert. [...] er verrät dann einen weit höheren Ursprung, man merkt alsdann, er stammt aus dem Lande Mozarts, Raffaels, Goethes, sein wahres Vaterland ist das Traumreich der Poesie. (B III, 352 f.)

Im Artikel vom 20. April 1841 beschreibt Heine kritisch die ausgebrochene Musikomanie und die überhandnehmende Virtuosität. Der Vergleich, den Heine hier zwischen Liszt und Chopin anstellt, fällt für Chopin sehr günstig aus, denn »Neben ihm [Liszt] schwinden alle Klavierspieler – mit Ausnahme eines einzigen, des Chopin, des Raffaels des Fortepiano.« (B V, 358) Und auch im Vergleich mit Thalberg kommt Chopin sehr vorteilhaft davon. Im Artikel vom 26. März 1843 heißt es:

> Es gibt nur einen, den ich ihm [Thalberg] vorzöge, das ist Chopin, der aber viel mehr Komponist als Virtuose ist. Bei Chopin vergesse ich ganz die Meisterschaft des Klavierspiels, und versinke in die süßen Abgründe seiner Musik, in die schmerzliche Lieblichkeit seiner ebenso tiefen wie zarten Schöpfungen. Chopin ist der große geniale Tondichter, den man eigentlich nur in Gesellschaft von Mozart oder Beethoven oder Rossini nennen sollte. (B V, 442)

Wenngleich Heine Chopin anfänglich noch in einem quasi-aristokratischen Zusammenhang sieht: »Sein Ruhm ist aristokratischer Art, er ist parfümiert von den Lobsprüchen der guten Gesellschaft.« Und: »Chopin ist der Liebling jener Elite, die in der Musik die höchsten Geistesgenüsse sucht« (B III, 352 f.) – so gibt es doch Gründe für die positive Affinität Heines zu Chopin. Beide waren Emigranten, beide neigten dem demokratisch republikanischen Ideal in ihren politischen Vorstellungen zu. Außerdem fühlte Heine sich in den Richtungen und Strömungen, die das Pariser Musikleben durchziehen, Chopin nahe und seiner »kunstidealistischen« Auffassung.[53] Überdies musste Heine das märchenhaft Poetische, das er zu Recht aus Chopins Musik und Spiel heraushörte, sehr gefallen, ebenso wie der volksmusikalische Einschlag der Musik Chopins in den Polonaisen und den Mazurken.[54] Man kann sich leicht vorstellen, dass auch die musikalische Freiheit des Rubato-Spiels, für die Chopin berühmt war und die seiner romantisch-ästhetischen Auffassung entsprach, dem freiheitsliebenden Heine gefallen haben mag, zumal Heine sie ja auch poetisch für sich beanspruchte und literarisch verwirklichte. Im Kontext der damaligen Pianistenszene kam Heine wohl auch die vergleichsweise dezente chopinsche Art des Konzertierens sehr entgegen.[55]

Mit Chopin betrat 1831 ein pianistisches Naturtalent die Pariser Musikbühne, über das sich alle im Lob einig waren.[56] Seine Neuerungen in der Pedalbehandlung und im Fingersatz hatte er schon in jungen Jahren für sich selbst entwickelt und begründete so einen romantischen Klavierstil[57], mit dem er die Regeln der Klassik lockerte und sprengte, obwohl er Bach und Mozart höher als alle anderen Komponisten schätzte. Sein relatives Defizit an Kraft machte er mehr als wett durch wohl ganz ungewöhnlichen Reichtum an Nuancen, an Abstufungen und Feinheiten[58]. Die vielgerühmte Poesie seines Spiels wird darin deutlich, dass selbst Passagen bravouröser Technik letztlich melodisch bestimmt waren. Seine Berühmtheit gründete weniger auf den etwa nur 30 Konzerten, die er in größeren Sälen gab, sondern vor allem auf seinem Spiel in den kleineren vornehmen Salons und Soireen. Von dort strömten ihm auch finanzkräftige Schüler zu, die ihm ein strapaziöses, mit vielen Reisen verbundenes Virtuosendasein ersparten und deren Liste sich wie ein »Who 's Who« der Pariser Gesellschaft liest. Chopin spielte später immer einen Pleyel-Flügel, der ihm weniger Kraftaufwand abverlangte und den er mit sehr flexibler Technik, mit neuen phantasievollen Pedaleffekten und neuer Fingersatztechnik – Fingerwechsel auf derselben Note bzw. Taste – gegenüber Erard-Flügeln bevorzugte und besser auszunutzen wusste. Seine Spezialität war sein Rubatospiel, das er mit rhythmischen Stauungen und Dehnungen zustandebrachte, alles Verschiebungen, die aber das Grundmaß der linken Hand nie gefährdeten. Kompositorisch hat er die Klavieretüden von bloßem Techniktraining zur gehaltvollen Musik hin nobilitiert und auch die Harmonik schon zur späteren Moderne hin erweitert. Notizen zu einem Lehrbuch, das Chopin nicht mehr verfassen konnte, verraten viel von seinen weit vorausweisenden Lehrmethoden und zeigen, dass er der erste moderne Pianist gewesen ist.

So beständig positiv und wohlwollend wie die Beziehung Heines zu Chopin gewesen ist, war sie zwischen Franz Liszt und Heine nicht. Die Aspekte der Lisztschen Pianistik, wie sie sich bei Heine niederschlagen, fügen sich natürlich ein in die Entwicklung und Wandlungen, die das Verhältnis Liszt – Heine im ganzen durchgemacht hat.[59] Dabei ist das Moment der Pianistik vermengt wenn nicht überlagert vom Phänomen und der Gesamterscheinung Liszt.

Eine erste Erwähnung Liszts, den Heine bereits zu Beginn seiner Pariser Zeit kennen gelernt hatte, findet sich in der Zweiten Nacht der »Florentinischen Nächte«, dem Novellenfragment von 1836. Dort schildert Heine eine Soiree in der Chaussée d'Antin: »Man begann mit Musik. Franz Liszt hatte sich ans Fortepiano drängen lassen, strich seine Haare aufwärts über die geniale Stirne, und lieferte eine seiner brillantesten Schlachten. Die Tasten schienen zu bluten. Wenn ich nicht irre, spielte er eine Passage aus den Palingenesieen von Ballanche […].« Neben dem Bezug auf Ballanche, in dem Heine bereits auch auf eine intellektuelle Meinungsverschiedenheit mit Liszt anspielt[60], sind in unserem Zusammenhang ebenfalls die nachfolgenden Zeilen von Interesse: »Im ganzen Saale erblassende Gesichter, wogende Busen, leises Atmen während den Pausen, endlich tobender Beifall. Die Weiber sind immer wie berauscht, wenn Liszt ihnen etwas vorgespielt hat.« (B I, 601 f.)

Zwei Dinge fallen auf: Die Attribute, mit denen Heine Liszts Klavierspiel bedenkt, sind durchweg anerkennend positiv und zugleich von Ironie durchsetzt. Der erste Aspekt ist dem Martialischen und Heroischen zuzuordnen, den etliche Kompositionen und wohl auch die Spielweise Liszts zunächst noch an sich gehabt haben. Der zweite Aspekt widmet sich der Wirkung, die von Liszts Spiel vor allem auf das weibliche Publikum ausging.

Im 10. Brief »Über die französische Bühne« setzt sich Heine 1837 abermals mit Liszt auseinander. In diesem Text, der die damals bedeutendsten Repräsentanten des Pariser Musiklebens – Berlioz, Liszt und Chopin – bespricht, schreibt Heine zunächst, nachdem er die Eroberung auch der Musik durch den Bürgerstand angemerkt hat und nur »einzelne gute Konzerte« »in dieser Wüste« feststellen kann, »besonders die Konzerte von Berlioz und Liszt. Die beiden [...] sind wohl die merkwürdigsten Erscheinungen in der hiesigen musikalischen Welt; ich sage die merkwürdigsten, nicht die schönsten, nicht die erfreulichsten.« (B III, 349) Wenig später geht Heine genauer auf Liszts Klavierspiel ein in einer Textpassage, die sich über drei Seiten wenn man die Zeitschriftenfassung zugrunde legt. Am Anfang hebt Heine Liszts vorzügliche Exekution der Musik hervor und betont seinen europäischen Ruhm und stellt dann fest, dass den Liszt-Enthusiasten auch eifrige Widersacher gegenüberstehen. Dies bezieht sich auf die Rivalität zwischen Liszt und Thalberg, die damals in Paris die Gemüter erhitzte[61] und in der sich auch eine Auseinandersetzung zwischen klassischem und romantischem Musikideal abspielte. Heine nimmt dann abermals Bezug auf die oben angesprochenen literarisch – intellektuellen Differenzen mit Liszt und schreibt von wechselnden Steckenpferden, die Liszt in welchen Geistesställen auch immer finde, ehe er auf den Musikaspekt eingeht: »[...] daß Franz Liszt kein stiller Klavierspieler [...] sein kann, das versteht sich von selbst. [...] daß man zugleich beängstigt und beseligt wird, aber doch noch mehr beängstigt. Ich gestehe es Ihnen, wie sehr ich auch Liszt liebe, so wirkt doch seine Musik nicht angenehm auf mein Gemüt, um so mehr, da ich [...] die Gespenster auch sehe, welche andere Leute nur hören [...].« Es folgt die Textpassage, in der Heine seinen Eindruck von Liszts Klavierspiel beschreibt, wie er ihn in dem eingangs erwähnten Rencontre der Pianisten am 31. März 1837 empfangen hat. Es hat seine eigene Pikanterie, dass Heine dazu Bilder der Apokalypse verwendet: die vier mystischen Tiere, das Tal Josaphat, in dem sich die auferstandenen Völker drängen und schließlich das Turnier zwischen Christus und Satan, aus dem Christus-Liszt schließlich als Sieger hervorgeht (B III, 351 f.)

Bei aller Anerkennung der Klavierkunst Liszts und aller Parteinahme Heines für Liszts ›fortschrittlichere‹ Position in Musikbelangen[62] war diese nicht vorbehaltlos, wie Heines mit Einwand und Ironie gewürzter Text erkennen lässt. Besonders könnte Liszt die Kontrastierung mit Chopin verärgert haben, da er sich wegen dieses 10. Briefes »Über die französische Bühne« am 15. April 1838 bei Heine beschwerte, wohl auch, weil er sich auch in seinem künstlerischen Selbstverständnis ungerechterweise kritisiert fühlte.[63] Nicht zuletzt durch Liszts taktvoll verhaltene Reaktion blieb die Beziehung der beiden Künstler im ganzen noch ungetrübt, so dass Heine 1841 nach einigen Konzerten Liszts sehr lobende Worte fand: »Ich spreche von Franz Liszt, dem genialen Pianisten. Ja, der Geniale ist jetzt wieder hier und gibt Konzerte, die einen Zauber üben, der ans Fabelhafte grenzt. Neben ihm schwinden alle Klavierspieler – mit Ausnahme eines einzigen, des Chopin [...]. bei Liszt [...] denkt man nicht mehr an überwundene Schwierigkeit, das Klavier verschwindet und es offenbart sich die Musik.« (B V, 357 f.) Aber wieder lässt Heine seinen Text zwischen einem Einerseits und einem Andererseits changieren. Auf der einen Seite rückt er Liszt in die Nähe zu Byron und Beethoven, was die Genialität und extreme Vergeistigung der Kunst angeht, auf der anderen Seite kontrastiert er ihn mit Chopin, »dem Raffael des Fortepiano« und deutet an, dass ihm die exzentrische Übersteigerung der Virtuosität im besonderen bei aller Modernität auch unheimlich erscheint. Aus dem Blickwinkel der Hegelschen Ästhetik musste Heine in diesem Stadium der Pianistik eine Entwicklung sehen, die im Begriff war, sich dialektisch selbst aufzuheben.[64]

Auch Heines Einschätzung der Klavierkunst Liszts wurde noch distanzierter und ambivalenter in dem Augenblick, in dem die Gesamtbeziehung Heine – Liszt mehr und mehr von Entfremdung gekennzeichnet wurde. Die ungeheuren Erfolge seiner Berliner Konzerte, in deren Folge der Begriff »Lisztomanie« geprägt wurde, und die Häufung von Titeln und Ehrungen konnten das Verhältnis zum politisch denkenden Heine nur beeinträchtigen. Liszt geriet nämlich in Berlin zu sehr in die Nähe des preußischen Königshauses, mit dem Heine ja in besonderer Fehde lag[65], und die Ehrensäbel – Huldigung für Liszt 1839 in der Stadt Pest in Ungarn schien etwas Groteskes und unwürdig Lächerliches an sich zu haben. Diese Tendenzen verstärkend kam später hinzu, dass Liszt seine Virtuosentätigkeit 1847 aufgab[66] und sich Anfang 1848 in Weimar als Großherzoglicher Kapellmeister niederließ[67]; und zu allem Überfluss ließ es Liszt angesichts der Revolutionsvorgänge 1848 in Deutschland und Ungarn an einer entschiedenen Stellung- oder gar Parteinahme für die Aufständischen fehlen.

Vor diesen Hintergründen hat man den »Ersten Bericht« über die »Musikalische Saison von 1844«, zu lesen, in dem es von spöttischen Anspielungen, ironischen Epitheta und karikierenden Vergleichen nur so wimmelt. Außerdem wird hier Liszt in gewisser Weise relativiert, weil er verglichen wird mit Thalberg, der dabei eine Aufwertung erfährt, und mit dem leider bereits kränkelnden Chopin. Und dennoch – bei Besuchen von Liszts Konzerten am 16. und 25. April 1844 im Théatre Italien konnte sich Heine dem Eindruck des unmittelbaren Erlebens nicht entziehen, wie es die Journalfassung der Berichte zeigt.[68] Aber Heine wäre nicht der kritische Beobachter und Berichterstatter, wenn er nicht seine Musikerfahrungen verarbeitet und weitere Erkenntnisse daraus gewonnen hätte. Für die ungeheure Begeisterung, die Liszt Klavierspiel entfachte, sieht er mehrere Gründe: Erstens bestritt Liszt im zweiten Konzert ganz allein einen Soloabend – Liszt hielt sich, und war es wahrscheinlich auch, für den Erfinder des »Recitals«.[69] Zweitens war Liszt auch ein Meister darin, sich selbst bestens in Szene zu setzen[70], – von Liszt stammt der Ausspruch »Le concert c'est moi!« Er begriff ein Konzert als Inszenierung. Und drittens begreift Heine, welche unheimlichen, geradezu krankhaft ansteckenden fast pathologischen Wirkungen im Massenphänomen des Musikbetriebes von einer hochartistischen Virtuosität auf das Publikum ausgehen können. Selbst die mit großen Gestalten und Ereignissen erfahrenen Pariser »jubeln jetzt unserm Franz Liszt! Und welcher Jubel! Eine wahre Verrücktheit, wie sie unerhört in den Annalen der Furore! Was ist aber der Grund dieser Erscheinung? Die Lösung der Frage gehört vielleicht eher in die Pathologie als in die Ästhetik.« (B V, 533) Bezogen auf die von Heine kritisch gesehene Beeinflussbarkeit und Fragwürdigkeit des Publikumsgeschmacks sei an den Satz erinnert, den Liszt gesagt haben soll: »Mundus vult schundus!«

Abschließend lässt sich sagen, dass innerhalb der deutlichen Eintrübung im Verhältnis der beiden Heines Bewunderung für Liszts Klavierspielkunst relativ lange erhalten blieb. Zugleich mussten Heine, der in einem anderen (frühromantischen) Klang- und Kunstideal groß geworden war und sich daran orientierte, die neuen und zukunftsweisenden Tendenzen unheimlich erscheinen, wie sie sich als Wandlungen des gesamten und insbesondere des Pariser Musikbetriebs in Liszts virtuosem Spiel und spektakulärem Auftreten manifestierten. In der voranschreitenden Ökonomisierung des Musikmarktes mit ihren Auswirkungen auf die Musiker wie auf Geschmack des Publikums, die Heine registrierte, musste er jenseits aller persönlichen Gesichtspunkte in Liszt ein Phänomen sehen, dem er in seinen politischen und ästhetischen Auffassungen entgegenstand und das er mit literarischen Mitteln bekämpfte. Man darf vermuten, dass es Heine in dieser Perspektive – und dabei durchaus in Analogie zu seiner eigenen Position als Künstler – um die Frage von Wahrheit und Lüge im musikalischen Kulturbetrieb ging.

Mit »Donner, Blitz und Zauberei« überschribt Harold C. Schonberg sein Lisztkapitel.[71] Liszt, der in so kraftvollem Fortissimo über die Tasten donnerte, der die Blitze seiner Arpeggien, Glissandi, Sprünge und Triller ins Publikum schickte und seine Zuhörer mit der Art seines Spiels und Auftretens bezauberte, verzauberte. So sehr aber auch in seiner Gesamterscheinung Egozentrik und Genialität, Eitelkeit und Schauspielerei, Showgebaren und Artistik, Exzentrizität und hohe pianistische Musikalität ineinander verwoben waren, so soll doch versucht werden, sich auf den

Aspekt seiner Klavierkunst zu beschränken. Carl Czerny, Liszts einziger Lehrer von Bedeutung, sagte von ihm, hier habe »die Natur selber einen Klavierspieler gebildet.«[72] Am 9. März 1831 erlebte Liszt Paganini im Konzert in Paris, der fortan sein eines Vorbild wurde; das andere Vorbild wurde Chopin, den Liszt zuerst 1832 in Paris hörte und der ihn dann später dazu bewog, in seinem Spiel die Schwerpunkte von technischen Effekten, von Manierismen, von Kraft und Glamour weg zu etwas mehr Poesie, zu Gefühl und Subtilität hin zu verlagern. Bis dahin hatte Liszt eine unruhige und gestikulierende Spielweise gepflegt, wobei oft drei Flügel im Konzert benutzt wurden und selten ein Instrument ohne gesprungene Saiten und zerbrochene Hämmer davonkam.[73] Liszts Art zu spielen geschah mit hoher Hand- und Fingerstellung, bei lockeren Armen und Schultern mit einigem Druck; Sprünge, weitgriffige Akkorde, Tremoli, Glissandi, weiträumige Passagen und das Ineinandergreifen der Hände waren selbstverständliche Bestandteile seiner Spieltechnik.[74] Die damals erreichte Höhe der Klavierbau- und Klavierspieltechnik machte er sich zunutze, er ging mit dem Klavier um wie mit einem Orchester und entlockte ihm, weit davon entfernt die Hände dicht an den Tasten zu halten, alle möglichen Klangfarben und -schattierungen. Ob Liszt anatomisch besonders günstige Hände hatte, ist unter Fachleuten umstritten.[75]

Um die angesprochenen Qualitäten seines Spiels zur Geltung zu bringen, aber auch um eine lebhafte Nachfrage seines Publikums im Musikmarkt zu befriedigen[76], spielte Liszt als Repertoire vor allem Arrangements von Beethoven- und Berlioz-Symphonien, von Opern, Transskriptionen, Paraphrasen und Improvisationen, wobei letzteren auch literarische Vorlagen zugrunde liegen konnten. Andererseits war er der erste, – seine Erfindung des Recitals wurde ja schon erwähnt – der Paris mit späten Beethoven-Sonaten bekannt machte. Dies war ein Schachzug, sich im Streit der Lisztianer und Thalbergianer einen Konkurrenzvorteil zu sichern.[77] Da er technische Klavierspielprobleme bald nicht mehr kannte[78], verführte ihn sein Selbstwertgefühl dazu, sich Ergänzungen und Abwandlungen der Klavierliteratur zu gestatten und sich Freiheiten gegen die Notentexte herauszunehmen –, den heutigen Begriff der Werktreue kannte die Romantik noch nicht. Mit fortschreitender Karriere und mit den Jahren trat in seinem Klavierspiel (und in seinen Kompositionen) immer mehr eine hohe ursprüngliche und jetzt reifere Musikalität zutage, die auch schon vorher an seiner unglaublichen Vom-Blattspiel-Kunst und an seinem immensen musikalischen Gedächtnis ablesbar war. Folgerichtig wandte er sich, auch im a vista Spiel, immer mehr Orchesterwerken und -partituren zu, bis er 1847 die Virtuosentätigkeit (nicht das Klavierspiel!) aufgab und Musikdirektor in Weimar mit intensiver Dirigententätigkeit wurde. Immerhin hat Liszt in den Jahren seines größten pianistischen Ruhms zwischen 1838 und 1847 europaweit dreitausend Konzerte gegeben[79], um dann später nur noch gelegentlich in privatem Kreise zu spielen und als Klavierdozent in Weimar tätig zu sein, der durch so manchen genialen Schüler bis ins 20. Jahrhundert hineinwirkte.

Setzt man sich rückschauend für einen Augenblick über die angesprochenen Probleme, die Pianisten zu vergleichen, hinweg, so kann man etliche von ihnen mit den Worten eines ungenannten Zeitgenossen in formelhafter Kürze charakterisieren: »Thalberg ist ein König, Liszt ein Prophet, Chopin ein Dichter, Herz ein Advokat, Kalkbrenner ein Troubadour, ... und Doehler ein Pianist.«[80]

Schluss

Überblickt man den Zeitraum (circa 1830 bis 1850) im Ganzen und die stattliche Zahl der Pianisten, über die Heine berichtet hat, so gewinnt man daraus ein plastisches Bild der Umbrüche, denen das Musik- und Konzertleben besonders in Paris unterworfen war. Die Innovationsfähigkeit und Perfektion, die den Klavierbau in der ersten Hälfte des 19. Jahrhunderts gekennzeichnet haben, schufen im Zusammenspiel mit anderen Gegebenheiten die Grundlage für eine exorbitante Steigerung der Virtuosität *und* für eine ungeheure Verbreitung des Klaviers. In ihm bündeln sich all die Tendenzen, die in jener Zeit den Konzert- und Musikbetrieb[81] als ›moderne‹ industrialisierte Dienstleistung in einem sich etablierenden Musikmarkt haben entstehen lassen. Dass sich dabei einige enge und aufschlussreiche Parallelen zwischen der Vormärzzeit und Wohlstandsphasen des vergangenen Jahrhunderts ergeben, wenn man sich anstelle des Klaviers analog für das 20. Jahrhundert die Verbreitung von Phonographen vorstellt[82], sei nur am Rande vermerkt.

Konsequenterweise finden sich im Zuge dieser Kommerzialisierung auch im Bereich der Pianistik viele der Marktstrategien, die dazu dienen, sich im Wettbewerb zu behaupten und durchzusetzen: äußerste Leistungssteigerung der pianistischen Artistik zur Virtuosität, Konzertieren bei den Trendsettern, selbstanpreisende Werbemethoden in der meinungsbildenden Presse, Organisation der Konzertplanungen und -abläufe durch Sekretäre und/oder qualifizierte Personen des neuen Berufstandes der Musikagenten oder Musikmanager, Eroberung der Metropolen mit anschließender Reisetätigkeit, Entgegenkommen und Rücksichtnahmen auf das jeweilige Publikum in der Programm- und Repertoiregestaltung, das Kalkül auf bestimmte Effekte durch Unterwerfung unter den Geschmack des Publikums, Verwendung und Verarbeitung von populären Themen, Melodien aus Opern, Vaudevilles etc., extravagantes Erscheinungsbild und Auftreten[83] mit Showgepräge bei Konzertveranstaltungen und in der Öffentlichkeit, Entdeckung und Besetzung von Marktnischen oder -segmenten durch Spezialisierung, Einsatz von Produktinnovationen wie z. B. das Recital (durch Liszt), Strategien der Profilierung z. B. durch

Kraftmeierei (wie bei Dreyschock), durch Ausrichtung auf gehobene Ansprüche und Kenner (wie bei Hummel oder Moscheles) mehr klassischer oder mehr romantisch-moderner Prägung, Beschäftigung von Claqueuren, Pflege eines Persönlichkeits- und Starkults. Alle diese Techniken und Vorgänge sind, neben ihrer Bedingtheit durch den lebhaften Konkurrenzkampf, auch ein Reflex des Konzertpublikums und beeinflussten es zugleich auch wiederum. In diesem Zusammenhang kann man sich fragen, ob Heine gut beraten war, sich in der Beurteilung des Musiklebens zunächst bis etwa 1840 an Gesamtheit und Publikumsmeinung anzulehnen.[84]

Über all die geschilderten Musikphänomene hat sich Heine im Artikel vom 20. März 1843 in einer Art Resümee kritisch geäußert:

> Aber die herrschende Bourgeoisie muß […] nicht bloß alte klassische Tragödien […] ausstehen, sondern […] einen noch schauderhaftern Kunstgenuß […], nämlich jenes Pianoforte, dem man jetzt nirgends mehr ausweichen kann, das man in allen Häusern erklingen hört, in jeder Gesellschaft, Tag und Nacht. Ja, Pianoforte heißt das Marterinstrument […]. Diese ewige Klavierspielerei ist nicht mehr zu ertragen!

Und mehr auf das Instrument gemünzt, dem Heine die Violine als herznäher, gefühlsreicher und menschlicher kontrastiert, heißt es dann:

> Diese grellen Klimpertöne ohne natürliches Verhallen, diese herzlosen Schwirrklänge, dieses erzprosaische Schollern und Pickern, dieses Fortepiano tötet all unser Denken und Fühlen, und wir werden dumm, abgestumpft, blödsinnig. …] und gar die Triumphzüge der Klaviervirtuosen sind charakteristisch für unsere Zeit und zeugen ganz eigentlich von dem Sieg des Maschinenwesens über den Geist. Die technische Fertigkeit, die Präzision eines Automaten, das Identifizieren mit dem besaiteten Holze, die tönende Instrumentwerdung des Menschen, wird jetzt als das Höchste gepriesen und gefeiert. Wie Heuschreckenscharen kommen die Klaviervirtuosen jeden Winter nach Paris […]. Paris dient ihnen als eine Art Annoncenpfahl. […] und jene Virtuosen verstehen sich mit der größten Virtuosität auf die Ausbeutung der Journale und der Journalisten. […] dies gilt ganz besonders in Beziehung auf die berühmten Virtuosen. Berühmt sind sie eigentlich alle, nämlich in den Reklamen, die sie höchstselbst oder durch einen Bruder oder durch ihre Frau Mutter zum Druck befördern. (B V, 343 ff.)

Es ist verständlich, dass Heine mit seinem Maßstab idealen Künstlertums an der Ausrichtung der Musikkünstler an den Marktbelangen und am (pekuniären) Erfolg einerseits und an der einsetzenden Spaltung in die überspitzte Artistik der Virtuosen und das allgegenwärtige triviale »Klaviergeklimper« (B VI/1, 180) andererseits Kritik äußern musste, zumal er in den aufkommenden Begleiterscheinungen – Reklamen, Personenkult, Banalisierung des Massengeschmacks – tiefer liegende gesellschaftliche Verhältnisse, Prozesse und Mechanismen am Werk sah und das Klavier ihm die ökonomisierte bürgerliche Gesellschaft symbolisierte.[85] So heißt es in der Journal-Fassung des Artikels vom 20. März 1843: »Es sind drei Dinge, die mich am Ende bestimmen, den Okzident zu verlassen und irgend eine unzivilisierte Oase im Morgenlande aufzusuchen: diese drei sind nämlich die Gasbeleuchtung, der Dampfmaschinenrauch und das liebe Klavierspiel!« (B V, 997) Dass Heine sich von der Klavierspielerei geplagt und strapaziert fühlte, geht auch aus dem »Zweiten Bericht« zur »Musikalischen Saison von 1844« hervor: »[...] die Polka wetteifert mit dem Piano [...] in diesem singenden, springenden Strudel lauert Tod und Wahnsinn. Die Hämmer des Pianoforte wirken fürchterlich auf unsre Nerven.« (B V, 545) Pessimistisch fällt auch das Bild aus, wenn man einen Seitenblick auf die Lyrik Heines wirft. Im Gedicht »Winter« zählt er zu den Schrecken dieser Jahreszeit:

> O, bittre Winterhärte!
> Die Nasen sind erfroren,
> Und de Klavierkonzerte
> Zerreißen uns die Ohren. (B IV, 407)

Im Gedicht »Ruhelechzend« ist es nur die Nacht, die Linderung bringt:

> In ihrem Schoße wird kein Schelm,
> Kein Tölpel deine Ruhe stören.
>
> Hier bist du sicher vor Musik,
> Vor des Piano-Fortes Folter,
> Und vor der großen Oper Pracht
> Und schrecklichem Bravourgepolter. (B VI, 189)

Dass dies auch einen ganz realen biographischen Hintergrund in den Wohnverhältnissen Heines besaß, konnte Alfred Meissner bei einem Besuch Heines Anfang 1854 erfahren.[86] Das hat Heine nicht davon abgehalten, wie am Beispiel Liszt deutlich wurde, sich als Sprachvirtuose und Sprachartist mit seinen Satzkaskaden und mit seinen verabsolutierenden Witzkaprieen genau der Mittel zu bedienen, die er den Musikvirtuosen ankreidet.[87] Dem korrespondiert, dass er die überbordende Musikbegeisterung mit ihrem rauschhaften Verlust an Realitätssinn als politisch soziales Defizit beim Publikum, als Flucht vor Problemen, begriffen und kritisch angemerkt hat.[88] Auf diese Weise wurde Heine die Musik, und zwar insbesondere die Klaviermusik, zum Anlass, bezogen auf die Gesellschaft die prinzipiellen Fragen einer engagierten Kunst zu durchdenken[89]; außerdem gab sie ihm, wie er 1854 im »Zueignungsbrief« der »Lutetia« schreibt, die Gelegenheit, auch jenseits »manche[r] allzu närrische[n] Virtuosenfratze [...] das Bild der Zeit selbst in seinen kleinsten Nüancen zu liefern.« (B V, 239] Diese Konzentration auf das gesellschaftliche Erscheinungsbild der Musik hat ihm aber auch im Zusammenspiel mit seinem persönlichen Mangel an musikalischer Sachkenntnis verwehrt, den Pianisten seiner Zeit im vollgültigen Wortsinne gerecht zu werden sowie das neue und musikalisch Vorausweisende zu erkennen und zu würdigen, das sich in der Klaviermusik seiner Zeit angebahnt und entwickelt hat. Zwar kann das Defizit an musikalischer Sachkenntnis, zu dem sich Heine ja selbst bekannt hat, keinesfalls gegen ihn und gegen die Eigenart seiner Berichte gewendet werden;[90] andererseits muss der Versuch statthaft sein, den Berichten Heines *und* den Pianisten gerecht zu werden. Daran ändert auch nichts, dass Heine etwa ab 1840 in wachsendem Maße zu dem mehr und mehr als modisch schwankend und fragwürdig erkannten Publikumsgeschmack auf Distanz ging und für die Überspitzung der Musikphänomene im Sinne der Hegelschen Ästhetik einen dialektischen Umschlag erwartete.[91] Es ist jedenfalls einerseits von bemerkenswerter Modernität, wie Heine schreibend die Analyse des Kulturbereichs betreibt, in dem er am Beispiel der Klaviermusik seiner Zeit die Industrialisierung erfuhr; weil er aber erleben musste, wie die Musik zur Ware wurde, machte er sich andererseits zum Anwalt des Wahren in der Musik. Damit rückt er dicht an seinen Zeitgenossen Victor Hugo und dessen Diktum heran: »Die Musik drückt das aus, was nicht gesagt werden kann und worüber zu schweigen unmöglich ist.«

Anmerkungen

[1] Mende 1981, S. 146; auch Harold C. Schonberg: Die großen Pianisten Eine Geschichte des Klaviers und der berühmtesten Interpreten von den Anfängen bis zur Gegenwart. Bern, München, Wien 1965, S. 163.

[2] Dieter Hildebrandt: Pianoforte oder Der Roman des Klaviers im 19. Jahrhundert. München, Wien 1985, S. 157.

[3] Felix Mendelssohn Bartholdy muss hier ausgespart bleiben; von ihm ist zwar bei Heine vielfach die Rede, aber als vorzüglichen Pianisten, der Mendelssohn ja auch war, hat Heine ihn nie gehört.

[4] Hildebrandt [Anm. 2], S. 12.

[5] Vgl. Michael Mann: Heinrich Heines Musikkritiken. Hamburg 1971, S. 14 ff.; auch Hans Kühner: Heinrich Heine. – In: MGG, herausgegeben von Friedrich Blume. Bd. VI. Kassel (u. a.) 1957, Sp. 41–44.

[6] Vgl. B V,532.

[7] Vgl. B III, 333.

[8] Mann [Anm. 5], S. 125 f.

[9] Bei der Durchsicht der Bände der Heine-Bibliographie stößt man auf zahlreiche relevante Publikationen; von den jüngeren sei beispielhaft genannt Jocelyne Kolb: Heine and Music – Let It Sound No More. – In: HJb 1984, S. 90–113.

[10] Werner I, S. 427.

[11] Adolf Strodtmann: Heinrich Heine's Leben und Werke, Bd. I, 3. Aufl. Hamburg 1884, S. 34.

[12] Mann [Anm. 5], S. 66.
[13] Vgl. ebd., S. 68.
[14] Dies bezeugt der Pianist Charles Hallé auch noch für das Jahr 1839 in seinen 1895 posthum publizierten Memoiren, vgl. Werner I, S. 414.
[15] Ludwig Börne: Sämtliche Schriften. Neu bearb. u. hrsg. v. Inge und Peter Rippmann. Bd. V. Darmstadt 1968, S. 108.; s. a. Werner I, S. 252 f.
[16] Mann [Anm. 5], S. 33.
[17] Dies bezieht sich z. B. auf die Rezension der Lieder von A. G. Methfessel, die Heine in seiner Berliner Zeit schrieb.
[18] Börne [Anm. 15], Bd. III. Düsseldorf 1964, S. 158.
[19] Die folgenden Ausführungen stützen sich im wesentlichen auf folgende Publikationen: Heinrich W. Schwab: Konzert. Öffentliche Musikdarbietung vom 17. bis 19. Jahrhundert. Musikgeschichte in Bildern. Bd. IV: Musik der Neuzeit. Leipzig 1971; – Schonberg [Anm. 1]; – Hildebrandt [Anm. 2]; vgl. Albrecht Betz: Virtuosen und kein Ende. Der Pariser Musikbetrieb als »klingende Sündflut«. – In: »Ich Narr des Glücks«. Heinrich Heine 1797–1856, Bilder einer Ausstellung. hrsg. v. Joseph A. Kruse unter Mitwirkung von Ulrike Reuter und Martin Hollender. Stuttgart, Weimar 1997, S. 158 ff.; – Franz Josef Hirt: Meisterwerke des Klavierbaus. Dietikon, Zürich 1981.
[20] Vgl. Guy Ferchault: Artikel: Paris – 19. Jahrhundert. – In: MGG Bd. X, Sp. 781; führende Fachzeitschriften waren die »France Musicale« der Brüder Escudier und die »Revue et Gazette Musicale« des Verlegers M. Schlesinger; das Verhältnis Heines zu diesen Fachzeitschriften ist behandelt bei Mann [Anm. 5], S. 113 ff.
[21] Solche Hilfskräfte konnten sich zunächst nur die berühmten Musiker leisten; welche Aufgaben für die anderen konzertierenden Musiker anfielen und zu lösen waren, liest sich eindrucksvoll bei Dieter Kühn: Clara Schumann, Klavier. Ein Lebensbuch. Frankfurt a. M. 1996, bes. Kapitel »Konzertbesorgungen«, S. 83–89 und S. 145 ff.
[22] Zum folgenden Klaus Wolters: Das Klavier. Bern, Stuttgart 1969, S. 29 ff. und Marc Honegger / Günther Massenkeil: Das große Lexikon der Musik in 8 Bänden: Freiburg (u. a.) 1987. Bd. IV. Artikel »Klavier«, S. 366–371.
[23] vgl. Dominic Gilic (Hrsg.): Das große Buch vom Klavier. Basel (u. a.) 1981: bes. Kapitel »Das romantische Pedal«, S. 106 ff. und Wolters [Anm. 22], S. 80.
[24] Vgl. Schonberg [Anm. 1], S. 88 f.
[25] Hirt [Anm. 19], S. 221 ff., bes. S. 223 für Paris.
[26] Ebd., S. 18.
[27] Die folgenden Ausführen stützen sich im wesentlichen auf die entsprechenden Kapitel in den Arbeiten von Wolters [Anm. 22]; Hildebrandt [Anm. 2]; Schonberg [Anm. 1].
[28] vgl. Grete Wehmeyer: Carl Czerny oder die Einzelhaft am Klavier. Kassel (u. a.) 1983, S. 163.
[29] vgl. Honegger / Massenkeil [Anm. 22], Artikel »Etüde«, Bd. III, S. 25; auch Hildebrandt [Anm. 2], S. 129 ff.
[30] Vgl. B VI, S. 1083.
[31] Bei Schwab [Anm. 19], S. 197–210.
[32] Die Verstimmung, die sich daraufhin eine Weile zwischen Heine und Hallé eingestellt hat, beruhte nach Hallé auf einer Verwechslung und hat sich in einer persönlichen Begegnung aufklären und beheben lassen; vgl. Werner I, 562.
[33] Vgl. Schonberg [Anm. 1], S. 221 f.
[34] Vgl. ebd., S. 195.

35 Vgl. ebd., S. 97.
36 Ebd., S. 62 ff.
37 Vgl. ebd., S. 109 ff.
38 Wie sehr Chopin in seiner ersten Pariser Zeit von Kalkbrenners Spiel angetan war, besagt ein Brief vom 16.12.1831: »[...] ich wünschte, ich könnte so gut spielen wie Kalkbrenner. [...] Seine Sicherheit, sein entzückender Anschlag, die Ruhe seines Spiels, ich kann sie dir nicht beschreiben; man erkennt den Meister bei jeder Note – er ist ein Riese, welcher alle andern Künstler in den Schatten stellt.« Zit. n. Uli Molsen: Die Geschichte des Klavierspiels in historischen Zitaten. Balingen-Endingen 1982, S. 127.
39 Vgl. ebd., S. 110.
40 Mann [Anm. 5], S. 76 f.
41 Vgl. ebd., S. 181.
42 Molsen [Anm. 38], S. 135.
43 In einem Brief an einen unbekannten Adressaten berichtet Charlotte Moscheles, sie habe Heine im April 1827 das Versprechen abgenommen, ihren Gatten Ignaz mit seiner Satire zu verschonen; vgl. dazu Werner I, 153 f.
44 Vgl. Schonberg [Anm. 1], S. 113 ff.
45 Vgl. ebd., S. 117;
46 Vgl. ebd., S. 195 ff.
47 S. Molsen [Anm. 38], S. 160.
48 Vgl. Schonberg [Anm. 1], S. 193.
49 »Thalberg hat drei Viertel Gefühl und ein Viertel Geschicklichkeit, Liszt aber drei Viertel Geschicklichkeit und ein Viertel Gefühl«, soll Rossini gesagt haben; vgl. Molsen [Anm. 38], S. 154, der sich auf die Memoiren von Marie d'Agoult (Dresden 1928) beruft.
50 So Schonberg [Anm. 1], S. 174.
51 Vgl. Molsen [Anm. 38], S. 160, wo Thalberg aus dem Jahr 1850 zitiert wird.
52 Vgl. ebd., S. 146.
53 Mann [Anm. 5], S. 25.
54 Am 29.6.1834 hebt die »Gazette Musicale« das besondere Ansehen Chopins hervor »erlangt durch die geistvolle und von Grund aus künstlerische Art, in welcher er die nationalen Weisen Polens behandelt«, zit. n. Molsen [Anm. 38], S. 106. Man schwärmte damals in Paris für Polen und für alles Polnische, s. ebd., S. 104.
55 Die »Wiener Theaterzeitung« schreibt am 1.9.1829, dass die Art und Weise Chopins »von der gewöhnlichen Concertisten-Form bedeutend abweicht [...] hierin, daß das Streben: Musik zu machen, dem Streben: zu gefallen, bei ihm auf merkliche Weise vorherrscht«; und am 20.8.1829 in einer Konzertrezension von dem »sehr ausgezeichneten Talent, [...] dem man [...] fast schon ein wenig Genialität beilegen dürfte, [...] vermöge welcher dieser junge Mann es gar nicht darauf anzulegen schien, brillieren zu wollen, obwohl sein Spiel Schwierigkeiten besiegte, deren Überwindung selbst hier, in der Heimat der Claviervirtuosen, auffallen mußte, sondern der mit fast ironischer Naivität sich einfallen läßt, ein größeres Publicum mit Musik, als Musik unterhalten zu wollen. Und siehe da!, es gelang ihm«; zit. n. Molsen [Anm. 38], S. 103 f. und 121 f. Für die »Musical World« ist er in einer Rezension vom 23.2.1838 »der zurückgezogenste und wenigst ehrgeizige von allen lebenden Künstlern«, s. ebd., S. 129.
56 S. Schonberg [Anm. 1], S. 136; die folgenden Ausführungen verdanken sich ebenfalls Schonberg, der Chopin das ganze Kapitel 9 widmet; siehe auch Hildebrandt [Anm. 2], Kapitel 7. Verständlicherweise ist die Literatur über Chopin sehr umfangreich, eine erste Annäherung ist mög-

lich mit der Rowohlt Monographie von Jürgen Lotz: Frédéric Chopin. 3. Auflage, Reinbek bei Hamburg 2000.

57 Den Vorsatz und das Bewußtsein des Neuen belegt ein Brief Chopins vom 14.12.1831: »Soviel ist mir klar, ich werde nie eine Copie Kalkbrenners werden; er wird nicht imstande sein, meinen vielleicht kühnen aber edlen Vorsatz zu erschüttern, eine neue Kunst-Aera herbeizuführen.« Die »Revue Musicale« bestätigt am 15.5.1834: »Chopin hat sich eine neue Bahn eröffnet«, zit. n. Molsen [Anm. 38], S. 104 und 127.

58 Chopin hat im Anschlag, nach allem, was wir durch Überlieferung wissen, ein so tonvolles Legato gehabt, »weil er mit seinen zarten Fingern elfenartig leicht darüber hingleitet; sein Piano ist so hingehaucht [...]«, so gibt Charlotte Moscheles in »Aus Moscheles' Leben« (Leipzig 1872/73) den Eindruck wieder, den ihr Mann Ignaz Moscheles 1839 in Paris von Chopins Spiel empfing; zit. n. Molsen [Anm. 38], S. 124.

59 Das Verhältnis ist untersucht von Rainer Kleinertz: »Wie sehr ich auch Liszt liebe, so wirkt doch seine Musik nicht angenehm auf mein Gemüt« – Freundschaft und Entfremdung zwischen Heine und Liszt. – In: HJb 1998, S. 107–139.

60 Vgl. ebd., S. 109 f.

61 Vgl. Schonberg [Anm. 1], S. 162; wie die Konkurrenz auch (damals schon) mit Artikeln in den Musikzeitschriften ausgetragen wurde, vgl. Kleinertz [Anm. 59], S. 111 ff.; Hildebrandt [Anm. 2], S. 150 ff. sowie Mann [Anm. 5], S. 113 ff., wo dies im Abschnitt »Heine und die französische Presse« mitbehandelt ist.

62 Vgl. Kleinertz [Anm. 59], S. 113.

63 So Kleinertz, ebd., S. 114 f.

64 Vgl. ebd., S. 117.

65 Preußen war Initiator der Karlsbader Beschlüsse vom August 1819 gewesen, unter deren Bestimmungen zur Zensur und Demagogenverfolgung Heine erheblich zu leiden hatte; auch 1844 drohte Heine auf Anweisung des Preußischen Innenministers immer noch die Verhaftung, wenn er die Grenze überschreiten sollte, vgl. Mende 1981, S. 173 f.

66 Liszt schreibt in einem Brief vom 6.10.1846: »Mit 35 Jahren kommt für mich der Moment, den Puppenzustand meines Virtuosentums zu zerbrechen [...]«, zit. n. Molsen [Anm. 38], S. 145.

67 Vgl. Schwab [Anm. 19], S. 205 und Everett Helm: Franz Liszt. 14. Aufl. Reinbek bei Hamburg 2001, S. 145.

68 Vgl. Kleinertz [Anm. 59], S. 120 f.

69 S. Schonberg [Anm. 1], S. 120 f.

70 Vgl. B V, 533.

71 [Anm. 1], Kap. 10, S. 152–173; siehe auch Hildebrandt [Anm. 2], Kap. 11, S. 197–216.

72 Schonberg [Anm. 1], S. 154.

73 Ebd.

74 Den Entsprechungen von Passagen im Sinne der Virtuosität und der Baukunst widmet Hildebrandt einige Ausführungen, vgl. Hildebrandt [Anm. 2], S. 116 ff.

75 Vgl. Schonberg [Anm. 1], S. 169; etwas anders Wolters [Anm. 22], S. 85.

76 In seinen Heine-Erinnerungen gibt Karl Maria Kertbeny (K. M. Benkert) eine Aussage Heines von 1847 wieder »Und dann kenne ich auch Franz Lißt, den genialsten Menschen, den ich je kennengelernt, den aber die Pariser Welt etwas verdorben und verzerrt hat«, eine Äußerung, die wohl auch auf das Auftreten des Pianisten und den Publikumsgeschmack in Paris gemünzt sein dürfte; vgl. Werner II, 17.

77 Vgl. Schonberg [Anm. 1], S. 162.

78 Bei der Behandlung der Rivalität zwischen Liszt und Thalberg schreibt der »Allgemeine musikalische Anzeiger« am 7. 2. 1839: »Liszt hat den Kampf mit der Technik ausgerungen«, zit. n. Molsen [Anm. 38], S. 149.

79 So Hildebrandt [Anm. 2], S. 197.

80 Zit. n. Molsen [Anm. 38], S. 132

81 Heine erwähnt die »Betriebsamkeit« der Virtuosen und ihre »plumpe Unverschämtheit« (B V, 436 u. 531).

82 vgl. Schonberg [Anm. 1], S. 118; noch bedenklicher nähmen sich die Parallelen aus, wollte man es so konstatieren: Tonumfang und Tonstärke sind zwischen 1800 und 1850 beim Klavier gestiegen, der musikalische Geschmack ist gesunken, musiksoziologisch hat sich aber im Publikum eher die analoge Trennung in Kenner und Laien ergeben;

83 Michael Mann bezeichnet die Virtuosen aus der Perspektive Heines als Schoßkinder des bürgerlichen Kunstgeschmacks und nennt sie »die Parvenus des Podiums«, [Anm. 5], S. 76.

84 Erst mit Anfang der 1840er Jahre lässt sich bei Heine eine zunehmend skeptischere Sicht auf das bürgerliche Publikum und seinen wankelmütigen, beeinflussbaren Geschmack ausmachen; siehe z. B. B V, 333 f. und 531; siehe auch Anmerkungen 76 u. 82.

85 Vgl. Höhn 1997, S. 477; im Vorwort zu den »Geständnissen« spricht Heine den Zusammenhang von Musikbetrieb und Kapital sehr deutlich anwenn er die »vornehmen Industrieritter« erwähnt die in ihrer Freizeit unter anderen Pianisten beschützen (B VI/1, 446; s. auch die Erläuterungen dazu B VI/2, 229.

86 »[...] und in seine Matratzengruft klang immer noch von drüben gedämpftes Pianofortegeklimper herüber.«; im Folgenden berichtet Meissner von der Qualen, denen der kranke Heine seit Jahren durch dieser Musikmarter ausgesetzt war; vgl. Werner II, 348;

87 Ganz ähnlich auch Betz [Anm. 19], S. 162, der von »Verwandtschaft« spricht.

88 Vgl. B V, 357 und 531.

89 Ähnlich auch Höhn 1997, S. 392.

90 Sinngemäß so auch Ursula Lehmann: Musik, Malerei, Theater. – In: Heine in Paris 1831–1856. Hrsg. von Joseph A. Kruse und Michael Werner. Düsseldorf 1981, S. 67.

91 In diesem Sinne auch Kleinertz [Anm. 59], S. 117, wo auf den an Hegel orientierten Beginn des Artikels XXXIII vom 20. April 1841 aus dem ersten Teil der »Lutetia« verwiesen wird; die Argumentation wird noch verstärkt, wenn man den Artikel XLII vom 7. Februar 1842 hinzuzieht.

»... eine nicht unbedeutende Wandlung«
Kulturkonservative Heine-Rezeption am Beispiel Richard von Schaukals

Von Christian Neuhuber, Graz

> Man hatte die Masern, man hatte Heine, und man wird
> heiß in der Erinnerung an jedes Fieber der Jugend.
> (Karl Kraus: Heine und die Folgen)

Anders als bei Karl Kraus, der – zumal in den beiden Aufsätzen »Heine und die Folgen« und »Die Feinde Goethe und Heine« – seine ablehnende Haltung medial wirkungsvoll inszenierte[1], endet die sukzessive Abkehr Richard Schaukals von seinem ehemaligen Vorbild Heine nicht in einer wortgewaltigen Abrechnung mit dem prototypischen ›Literaturjuden‹, wie er sie anderen Proponenten jüdischer Literatur wie Zweig, Schnitzler oder Beer-Hofmann in drastischer Weise angedeihen ließ. Es ist vielmehr ein langsames Verschwinden Heines, das jedoch in Schaukals Schaffen umso mehr Beachtung verdient, als dieser sich gerade in der Zeit nach dem Zusammenbruch der Monarchie zum vehementen Kämpfer gegen einen ›jüdisch-materialistischen Intellektualismus‹ aufschwingt, zu dessen Ahnvätern völkisch-nationale Agitatorik seit Jahrzehnten Heinrich Heine zählte. Die vergleichsweise ›dezente‹ Abfertigung des Problems Heine bedeutet freilich nicht, dass Schaukals Idiosynkrasie geringer gewesen wäre als etwa jene des »Fackel«-Herausgebers. Doch war Heine zu sehr mit Schaukals eigenen literarischen Anfängen verbunden, als dass eine allzu exponierte Attacke seinen so gerne für sich beanspruchten Status als *arbiter elegantiae* für ›deutsches Wesen und deutsche Kultur‹ nicht zumindest ins Zwielicht gerückt und Angriffsfläche geboten hätte für seine ohnedies zahlreichen Gegner.

Schaukals schwieriges Verhältnis zu Heine, der ihm vom Leitbild zum geächteten, schließlich verachteten Antipoden wurde, ist indes mehr als bloß ein weiterer Beleg für den durchaus zeittypischen Stellvertreterstreit, in dem Heine als Symbol negativ bewerteter Modernisierungsprozesse zum Feindbild nationalkonservativer Kreise verkam. Es illustriert zugleich einen markanten Wandel im Denken und Schreiben Schaukals, den er selbst als »Umkehr« bezeichnete und der eine Wende vom weltoffenen und experimentierfreudigen ›Modernisten‹ zum Apologeten eines kulturkonservativen, antidemokratischen und elitaristischen Irrationalismus bedeutete. Ein Wandel, der Werk und Wirkung maßgeblich prägte und bis heute die Rezeption seines Werks nachhaltig beeinflusst. Darüber hinaus ist Heines allmähliche Ächtung auch symptomatisch für Schaukals problematisches Verhältnis zum Judentum, das er in zahlreichen seiner Kommentare zum Zustand der Gesellschaft als den eigentlichen Nutznießer des verhassten Liberalismus stigmatisierte und in immer heftigeren Angriffen abzufertigen suchte.

Die ›literarische Periode‹

In seinen literarischen Anfängen allerdings war die Beziehung des aus Brünn gebürtigen Kaufmannssohns Schaukal zu Heine von Verehrung und Bewunderung getragen. Noch 1924 betont er in einer Werküberschau freimütig, wie prägend die Lyrik Heines für seine ersten lyrischen Versuche war. Tatsächlich finden sich in seinem »unreifen Erstlingswerk«[2], dem mit der Unterstützung seiner Verwandten 1893 veröffentlichten Band »Gedichte«, poetische Erzeugnisse, die – wie der Autor rückblickend bekennt – »mit wenigen bezeichnenden Ausnahmen, Gelesenem, Heine namentlich nachempfunden«[3] sind. Diese verdächtige Nähe zu literarischen Vorbildern entdeckte schon Kraus, der »das bunte, verworrene unreife Buch eines Talents«[4] vom Dichter zugesandt bekommen und im »Magazin für Litteratur« 1893 wohlwollend, aber bereits mit jener kritisch-ironischen Schärfe in den Detailanalysen, die später das »Fackel«-Publikum faszinieren sollte, besprochen hatte. »Der jugendliche Verfasser«, so Kraus (der Schaukal im Jahr zuvor an der Wiener Universität kennen gelernt hatte), »scheint sich in diesem seinen Erstlingsband offenbar noch nicht recht klar darüber zu sein, welches ›Fach‹ er erwählen soll«, und er rät ihm, die »Stimmungskarriere« einzuschlagen – ein Rat übrigens, dem Schaukal mit seinen nächsten Gedichtbänden auch zu folgen scheint. Belustigt zeigt sich der Rezensent über das ausgeprägte Selbstbewusstsein, das in den Gedichten anklingt, und legt kurzerhand die Anleihen an die Großen und Kleinen des Lyrikbetriebs, zumal Heine, im Detail bloß:

> Schaukal springt mit Eleganz von Schiller auf Dörmann, verläßt dann das schwüle Gebiet der Rhetorik, wird plötzlich »volkstümlich« und schlägt, wenn er von den Aeugelein so wonnetraut, von den Elfelein, dem Fingerlein mit dem Ringelein daran und dem Füßelein mit dem Schemelein darunter zu singen anfängt, die dilletantischesten [!] Heierleitöne an, bis sich seine Muse mit ihm in die Heineschen Blumenbeete verirrt. Er hätte wohl gut daran getan, unter diese Blumentränenlieder »frei nach Heinrich Heine« zu setzen: dann müßte man sie famose Travestien nennen […].[5]

Auch die offensichtlich heineschem Vorbild entlehnte Technik der (lyrische Erwartungshaltungen desillusionierenden) komischen Pointe, mit der er »oft mutwillig den Eindruck guter Poesien« zerstöre, findet Kraus' Missfallen; heftigste Ablehnung aber ernten jene Stellen, wo die »Häufung der Manieriertheiten nur die Mache, die mühsame Konstruktion des Ganzen«[6] verrate.

Schaukal verübelt seinem Alterskollegen, von dem ihm – wie er in seiner 1933 verfassten Kraus-Studie schreibt – »alles, jede Zeile, lesenswert, das meiste wichtig, vieles gewaltig dünkt«[7], die Kritik nicht. Im Rückblick bestätigt er vielmehr selbst vielfach das Urteil[8] und lässt sein eigentliches poetisches Schaffen zumeist erst mit dem nächsten Band »Verse« (1896) beginnen. Richard Huch, dem er das Büchlein 1905 sozusagen als Kuriosum schickt, bittet er in der Widmung denn auch um Nachsicht für dieses »Lallen des lyrischen Knaben«.[9] Die »in glückhaft unversehrter Unselbständigkeit« fabrizierten Verse erinnern den Autor später nur mehr daran, »wie er, noch kaum des Schreibens kundig, der willfährigen Mutter, oft in anhaltendem Fieber, quälende Phantasien beichtete oder die ihn bedrängenden Reime diktierte.«[10] Seine Mutter, der dieser Erstlingsband gewidmet ist, war es auch, die Schaukal früh mit ihren Lieblingsdichtern Grillparzer, Schiller, Uhland, Chamisso, Lenau, vor allen aber Heine bekannt gemacht hatte, Autoren, die ihm in seiner Kindheit »vertraute Begleiter erhöhten Daseins«[11] waren. Auch in den Jahren seiner »Éducation sentimentale«[12] während der Wiener Studienzeit scheint – auch wenn spätere Rekapitulation die Entfremdung schon in die Mitte der Neunziger setzen möchte – diese tiefe Wertschätzung für den jüdischen Dichter erhalten geblieben zu sein; eine kurze Abkehr in jugendlicher Revolte gegen das Etablierte änderte offensichtlich nicht viel an der positiven Beurteilung der literarischen Persönlichkeit. Beredter Ausdruck dieser Nähe ist sein »Heine-Breviarium«, eine bibliophile Anthologie aus dem lyrischen Werk Heines, die der mittlerweile promovierte Jurist und Staatsbeamte in Mährisch-Weißkirchen (tschech. Hranice) zu dessen hundertjährigem Geburtstag 1897 zusammenstellt und mit einem überschwänglichen Vorwort versieht.[13] Wie sehr ihn bei diesem Unternehmen noch die Wertevermittlung der Mutter leitet, verdeutlicht das vorangestellte Gedicht in ihrem Widmungsexemplar:

> Du hast mich deinen Heine gelehrt,
> Ich hab ihn verloren – ich fand ihn wieder,
> Und Arm in Arm sind zu dir gekehrt
> Meine Liebe und seine Liebeslieder.[14]

Die Hartlebens »Goethe-Brevier« nachempfundene Sammlung, mit der er – wie er 1924 schreibt – »dem einstigen Vorbilde den letzten Gruß gespendet hatte«[15], war aber nicht bloß Liebesbeweis für die Mutter. Schaukal nennt seine Auslese, in der er »seine Liebe und sein Urteil walten ließ«, im Vorwort eine »Dank- und Jubelgabe« für einen Dichter, »den man immer masslos und von allerlei doktrinären Standpunkten aus beurteilt« habe, und erläutert diese Differenzierung. Dank schulde er

›seinem‹ Heine – und mit ihm alle »jungen deutschen Dichter«, für die er sich hier zum Sprecher macht –, da er junge Poeten herausfordere, sich »für die sonderbare, fast wundergleiche Kraft seines Bannes« zu rächen; wer es aber schaffe, über ihn, den »alle zu sehr im Blute« hätten, hinauszukommen, der könne sich ihm wieder »als ein zu sich selbst Gelangter« dankbar nähern. Heines Kunst fungiert für Schaukal gewissermaßen als Ausgangspunkt und Prüfstein der poetischen Entwicklung jüngerer Dichtergenerationen. Eine Jubelgabe aber sei es aus Anlass des Zentenariums, das zu feiern Pflicht sei. Dezidiert stellt Schaukal sich im Folgenden gegen die zeitgenössische Kritik, die Heine ›Charakterlosigkeit‹ und Frankophilie vorwarf und eine öffentliche Ehrung zu unterbinden versuchte. Schaukal akzentuiert gegen diese Vorwürfe das Dichtertum Heines, das ihn solch kleinlicher Forderungen enthebe. Habe er früher über jene gestaunt, die diesen – wie er betont – »deutschen Liedersänger so merkwürdig beschimpften«, sie dann bedauert, so habe er schließlich gelernt, sie zu belächeln:

> Ich lächelte aber, weil mir der Irrtum dieser Unverständigen komisch geworden war. Sie hatten nämlich gar nicht bemerkt auf ihren Parteizinnen und in ihren Standpunktgehegen, dass es ein deutscher Schwärmer, ein Sehnsuchtsträumer und entthronter landloser deutscher Romantiker war, dem ihr Geschrei galt. Dass Heinrich Heine, der griechenfeindliche Jude aus Düsseldorf am Rheine die blassblauen Blumen der thränenzitternden deutschen Frühlingsworte zum duftenden Strauße des deutschen Liebesliedes band, dass einer, der mit seinem ewigen Jünglingsherzen an der Heimat hing, sich in der Fremde verblutete, die ihm immer die Fremde blieb. Und das deutscheste an diesem Romantiker, seinen gequälten Spott, seinen heissen Hohn, seinen schluchzenden Cynismus begriffen sie nicht ...

Deutschtum und Judentum empfand Schaukal zu diesem Zeitpunkt offensichtlich noch nicht als kontradiktorisch. Der Jude Heine blieb in seiner assoziationsträchtigen Argumentation auch in der Fremde noch Deutscher, mehr noch, er verwies gerade in seiner Heimatlosigkeit (die antisemitische Agitation ja als Charakteristikum des Jüdischen wertete) auf das ›utopische‹ Potenzial der deutschen Romantik, auf den sehnsuchtsbehafteten ›Nicht-Ort‹. Schon die kunstvolle Verwendung der deutschen Sprache mache Heine zum deutschen Dichter und gerade sein aggressiver Witz gilt Schaukal zu diesem Zeitpunkt noch als das spezifisch Deutsche an ihm. Das Vorwort schließt mit dem Zugeständnis, dass »dieses mit Liebe aus reichem Schatze geschöpfte Buch eine recht thörichte Unvernunft sein«[16] könne, und Schaukal setzt hinzu, er wolle es nicht bereuen. Er sollte sich täuschen.

Zunächst aber versucht er seine intensive Beschäftigung mit Heine noch weiter zu verwerten. Beinah zeitgleich mit dem Erscheinen seines Breviers veröffentlicht Schaukal in der »Wiener Rundschau« einen Beitrag »Zu Heinrich Heine's hundertjährigem Geburtstage«, der ähnliche Betrachtungen bringt, nun aber noch stärker poetisch verbrämt und deutlicher auf das eigene Dichterdasein gemünzt. Wie so oft in seiner literaturkritischen Tätigkeit entwickelt Schaukal dabei die Bewertung aus dem impliziten Vergleich mit dem eigenen Dichtersein, dessen Bedeutung er in selbstgefälligen Wendungen bei der gebildeten Leserschaft als hinlänglich bekannt voraussetzt.[17] Weil er selbst zu den Begnadeten gehört, vermag er auch – so die Botschaft an den Leser – das Eigentliche an der Dichterpersönlichkeit Heine zu sehen und gutzuheißen. Ausgangspunkt ist das bereits in der Widmung an die Mutter angesprochene Zurückfinden zu »einem unmässig gescholtenen Liebling«, dessen Rehabilitation ihm, »der sich schuldig fühlt«, angesichts der ungerechtfertigten Lästerungen »von schlimmen Voraussetzungen aus« ein Anliegen sei:

> Er war ein begabter, getretener, ewig hoffender Mensch, der begnadet war, zu singen. Das ist Alles. Es ist fast unbegreiflich, wie man ihn verkennen konnte. Wie man an ihn mit beschwörenden und entrüsteten Forderungen trat. Wie man die Hände entsetzt und empört rang über einen allzu offenen Jüngling. Man hätte ihn als deutschen Patrioten begehrt, ihn, der im Rheinlande unter den gewinnenden Franzosen ein Knabe war. Man hätte ihn als Christen gewünscht, ihn, das Kind der Revolution, den überlegenden, getäuschten, misstrauischen Juden. Es ist seltsam, was die Menschen immer von Einem wollen, der nicht unhörbar über ihre öden Marktplätze geht.[18]

Mit betonter Ablehnung rekapituliert hier Schaukal die vielfachen Vorwürfe (die schon zu Heines Lebzeiten erhoben wurden und deren Amalgam aus moralisch-politisch-rassistischen Anschuldigungen wohl am stringentesten Heine selbst in seinem fingierten Pamphlet »Obgleich es in unserer Handelsrepublik« (DHA XV, 108–111) zusammenfasste), um dagegen das ›poeta vates‹-Konzept des alltagsenthobenen Dichters zu stellen, der als Auserwählter sich selbst lebt und dadurch über Erkenntnismöglichkeiten verfügt, die ihn von der nicht eingeweihten Masse und ihren Forderungen befreit – eine Stilisierung, die später zu einem Charakteristikum u. a. der Autoren der ›Konservativen Revolution‹ werden sollte. Hier aber diente sie, den »bitter-witzigen Juden« von Anschuldigungen reinzuwaschen durch ein entpolitisierendes Dichterideal, das – erwünschter Nebeneffekt – wie selbstverständlich auch den Verfasser des Beitrags einschloss und ihn als Gleichgesinnten, Ebenbürtigen inszenierte:

> Und wenn wir Dichter dieser Uebergangszeiten uns stolz und verächtlich in die königlichen Falten unserer geliebten Rhythmen hüllen, wenn wir uns mit abweisenden Handflächen von der Menge wenden, die so undankbar ist und unliebenswürdig, ist es nicht eine stumme und erhabene Rache an den unwilligen Ohren, in denen allzu tosend das Lärmen des Alltäglichen braust, an den unehrerbietigen und schmutzigen Händen, die unsere edlen und glaubenerfüllten Bestrebungen mit dem Staube ihrer Heerdenstrassen besudeln?

Wie schon im Vorwort seiner Anthologie konzentriert sich Schaukals apologetische Strategie auf die Entkräftung der beiden Anschuldigungen, Heine hätte das

Deutschtum verraten und keinen ›Charakter‹ gezeigt, indem er zum einen das Leiden Heines in und an der Fremde betont, das ihn mit »ätzendem Hohne der Ausgeschlossenen« die Vorgänge in seiner Heimat kommentieren ließ, zum anderen die strikte Trennung moralischer und ästhetischer Wertung einfordert: »Messt einen Dichter an seinem Schaffen und nicht an seinem ›Charakter‹!«[19]

In den folgenden fünf Jahren zeigt sich keine Spur von Heine in den zahlreichen Publikationen Schaukals, der sich auch in seiner Lyrik unter dem Einfluss vor allem des französischen Symbolismus zunehmend von seinen romantischen Leitbildern löst. Emsig knüpft er zu dieser Zeit weiter seine Kontakte zu den Arrivierten und Kommenden des Literaturbetriebs, darunter etwa Thomas Mann.[20] In einer 1903 von Mann erbetenen Rezension seines Novellenbandes »Tristan« (die eigentlich nur die Schlüsselnovelle »Tonio Kröger« bespricht) findet sich denn auch der nächste Hinweis auf Heine. Schaukal, der auch in dieser – wie Mann etwas irritiert schreibt – »Tonio Kröger-Paraphrase«[21] wieder die Pose des Wissenden, da selbst Betroffenen, einnimmt, vergleicht den Autor Mann mit Heine (und zwei seiner Lieblingsautoren, Hoffmann und Verlaine) in der selbstzerstörerischen Radikalität, mit der er im »Tonio Kröger« sein Künstlercredo formuliere.[22] Allerdings bleiben die als Dialog mit Leser, Autor und Hauptfigur gestalteten Betrachtungen zur Künstlerproblematik in ihren ironischen Brechungen und pathetischen Überhöhungen zu enigmatisch, als dass sich dabei eine klare Positionierung Schaukals erkennen ließe. Folgt man der Leseweise Franz Zeders, so zeigen sich hier in der Ironisierung des Künstler-Bürger-Dilemmas bereits die poetologischen Differenzen der beiden jungen Schriftsteller, die sich im Konsens der lebensrelevanten Bedeutung von Literatur zu einer Zweckgemeinschaft bis zum endgültigen Bruch 1905 gefunden hatten.[23] Denn beschäftigte Mann in diesem Novellenband vor allem das Problem der Homogenisierung von Ästhetik und Bürgertum, widmete sich Schaukal weiterhin der Profilierung der Antinomie zwischen ›Dichter‹ und ›Literaten‹, zu der sich ursprünglich beide bekannt hatten. Dieser Kampf gegen die (von Kraus auch an Schaukals ersten Gedichten inkriminierte) ›Mache‹, das ›Künstlich-Literarische‹, das er im Laufe der Jahre immer mehr mit dem Jüdischen identifiziert[24], sollte fortan sein Lebenswerk begleiten.

Die ›Umkehr‹

Mit den »Ausgewählten Gedichten« (1904) endet nach Schaukals eigener Aussage die erste, ›literarische‹ Periode seines Schaffens, die »literarischer Kunst, Lyrik nicht so sehr des Lebens wie der Lebenserhöhung und -überwindung durch die erlesene Form«[25] verpflichtet war; nach einer schweren Masernerkrankung und unter dem

Eindruck der Werke Schopenhauers, Paters, Platons und Kants sei es für den inzwischen in das Wiener Ministerialratspräsidium Berufenen zu einer poetologischen Wende, einer »Umkehr« gekommen: »Das ›Literarische‹ fiel wie eine Schlangenhaut von mir ab: ich war ich geblieben, aber ein neuer Mensch geworden«.[26] Dieses ›Literarische‹ versteht Schaukal dabei als das Uneigentliche und verschriftlichte Unerlebte; der ›Literat‹ ist ihm ein »Künstlicher, kein Künstler«[27], der inhaltliche Belanglosigkeit durch manieristische Ornamentik und sinnentleerte Phrasen zu überdecken sucht. Wie Kraus sieht er im Missbrauch von Sprache und Stil ebenso wie in den epigonalen Erfahrungssurrogaten einer unauthentischen Literaturproduktion den Ausdruck eines allumfassenden Kulturverfalls, dem sich die ›Berufenen‹, die wahren Dichter zu widersetzen hätten.[28] Dass sich Schaukals Polemik nicht zuletzt auch gegen sein eigenes Werk vor der ›Umkehr‹ richtet und zum Teil eine Abrechnung mit dem eigenen ›Literatentum‹ darstellt, darf freilich nicht übersehen werden. Die sprachliche wie inhaltliche Pose sollte nun einer neuen Form der Authentizität weichen, der Übereinstimmung von Künstlertum und Lebenspraxis, wie sie Schaukal an zwei Beispielen demonstriert: am »Kapellmeister Kreisler« (1906), der sein privates Glück einem rigorosen Kunstanspruch hintanstellt, und vor allem am Dandy in Schaukals damals wie heute wohl bekanntestem Werk »Leben und Meinungen des Herrn Andreas von Balthesser« (1907). Mit diesen Arbeiten und dem Erinnerungsband »Großmutter« (1906), den er noch Jahrzehnte später als Schlüsselwerk seiner neuen kulturkonservativen Positionierung definiert, sah er seinen Wandel zum Kämpfer gegen den »schamlosen Intellekt« »für die gesamte Wahrheit, die Wahrheit der Natur, der die Wahrhaftigkeit der Kunst entspricht«[29], vollzogen. Basis dieses neu definierten künstlerisch-ästhetischen Selbstverständnisses war die Verortung in einem scheinbar homogenen kulturellen Traditionskonnex, dessen Bestimmung immer auch die identitätskonstruktive Identifizierung des Nicht-Zugehörigen bedingt.

Ins Zentrum der Kritik des eifrigen »Fackel«-Lesers rückt in diesen Jahren konsequenterweise der (jüdische) Journalismus, der in seiner Eigenschaft als Transporteur und Propagator der fortschrittsoptimistischen Ideen des liberalen Bürgertums dem Konservativismus Schaukals zum Feindbild werden musste. Zumal im als ›unauthentisches‹, jüdisches ›genre mineur‹ stigmatisierten Feuilleton, das seit Ende des 19. Jahrhunderts zum Fokus antimodernistischer und – komplementär damit verschränkt – antisemitischer und nationalistischer Diskurse geriet[30], sah Schaukal (durchaus im Einklang mit Kraus, aber auch dezidiert antisemitischen Theoretikern wie Bartels) die Implikationen der negativ beurteilten Modernisierungsprozesse manifestiert. Als »Bannerträger jener journalistischen Frechheit, die alle Höhen und Tiefen des Menschenlebens mit einigen flüchtigen Einfällen«[31] abtue, hatte schon lange zuvor der einflussreiche Historiker Heinrich von Treitschke Heine gebrandmarkt.

Dass dieser inzwischen auch bei Schaukal vieles an Achtung eingebüßt hat, zeigt sich schon daran, dass er nicht mehr zu jenen zählt, die er bei der Besprechung von Dichterkollegen wie etwa Stefan George als Vergleichsmaßstab heranzieht, im Gegensatz etwa zu Heines Gegner Platen, der zu einem der neuen Lieblinge Schaukals avanciert.[32] Konkret wird die veränderte Wertung erstmals in Schaukals literaturgeschichtlicher Abhandlung »Wilhelm Busch« (1904), die die Würdigung des Zeichners und Dichters als ›größten deutschen Humoristen‹ mit einer herben Feuilletonismusschelte verbindet. Ausgangspunkt dabei ist die wertende Gegenüberstellung von Esprit, Geist, der dem Deutschen – wenige Autoren wie Lichtenberg und Nietzsche ausgenommen – fehle, und der Fähigkeit zum positiv konnotierten, da genuin ›deutschen‹ Humor, der verloren zu gehen drohe:

> Aber die ›Literatur‹ hat ihn uns ausgetrieben, und der durchaus undeutsche Feuilletonismus hat den Verbannten fast verhungern lassen. Heine ist der erste, der im großen den Feuilletonismus – auch seine geniale Lyrik (bis auf die letzten tiefen und echten Gedichte) ist eigentlich Feuilletonlyrik – in die fette, schwere deutsche Erde verpflanzt hat. Und der fremde Samen schoß auf und überwucherte die ganze weite Fläche. [...] Diese ganze Glitzer-›Kultur‹ des Feuilletonismus und seiner Bastarde, verblasener Lyrismus, impotentes Artistentum, affektierte Dekadence, Geistreichelei, arroganter Tiefsinn, Leihanstalt-Symbolik usw., müsste erst ausgerottet werden, umgegraben der reiche Boden – so reich, daß er doch nicht umzubringen war –, auf daß sich wieder hervorwage, was bisher bescheiden abseits blühte mit leisem Dufte.[33]

Wenig originell reproduziert hier Schaukal Stereotype der Feuilletonkritik, wie sie in verschiedener ideologischer Motivation seit Jahrzehnten formuliert wurden: die Alterität der Gattung als dem Deutschen nicht eigentümliche literarische Form, die in ihrer überragenden Fruchtbarkeit das Authentische verdränge, die talmine Artifizialität, die Kontaminierung von Information und Literatur, der Missbrauch von Sprache als Indikator des kulturellen Niedergangs. Dass hier der ästhetische Diskurs gefährlich mit antisemitischen Irrationalismen aufgeladen ist, kann bei der großflächigen Übereinstimmung der (auf einer negativen Folie beliebig austauschbaren) Argumentationsmuster gegen Judentum und Feuilleton als dessen angeblich eigentümlichsten literarischen Ausdruck ebenso wenig verwundern wie die biologistische Metaphorik, die sich in der Diktion der nationalsozialistischen Propaganda wiederfindet. Noch aber liegt der Akzent der Missachtung, was immer auch Schaukal unter ›Feuilletonismuslyrik‹ verstehen mag, nicht auf Heines Schaffen selbst, sondern auf den Werken seiner Nachfolger und Nachahmer. Immerhin sei auch Busch selbst in manchen ›Bagatellen‹ nicht vor diesem übermächtigen Einfluss gefeit, wie Schaukal etwas irritiert konstatiert.[34]

Schaukals letzter Schaffensüberblick »Mein Werk« (1933) kennzeichnet diese schmale Studie als ersten Schritt zu seinem neuen literarischen Selbstverständnis, das sich vom ›Wortprunk‹ verabschiedet und vom ›Literatenstil‹ eines Heine. Sein neuer persönlicher Kanon der ›Großen‹ deutscher Dichtkunst, wie er ihn in einer Abhandlung zur Lyrik seines zeitgenössischen Lieblingsdichters Richard Dehmel 1907 gibt, nennt nun »Goethe, Hölderlin, Eichendorff, Novalis, Mörike, Keller«.[35] Dehmel selbst, um die Jahrhundertwende mit Liliencron wohl der bekannteste und wirkungsmächtigste deutsche Lyriker, war unter den wenigen literarischen Zeitgenossen, deren Werk sich in Schaukals Verständnis diesen Vorbildern als ebenbürtig erweist.[36] ›Problematisch‹ war Dehmels Lyrik allerdings nach seiner Einschätzung dort, wo sie – damit von Schaukals Ideal der ›absoluten‹, den Stoff überwindenden dichterischen Gestaltung abweichend – Tendenz verrät und auf aktuelle Fragestellungen und Probleme reagiert.[37] Am Beispiel des »von Hohn und Verachtung blutende[n] Phantasiestück[s]« »Ein Heinedenkmal«[38] expliziert Schaukal diese These der charakteristischen künstlerischen Ambivalenz des ›problematischen‹ Dehmel, der nicht zufällig »zwiespältigen Künstlernaturen wie Max Klinger und Heinrich Heine seine Huldigung darbringt«.[39]

Tatsächlich konnte das Thema dieses bereits 1895 entstandenen Gedichts Dehmels, das als ›Standrede eines träumenden Herrschers‹ – so der Untertitel – in konzentrierter Symbolhaftigkeit die Pläne zur Errichtung eines Heinedenkmals als beinah mythisches Ereignis gestaltet, durchaus Aktualität beanspruchen. Seit Paul Heyses Aufruf zur Errichtung eines Heine-Denkmals in Düsseldorf 1887, der umgehend von der Heineverehrerin Kaiserin Elisabeth ideell wie materiell unterstützt worden war, war die Frage der Denkmalwürdigkeit des jüdischen Dichters Anlass heftiger ideologischer Positionierungskämpfe, die die Kluft zwischen dem Modell einer liberalen Gesellschaftsordnung und den kulturkonservativen Gegenkonzepten offen zu Tage treten ließen.[40] Nach dem Scheitern des Düsseldorfer Denkmal-Projekts (der Loreley-Brunnen des Bildhauers Ernst Herter wurde schließlich 1899 in New York aufgestellt) flammte der Streit im Februar 1906 mit dem Aufruf für ein Heine-Monument in der »Frankfurter Zeitung« wieder auf, den neben Klinger, Hauptmann, Hofmannsthal, Kerr und anderen auch Richard Dehmel unterzeichnet hatte.[41] Es ist also kein Zufall, wenn Schaukal in seiner Dehmel-Studie die Gelegenheit wahrnimmt, über die poetologisch motivierte Kritik implizit auch seine Bedenken an der Rechtmäßigkeit von Dehmels Engagement zu lancieren, indem er pro-heinesche Wertungen des Gedichts in Frage stellt:

> Auch Heine (der übrigens trotz Dehmel »unsre Muttersprache« sicherlich zwar »mächtiger sprach als alle deutschen Müllers oder Schulzens«, von Unbefangenen aber denn doch nicht – seine spezifischen künstlerischen Qualitäten in Ehren – als Muster »mächtiger« Sprache aufgestellt werden dürfte. O Friedrich Hölderlin, o Heinrich Kleist, o Meister Gottfried!), auch Heinrich Heine war ein mit vielen Facetten schimmerndes, kaum je zur künstlerischen Rundheit erlöstes Genie; der wissende Augur, der immer intellektwache, mißtrauische Virtuose ätzenden Hohns [...], der stets mit der spöttelnden Vernünftigkeit kokettierende Meister der

unlyrischen »Pointe«, fand selten einen vollen tiefen Seelenklang auf seiner mit unehrerbietigen Ironikerfingern so virtuos gehandhabten sentimentalen Laute, und erst der majestätische Schatten des Unentrinnbaren verklärt ihm die unruhigen Züge seines Schmerzes zum Adel des Leidens.⁴²

Nach wie vor gesteht Schaukal Heine Genialität und Virtuosität zu, doch trennten ihn vom ›wahren‹ Künstlertum die Indezenz seiner Ironie, die manipulative Sentimentalität und – hier klingt bereits der antisemitische Topos eines typisch jüdischen Sprachgebrauchs an – die Fremdheit in der eigenen Sprache. So ist auch die Missbilligung nicht zu übersehen, wenn Schaukal den Wunsch des ›träumenden Herrschers‹, das Heine-Denkmal »dem deutschen Volk zu Weihnachten bescheren«⁴³ zu können, bewusst als Absichtserklärung des Autors missversteht und Dehmels ›problematisches‹ Verhältnis zum Volksbegriff mit einer Strophe aus seinem Gedicht »An Mein Volk« belegt.⁴⁴ Dass Schaukal selbst einst Heine näher war als Dehmel, scheint nun vergessen.⁴⁵

Bereits 1906 hatten die Bemühungen um ein Heinedenkmal ihren ironischen Niederschlag in Schaukals literarischer Skizze »Heinrich Heine im Olymp« gefunden. Dieses kurze ›Gespräch‹ im Dichterhimmel, in dem lediglich Heine zu Wort kommt, war in einem Sonderheft der Münchner Zeitschrift »Jugend« zum fünfzigsten Todestag Heines erschienen. Schon seit 1901 hatte Schaukal erfolglos versucht, in dieser satirischen Wochenschrift zu veröffentlichen (und dabei auch Thomas Manns Kontakte in Anspruch genommen⁴⁶), doch erst Ende 1905 erschienen erstmals Gedichte von ihm. Als Beiträger für das durchaus affirmativ angelegte Heineheft (zu dem u. a. auch der renommierte Heineforscher Ernst Elster einen Aufsatz beisteuerte) schien der Anthologie-Herausgeber Schaukal der »Jugend«-Redaktion durchaus geeignet, sollten doch die literarischen und graphischen Arbeiten das Nachwirken Heines in der Gesellschaft und die Aktualität seiner kritischen Sicht reflektieren. Von Schaukals innerer Abkehr von Heine wusste man noch nichts. Tatsächlich hält sich Schaukal an die Redaktionsvorgabe der kritischen Zeitdiagnose, indem er in den neugierigen Fragen seines ›Olympiers‹ Heines an einen deutschen Neuankömmling ein Panorama der Modeströmungen des deutschen Kulturbetriebs entfaltet. Zugleich aber mit dem Spott über die Zeitzustände verbindet er geschickt eine unterschwellige Verunglimpfung des Fragenden, dessen Schwächen gemäß dem gängigen Anschuldigungskatalog des nationalkonservativen Lagers sich in der Kommentierung dekuvrieren. Diese Ambivalenz von Funktionalisierung der satirischen Kompetenz Heines bei gleichzeitiger immanenter Ablehnung und Diffamierung mag wohl schon manchem zeitgenössischen Leser entgangen sein; so kann es nicht verwundern, dass auch in der heutigen Forschung dieses Textchen als reine Affirmation missverstanden werden konnte.⁴⁷

Schon die Eingangssätze weisen auf die kulturpolitische Streitlage hin und stellen den um seinen Nachruhm besorgten Dichter in ein schiefes Licht, wenn er sich selbst – scheinbar uninteressiert – für ein Denkmal ins Spiel bringt:

> Heine: Sie sind ein Deutscher. Das sieht man auf den ersten Blick. In diesem schönen Lande sind gewisse Dinge Gemeingut, man möchte sagen Nationalgut. Der Mangel an äußerer ästhetischer Bildung z. B. Doch das soll uns weiter nicht beirren, nicht wahr? Das wird noch einige hundert Jahre währen. Vorläufig setzen sie dort fleißig Denkmäler, wie ich fast täglich vernehme. Das ist brav. Sie haben ja darin noch manches nachzuholen ... Ich meine beileibe nicht etwa mich. Das machen Sie untereinander aus.

Tatsächlich hatte die Denkmalbewegung, die vielzitierte ›Denkmalseuche‹ (Richard Muther), als ästhetischer Ausdruck der offiziellen Kunst- und Kulturpolitik der Wilhelminischen Ära zu dieser Zeit ihren Höhepunkt erreicht; aus der Sicht nichtnationaler Kreise freilich konnte die Wahl der Denkmalwürdigen durchaus einen gewissen Mangel an ›ästhetischer Bildung‹ verraten. Der rasche Themenwechsel, der nun folgt, lässt erahnen, was in der Sichtweise Heines diesen Missstand indiziert: das Sagen hätten ja nun in literarischen Kreisen die ›Heimatkünstler‹:

> Ein Heimathkünstler ist wohl schon in der Wiege irgendwie gekennzeichnet. Er hat dann nur der inneren Stimme zu folgen. Ein Buch kommt bei Ihnen ja doch endlich heraus. Ein dickes Buch natürlich. Dicke Bücher sind so vertrauenseinflößend. Man hat das Gefühl der Seßhaftigkeit des Autors. Wenn ich nur ein einziges dickes Buch zusammengebracht hätte! Ich glaube, ich wäre gesünder geblieben ...[48]

Dass ihm »die künstlerische Composition großen Stiles« nicht gelingen konnte, da es ihm an der »massiven Kraft der Arier«[49] ermangele, hatte schon Treitschke von Heine behauptet. Heimatkunst, ein v. a. von Adolf Bartels geprägter Begriff, der über die Vorstellung eines genuinen Zusammenhangs von Abstammung und künstlerischem Ausdruck deutlich antisemitisch eine ›rein deutsche‹ Literatur propagiert, fungiert hier – bei aller ironischen Brechung – als vitalistisch-autochthones Gegenkonzept zu einer Literatur, der mit Heimatlosigkeit, Krankheit und mangelnder Größe typische Attribute des antisemitischen Diskurses für jüdisches Schrifttum zugeordnet werden. Bartels sollte sich wenige Monate nach Erscheinen dieses Beitrags Schaukals mit seinem antisemitischen Pamphlet »Heinrich Heine. Auch ein Denkmal« als vehementester Gegner der Denkmalvorhaben etablieren und durch die scheinbare Bloßlegung eines einflussreichen Netzwerks im Kulturbereich den im Literaturbetrieb zu kurz Gekommenen Argumentationsmaterial und Feindbild liefern.[50]

Auch die folgenden Anspielungen auf diesen Literaturbetrieb tragen den ambigen Charakter, dass die Kritik an aktuellen Zuständen wieder auch als Kritik an Heine gelesen werden kann:

Ueberhaupt haben Sie jetzt so wundervoll viele ›Dichterschulen‹. Zu meiner Zeit, gab es, wenn ich mich recht erinnere, nur die schwäbische. Aber Sie sind heute ja mit Schulen über und über bedeckt. Es ist ein wahrer Ausschlag. Haben Sie denn auch entsprechend viele Lehrer? Halt. Natürlich haben Sie die! Bei Ihnen wird ja heute enorm viel ›entwickelt‹ und ›erzogen‹? Ich gestehe Ihnen, ich warte mit Lüsternheit auf den – Schuldiener, der endlich den ja doch unausbleiblichen ›Heinrich Heine als Erzieher‹ schreibt.

Die Frage nach den gängigen ›Dichterschulen‹ spricht ein Phänomen an, gegen das sich Schaukal, der sich selbst gern den Nimbus des ›Einzigen‹, Unabhängigen in splendid isolation gab, vielfach in seinen Publikationen wendet.[51] Zugleich aber klingt der ungeheure Einfluss Heines auf die epigonalen lyrischen Produktionen der nachfolgenden Jahrzehnte an, ein Einfluss, dem sich ja auch Schaukal in seinen ersten dichterischen Versuchen nicht entziehen konnte. Vorbild in lyrischer Produktion zu sein, bedeutet allerdings noch nicht, auch ›als Erzieher‹ zu gelten, wie das Heine mit – der antisemitische Konnex ›jüdisch – sexualistisch‹ wird hier perfide eingesetzt – ›Lüsternheit‹ erwartet. Tatsächlich waren Untersuchungen zur didaktischen Kraft diverser Zelebritäten der deutschen Kultur eine Modeerscheinung der Zeit.[52] Abschließend kommt die Rede auf die schon ›überwundene‹ ›Fin des siècle‹-Kunst. Besonders für den Symbolismus interessiert sich Heine – Schaukal nennt 1933 seinen Gedichtband »Meine Gärten« (1897) recht unbescheiden das »zu Bewunderung und Ablehnung zugleich herausfordernde Hauptwerk des deutschen Symbolismus«[53] –, um dann selbst boshaft zu konstatieren, dass sich sein fiktiver Gesprächspartner doch wohl eher für die ›Lieblinge des Volkes‹ erwärmen würde, neben den epigonal-gefälligen Produkten Julius Wolffs und Rudolf Baumbachs eben auch für sein, Heines »Buch der Lieder«.

Konnte dieser kurze, anspielungsreiche Text noch als Heine-Hommage missverstanden werden, so nützt Schaukal, von Seiten des literarischen Vereins »Phoebus« gegen Ende des Jahres 1907 um einen Beitrag gebeten, die Gelegenheit, seine Abkehr von Heine deutlich zu machen und damit auch seinen Gegensatz zu den Bemühungen um eine Heine-Würdigung zu dokumentieren. Der Münchner Verein veranstaltete am 19. Januar 1908 im Hotel Vier Jahreszeiten einen stark besuchten Festabend zugunsten der Errichtung des Heinrich-Heine-Denkmals in Hamburg, bei dem die erbetenen Wortspenden als Festgabe im Privatdruck ausgegeben wurden. Der Abend, der als aufwändige Selbstinszenierung des Münchner Großbürgertums sich an die geistige und kulturelle Elite des kulturellen Gegenpols zu Berlin richtete, stellte »den Höhe- und zugleich den Endpunkt in der Entwicklung bürgerlicher Heine-Feiern«[54] dar und beanspruchte als Solidaritätskundgebung für das (offiziell seit 1906 genehmigte) Hamburger Monument auch gesellschaftspolitische Relevanz. Dementsprechend misstrauisch verfolgte denn auch die deutschnationale Presse diese Unterstützung der Denkmalbemühungen, die nun dezidiert als – so die Ankündigung des Komitees, dem u. a. Lion Feuchtwanger (Präsidium), Max Halbe, Thomas Mann, Alexander Roda Roda und Ludwig Ganghofer angehörten – »Kraftprobe für des Dichters Volkstümlichkeit«[55] verstanden werden.

Schaukal freilich wollte nicht mehr zum Heine-Lager (in dem man ihn wohl noch immer wegen seines Breviers sah) gezählt werden. Wie wichtig ihm diese Klarstellung war, zeigt auch, dass er seinen Aufsatz »Ueber Heinrich Heine« wenig später »erweitert und verbessert« ein weiteres Mal publizierte, da die Festschrift seine »Aeußerung in einer durch Druckfehler so entstellten Gestalt«[56] wiedergegeben hätte; tatsächlich ging es ihm wohl auch um eine Profilierung seiner Abneigung gegen den ›Heineismus‹ und eine Abschwächung des Zugeständnisses eigener ehemaliger Abhängigkeit. Schon in den Eingangssätzen betont er hier wie dort, dass seine Meinung über Heine bzw. sein Gefühl für ihm »im Lauf der Zeit eine nicht unbedeutende Wandlung erfahren« habe. Zwar habe viele Jahre eine von der Mutter vermittelte »unbedingte Verehrung des Dichters vorgehalten, der in seiner perlenden Mischung von Sentimentalität, Romantik und Spott so unwiderstehlich auf die namentlich für jede Art von Revolutionären leicht zu enthusiasmierende Jugend wirkt«; doch denke er heute nicht viel anders als sein ehemaliger Deutschlehrer, der seinen – Schaukals – respektlosen Vergleich der »Reisebilder« Heines mit Goethes »Italienischer Reise« mit einer »abfällige[n], ja entrüstete[n] Bemerkung« quittiert hatte. In der erweiterten späteren Fassung fokussiert Schaukal seine Kritik durch einen eingeschobenen Satz nun auf das epigonale »schreckliche Geschlecht seichter, schleimiger Schwätzer, das auf den schon bis zur Unkenntlichkeit ausgetretenen Pfaden dieser lässigen Prosa wimmelt«, um dann wieder mit der Vorlage die emotionale Distanz zu Heine zu betonen, einem, wie er immerhin festhält, »der genialsten Autoren, nicht blos [sic] seiner Zeit«. Auffällig dabei ist, wie Schaukal sich bemüht, diese Abwendung nicht als von den ideologisierenden »ätzenden Glossen über den uns täglich eingeschärften ›Ahnherrn des Feuilletonismus‹«[57] beeinflusst aussehen zu lassen, sondern als rein ästhetische, unpolitische Wertung zu präsentieren, die sich aus dem Leseerlebnis konsequent ergeben hätte. Sein Brevier stehe noch – so die Version in »Ueber Heinrich Heine« – an der »Schwelle der durch allmählichen Uebergang längst vorbereiteten Wandlung«[58], die durch die Kenntnis der ›wahren‹ deutschen Kunst unumgänglich war:

> Seither hatte ich so tief aus deutscher klassischer Kunst (Goethe, Eichendorff, Mörike, Gotthelf, Keller, Hoffmann, Kleist) geschöpft, daß mir Heines kaltblitzender Witz, gegen deutschen Ernst und deutschen Humor gehalten, immer schaler, seine auf zwei überstrafften Saiten brillierende Lyrik neben der unerschöpflichen Seele der Mörike-Eichendorffschen immer blasser und blasser vorkamen. Schon die eindringende Kenntnis seines stolzen Widersachers, des viel zu wenig berühmten Grafen August von Platen […] hatte mich Heine, ohne daß ichs anfangs recht bemerkt hätte, innerlich entfremdet. Und seit E.T.A. Hoffmanns Gestirn immer

strahlender an meinem künstlerischen Horizont emporgestiegen war, hatte mir der Verkenner jener in Hoffmann (»Goldener Topf«, »Kreisleriana«!) so selig befreit schwebenden deutschen Gott-, Seelen- und Kunstgläubigkeit, die ganz unvergleichlich prächtiger, sinnlicher als Heines laues Poetentum mit herzgeborener Ironie sich paart, nicht mehr viel ans Herz zu reden.[59]

Dass hier bei aller suggerierten Konzentration auf rein ästhetisch-literarische Kriterien im implizierten Gegensatz dennoch judenfeindliche Stereotype die Bewertung bestimmen, ist freilich nicht zu übersehen. Der ›kaltblitzende‹ – jüdische – Witz wird gegen ›deutschen‹ Ernst und Humor gesetzt, die ›überspannte‹ Künstlichkeit gegen die ›seelenvolle‹ Innerlichkeit, die ›intellektuelle‹ gegen eine ›herzgeborene‹ Ironie; zudem wird Heines Unverständnis für genuin deutsche Wesenszüge herausgestrichen und an seine untergriffige Platen-Polemik erinnert. Wenn im Anschluss Heines Antipoden »Hölderlin, Novalis, Eichendorff, Mörike, Hebbel« als »die Blutsverwandten unsrer großen Philosophen« tituliert und damit die differentia specifica explizit benannt wird, kann es nicht mehr verwundern, dass Schaukal Heine innerhalb der »Nationallyrik, wo er offiziell noch immer in unmittelbarer Nähe des Olympiers von Weimar thront, nicht anders denn als einen interessanten Outsider der Entwicklung zählen«[60] kann. Abweichend vom ursprünglichen Beitrag fügt er bissig dazu: »trotz der Fruchtbarkeit an Epigonen« und erklärt im Sinne seines Singularitätskults: »Die großen Einzigen haben kein Geschlecht.«

Es war wohl eine Konzession an die Intention der Festschrift[61], nichtsdestoweniger in gewisser Weise eine contradictio in re, wenn Schaukal abschließend meint, es liege ihm fern, »damit ein absprechendes Urteil über den sprudelnd-regen, den reichen graziösen Geist des in der Geschichte unsrer Literatur für immer sässig gewordenen Dichters fällen zu wollen« – immerhin repräsentiere er, dessen Gedichte mit vielen der schönsten und volkstümlichsten Weisen unsterblich verbunden blieben, »ein Stück politischer und intellektueller Bildung«, eine »Kuluretappe der Deutschen«[62]. Im Schlusssatz der späteren Fassung kürzt Schaukal allerdings stillschweigend das ursprüngliche Eingeständnis, dass ihn Heine »durchaus beeinflußt, ja beherrscht hat« zu einem etwas unverbindlicheren »durchaus beeinflußt« und fügt relativierend hinzu: »wie tausend andere auch«.[63]

Die ideologisierte Heine-Kritik

Direkte Konsequenz der als Selbstfindung verstandenen ›Umkehr‹ Schaukals ist ein schmerzlich erfahrener Verlust an Beachtung des Dichters in der literarischen Öffentlichkeit. Selbstbewusst bis zur Selbstgefälligkeit funktionalisiert er diese zunehmende Erfolglosigkeit zum bewussten Moment seiner Kunst, die sich nicht an die Menge, sondern an die wenigen wendet, die imstande sind, ihre Bedeutung zu fassen, unterlässt es aber nicht, beharrlich über die Ungerechtigkeit seiner Verkennung zu lamentieren. Hatte Schaukal zunächst die für sein ästhetisches Konzept so zentrale Trennung zwischen dem ›wahren Künstler‹ und dem ›Literaten‹ noch nicht nach rassischen Kriterien vorgenommen, so gewinnt sein Kult um die ›Reinhaltung‹ der deutschen Sprache und Literatur nun umso antisemitischere Züge, je mehr er die Würdigung seines Schaffens von der Dominanz jüdischer Intellektueller in Presse und Literatur behindert glaubt.[64] So konkretisiert Schaukal in den folgenden Jahren zunehmend seine Angriffsrichtung gegen den

> Inbegriff des Gegensatzes [s]einer Weltanschauung, [s]eines Bekenntnisses zum Christentum und dem Katholizismus insbesondere, zu geordnetem Staatswesen und geschichteter Gesellschaft, zu Wahrhaftigkeit und Dienstehre, Pflichttreue, Heimatliebe und Familiensinn, den rationalen, doktrinären und mechanisch-materialistischen Geist der Zeit und seinen fähigsten Ausdruck und Vertreter, das internationale Judentum[…].[65]

Erfolgreiche Schriftsteller jüdischer Abstammung, darunter auch ehemalige Briefpartner und Weggefährten wie Schnitzler, Blei oder Salus, werden nun als prototypische Vertreter des verhassten ›Intellektualismus‹ in immer schärferen Tönen abgefertigt. Ausgenommen von seinen Tiraden gegen die ›jüdische Literatur‹ bleiben lediglich Peter Altenberg und Karl Kraus.[66]

1910, nach einer Reihe stets sich verschärfender Angriffe gegen Heine in der »Fackel«, erscheint Kraus' berühmte Schrift »Heine und die Folgen«, deren ›Eindringlichkeit‹ Schaukal in seiner Kraus-Studie würdigt.[67] Inhaltlich übernimmt Schaukal die radikalen Positionen der krausschen Polemik; Heine wird ihm nun zum Prototyp des ›Literaturjuden‹. Hatte früher v. a. der ›lässigen Prosa‹ Heines als Initiation feuilletonistischen Schreibens die Kritik gegolten, so finden nun auch seine lyrischen Arbeiten immer mehr Häme. »Das,« – so konstatiert er etwa in einer Besprechung der Insel-Ausgabe Elsters von Heines Werk (1926) – »was der unwahrhaftige und eitle Verfertiger jenes unsäglichen ›Buches der Lieder‹ zur Verderbnis des in Deutschland überhaupt nicht eben üppig sprießenden Geschmacks beigetragen hat, das dürfte er mit nichten gut gemacht haben durch die Zoten, Lästerungen, Flüche und Schmähungen, die er von seinem Marterlager in die Welt sandte.«[68] Immerhin gesteht er aber in einer weiteren Besprechung für die »Wiener Zeitung« einigen der späten Gedichte noch zu, dass sie auch den »Kunstgenießende[n], der dieser unmittelbaren Äußerung eines trotz der überkommenen dichterischen Form unkünstlerischen, ja im Grunde undichterischen Temperaments keinerlei Vorliebe oder weltanschauliche Zustimmung entgegenbringt«, ansprechen könnten. Ein umso vernichtenderes Urteil finden dafür Heines Prosawerke:

> Der dritte Band bringt ›Atta Troll‹ und ›Deutschland: Ein Wintermärchen‹ – hier hat die Gemeinheit ihren ekeln Bodensatz ausgeworfen, aber der Witz einer wahrhaft satanischen Bosheit

funkelt wie Schmeißfliegen über dem Unrat –; hierauf setzen die ›Reisebilder‹ ein und beschließen den vierten Band: wer an diesen teils süßlichen, teils säuerlichen, seichten Abgestandenheiten eines leider allzu fruchtbaren und zählebigen Journalismus samt den nur unappetitlichen Unflätereien, die sich darin als Satire aufspielen, Gefallen finden kann, dem seien sie neidlos überlassen.

Schaukals entschiedene Ablehnung trifft nun auch jene, die das Werk »des in den letzten Jahrzehnten trotz unausgesetzter Berufung der ›großen Tagespresse‹ einigermaßen verdunkelten Gestirns«[69] weiterhin zu den Höhepunkten deutscher Literatur zählen.[70] In seinem Grillparzer-Essay geht er denn hart ins Gericht mit vermeintlichen Fehlurteilen der Literaturgeschichtsschreibung, die zu Formeln erstarrt seien, »[s]o wenn Heine ›der größte Lyriker nach Goethe‹ heißt, Heine, der als Begründer des ›Feuilletons‹ der seichten Plauderei in Vers und Prosa, fragwürdigen Ruhm in Anspruch nehmen mag bei seinesgleichen, in der deutschen Lyrik […] niemals auch nur in Betracht kommt.[71] Schon 1918 – Schaukal hatte sich, angewidert von den Zuständen, nach dem Zusammenbruch der Monarchie als nobilitierter Sektionschef in den Ruhestand versetzen lassen – nennt er in einer Studie über Ludwig Uhland auch die Schuldigen für diese angebliche Fehleinschätzung: Der »international-liberale Rummel« habe die großen Vertreter der Romantik »aus dem Gedächtnis des mit Tagesphrasen bestürmten und alsbald von der Zeitungsseuche gepackten Volkes gebannt«, das »ebenso aufwieglerische wie zeugungsunfähige ›Junge Deutschland‹, die Vorfahren der heutigen ›Liberalen‹«, hätten die »scheuen und kärglichen Überreste der deutschen Überlieferung vernichtet, das zersetzende Zeitalter des jüdischen Journalismus heraufbeschworen und ein Publikum vorbereitet, dem man allgemach ohne Scheu einen Heine als den ›größten Lyriker nach Goethe‹ vorstellen durfte«[72]

1897 hat er sich selbst freilich noch nicht vor dieser Reihung gescheut. Es sei nicht seine Aufgabe, so betont er in seinem Heine-Aufsatz in der »Wiener Rundschau«, »dem gerne vergesslichen ›deutschen Volke‹ seinen zweitgrössten Lyriker« zu zeigen, doch wolle er »den neuerlich vernehmlich gewordenen, missmuthig und grämlich krittelnden Stimmen […] etwas dem künstlerisch Geniessenden Selbstverständliches«[73] entgegenhalten. Diese Selbstverständlichkeit war nun jedoch der Differenzierung zwischen ›jüdischer‹ und ›deutscher‹ Kultur gewichen, die Schaukal 1919 programmatisch in seinem Aufsatz »Wir und die Juden« gut manichäisch als Opposition von ›Rassemerkmalen‹ formulierte.[74] Da in den meisten Bereichen des öffentlichen Lebens »die Beherrschung der Nichtjuden durch den Geist des Judentums, das Jüdische«[75] drohe, tue es Not, den »Feind beim rechten Namen zu nennen«.[76] Tatsächlich widmet er fortan einen Gutteil seiner publizistischen Tätigkeit der vom Judentum (und von den diesem zugeordneten liberalen, demokratischen, aufklärerischen Tendenzen) ausgehenden Gefahr, zuweilen auch in einem

Tonfall des erklärten Hasses, der der von Schaukal erhobenen Forderung nach »Beschränkung [des Juden] auf das ihm Zuständige«[77] durchaus bedrohlichen Charakter verleiht.[78] Denn für Schaukal trägt der ›jüdische Geist‹, »der Inbegriff des wühlenden Intellektualismus, der zersetzenden Kritik, zugleich der hemmungslosen Sinnlichkeit und Stofflichkeit«[79], die Hauptschuld an jenem kulturellen »Quatschzustand«, der »die Kunstbutterkringel des ›Buchs der Lieder‹ als lyrischen Kronschatz der Nation mit dem ›Westöstlichen Divan‹ geruhig zusammenstellen läßt«.[80] Die Wertschätzung der Lyrik Heines gilt ihm nun nur noch als Indiz einer Degeneration des deutschen Sprachraums, die er durch die »Geisteskrankheit des Intellektualismus«[81] bedingt sieht und die sich ihm in vielfältiger Weise in der Nachkriegsgesellschaft manifestiert, vor allem aber im Literaturbetrieb.

Da Schaukal sich selbst berufen fühlt, dieser Bedrohung mit dem Gewicht seines künstlerischen Rangs entgegenzutreten, um »zu retten, was noch zu retten ist an erbeigentümlicher Art, an volks- und stammestreuer Geistigkeit«[82], verändert sich auch die Ausrichtung seiner Kritik. Heine, der Ahnherr und Stellvertreter, wird nur mehr dann zum Thema, wenn sich das abwertende Urteil mit einer übergreifenden Kritik an jüdischer Wesensart verbinden lässt wie in seiner Besprechung des Romans »La vie humiliée de Henri Heine« (1930) von Camille Mauclair, den er für die Kunst lobt, mit der er die »windige, eitle, sinnliche, freche, boshafte, lügnerische, rachsüchtige, schamlose Erscheinung seines traurigen Helden auf Grund genauer Kenntnis auch der nichtigsten Umstände […] so ›sprechend‹ zeichnet«[83], dessen Nüchternheit, ›Vernünftelei‹ und beschränkte Einsicht er aber als prinzipielle Züge der jüdischen Kritik diskreditiert. Im Übrigen wird Heine allenfalls noch in der Fußnote zur Zielscheibe des Spotts.[84] Der eigentliche Angriff richtet sich nun aber gegen die Lebenden oder erst kurz zuvor Verstorbenen der ›verjudeten‹ Literaturszene selbst, die er in den ideologisch einschlägigen Blättern rigoros abfertigt, sei es als Gesamtheit, sei es in Einzelangriffen.[85] Dass in diesen Abrechnungen nicht zuletzt auch die Erbitterung eines zuwenig Beachteten zu spüren ist, kann bei einer narzisstischen Persönlichkeit wie der Schaukals nicht verwundern. Zumal den Juden Stefan Zweig[86] und Arthur Schnitzler[87], aber auch dem ›Zivilisationsliteraten‹ Thomas Mann[88] gilt nun Schaukals gehässigste Polemik, eine Polemik, die ihn auch in Kontakt mit der nationalsozialistischen Presse brachte. Dass er – der so betont eigenständige Denker und Unabhängige – sich dabei für die Zwecke der NS-Agitation instrumentalisieren ließ, war ihm wohl nicht recht bewusst. So etwa erteilt er, vom »Völkischen Beobachter« 1931 um die Genehmigung für den Abdruck seines Beitrags »Thomas Mann oder die deutsche Prosa auf Zeithöhe« gebeten, diese gern, erhoffte er sich doch ein neues Publikationsorgan für seine zahlreichen Aufsätze. Dem NS-Blatt ging es jedoch nicht um einen weiteren Mitarbeiter, zumal wohl Schaukals Antidemokratismus und Antisemitismus, nicht aber sein Katholizismus und legitimistischer Traditionalismus mit der offiziellen Blattlinie konvenierte. Schaukals bösartige Analyse der Stilistik Manns, der den Eindruck eines Schriftstellers vermittle – so das Resümee – »der, weit davon entfernt, die Sprache zu meistern, sie, teils aus Unfähigkeit, teils aus verwöhnter Nachlässigkeit, vergewaltigt«[89], diente den nationalsozialistischen Zeitungsmachern trefflich als Unterstützung ihrer Kampagne gegen das geplante Düsseldorfer Heine-Denkmal. Wenige Tage zuvor, am 16. November 1931, waren anlässlich des Preisausschreibens für die künstlerische Gestaltung (die beiden ersten Preise wurden schließlich den späteren NS-Plastikern Georg Kolbe und Arno Breker zugesprochen!) mehrere Artikel zu diesem Thema im Völkischen Beobachter lanciert worden. Unter dem Titel »Humbug um Heine« wurde speziell das Engagement Thomas Manns verhöhnt, den »mit Heine wohl vor allem die mangelhafte Beherrschung der deutschen Sprache«[90] verbinde. Schaukals Ausführungen, die man aus den »Bayreuther Blättern« kannte, dienten auf diese Weise als willkommener Beweis für die Gültigkeit der untergriffigen Argumentation, da sie – so die Einleitung – »von sprachkritischer Seite aus zu demselben Ergebnis kommen, zu welchem wir aufgrund von kulturpolitischen Erwägungen gelangten: zur Ablehnung wurzelloser Zivilisationsliteratur«.[91]

Bald darauf zählte den nationalsozialistischen Publizisten allerdings auch Schaukal selbst – als Monarchist erklärter Gegner eines Anschlusses Österreichs an das Deutsche Reich – zu den ›Geächteten‹, wie der ab 1932 in verschiedenen den Nationalsozialisten nahe stehenden Publikationsorganen inszenierte ›Fall Schaukal‹ belegt. Nun selbst vom Herausgeber der »Neuen Literatur« (in den Jahren zuvor eine der bevorzugten Zeitschriften für Schaukals sprach- und literaturkritischen Feldzug) der »Verleugnung des Deutschtums« »im Sinne jüdischer und marxistischer Anschauungen«[92] bezichtigt, geht Schaukal rasch auf entschiedene Distanz zum Nationalsozialismus.[93] Möglicherweise unter dem Eindruck der realpolitischen Konsequenzen antisemitischer Agitation in Hitler-Deutschland verschwindet nach und nach die zuvor so vehement vorgetragene judenfeindliche Polemik aus seinen Kommentaren. Auch Heine wird nicht mehr erwähnt.

Anmerkungen

[1] Vgl. Dietmar Goltschnigg: Die Fackel ins wunde Herz. Kraus über Heine. Eine »Erledigung«? Texte, Analysen, Kommentar. Wien 2000.

[2] Richard von Schaukal: Einleitung zu einer Vorlesung aus eigenen Schriften. Gehalten in der Schaukalgesellschaft am 4. April 1930 in der Österreichischen Nationalbibliothek. In: R. v. S. : Beiträge zu einer Selbstdarstellung. Eine Auswahl an Versuchen. Wien 1934, S. 91–97, hier S. 91.

[3] R. v. S. : Mein Werk. Eine Übersicht. – In: Beiträge [Anm. 2], S. 60–66, hier S. 60. Zuerst erschienen im Monatsheft für Dichtung und Kunst Die Horen, 1924/25.

4 Karl Kraus: Wiener Lyriker. – In: K. K.: Frühe Schriften: 1892–1900. Hrsg. von Johann J. Braakenburg. München 1979, S. 147–150.

5 Ebd., S. 499.

6 Ebd., S. 500.

7 R. v. S. : Karl Kraus. Versuch eines geistigen Bildnisses. Wien, Leipzig 1933. (= Kleine historische Monographien. 39.)

8 Vgl. die verschiedenen Anmerkungen in Beiträge [Anm. 2].

9 Vgl. die Widmung im Exemplar der Innsbrucker Germanistikbibliothek.

10 R. v. S. : Mein Werk. Eine gedrängte Überschau. – In: Beiträge [Anm. 2], S. 125–132, hier S. 126. Zuerst erschienen im sudetendeutschen Monatsheft Deutsche Heimat 8/9 (August/September 1933).

11 R. v. S. : Entwicklung des Dichters. – In: Beiträge [Anm. 2], S. 57–59, hier. S. 57. Zuerst in den Horen 9 (1928), H. 4.

12 R. v. S. : Selbstdarstellung. – In: Beiträge [Anm. 2], S. 49–56.

13 Heinrich Heine. Sein Leben in seinen Liedern (1797–1856). Ein Breviarium zum 100. Geburtstage (13. Dezember 1897). Hrsg. von Richard Schaukal. Berlin 1897. Dass Schaukal sich für die Zentenarfeier 1897 entscheidet, ist keine Selbstverständlichkeit. Tatsächlich erscheinen zu diesem korrekten Jubiläumsdatum, bei dem Schaukal den Forschungen Elsters folgt, weitaus weniger Beiträge als im Jahr 1899, das Bezug nimmt auf die Selbstmystifikation Heines.

14 Widmung vom 9. Dezember 1897; Exemplar im Besitz des Verfassers.

15 R. v. S. : Mein Werk. – In: Beiträge [Anm. 2], S. 60.

16 R. v. S. : Geleitwort. – In: Heinrich Heine [Anm. 13], S. V-X.

17 Diese Neigung zum autozentrierten Schreiben nahm etwa auch der ungenannte Rezensent von Schaukals programmatischem Dialogbändchen »Literatur« (1907) in der »Deutschen Literaturzeitschrift« aufs Korn: Drei geschickt gewählten Zitaten der nach Schaukals Selbstverständnis geformten Figur des Künstlers zur Uneigentlichkeit im Schreiben und zum literarischen Snobismus stellt er eine Charakteristik des Autors gegenüber: »Dieser Schaukal ist eine tragische Persönlichkeit. Gescheit, eifrig, belesen (wenn auch nur in den jeweils Modernsten), von einer Leidenschaft zu bilden und zu charakterisieren erfüllt; und was er auch schreibt, Romane, Gedichte, Kritiken, Dialoge über die Literatur – nie kommt etwas anderes heraus als ein Selbstportrait!« (1908, Nr. 43, Sp. 2700).

18 Wiener Rundschau 2 (1897), Bd. 3/4, S. 56–58.

19 Ebd.

20 Vgl. Thomas Mann: Briefe an Richard Schaukal. Hrsg. von Claudia Girardi unter Mitarbeit von Sybille Leitner und Andrea Traxler. Frankfurt a. M. 2003.

21 Ebd., S. 71; Brief vom 1. 8. 1903.

22 Wiener Abendpost (Beilage zur Wiener Zeitung Nr. 168/1903), 25. Juli 1903, S. 5 f.

23 Vgl. Franz Zeder: ›Erlebtheit‹ versus ›Mache‹. Die Richard Schaukal – Thomas Mann-Kontroverse im Spannungsfeld zwischen ›Dichter‹ und ›Literat‹. – In: Eros Thanatos. Jahrbuch der Richard-von-Schaukal-Gesellschaft 1999/2000, S. 51–70, hier S. 55 f.

24 Schon in einem kuriosen Brief vom 2. Mai 1901 an Schnitzler, den er einen der »5, 6, ehrlichen deutschen Schriftsteller dieser häßlichen Literatentage« nennt (Richard Schaukal – Arthur Schnitzler. Briefwechsel (1900–1902). Hrsg. von Reinhard Urbach. – In: Modern Austrian Literature 8 (1975), No. 3/4, S. 15–42, hier S. 19), schreibt Schaukal, dass ihm seit der Bekanntschaft mit den Dichtern der Griensteidel-Szene 1893 »der Begriff ›Literat‹ die schändlichste [s]einer Erfahrungen geblieben« (S. 20) sei. Unter dieses Verdikt fiel zumal Jakob Wassermann, den er in verblüffender Naivität Schnitzler gegenüber als »kleinen, kleinsten Literatenjuden« titulierte und dessen

Roman »Renate Fuchs« er als Paradigma sieht für das »Judenthum in der Literatur, dieses aufdringliche, Sand in Dichtungen streuende, glattglitzernde eines charakterlosen Stiles, einer ärmlichen kleinen Gerne-Gross-Winzigkeit« (S. 22). Schon 1902 bricht Schaukal schließlich auch den Briefverkehr mit Schnitzler ab.

25 R. v. S. : Einleitung einer Vorlesung aus eigenen Schriften. – In: Beiträge [Anm. 2], S. 36–42, hier S. 36.

26 Ebd., S. 38.

27 Richard Schaukal: Literatur. Drei Gespräche. München, Leipzig 1907, S. 36.

28 Seine diesbezüglichen Vorstellungen präzisiert Schaukal u. a. in seinen Dialogbänden »Giorgione« und »Literatur« (1907), die von dem platonischen Vorbild allerdings nicht die maieutische Entwicklung des Gedankengangs übernehmen. Wortführer und eigentliches Sprachrohr des Autors ist hier allein der ›Künstler‹, der im Gespräch mit dem ›Gebildeten‹, dem ›Philosophen‹, der ›malenden Dame‹, dem ›Laien‹, dem ›jungen ungedruckten Dichter‹, dem ›einflussreichen Journalisten‹ und dem ›jungen Literaten‹ selbstbewusst, ja selbstherrlich seine Vorstellungen vertritt von der verbindlichen inneren Wahrheit, dem unverfälschten Ausdruck, der Einsamkeit der Kunst, und dabei den zeitgenössischen Kunstbetrieb, die »ekle Kliquenwirtschaft« (Literatur, S. 44) mit ätzender Kritik bedenkt.

29 R. v. S. : Einleitung einer Vorlesung aus eigenen Schriften. – In: Das Gewissen 1 (1919), H. 6, S. 6–11. Abgedruckt auch in Beiträge [Anm. 2], S. 36–42.

30 Vgl. Hildegard Kernmayer: Judentum im Wiener Feuilleton (1848–1903). Exemplarische Untersuchungen zum literarästhetischen und politischen Diskurs der Moderne. Tübingen 1998. (= Conditio Judaica. 24.)

31 Heinrich von Treitschke: Deutsche Geschichte im Neunzehnten Jahrhundert. – In: Heine in Deutschland. Dokumente seiner Rezeption 1834–1956. Mit einer Einleitung hrsg. von Karl Theodor Kleinknecht. Tübingen 1976, S. 57–71, hier S. 66.

32 Vgl. Richard Schaukal: Stefan George. – In: Wiener Abendpost vom 2. April 1904, Nr. 76, S. 8.

33 Richard Schaukal: Wilhelm Busch. – In: R. v. S. : Über Dichter. Hrsg. von Lotte von Schaukal und Joachim Schondorff. München, Wien 1966, S. 13–46, hier S. 16.

34 Ebd., S. 40: »Es ist ganz merkwürdig, wie einer so gleichsam neben sich selbst hergehen kann, und oft in den tiefsten Gleisen der lyrischen Epigonen-Fahrstraße, vor allem den breiten Tapfen Heinrich Heines folgend (zumal wenn er ein wenig sentimental wird).«

35 Richard Schaukal: Richard Dehmels Lyrik. Versuch einer rückblickenden Charakterisierung. – In: Österreichische Rundschau XI (April/Juni 1907), S. 86–103, hier S. 90. Im Jahr darauf wurde dieser Aufsatz mit einigen Abänderungen in Hermann Graefs Reihe »Beiträge zur Literaturgeschichte« als Heft 50 noch einmal gedruckt; zu den ›Großen‹ zählen in dieser Fassung nur mehr Goethe, Hölderlin und Mörike (vgl. R. S. : Richard Dehmels Lyrik. Versuch einer Darstellung der Grundzüge. Leipzig 1908, S. 17).

36 Ebd. S. 15.

37 Vgl. Andreas Wicke: Richard Schaukal und die Lyriktheorie der Jahrhundertwende. – In: Modern Austrian Literature 34 (2001), Nr. 3/4, S. 79–92, bes. S. 84 f. Diese postulierte Trennung von Kunst und Leben hindert Schaukal allerdings nicht, mit bellizistischen Gedichten während des Ersten Weltkriegs der Propagandamaschinerie mit ihren rassistischen Parolen poetisch Vorschub zu leisten.

38 Vgl. Richard Dehmel: Gesammelte Werke. Bd. II: Aber die Liebe. 2 Folgen Gedichte. Berlin 1906, S. 175–181.

39 R. v. S. [Anm. 35], S. 97.

40 Zur Geschichte der verhinderten, zerstörten und errichteten Denkmäler für den Dichter Heinrich Heine vgl. v. a. Dietrich Schubert: ›Jetzt wohin?‹ Heinrich Heine in seinen verhinderten

und errichteten Denkmälern. Köln, Weimar, Wien 1999. (= Beiträge zur Geschichtskultur. 17.) sowie Ute Kröger: Der Streit um Heine in der deutschen Presse 1887–1914. Ein Beitrag zur Heine-Rezeption in Deutschland. Aachen 1989.

41 Vgl. den Abdruck des Aufrufs vom 17. Februar 1906 bei Kröger [Anm. 40], S. 153.

42 R. v. S. [Anm. 35], S. 98.

43 Dehmel [Anm. 38], S. 181.

44 Vgl. Richard Dehmel: Gesammelte Werke. Bd. I: Erlösungen. Gedichte und Sprüche. Berlin 1906, S. 4.

45 So dankt Dehmel Schaukal in einer Karte vom 4. Dezember 1897 für die Zusendung des Breviers mit den Worten: »Vielleicht bringt mir die liebevolle Auswahl und entzückende Ausstattung den Dichter etwas näher, den ich bisher mehr künstlerisch bewundert habe, als ich ihn menschlich lieben konnte.« (Wiener Stadt- und Landesbibliothek (WStLb), Nachlass Schaukal, Archivbox 3).

46 Vgl. den Brief Manns an Schaukal vom 2. Oktober 1901, in dem er bedauert, dass die »dumme Antipathie, die am Färbergraben gegen Sie zu herrschen scheint« auch nicht durch einen ihm bekannten Redakteur überwunden werden konnte; vgl. Mann [Anm. 20], S. 30.

47 Vgl. dazu Gertrud Maria Rösch: ›Kein Denkmal wird ihm gesetzt‹. Der Streit um Heinrich Heine zwischen 1900 und 1905. – In: Imprimatur N. F. 16 (2001), S. 76–93.

48 R. S. : Heinrich Heine im Olymp. Ein ›Gespräch‹. – In: Jugend 11 (1906), Nr. 7, S. 130.

49 Treitschke [Anm. 31], S. 61.

50 Adolf Bartels: Heinrich Heine. Auch ein Denkmal. Dresden und Leipzig 1906.

51 So wenn er die Vitalität Dehmels gegen die »elastisch-marklose Gestalt eines eklektischen Literaturpoeten etwa der Hofmannsthalschule« setzt [Anm. 35] 1908, S. 46.

52 Sicherlich die populärste war die 1890 zunächst anonym erschienene zivilisationskritische Gesinnungsschrift »Rembrandt als Erzieher« des Philosophen Julius Langbehn, die in der Gleichsetzung von Judentum und kulturzerstörender, ›intellektualistischer‹ Modernität wesentlich beigetragen hat zur Theoriebildung des antisemitischen Diskurses, vgl. [Julius Langbehn]: Rembrandt als Erzieher. Von einem Deutschen. Leipzig 1890.

53 R. S. : Mein Werk. – In: Beiträge [Anm. 2], S. 127.

54 Kröger [Anm. 40], S. 202.

55 Abdruck ebd. S. 203.

56 R. S. : Ueber Heinrich Heine. – In: Über den Wassern. Halbmonatsschrift für schöne Literatur 1 (1908), H. 5, S. 155 f., hier S. 155.

57 Vgl. Schaukals Beitrag zu Heine (ohne Titel). In: Festgabe des literarischen Vereins ›Phoebus‹ München bei seiner Heine-Feier 19. Januar 1908. München: Verlag des literarischen Vereins ›Phoebus‹ 1908, S. 19–21.

58 [Anm. 56], S. 155. In der Festgabe heißt es noch schlicht »steht an der Grenze«.

59 Ebd., S. 155 f. Der ersten Fassung fehlen u. a. noch die verschärfenden Attribute »kaltblitzender« und »auf zwei überstrafften Saiten brillierende«, vgl. Schaukals Beitrag für die Festgabe, S. 20.

60 Ebd., S. 156.

61 Im Vorwort der Festgabe betonen die Herausgeber der Schrift, »[u]m nicht einseitig zu erscheinen« wollten sie »auch einige scheltende Stimmen nicht unterdrücken« (S. 4). Offensichtlich bezog sich dies allein auf den Kommentar Schaukals, denn die Wortspenden der weiteren Beiträger – Aperçus ebenso wie umfangreiche Gedichte – sind durchwegs positiv im Urteil über Heine bzw. kritisieren die Heine-Diffamierungen. Für Kerr etwa schrieb Heine »die ersten Gedichte des dritten Jahrtausends« (S. 5), Mann betont die überragende Modernität zumal seiner Prosa, der

genialsten bis Nietzsche, für Hirschfeld ist er »die Stimme der jüdischen Seele« ebenso wie »als Empfinder und Kritiker deutschen Wesens eine Kulturmacht« (S. 15).

62 [Anm. 57], S. 21.

63 [Anm. 56], S. 156.

64 Vgl. aus den zahlreichen Beispielen ein Zitat aus dem Jahr 1919: »Es sind vornehmlich die Juden, die, ihrer auf den unmittelbaren, den ausrechenbaren Erfolg abgestellten, ›rationalen‹ Geistesverfassung gemäß, auch im rein Geistigen dem Intellektualismus huldigen. Da sie sich allmählich des leider heute wichtigsten, weil allgemeinen Bildungsmittels, der Presse, bemächtigt haben und auch sonst seit etwa zwei Jahrzehnten in der Literatur – freilich nicht der wirklich schöpferischen – vorherrschen, haben sie ihre Art zu denken der unselbständigen Masse der sogenannten ›Gebildeten‹, der vom ›Doktrinarismus‹ abhängigen ›Zeitgenossen‹, mehr oder weniger geflissentlich um ihrer politischen Ziele willen, aufgedrängt.« Zur Mittelschüler-›Bewegung‹. In: Hochland 16 (1918/1919), Bd. I, S. 565–567.

65 R. S: Einleitung einer Vorlesung aus eigenen Schriften. – In: Beiträge [Anm. 2], S. 39 f.

66 In seinem späteren Aufsatz »Studentenrecht und Judenfrage« (In: Schönere Zukunft 13 (1931), S. 303 f.) bekennt er sich »gern, treu und dankbar für ihre Anhänglichkeit zu einer Reihe jüdischer Jugendgenossen, ebenso wie […] zu einer Reihe jüdischer und ›halbjüdischer‹ Schöpfer, Denker und Künstler, Montaigne, Proust, Bizet, Marées, Offenbach, Felix Mendelssohn-Bartholdy, Cézanne, Altenberg, Kraus«, um nach diesen regelbestätigenden Ausnahmen den Gegensatz zum »Judentum als Fremdkörper« (S. 304) zu betonen.

67 [Anm. 7], S. 52.

68 R. v. S. : Neue Heine-Ausgaben. – In: Das Gute Buch. Sonderausgabe zum Hannoverschen Kurier, Nr. 457 (6. Oktober 1926).

69 R. v. S. : Buchanzeigen. – In: Wiener Zeitung vom 6. Oktober 1926.

70 Dementsprechend euphorisch begrüßt Schaukal auch die »Literaturgeschichte der deutschen Stämme und Landschaften« Josef Nadlers (der später Vorsitzender der Schaukal-Gesellschaft werden sollte), in der im Gegensatz zur ›jüdischen‹ Literaturgeschichtsschreibung – so Schaukal in seiner Besprechung – »Kunst als Blutergebnis« (R. v. S. : Bücher. – In: Gewissen 1 (1919), H. 1, S. 37) präsentiert wird.

71 R. v. S. : Grillparzer. – In: Über Dichter [Anm. 33], S. 94.

72 Ludwig Uhland. – In: R. S. : Erlebte Gedanken. Neuer Zettelkasten. München 1918, S. 143–155, hier S. 146 f.

73 [Anm. 13], S. 58.

74 Vgl. etwa: »Der Jude ist Intellektualist, der Arier Metaphysiker. Der Jude ist ›Materialist‹, der Arier ›Vitalist‹. Der Jude ist Zyniker, der Arier Humorist. Der Jude ist unkriegerisch, ›Pazifist‹, der Arier ist Krieger, ›Held‹. Der Jude ist Kaufmann, Händler, der Arier Erzeuger, ›Unternehmer‹. Der Jude ist Schauspieler, Nachahmer, Virtuose, der Arier ist Künstler, Schöpfer, ›Dilettant‹. Der Jude ist ›fortschrittlich‹, der Arier ›konservativ‹. Der Jude ist umgänglich, der Arier ist grundsätzlich. Der Jude ist skeptisch-sanguinisch, der Arier cholerisch-melancholisch.« (R. v. S. : Wir und die Juden. – In: Gewissen 1 (1919), H. 1, S. 24–31, hier 27 f.

75 Ebd., S. 28.

76 Ebd. S. 29.

77 Ebd., S. 31.

78 Vgl. etwa die geschmacklose Polemik »Thersites und seine Untertanen« (in: Das Neue Reich 3 (1921), Nr. 6, S. 93) bzw. die Aufsätze »Zur Frage der geistigen Überfremdung unseres Volks« (in: Schönere Zukunft II (1926), Nr. 3, S. 55–57), »Zur Judenfrage« (in: Deutsches Adelsblatt

47 (1929), Nr. 36, S. 520 f.), »Um die rechte Wertung der Judenfrage« (in: Schönere Zukunft VI (1931), Nr. 37, S. 870 f.), »Antisemitismus« (in: Deutsches Adelsblatt 49 (1931), Nr. 19, S. 306–308, »Die jüdische Not« (in: Nordische Stimmen 3 (1933), 9./10. Heft, S. 185 f.) u. a. m.

79 R. v. S. : Studentenrecht [Anm. 6], S. 304.

80 R. v. S. : Über Ponten und sonstiges Pontinisches in der deutschen Sprachlandschaft. – In: Hochland 22 (1925), Bd. 2, S. 742–746.

81 R. v. S. : Zur Mittelschüler-›Bewegung‹ [Anm. 64], S. 565.

82 R. v. S. : Studentenrecht [Anm. 6], S. 304.

83 Vgl. R. v. S. : Camille Mauclair: La vie humiliée de Henri Heine. Typoskript mit einem Eingangsstempel des »Literarischen Handweisers« vom Januar 1931, der allerdings noch im selben Jahr eingestellt wurde. Vgl. WStLb, Nachlass Schaukal, Konv. 451.

84 So etwa, wenn sich Schaukal über die liberale Presse belustigt, die – gegen die Diskriminierung der sich zum Deutschtum bekennenden jüdischen Studenten protestierend – Heine als »Kronzeugen für deutsche ›Gemütsverfassung‹« zu nehmen wagt (Studentenrecht [Anm. 6], S. 304).

85 Vgl. u. a. den Beitrag »›Ewiges Österreich‹ und ewige Falschmeldung« (in: Schönere Zukunft XIV (1932), H. 5, 30. Oktober 1932, S. 104 f.), der gegen das »Bild des österreichischen Schrifttums« im Ausland polemisiert, das »an jüdischer Farbengebung nichts zu wünschen übrig lässt«, oder den Rundumschlag gegen die erfolgreicheren Autorenkollegen in »Erbe und Besitz. Ein Umblick und Rückblick im ›Goethejahr‹« (in: Die Neue Literatur 33 (1932), H. 12, S. 555–560).

86 Vgl. u. a. R. v. S. : Deutsche Prosa auf Zeithöhe. – In: Deutsches Volkstum 1929, 1. Bd., S. 113 f.; ders.: Krönung Stefans des Großen. Deutsche Prosa auf Zeithöhe. 2. – In: Deutsches Volkstum 1930, 1. Bd., S. 113–119; ders.: Deutsche Prosa auf Zeithöhe. 3. In: Deutsches Volkstum 1930, 2. Bd., S. 551 f.; ders.: Unsere Meinung. – In: Die Neue Literatur 32 (1931), S. 636–638; ders.: Das jüngste Opfer. Eine neue Verzweigung. – In: Allgemeine Rundschau XXVIII (1931), Nr. 8, S. 120 f.; ders.: Der Welteroberer: – In: ebd., Nr. 11 (14. März 1931), S. 170 f.; ders.: Der Fall Stefan Zweig. Ein Beitrag zur Geschichte der Dummheit. – In: Deutschlands Erneuerung 15 (1931), H. 7, S. 430–32; ders.: »Wie ist es möglich?« – In: Heimat (1932), H. 9, S. 157 f.; ders.: Stephan Zweig und kein Ende. – In: Chemnitzer Tagblatt vom 8. Januar 1933, S. 11; ders.: Unsere Meinung. – In: Die Neue Literatur 34 (1933), S. 49–54; ders.: Das neue Verfahren. – In: Kölnische Volkszeitung vom 8. Juli 1933, S. 5; ders.: Der Meister. – In: Stürmer (Wiener Ausgabe) 1 (1933), Folge 11, S. 3.

87 Vgl. u. a. R, v. S. : Arthur Schnitzler und die Seinen. Ein Nachwort zu den Wiener Nachrufen. – In: Deutsches Volkstum 1932, 1. Halbjahr, S. 118–122; ders.: Wiener Goethe-Geist. – In: ebd., S. 332 f.; ders.: Arthur Schnitzler-Apotheose. – In: Deutschlands Erneuerung 16 (1932), H. 2, S. 111–113.

88 Vgl. u. a. R. v. S. : Was will man mehr. – In: Bayreuther Blätter 55 (1932), S. 189 f.; ders.: Vorbildliches Beispiel. I. Thomas Mann über Arthur Schnitzler. II. Nachspiel als Nachtrag. – In: Bayreuther Blätter 56 (1933), S. 35–39 (Teil 1 zuerst in: Deutsche Frau 2 (1933), H. 1, S. 5 f.).

89 R. v. S. : Thomas Mann oder deutsche Prosa auf Zeithöhe. – In: Völkischer Beobachter vom 24. November 1931, 328. Ausgabe, 1. Beiblatt.

90 Humbug um Heine. – In: Völkischer Beobachter vom 16. November 1931, 317. Ausgabe, 1. Beiblatt.

91 ›Einleitung‹ zu Thomas Mann oder deutsche Prosa auf Zeithöhe [Anm. 89].

92 W[ill] V[esper]: Unsere Meinung. – In: Die Neue Literatur 35 (1934), S. 469–472, hier S. 470 f.

93 Vgl. u. a. R. v. S. : Nationalismus. – In: Der Christliche Ständestaat 1 (1934), H. 23, S. 3 f.; ders.: Was wird aus Deutschland? – In: ebd., H. 32, S. 9.

Ein Ordenspriester aus Mähren definiert sich als Bürger einer Neuen Welt
Emigration und Immigration bei Charles Sealsfield

Von Franz Schüppen, Herne

Für Joseph Peter Strelka

1. Probleme der Biographie

Unter den dramatischen Schriftstellerschicksalen des frühen 19. Jahrhunderts ist das von Charles Sealsfield besonders auffällig. Er lässt Beruf, Familie, Heimat, Namen, Traditionen, über längere Zeit sogar die erworbene Sprache hinter sich. Nie macht er eine Andeutung über seine Herkunft, publiziert anonym oder unter Pseudonymen und behält auch für Testament und Grabstein das schließlich als bürgerlichen Namen angenommene Schriftstellerpseudonym bei.[1] Herkunft und Weg von Charles Sealsfield sind so Thema der Wissenschaft geblieben und veranlassten zu intensiver Suche nach Aufschluss aus weiteren Dokumenten, zumal nach der vermutlich von ihm selbst planmäßig vorgenommenen Vernichtung des literarisch-biographischen Nachlassen.[2] Sealsfield setzte im Testament die Angehörigen der Familie Postl aus Poppitz bei Znaim als Erben ein. Ein angereistes Mitglied der Familie Postl glaubte im Verstorbenen den Bruder zu erkennen; in Redewendungen und politischem Interesse an Österreich sahen manche Journalisten den Zusammenhang von Postl mit Sealsfield.[3] Das Gesamtwerk lässt sich beiden gut zuordnen. Nur Indizien beweisen allerdings die Identität von Pater und Schriftsteller, aber sie überzeugten u. a. das Landesgericht Solothurn.[4] Der Weinbauernsohn und katholische Priester Karl Postl aus Mähren war durch Emigration aus der Alten und Immigration in die Neue Welt Bürger von Nordamerika geworden, Karl Postl zugunsten des Amerikaners Charles Sealsfield verschwunden, wenn auch noch im Sigel, das er über seinen Grabstein setzen ließ, man im C. S. eine Art P. angedeutet sehen kann.[5] Seine amerikanischen Träume verwirklichten sich Sealsfield nicht, aber er spann sie bis an sein Lebensende fort. Der geflohene Mönch heiratet nicht, lebt bis an sein Lebensende allein, schreibt seine Romane aus der Perspektive amerikanischer Erzähler, die Europa, in dem der Schriftsteller selbst seit 1830 wieder im wesentlichen lebt, trotz der stets möglichen Zensur meist sehr von oben herab behandeln. Amerika fand – das sollte man nicht übersehen – auch bei dem kritischen Pariser Heine schließlich eine positive Darstellung. Keineswegs nur Ironie beschrieb die Neue Welt, die »kein Kirchhof der Romantik«, »kein alter Scherbenberg / Von verschimmelten Symbolen« ist, »noch in Fluthenfrische« glänzt und aus deren »gesundem Boden [...] auch gesunde Bäume« sprießen. (DHA III, 57). Und im Epos-Entwurf um die karibische Insel der ewigen Jugend »Bimini« und den zu ihr aufbrechenden Juan Ponce de Leon, ist das »gute Land«, bei dem er am Ende anlangen wird, zwar nicht die Vereinigten Staaten, aber der Dichter betont:

> Juan Ponce de Leon wahrlich
> War kein Thor, kein Faselante
> Als er unternahm die Irrfahrt
> Nach der Insel Bimini (DHA III, 384)

»Entschlafene Jugendträume (DHA III, 366) erwachen. Exotik herrscht vor, Politik und Dichterwünsche passen sich der Realität an. Doch fest steht, Ponce de Leon war der Entdecker Floridas in alten Zeiten, hat insoweit seinen Anteil am modernen Amerika und dass dazu nach Meinung Heinrich Heines etwas zu sagen blieb, zeigen seine letzten Bemühungen um das Thema deutlich.

Karl Postl, 1793 an der niederösterreichischen Grenze auf der mährischen Seite, etwa 50 km vor Wien, geboren, gehört wie Heine in die Restaurationsepoche, zur Nachkriegsgeneration der napoleonischen Jahre, erlebt Napoleon ähnlich wie Heine, nämlich beim Einzug in Znaim im Zusammenhang mit der Schlacht bei Austerlitz. Er erlebt die Auflösung des Heiligen Römischen Reiches deutscher Nation und Gründung, Zusammenbruch und Restauration seines neuen österreichisch-ungarischen Vaterlandes, die sich für ihn als persönliches Erleben in Jahren des Studiums und des Aufstiegs im Kloster der böhmischen Kreuzherren in Prag fortsetzen. Er kam aus einer Familie von Bauern, die in der Nähe der Städte bürgerliche Lebens- und Vorstellungsweisen annahmen. Der Vater war Bürgermeister, wie es z. B. gleichzeitig auch in der Familie des fast gleichaltrigen August Heinrich Hoffmann (von Fallersleben) im Norden auffällig ist, dessen Aufstieg über die Theologie von ihm selbst und seiner Familie ähnlich erwogen wurde. Wenn Dorfbürgermeister kein politisches Amt im heutigen Sinn war, so wird mit ihm doch deutlich, dass öffentliche Ämter in bäuerlichen Familien in der Zeit Napoleons erreichbar werden. Der Aufstieg der Familie als Ganzes ist für die Postls über einen langen Zeitraum nachvollziehbar und durch Karl Postl als Erbonkel kräftig befördert worden.[6] Wie für andere Intellektuelle der Zeit war für ihn die Liberalisierung der napoleonischen Jahre lebensformend. Er konnte Gymnasium und Universität besuchen, auch wenn er nach altem Modell einfacher katholischer Familien Priester wurde und sogar in einen Mönchsorden eintrat. Der allerdings war klein und einflussreich, hatte erheblichen Besitz im Umfeld der Familie Postl und vertraute sehr schnell dem jungen Mann wichtige Aufgaben an, übergab ihm Revisionen und bot ihm eine herausgehobene Position.[7] Vater und Mutter übten offenbar verschiedene Einflüsse nachhaltig aus, was die Spannungen beim Sohn Karl erklärt.

Dessen Platz verlangte politische Haltung, Entscheidung zwischen liberal und servil[8], die der junge Theologe, ohne einen Augenblick zu zögern, für liberal fällt. Es bestand ein alter Gegensatz zwischen der österreichischen und der böhmischen Hauptstadt mindestens seit den Zeiten des etwa 50 Jahre älteren Mozart, der mit seinem gesellschaftskritischen »Figaro« besonders in Prag erfolgreich war. Der Sekretär des Großmeisters der »Kreuzherren mit dem roten Stern« erlebte in Prags besserer Gesellschaft deren kritische Haltung gegen die Habsburger Monarchie. Die Universität hatte trotz der Restauration in Bernard Bolzano einen großen unabhängigen philosophierenden Theologen gehabt, dessen Maßregelung aus Wien ihm in Böhmen öffentliches Ansehen verschaffte. Auch Theologie war liberal geprägtes Studienfach geworden. Der Ordenssekretär erhielt Zugang zur Prager Gesellschaft trotz seiner einfachen Herkunft. Als wichtiges Mitglied einer wohlhabenden kirchlichen Vereinigung machte ihn sein Amt interessant, seine in den Universitätsjahren in Prag entstandene kritische Haltung zur gesuchten Persönlichkeit. Die Unzufriedenheit mit den Einschränkungen der Freiheit durch Ordensgelübde und Amt musste bei dem jungen Mann unter diesen Umständen wachsen. Möglicherweise ohnehin unglücklich über einen Stand, den ihm die Mutter aufgedrängt haben soll und dessen besondere Einengungen dem Gast in vielen großen Häusern schwer erträglich gewesen sein werden, richteten sich die Interessen des jungen Postl nach außen, wo Möglichkeiten zu einem freieren Leben winkten.

Dreißigjährig verließ er das Kloster 1823. Der unmittelbare Anlass blieb trotz erhaltener Dokumente weitgehend ungeklärt und wird gern nach den Vorstellungen von Berichterstattern gemodelt.[9] Behauptungen über Veruntreuungen – für die es keine Hinweise gibt – dürften politische Zwecklügen aus kirchlichem Milieu oder von Neidern gewesen sein. Ob eine gezielte Bewerbung um eine wichtige Stelle in Wien scheiterte oder nur dem in einem Bad kurenden Pater in disziplinierender Absicht Auflagen gemacht wurden, von denen er glaubte, dass sie seine bis dahin erreichte Stellung im Orden beenden würden, kann nicht mehr geklärt werden. Seine alte Lebenswelt verließ der Ordenssekretär unter großem Aufsehen bei den Zurückbleibenden. Vor der Öffentlichkeit wurden Verschleierungsversuche gemacht.[10] Die tieferen Gründe der Emigration werden in einem fünf Jahre später gleichsam abschließend summierenden und in London veröffentlichten Buch »Austria as it is« (1828) erkennbar, nicht als Unzufriedenheit mit Zölibat oder Ordensdisziplin, sondern als Verzweiflung an einem Land, das er als unter der Herrschaft Metternichs moralisch und wirtschaftlich verrottend darstellt, während der Kaiser harm- und hilflos sei, die Bevölkerung ihm in vielen Punkten ähnele.[11] Dass Postls Flucht politisch motiviert war, kann als sicher gelten. Als Berichterstatter aus Amerika kam er jedoch schon sehr bald ein erstes Mal nach Europa zurück. Er kontaktierte – ob als Überläufer oder Gegenspion, jedenfalls im Endeffekt erfolglos – Beamte Metternichs am Rhein, die ihn für wenig zuverlässig hielten.[12] Die in diesem Zusammenhang von »Sidons« behaupteten englischen Unternehmungen gegen Österreich lassen sich am deutlichsten in seinem eigenen anonymen Londoner Österreich-Buch erkennen. Er publiziert auch ein Amerikabuch. Es ist Wahlpropaganda für Andrew Jackson und ein erstes sichtbares Dokument für die Diskussion amerikanischer Präsidentenwahlen in Europa. Die politischen Meinungen haben sich bei dem ersten relativ kurzen Europaaufenthalt des aus den Vereinigen Staaten kommenden Intellektuellen weiter zu einer neuen ideologisch antiaristokratischen Haltung verschärft. Natürlich wählte man den Präsidenten in Europa nicht, vollzog sich jede Kommunikation über Amerika mit großen Zeitversetzungen. Dass über Amerika und seinen Präsidenten ernsthaft berichtet wird, ist neu nach der unbestimmten Welle von Enthusiasmus, den George Washington in Europa erzeugt hatte.

Karl Postl emigrierte im Mai 1823 und teilte dem Verleger Cotta aus Pittsburgh 1824 seine neue Adresse mit und den Wunsch, als amerikanischer Korrespondent für ihn tätig zu werden, nachdem er über Stuttgart, wo er Kontakt zu Cottas Redakteuren aufnahm, Le Havre, New Orleans, Mississippi und Ohio aufwärts bis Philadelphia und New York gelangt war.

Eindeutig Partei nahm der Emigrant mit der Veröffentlichung seines ersten Buches. »Die Vereinigten Staaten von Nordamerika nach ihrem politischen, religiösen und gesellschaftlichen Verhältnisse betrachtet« erschien 1827 bei Cotta – noch vor dem Austria-Pamphlet. Es handelt sich um Propaganda für die Vereinigten Staaten und die Neue Welt in einem zweibändigen Werk von etwa 450 Seiten, die in 15 Überblicks- und 20 Reisekapitel eingeteilt sind. Gereist wird den Mississippi entlang, was in manchem an die ein wenig ältere Darstellung Timothy Flints fast der gleichen Region erinnert.[13] Die Vorrede verweist auf das fünfzigjährige Jubiläum der Unabhängigkeitserklärung, »des Sieges der Menschheit über Tyrannei, Aberglaube und Vorurtheil« (S. III). Bewiesen habe die Republik, »daß der Mensch frei und doch gesetzlich leben könne« (ebd.).[14] Das wird Postls Hauptthema in seinen späteren Romanen aus der Schweiz, nach seiner zweiten Rückkehr nach Europa.[15] Man kann folgern, dass die Anziehungskraft der Vereinigten Staaten größer gewesen ist als die Abstoßung durch das Heimatland. Die Wechsel der Kontinente und

Wohnorte sind in der Folge zu nicht unerheblichem Teil durch Kontakte mit Auftraggebern oder Freunden bedingt, deren interessanteste Gruppe die französischen Napoleoniden bilden.[16] Die Romane präsentieren – nach einer politisch relativ zurückhaltenden amerikanischen Vorfassung des ersten Romans (in zwei Editionen in Philadelphia und London 1829) – zwischen 1833 und 1843 in 22 Bänden die Vereinigten Staaten als das einzige wirklich freie und fortschrittliche moderne Staatswesen mit wirklich freien Bürgern. Der Autor gibt sich als Amerikaner, der seine deutschen Leser aufklärt, und träumt von einem Amerikanertum, das er in Europa spielt, aber nicht vollständig erreicht zu haben glaubt und also weiterhin anstreben möchte, um ein moderner, freier Mensch zu sein, der die Möglichkeiten der Zeit nutzt. In seinem Testament erläutert er die Notwendigkeit, ganz Amerikaner mit englischer Sprache und entsprechenden Vorstellungen vom Leben zu werden, um mit befriedigendem Erfolg sich in den Vereinigten Staaten zu etablieren, was eigentlich für jedermann wünschenswert sei. Es gibt eine bemerkenswerte Nähe zu Alexis de Tocquevilles »De la Démocratie en Amérique« (1835 und 1840) bis zu deren Prophezeiung des Siegs der Vereinigten Staaten als neuer Weltmacht über den Konkurrenten Russland.[17]

Der Autor ist bis in seine Lebensführung hinein ein Beispiel für den Übergang aus einer Epoche inneren und äußeren Fortschreitens in eine Epoche der gesellschaftlichen Konsolidierung, mit Verhärtung der etablierten Vorstellungen, sehr fühlbaren finanziellen und politischen Einschränkungen.[18] Nach 1848 hat der amerikanische Immigrant Sealsfield in der Schweiz im äußeren Verhalten kaum Ähnlichkeit mit dem Emigranten Postl und den von ihm beschriebenen amerikanischen Bürgern. 1845 gab er sich im Vorwort zu den »gesammelten Werken« als den deutsch schreibenden amerikanischen Autor Charles Sealsfield zu erkennen, blieb aber in der Schweiz. Nach einer mehrjährigen Amerikareise erwarb er 1858 ein Anwesen in Solothurn, wo er 1864, bei einem für damaligen Verhältnisse riesigem Medieninteresse an seiner Identität, begraben wurde.[19]

Die Emigration aus der alten Rolle war jedenfalls vollständig. Der alte Mann lebte viele Jahre zurückgezogen und relativ unauffällig von seinem Vermögen, das ihm unter den Schweizer Honoratioren Ansehen und Kontakte verschaffte, so dass er am Ende das Bild eines braven europäischen Spießbürgers der Biedermeierzeit vermittelte, der gern von Erlebnissen in Nordamerika mit eingestreuten Wendungen in dessen Sprache berichtete, sich von seiner Schweizer Umgebung sonst aber nicht unterscheiden wollte.[20] Der erfolgreiche Handel mit (amerikanischen) Aktien war die Hauptbeschäftigung der letzten fünfzehn Jahre seines Lebens. Veröffentlicht wurde nichts mehr, nennenswerter literarischer Nachlass ist nicht bekannt.[21] Der einstige Emigrant war amerikanischer Immigrant geworden, zog es aber vor, in der Schweiz zu leben. Zwei Neffen wollte er eine gut vorbereitete Immigration in die Vereinigten Staaten durch besondere Berücksichtigung im Testament ermöglichen. Sie sollten bessere Bedingungen vorfinden. Eben sie demonstrieren dann augenfällig, dass selbst Gewinn zum wirklichen Einbürgern in die reich werdenden USA seit 1848 kein recht durchschlagendes Motiv mehr war, während für den Testamentsverfasser die USA Wunschaufenthalt blieben, obwohl er sie in späteren Werken auch kritisch darstellte und selbst endgültig in Europa blieb. Er nahm Anteil am Bürgerkrieg und dürfte am Sieg des Nordens nicht gezweifelt haben.

In Europa wurde inzwischen die Amerikakritik des Wieners Ferdinand Kürnberger, der sich an Nikolaus Lenaus Rückkehr aus Amerika (1855) orientierte, virulent.[22] Wie der Studienrat John Brinckman (1814–1870) aus Rostock, der Journalist Friedrich Friedenthal (1849–1919) aus Soltau oder der Kieler Baron Detlev von Liliencron (1844–1909), trotz amerikanischer Verwandtschaft der Mutter, und, besonders auffällig, Gestalten in Romanen des Schweizer Erzählers Gottfried Keller, kommt man in der zweiten Hälfte des 19. Jahrhunderts oft aus den Vereinigten Staaten wieder zurück. Es gab weiter Auswanderung in großem Umfang, aber auch eine Rückwanderung gerade in anspruchsvolleren Kreisen, und statt dem globalen Ausgriff des Vormärz war im bürgerlichen Realismus Regionalisierung von Literatur und Leben angesagt.

2. Sealsfields Emigrant Bohne wird
– trotz allem – Amerikaner

Sealsfield letzter Roman »Süden und Norden« (1842/43) – einige Zeit vor der Revolution eine Art früher Endabrechnung aus progressiver Gesinnung – beschreibt die Schicksale einer Reisegruppe im südlichen Mexiko. Was soll man über die zurückgebliebene Alte Welt denken? Das fragen sich vier junge Amerikaner, der Ich-Erzähler Hardy, der Kentuckier Cockley, Whitely, der nur selten hervortritt, und der junge Philip Gourney, Sohn eines anglikanischen amerikanischen Bischofs und am Ende Offiziersanwärter auf einer Fregatte. Er wird die schöne und sehr reiche, mexikanische, katholische Gräfin Mariquita kreolisch-indianischer Abstammung heiraten und versuchen, sie in die Vereinigten Staaten zu bringen. Man könnte vorausblicken auf die vielen misslingenden Ehen adliger Ostpreußen und Balten nach der realistischen Restaurationsepoche in den Romanen Eduard von Keyserlings (1855–1918) und deren Unglück in »Abendlichen Häusern« (1914), die freilich nie, wie bei Sealsfield, im unmittelbar Politischen ihren Grund haben. Aber Neuromantik wird um 1900 an die Spätromantik um 1840 anknüpfen und ähnliche Arten von ›Impressionismus‹ als Nervenkunst erzeugen.[23]

Die Diskussion über alles, was im Roman im Zusammenhang mit Heirat und Entführung geschieht, bleibt im wesentlichen beim Erzähler Hardy und gelegentlich, über dessen Meinungen hinausgehend, bei dem pragmatischen und derben Mann aus Kentucky. Herr Bohne, »ein so wackrer Deutscher als je vor der Mainzer Commission Fersengeld gab« (S. 2) erhält die Erlaubnis, sich der Gruppe anzuschließen, und so kann im Roman die Frage behandelt werden, wie ein deutscher Emigrant auf Alte und Neue Welt reagiert und reagieren sollte. Drei der jungen Männer, unter ihnen der Erzähler, haben eine Universitätsausbildung. Es gibt persönliche Verbindungen zu mächtigen Persönlichkeiten, die auch im von Bürgerkriegen geschüttelten Mexiko sich als Nordamerikaner durchzusetzen wissen. Allerdings werden die jungen Leute auch von einer kleine mexikanischen Eskorte begleitet – und natürlich beaufsichtigt, wenn auch nicht immer erfolgreich.

Nach einem längeren Vorwort über Land und Situation vom 16. Mai 1842, setzt die Romanhandlung ein, die in der Zeit von November 1824 bis Sommer 1825 angesiedelt ist, und einige der Akteure im über alle drei Bände fortgesetzten spanisch-englisch-deutschen Gespräch zeigt. Man hat vor sich

> das »Langsam, Langsam meine Herren führt auch zum Ziele« – des gemüthlichen Herrn Bohne, der zwanzig Fuß hinter dem das mexikanische poco für unsern amerikanischen pocker nehmenden Kentuckier Cockley auf einer Felsenklippe hieng, während dreißig über ihm – und viertausend über Oaxaca – an einer dünnen Klippe wieder Phil baumelte [...] (ebd.)

Symbolische Lokalisierungen! Die Szene wird dann ausgiebig mit Diskussionen in Wiederholungen und diversen auffälligen Reaktionen fortgesetzt, bis schließlich die eigentliche Führerin, die als Mann auftretende Indianerin Jaquita, ins Spiel kommt und in der für die Leser auch aus rein sprachlichen Gründen gelegentlich schwer durchschaubaren Anfangsszene eine bedeutende Rolle zu spielen beginnt. Sie tanzt dem reinen Jüngling, dem »castissimo patriarca« Phil Gourney, der den Bergrücken als erster überwindet, als señorita de amor die »Geheimnisse der Liebe« vor, die ihm die Vernunft rauben, wie der in theoretischer Zuordnung erstklassige Herr Bohne – dem Südlich-Mexikanischen innerlich näher – im Unterschied zu seinen derben amerikanischen Begleitern schnell erkennt. Wenn er hier noch als über allerlei Dinge umfassend informierter gelehrter Deutscher erscheint, wird dieses Bild dann im Fortgang der Handlung geschickt abgebaut, man kann durchaus sagen dekonstruiert. In der Praxis des Alltags zeigen Bohnes Fähigkeiten zur sinnvollen Interpretation der Vorgänge und zur Entwicklung angemessener Antworten sich als fürchterlich unterentwickelt. Und wie in den Mexikoromanen die Mexikaner immer wieder gegen US-Bürger herabgesetzt werden[24], geschieht das in »Süden und Norden« zunächst einmal auch mit dem deutschen Flüchtling Bohne, je länger, je mehr. Seine Gelehrsamkeit dient keinem lebensbeziehbaren Zweck, ist leeres Wortwissen, trägt erlerntes fremdes Wissen vor, hat Vorurteile in Bezug auf die Germanen, deren Spuren er an den absurdesten Stellen entdeckt, was vermutlich an exzentrische Aspekte der beginnenden Indogermanenforschung denken lassen soll. Wie die Interpretationen katholischer Heiligengestalten und indianischer Götter – Religionsmythologie und -wissenschaft – ist das alles freilich zunächst einmal harmlos, wenn auch vor allem dem Pragmatiker Cockley höchst lästig angesichts der Zurückdrängung der Diskussion der realen Schwierigkeiten, die man ins Auge zu fassen hätte. Unter jungdeutschen Autoren ist solche Kritik üblich. Amerikanisch-modern wäre die anzustrebende Haltung jedenfalls, die sich für Postl-Sealsfield nur mit Emigration und Persönlichkeitsveränderung denken lässt.

Die dem Leben gegenüber gefährliche Naivität als auffälliger Zug bei Bohne hat im Roman auf amerikanischem und mexikanischem Bürgerkriegshintergrund schlimme Folgen, wird zu einer Quelle der folgenden dramatischen Vorgänge, indem Bohne sich infolge seiner romantisch-idealistischen Vorstellungen, für die mexikanisch-indianische Welt begeistert und bei den von ihm bewunderten ›natürlichen‹ Einheimischen in deren ›Paradies‹ bleibt. Er verklärt, was dort geschieht. Nichts ahnt er vom Machtkampf, in den er selbst eintritt. Tatsächlich kämpft der katholische Landpfarrer, der »Cura«, Teil des niederen Klerus, gegen den einflussreichen aristokratischen Gutsherrn mit seinen Bindungen an Spanisches und Monarchisches, verheiratet gezielt und unter geschickter Einwirkung auf die beiden Protagonisten mit Hilfe ihm ergebener Indianerinnen die Tochter des Grundherrn mit einem Amerikaner, was neue Verbindungen schaffen, der Stellung seines politischen Gegners abträglich sein und dessen mögliche Flucht erschweren soll durch die Verwicklungen, die sich ergeben werden. Ob er weiß, dass es sich um eine konfessionsverschiedene Ehe handelt, die in Mexikos damaliger Verfassung verboten ist und mit schweren Strafen geahndet wird, bleibt unklar. Selbst illegaler Familienvater, wundert es ihn nicht, dass er es mit dem Sohn eines Bischofs zu tun hat. Dass es sich um einen Christen handelt, wird ihm ausdrücklich bestätigt. Das zahlreiche weibliche Dienstpersonal des Mädchens verdreht, weil sich die Sache so gut anlässt und vom Cura gesegnet wird, den übrigen drei Amerikanern die Köpfe, während die männliche Dienerschaft Transport und Bewegung in Gang hält und unverrückbar treu zu ihrem Herrn steht, der von anderen politischen Gruppen verfolgt wird.

Die Höhenlage der Sierra Madre, die Klimazonen, die durchzogen werden, Regenzeit, unheimliche Affen, lästig-gefährliche Insekten, die sich in die Haut bohren, und der Blick auf einmalig grandiose und symbolisch deutbare Naturschauspiele machen aus dem politischen Roman in erheblichem Maß eine exotisch-abenteuerliche Geschichte. Mit ihrer dreifachen Sprachmischung und indirekten Erzählweise weitgehend aus Gesprächen und gelegentlichen Berichten mit oft zunächst nicht in den Zusammenhang zu ordnenden Vorgängen, entwickelt sich die auf drei Bände gedehnte mysteriöse Romanhandlung, die trotz aller unverkennbar trivialromantischer Elemente (von denen der Autor bei passender Gelegenheit selbst sprechen lässt) beeindruckt. Dass schließlich alle Akteure des Romans nach dem lange spanisch gebliebenen und als Trümmerwüste beeindruckenden Vera Cruz ziehen, hat mit der Anziehungskraft der Vereinigen Staaten zu tun und ihren dort liegenden Schiffen, die alle Arten von Flüchtlingen aufnehmen könnten, jedoch allein ihre eigenen in Verwicklungen geratenen und verfolgten Landsleute retten. Mexikanische Gruppen folgen in guten oder bösen Absichten als Verfolger oder Flüchtlinge. Zwischen Stillem und Atlantischem Ozean südlich von Mexiko City präsentiert der Roman ein höchst poetisches Amerika. Die Trümmerwüste um das belagerte Vera Cruz hat mit Gärten und Zerstörung eine kuriose, aber unverkennbare Nähe zu Eichendorff'schen Italienreminiszenzen. Ob sie eine Nähe zu Erlebtem des Autors hat, bleibt zweifelhaft.

Der vornamenlose Herr Bohne, dem (amerikanisch) auch kein akademischer Grad zugeteilt wird, der ihm vermutlich zukommt, handelt jedenfalls sehr deutsch, als er im Naturparadies bleibt ohne seine Reisegenossen, die weiterziehen zu müssen glauben, da der Freund Gourney voran zieht und möglicherweise in höchster Gefahr ist, auch wenn man nichts Genaues weiß. Er könnte zwischen den zwei oder drei agierenden Parteien oder durch eine von ihnen umkommen. Herr Bohne, der vom Ende des ersten Bandes bis zur Mitte des dritten Bandes verschwindet, hat damit seinerseits wohl Glück, veranlasst nur seine amerikanischen Reisebegleiter hin und wieder zu einer erinnernden Bemerkung über seinen »Wahnsinn« oder Eigenheiten der Deutschen. Wenn eine vage progressive Geschichtsphilosophie Hegelianismus heißen darf, kann man von einem solchen – wie er Sealsfield nicht fremd ist – sprechen. An den wird man erinnert, weil etwa unterschiedliche Entwicklungsstadien von Völkern – Amerikaner, die 3000 Jahre von den Indianern entfernt seien, oder junge und alte Völker – von Bohne beeinflusster Gesprächsgegenstand werden. Unsinn, den Bohnes Thesen für seine Reisebegleiter auch in der Erinnerung bleiben, wird entlarvt oder verspottet, wie etwa, wenn er das deutsche Volk als besonders jung definiert, was zur Rückführung auf »kindisches Wesen«, mangelnde Aussicht auf männliche Reife Anlass gibt. Der Pragmatismus des Kentuckiers Cockley wird immer neu als heftig vorgetragener Gegensatz zu Bohnes Ideenidealismus dargestellt. Das zeigt sich in höchst alltäglichen Urteilen und Meinungen, ergibt aber etwas wie einen philosophischen Unterschied zwischen romantischem Idealismus und naturorientiertem Pragmatismus, der für Ich und Gruppe nur den Nutzen im Auge behält.

Als Herr Bohne im Roman wieder auftaucht, hat er eine erste Mutation durchgemacht. Es hat sich herausgestellt, dass er in keine Paradieszeit geraten ist, keine paradiesische Hütte mit einem Engel oder mit Houris bewohnte, als er das alles mit flottem Sprung erreichen wollte. Man hat in den inzwischen über 500 Seiten ohne ihn allerlei erlebt und sich soeben wieder erinnert, dass der schematisierende Herr Bohne solche dramatischen Vorgänge mit der Eroberung Mexikos durch die Spanier parallelisieren würde und schließlich das alte Mexiko mit dem gegenwärtigen Deutschland und seiner weiterhin feudal-fürstlichen Verfassung.

In Persona tritt er dann auf, als man Gourney und Mariquita wiedergefunden hat und nun klar ist, dass beide verfolgt werden und man sie schützen muss. Herr Bohne hat sich statt ins Paradies auf die andere politische Seite abgesetzt, ist inzwischen sogar bei den Legitimisten wieder angekommen, mexikanischer Offizier. Lebensgefährlich ist das angesichts der unter den verschiedenen Gruppen stattfindenden erbarmungslosen Machtkämpfe. Cockley wird von Bohne zu einer Verwundung beglückwünscht, da er die Immobilisierung der Amerikaner begrüßt, die er zurückhalten soll: »Ich müßte sonst, so unlieb mir dieß wäre, Maßregeln ergreifen, – Maßregeln –« (III, 253). Darüber, dass er in der Lage wäre, Maßregeln gegen die Amerikaner zu ergreifen, täuscht er sich natürlich. Es wird schnell klar, in welch lächerliche und für seine Freunde lebensgefährliche Position sich der Hauptmann Bohne begeben hat. »Ah! trahunt fata, sagt wohl der alte Römer – ich habe es an mir erfahren. Sie zogen mich nicht bloß, nein, sie rissen mich fort – unwiderstehlich fort.« (III, 255) Den Landpastor, der ihn zum Bleiben unter Mexikanern und Indianern begeisterte, hat er dabei verlassen und auf seine naive Weise verraten, so dass dieser erschossen werden soll. ›Schicksalsroman‹ – den erfolgreichen ›Schicksalsdramen‹ der Zeit parallelisiert – wird vom Autor Sealsfield neu definiert. Bohne stellt fest: »Das Schicksal waltet hier so offenbar! – drängt uns, treibt, rollt uns fortwährend mit seinem räthselhaften unsichtbaren Räderwerke!« (III, 257) Die Folge zeigt, dass Napoleons Diktum von der Politik als neuem allgemeinen Schicksal zutreffender ist.

Der Landpastor nahm die Partei des republikanischen Guerrero gegen den monarchistischen Gutsbesitzer und die Anhänger des gestürzten Iturbide, die in den ländlichen Provinzen südlich der Hauptstadt mit der Kirche noch herrschen. Bohne, dem zunächst der Cura als der »gemüthlich sich hingebende, zuvorkommende, die ganze Welt mit einem Bruderkusse umarmende, zärtliche Familienvater« imponiert hatte, bedauert diesen zwar, als seine Feinde ihn vernichten wollen, befindet sich aber plötzlich auf deren Seite und lässt sich benutzen vom Gouverneur und dessen Sekretär, die ihn hin und her schicken. Jetzt soll er hindern, dass die Amerikaner mit der Tochter des großen Don davonziehen. Bohne berichtet ausführlich über seine Erlebnisse nach der Trennung von den Reisegefährten in einem der großen Berichte des Romans, die zeigen, wie sein Autor erzählen kann. Bohne ist es, der jetzt die Rekruten des Cura übernommen hat, in preußisches Exerzierreglement eingewöhnt und sie nach Santa Cruz führen soll, damit sie auf der richtigen Seite ihr Leben einsetzen. Vor allem gibt er dem Gouverneur Auskunft, und da er sich dabei nicht viel Gedanken macht, etwa über die Folgen für andere, wäre das sehr folgenreich, wenn seine alten amerikanischen Freunde nicht eingriffen. Auch der Leser hat freilich Mühe, jeden Hintergedanken, den Gouverneur, Bischof, Zentralregierung oder Freunde der alten Machthaber haben oder haben könnten und etwa in die Tat umsetzen wollen, zu ahnen oder gar zu begreifen. Das ist vermutlich auch gar nicht beabsichtigt, eher, eine unbestimmte Furcht zu erzeugen vor der Gefährlichkeit dieser Akteure.

Bohne will bei dem gerade verheirateten Gourney »dafür sorgen, daß der unglückselige junge Mann in sichere Verwahrung genommen wird, keinen Schritt aus dem Haus tut.« Er ist ängstlich, wie es eben deutsche Gelehrte bei Sealsfield sind, glaubt durch Nachgeben gegen die, die er für mächtig hält, etwas zu erreichen. Amerikaner hingegen versuchen, die Machtverhältnisse zu ändern und ihren Willen durchzusetzen. Bohnes moralischer Kontrahent Cockley tritt trotz seiner Wunden den für ihn falschen Absichten entgegen. So tritt eine Wende ein, die sich mit Wut auf den Gouverneur, den die Amerikaner verachten, und mit der Ablehnung alles Katholischen vorbereitet hat. Zum Plan des deutschen Hauptmanns der Mexikaner äußert er sich eindeutig.

> »Das werdet ihr bleiben lassen, Herr Bohne«, versetzte trocken Cockley. »Nicht ihr, nicht der Gouverneur, nicht irgend Jemand in Mexiko soll, so lange wir leben, unsern Landsmann in irgend eine Haft deßwegen setzen, weil er vor einem Cura die Erklärung von sich gegeben, mit einem Mädchen, das er liebt, Ehemann seyn zu wollen. Sage euch: weder ihr, noch der Gouverneur; geht euch nichts an.« (III, 305)

»Das bigotteste Land der Erde«, »die reichste Erbin, das schönste Mädchen« sind Qualifikationen, mit denen die ungewöhnlichen Vorgänge plausibel werden. – »Sie dürfen nicht, sollen nicht, [...] Ich habe die gemessensten Befehle –«, hat, wie Bohne feststellt, auf Amerikaner nichts als provozierende Wirkung, wie der Leser des Romans inzwischen besser als Bohne weiß. Folgt aber Bohne etwa doch nur dem, was er fälschlich für die Machtverhältnisse hält?

Nein. Zunächst ist er voll auf der menschenrechtlich falschen Seite und zeigt durch seine vorsichtigen Versuche zu taktieren, wie wenig er (einstweilen) in die Neue Welt passt. Cockley gibt ein umfassendes Urteil über ihn ab:

> Ist gewiß ein seelenguter Mensch, der beste, gemüthlichste, weichste und weitherzigste Mensch, der seinen letzten Bissen vom Munde, sein letztes Hemde – und er hat deren gerade zwei, eines von euch und eines von Whitely – vom Leibe geben würde, dem das Herz und die Augen bei den Leiden der Menschheit – um die er sich mehr denn nöthig kümmert – immer und ewig übergehen. Aber er ist, wie er selbst sagt, eine von Stürmen aller Art umhergetriebene, umhergetoste Barke, ohne Segel, ohne Ruder, ohne Kompaß, das heißt, ein ohne gesunden Menschenverstand und feste Willenskraft auf offener stürmischer See Umhergetriebener, der

sich an jeden Balken, an jedes Brett, das ihm in die Hände kommt, anklammert, während er sich aber anklammert, in seinem halbgelehrten Dünkel auch bereits es zu leiten und zu lenken sich einbildet, wo er doch – wenn ganz gelehrt – einsehen müsste, daß das Brett oder der Balken, und darunter oder darüber die Strömungen, die Wellen, – kurz kräftigere, höhere Gewalten ihn lenken und leiten und treiben, wohin sie wollen. (III, 320 f.)

Cockley muss also kalkulieren, Bohne sei durch Gesinnungs- und Willenlosigkeit und halbgelehrten Dünkel für seine Freunde ein gefährlicher Mensch. Rodriguez als Führer der militärischen Begleitung der Reisegesellschaft, der Cura als Intrigant, haben mit ihm gemacht, was sie wollten, und erst recht jetzt der Gouverneur; »denn ist Gouverneur und Exzellenz, und für eine solche geht er trotz seines germanischen Freiheitskittels zu jeder Stunde ins Feuer.« (III, 321) Da Mexiko in Amerika liegt, Monroes Erklärung längst Dogma ist, hat es für die Nord- als die wahren Amerikaner nicht viel auf sich, welche politische Partei in Mexiko welche Absichten hat, wie der Roman es darlegt.

»Mein guter Herr Bohne«, gab mit einem gewaltigen Kopfrucke Cockley von sich. »Seyd zwar nicht sehr lange in unsern Vereinigten Staaten gewesen, aber doch lange genug, kalkuliere ich, und wenn ihr offene Augen und Ohren hattet, zu sehen und zu hören, daß wir einigermaßen eigene Leute sind – wir Amerikaner, ganz verschieden von euch Deutschen, – den Franzosen und G-tt v-n Briten [...]« (III, 333 f.)

Man verlässt Bohne. Er holt eine Abteilung Dragoner, aber seine amerikanischen Gefährten sind in höhere Regionen davon, in die sie nicht folgen können. Es ist eine zweite Trennung vollzogen. Nach dem naturgläubigen Romantiker hat jetzt auch der rein mechanisch vom Jungrevolutionären ins Altkonservative gelangte politische Aktivist für die Mexikaner Schiffbruch erlitten. Bohne war seit seiner Trennung von den amerikanischen Freunden auf der falschen Seite. Auch auf der richtigen hat man aber Probleme und Sorgen, so dass der gebildete Amerikaner Hardy sogar so weit geht, sie mit einem klassischen Bild des Horaz von der Sorge zu veranschaulichen.

Einige ältere und einige leitende amerikanische Herren hören von der sich gefährlich entwickelnden Sache, die teilweise sogar eigene Verwandte betrifft, und sie mischen sich ein. Von einer Truppe amerikanischer Cowboys, Viehzüchter, wie der Roman sie nennt, die man zusammengeholt hat, werden Hardy und Cockley gerettet wie vorher oder nachher alle anderen Betroffenen. Es genügt der bloße Auftritt mit 200 (heißgerittenen) Pferden, auf denen Leute sitzen, die zum Teil aus Missouri, Ohio und Tennessee kommen, damit das Menschenrecht auf freie Partnerwahl durchgesetzt und die Unversehrtheit der amerikanischen Bürger gewährleistet wird. Kämpfe und diplomatische Verwicklungen werden vermieden. Gewaltandrohung ist ja keine Gewalt. Auch von dem Herrn Bohne wird nur berichtet als einem jungen Ausländer und dessen kompliziertes Verhältnis zu seinen ihm unterstellten mexikanischen Soldaten beschrieben, die jetzt »ganz eigentlich im Solde« des in der mexikanischen und texanischen Geschichte bedeutsam werdenden Santa Ana stehen, der in Sealsfields Romanen seine Rolle hatte zunächst in der Erstfassung von »George Howard« (1834), als Flüchtling in den Vereinigten Staaten, und dann im »Kajütenbuch« (1841), als Präsident und Befehlshaber der Mexikaner bis zur Schlacht am Jacinto, in der er gefangen genommen wurde, als er die Amerikaner aus Texas vertreiben wollte. In »Süden und Norden« ist Santa Ana auf der Seite des schließlich seinerseits fliehenden Aristokraten Don Ixcuhar, der beabsichtigt, in die USA zu emigrieren und mit der Tochter Mariquita und dem ihr angetrauten Midshipman Gourney auf dem nordamerikanischen Kriegsschiff Hornet einquartiert wird. Sealsfields letzter Roman spielt zeitlich vor seinen ersten Romanen. Der Großgrundbesitzer setzt auf den neu aufsteigenden politischen Stern, im Hin und Her des Kampfes hat er sich mit den Nordamerikanern, die Asyl großzügig gewähren, wie mit dem amerikanischen konfessionsverschiedenen Schwiegersohn abgefunden. Mexiko – so kann man in all dem Durcheinander sehr wohl in Erfahrung bringen – hatte nach dem monarchistischen Iturbide Guerrero als demokratischen, dann wieder Santa Ana als monarchisch gesinnten obersten Chef, der dann durch ein zivileres und demokratischeres Regime ersetzt wird. In »Süden und Norden« ist man noch beim Übergang in die dritte Phase.

In diesem Zusammenhang kann jetzt von dem Ausländer Bohne berichtet werden: »Ein Deutscher, der einige Zeit bei uns gewesen, und den Wilkie sehr ausgezeichnet. Er hat wenigstens gesagt, der Dienst, den er uns geleistet, solle ihm nicht vergessen werden.« (III, 463) Hardy erfährt in den Trümmern des noch von den Spaniern gehaltenen Vera Cruz, dass Wilkie, der später General werden wird, dessen wirklicher Name verschleiert wird, Schutz und Sicherheit für die Amerikaner und deren Klienten politisch und durch militärähnliches Auftreten garantiert. Bohne findet auch Hardy noch einmal wieder, kann über den Stand der Dinge berichten und die abgelaufene Geschichte aus seiner Sicht nun richtig würdigen: »Ah, Ihre Landsleute! Jetzt weiß ich Amerikaner zu schätzen – Gott erhalte sie bei diesen Gesinnungen, und segne ihr Land! Es ist der letzte Trost, die letzte Hoffnung der in den Fesseln der Tyrannei zuckenden Menschheit.« (III, 476) Hardy, »Trost und letzte Hoffnung der zuckenden Menschheit überhörend« (ebd.) interessiert sich für Konkretes, die Rettung nämlich der einzelnen bedrohten Personen. Er wird dem Abgang sichernd beiwohnen, zur Vorsicht mahnen. Herr Bohne aber ist in der letzten harten Phase der Auseinandersetzung zum Amerikaner bekehrt worden. Er wird – wie in Vera Cruz der amerikanische Chef Wilkie ihm versprochen hatte – in »angesehenen amtlichen Verhältnissen« in den Vereinigten Staaten leben, endgültig immigriert, Amerikaner. Davon ist dann freilich weiter nicht mehr die Rede.

Die Geschichte von »Süden und Norden« bleibt jedoch eine Tragödie. Auch Bohne wird nicht über sie sprechen, so wenig wie die amerikanischen Familienväter Cockley und Hardy. Schon der Besuch bei den Indianerinnen Mexikos würde das en famille kaum empfehlen. Die wirkliche Tragödie ist aber: Das Liebespaar Mariquita – Philip wird wie Mariquitas Vater, Gourneys Onkel und Whitely mit der Hornet untergehen, mysteriös, weil man von dem mächtigen Schiff nichts weiter hört und es monatelang ohne jede Nachricht vermissen wird. Die große Liebe endet als Tragödie, wie die von Romeo und Julia, trotz des erfolgreichen Einsatzes vieler Nordamerikaner. Süden und Norden, Poesie und Prosa, Irrationalismus und Rationalismus kommen nicht zusammen. Es muss wohl ein Tornado gewesen sein. Drohend werden aber auch die Geschütze der Festung Vera Cruz vorgeführt, unter denen das Kriegsschiff gegen alle militärische Vernunft liegt.

In diesem letzten Roman Sealsfields sieht es so aus, als wolle er seine These von der nötigen eindeutigen Entscheidung, die immer wieder an dem falsch handelnden deutschen Emigranten Bohne demonstriert wird, sogar auf elementare Gegebenheiten ausdehnen, wenn auch kaum auf Bedenken in bezug auf die amerikanische Kultur, wie hier und da einmal geschrieben worden ist, sondern wohl doch im Gegenteil – schroff und provozierend – auf die Möglichkeit, neben Neuem Altes zu erhalten. Das Neue allein scheint zu gelten, zu überleben. An dieser Stelle kann der Leser vielleicht die Deutung am besten aussetzen, auch wenn es in der Forschungsliteratur beachtliche und weithin akzeptierte Ansätze gibt, zu dem bedeutenden Thema auf dem Hintergrund des Sealsfield'schen Romans zu tieferen Interpretationen zu gelangen.[25] Die von Gourney senior zusammengetragenen mexikanischen Waren jedenfalls, die zur Begründung eines florierenden Handels zwischen Norden und Süden beitragen, gelangen in den Norden, denn sie werden mit einem Handelsschiff aus dem nicht mehr umkämpften Hafen Tampico transportiert.

Eindeutig ist die Geschichte des Herrn Bohne, die sich durch den Roman zieht. Angesichts mancher Zweifel und ihrer Widerlegungen an der These vom Aufenthalt des nach Amerika gelangten Postl in Mexiko, wäre dazu vielleicht anderes zu sagen, als es Eduard Castle vorträgt.[26] Mir scheint, dass Sealsfield sich mit und ohne mexikanischen Aufenthalt kaum in dem amerikanischen Erzähler Hardy, sondern doch eher in dem noch unsicheren und umhergeworfenen Emigranten Bohne abgebildet haben könnte für diese frühen Jahre. Das würde erklären, warum die frühesten Erlebnisse des späteren Romanciers erst in seinem letzten Roman geschildert werden. Und er hält dann gegen manche kritische Stimme der Interpreten offenkundig damals wie später an einer amerikanischen Ideologie, am Ideal Amerika fest, akzeptiert in seiner Erzählung und durch sie ein (fast) militärisches Eingreifen auf fremdem Staatsgebiet durch Amerikaner, die durchsetzen, dass die bei ihnen eingeführten liberalen Gesetze für Amerikaner und die, die sich ihrem Schutz unterstellen, gelten und zur Geltung gebracht werden, Menschenrechte in einer erweiterten Fassung gegen positive Rechtsetzung aus religiösem Fundamentalismus, die nicht akzeptiert wird.

Die Schönheit der südlichen, der alten Welt wird freilich ebenfalls nicht zweifelhaft. Sich ihr – mindestens zu früh – einfach zu überlassen, ist aber im Roman tödlich. Darüber wollen weder Hardy, der immerhin sehr ausführlich erzählt, woran er sich erinnert, noch Cockley, noch Bohne erinnert werden und behalten ihre traurigen Erlebnisse in und mit dem »Süden«, der verführerisch vom leichten Glück träumen ließ, für sich.

3. Ein- und Auswanderer vieler Arten

Die These von der notwendigen Konversion zum Bürger einer neuen Welt nach der Ankunft in Amerika, die man dem Schicksal des Herrn Bohne als bemerkenswert und erstaunlich abgewinnen kann, hat an anderen Stellen des Werks von Sealsfield mancherlei korrespondierende Partien, von denen man die ersten im Amerikabuch von 1826 findet. Die Begründung einer Immigration in die Vereinigten Staaten wird ganz schnell und trotz Rückkehr nach Europa der Lebensinhalt des nach kurzem Schwanken sich als Charles Sealsfield begreifenden ehemaligen Mönchs. Sein Blick auf die eingewanderten Landsleute bleibt dabei kritisch. In seinem Bericht aus Amerika behauptet er von den emigrierten Deutschen in Pennsylvania:

> Immer finden sie aus zwei Kandidaten den schlechtesten heraus, und der honest German, mit dummen Deutschen beinahe gleichbedeutend, ist zum Sprichwort geworden. [...] Eben diese Missgriffe in der Wahl der Repräsentanten sind Schuld daran, daß der Staat Pennsylvanien im Kongresse so wenig beachtet, und sein Interesse so häufig verletzt wird. (SW I/1, 79)

Die parteiische Färbung der Aussage ist unverkennbar. Ihre allzu eindeutige Form lässt vermuten, dass sie mit der Propaganda für den Kandidaten Jackson und seine Partei zu erklären sein dürfte, zumal nach Kapiteln »Kongreß der Vereinigten Staaten«, »Wahlen«, Die deutschen Amerikaner in Pennsylvanien« (ebd. S. 69–79) unmittelbar ein Jackson-Kapitel und Betrachtungen »Die künftige Präsidentenwahl« folgen. Plädiert wird vom Autor für ein abstrakteres Vorgehen bei der Abgabe der Wahlstimme, bei der nicht Herkunft und Sprache oder gar Familienbeziehungen und privat-persönliche Beurteilungen, sondern nur Programme und Versprechungen eine Rolle spielen sollten. Man ist in einer idealen Demokratie, in der alles Wesentliche durchschaubar ist. Wenn Pennsylvania unter diesem Gesichtspunkt nicht klug wählt, wie der Berichterstatter nach Deutschland meldet, so ist das Urteil nachdrücklich:

So geachtet der deutsche Amerikaner in Pennsyvanien ist (man macht nicht den mindesten Unterschied zwischen einem deutschen und englischen Abkömmling), so wenig oder gar nicht sucht er die Gesellschaft der Anglo-Amerikaner und hat so nie Gelegenheit, die Männer kennen zu lernen, die sein Interesse am besten befördern können. (SW I/1, 74)

Der den zweiten Band des Amerikabuchs bildende Reisebericht schlägt zunächst gemäßigte Töne an. Man erfährt zu New Lisbon: »Die hier wohnenden Deutschen, meistens Handwerker, werden ihrer Redlichkeit und Betriebsamkeit wegen sehr gerühmt, und mehrere unter ihnen gehören unter die angesehensten und wohlhabendsten Einwohner.« SW I/2, 24) Ähnliches wiederholt sich. Berichtet wird in der Absicht, potentielle Auswanderer zu informieren, wobei der Autor auch eine Verbesserung von deren Stellung beabsichtigen dürfte und insbesondere gute Leute zur Einwanderung auffordern möchte, insoweit die Interessen seiner alten Landsleute wahrnimmt. Er schreibt unbefangen, glaubt, dass alles von ihm beobachtete ›Amerikanische‹ wichtig sei, was zu teilweise höchst detaillierten Angaben aus dem Alltag und von speziellen Vorgängen in ihm führt. Von deutschen Pflanzern, Germantown, Gnadenthal und vor allem der Familie Passavant in Celienopel/Ohio aus dem Frankfurter Goetheumkreis, deren Freundschaft er sich rühmt, wird enthusiastisch Gutes berichtet.[27] Gesamteindruck ist, dass deutsche Einwanderer exzellente Chancen im Norden der Union haben, sich aber amerikanisieren müssen, um wirklich mithalten zu können und zuhause zu sein. Erhaltene Briefe an Cotta, die persönlich-privat getönte Korrespondenzberichte zur einschlägigen Verwendung enthalten, geben wie Sealsfields spätere Berichte für amerikanische Zeitungen ein Gemisch aus Erlebtem und Gehörtem.[28] Am 25. Februar 1827 z. B. wird Cotta über die Pennsylvania-Deutschen mitgeteilt: »Städte, obwohl nicht so elegant wie New York, sind wohlgebaut, und solider Wohlstand spricht sich in ihnen sichtbar aus. Das einzige, was vonnöthen ist, ist Geisteskultur und mehr Eifer, ihren englischen Nachbarn gleich zu kommen.«[29] Auch hier ist der Tonfall überraschend, das aufgezeigte Gefälle wie die Benutzung des Begriffs »Geisteskultur« gegenüber dem Verleger Goethes und Schillers. Man hat nicht den Eindruck, Sealsfield plädiere für kulturelle Vielfalt im Land.

Wie sehr die deutschen Immigranten für Charles Sealsfield nur Emigranten bleiben, alte Gewohnheiten und Vorstellungen ihrer Heimat nicht ablegen, lässt sich an einem Einschub in den Roman »Der Legitime und die Republikaner« (1833, geschrieben in der Schweiz) feststellen. Gegenüber dessen amerikanischer Vorform »Tokeah or the white rose« (1829) erfahren die deutschen Leser, obwohl die Romanhandlung damit kaum Zusammenhang hat, dass sich neben den Leuten des in die Handlung integrierten ehemaligen gefährlichen (historischen) Seeräubers aus dem Mississippidelta in deren Kneipe »vier weniger verdächtige Individuen« befinden, die bei einer Bouteille Claret »sich gleichfalls ihres Daseins freuen«. Ein populär gewordenes Lied aus Zürich soll wohl mitgedacht werden, das den Deutschen, um die es sich handelt, nahe liegen kann.³⁰ Gegenüber den wilden Gesellen, die französisch oder spanisch sprechen, und den Amerikanern haben sie ihre besonderen Eigenheiten. Gefährlich sind sie nicht und werden später als harmlose Gefangenenbewachung eingesetzt. Grundsätze fehlen ihnen, so dass sie sogar einen Sieg der Engländer im hier noch nicht beendeten Krieg von 1812 vorziehen würden, da er, wie sie meinen, Geld und vor allem ›Ordnung‹ in Land bringen könnte. ›Biedermeierzeit‹ wünschen sie in beiden Punkten! Noch auffälliger ist ihre unterwürfige Haltung, als ein Unteroffizier ins Zimmer kommt, unverständlich ist ihnen das Verhalten der Einheimischen, denen Rang und Stellung beim privaten Verkehr schlicht gar nichts bedeuten. Dass man demokratisch die Taten eines kommandierenden Generals beurteilt, ist ihnen unglaublich. Der Autor will im Roman offenbar zeigen, dass damit nichts geschieht, was dem militärischen Erfolg der Amerikaner abträglich ist, dass die demokratische Ordnung funktioniert, wie ähnlich der Aristokrat Alexis de Tocqueville in seinen Reminiszenzen und politischen Theorien verwundert feststellte.³¹

Im Amerikabuch hat Sealsfield über die in New Orleans angetroffenen Deutschen noch schroffer geurteilt, nicht ohne dass schon hier der General Jackson, dessen Wahl zum Präsidenten der Autor unterstützen will, und der Krieg von 1812 auch wichtiges Thema sind. Unter den Bewohnern von New Orleans werden die eingewanderten Deutschen pauschal als in der Rangordnung vierte Gruppe nach den Franzosen abqualifiziert. Selbstgeringschätzung und Bewusstsein der eigenen Wertlosigkeit bereiten auf noch Schlimmeres vor, das zur mitgebrachten Armut in Beziehung gesetzt wird und zu einer Überfahrt auf Kredit, die sie zu weißen Sklaven erniedrige:

> Diejenigen, die nicht von ihren Herrn davonlaufen, wurden ihrer unmäßigen Völlerei wegen von diesen davon gejagt, und mit wenigen Ausnahmen war man allgemein froh, dieses Gesindels wieder los zu werden. Ohne Ehrgefühl lassen sich diese Menschen zu allem gebrauchen, was keiner von einer [anderen] Nation tun mag. Scharwächter sind Deutsche oder Franzosen, niemals Amerikaner, Lampenputzer und die noch eine Stufe niedriger stehenden Dienste werden durchgängig von Deutschen versehen. Ihr unordentliches Leben macht sie gewöhnlich im ersten Sommer zum Opfer ihrer Ausschweifungen; es starben in den Jahren 1819 und 1822 von etwa 2500 deutschen Einwanderern an Tausend. Häufig leben sie außer der Ehe, oder halten sich Negerinnen, von denen mehrere vier bis fünf Kinder haben (SW I/2, 197)

Eine Moralpredigt des ehemaligen Mönchs ist das insofern, als auch der Autor sich weiter von einer Sendung getragen fühlt. Was den wirklich armen Auswanderer erwartet, wird in finsterster Färbung dargestellt, und ob es anders überhaupt gehen könnte, bleibt zweifelhaft. Sicher ist, dass die Vereinigten Staaten Freiheit als Zügellosigkeit nur dann erlauben, wenn man jeden Blick auf Weiterleben und Besserung der Umstände aufgibt.³² Dass allein Arbeit die Lebensumstände verbessern kann, ist über weite Strecken Thema in Sealsfields »Lebensbilder aus der westlichen Hemisphäre«. Sollten mittellose Einwanderer abgeschreckt werden, so mindert das den deutschen Anteil an der Unterschicht, zumal wenn den bleibenden nahegelegt wird, die Freiheit als Möglichkeit zur Arbeit und nur dadurch möglicher besserer gesellschaftlicher Stellung zu begreifen.

Wenn im Amerikareisebericht die Unterschiedlichkeit deutscher Einwanderer im Norden und im Süden der USA behauptet wird, so gerät das im Roman »Morton« (1835) in Vergessenheit. Er hat ein eigenes Kapitel »Die deutschen Emigranten«, in dem sie erscheinen als »ein armseliges Häufchen von Menschenkindern, die zum Theil auf den Schubkarren gepackt waren, zum Theil hintendrein krochen und schleppten.« (SW X, 47) »Unsägliches Elend« führt einen bankrotten potentiellen Selbstmörder zu der Betrachtung: »Kann man so leben und nicht lieber sterben!« Aber er wird belehrt. »Gott behüte! [...] der Mann denkt erst jetzt als Mensch zu leben; bisher lebte er bloß ein Hundeleben.« (ebd. S. 57) Es wird angenommen, dass er auf dem rechten Weg ist, allerdings wird dann ausgiebig ein ganz anderes Negativbeispiel diskutiert von einem »Redemptionisten«, der sich für die Kosten der Überfahrt verkauft hatte, anschließend besonders erbärmlich lebte, mitgebrachtes wie verdientes Geld in stinkenden Lumpen versteckte, um erst nach Kenntnis von Land, Gebräuchen und Menschen plötzlich und überraschend ein Besitztum zu ersteigern, das ihn in eine andere soziale Klasse katapultiert. Dieses Verfahren findet heftige Ablehnung wegen seines Betrugscharakters. Ehrgefühl und korrektehrliches Auftreten kann man von einem, den man als Mitbürger akzeptieren soll, erwarten.

Man wird über sehr verschiedene Aspekte des Einwanderns informiert, denn letzten Endes geht es um die Frage, wer akzeptiert werden wird, welche Begründungen dabei verwendbar sind, wie man sich zu verändern hat in seiner Mentalität, um unter den neuen Menschen der Neuen Welt Aufnahme zu finden. In diesem Sinn sind die Texte Sealsfields »Hilfsbuch für Auswanderer«, wie er eines, in einem englisch abgefassten Brief, 1829 Heinrich Brockhaus vergeblich zum Verlag anbot.³³ Er hat auch der Überfahrt viele Seiten gewidmet in den lange kaum greifbaren »Deutsch-amerikanischen Wahlverwandtschaften«³⁴, eigentliches Thema ist sie ihm nicht.

Der Unterschied zwischen politischen Emigranten und Auswanderern aus ökonomischen Gründen ist meist, und nicht nur bei Sealsfield, verwischt, so zwischen dem Flüchtling Bohne etwa und dem in einer kleinen Erzählung bereits etablierten Bauern Christophorus Bärenhäuter in Ohio, der zwar ein tüchtiger Landwirt und auch schon im Ansatz durchsetzungsfähiger Amerikaner ist, dennoch vom Autor, der eine amerikanische Vorlage von Timothy Flint benutzt, abgewertet wird, weil seine überlegene erste irische Frau nach Entführung auch noch mit problematischeren Verhältnissen fertig wird als er und Bärenhäuter sich dem Namen entsprechend zu schnell ins Paradies zurücklehnt. Eigentlich hätte er seine irische Jemmy weiter bitter nötig zur Aufregung aus seiner allzu zufriedenen Bequemlichkeit wie der Indianerhäuptling, den Jemmy, nach dem an Christophorus' zweiter Heirat gescheiterten Versuch, in ihr altes Leben zurück zu kehren, heiratet und den sie mit den gemeinsamen Kindern zu besserem Leben und zu Ansehen bringt.

Spanische oder die sehr häufig vorgeführten französischen Emigranten sind hauptsächlich als Mitglieder einer adligen Emigration Beispiele eines Neo-Rokoko auch in den Vereinigten Staaten und werden oft den bürgerlichen Amerikanern als eine Art auf bösen Wegen befindliche Alteuropäer gegenübergestellt, selbst wenn sie aus Mexiko kommen. Franzosen finden die Sympathie des Romanciers und dürfen ohne weiteres Angloamerikaner heiraten, das Diktum Alexis de Tocquevilles, dass Franzosen überall den Angloamerikanern unterlegen seien, wird aber nicht nur zitiert, sondern anschaulich gemacht.[35] Grundsätzlich bevorzugt der Autor Franzosen als Kulturträger erheblich gegenüber Deutschen, aber auch sie zeigen kein demokratischer Lebensform entsprechendes politisches Interesse, wie es notwendig wäre. Man muss das lernen, ist der durchgehende Tenor, ob es sich um eine Figur handelt, die an den Vicomte de Chateaubriand erinnert[36], oder um einen deutschen Bauern wie Bärenhäuter. Sealsfield nimmt die Rolle des Predigers ein, scheidet Gut und Böse oder Schlecht, zielt mit seinen Betrachtungen aber auf die Anwendung für ein erfolgreiches Leben in den Vereinigten Staaten. Dass die Schilderung der Volksgruppen und ihrer Möglichkeiten interessant, aber auch vielfach stereotyp ist, ist in einer Reihe von Arbeiten festgehalten worden.[37]

Die vierbändigen »Deutsch-amerikanischen Wahlverwandtschaften« (1839/40) haben vorübergehend das Immigrantenthema hinter sich gelassen, vergleichen aber natürlich weiter Deutsche und Amerikaner. Globalisierung wirkt sich bereits in fernen Krisen aus und Geschäfte werden in fernen Regionen gemacht. Sie lassen junge Männer ganz überstürzt Reisen über den Ozean vornehmen, sich mit ihren Familien plötzlich auch nahe kommen. Der Amerikaner in Zürich bemerkt bei einer Familie aus dem Rheinland exzessive, aber auch in ihr umstrittene literarische Kultur, Ängstlichkeit bei einer Bootsfahrt auf dem See, Unfähigkeit bei der Einschätzung der Härte von Kontrahenten und zu wenig Unternehmungsgeist. Beim »Rheinpreußen« in Neuengland und New York provozieren Auswüchse der Politik ernstere Probleme, sollen möglicherweise vorweisen, dass es jeweils passende Antworten zu finden gilt in einem freien System, das auch Widerstand verschiedener Art gegen das offenbar Unerlaubte und Rücksichtslose braucht. Das Thema der Auswanderung, ein Zentralthema der Epoche mit den neuen Möglichkeiten des Aufstiegs und der besseren Lebensbedingungen mit der Erschließung neuer Länder und neuer

Industrien, wird an der Überfahrt vorgeführt. Hier sind die Unterschiede der sozialen Stellungen besonders fühlbar. Deutsche Einwanderer müssen mehrwöchige Quarantäne erdulden, wo andere Reisende das Schiff nach der Ankunft in New York schnell verlassen. Auswanderer müssen unterhalb der Touristenklasse manches ertragen, informiert der Autor. Dass die Herkunft aus einer ähnlichen Gruppe etwas bedeuten könne, von diesem Irrglauben will Sealsfield seine Leser wohl eher abbringen. Das sehr komplizierte Werk, das wegen geringer Verbreitung und unglücklicher Publikationsform bisher kaum Interesse fand, erstmals in seinem Aufbau in der neuen Edition durchsichtig gemacht zu haben, ist das Verdienst von Karl J. Arndts Edition.[38] Es endet deutlich mit zwei Kapiteln über Lehrstunden: »Des Preußen erste« und »Des Preußen zweite Lehrstunde in unserer Politik« (SW XXIII/4, 225–288). Eindeutig handelt es sich um Innenpolitik, deren rabiate Formen und primitivere Akteure der seit 1815 neupreußische Rheinländer Schochstein aus der industriellen Region im Westen Deutschlands allzu direkt ernst nimmt, so dass er in deren Tun verstrickt wird. Darin unterscheidet er sich von den gebildeteren Amerikanern, denen so etwas nicht passieren kann, und die Formen ihres politischen Lebens angemessen einordnen können.

In den letzten Sätzen geht es aber um anderes, nämlich den Kampf des Preußen Schochstein mit dem New Yorker Dish um die reiche Erbin Dougaldine, die Neigung für den Preußen zeigt. Eine Geschichte könnte beginnen von der sicher ist, dass sie mit der aus dem späteren »Süden und Norden« keine Ähnlichkeit hat. Lernen soll man aber auch aus ihr, was allzu naives Handeln bewirkt, und dass überall Umsicht Not tut. Manche Zeitgenossen und manchmal sogar spätere Politiker hätten sich bei dem Autor Dinge bewusst machen können, die ihnen zu wenig wichtig waren. Sealsfield kündigte dem Verleger »Osten und Westen« als Fortsetzung der »Wahlverwandtschaften« an. Erhalten ist davon nichts.

Schochstein muss in der Bankenkrise Geld retten, zielt vielleicht auf eine Fusion, aber ein Einwanderer ist er nicht mehr und hat die von ihm absolvierten Lehrstunden in amerikanischer Politik eigentlich nur insoweit nötig, als er in amerikanische Entscheidungen verstrickt ist. Das weist schon auf viel spätere Zeiten. Jedenfalls steht das Thema Emigration und Immigration hier nicht zur Debatte, ebenso wenig wie im folgenden »Kajütenbuch« (1841). Allzu schlichte Zukunftsplanungen erweisen sich als fragwürdig, lügenhafte Arrangements als schädlich. Leben wird in der Gegenwart fixiert. Wie Vergangenheit einmal in der kleinen komödienhaften Erzählung von der »Grabesschuld«[39], so ist Zukunft in den Erzählungen um den Oberst Morse im Aufbau von Texas nicht der eigentliche Bezugspunkt, sondern amerikanische Gegenwart, die zunehmend Gegenstand der Sealsfield'schen Romane geworden war, auch wenn sie dem deutschen Publikum als historische Erzählung über eine lehrreiche Vergangenheit und in Anlehnung an Walter

Scott angeboten wird. Dass das abschließende »Süden und Norden« das Emigranten- und Immigrantenthema ganz ernsthaft behandelt, weist auf die dauernde Bedeutung der Probleme für den Autor hin, der gewiss einer der ersten gewesen sein dürfte, der auch unterschiedliche psychologische Haltungen auf beiden Seiten des Atlantik ebenso betonte wie den Zusammenhang der atlantischen Länder.

Wenigstens einmal findet sich in Sealsfields Werk ein ›herrlicher‹ Deutschamerikaner: der Sheriff und Oberst Isling, der freilich dadurch ›geborener‹ Bürger geworden ist, dass er als verkaufter hessischer Söldner zu Washington überlief und so vor der endgültigen Staatsgründung Amerikaner wurde. Dieser Deutschamerikaner rettet nach seiner finanziellen Katastrophe (in der erzählten Gegenwart) einen Nachkommen aus der Familie eines der Unterzeichner der Unabhängigkeitserklärung vor dem Selbstmord. Auch hierin ist Moral selbstverständlich bei Amerikanern. Das gottgegebene Leben kann man nicht fortwerfen. Moral zeichnet einen echten Amerikaner aus, macht der einst englische Söldner Isling als echter Sheriff dem jungen Mann aus der Familie Jefferson klar. Verlogenheit oder Gewalt sind gleichermaßen Verbrechen, auch gegen sich selbst. Sealsfields Helden sind sicher keine Pazifisten und gehen gelegentlich ziemlich weit über das hinaus, was als Völkerrecht gelten kann, wie Nathan (der Squatterregulator!) mit seinen Leuten oder die Texassiedler zeigen, die sich hinter ihren Anführern gegen Mexiko formieren. Alle dürfen sie ihre begründeten Interessen wahrnehmen. Morton, der gescheiterte Kapitän und Reeder aus Philadelphia wird vom Sheriff und Oberst Isling vor dem einer solchen Haltung konträren Suizid gerettet. Zwar heiratet er dennoch nicht die Tochter seines Retters, wie es sich ganz schnell als möglich und gewünscht erweist, bleibt auch nicht auf dem Land, sondern geht wie sein Autor zu politisierender Wirtschaftsjournalistik und -information über, animiert von dem Bankier Girard aus Philadelphia, dem eine gewaltige Rolle auch auf internationalem Parkett gegeben wird. Es ist gewiss falsch zu glauben, Sealsfield – Balzac-Leser und -Kompilator, der dessen stärkste Bilder von Bankwesen und gesellschaftlicher Aktivität noch verstärkt, – habe das schlicht kritisieren wollen. Morton glaubt sich am Ende wieder in einer Sackgasse, so wie sein Autor immer wieder einmal sich in einer solchen vorgekommen sein mag. Sealsfield selbst verhielt sich seinen eigenen Bedenken gegenüber schließlich schweigsam, rechtfertigte sein vergangenes Handeln bis zuletzt, auch wenn er es nicht mehr in Romanen kommentierte. Man kann die beste Spiegelung wohl in seinem bekehrten und als Amerikaner etablierten Bohne sehen, der auch seine romantischen Erinnerungen hat und sich ihnen gelegentlich hingibt. Sealsfield war ungeachtet seiner Herkunft geneigt, das, was ihm als Neue Welt erschien, stets zu verteidigen.

Eduard Castle zitiert ein Stammbuchblatt aus dem Jahre 1856: »Den rauhen deutschen Himmel hast Du verloren, – hast einen milderen dafür gefunden! O!

Verliere nicht auch Dein deutsches Herz – Du würdest kein milderes mehr finden.« (Brooklyn [?], 11. Juni 1856)⁴⁰ Da der Text vielem beim Autor zu widersprechen scheint, bedarf er, wenn man ihn für echt hält, des Kommentars. Auf dem Hintergrund des Denkens des Autors wird man sagen dürfen: Moral und Mitgefühl seien in einer demokratischen Konkurrenzgesellschaft sehr wünschenswert. Damit wäre ein noch nicht erreichtes Ziel angegeben und als wünschenswert qualifiziert. Das passte zu Sealsfields Romanen und zum vormärzlichen Fortschrittsglauben. Den erreichten freien (vorläufigen) Zustand dürfte der sehr private Text »für eine junge Deutsche« kaum diskreditieren wollen. Auch der verstummte Autor hat in vielen Briefen zurückgewiesen, dass er wegen Bedenken seine Haltung geändert habe. Der Wünschbarkeit einer demokratischen und freien, tätigen, ja sich waffnenden und verteidigenden Gesellschaft und ihrer entsprechend gesonnenen Mitglieder ist er so wenig untreu geworden wie das je die Amerikaner seiner Romane tun, für die dergleichen auch nur theoretisch in Betracht zu ziehen, schon unmöglich ist.

Der Autor gehört unverkennbar selbst einer Epoche an, die noch der Meinung ist, Kritik im einzelnen könne erhaltend für das ganze sein, Wahrheit sei es immer, zumal wenn sie, was für Amerikaner stets typisch ist, wenn sie reden, einem konkreten Aufklärungszweck diene, auf den es nämlich letztlich durchaus ankomme. Aufklärung ist ein politischer wie ein moralischer Zweck für ihn gewesen. Die Neue Welt blieb für ihn stets die bessere, weil Aufklärung dort selbstverständlicher war. Der Emigrant aus der schlechten alten Welt kann nur in die neue immigrieren. Er kann in ihr nur bleiben, auch wenn sie noch nicht perfekt ist. Zu einfachen ideologischen Positionen, die in jedem einzelnen Punkt den gerade gewünschten Propagandamaximen entsprechen und jede Kritik ausschließen, kann das in einem wirklich freien Land nicht führen. So gehört es zu den besonderen Qualitäten des Autors Charles Sealsfield, dass er auf vielen Ebenen eine Dauerdiskussion mit eigenen und fremden Fragen und Lösungen führt, die seine literarischen Werke interessant erhält und manchmal in erstaunlicher Weise bei der Erörterung von Gegenwartsproblemen nützlich sein könnte, wenn man sein Werk wieder populär machen könnte.⁴¹

Charles Sealsfield, Emigrant aus dem habsburgischen Österreich wurde amerikanischer Immigrant in die USA, schrieb als Amerikaner, wenn auch ausdrücklich zur Aufklärung seiner alten Landsleute in Europa und ohne großen Erfolg in den Vereinigten Staaten.⁴² Dass die deutsche Bundesrepublik der frühen Jahre ihn wie Österreich nach 1945 immerhin entdeckte und publizierte, da die europäisch-amerikanische Allianz dieser Jahre mit ihrem wirtschaftlichen und demokratischen Schwung zu ihm passte, war kein Zufall, sondern Verwirklichung einer nun von vielen gelebten Haltung. Jeffrey L. Sammons hat den Vormärz-Autor in einer sich langsam verändernden Welt als »Ideologen« beschrieben, vom »Realisten« Gerstäcker und selbstverständlich von der späteren »Fantasy«, die sich schon bei Karl

May andeute, abgesetzt.⁴³ Nicht übersehen sollte man aber, dass die ›Ideologie‹ des Vormärz in Sealsfields amerikanischer Fassung nach 1945 politisch außerordentlich erfolgreich war, nachdem man vorher einem Irrweg bis in seine bittersten Finsternisse gefolgt war und in seinen bösen Ergebnissen erlebt hatte. Dass mancherlei alte Einsichten in einer neuen Begeisterung übersehen wurden und dass insbesondere aufklärende Sealsfield-Forschung weiter wünschenswert wäre und gerade im Zusammenhang mit dem produktiven Teil der Werke des Autors für die Gegenwart auch nützlich, ist meine feste Überzeugung nach vielen Jahren der Auseinandersetzung mit dem Autor Sealsfield und der Frage nach dem Menschen, den er darstellte und darstellen wollte.

Anmerkungen

1 Verbindungen zu ziehen ist schwierig. Die von Karl J. Arndt entdeckten »Early impressions«, die im Donauraum lokalisiert sind, geben dazu nur wenig her. Vgl. Charles Sealsfield: Sämtliche Werke. 24 Bde. Hildesheim, New York 1972–1991 (= SW) Bd. XXIX, 15–31. Übersetzt und kommentiert hat Gerald Frodl den Text in: Schriftenreihe der Charles-Sealsfield-Gesellschaft, XII, S. 163–176 (= CSG).

2 Jeffrey L. Sammons summiert den Forschungsstand zum Biographischen: The Sealsfield Riddle. – In: Ideology, Mimesis, Fantasy. Chapel Hill, London 1998, S. 3–22. – Eduard Castle: Der große Unbekannte. Das Leben von Charles Sealsfield. Wien, München 1952; Nachdruck m. Einleitung: SW XXV (= Erg. R. 1), 1993, ist in Details gründlich und informativ, in der Deutung inakzeptabel.

3 Castles durch Register gut erschlossene Sammlung von Dokumenten (SW XXVI (= Erg. R 2), 1995) enthält überwiegend Berichte zu Sealsfields Tod 1864, allein für das Todesjahr 25 Beiträge (S. 56–168), etwa 50 spätere Beiträge auf fast 400 Seiten.

4 Es ist vermutet worden, Sealsfield habe etwaige Ansprüche seiner Klostergemeinschaft auf diese Weise unterlaufen wollen. Versuche der Kreuzherren oder kirchlicher Institutionen zum Erwerb seines Vermögens oder Nachlasses sind nicht bekannt. Vgl. Castle, SW XXV, 644.

5 Alexander Ritter hat 2001 zum Übergang zur neuen Identität eine Studie zum Erhalt eines neuen Passes vorgelegt mit einigen detaillierten Angaben zu einzeln Dokumenten (»ließ sich in den Bürgerverein dieser Republik aufnehmen«): Der Migrantenfall Carl Postl Charles Sealsfield – Individualkrise als Krisensymptom der Vormärzzeit. – In: Yearbook of German-American Studies. Vol. 36, S. 47–68, und ähnlich mit bedeutsamem Titel: Grenzübertritt und Schattentausch. Der österreichische Priester Carl Postl und seine vage staatsbürgerliche Identität als amerikanischer Literat Charles Sealsfield. Eine Dokumentation. – In: CSG XII, S. 91–122.

6 Eine Stammtafel über einige Generationen gibt es als Anlage auch für die spätere Zeit in Castles Biographie (SW XXV). Intensive Anteilnahme der Nachkommen war beim Marbacher Kongress 1993 zum 200. Geburtstag noch auffällig (vgl. Mitteilungen der CSG 1, Mitglieder-Forum, 1995).

7 Konkrete Angaben dazu enthält Eduard Castle: Der große Unbekannte. Das Leben von Charles Sealsfield (Karl Postl). Briefe und Aktenstücke. Wien 1955, S. 9–47: Die Pöltenberger Sendung.

⁸ Die Begriffe wurden ähnlich in verschiedenen Sprachen verwendet. Als Romantitel braucht sie im Nachmärz die konservative spanische Schriftstellerin Fernán Caballero in »Un Servilón y un Liberalito« (mit deutlicher Wertunterscheidung der Richtungen in der Wortbildung!). Näher an Sealsfield kann man ähnliche Kategorisierung bei Grillparzer finden.

⁹ Castle [Anm. 7], S. 48–106.

¹⁰ Zahlreiche Dokumente bei Castle, ebd.

¹¹ SW III. – Eine ausführlich kommentierte Ausgabe: Charles Sealsfield – Karl Postl. Hrsg. von P.-H. Kucher. Wien (u. a.) 1994; deren Text auch in CSG X, 1997.

¹² Castle, SW XXV, 192–201.

¹³ Timothy Flint: Condensed History and Geography of the Western States or the Mississippi Valley. 2 Bde., Cincinnati 1828. Ein Exemplar der Originalausgabe besitzt die Ruhruniversität Bochum aus dem Bestand der Bibliothek Hügel, Familie Krupp. Flint trat hervor in der »Western Monthly Review«, aus der Sealsfield seinen »Bärenhäuter« entnahm: »Jemima O'Keefy«, 1827).

¹⁴ Vgl. Franz Schüppen: Von der Freiheit eines echten Amerikaners. – In: Joseph P. Strelka: Zwischen Louisiana und Solothurn. Zum Werk des Österreich-Amerikaners Charles Selasfield. Bern 1997, S. 11–42 (New Yorker Beiträge zur österreichischen Literaturgeschichte, Bd. 6): Zu Gesetzlichkeit und Ordnung als Leitbegriffe s. S. 12–15.

¹⁵ Erst 1846 wird der Name Charles Sealsfield den »Gesammelten Werken« vorgesetzt und die Verfasserschaft erklärt.

¹⁶ Zum Thema der Familie Bonaparte: Mario Marquet: Die amerikanischen Bonapartes. Wien 1992. Napoleon bei Sealsfield ist noch nicht zusammenhängend dargestellt; Beziehungen zu Joseph Bonaparte, der Beziehungen zum Bankier Girard und dem von Sealsfield vorübergehend herausgegebenen »Courrier des Etats-Unis« hatte, sind bei Castle (SW XXV) festgehalten und erläutert. Zum »Courrier« s. Karl J. Arndt, 1953, SW XXIV, S. 61–79. Sealsfields Schweizer Aufenthalt beginnt in Schaffhausen in der Nähe des napoleonischen Schlosses Arenenberg (heute Museum), zu dem relativ enge Beziehungen bestanden haben müssen.

¹⁷ Zu Tocqueville ausführlicher: Peter Krauss: Zwischen Achtung und Verachtung. Sealsfield und die Franzosen. – In: Franz Schüppen (Hrsg.): Neue Sealsfield Studien. Stuttgart 1995, S. 375–390. Franz Schüppen: Das Ideal der Neuen Welt und das amerikanische Beispiel bei Alexis de Tocqueville und Charles Sealsfield. – In: Europa Forum Philosophie. Documentation septembre 1998, S. 43–52.

¹⁸ Vgl. Friedrich Sengles Sealsfield-Porträt in: Biedermeierzeit. Bd. III. Stuttgart 1980, S. 752–814.

¹⁹ Zur Identitätsdebatte s. Castle SW XXVI) mit vielen Stellungnahmen. Der Band hat ein umfassendes Personen- und Sachregister. Testament und Dokumente zum Tod in Castle [Anm. 7], S. 356–407; zur Schweizer Zeit: ebd., S. 215–282 und 307–355. Friedrich Sengle [Anm. 18] betont das Schwanken Sealsfields zwischen Schriftsteller und Weltmann, das beiden Rollen geschadet habe (bes. S. 814).

²⁰ S. die Berichte von Ida von Düringsfeld und Karl Kertbény in Castle, SW XXVI, S. 4–10 und 26–36.

²¹ Überlieferter Nachlass: Charles Sealsfield: Die Grabesschuld. Hrsg. von Alfred Meißner. Leipzig 1873; SW XXIV, S. 433–475, mit knappem Anhang.

²² Vgl. Wynfried Kriegleder: Vorwärts in die Vergangenheit. Das Bild der USA in den deutschsprachigen Romanen von 1776 bis 1855. Tübingen 1999, der mit Ferdinand Kürnbergers »Amerika-Müden« endet.

²³ Vielleicht erklärt sich aus diesem Zusammenhang die Anteilnahme Hugo von Hofmannsthals an Sealsfield, wie das Interesse des Forschers Eduard Castle, der eine österreichische Litera-

turgeschichte aus dem Geist des Endes des Kaiserreichs herausgab, an »Süden und Norden«, das er als ersten Sealsfield-Roman mit ausführlicher Kommentierung zur Edition vorbereitete.

24 In der Ausgabe, SW XVIII-XX, hat die mexikanische Germanistin Marianne O. de Bopp in einer ausführlichen Einleitung die historischen Hintergründe erläutert und die fragwürdige Beurteilung Mexikos bei Sealsfield dargestellt. Ergänzende Angaben zum Historischen auch in ihrem Vorwort zu »Virey oder die Aristokraten. Mexiko im Jahre 1812«, SW VIII (und IX).

25 Von neueren Arbeiten vor allem: Klaus Weissenberger: Das Landschaftsbild in Sealsfields mexikanischen Romanen – von der exotischen Kulisse zur Poetisierung im magischen Selbstbezug. – In: Schüppen [Anm. 17], S. 307–330. – Lars Peter Linke: Reise, Abenteuer und Geheimnis. Zu den Romanen Charles Sealsfields. Bielefeld 1999, bes. S. 191–201.

26 Castles Überlegungen zu Sealsfields Mexiko-Aufenthalt, den er für real hält, beziehen sich erst auf 1828 f., SW XXV, 255–262. Alle Datierungen scheinen unzuverlässig, die Spekulationen über Zusammenhänge von Texten und Personen mit realen Vorbildern und Vorgaben gewagt. Referiert wird von Castle die Identifizierung von Hardy als Sealsfield (v. a. S. 257).

27 Zusammenhänge mit dem Nationalökonomen Carey über Sealsfields Verleger Carey und über die Familie Passavant in Pennsylvania habe ich darzustellen versucht in CSG, St, VI, 1999, S. 109–139 (Wirtschaftlicher Optimismus aus der Neuen Welt).

28 Karl J. Arndt hat Sealsfield als Berichterstatter aus dem Europa der 1830er Revolution entdeckt. Die nach ihm von Sealsfield stammenden Beiträge für US-Zeitungen in SW XXIV, 95–332.

29 Castle [Anm. 7], S. 133.

30 »Freut euch des Lebens [...]« von Martin Usteri, 1793, mit bald erfolgreicher Vertonung.

31 Die Nähe Sealsfields zu Tocqueville geht bis zu einem frühen Zitat Sealsfields aus dem Werk Tocquevilles Vgl. Anm. 17.

32 In SW XIII, 281 f. wird die Freiheit als »züchtig ernst, nüchtern gereifte Dame« präsentiert; sie ist »Spielereien und dem Tand abhold« und deutet in ihrer ganzen Erscheinung auf »unverdrossene Arbeitsamkeit«. Vgl. zu Wirklichkeitsorientierung und Freiheitsidee: Schüppen [Anm. 14], S. 21 ff.

33 Anm. 7, S. 149.

34 SW XXI-XXIII. Die Überfahrt ist geschildert in XXI/1, 157 bis XXI/2, 128. Sie wird als notwendig dramatischer Übergang in eine ›andere‹ Welt vorgestellt in all ihren Phasen und sozialen Aspekten.

35 Vgl. Anm. 17 und 31. Sealsfield zitiert Tocqueville in »Pflanzerleben« II, SW XIV, 221.

36 Vicomte de Vignerolles, wichtige Gestalt in »Lebensbilder aus der westlichen Hemisphäre« (insbesondere in den Bänden SW XII-XV), in der ersten Fassung gelegentlich Rossignolles genannt, erscheint immer neu fähig, die Qualitäten der Amerikaner zu erkennen. Als Figur ist er anderen emigrierten Landsleuten entgegengesetzt, die den amerikanischen Lebensernst nicht sehen, verstehen und annehmen.

37 Das Marbacher Sealsfield-Symposion 1993 benutzte für einen Teil seiner Untersuchungen Sealsfields Begriff »Nationale Charakteristiken« (im Vorwort des »Kajütenbuchs«). Vgl. Schüppen [Anm. 17], S. 331–390.

38 In der Werkausgabe [Anm. 34] sind zu den von Arndt edierten »Deutsch-amerikanischen Wahlverwandtschaften«, im Unterschied zu den meisten anderen Bänden der Ausgabe, die Kapitelüberschriften gesetzt, und zwar englisch für »Rambleton. A Romance of Fashionable Life in New York during the Great Speculation of 1836« und »Neue Land- und Seebilder. Die deutsch-amerikanischen Wahlverwandtschaften«. Hervortreten soll und kann die offenbar vorhandene Struktur des Werks, die durch die Bandtrennungen und Auslassungen, die die Übersetzung nicht enthält,

verdeckt wurde. Im einzelnen erfordert dieser Roman zweifellos Erforschung unter formalen und inhaltlichen Aspekten.

[39] In der nachgelassenen Skizze »Die Grabesschuld«, SW XXIV, 433–477, beruft sich das auftretende »Gespenst« auf eine Wettschuld aus dem Unabhängigkeitskrieg. Unverkennbar ist aber der Gegenwartsbezug.

[40] Castle [Anm.7], S. 302, gibt als Quelle ein verlorenes Blatt aus dem »Deutschen Journalisten- und Schriftstellerverein für Mähren und Schlesien in Brünn an (S. 417, unter »Splitter«). In die Biographie ist der Text als »einer jungen Deutschen gewidmet« eingeschoben, aber ohne Beleg (S. 562).

[41] Eine erste Sammlung von Rezensionen der Werke veröffentlichte Reinhard Spieß 2002 im 7. Band der Supplementreihe (SW XXXI) auf fast 500 Seiten: Primus-Heinz Kucher: Dokumente zur Rezeptionsgeschichte, Teil 1: Die zeitgenössische Rezeption in Europa.

[42] Zur amerikanischen Rezeption gibt es vorläufige Studien von Karl J. Arndt (SW XXIV, 32–41 und 81–95). Auch wenn der Gesamtzusammenhang, zu dem einzelnes vorliegt, dargestellt wird, ist keine grundsätzlich andere Sicht zu erwarten.

[43] Sammons [Anm. 2].

Kleinere Beiträge

Eine dänische Hymne zu Heines 100. Geburtstag: Holger Drachmanns »Heine in Hamburg«

Von Ernst-Ullrich Pinkert, Aalborg

Zu Heines 100. Geburtstag verfasste der dänische Schriftsteller Holger Drachmann (1846–1908) eine Hymne – »Heine in Hamburg«. Sie ist der Höhepunkt einer lebenslangen Auseinandersetzung mit Heine. Drachmann war damals der wohl berühmteste dänische Schriftsteller; zu seinem 50. Geburtstag wird er in der Presse als »größter lebender Dichter« Dänemarks gefeiert.[1]

»Heine in Hamburg« erschien 1899 in Drachmanns autobiographisch geprägtem Prosawerk »Den hellige Ild« (Das heilige Feuer).[2] Das Sprecher-Ich dieser Hymne befindet sich in der Hansestadt, wo Drachmann von 1892–1898 mit einigen Unterbrechungen in einer Art freiwilligem Exil lebte. Die 15 Strophen des Gedichts sind in dem Kapitel »I den Fri Hansa-Stad« (In der Freien Hansestadt) in vier nahezu gleich langen Blöcken abgedruckt[3], die jeweils von Segmenten einer kurzen Rahmenerzählung unterbrochen werden. Hier unterhält sich der Erzähler, der dem Sprecher-Ich des Gedichts und Drachmann ähnelt, 1897 mit einem »Fremden« über Heine und Hamburg und Gott und die Welt. Die Figur des »Fremden« ist eine Art Alter Ego des Erzählers und erlaubt es diesem, seine Gedanken im Dialog zu entfalten; die Strophen 9–12 des Gedichtes werden im übrigen dem »Fremden« in den Mund gelegt. – In der folgenden Übersetzung wird das Gedicht ohne Zwischentexte und Rahmenerzählung wiedergegeben; die Auslassungen verändern nicht das von Drachmann vermittelte Heine-Bild.

Drachmann, dessen nationalromantisches Lied »Vi elsker vort land« (Wir lieben unser Land) in Dänemark noch immer an jedem Sonnenwendfeuer gesungen wird, thematisiert in seinem Gedicht, was viele dänische Schriftsteller im 19. Jahrhundert an Heine geschätzt und bewundert haben: Witz, Mut, revolutionäres Bewusstsein, Leidensfähigkeit. Er rühmt Heine als unbeugsamen Kämpfer gegen die schnöde Krämermentalität, preist ihn als »Befreier und Erneuerer«; er lobt seinen

»blutroten Witz«, seinen Vorbildcharakter für die Proletarier, denen sich auch Drachmann selbst in Hamburg politisch stark annäherte. Er rühmt jenen Heine, der die Revolution »prophetisch geahnt und brutal verkündet« habe, den Anführer derer, die »zum Kampf blasen«. Drachmann, der sich politisch und weltanschaulich nur selten genau festlegen lässt, prophezeit hier sogar den erfolgreichen Ausgang dieses Kampfes: »Jerichos Fall wird das nächste Jahrhundert bringen!«

Ausdrücklich ergreift Drachmanns Sprecher-Ich für den »Juden« Heine Partei und projiziert auf ihn die Passionsgeschichte Christi. Aber nicht nur mit Christus als Dulder und Erlöser wird Heine verglichen, sondern auch mit Lazarus, Josua und Luzifer (in der Rolle als Lichtbringer). – Diese Häufung biblischer Vergleiche macht aus Heine zwar eine einzigartige Lichtgestalt, untergräbt jedoch die literarische Qualität der Hymne. Da Heine hier auch als »Bruder in der Verbannung« charakterisiert wird, enthält sie überdies Aspekte einer der Selbsterhöhung dienenden Projektion; – da aber Drachmanns Zeit in Hamburg immer wieder durch längere Aufenthalte (u. a.) in Dänemark unterbrochen wurde, kann sie schwerlich als Zeit der »Verbannung« bezeichnet werden; mit Heines Exil in Frankreich ist sie nur sehr bedingt vergleichbar.

Drachmanns Prosawerk »Das heilige Feuer« setzt sich vor allem aus »lose zusammengefügten Erinnerungsbildern« und »Träumen und Visionen in gebundener oder ungebundener Sprache«[4] zusammen. Das trifft auch für das Kapitel »In der Freien Hansestadt« mit dem Gedicht »Heine in Hamburg« zu, denn es vereint in sich Erinnerungsbilder an Aufenthalte in Heines und Drachmanns Hamburg, die Vision gesellschaftlicher Umwälzungen und den Traum vom Poeten Heinrich Heine als Lichtgestalt und Heilsbringer, in dem sich auch der Traum vom Poeten Drachmann spiegelt.

*

Holger Drachmann

Heine in Hamburg[5]

Verzehrt vom Leben, das zugrunde richtet,
    Verzweifelt, ausgelassen, verlogen, wahrheitslieb,
Witzig wie der Teufel, mutig wie ein Jude,
Keusch, zynisch, unverschämt, naiv – ein Held, herrlich
Auf seiner Matratze – der Lebende unter den Toten:
O, Freund und Bruder, was für ein Stelldichein!
Ich entblöße mein Haupt und werfe den Hut
    In Hamburgs dunkles ›Fleet‹ ...
        jetzt kommt die Nacht.

Nun kommt die Zeit für Minervas Eule,
  Die Zeit der lockeren Galgenvögel,
  Die Zeit der Freudenmädchen im Alkoven,
  Der Straßendiebe, des Räubers im Wald –
  Die Zeit für den, der tief betrübt dasitzt
  Und forscht – ausweglos im Labyrinth –
  Für den, der aus der Geige alles herausholen wollte
    Und dem alle Saiten gerissen sind.

Sieh den Mond – diesen Freund der Leidenden –
  Sieh, wie er sich zunehmend-melancholisch spiegelt
  In der Alster, wo der grauweiße Schwan einsam
  Zu nächtlicher Stunde über die *Wasserfläche* segelt!
  Millionäre hier so weit das Auge reicht –
  Das Gold türmt sich ja in der Hansestadt! …
  Nur einen Katzensprung von hier zum Hafen runter:
  Dort wohnt in Höhlen zusammengedrängt das Volk,
  Das demütig sich vor jedem ›gut gekleideten‹ Blick verbirgt,
  Während die Polizei wachsam nach Dir schielt,
  Du, der Tisch und Bett so spät verlassen hat – –
  Und Freudenmädchen öffnen Tür und Arme:
    Willkommen, Fremder, in Hamburgs Nacht! –

Ich bin nicht fremd hier, mein liebes Kind,
  Mache Dir und Deinesgleichen kein Angebot;
  Doch nimm mein Scherflein und sag mir, ob Du weißt,
  Wo *er*, mein Bruder in der Verbannung,
  Wo er in Himmels Namen sich wohl aufhält …
  Ist er, so wie ich, ein Gespenst in dieser Stadt,
  Kann er seine Fußsohlen nicht lösen von dieser Straße,
  Muß er geächtet zu jedem Ort laufen,
  Wo er des Glückes reichen Schatz erhielt
  Und ihn in Scheidemünzen wechseln musste? …
  Sag mir, Du armes Mädchen, das niemals lügt,
  Weil Du Dich keiner Wahrheit mehr
    Zu schämen brauchst … wo steckt er?

Sie stutzte, nahm mein Scherflein, lachte und verschwand –
  Und der Mond verschwand hinter Wolken, und die Ebbe
  Ging zu Ende und mit ihr die Nacht in *Heines* Stadt.

Eine herrliche Stadt – sogar *auf* ihrer Kehrseite:
  Wohlgenährt, durch den Schweiß der starken Glieder,
  Wo das Glück schnell hoch zu Ross sitzt
  Aber auch jäh in das ›Fleet‹ fällt,
  Wo Kapital gewonnen wird und verschwendet,

Wo hart auf hart im Kampf des Lebens aufeinander treffen
Das Arbeiterheer und der Millionär –
Wo Handel ein Begriff voller Kraft ist,
Wo man nicht auf der faulen Haut liegt –
Wo ›alte Häuser‹ die Stadt dominieren,
Wo nicht Priester und Soldaten regieren,
Wo ein Patrizier noch den Junkern trotzt –
Wo Bereicherung die Lebensmoral ist
Und das Laster die Tugend in den Spelunken auslacht.

Eine herrliche Stadt – wenn auch nicht gerade für Poeten:
   Und hier ging *er* als Kaufmann glatt konkurs;
   Hier wurde er aus den ›Fleeten‹ des Bankrotts gezogen
   Von einem Bankier – wenn nicht gar von einem Brauer;
   Hier liebte er – unglücklich – und litt
   Und sang – so schön wie wenige auf dieser Welt es können –
   Und schuf Zerrbilder seiner eigenen Liebe
   Und lernte jung, das Pack der ganzen Welt zu hassen,
   Und flanierte dandyhaft über die geschäftigen Straßen
   Und übte sich im Genuss der köstlichsten Gerichte,
   Und begann ungekünstelt zu reimen,
   Und zerriss seine Seele zu nächtlicher Stunde.
   Und schmiss die Stücke einer Dirne hin
   – *Gut wie er selbst* – in Hamburgs dreckiger Gasse.

Ja, liebe Fräuleins ohne Fehl und Tadel –
   So, *so* entsteht die Poesie:
   Harmonisch-klassisch tönt das Spiel im Saal
   - In den Tiefen des Herzens brodelt der Kessel der Hexe;
   Weinen trübt das Auge, während der Poet lächelt:
   Mit den Palmen der Ewigkeit in seiner Tasche,
   In der Hand das Narrenglöckchen oder die Flasche,
   Blumenübersät eilt er seinem Fall entgegen –
   Sein eigen Leichenhemd netzt er mit Tränen,
   Deren Quelle in den Gefilden des Paradieses liegt …
     So erging es dem Poeten überall:
     Und ganz besonders Heinrich Heine!

Und ›Jude‹ heftet man sogar an seinen Mantel,
   Da sind selbst Palmenzweige nutzlos:
   Jeder Israelit glaubt, ihm Beifall klatschen zu *können*,
   Jeder Christ glaubt, ihn anspucken zu *sollen*.
   Durch Leiden, die ein Gott sich kaum vorstellen könnte,
   Lernt er zu trinken des Lebens bitteren Kelch:
   Entschlossen hält er das Glück in seinen Händen fest,
     Deren Wundmale nicht einmal ein Hund lecken möchte.

Doch gerade so lieben und verstehen
    Wir ihn – als *den*, der das *ganze* Leben umfasst:
    Das Fest des Lebens, wo Wein über den Becherrand schäumt,
    Die Königsmacht und den Bettelstab:
    Die lange Schmerzensnacht macht hart das Bett
    Für Lazarus, den Chronisten des Geschlechtes;
    Wir begreifen und lieben ihn in seinen Liedern,
    Was zugleich anspornt und ängstigt,
    Ärgert und unsere Zimperlichkeit kuriert ...
        Nur einen gibt es, der nie ihn versteht:
        Der Krämer – der die Welt nun regiert.

Der Krämer, der nichts versteht,
    Mit seinem Wissen jedoch alles besabbern will,
    Der sich in Villa, Schloss und Hof breit macht
    Und dreist seinen Namen auf alle Giebel malt,
    Der den Thron unterstützt, das Heer erhält,
    Vom Gipfel seines Hochmuts aufs ›Volk‹ herabschaut,
    Den Kurs der Kunst bestimmt, die Feste banalisiert,
    Und Kirchen baut und die Priester füttert.

Gegen ihn – gegen sie, die den Lauf des Jahrhunderts bestimmen,
    Indem sie versuchen, jede Entwicklung anzuhalten
    Und die Sklavengesinnung der Masse gerissen berechnen,
    Richtete Heines feste Hand die leichte Lanze.
    Oh, wie sie schrieen – und zu tanzen anfingen,
    Und aufheulten: dass er *käuflich* sei!
    Da bekam man die Striemen seiner Geißel zu fühlen,
    Man bekam seinen blutroten Witz zu spüren –
        Krank lag er dort, und dennoch war er der Starke!

Sieh den Mond – diesen Freund der Leidenden –
    Sieh, wie er zunehmend-melancholisch sich spiegelt
    In der Elbe, wo ein beladenes Schiff einsam
    Zu nächtlicher Stunde über die Wasserfläche segelt ...
    Wie macht ein solches Bild mich mit der Stadt vertraut,
    Wie bringt es mich denen näher, die sich abschinden:
    Ich höre die gesunde Kolbenbewegung des Lebens,
    Ich seh sie kräftig zupacken, um zu verdienen
    Das Brot für Frau und die Kinder alle –
        Während die Funken aus den riesigen Schornstein-Pfeifen
        Dem Eisen-Ring der Reederei die Zunge herausstrecken.

Ja, Du bist stark, mein kranker Freund und Bruder.
    Du machtvoller Wegbereiter mit erhobener Kralle:
    Wenn Du im »Wintermärchen« lachtest,

> Wenn dieses Lachen den Staat zerschnitt
> Von Ost nach West und den Potentaten erschreckte
> Und die Polizei in Harnisch brachte –
> Dann fühlte sich der ›Arbeitsmann‹ befreit!
> In diesem Spott und dieser sanften Schwärmerei,
> In diesem Herumrühren im tiefsten Bodensatz,
> In diesem Tatendrang und Aufbäumen
> Ahnt jeder wetterfeste Proletarier den Bruder und wittert
> Die Stunde, in der eine Schlacht ausgekämpft werden muss,
> > Die Schloss und Riegel überwindet.
>
> Und diese Stunde wird kommen – das hat Heine
> Prophetisch geahnt und brutal verkündet:
> Zwar haben Dichter-Zwerge ihn geplündert,
> Zwar hat er allenthalben Kopisten hervorgebracht –
> Und doch machen die den großen Chor derer aus,
> Die zum Kampf blasen nach West, Süd und Nord ...
> > Jerichos Fall wird das nächste Jahrhundert bringen!
> Eines Tages – eines *Sieges*-Tages – wird voll und ganz
> Das Brausen des Orchesters aus hunderttausend Kehlen
> Sie aus ihren Werkstätten und Gruben hervor rufen,
> Von Meer und Land, die stolzen, starken Söhne,
> Die die Erde fordern von unser alten Mutter ...
> Und dann wird Heines Name von diesem Chor,
> Auf dem nicht mehr die Last rostiger Sklavenketten liegt,
> Als Befreier und Erneuerer besungen werden:
> > Als Frühlingshauch in des Jahrhunderts Mief und Dürre,
> > Lucifer[6], Du, im Dunkel finsterer Zeit.

*

Holger Drachmann stand im 19. Jahrhundert mit seiner Heine-Begeisterung in Dänemark nicht allein. Heine wurde hier, wie Georg Brandes 1897 schreibt, »von der Lesewelt verschlungen. Er beeinflusste die Besten von Dänemarks Älteren [Autoren]. Männer wie Christian Winther [1796–1876], Orla Lehmann [1810–1870], Emil Aarestrup [1800–1856], M. Goldschmidt und zahlreiche der Jüngeren von J. P. Jacobsen [1847–1885] bis Sophus Claussen [1865–1931]«.[7] Heines Popularität in Dänemark lässt sich in der ersten Phase der dänischen Heine-Rezeption auch daran ablesen, dass bedeutende dänische Autoren Heine in Paris besuchen: Hans Christian Andersen, Adam Oehlenschläger und Meïr Aron Goldschmidt.

Die zweite Phase der Rezeption wird sehr stark durch Georg Brandes (1842–1927) geprägt. Dessen Heine-Publikationen basieren auf Vorlesungen an der Universität Kopenhagen, durch die Heine in Dänemark in den neunziger Jahren »eine wahre Renaissance«[8] erfährt. Brandes' Heine-Aktivitäten sind Teil jenes Aufklärungs- und Modernisierungsprojekts, das er Dänemark nach der Niederlage gegen Preußen und Österreich von 1864 verordnet und das als »moderner Durchbruch« bekannt ist. Der Aufklärer und Modernisierer Brandes möchte – wie einer Dänischen Literaturgeschichte von 1907 zu entnehmen ist – »die Strömungen aus den großen Kulturländern auf unsere heimatliche Erde leiten.«[9] Dabei will er zeigen, »wie eine Reaktion, ja dieselbe Reaktion anderwärts ihr Ende gefunden hat.«[10] Für Brandes ist das Eintreten für die Modernität im Werk Heines ein wichtiges Moment bei der Überwindung dieser »Reaktion«.

Heine wird in Dänemark jedoch nicht nur bejubelt, manchem erscheint er als gottlos und ohne Tiefe, man wirft ihm vor, die »Versöhnung von Ideal und Wirklichkeit« zu missachten, man lehnt Heines Spottlust ab, findet seinen »Schmerz affektiert, seine Liebe unmoralisch«[11] – die Muster der Kritik sind schon von der deutschen Rezeption her bekannt. Aber die wichtigsten dänischen Schriftsteller sind sich in Bezug auf Heine einig; für sie spricht der Literaturnobelpreisträger Henrik Pontoppidan (1857–1943), der die – rhetorische – Frage stellt, ob es überhaupt »einen größeren Dichter als Heine« gebe.[12]

Heine wirkt auf die einen wie ein »Rausch- und Betäubungsmittel«, während andere ihn als »Evangelium« ansehen[13], so dass Reisen auf Heines Spuren den Charakter von Wallfahrten annehmen können. Johannes V. Jensen (1873–1950) z. B. – auch er erhielt den Nobelpreis für Literatur – spricht denn auch von der »Wallfahrt«, die er als junger Mensch zu Heines Geburtsort Düsseldorf unternommen habe.[14] Sophus Claussen behauptet 1899 sogar, dass sich die Dänen »mehr als die meisten Völker mit Heine verwandt fühlen – mit seinem Spass und Spott, seiner Reiselust, seinem aufrührerischen Sinn und seinem Heimweh«.[15]

»Heine in Hamburg« lässt erkennen, dass sich auch Holger Drachmann mit Heine verwandt fühlte – bezeichnenderweise wird Heine in diesem Text mehrfach als *Bruder* angesprochen; doch »Einfluß von und Anklang an Heine« hatte Brandes bei Drachmann schon lange vor dem Erscheinen dieses Gedichts nachgewiesen.[16] Drachmann ist für Brandes unter anderem deshalb ein natürlicher Verbündeter bei seinen Bemühungen um den »modernen Druchbruch« in Dänemark. Das Verhältnis zwischen Brandes und Drachmann, den Brandes' als den ersten Repräsentanten des modernen Durchbruchs in Dänemark charakterisiert hatte, war zwar allerlei Schwankungen unterworfen, doch in ihrer unverbrüchlichen Sympathie für Heine waren sie sich stets einig.

Als Jugendlicher hatte Drachmann neben Goethe »besonders Heine« gelesen.[17] Diese beiden wurden in Dänemark im 19. Jahrhundert nicht nur als die wichtigsten deutschen Autoren rezipiert, sondern erschienen, wie ein dänischer Literaturhistoriker um 1900 schreibt, lange als »die Pole der Kultur« überhaupt.[18] Auch Johannes

V. Jensen bekannte, Heine habe ihn »das Leben hindurch [...] begleitet, mit Goethe Seite an Seite«.[19] »Heine in Hamburg« ist ein Zeugnis dafür, dass auch Drachmann sich ein Leben lang von Heine begleiten ließ; die darin erkennbare Identifikation mit Heine hatte schon früh begonnen. 1872 schreibt Drachmann in einem Brief aus Hamburg, Heine habe hier »vor einem halben Jahrhundert versucht, Kaufmann zu werden, aber zum Glück für die Literatur wurden die Zahlenkolonnen zu Lyrik.«[20] Aus diesen Worten spricht implizit das »Glück«, als junger Poet gleichfalls der Berechenbarkeit des Bürgerlebens entgangen zu sein. – Drachmanns Identifikation mit Heine lässt sich wohl auch an den Titeln von zwei seiner Bücher ablesen, die gewiss von Heine übernommen worden sind: »Rejsebilleder« (1882) und »Sangenes Bog« (*Buch der Lieder*, 1889).

»Heine in Hamburg« handelt auch von Drachmann in Hamburg; Drachmann stellt sich dadurch mit Heine zwar nicht auf eine Stufe, aber als Spiegel seiner Ambitionen und Auffassung vom idealen Poetenleben ist er ihm gerade recht. Das zeigt auch ein Brief Drachmanns an den Schriftsteller Peter Nansen, in dem er 1895 über seine Begegnung mit einem dänischen Baron berichtet; er bezeichnet diesen als einen »braven Kerl, der sich in der Welt umgesehen hat und *Heine und Holger Drachmann* auswendig kann«.[21] – Der selbstironische Gestus dieser Worte ist nicht zu überhören, doch gerade er erlaubt es Drachmann, sich mit Heine in einem Atemzug zu nennen – und offenbart somit einen Traum.

Anmerkungen

[1] Lauritz Nielsen: Holger Drachmann. Hovedtræk af en tragisk digterskæbne. Kopenhagen 1942, S. 76. – Alle Übersetzungen aus dem Dänischen in diesem Aufsatz vom Verf., EUP.

[2] Holger Drachmann: Den hellige ild [1.Aufl. 1899]. – In: H. Drachmann: Samlede Poetiske Skrifter. Kopenhagen und Kristiania 1909, S. 130–139.

[3] Strophe 1–5, 6–8, 9–12 und 13–15.

[4] Nielsen [Anm. 1], S. 135.

[5] Der Übersetzer versichert, sich sehr eng an das dänische Original gehalten zu haben; es wurde aber nicht versucht, Drachmanns Paar- und Kreuzreime zu übertragen. Alle Hervorhebungen im Text, Wörter in ›Anführungszeichen‹ und auch die drei Punkte, die manchen Vers beziehungsreich beenden [...], hat Drachmann selbst zu verantworten. – EUP.

[6] Lucifer – hier im Sinne von Lichtbringer.

[7] Georg Brandes: Heinrich Heine. Kopenhagen 1897, S. 9. Übersetzung vom Verf.

[8] Walter A. Berendsohn: Der lebendige Heine im germanischen Norden. Mit einem einleitenden Beitrag von Johannes V. Jensen. Kopenhagen 1935, S. 43 und 45. – Der 1890 erschienene sechste und letzte Band von Brandes' Vorlesungen über »Hauptströmungen der Literatur des 19. Jahrhunderts« ist dem Jungen Deutschland gewidmet; die Heine-Kapitel des Buches werden 1897 zu einer Monographie erweitert.

⁹ Vilhelm Østergaard: Illustreret Dansk Litteraturhistorie. Danske digtere i det 19. århundrede. Kopenhagen 1907, S. 528.
¹⁰ Zit. in: Per Dahl: Georg Brandes und Heinrich Heine. – In: Klaus Bohnen, Ernst-Ullrich Pinkert, Friedrich Schmöe (Hrsg.): Heinrich Heine – Werk und Wirkung in Dänemark. Kopenhagen und München 1985 [= Text & Kontext, Sonderreihe Bd. 19], S. 91–113, hier S. 95.
¹¹ Zit. in: Berendsohn [Anm. 8], S. 32.
¹² Ebd., S. 46.
¹³ Ebd., S. 50.
¹⁴ Ebd., S. 8.
¹⁵ Zit. ebd., S. 49.
¹⁶ Dahl [Anm. 10], S. 93.
¹⁷ Johannes Ursin: Holger Drachmann. Liv og Værker. 2 Bde. Kopenhagen 1953, Bd. II, S. 31, vgl. auch S. 20.
¹⁸ Vilhelm Andersen zit. in: Berendsohn [Anm. 8], S. 53.
¹⁹ Ebd., S. 9.
²¹ Zit. in Ursin [Anm. 17], Bd. II, S. 49.
²¹ Breve fra og til Holger Drachmann. Udgivet af Det danske Sprog- og Litteraturselskab ved Morten Borup. Bd. IV, Kopenhagen 1970, S. 37. – Hervorhebung von mir, EUP.

Ambivalentes Spiel mit Heinrich Heine oder Nomen est omen? Vorschlag zu einer Lektüre von Fritz Grünbaums »Selbstbiographie«

Von Volker Kaukoreit, Wien

Zumindest für Wien darf man den 1880 geborenen Fritz Grünbaum als den »unbestrittenen Großmeister des Zwischenkriegskabaretts«[1] bezeichnen, der jedoch schon früh in Berlin – unter anderem im Umfeld von Kurt Tucholsky – mehr als nur Achtungserfolge erzielen konnte. Leben und Werk des 1941 im Konzentrationslager Dachau zu Tode gekommenen Conférenciers und Wortkünstlers wurden 2005 in Ausstellungen in Wien (Österreichisches Theatermusem) und im steirischen Straden (Österreichisches Kabarettarchiv) gewürdigt, im gleichen Jahr wurde seiner durch einen ›Stern‹ im »Walk of Fame des Kabaretts« in Mainz (Deutsches Kabarettarchiv) gedacht.

»[Z]u den frühen Zeugnissen Grünbaumscher Selbstironie« zählt nach Pierre Genée und Hans Veigl die aller Wahrscheinlichkeit nach im Kontext des Wiener Kabaretts »Hölle«, also noch vor Grünbaums im Laufe des Jahres 1907 vollzogenen Wechsels nach Berlin, entstandene »Selbstbiographie«.[2]

> Fritz Grünbaum
>
> Selbstbiographie
>
> 1   Ich bin ein Dichter, wie ihr alle wißt,
>   Und nie erzeugt die Welt 'nen besseren,
>   So lange Zeiten schwinden. – –
>   Doch meine Werke, ach! im Kehricht, auf dem Mist
> 5   Und im Papierkorb mancher Redaktion
>   Sind sie zu finden!
>   »Doch liebt die Welt, das Strahlende zu schwärzen
>   Und das Erhabene in den Staub zu zieh'n!«
>   Das ist ein Satz aus einem meiner Werk',
> 10 Den ich geschrieben hab' mit Schmerzen,
>   Doch weiß ich jetzt nicht, wann und wo, worin – – –
>   Jedoch genug! Ich will euch Zeit nicht rauben,
>   Ich hoff' ihr werdet so es mir auch glauben!

Ihr glaubt's. Ich seh's an den entzückten Mienen
15 Die um mein Antlitz kosen liebevoll;
Ihr glaubts –; doch nicht die Welt die böse,
Die stets nur haßt, was sie verehren soll.
Sie wirft mir vor (o hört, ihr werdet lachen),
Daß fremdes Gut, was je ich schrieb und dacht,
20 Geraubt, gestohlen meine Sachen,
Ein Plagiat, was zu Papier ich bracht!
Drum, daß ihr urteilt über all mein Wesen,
Ob fremdes Gut, die Werke alle mein,
Will meine Selbstbiographie in Versen ich euch lesen – –,
25 Ob ich ein Dieb, ihr sollt die Richter sein!
Nennen soll ich meinen Namen!
Wohl: er sei euch nicht verborgen!
Ich, ihr Herren und ihr Damen
Will euch meine beiden Namen
30 Auf dem Titelblatt gesteh'n,
Bitte freundlich nachzusehn!
Mir schenkte des Gesanges Gabe,
Der Lieder süßen Mund Apoll!
Fünf Bände, das ist meine Habe,
35 Mit lyrischen Gedichten voll:
Vom Vater hab ich die Statur,
Des Lebens ernstes Führen,
Von Mütterchen die Frohnatur,
Die Lust zu fabulieren.
40 In der Aula des Gymnasiums
Wollt' man meinen Geist erst lenken.
Doch der fehlt und nichts erlernt ich',
Tat, wie oft den Vater kränken – –
Ihm wars, als ob er die Hände
45 Aufs Haupt mir legen sollt',
Weil ich so gar nichts lernte,
So gar nichts lernen wollt'!
Vergiftet sind meine Lieder,
Wie könnt' es anders sein?
50 Mir bläute ja mein Vater
Den Weltschmerz tüchtig ein.
Wenn mir mein Pensum nicht gelang,
Da wurd' es mir im Herzen bang
Und litt ich an Vokabelschwund,
55 Wurd ich noch weniger gesund.
Doch wenn er sprach: »Ich schlage dich«,
Dann mußt' ich weinen bitterlich.
Es fiel ein Reif in der Frühlingsnacht,
Wie seltsam, o Göttin Natura,

60 Es war meine Reifeprüfung, ich macht'
Zu jener Zeit die Matura.
Ich kam nach Wien, da sah ich mir an
Im Theater manch schöne Geschichte,
Dann kam ich nach Haus, den Magen leer,
65 Kein Geld – und machte Gedichte.
Die Gedichte, die sandt ich der Zeitung ein,
Man las sie (o welche Blamage!)
Nur beim Friseur, auch dienten sie
Als Olmützer Käseemballage.
70 Das ist der deutschen Dichter
Urewiger Lebenslauf:
Erst läßt man sie verhungern,
Dann gibt man – Käs darauf!
Mein Hunger glänzte weit hinaus,
75 Ich schrieb einen Brief ins Reine,
Den sandt' ich meiner Mama nachhaus
Und bat um Nachtmähler, feine.
Die Sendung kam, das Nachtmahl schwoll,
Paket um Paket kam wieder.
80 Von meiner Mutter liebevoll,
Fielen die Lebern nieder!
Seit jener Zeit liegt im Magen mir's flau,
Geht weg nicht mit Hebeln und Hebern,
Mich hat die unglückselige Frau
85 Vergiftet mit ihren Lebern!
Ihr fragt mich, ob je ich liebte im Leben.
Die Mädchen verlachten den Wandrer;
Und fand ich die Eine, die je Einen liebte –
So war dieser Eine – ein Andrer!
90 Mein ganzer Reichtum war mein Lied,
Und das erklärt euch alles,
Denn unverträglich seit tausenden Jahr'n
Sind Frauenliebe und – Dalles!
So geh' ich freudlos meine Bahn
95 Als Mensch verkannt, als Dichter verlassen,
Verhöhnt und verspottet, von niemand erkannt
Des Lebens bescheidenste Nebengassen!
Wie traurig ist mein Dichterlos,
Es bohren die Zweifel und nagen,
100 Ich hab ein verdorrtes, verdorbenes Herz
Und – einen verdorbenen Magen.

Täglich geht der Wunderschöne
Junge Dichter auf und nieder
Wenn um Morgenzeit im Magen

105　Karlsbader Wasser plätschern.
　　　Täglich werden bleich und bleicher
　　　Seine Sängerrosenlippen!
　　　Heute Abend aber kommt ihr
　　　Auf mich zu mit raschen Worten:
110　»Deinen Namen will ich wissen,
　　　Deine Heimat, deine Sippschaft – – !«
　　　Und ich sage: »Liebe Freunde,
　　　Hätte das nicht Zeit bis morgen?
　　　Und dann überhaupt, ich bitte,
115　Habt ihr keine andern Sorgen?
　　　Ich bin ein deutscher Dichter,
　　　Verkannt im ganzen Land,
　　　Nennt man die schäbigsten Namen,
　　　Der meine wird nicht genannt!«

Was die Herausgeber Genée und Veigl unter Grünbaums Selbstironie verstehen, bleibt leider unausgesprochen. Natürlich ist man – so man nicht prinzipiell davon absieht, das Ich der »Selbstbiographie« mit dem Ich Grünbaums gleichzusetzen – dazu verführt, diese selbstironische Dimension bereits in den ersten drei Zeilen zu orten. Immerhin führt sich hier in grenzenloser Selbstüberhöhung der beste »Dichter« aller »Zeiten« bei seinem Publikum ein. Sofort aber erfolgt eine Zurücknahme, das mit klagendem »ach!« versehene Eingeständnis, dass die »Werke« dieses »Dichters« keine Wirkung zeitigen und bei (Zeitungs- und Zeitschriften-)Redaktionen »im Papierkorb« enden – schon hier ein Anklang an den später wieder aufgegriffenen Allgemeinplatz der verkannten Größe. Um die Qualität seiner Verse zu verdeutlichen, wird ein Zitat »aus einem meiner Werk[e]« eingebracht, wobei auch hier wieder eine umgehende Relativierung erfolgt: Der große Dichter, der bis dato nur »[f]ünf Bände« vorgelegt hat (Z. 34), kann sich nicht einmal daran erinnern, »wann und wo« er diesen »Satz« zu Papier gebracht hat. Rhetorisch geschult versucht er dennoch seine Glaubwürdigkeit herzustellen und das Publikum, unter anderem durch Schmeichelei, auf seine Seite zu ziehen (captatio benevolentiae). Seine Zuhörer sollen ihm beistehen, wo es darum geht, einen ungeheuerlichen Vorwurf der ›bösen‹ anderen zu entkräften, nämlich den des Plagiats. Die Voraussetzungen dafür sind allerdings denkbar schlecht, weil sich der gar nicht so große Dichter bereits ordentlich in die Nesseln gesetzt hat: Bei dem vermeintlichen Selbstzitat »Doch liebt die Welt [...]« (Z. 7 f.) handelt es sich nämlich um O-Ton Friedrich Schillers, um Zeilen aus dessen Gedicht »Das Mädchen von Orleans«.[3] Dem Zuhörer wird diese Tatsache nicht entgangen sein und einen Lacher entlockt haben (s. u.). Der weiterhin Unschuld suggerierende Ich-Sprecher aber bleibt unerbittlich und bietet nun zum Beweis seiner Originalität eine »Selbstbiographie in Versen« (Z. 24) an. Dass es nach der drolligen

Anfangsrede mit dieser »Selbstbiographie« etwas Besonderes auf sich haben wird, ist zu erwarten. Und schließlich ist man ja auch im Kabarett.

Werfen wir der besseren Übersicht halber zunächst einen Blick auf das Ganze des Folgetextes, der nach dem Vers »Ob ich ein Dieb, ihr sollt die Richter sein!« (Z. 25) einsetzt. Ein wenig unvermittelt wird zuerst das Thema der Namensnennung vorgebracht (Z. 26–31), dem sich eine kurze Passage über die mythologische Legitimation des Lyrikers anschließt (Z. 32–35). Erst danach setzt die eigentliche biographische Beschreibung ein, die sich bis Zeile 61 vornehmlich auf den Vater und die Gymnasialzeit bezieht. Mit dem Ortswechsel in die österreichische Metropole (Z. 62) konzentriert sich die »Selbstbiographie« auf den erfolglosen, hungernden »Dichter« und dessen ferne Mutter (bis Z. 85). Hierauf folgen zwei Abschnitte über vergebliche »Frauenliebe« (Z. 86–93) und die erneute Klage über das erbärmliche Los des verkannten Menschen und Poeten (Z. 94–101). Der anschließende Absatz – der einzige im Gesamttext – markiert eine Wende hin zu einer Art vorläufigen Resümees über den bemitleidenswerten Ist-Zustand des »[j]unge[n] Dichter[s]« (Z. 102–107), was dann (mit Wiederaufnahme der Namensproblematik) in eine erneute Direktansprache des Publikums (Z. 108–115) und ein vermeintlich äußerst selbstbewusstes Schlussplädoyer übergeht (Z. 116–119).

Alles in allem aber erscheint die eingangs und abschließend aufgestellte Behauptung, ein »Dichter«, ja ein »deutscher Dichter« zu sein, recht wacklig, weil nicht nur dem Prolog, sondern dem gesamten Text kaum Glauben geschenkt werden darf: Er besteht weitgehend – und ganz im Gegensatz zur Absicht, den Plagiatsvorwurf abzuwehren – aus einem dichten Netz unausgewiesener Fremdzitate und Anspielungen auf Werke anderer. Die Ableitung der elterlichen Erbanteile (Z. 36–39) ist wortwörtlich einer spruchhaften Selbstcharakteristik Goethes entlehnt.[4] Mehr aber noch als Goethe und Schiller durchgeistert Heinrich Heine den Text. Zahlreich sind die Rückgriffe auf dessen »Buch der Lieder«, besonders auf die Zyklen »Lyrisches Intermezzo« und »Die Heimkehr«, hier in einer exemplarischen Auswahl gegenübergestellt:

»Ihm wars als ob er die Hände / Aufs Haupt mir legen wollt'« (Z. 44–45): »Mir ist, als ob ich die Hände / Auf's Haupt dir legen sollt'« (DHA I, 261).

»Vergiftet sind meine Lieder, / Wie könnt es anders sein?« (Z. 48–49): Vgl. Lyr. Intermezzo 51 (DHA I/1, S. 185).

»Wurd ich noch weniger gesund [...] weinen bitterlich« (Z. 55–57): Vgl. Lyr. Intermezzo 4, wo es u. a. heißt »So werd' ich ganz und gar gesund« und »Doch wenn du sprichst: ich liebe dich! / So muß ich weinen bitterlich« (DHA I, 137).

»Mein Hunger glänzte weit hinaus« (Z. 74): »Das Meer erglänzte weit hinaus« (DHA I, 225).

»Mich hat die unglückselige Frau / Vergiftet mit ihren Lebern!« (Z. 84–85): »Mich hat das unglückseel'ge Weib / Vergiftet mit ihren Thränen« (DHA I, 225).

»Und fand sich Eine, die je Einen liebte – / So war dieser Eine – ein Andrer!« (Z. 88–89): Vgl. Lyr. Intermezzo 34, das beginnt: »Ein Jüngling liebt ein Mädchen, / Die hat einen Andern erwählt; / Der Andre liebt eine Andre, / Und hat sich mit dieser vermählt« (DHA I, 171).

»Ich bin ein deutscher Dichter [...] Der meine wird nicht genannt!« (Z. 116–119): Vgl. Heimkehr 13, dritte Strophe: »Ich bin ein deutscher Dichter, / Bekannt im deutschen Land; / Nennt man die besten Namen, / So wird auch der meine genannt« (DHA I, 223).

Doch nicht nur auf den frühen Heine bezieht sich Grünbaum, sondern auch auf den Verfasser der »Neuen Gedichte« (1844) und dessen Spätlyrik. Mit gewagter Assoziation vom (Rau-)»Reif« zur Reife wird in Zeile 58 der erste Vers des Mittelstücks der »Tragödie« aus dem Zyklus »Verschiedene« zitiert (vgl. DHA II, 73). Ebenso aus den »Neuen Gedichten«, und zwar aus dem Zyklus »Zur Ollea«, stammt das Gedicht »Wandere!«, an das Grünbaum im Abschnitt über die »Frauenliebe« gedacht haben könnte, in dem ja auch das »Lyrische Intermezzo« 34 bemüht wird (s. o.). Zwingender als nur der Reim (»Wandrer« / »Andrer«; Z. 87 u. 89) verbindet beide Texte das Thema des verhöhnten Liebenden. »Die Mädchen verlachten den Wandrer« heißt es in Grünbaums Text, parallel dazu Heine in der Eingangsstrophe von »Wandere!«: »Wenn dich ein Weib verrathen hat, / So liebe flink eine Andre; / Noch besser wär' es, du ließest die Stadt – / Schnüre den Ranzen und wandre!« (DHA II, 204). Unübersehbar ist schließlich in den Zeilen 102–106 und 109–111 der Rückgriff auf die Verse »Der Asra« aus den »Historien« des 1851 erschienenen »Romanzero« (vgl. DHA III, 41f.), ein (um 1845 entstandenes) Gedicht, das von Heines Zeitgenossen als »eines der allerbesten der ganzen Sammlung« angesehen wurde (DHA III, 646). Der Text blieb (über welche Phasen der Heine-Rezeption sei hier dahingestellt) unvergesslich und wird etwa auch von Grünbaums späteren kabarettistischen Mitstreiter Peter Hammerschlag (1902–1942) aufgegriffen.[5]

Aber längst sind damit noch nicht alle Heine-Referenzen der »Selbstbiographie« erfasst. »Weltschmerz« (Z. 51) und »mit Schmerzen« (Z. 10) entstandene Dichtung sowie der bleiche, kränkelnde, von den Frauen abgewiesene Jüngling, das sind gängige Bildelemente und Themen aus dem »Buch der Lieder«, wie sie schon immer der oberflächlichen Charakterisierung der Sammlung dienten. Auch die Klage, dass die ›böse‹ Welt »das Erhabene in den Staub« ziehe (Z. 8), findet sich des öfteren bei Heine, der dabei übrigens ebenfalls auf das von Grünbaum verwendete Schiller-Zitat zurückgriff (vgl. DHA XII, 21). Auf thematischer Ebene ist des weiteren auf das Bild der liebenden und geliebten (fernen) Mutter hinzuweisen, wie es Heine u. a. in seinen berühmten Versen »Nachtgedanken« (»Denk ich an Deutschland in der Nacht«; vgl. DHA II, 129) und im Caput XX von »Deutschland. Ein Wintermährchen« fixiert, wo das »lieb Mütterlein« den Dichtersohn, ihr »liebes Kind«, mit einem üppigen Nachtmahl versorgt (DHA IV, 135 f.). Und nicht zuletzt ist das »Wintermährchen« auch noch auf ganz andere Weise prägend für die »Selbstbiographie«, nämlich auf formaler Ebene. Ins Auge springt die mehrfach in das grünbaumsche Langgedicht eingebrachte »Vagantenstrophe«, die unter anderem »zusammen mit der Verwendung des unreinen, bewußt dilettantischen Reims« den formalen, virtuos gehandhabten Grundstock des Heineschen »Wintermährchens« ausmacht.[6] Die exemplarische Gegenüberstellung der Zeilen 66–69 mit der 12. Strophe des fünften »Wintermährchen«-Caputs ist selbstredend:

»Die Gedichte, die sandt ich der Zeitung ein, / Man las sie (o welche Blamage!) / Nur beim Friseur, auch dienten sie / Als Olmützer Käsemballage«: »Ich möchte sie gerne wiedersehen, / Doch fürcht' ich die Persifflage, / Von wegen des verwünschten Lieds, / Von wegen der Blamage.«[7]

Gewiß könnte die Vielzahl der identifizierten Spuren dazu verleiten, nun auch noch weitere Bilder mit Heine zu assoziieren, etwa das Hehre »auf dem Mist« (Z. 4)[8] und der in »Gedichte« eingewickelte »Käs« (Z. 69 u. 73).[9] Aber bevor wir darüber ins Spekulieren geraten, sei an dieser Stelle die spröde Arbeit am Nachweis intertextueller Berührungspunkte zunächst einmal beendet: Denn schließlich steht noch die Frage aus, wie Grünbaum seine Textanleihen und Anspielungen benutzt und was er damit bezwecken will. Im speziellen Fall Heines wird man auf den ersten Blick von einem recht despektierlichen Umgang sprechen können, der das Heinesche Pathos und Wehgefühl in den Bereich des Banalen, ja Lächerlichen überführt (vgl. vor allem die oben angeführten Textgegenüberstellungen bezüglich der Zeilen 44–45, 55–57, 74 u. 84–85). Auch die mehr oder weniger oberflächliche ›Verwurstung‹ des »Asra« und von »Heimkehr« 13 am Schluss der »Selbstbiographie« scheint nicht gerade von Hochachtung gegenüber diesen Heine-Texten zu zeugen. Wollte sich Grünbaum somit von Heine abgrenzen, ja ihn am Ende mit bitterer Persiflage verspotten? Die Antwort darauf verlangt eine Entscheidung darüber, wie man die »Selbstbiographie« überhaupt einzuschätzen hat.

In der »Selbstbiographie« reden andere; über andere – darunter Goethe – wird eine künstliche Selbstcharakteristik konstruiert. Auf der Ebene der rein faktischen Daten der Lebensumstände bleibt sie extrem dürftig. Man erfährt lediglich, dass ein frisch zur Reifeprüfung geprügelter junger Mann von irgendwoher nach Wien zieht und dort zu einem dichtenden, von den Frauen verstoßenen Hungerleider zu verkommen droht. Dieser Ortswechsel des Maturanten aus der Provinz in die Hauptstadt ist die einzige Tatsache, die sich gesichert von der Biographie Grünbaums auf die »Selbstbiographie« beziehen lässt. Dabei ist davon auszugehen, dass das damalige Publikum – allein schon durch die Aussprache des Vortragenden – die Herkunft des »Ich« mit Mähren identifiziert hat (immerhin wird ja auch die »Quargel«-Stadt Olmütz erwähnt, nicht jedoch Grünbaums Geburtsstadt Brünn, wo er die

Schule besucht hat). Von der freudlosen, ja man möchte fast sagen, so gut wie nichtsnutzigen Wiener Existenz des dargestellten »Dichters« unterscheidet sich Grünbaums Leben deutlich: Unmittelbar nach der Reifeprüfung 1899 hat er in Wien sein Studium der Rechtswissenschaft aufgenommen (Abschluss 1903) und sich in dieser Zeit immer wieder in Brünn aufgehalten, wo er journalistisch tätig war und als Begründer einer »Neuen Akademischen Vereinigung für Kunst und Literatur« Autoren wie Peter Altenberg, Max Halbe, Detlev von Liliencron und Arthur Schnitzler eingeladen hat.[10] Nein, diese »Selbstbiographie« ist in fast jeder Hinsicht ein Fake, vorgebracht in parodistischer Rede eines vermeintlich lyrischen und außerordentlich larmoyanten Dichters.

Doch worin besteht nun der Clou des Ganzen? Es ist einerseits das gewitzte Verfahren, dem Vorwurf des im weitesten Sinn literarischen Diebstahls auf der Folie von »fremde[m] Gut« (Z. 20 u. 23) zu begegnen. Insofern der kreative Umgang mit »fremde[m] Gut« aus dem Umfeld der leichteren Muse – besonders aus dem Bereich des parodierenden Kabaretts – ja gar nicht wegzudenken ist, aber auch immer wieder (selbst unter den Kleinkünstlern) zu der Kritik geführt hat, sich unzulässig mit fremden Federn zu schmücken, ließe sich hinter der »Selbstbiographie« ein in der Tat ›selbstironisches‹ (s. o.) Bekenntnis Grünbaums zu den vorgeführten Spielarten des Plagiats erkennen. Andererseits: Die »Selbstbiographie« reibt sich am Stereotyp eines Dichter-Bildes und an einem literarischen Reservoir, die beide um 1907 speziell aus der Sicht der jüngeren Zeitgenossen keine neuen Kunst- und Denk-Impulse mehr liefern konnten (s. u.), aber in weiten, vor allem gebildeten Kreisen weiter tradiert wurden. Dabei ist selbstverständlich an die ungeheure Verbreitung zu erinnern, die das »Buch der Lieder« auch noch zu Grünbaums Zeiten genoss, und insbesondere an das Weiterleben der »Lieder« durch mannigfache Vertonungen, unter anderem durch österreichische Komponisten wie Franz Schubert und Johann Vesque von Püttingen (Pseud. J. Hoven, 1803–1883). Das von Felix Mendelssohn Bartholdy wie Robert Schumann vertonte Mittelstück der »Tragödie« (»Es fiel ein Reif in der Frühlingsnacht«) war so geläufig, dass es dem bereits erwähnten Hammerschlag leicht fiel, eine makabre Adaptation allein mit den andeutenden Worten »Es fiel ...« zu überschreiben.[11] Und schon längst besaßen einige der oben erwähnten Heine-›Aussprüche‹ den Status eines »Geflügelten Worts«, wie es auch unabweisbar bei den verwendeten Goethe- und Schiller-Zitaten der Fall war. Dieser Bekanntheitsgrad bildete schließlich die Voraussetzung dafür, dass Grünbaum auf kabarettistischer Bühne mit dem »fremde[n] Gut« so selbstverständlich jonglieren konnte und erwarten durfte, sein Publikum zu amüsieren und vielleicht sogar zu provozieren.

Wie Grünbaum nun insgesamt zu dem im Mittelpunkt seines Texts ›persiflierten‹ Heine stand, lässt sich ohne eine systematische Analyse seiner Werke und zusätzliches Quellenstudium nicht sagen. Die bisherige Grünbaum-Literatur schweigt sich darüber aus. Kommen wir deshalb noch einmal auf die Auswertung der Heine-Anklänge zurück, und zwar in Zusammenhang mit der merkwürdigen Namensproblematik, von der die eigentliche »Selbstbiographie« immerhin eingerahmt wird. In Bezug auf das adaptierte »Romanzero«-Gedicht sticht ins Auge, dass die eigentliche Pointe, der Verweis auf den arabischen Stamm der »Asra« (»Welche sterben wenn sie lieben«; DHA III, 42), ausgespart ist. Im Zentrum verbleibt die ›von außen‹ gestellte, weiterhin Heine zitierende Frage nach »Namen«, »Heimat« und »Sippschaft« (Z. 110–111), die unversehens marginalisiert, ja zurückgewiesen wird (»Habt ihr keine andern Sorgen?«, Z. 115). Und schließlich steht auch noch die eingangs gestellte Namensfrage im Raum, die durch einen nur ins Leere führenden Hinweis ebenfalls unbeantwortet blieb (vgl. Z. 29–31). Diesbezüglich ist nachzutragen, dass der mit dem »Buch der Lieder« vertraute Zeitgenosse bereits an dieser Stelle mit Heine konfrontiert worden war, und zwar mit dessen Romanze »Donna Clara«:

»Nennen soll ich meinen Namen! / Wohl: er sei euch nicht verborgen!« (Z. 26–27): »[...] sollst du / Nennen deinen lieben Namen, / Den du mir so lang verborgen« (DHA I, 317).

Der Coup der Heineschen Romanze ist, dass sich der »[u]nbekannte Ritter« vor seiner »Geliebte[n]«, der als Christin die »[l]angnas'ge[n]«, »gottverfluchten«, »schmutz'gen« Juden »tief verhaßt« sind, zu seiner jüdischen Herkunft bekennt, wovor er übrigens dreimal versucht hat, das lästige Thema religiöser und rassischer Feindbilder um der gemeinsamen Liebe willen zur Seite zu schieben (vgl. DHA I, 313, 315, 317 u. 319). Mit »Donna Clara« hatte Heine engagiert »zu den religiösen Kontroversfragen seiner Zeit« Stellung bezogen (DHA I, 973), und so bleibt abschließend zu klären, ob und wie sich dieses Engagement auch in Grünbaums »Selbstbiographie« spiegelt. Doch schon taucht damit das nächste Interpretationsproblem auf, nämlich die Frage, welcher »Sippschaft« das vorgeführte Rollen-Ich eigentlich angehört. Auffällig ist, dass die »Selbstbiographie« – zumindest auf ihrer Oberfläche – der Verankerung des »Ichs« in einem bestimmten, über die Glaubenszugehörigkeit definierten Kulturraum keine Bedeutung beimisst. Einer jüdischen Herkunft würde der (im Gedicht freilich grotesk behandelte) Verzehr von »Lebern« (Z. 81 u. 85) – soweit das Organ von einem ›reinen‹ Tier stammt – aufgrund der orthodoxen Speisevorschriften nicht widersprechen. An eine jüdische Umgebung erinnert von Seiten des Sprachgebrauchs immerhin das Wort »Dalles« (Geldmangel, Pleite), das aus dem Hebräischen kommt und durch einen vorangesetzten Gedankenstrich sogar besonders betont erscheint (Z. 93). So wäre es durchaus erlaubt, sich die frühe Sozialisation des »Ich« in einem assimilierten jüdischen, oder anders gesagt, in einem von orthodoxer Tradition losgelösten Milieu vorzustellen (wozu hinsichtlich der oben konstatierten mährischen Abstammung des »Ichs« erinnernd hinzuzufügen ist, dass »by the turn of the century Bohemian and Moravian Jewery had become one of the most de-Judaized communities in Europe«).[12] Durch die wiederholt in Rückgriff auf den jüdischen Schriftsteller Heine eingebrachte und auf der Textoberfläche bewusst unbeantwortete Namensfrage aber ist das Thema der Identifizierung über die jüdische Herkunft, und zwar aus der Innen- (Ich) wie Außenperspektive (Publikum), der »Selbstbiographie« geradezu eingeschrieben.

Dass der Schluss der »Selbstbiographie« zu keinerlei Klarstellung, sondern allein wieder in das Ausweichmanöver eines verfremdeten Heine-Zitats führt, lässt sich nur erklären, wenn man den Text noch stärker als bisher in den Rahmen seiner Entstehungszeit einbindet: Als die »Selbstbiographie« entstand, hatte der »Fackel«-Herausgeber Kraus sein vernichtendes Heine-Verdikt noch nicht auf den Punkt gebracht, das geschah erst 1910 mit »Heine und die Folgen«.[13] Aber an Heine, der »zu den einflußreichsten deutschen Dichtern des neunzehnten Jahrhunderts gehört«, rieb sich rund um Grünbaum weiterhin eine »Generation«, »die sich aus Kabarettlyrikern, politischen Schriftstellern, Essayisten und Prosaisten zusammensetzt und zwischen 1900 und 1933 das literarische Geschehen mitprägte« (u. a. Frank Wedekind, Alfred Kerr, Klabund, Kurt Tucholsky, den Grünbaum später in Berlin kennen lernen wird, und Erich Kästner): »Die Weisen des *Buches der Lieder* vermochten ihnen nichts mehr zu geben, ebensowenig die reinen romantischen Töne aus Heines später Lyrik«. Unter »Infragestellung dessen, was Dichter vorher verherrlicht hatten, d[er] Ablehnung hoher Themen, d[er] Verneinung von Pathos und Tiefgründigkeit, d[er] Entzauberung der Welt und der Sprache, d[er] mutige[n] Bejahung der Nüchternheit, Sachlichkeit und Zeitbezogenheit« erhielten sie in engerem Bezug auf Heine literarische Impulse insbesondere »aus seiner mittleren dichterischen Periode (1830–1848)«[14], aus der auch die oben erwähnten »Neuen Gedichte« und das »Wintermährchen« stammen. Und vor diesem Hintergrund lässt sich nun auch viel deutlicher nachvollziehen, warum Grünbaum so mit Goethe und Schiller herumspielte und vor allem das »Buch der Lieder« malträtierte, während das »Wintermährchen« verschont und eigentlich nur in Bezug auf das Bild der liebevollen Mutter konterkariert wird. Doch damit nicht genug.

Noch frisch war zur Entstehungszeit der »Selbstbiographie« die öffentliche Debatte über den – unter anderem von Hugo von Hofmannsthal unterstützten – Aufruf von Alfred Kerr, Heine anlässlich seines 50. Todesjahrs in Deutschland endlich ein Denkmal zu setzen. Vehement wieder ausgebrochen war damit, wie es später Ludwig Marcuse skizzierte, »der alte Feldzug mit den alten Fahnen und dem alten Kriegsgeschrei. Auf der einen Seite hieß es: ›Jedes deutsche Mädchen singt seine Lieder.‹ Von anderer Seite erschien das Buch von Adolf Bartels über den Lumpen« Heine.[15] In diesem Zusammenhang war von Heine auch in Österreich immer wieder die Rede, vor allem in Wien, wo am 18. März 1906 von der Journalisten- und Schriftstellervereinigung »Concordia« eine Gedenkfeier abgehalten wurde[16], während antisemitische und deutschnationale Stimmen gegen den »jüdische[n] Schmutzfink[en] im deutschen Dichterwald«[17] und den ›Nestbeschmutzer‹ des Deutschen [18] wetterten. In Österreich wusste man zudem von dem ebenfalls 1906 erschienenen Pamphlet »Heinrich Heine. Auch ein Denkmal« des oben erwähnten Adolf Bartels (u. a. Verfasser der berühmt-berüchtigten, unmittelbar nach ihrem Erscheinen mehrfach aufgelegten »Geschichte der deutschen Literatur« von 1901), den Karl Kraus bei aller Abgrenzung gegenüber Heine 1907 in der »Fackel« als »Historiker« bloßstellt, der mit »germanische[r] Ausdauer [...] an Heines Grab seine Notdurft verrichtet«.[19] In seinem »Denkmal«-Pamphlet griff Bartels, von dem Heine übrigens auch des Plagiats bezichtigt wurde, unter anderem auf den Begriff des »*deutschen* Lyriker[s]« zurück, den er für Heine ablehnte, denn dieser sei nur »ein deutschdichtender Jude, der uns *de facto* nicht soviel sein kann wie selbst ein kleineres deutsches Talent, dessen Lyrik aus seinem Leben und Wesen und weiterhin aus deutschem Volkstume erwächst«.[20] Unter diesen Voraussetzungen, in denen die antijüdische Stoßrichtung vorhergehender Heine-Anfeindungen nicht nur wieder aufgegriffen, sondern zu einem vorläufigen Höhepunkt gebracht wurde[21], musste nun aber auch die Zauberformel vom »deutschen Dichter« zur Disposition stehen, die im deutschsprachigen Kultur- bzw. Literaturraum über Generationen dazu gedient hatte, eine »corporate identity« über Landes- und ›Glaubens‹-Grenzen hin zu behaupten, so auch schon bei Heine. Insofern sich (der ›assimilationswillige‹) Grünbaum aber in der »Selbstbiographie« über die Abgedroschenheit dieses Stereotyps insbesondere in Rückbezug auf den jungen Heine lustig machen wollte, muss er gespürt, ja gewusst haben, auf welch gefährliches Spiel er sich damit einlässt.[22] Dies wäre auch die Erklärung dafür, warum die »Selbstbiographie« nicht mit der ausreichenden Frage »Habt ihr keine andern Sorgen?« ausklingt, sondern noch einmal auf Heine zurückkommt und somit erst ganz zum Schluss die Formel vom »deutschen Dichter« bemüht. Zwar bleibt das den grünbaumschen Dichter nicht gerade auszeichnende Verkennungs-Gejammer bestehen, aber dennoch erscheint die mit Zeile 117 einsetzende Umarbeitung der Heine-Verse (»Heimkehr« 13, s. o.) längst nicht so negativ und despektierlich, wie sie es an anderen Stellen ist. Natürlich kann man die Passage so lesen, dass der Name des Dichters nur »nicht genannt« wird, weil er eben verkannt und nicht wahrgenommen wird. Trotzdem enthält sie einen zwischen parodistischer Verfremdung und bitterem Ernst oszillierenden Unterton, der suggeriert, dass der Dichter bei der Nennung der »schäbigsten Namen« (Z. 118) ausgespart bleibt, eben weil er seine »Herkunft« nicht preisgegeben hat. Zudem bekennt er sich dazu, »ein deutscher Dichter« zu sein. Und in diesem Kontext erhellt sich schließlich auch die eigentümliche Aussage »Will euch meine beiden Namen [...] gesteh'n« (Z. 29–30). Gemeint sind Vor- und Nachname, in denen sich eine wohl immer schon zwiespältig empfundene, aber zunehmend fragwürdige Doppelidentität im Spannungsbogen von deutscher Kultur und jüdischer Abstammung verrät. Zumindest ist das bei dem ursprünglich mit Vornamen Franz Friedrich heißenden Grünbaum der Fall, der um 1904 zu Robert Stolz gesagt haben soll: »Mein Vorname erinnert an die Siege des großen Kurfürsten, mein Familienname an die Leiden derer von Grünbaum.«[23]

Dass die vorgebrachten Überlegungen kein reines Konstrukt sind, die die »Selbstbiographie« zwanghaft als einen (womöglich etwas fahrlässigen und gewissermaßen auch selbstironischen) Abwehrversuch deuten, deutschsprachige Schriftsteller jüdischer Herkunft der Lächerlichkeit preiszugeben und sie à la Bartels als unkompatibel mit dem Wesen deutscher Literatur und Kultur darzustellen, belegt – last but not least – ein spätestens zwei Jahre nach der »Selbstbiographie« entstandener Grünbaum-Text. Ein weiteres Mal auf die Figur eines ›lyrischen Dichters‹ rekurrierend, schreibt der Kabarettist – wiederum selbstironisch, aber unmissverständlich: »Leute, die Grünbaum genannt herumlaufen, / Haben eben Tuch zu verkaufen, / Sie eignen für lyrische Stoffe sich nie, / Brünner Stoffe, das ist was für sie! […] Was nützt mir mein Geist, wenn mein Name mich schädigt? / Ein Dichter, der Grünbaum heißt, ist schon erledigt!«[24]

Anmerkungen

[1] Christoph Wagner-Trenkwitz: Was blieb … – In: Grüß mich Gott! Fritz Grünbaum. Eine Biographie 1880–1941. Hrsg. v. Marie-Theres Arnbom u. Christoph Wagner-Trenkwitz. Wien 2005, S. 11.

[2] Fritz Grünbaum: Die Schöpfung und andere Kabarettstücke. Mit einer kabarettistischen Vorrede von Georg Kreisler. Hrsg. u. m. einem biographischen Nachwort v. Pierre Genée und Hans Veigl. Wien, München 1984, S. 216 (ebd., S. 61–64, der Text der »Selbstbiographie«). – Der Text erschien zunächst mit unwesentlichen Abweichungen in: Fritz Grünbaum: Die Liebe, der Tod und der Teufel. Und Anderes. Cabaret-Stimmungen. Selbstverlag, ohne Ort, ohne Jahr. Im alten Zettelkatalog der Österreichischen Nationalbibliothek wurde als Erscheinungsjahr händisch 1907 angegeben.

[3] Vgl. Friedrich Schiller: Sämtliche Werke. Auf Grund der Originaldrucke hrsg. v. Gerhard Fricke u. Herbert G. Göpfert in Verbindung mit Herbert Stubenrauch. München [4., durchgesehene Auflage] 1965, S. 460.

[4] Vgl. Goethes Werke. Hamburger Ausgabe in 14 Bänden. Textkritisch durchgesehen und kommentiert von Erich Trunz. Bd. I; München [11., überarbeitete Auflage] 1978, S. 320. – In Zusammenhang mit Grünbaums »Selbstbiographie« ist es vielleicht nicht ganz unwitzig zu erwähnen, dass Goethes Spruch mit der Frage ausklingt: »Was ist denn an dem ganzen Wicht / Original zu nennen?« (ebd.).

[5] Vgl. das Ende des Gedichts »Hör mich, schönes Beduinenmädchen!« (Peter Hammerschlag: Die Wüste ist aus gelbem Mehl. Groteskgedichte. Hrsg. v. Friedrich Achleitner u. Monika Kiegler-Griensteidl. Wien 1997, S. 75). – Auch in der zweiten Hälfte des 20. Jahrhunderts ist Heines

»Asra« in den Köpfen der Schriftsteller noch präsent und erscheint als gewichtiger Intertext in Martin Walsers Roman »Brandung« (Frankfurt a. M. 1985, S. 201f.).

[6] Jürgen Brummack (Hrsg.): Heinrich Heine. Epoche – Werk – Wirkung. München 1980, S. 242f.

[7] DHA IV, 102; vgl. als ein weiteres Beispiel der Pastiche etwa die Zeilen 90–93 der »Selbstbiographie«.

[8] Vgl. das Gedicht »Unstern«, in dem in Selbstparodie die »Liebe« mit einem »Stern in einem Haufen Mist« verglichen wird (DHA II, 79 u. 565).

[9] Heine sprach, allerdings an entlegener Stelle – an sein französisches Publikum gerichtet –, die Befürchtung aus, dass sein »Buch der Lieder« einst beim »Krautkrämer« als Verpackungsmaterial landen werde (vgl. DHA XIII, 294). Ein ähnliches Bild hat später in Bezug auf Immanuel Kant durch Dilthey eine gewisse Berühmtheit erlangt: »wichtige Papiere Kants in dem Laden eines Gewürzkrämers, um zum Einwickeln von Kaffee und Heringen benutzt zu werden« (Wilhelm Dilthey: Archive der Literatur in ihrer Bedeutung für das Studium der Geschichte der Philosophie. – In: Ders.: Gesammelte Schriften. Bd. IV. Leipzig, Berlin 1921, S. 568).

[10] Vgl. Pierre Genée: Fritz Grünbaum. Eine biografische Skizze. – In: Die Welt des Karl Farkas. Hrsg. v. Marcus G. Patka u. Alfred Stalzer. Wien 2001, S. 55–68, hier S. 55.

[11] Vgl. Hammerschlag [Anm. 5], S. 104.

[12] Ezra Mendelsohn: The Jews of East Central Europe between the World Wars. Bloomington 1983, S. 134.

[13] Zu Kraus vgl. Dietmar Goltschnigg: Die Fackel ins wunde Herz. Kraus über Heine: Eine »Erledigung«? Texte, Analysen, Kommentar. Wien 2000.

[14] Alexander Schweickert: Notizen zu den Einflüssen Heinrich Heines auf die Lyrik von Kerr, Klabund, Tucholsky und Erich Kästner. – In: HJb 8 (1969), S. 69–107, hier S. 69ff.

[15] Ludwig Marcuse: Heinrich Heine. Melancholiker, Streiter in Marx, Epikureer. Zürich 1977, S. 355 (Erstausgabe 1965).

[16] Vgl. Goltschnigg [Anm. 13], S. 144 u. 376.

[17] [Anonym]: Harry Heine. – In: Grazer Wochenblatt v. 25. 2. 1906. Dort ist des weiteren nicht nur von »hohngrinsender Judenfratze«, sondern auch davon die Rede, dass sich in Heine »alle Auswüchse der semitischen Rasse zusammendrängen« (zit. nach Jan-Christoph Hauschild/Michael Werner: Heinrich Heine. München 2002, S. 140).

[18] [G. Z. L. W.]: An jede der deutschen Frauen, die den Heine-Denkmal-Aufruf unterschrieben. – In: Der Scherer, Wien, Nr. 19, April 1906 (zit. nach einer Kopie im Heinrich-Heine-Institut, Düsseldorf).

[19] Zit. nach Goltschnigg [Anm. 13], S. 145.

[20] Adolf Bartels, zit. n. Brummack [Anm. 6], S 327.

[21] »Neu [...] war die beispiellose Schärfe des Tons, die Radikalisierung der rassistischen Verunglimpfung«, kommentieren diesen Sachverhalt Hauschild/Werner [Anm. 17], S. 141.

[22] Die judenfeindliche Aggression machte vor den Toren des Kabaretts ja keineswegs halt: Als sich in der »Hölle« ein österreichischer Offizier lautstark antisemitisch zu Wort meldete, verließ Grünbaum die Bühne und ohrfeigte ihn, was zu einem Duell führte (vgl. Grüß mich Gott! Fritz Grünbaum [Anm. 1], S. 22).

[23] Zit. n.: Grüß mich Gott! Fritz Grünbaum [Anm. 1], S. 20.

[24] Fritz Grünbaum: Die Schöpfung und andere Kabarettstücke [Anm. 2], S. 60.

Leben (Schreiben) in judäisch-hellenistischer Symbiose? Heinrich Heine und James Joyce

Von Jochanan Trilse-Finkelstein, Berlin

»Die Jungfer Europa ist verlobt
Mit dem schönen Geniusse
Der Freiheit, sie liegen einander im Arm
Sie schwelgen im ersten Kusse.« (H. H.)

»Sie haben wie ein Grieche gesprochen
und er wie ein Jude ...Judengrieche ist
Griechenjude.« (J. J.) »Ulysses«)

I

Judentum und Griechentum boten den Stoff, aus dem Europa entstanden ist. Bereits der Name des Erdteils, inzwischen auch für eine Staaten- und Völkerordnung genutzt, ist griechisch. Das ›christliche Abendland‹ stammt in seiner Wurzel aus dem Judentum, der ersten abrahamitischen Religion und Kultur, in seiner Entfaltung aus Judentum und Griechentum, zu denen sich später die römische Herrschaftsidee gesellte. Das ethische Gesetz kommt in erster Linie vom Sinai; auch Griechen und Römer formulierten ethische Ideale. Philosophie im Sinne von Erkenntnistheorie und Ästhetik lieferten die Griechen, erste Staatsbegriffe auch. Die meisten Staatsbegriffe gab Rom. Rechtsnormen gaben das Judentum (das mosaische Recht, das Gemeinbesitz favorisiert, worüber Heine u. a. in »Geständnisse« reflektiert) sowie das Römertum: Das römische Recht – vielfach modifiziert – heiligt das Eigentum (von James Joyce reflektiert). Eine der großen sozialen Erfindungen des Judentums ist der siebte Tag der Woche als Feiertag, von allen abrahamitischen Kulturen übernommen: ob als Sabbat der Juden, Sonntag der Christen oder Freitag der Muslime.

Auch das Christentum hat Europa und andere Teile der Erde geprägt: durch Ideale wie z. B. die Nächstenliebe (bereits im jüdischen Teil der Bibel vorhanden), und eine eigene Art der Wiedergeburtslehre (Leben nach dem Tode). Aus den Hoffnungen auf ein besseres Jenseits bildeten sich die chiliastischen und subversiven

Ideen von Umsturz und Erneuerung. Sie wiederum erhielten Nahrung von den griechisch-hellenistischen Utopien; vor allem das Christentum war durch seine weltumspannenden Organisationsformen prägend, die allerdings auch Unterdrückung und Verfolgung implizierten, von denen Heiden und Juden, Ketzer und Hexen gleichermaßen betroffen waren, Andersgläubige wie Dissidenten.

Renaissance und Aufklärung basierten auf griechischer und römischer Kultur, zugleich erweckten sie neues jüdisches Bewusstsein – nach etwa eineinhalb-jahrtausendlanger Verfolgung – in Gestalt der Haskala, der jüdischen Aufklärung, in die Heinrich Heine hineingewachsen ist, die er mitprägte, im Werk sowie im Berliner »Verein für Cultur und Wissenschaft der Juden«.

Die beiden großen Stränge der europäischen Kultur vereinten sich in der irischen Freiheitsbewegung »Home Rule«, die für James Joyce von hoher Wichtigkeit war: Sein Held oder besser Antiheld, der Jude Leopold Bloom, lebt und handelt an jenem 16. Juni 1904 (inzwischen international als Bloomsday gefeiert) in seiner Stadt Dublin, dem Zentrum jener neuen Nationalbewegung, die sich vom britischen Empire entfernen will und es teilweise auch tat. Bloom ist jedermann in Dublin, weil jeder auch Bloom ist; er lebt und handelt in jenem Empire, das im Roman »Ulysses« mitunter als Rom erscheint und Juden unterdrückte, die sich aufgelehnt hatten wie Iren sich auflehnen; er handelt im Roman des genannten Tages an den Stationen Homers, der stets präsent ist. Die Welt besteht auch aus der Bibel, der »Göttlichen Komödie« Dantes, Shakespeares Dramen, besonders »Hamlet«. Doch vor allem ist die Welt Dublin und darüber hinaus das All, die Antike, Helsingör und das Bett. Um zu ergänzen, ein wenig eher im Biografischen denn Thematischen: Am 16. Juni 1904 hatte James Joyce Nora Barnacle kennen gelernt, genauer: intime Beziehungen zu ihr aufgenommen und auf drastische Weise erzählt. So feierte er auf Dichters Weise jenen Tag, und so ward der »Ulysses« auch eine der schönsten, wenn nicht die schönste, auf jeden Fall längste Liebeserklärung der Weltliteratur mit dem innigsten Schluss, dem »Yes, I will Yes« der Frau.

Wie stellt sich nun der Zusammenhang zwischen dem deutsch-jüdischen Weltpoeten und dem katholisch-irischen Weltdarsteller dar? Joyce hat nicht über Heine reflektiert, da gibt es nur Anklänge. Sein Biograf Richard Ellmann erwähnt Heine einmal bei der Beschreibung des Verhältnisses von William Butler Yeats zu Joyce, das er mit dem Verhältnis Goethe – Heine vergleicht. Heine also in einer Beziehung zum Iren? Doch gibt es auch Anklänge an Heines »Die schlesischen Weber« und »Atta Troll« bis in Metapher und Rhythmus, besonders an die nächtliche wilde Jagd in Heines Poem und zwar in den Kapiteln 14 (Die Rinder des Sonnengottes) und 15 (Kirke).

Äußerlich treten eher Gegensätze hervor: Heine, Lyriker von höchstem Rang, Polemiker, politischer Publizist, Reiseberichter mit neuer Ästhetik, Erzähler der kleinen Form, doch auch Entdecker neuer Themen- und Stoffwelten wie der Ökonomie des Kapitals oder im tieferen Sinne von Krankheit und Tod; Joyce, Erzähler einer neuen Zeitwelt, Wortbauer, Verfasser riesiger und schwieriger Romane, die den Gattungsbegriff erweiterten, eher unbedeutender Gedichte, aber auch einer historisch-mythischen Welt, die bis zur Unerkennbarkeit gesteigert wird (»Finnegans Wake«); beide hatten indes Probleme mit der Gattung Drama; in Deutschland der Jude einer Reformbewegung aus rheinisch-katholischem Umfeld, der sich protestantisch taufen lässt, katholisch heiratet und Gott zu seinem Dialogpartner macht; in Irland der Katholik, der sich auf scharfe, kritische Weise von jener Religion trennt, sehr weltlich lebt, doch das Jesuitentum liebt und literarisch praktiziert: Bei genauerem Hinsehen erkennt man an den Gegensätzen das Gemeinsame, es entsteht Nähe: Beide sind universell gebildete Schöpfer auf dem Bildungsstand ihrer Epoche, die gelegentlich beharrlich auf ihren Irrtümern bestehen; es trennt sie fast ein Jahrhundert, doch wurden sie fast gleich alt: Heine 58 Jahre (1797–1856), Joyce nur wenige Wochen älter, ebenfalls 58 Jahre (1882–1941); auch ihre Liebesbeziehungen sind vergleichbar: Nora Barnacle verstand von Joycens Werk (‚Das Buch ist ein Schwein‹ meinte sie zu »Ulysses«) ebenso wenig wie Mathilde (Augustine Crescence Mirat) von Heines Werk; beide Paare lebten erst längere Zeit zusammen, bevor sie heirateten und waren trotz schwerer Gegensätze und Misshelligkeiten untrennbar miteinander verbunden; beide Dichter hatten ähnliche Finanzprobleme, zum Ende hin halbwegs gesichert, Heine wohl etwas wohlhabender – ; beide erduldeten ein langes Siechtum, starben schwerstkrank – Heine gelähmt, Joyce erblindet; beide Dichter arbeiteten bis zu ihrem Tod. Trennendes und Einigendes werden deutlich. Beide waren in fast genialisch-arroganter Weise von sich überzeugt, Heine, wenn er Goethe neben sich zu dulden bereit war (Brief an Varnhagen von Ense, 30. Oktober 1827). Joyce, wenn er über das »erste, echte Werk meines Lebens« schrieb: »Eine glänzende Karriere«, die einzige Widmung, die er je schrieb – für sich selbst.

Nun zur Hauptfrage: Judentum und griechisch-römische Antike, d. h. hellenistische Kultur. Hellenismus wird dabei nicht vorwiegend im engen Gattungs- oder periodischen Kanon genutzt, sondern in eher stofflichen Zusammenhängen und Deutungsmustern, letzteres besonders bei Heine, der den Begriff Hellenismus bzw. Hellenentum zeitweilig für eine besondere Geisteshaltung verwendet.

Heine begann als Jude, doch nicht ohne klassische Bildung, die er über das Elternhaus, Schule und Universitäten aufnahm; bis 1825 dominierten jüdische Stoffe oder jüdische Protesthaltungen, die sich sowohl in der Mitgliedschaft des »Vereins für Cultur und Wissenschaft der Juden« von 1822/23 wie in Werken, vor allem im »Rabbi von Bacherach« ausdrücken, jener Erzählung, die Fragment blieb. Danach dominierten etwa über 20 Jahre die griechischen Götter, bevor sie im Exil anlangten, wo sie indes ein eher geheimes, getarntes Weiterleben führten. Das Jüdische verschwand nie völlig, waberte mehr unter der Oberfläche und trat im letzten Lebensjahrzehnt wieder stark hervor, im Werk wie in Gespräch und Brief. Jupiter musste dem alten Jahwe weichen. Venus von Milo und die Myriam-Maria bildeten die Symbole und standen einprägsam am Ende.

Ähnlich Joyce – die Frau, die Alltagsfrau, die Molly oder Marion Bloom, die sefardische Jüdin Moisele, wie sie auch genannt wird, wenn auch an eher verborgener Stelle, steht in mythischer Erhabenheit am Schluss, zur Penelope erhoben, fast schon zur Gottheit von freilich sehr irdischer Gebundenheit. Am Anfang stehen Telemachos und Nestor; Aiolos, Eumaios, Kalypso, Kyklop, die Lotophagen und Laistrygonen, Nausikaa, Proteus dürfen so wenig fehlen wie Kirke, Scylla und Charybdis oder die Sirenen; man befindet sich – so im 6. Kapitel – im Hades und im 17. in Ithaka. Jedes der 18 Kapitel hat seine mythische Figur und Odysseus-Ulysses ist immer da. Das homerische Ensemble ist reich vertreten, der Dichter selbst tritt nicht auf, dafür der irische Dichter, in der Gestalt des Stephen Dedalus, in der Ichform allerdings kaum, da hatte es Heine leichter, auch wenn er mitunter Stellvertreter-Figuren aus der griechischen Mythologie (Zeus/Jupiter, Venus, Apollon) oder der jüdischen Geschichte nimmt, wie etwa Jehuda ben Halevy und Ibn Esra, David und Salomo. Joyce bezieht sich auch sonst auf der Basis einer außergewöhnlichen Bildung auf das antike Erbe.

Was ist nun das Besondere an der Zusammensicht dieser Autoren? Antike-Rezeptionen gibt es in reichem Maße, und das über Jahrhunderte in allen Künsten und den meisten Gattungen. Auch bewusst jüdische Rezeptionen und Adaptionen gibt es nicht wenige, wenn ich da in neuerer Literatur z. B. an Else Lasker-Schüler, Franz Kafka oder an Lion Feuchtwanger, Stefan und Arnold Zweig denke. Das Besondere bei unseren beiden vom Ursprung her so verschiedenen Dichtern ist der Versuch der Symbiose beider Stränge, um Geschichte und Gegenwart, die Traditionen zu verbinden, die Grundlage der neuen Welt sind. Das Anliegen von Joyce ist, das wichtige nationale Thema Irlands über eine übergroße jüdische Hauptgestalt auf der Folie Homers zu bewältigen, damit moderne Welt sichtbar zu machen und Literatur der Moderne zu schreiben. Und Heines Anliegen, der Kampf gegen die alte Welt, das Ancien Regime, in Verbindung mit den seinerzeit progressivsten Kräften, den Liberalen, revolutionären Demokraten bis hin zu den ersten Vertretern der Arbeiterbewegung, war für den Schriftsteller weniger mit politischen Mitteln zu führen als eher auf dem Boden einer großen Tradition bzw. der beiden genannten Traditionen, die ihm Stoffe gaben wie Mittel (etwa die sefardische Romanze), im besonderen Falle des jüdischen Anliegens die Möglichkeit zum Ausdruck jüdischer Leidensgeschichte wie einer neuen Selbstbehauptung.

II.

In der Folge möchte ich diese Thesen an wenigen Stellen deutlich machen. Zunächst zitiere ich eine nicht so bekannte Stelle aus den »Elementargeistern«, in welchen Heine seine Erklärung vom Weiterleben antiker Götter und Mythen als Geister subversiver Art vorträgt, jener Heidengötter, die vom Christentum im wahren Sinne verteufelt worden sind (»Teufelinn Diana«, »Erzteufelinn Venus«).

> Arme griechische Philosophen! Sie konnten jenen Widerspruch niemals begreifen, wie sie auch späterhin niemals begriffen, daß sie in ihrer Polemik mit den Christen keineswegs die alte erstorbene Glaubenslehre, sondern weit lebendigere Dinge zu vertheidigen hatten. [...] es galt vielmehr den Hellenismus selbst, griechische Gefühls- und Denkweise, zu vertheidigen und der Ausbreitung des Judäismus, der judäischen Gefühls- und Denkweise, entgegenzuwirken. Die Frage war: ob der trübsinnige, magere, sinnenfeindliche, übergeistige Judäismus der Nazarener, oder ob hellenische Heiterkeit, Schönheitsliebe und blühende Lebenslust in der Welt herrschen solle? (DHA IX, 46 f.)

Hier – wie später auch in »Ludwig Börne« – hat Heine in seinem durchaus widersprüchlichen Ringen zwischen Griechen- und Judentum, Hellenismus und Judaismus sich einen zusätzlichen Widerspruch geschaffen, nämlich durch seinen vereinfachend-zwiespältigen Begriff des Judaismus, in dem er die Wesensarten zweier Religionen und Kulturen zusammengefasst hatte, des eigentlichen Judentums und des Christentums (Nazarenertum). Judentum kommt da entschieden zu kurz weg, denn es ist nicht so trübsinnig und sinnenfeindlich – übergeistig schon eher – wie das Christentum, vor allem das spätere. (Das Urchristentum und später das des europäischen Barock hatte auch noch sinnlichere Züge.) Dennoch: Wesen und Wirkung einer judäisch-hellenistischen Symbiose sind auch hier zu erkennen. So ein Ziel oder Zustand, Ziel auf einen Zustand hin, sind keine fixen Daten, eher ein work in progress. Die beiden kulturellen Grundströmungen sind miteinander verzahnt, oft genug konfliktreich, wie es sich lebenslang und werkimmanent gezeigt hat und bis ans Ende zeigen sollte.

»Die Gegensätze sind hier grell gepaart:/ Des Griechen Lustsinn und der Gottgedanke /Judäas!« (DHA III, 393) In diesen Zeilen aus dem Gedicht »Es träumte mir von einer Sommernacht« ist der im Grunde unauflösbare Widerspruch auf den Vers gebracht, fast wie eine Formel. Oder ist er lösbar? Zumindest ist er lebbar. Wie hier zu beweisen ist, haben zwei ihn gelebt, gestaltet, von Europas Antike mit orientalischem Ursprung genommen und europäische Kultur geschaffen. Die Begriffe Juden und Hellenen dienen vorrangig als Vehikel des Themas ›Rehabilitation der Materie‹, der Harmonisierung. So anthropologisch-typologisch hat der Dichter sie nur selten angewandt. Der Hellene war der ihm näherstehende, der gewünschte, ideale Typ, doch der Jude war immer da. Es ging ihm auch um eine Rehabilitation des Juden, seines Volkes, um dessen Weg aus dem jahrtausendlangen Leidenszwang zu einer neuen Freiheit und Schönheit. Vom Widerspruch zur Symbiose!? Wie stand es damit?

1831 schrieb der Schriftsteller Michael Beer an ihn: »Jemand dem der Himmel vor der Geburt wie Sie einmal sehr richtig sagten, die drey größten Mißgeschicke aufbürdete, nehmlich ein Jude, ein Deutscher und ein Dichter zu seyn, der findet in seinem Leben ohnedies anstößige Steine genug.« (10. Juni, HSA XXIV, 86) Der Dichter zum Thema selbst: »Wie kann ich aus meiner Haut, die aus Palästina stammt, und welche von den Christen gerbt wird seit achtzehnhundert Jahren.« (von Heinrich Laube überliefert). Auch der seinerzeit hochgeschätzte Giacomo Meyerbeer traf die jüdische Situation genau:

> Ich bin nicht Ihrer Meinung theuerster Freund, daß der oder das Richess [Judenfeindschaft] ein so abgenutztes Kriegsmittel sei und meine Feinde Unrecht hätten sich dessen zu bedienen. [...] Was ist zu thun?[...] nicht einmal das Bad der Taufe kann das Stückchen Vorhaut wieder wachsen machen, daß man uns am 8ten Tage unsres Leben's raubte: und wer nicht am 9ten Tage an der Operation verblutet, dem blutet sie das ganze Leben nach, bis nach dem Tode noch. (29. August 1839, HSA XXV, 221)

Zeugnisse dieser Art gibt es zahlreiche, mehr als zu ertragen fast. Als Publizist von Rang wies unser Dichter ständig auf die Wunden hin, die geschlagen wurden, auch bei den Damaszener Juden-Verfolgungen mit Folter von 1840; in diesem Zusammenhang kritisierte er jene Juden, die sich damals mehr mit Spekulationen befassten als mit Engagement für ihre verfolgten Brüder, pries den Sieg des Prinzips der bürgerlichen Gleichheit im französischen Parlament, verbündete sich mit dem tapferen jüdischen Anwalt Crémieux: »In der That, dieser Advokat der Juden plaidirt zugleich die Sache der ganzen Menschheit.« (25. Juli 1840, DHA XIII, 75) Das ist mit einem Satz eine Botschaft, wenn nicht die Botschaft der Thora. Zugleich impliziert sie das universalistische hellenistische Weltbild. Noch 1850 erklärte er gegenüber Ludwig Kalisch. »Ich mache kein Hehl aus einem Judenthume, zu dem ich nicht zurückgekehrt bin, da ich es niemals verlassen habe.«

Um etwa die gleiche Zeit – zwischen 1846/47 und 1853/54 feierte er in mehreren Werken seine griechischen Götter (»Der Doktor Faust«, worin vor allem Helena ersteht, »Die Göttin Diana« und »Die Götter im Exil«); er nahm die Partei der besiegten Götter, auch als er wieder bei Jehova war. 1847 – der Dichter war schon sehr krank – war der Abfall, 1848–1850 die Depression total und die Flucht zum persönlichen Gott, dem Judengott. 1853 war zwar der Mensch Heinrich Heine sehr krank, doch der Schriftsteller, der Dichter wieder voll Schaffenskraft. Mir scheint, der Hellene hatte sich nicht entleibt. Die alten Götter durften nicht sterben, sie wurden gebraucht, und der gefeierte Dionysos war bekanntlich auch ein Gott der

Auferstehung, was durch den Heilandbezug verdeutlicht wird. Bleibt Jehova, überdeutlich in den »Geständnissen« von 1854, Jehova, vertreten durch Moses und Ludwig Marcus. Heine war ein Schriftsteller genauen Kalküls, der nichts dem Zufall überließ. Mit der Komposition seiner letzten Bände, vor allem der »Vermischten Schriften«, hatte er sich größter Geistesanstrengung unterzogen: »Stets wird die Wahrheit hadern mit dem Schönen«, hieß es wenig später. Es ist in der Tat so: Zeus und Apollon blieben neben Jehova und Moses. Der Jude brauchte die Griechen, den Hellenismus zur Rehabilitation, zur Genesung, zur Wiederherstellung seines einst von hellenistisch bestimmten, später christlichen Römern zerstörten Mensch- und im weitern Sinne Volkseins. Judäisch-hellenistische Symbiose!?! Der Judengrieche ein Griechenjude (nach Joyce). Das konnte damals in der Tat nur Heinrich Heine sein.

III.

Wie konnte James Joyce damit umgehen? Zunächst konnte er in seinem großen Bildungsfundus nötiges Material, nötige Anregungen finden. Griechentum wie überhaupt Antike gehörten zu seinem Bildungskanon. Zum andern recherchierte er viel, las und fragte Freunde, Kollegen, Bekannte. In Stephen Dedalus sah er sich selbst, und durch diesen kommt die Griechenwelt weitgehend in den Joyce'schen Kosmos. Blooms Frau Molly wird Penelope und der aus dem Ungarischen stammende Jude Leopold Bloom wird schließlich Odysseus-Ulysses. Die homerische Welt erscheint in den 18 Stationen des Bloomschen Weges durch Dublin.

»Ich habe mit dem größten Verständnis über die Juden geschrieben.« So Joyce um 1937/38, also zu besonderer Zeit Europas, im Gespräch mit Maria Jolas (veröffentlicht 1954). Das äußerte er bereits rückblickend. Jüdisches erschien als Metapher für Verfolgung und Unterdrücktsein. Die stärksten Szenen befinden sich in den Kapiteln 14 (»Die Rinder des Sonnengottes«) und vor allem 15 (»Kirke«), in einem Bordell spielend, worin so ziemlich alle Stereotypen des Antisemitismus aufscheinen, gebraucht werden – bis zur Folterung. Eine grausig-große Szene. Man kann sagen, dass Joycens Darstellung dieser Vorgänge in solchem Szenario zu den größten Pogrom-Darstellungen in der Weltliteratur überhaupt gehört. Umso verwunderlicher ist, dass diese jüdischen Szenen und ihr Umfeld fast gar nicht in der neuen, ersten deutschsprachigen kommentierten Ausgabe des »Ulysses« von 2004 des Suhrkamp-Verlags behandelt werden.

Im Hintergrund stehen dennoch Irland-Eire, das um seine Freiheit und Unabhängigkeit kämpfende irische Volk und seine Home-Rule-Bewegung. Irland hat eine bewegte Geschichte mit einer ebenfalls nicht kleinen jüdischen Geschichte, auch eine aktive jüdische Gemeinde. Das antike Element bei Joyce hat nicht nur eine stabilisierende und aufbauende oder politisch-demokratische Funktion, sondern in Gestalt der Römer für die Engländer die besetzende, ausbeutende und unterdrückende. Antike in hellenistischer (also griechischer und dann später römischer) Erscheinung und allzeitlich Jüdisches als Metapher. Andererseits ist das Jüdische innerhalb der Erzählung so stark, dass es im Grunde einen Eigenwert erhalten hat, der textprägend ist. Samuel Beckett hat in einem Gedicht, einem Akrostichon (das in seinem Gemisch von Gälisch, Latein und sonderbarem Englisch nur schwer zu übersetzen ist) das Griechisch-Jüdische des Werks auf den Sinn gebracht, dass Joycens Denken durch das Jüdische das Homerische übertroffen, im Ganzen eine größere Dimension erhalten habe. Wovon nach allem Dargelegten auszugehen ist.

Was setzen wir hinzu? Man kann sich auf mehrere Spuren begeben und sich auf mehrere Antworten einigen.

1. Der Jude bzw. Juden wurden zu Identifikationsleitbildern bzw. Identifikationsfiguren der von den Engländern verfolgten und unterdrückten Iren. Das ist hinreichend belegt. Jüdische Überlebenstechnik oder auch -Kunst, ihr Hoffnungsdenken, gepaart mit odysseischer List, Wendigkeit und Weisheit, erschienen vorteilhaft. Dass Bomben später ein Element des irischen Freiheitskampfes (Sinn Fein, IRA) geworden sind, lag nicht in Joycens Konzept begründet. Der Dichter hielt Krieg für gänzlich überflüssig.

2. Doch das Homerisch-Griechische allein war so wenig ausreichend wie das Jüdische. Erst die Synthese aller Erscheinungen und Kräfte ermöglichte die geistige und moralische Kraft, schließlich den Mut zum Aufbruch in der Wirklichkeit wie im geistig-literarischen Bereich, dieses Weltbild des Dichters, den geistigen Kosmos des Werks, den Weltinnenraum Blooms, der das Geschehen geistig-bildlich machte.

3. Über das irische Anliegen hinaus prägt die judäisch-hellenistische, dabei durchaus widerspruchsreiche Synthese James Joyce als Schriftsteller grundsätzlich, vom Menschenbild her wie von der Ästhetik, die wiederum in Antithesen, die vorrangig dem jüdischen Denken geschuldet sind, dargestellt werden. Viele europäische und auch außereuropäische Schriftsteller haben griechische Kunst und Literatur rezipiert, etliche auch jüdische; doch judäisch-hellenistische Rezipienten in solcher Konsequenz sind neben Heine und Joyce kaum bekannt. Es sei denn, man bezieht Philosophen wie Adorno oder Bloch mit ein.

4. Das Vordringen jüdischer Bilder und ebensolchen Gedankenguts im »Ulysses« ist so augenfällig, so maßstäblich, dass sie nicht mehr nur Metaphorik für Irisches sind. Insofern ist dieses Buch ebenfalls ein jüdischer Roman, auch wegen und trotz des gleichermaßen widersprüchlich dargestellten Jüdischen selbst. Das beweist vom Künstlerischen her seine Vielschichtigkeit, seine Polyphonie – keine andere Stimme wird weggedrängt.

5. Dabei hat sich das jüdische Menschenbild als Menschheitsideal stark vorgeschoben, als Teil des Menschseins, sein überragender Anteil an Menschwerdung und Menschsein. Und das in allen Widersprüchen, den seit der Ur-Bibel her immanenten wie den von Joyce aus seiner Realität her in Literatur gesetzten Kontrapunkten und Kontradiktionen. Als Ganzes konnten dieses Konzept, diese Berufung auf Griechisches, noch mehr auf Jüdisches, als Provokation verstanden werden – gedacht war sie sicher so.

»Antisthenes, Schüler des Gorgias, sagte Stephen Dedalus, nahm die Palme der Schönheit der Brutdame des Kyrios Menelaos fort, der Argiverin Helena, der hölzernen Mähre von Troja, in der eine ganze Stiege Helden schliefen, und reichte sie der armen Penelope.« Das ist purer griechischer Kontext.

In der Mitte des Romans steht Blooms Bekenntnis: Gegen Ungerechtigkeit steht »Liebe [...]. Ich meine, das Gegenteil von Haß.« Das ist unmittelbar aus jüdischem Kontext gesagt. Und am Ende steht das Bekenntnis der Molly mit ihrem herrlichen »Ja«. Es steht da kein »Nein«, das einst vorgebliche Dekadenzkritiker dazu benutzten, den Roman als Buch der Verneinung zu werten. Es ist ein eindeutiges Ja, ein jüdisches Ja, ein Ja zum Leben, ein Ja zu Liebe und Ganzheit. Es sei hierher gesetzt, im Original: »and yes I said yes I said I will Yes.« Das letzte Yes ist großgeschrieben, im Original wie in den Übersetzungen.

»Leben (Schreiben) in judäisch-hellenistischer Symbiose? Heinrich Heine und James Joyce«

Der Titel enthält ein Fragezeichen. Im Text stehen irritierende Thesen von missverstandenem und missbrauchtem Griechentum und Hellenismus – bei beiden. Sätze destruktiven Judenhasses gegenüber Heine und in seinem Umfeld, gegen Judenheit überhaupt, Darstellung von Pogrom, Judenhetze und Judenfolter bei Joyce. Kann es da eine Symbiose geben? Über die Bücher und Autoren hinaus?

Ich denke ja, doch eine sehr gestörte und konfliktreiche. Die geistig kulturellen Grundlagen unserer Welt, zumindest von weiten Teilen, sind durch die genannten Kulturen und Religionen sowie Geist und Intelligenz der Aufklärung geschaffen worden. Ohne sie kein soziokulturelles Leben – zumindest in keiner uns bekannten oder denkbaren Form. Die Widersprüche wohnen inne – sie können aufbauend-produktiv wie destruktiv-zerstörend sein.

Das Humanum ist durch die Symbiose der beschriebenen Kräfte gebildet worden. Es ist gefährdet. Es kann sich wehren und bewähren. Es kann bestehen – zwischen Eingedenken und dem Prinzip Hoffnung.

Es – das sind wir – kommt aus solcher Symbiose, ist in ihr und dabei in ständiger Bewegung und Entwicklung und muss bewahrt werden – Sie und Es sind dann möglich, schon wirklich und vielleicht wahr.

Literatur:

James Joyce: Ulysses. Roman. Übersetzt von Hans Wollschläger. Hrsg. und kommentiert von Dirk Vanderbeke, Dirk Schultze, Friedrich Reinmuth und Sigrid Altdorf in Verbindung mit Bert Scharpenberg. Frankfurt a. M. 2004.
Richard Ellmann: James Joyce. Rev. und erg. Ausg. Frankfurt a. M. 1994 und 1999.
Jochanan Trilse-Finkelstein: Gelebter Widerspruch. Heinrich Heine Biographie. Berlin 1997. Ders.: Heinrich Heine – Gelebter Widerspruch. Eine Biographie. Berlin 2001.
In beiden weitere Literaturangaben, die den Gedankengang des vorliegenden Textes anregten.

Haggada als Poesie – Poesie als Offenbarung
Heinrich Heines Transformation der rabbinischen Überlieferung

Von Regina Grundmann, Bochum

Heines Judentum bildet von jeher einen Schwerpunkt innerhalb der Heine-Forschung. Zahlreiche Aspekte der Thematisierung des jüdischen Schrifttums durch Heine – von der Hebräischen Bibel bis zur Kabbala – sind bereits umfassend untersucht worden. Berücksichtigt wurde jedoch bisher nicht ausreichend, dass Heine auch, trotz seiner liberalen jüdischen Erziehung, das rabbinische Schrifttum und die Grundlagen der rabbinischen Theologie in unterschiedlichen Kontexten seines Werkes rezipiert hat.[1] Das rabbinische Schrifttum umfasst diejenigen Schriften, die zwischen dem dritten und dem zwölften bis dreizehnten nachchristlichen Jahrhundert von den als Lehrern anerkannten Schriftgelehrten, den Rabbinen, redigiert wurden. Zu diesem Schrifttum gehören das Religionsgesetz, die Mischna, die Ergänzung dieses Religionsgesetzes (Tosefta), seine Kommentierung und Erweiterung in Form des palästinischen und des babylonischen Talmuds, die aramäischen Bibelübersetzungen (Targumim) und die Auslegung der Bibel nach bestimmten hermeneutischen Regeln (Midrasch). Das orthodoxe Judentum betrachtet dieses Schrifttum bis heute als religiös normativ.

Am ausführlichsten wird in Heines Werk der babylonische Talmud thematisiert, der wegen seines Umfangs und seines enzyklopädischen Charakters nach jüdischem Verständnis den Talmud schlechthin bildet.[2] In dem zweiten Buch seiner Schrift »Zur Geschichte der Religion und Philosophie in Deutschland« bezeichnet Heine den Talmud wegen seines Dogmatismus als den »Katholizismus der Juden«. Die im Talmud enthaltenen Religionsgesetze beträfen »oft die putzigsten, lächerlichsten Subtilitäten«, die aber »so furchtbar konsequent zusammenwirken, daß sie ein grauenhaft trotziges, kolossales Ganze bilden.« (DHA VIII, 71) Der Talmud ist für Heine ein historisches Dokument, das eine Antwort der Rabbinen auf bestimmte historische Umstände darstellt. Die talmudischen Lehren hätten in der Antike die Funktion gehabt, die Eigenständigkeit des Judentums zu bewahren, indem sie die Grundlage des religiösen Lebens in der Diaspora bildeten.[3] Auf diese These wird auch in der Vorrede zur zweiten Auflage der Schrift von 1852 verwiesen, in der die rabbinische Exegese als Ersatz oder Nachfolge des Tempelritus nach der

Zerstörung des Zweiten Tempels im Jahr 70. n. Chr. durch den römischen Kaiser Titus dargestellt wird.[4] Heine erkennt somit die Bedeutung des Jahres 70 als eindeutigen Wendepunkt in der jüdischen Geschichte und den Verlust des Tempels und der Eigenstaatlichkeit als Voraussetzung für den Aufstieg der rabbinischen Bewegung.[5] Die talmudische Exegese sei, so Heine, das »Shiboleth« (DHA X, 134) zunächst zwischen Judentum und Heidentum gewesen sowie später zwischen Judentum und Christentum. Durch die veränderten historischen Bedingungen habe der Talmud jedoch seine historische Schutzfunktion verloren und sei daher für das zeitgenössische Judentum »überflüssig« und »schädlich« (DHA VIII, 72)

Das Festhalten an den talmudischen Lehren ist für Heine das entscheidende Hindernis für die Modernisierung und Säkularisierung des Judentums. 1822 hatte er bereits in seinem Bericht »Ueber Polen« im Zusammenhang mit der Beschreibung des polnischen Judentums die talmudische Kasuistik, den sogenannten Pilpul, als »spitzfindige Scholastik« bezeichnet. Die Praktizierung der talmudischen Kasuistik habe zu einem »unerquicklichen Aberglauben« sowie zu der gesellschaftlichen Außenseiterposition und der kulturellen Rückständigkeit der polnischen Juden geführt. In den Köpfen der polnischen Juden herrschten Ideen, die noch barbarischer seien als ihre Pelzmützen (DHA VI, 61). Die Emanzipation vom Talmud erscheint somit als Voraussetzung für den Integrations- und Akkulturationsprozess des europäischen Judentums, für die kulturelle Symbiose der jüdischen Bevölkerung mit der jeweiligen nichtjüdischen Mehrheitsgesellschaft. Für das deutsche Judentum sieht Heine in der Abhandlung »Zur Geschichte der Religion und Philosophie in Deutschland« durch die zwischen 1780 und 1783 erschienene Pentateuchübersetzung Moses Mendelssohns, den der Autor zeit seines Lebens als ›jüdischen Luther‹ achtete,[6] die Option gegeben, durch die Rückkehr zum Ursprungstext, d. h. zu der biblischen Quelle, den Talmud zu überwinden, um sich für die nichtjüdische Umweltkultur öffnen zu können.

Die ausschließlich historische Funktion, die Heine dem Talmud zuschreibt, ist vor dem Hintergrund des Historisierungs- und Dekanonisierungsprozesses des rabbinischen Schrifttums zu sehen, der mit der jüdischen Aufklärung einsetzte. Die jüdischen Aufklärer begannen, sich von der traditionellen Sichtweise auf den Talmud als geoffenbartem Text zu distanzieren und betrachteten die Sammlung von Religionsgesetzen, die für sie ein spirituelles Ghetto darstellte, als Menschenwerk der Rabbinen, als historische Urkunde und wichtiges Erbe der jüdischen Geschichte.[7] Der von den jüdischen Aufklärern unternommene Versuch einer Historisierung des Talmuds wird in der ersten Hälfte des 19. Jahrhunderts durch die Vertreter der »Wissenschaft des Judentums« systematisiert. Die vom theologischen Dogma emanzipierte »Wissenschaft des Judentums« macht den Talmud als Teil der jüdischen Literatur zum Gegenstand ihrer Forschung, ohne ihn als Norm für das eigene religiöse und moralische Verhalten anzuerkennen, wovon insbesondere die von dem Begründer der »Wissenschaft des Judentums«, Leopold Zunz, 1819 verfasste Schrift »Etwas über die rabbinische Litteratur« zeugt.[8] In seiner privaten Korrespondenz kritisiert Zunz, wie auch Heine und die anderen Mitglieder des »Vereins für Cultur und Wissenschaft der Juden«, dessen Mitglied Heine von 1822 bis 1823 war, den Dogmatismus des Talmuds offen und negiert seine Autorität mit großer Deutlichkeit. 1818 schreibt er an seinen Lehrer Samuel Meir Ehrenberg: »Ehe der Talmud nicht gestürzt ist, ist nichts zu machen.«[9]

Heines genuin historischer Zugang zu den religiösen Texten des Judentums verdeutlicht, dass der Talmud für den Autor, wie für die jüdischen Aufklärer und die Vertreter der »Wissenschaft des Judentums«, nicht mehr Offenbarungstext und somit auch nicht mehr ›mündliche Tora‹ ist. Die ›mündliche Tora‹ ist eine grundlegende Vorstellung des rabbinischen Schrifttums, nach der die Offenbarung am Sinai nicht nur die in der Bibel niedergelegte ›schriftliche Tora‹ umfasst, sondern – dieser ebenbürtig – einen Komplex an Traditionen, durch die die Bibel erst voll anwendbar sein kann. Die ›schriftliche‹ und die ›mündliche Tora‹ bilden eine untrennbare Einheit und sind beide verpflichtend. Das bedeutet, dass alles, auch wenn es sich um Regelungen handelt, die erkennbar später entstanden sind, im Sinaiereignis zu verorten ist und als Tradition auch nur durch diese Verortung Legitimation und Autorität erhält.[10]

Dass Heine mit dem Konzept der ›mündlichen Tora‹ vertraut war und sich daher durch die historisierende Perspektive auf den Talmud bewusst von diesem Konzept distanziert, ist Alexandre Weills »Souvenirs intimes de Henri Heine« zu entnehmen, in denen überliefert ist, dass der Autor 1849 in einem Gespräch gesagt haben soll, dass sich die orthodoxen Juden auch im Zeitalter der Emanzipation immer noch auf den »alten Moses und den Rabbi Jehuda Hanassi«[11] beriefen. Moses, der, nach rabbinischer Tradition, am Sinai die Tora direkt von Gott empfing, ist für Heine, wie auch für die jüdische Tradition, der Repräsentant der ›schriftlichen Tora‹, während Rabbi Jehuda ha-Nasi [der Patriarch], als Redaktor des Religionsgesetzes, der Mischna, traditionell als Repräsentant der ›mündlichen Tora‹ angeführt wird.[12] Eine weitere Referenz auf das Konzept der ›mündlichen Tora‹ findet sich in dem Gedicht »Prinzessin Sabbath« im Zusammenhang mit Heines Lobpreis des Sabbatgerichtes Schalet. Das Rezept für dieses traditionelle Essen wird direkt auf die Offenbarung am Sinai zurückgeführt. Diese Speise habe Gott Moses kochen gelehrt auf dem Berg Sinai,

> Wo der Allerhöchste gleichfalls
> All die guten Glaubenslehren
> Und die heil'gen zehn Gebote
> Wetterleuchtend offenbarte. (DHA III, 128)

Die zehn Gebote stehen in diesen Versen für die ›schriftliche Tora‹, während die Glaubenslehren auf die nachbiblischen, rabbinischen Gesetzessammlungen verweisen und somit die ›mündliche Tora‹ repräsentieren. Es ist davon auszugehen, dass sich der Autor über das Konzept der ›mündlichen Tora‹ und über die Rolle Jehuda ha-Nasis in Lazarus Bendavids Artikel »Ueber geschriebenes und mündliches Gesetz« und in L. Bernhardts Artikel »Ueber die empirische Psychologie der Juden im talmudischen Zeitalter«[13] informiert hat. Beide Artikel sind in dem dritten Heft der »Zeitschrift für die Wissenschaft des Judenthums« erschienen, dessen Lektüre Heines Brief an Leopold Zunz vom 27. Juni 1823 belegt.[14]

Trotz Heines Distanzierung von dem Konzept der ›mündlichen Tora‹ und trotz seiner Kritik am Dogmatismus des Talmuds finden sich in seinem Gesamtwerk zahlreiche Referenzen auf das rabbinische Schrifttum, von denen einige Beispiele angeführt werden sollen. In den »Englischen Fragmenten« rekurriert der Autor auf das Samael-Motiv,[15] das in der rabbinischen Literatur von großer Bedeutung ist. Samael ist in der nachbiblischen Literatur der Satan, der große Himmelsfürst, der über eine Anzahl von Engeln regiert, wie es z. B. in dem Midrasch »Pirke de-Rabbi Elieser« heißt.[16] Aus der rabbinischen Überlieferung übernimmt Heine das Motiv der Verführung – Samael überredet die Engel dazu, etwas Böses zu tun – sowie die Identifizierung Samaels mit dem Engel des Todes.[17] Im vierten Brief »Ueber die französische Bühne« schreibt Heine: »Unsere Tage gleiten sanft dahin, wie ein Haar, welches man durch die Milch zieht« (DHA XII, 248) und bekennt: »[...] der letztere Vergleich ist nicht von mir, sondern von einem Rabbinen; ich las ihn unlängst in einer Blumenlese rabbinischer Poesie, wo der Dichter das Leben des Gerechten mit einem Haare vergleicht, welches man durch die Milch zieht.« Dieser Vergleich findet sich in dem Talmudtraktat »Berakhot«.[18] In dem Artikel für die Augsburger »Allgemeine Zeitung« vom 27. März 1840 vergleicht Heine das Verhältnis zwischen Baron Rothschild und dem Bankier Benoît Fould mit den bekannten Disputen der Rabbinen Hillel und Schammai, die zur Zeit des Herodes lebten.[19] Er bezeichnet Rothschild und Fould als die »[...] zwey berühmten Finanzrabbinen [...], die mit einander eben so divergirend hadern, wie einst Rabbi Samai und Rabbi Hillel in der ältern Stadt Babylon.« (DHA XIII, 52) Am Ende des vierten Buches der »Börne«-Denkschrift wird das Motiv des leidenden, gefesselten Messias thematisiert: »[...] ohne diese Fessel würde der Messias, wenn er manchmal die Geduld verliert, plötzlich herabeilen und zu frühe, zur unrechten Stunde, das Erlösungswerk unternehmen.« (DHA XI, 110f.) Das Motiv des leidenden, gefesselten Messias findet sich an zahlreichen Stellen des rabbinischen Schrifttums, z.B. im »Midrasch Konen« und in der Predigtsammlung »Pesiqta Rabbti«.[20] Auch die Gefahr des zu frühzeitigen Eintreffens des Messias wird mehrfach in der rabbinischen Literatur thematisiert, beispielsweise in den Talmudtrakten »Sanhedrin« und »Baba Metsia«.[21] Schließlich wird in den »Hebräischen Melodien« unter anderem mit Hilfe der rabbinischen Exegese, die in dem Talmudtraktat »Sanhedrin« zu lesen ist[22], die Bedeutung des Wortes ›Schlemihl‹ erklärt[23], und auch das Motiv des Meeresungeheuers Leviathan, dessen Fleisch den Gerechten im Jenseits gereicht werden soll[24], findet sich in den Talmudtraktaten »Baba Batra« und »Aboda Zara«.[25]

Auf die Frage nach den Quellen für Heines Kenntnis der angeführten Motive kann in diesem Rahmen nicht näher eingegangen werden. Es sei nur so viel gesagt, dass zu seinen Lebzeiten noch keine vollständige deutsche Übersetzung des rabbinischen Schrifttums existierte, sodass auszuschließen ist, dass Heine die Mischna oder den Talmud jemals gelesen hat.[26] Als primäre Quelle für seine Kenntnis dieser Motive ist die bereits erwähnte »Zeitschrift für die Wissenschaft des Judenthums« zu betrachten, in der mehrere Beiträge anderer Mitglieder des »Vereins für Cultur und Wissenschaft der Juden« erschienen, die die rabbinische Überlieferung thematisieren.[27] Intertextuelle Bezüge lassen sich auch zu Zunz' Standardwerk »Die gottesdienstlichen Vorträge der Juden historisch entwickelt« nachweisen.[28] Dieses Werk hatte Heine Cotta 1829 zur Publikation empfohlen, »der beförderten Wissenschaft und meines eigenen Vergnügens wegen«[29].

Für Heines Thematisierung der rabbinischen Motive ist signifikant, dass er diese Motive zwar in seinem Werk aufgreift, aber ohne apologetische Intention: Er transformiert diese Motive, indem er sie ironisiert, wie zum Beispiel im vierten Brief »Ueber die französische Bühne«, oder indem er sie für politische und poetologische Aussagen funktionalisiert, wie in der Messias-Vision am Ende des vierten »Börne«-Buchs oder dem Schlemihl-Exkurs in den »Hebräischen Melodien«. Diese Transformation der rabbinischen Überlieferung soll anhand ihrer ausführlichsten Thematisierung in dem 1850 verfassten Gedicht »Jehuda ben Halevy« exemplarisch erläutert werden.

Im ersten Teil dieses Gedichts (DHA III, 130–135) werden die beiden Gattungen der rabbinischen Literatur, Halacha und Haggada, miteinander verglichen. Das Substantiv ›Halacha‹ ist von dem hebräischen Verb ›halach‹, ›gehen‹, abgeleitet und bezeichnet den religiösen Lebenswandel, das heißt den gesetzlichen Teil des rabbinischen Schrifttums. Der nichtgesetzliche, erzählende Teil wird ›Haggada‹ genannt; das Substantiv ist eine Ableitung des Verbs ›higid‹ mit der Bedeutung ›erzählen‹, ›sagen‹. Die Quellen dieses Vergleichs bilden das 1845 veröffentlichte Werk »Die religiöse Poesie der Juden in Spanien« des Zunz-Schülers Michael Sachs sowie das bereits erwähnte Standardwerk »Die gottesdienstlichen Vorträge der Juden historisch entwickelt« von Zunz.[30]

In dem größten poetologischen Gedicht aus Heines Spätwerk wird zunächst die religiöse Erziehung des spanisch-jüdischen Dichters aus dem 12. Jahrhundert, Jehuda Halevi, beschrieben: Diese Erziehung umfasst neben dem Studium der Tora und der aramäischen Bibelübersetzung, dem Targum Onkelos, auch das Studium des babylonischen Talmuds. Indem der Autor in diesem Kontext zwischen Halacha und Haggada unterscheidet, entwirft er ein differenzierteres Bild vom Talmud als in seiner sensualistisch-pantheistischen Phase, in der er den Talmud in seiner Gesamtheit kritisiert hatte. Heines Perspektive auf den Talmud als historisches Dokument wird in »Jehuda ben Halevy« zudem durch eine Perspektive auf den Talmud als literarisches Werk ergänzt.

Die Halacha wird in dem Gedicht primär als eine Schulung des Scharfsinns, als die »große / Fechterschule« beschrieben. Das lyrische Ich macht sich über die Gesetzesstrenge der Halacha lustig und über den halachischen Diskurs, der ihm kasuistisch erscheint und vor dessen Verhaftetsein in unwichtigen Details der Knabe Jehuda flieht.[31] Der Gehalt der Halacha insgesamt wird dadurch ironisiert, dass als Beispiel für die Halacha die rabbinische Diskussion angeführt wird über »das fatale Ey, / Das ein Huhn gelegt am Festtag«. Der Autor bezieht sich mit diesem Disput auf den Anfang des Talmudtraktats »Betsa« [Ei], der den Unterschied zwischen dem Sabbat und den Festtagen behandelt. Von den beiden Schulen der Rabbinen Hillel und Schammai wird in dem Taktat die Frage diskutiert, was mit einem Ei zu tun sei, das an einem Feiertag, an dem jegliche Arbeit verboten ist, gelegt wurde:

> Was ist mit einem Ei zu tun, das an einem Festtag gelegt wurde?
> Die Schule Schammais sagt: Es soll gegessen werden.
> Und die Schule Hillels sagt: Es soll nicht gegessen werden.[32]

Die Schule Hillels argumentiert im Folgenden, dass an einem Festtag nur Eier gegessen werden dürfen, die von Hühnern gelegt wurden, deren Fleisch zum Verzehr bestimmt ist, während die Schule Schammais dafür plädiert, dass an einem Festtag Eier von zum Verzehr und nicht zum Verzehr bestimmten Hühnern gegessen werden dürfen.

Mit der Thematisierung dieses halachischen Disputs rekurriert Heine auf seine in den zwanziger Jahren formulierte These von der »spitzfindige[n] Scholastik« (DHA VI, 61) talmudscher Diskussionen und demonstriert, trotz der Revision seiner theologischen Vorstellungen in der »Matratzengruft«, seine antidogmatische Kontinuität, seine Distanz von der rabbinischen Theologie sowie sein Desinteresse an spekulativen theologischen Diskussionen, Aspekte, die innerhalb der »Hebräischen Melodien« in Bezug auf Judentum und Christentum auch das Gedicht »Disputazion« hervorhebt. Eine positive Beurteilung erfährt in »Jehuda ben Halevy« hingegen die Haggada, die der Halacha antithetisch gegenübergestellt wird. Die beiden Gattungen der rabbinischen Literatur werden als »[z]wey verschiedne Sorten Lichtes« dargestellt, der gesetzliche Teil wird als »[g]relles Tageslicht der Sonne« beschrieben, der erzählende Teil als »das mildere Mondlicht«. Die Halacha wird mit dem rationalen Denken assoziiert, während die Haggada mit dem emotionalen

Bereich in Verbindung gebracht wird.[33] Kulturgeschichtlich könnte vor diesem Hintergrund die Halacha auch als die spiritualistische Seite der rabbinischen Überlieferung bezeichnet werden, die Haggada hingegen als die sensualistische.[34]

Die Haggada wird mit einem hochphantastischen Garten, der dem Garten der assyrischen Königin Semiramis ähnelt, verglichen, wobei dieser Vergleich das grenzen- und zwanglose Moment der Haggada hervorhebt. Als Inhalt der Haggada werden u. a. Legenden, Engelmärchen und Märtyrerhistorien angeführt. Das Studium der Haggada führt dazu, dass Jehuda Halevi nicht nur ein großer Schriftgelehrter wird, der den Titel ›Rabbi‹ tragen darf, sondern auch der »Dichtkunst Meister«, da sich ihm durch das dichterische Werk der Haggada, in der Phantasie und Freiheit der Gedanken und der Form herrschen, der Geist der Poesie erschließt.[35] Das Herz des Knaben sei durch das Studium der Haggada ergriffen worden:

> Von der wundersamen Schmerzlust
>
> Und den fabelhaften Schauern
> Jener seligen Geheimwelt,
> Jener großen Offenbarung,
> Die wir nennen Poesie.

Heines Ausführungen zur Haggada kulminieren somit in einer allgemeinen Charakterisierung des Wesens von Dichtung. Obwohl sich Halevi die Dichtkunst durch die poetische Haggada erschlossen hat, spielt auch die Halacha für sein literarisches Schaffen insgesamt eine wichtige Rolle. Nur durch ihr Studium, das zur Schärfung des Intellekts führt, konnte er die notwendige Methodik erlernen für das Verfassen seines religionsgeschichtlichen Hauptwerks »Kusari«:

> Lernen konnte hier der Knabe
> Alle Künste der Polemik;
> Seine Meisterschaft bezeugte
> Späterhin das Buch Cosari.

Zwar legt Heine bei der Beschreibung der beiden Gattungen der rabbinischen Literatur den Akzent auf die Haggada, aber er hebt auch das komplementäre Verhältnis zwischen dem gesetzlichen und dem nichtgesetzlichen Teil des Talmuds hervor.

Der israelische Nationaldichter Chaim Nachman Bialik, der für die Einreihung von Heines Werk in den Kanon der hebräischen Literatur plädierte und das jüdische Volk aufforderte »Denket an Heine«[36], hat 1919 einen Essay mit dem Titel »Halacha und Aggada«[37] verfasst, der von Gerschom Scholem ins Deutsche übertragen wurde. Einleitend fasst Bialik die Beurteilung von Halacha und Haggada durch das moderne Judentum folgendermaßen zusammen:

> Das Antlitz der Halacha: grämlich – das der Aggada: lachend. Jene pedantisch, erschwerend, hart wie Stahl – die Ordnung der Strenge; diese freimütig, erleichternd, weicher als Oel – die Ordnung des Erbarmens. Jene ordnet an und weicht nicht um Haaresbreite davon ab: ihr Ja ist Ja und ihr Nein ist Nein; diese gibt einen Rat und bedenkt die menschliche Kraft und Einsicht: Ja und Nein sind ihr ungewiß. Jene – Schale, Körper, Handlung; diese – Gehalt, Seele, Intention. Dort versteinertes Beharren, Zwang, Fron; hier dauernde Erneuerung, Freiheit und Willkür. So heißt es von Halacha und Aggada in ihrer Beziehung auf das Leben, und über ihre Beziehung auf das Schrifttum pflegt man hinzuzusetzen: dort dürre Prosa, ein präziser und feststehender Stil, graue, eintönige Sprache – Vorherrschaft des Intellekts; hier die Frische der Dichtung, ein fließender und abwechslungsreicher Stil, buntfarbene Sprache – Vorherrschaft des Gefühls.[38]

Bialiks Resümee verdeutlicht, dass Heines Rezeption von Halacha und Haggada als paradigmatisch gelten kann für die Beurteilung der beiden Gattungen der rabbinischen Literatur durch das moderne Judentum. Der hebräische Dichter, wie Heine auf die gegenseitige Komplettierung der beiden Gattungen der rabbinischen Literatur verweisend[39], akzentuiert, dass auch die talmudischen Rabbinen selbst Halacha und Haggada miteinander verglichen hätten:

> Die Argumente der Streiter für die Aggada gegen die Halacha sind freilich keineswegs besonders neu und »waren schon vor Zeiten da«. Noch die Meister des Talmud wissen hierüber so und so viele Geschichten und Gleichnisse zu erzählen, nur daß sie zu dem Resultate kamen, die Halacha sei »Goldklumpen« und die Aggada »kleine Münze« […].[40]

Für Heine ist, im Gegensatz zu den talmudischen Schriftgelehrten, die Haggada der »Goldklumpen«, während die Halacha, deren Relevanz er nur für den Intellekt gelten lässt, als »kleine Münze« betrachtet wird.

Literatur- und religionsgeschichtlich bedeutsam ist der Vergleich von Halacha und Haggada nicht nur, weil Heine als erster diese beiden Gattungen aus der Sicht des modernen, säkularisierten Judentums definiert[41], sondern auch wegen der expliziten Bezeichnung der Haggada als Poesie, durch die sich der Autor von der traditionellen Auffassung der Haggada distanziert, nach der der nichtgesetzliche Teil des rabbinischen Schrifttums primär eine ethische Aufgabe hat. Diese Aufgabe der Haggada wird beispielsweise von Zunz in seinem bereits erwähnten Werk »Die gottesdienstlichen Vorträge der Juden historisch entwickelt« erläutert, in dem die Haggada erstmals wissenschaftlich untersucht wurde.[42] Die ethische Auffassung der Haggada resultiere daraus, so Zunz, dass die Haggadisten die Funktion der Propheten übernommen hätten. Die Haggada habe sich nach dem »Untergange der israelitischen Selbstständigkeit«[43] als die »Fortleiterin des freien Prophetenthums«[44] erwiesen:

> [B]eide Institutionen, Prophetenthum und Hagada bestanden […] als unbedingte Aeusserungen des Nationallebens: in beiden weht gleicher Patriotismus und gleich starkes Vertrauen auf

Gott; derselbe unbeugsame Muth und die Macht gleicher Hoffnungen auf dereinstige Erlösung hält die Propheten und die Helden der Hagada aufrecht.[45]

Das Ziel der Haggadisten sei, so fährt Zunz fort, durch die Haggada »der Gemeinde den Himmel näher [zu] bringen, und den Menschen wiederum zum Himmel empor[zu]heben«. Die Haggada sei einerseits »Gottes Verherrlichung« und andererseits »Israels Trost«.[46]

Heine kann sich jedoch mit dieser traditionellen, religiös-ethischen Auffassung der Haggada nicht mehr identifizieren und betrachtet sie weder als geoffenbarten Text noch als ›mündliche Tora‹, denn in dem Gedicht wird explizit nicht, wie es der Tradition entspräche, die Haggada mit der Offenbarung gleichgesetzt, sondern die Poesie.[47] Die Haggada kann für Heine nur als Poesie, jedoch nicht mehr als ›mündliche Tora‹ Offenbarung sein. Somit vollzieht sich in dem Gedicht der Übergang von Haggada in Dichtung, der die Enttheologisierung eines fundamentalen Grundbegriffes der rabbinischen Theologie und damit auch den Verlust religiöser Tradition bedeutet, gleichzeitig aber auch den Gewinn der rabbinischen Überlieferung als literarisches und ästhetisches Phänomen. Heines poetologische Transformation des Offenbarungsbegriffes zeigt sich auch daran, dass der Dichter Jehuda Halevi als »große / Feuersäule des Gesanges« bezeichnet wird. Nach Exodus 13, 21–22 stellt die Feuersäule eine Offenbarungsform Gottes, der Israel aus Ägypten führt, dar. Der Dichter Halevi, der den Idealtypus des Dichters repräsentiert, übernimmt somit die Vatesfunktion, die der Feuersäule beim Auszug aus Ägypten zukam, seine Dichtung wird zu der neuen Offenbarungsform.

Innovativ ist Heines Sichtweise der Haggada insofern, als er sich zwar von der Normativität der Haggada als ›mündlicher Tora‹ und ihrer traditionellen Aufgabe distanziert, gleichzeitig aber ein sehr positives Bild des erzählenden Teils des rabbinischen Schrifttums entwirft und dessen Kreativität, Imagination und poetische Qualität akzentuiert. Auf diese Aspekte der rabbinischen Überlieferung verweist auch Franz Kafkas 1911 formuliertes Diktum von der »talmudische[n] Melodie«[48], das, wie Heines Gedicht, die Poetizität des Talmuds betont.

Die positive Darstellung der Haggada in »Jehuda ben Halevy« ist zudem vor dem Hintergrund talmudfeindlicher Werke wie Eisenmengers »Entdecktes Judenthum« von 1700 zu sehen, durch die – auch noch im 19. Jahrhundert in Deutschland – die Überzeugung dominierte, dass der Talmud gegen das Christentum gerichtete Polemiken enthalte[49], hermetisch verschlossen sei und keinen literarischen Wert habe. Durch die Literarisierung und Poetologisierung der rabbinischen Überlieferung trägt Heine dazu bei, wie Zunz in seiner Schrift »Etwas über die rabbinische Litteratur« gefordert hatte[50], Vorurteile gegenüber dieser Überlieferung wenn nicht abzubauen, so doch zumindest zu reduzieren.

Trotz seiner Distanz von der rabbinischen Theologie integriert Heine das rabbinische Schrifttum als historisches, literarisches und kulturelles Erbe an zahlreichen Stellen seines Werkes in seinen politischen oder poetologischen Diskurs und kann so diese Überlieferung enttheologisiert weiterentwickeln und aktualisieren. Heine wird selbst zum Kommentator der rabbinischen Exegese und imitiert aus der Perspektive eines emanzipierten und säkularisierten Juden die für das rabbinische Schrifttum grundlegende Struktur von biblischem Zitat und Kommentar, was insbesondere der Beginn des Gedichts »Jehuda ben Halevy« verdeutlicht.[51] Wie im Midrasch, beginnt das Gedicht mit einem biblischen Zitat, das auch als solches gekennzeichnet wird. Es handelt sich um eine dichterische Version des Psalms 137, 5–6:

> »Lechzend klebe mir die Zunge
> An dem Gaumen, und es welke
> Meine rechte Hand, vergäß' ich
> Jemals dein, Jerusalem —«

Während jedoch im Midrasch das exegetische Verfahren durch das einleitende Bibelzitat initiiert wird[52], wird in Heines Gedicht durch das Bibelzitat das poetische Geschehen in Gang gesetzt, da keine Exegese des Bibeltextes folgt, sondern die Thematisierung der prototypischen Dichterbiographie Halevis. Formale Imitation tritt somit an die Stelle von Identifikation, die Poesie an die Stelle der rabbinischen Exegese, der Dichter an die Stelle des Haggadisten. Gerade Heines literarische Transposition der ältesten nachbiblischen Überlieferung des Judentums verdeutlicht somit exemplarisch die Modernität seines jüdischen Diskurses.

Anmerkungen

[1] Zu Heines Thematisierung der Hebräischen Bibel und der Kabbala vgl. insbesondere Peter Guttenhöfer: Heinrich Heine und die Bibel. München 1970; Margaret A. Rose: Die Parodie: Eine Funktion der biblischen Sprache in Heines Lyrik. Meisenheim/Glan 1976; Das Jerusalemer Heine-Symposium. Hrsg. v. Klaus Briegleb und Itta Shedletzky. Hamburg 2001; Klaus Briegleb: Bei den Wassern Babels. Heinrich Heine. Jüdischer Schriftsteller in der Moderne. München 1997. – Zu der bisherigen Untersuchung des rabbinischen Schrifttums vgl. Israel Tabak: Judaic Lore in Heine. The Heritage of a Poet. Baltimore 1948, S. 115–124; Hanns Günther Reissner: Heinrich Heine's Tale of the ›Captive Messiah‹. – In: Der Friede. Idee und Verwirklichung. Festgabe für Adolf Leschnitzer. Hrsg. v. Erich Fromm und Hans Herzfeld. Heidelberg 1959, S. 327–340. – Der Vergleich von Halacha und Haggada in dem Gedicht »Jehuda ben Halevy« ist ausführlicher insbesondere von Maren R. Niehoff untersucht worden, die jedoch die poetologische Dimension des Vergleichs sowie Heines Auseinandersetzung mit den Grundlagen der rabbinischen Theologie unberücksichtigt lässt. Vgl. Maren R. Niehoff: Heine und die jüdische Tradition. – In: »Ich Narr

des Glücks«: Heinrich Heine 1797–1856. Bilder einer Ausstellung. Hrsg. v. Joseph A. Kruse. Stuttgart, Weimar 1997, S. 318–324.

[2] Vgl. Günter Stemberger: Einleitung in Talmud und Midrasch. 8. Aufl. München 1992, S. 192.

[3] Vgl. DHA VIII, 71 f.; VII, 117; XI, 22 f.

[4] Vgl. Alfred Bodenheimer: Wandernde Schatten. Ahasver, Moses und die Authentizität der jüdischen Moderne. Göttingen 2002, S. 38 f.

[5] Zum Jahr 70 n. Chr. als Wendepunkt in der jüdischen Geschichte vgl. Stemberger [Anm. 2], S. 14 f.

[6] Vgl. DHA VIII, 71.

[7] Vgl. Christoph Schulte: Die jüdische Aufklärung: Philosophie, Religion, Geschichte. München 2002, S. 81–118; Moshe Pelli: The Age of Haskalah. Leiden 1979, S. 48–90.

[8] Zunz resümiert in der Schrift »Etwas über die rabbinische Litteratur« seine Stellung zur Normativität der rabbinischen Literatur, als deren erstes Beispiel der Talmud angeführt wird, folgendermaßen: »Hier wird die ganze Litteratur der Juden, in ihrem grössten Umfange, als *Gegenstand der Forschung* aufgestellt, ohne uns darum zu kümmern, ob ihr sämmtlicher Inhalt auch *Norm für unser eigenes Urtheilen* sein soll oder kann.« (Leopold Zunz: Etwas über die rabbinische Litteratur (1818). – In: Gesammelte Schriften von Dr. Zunz. Hrsg. vom Curatorium der »Zunzstiftung«. Berlin 1875, S. 5).

[9] Leopold und Adelheid Zunz. An Account in Letters. 1815–1885. Hrsg. v. Nahum N. Glatzer. London 1958, S. 13.

[10] Zum rabbinischen Konzept der ›mündlichen Tora‹ vgl. Stemberger [Anm. 2], S. 41; Jörg Schulte: Eine Poetik der Offenbarung. Isaak Babel, Bruno Schulz, Danilo Kiš. Wiesbaden 2004, S. 13–35.

[11] Zit. nach Werner II, 145.

[12] Zu der Rolle Jehuda ha-Nasis vgl. Stemberger [Anm. 2], S. 88 f.

[13] Vgl. Lazarus Bendavid: Ueber geschriebenes und mündliches Gesetz. – In: Zeitschrift für die Wissenschaft des Judenthums. Hrsg. v. dem Verein für Cultur und Wissenschaft der Juden unter der Redaktion v. Leopold Zunz. Berlin 1823 [Neudr. Hildesheim 1976], S. 472–500 und L. Bernhardt: Ueber die empirische Psychologie der Juden im talmudischen Zeitalter. – In: Zeitschrift für die Wissenschaft des Judenthums, S. 501–522. Das Pseudonym L. Bernhardt wurde vermutlich von Ludwig Marcus verwendet. Vgl. Hanns Günther Reissner: Eduard Gans. Ein Leben im Vormärz. Tübingen 1965, S. 78.

[14] Vgl. HSA XX, 102 f.

[15] Vgl. DHA VII, 231.

[16] Vgl. Pirke de-Rabbi Elieser. Nach der Edition Venedig 1544 unter Berücksichtigung der Edition Warschau 1852. Aufbereitet und übersetzt v. Dagmar Börner-Klein. Berlin, New York 2004, S. 134.

[17] Vgl. z. B. [Anm. 16], S. 134 f. und bT AZ 20b. Die Quellenangaben aus dem babylonischen Talmud erfolgen nach Stemberger [Anm. 2], S. 356 f.

[18] Vgl. bT Ber 8a.

[19] Die Rabbinen Hillel und Schammai gehören zu den fünf Gelehrtenpaaren, die nach der in Mischna »»Abot« I, 1 bis II, 8 überlieferten Traditionskette untereinander bis zurück zu Moses durch den Empfang und die Weitergabe der Tora verbunden sind. Vgl. zu den Disputen zwischen Hillel und Schammai insbesondere bT Schab 31a.

[20] Vgl. Jean-Joseph Brierre-Narbonne: Le Messie souffrant dans la littérature rabbinique. Paris 1940, S. 40.

21 Vgl. bT Sanh 98a und bT BM 53b.

22 Vgl. bT Sanh 82b und die Parallelstelle in: Der Midrasch Sifre zu Numeri. Übersetzt und erklärt v. Dagmar Börner-Klein. Stuttgart, Berlin, Köln 1997, S. 291–294.

23 Vgl. DHA III, 155.

24 Vgl. DHA III, 167 f.

25 Vgl. bT BB 75a und bT AZ 3b.

26 Zwanzig Traktate des palästinischen Talmuds wurden zwischen 1755–1765 von Blasio Ugolino in seinem »Thesaurus Antiquitatum Sacrarum« ins Lateinische übersetzt. Zwischen 1871 und 1889 übersetzte Moïse Schwab den kompletten palästinischen Talmud ins Französische; 1896 begann Lazarus Goldschmidt, den babylonischen Talmud ins Deutsche zu übersetzen.

27 Zu diesen Artikeln gehören: »Salomon ben Isaac, genannt Raschi« (L. Zunz), »Ueber die Naturseite des jüdischen Staats« (L. Markus), »Die Grundzüge des mosaisch-talmudischen Erbrechts« (E. Gans), »Ueber geschriebenes und mündliches Gesetz« (L. Bendavid), »Ueber die empirische Psychologie der Juden im talmudischen Zeitalter« (L. Bernhardt) und »Aus dem Archiv des Vereins, für die Correspondenz (Polen betreffend). Nebst einem Nachworte« (E. Gans).

28 Beispielsweise hinsichtlich des Messias- und des Leviathan-Motivs. Vgl. Leopold Zunz: Die gottesdienstlichen Vorträge der Juden historisch entwickelt. Ein Beitrag zur Altertumskunde und biblischen Kritik, zur Literatur- und Religionsgeschichte. Frankfurt a. M. 1892 [Neudr. Hildesheim 1966], passim.

29 HSA XX, 352. Vgl. Leopold Zunz. Jude – Deutscher – Europäer. Hrsg. und eingel. v. Nahum N. Glatzer. Tübingen 1964, S. 30.

30 Vgl. Michael Sachs: Die religiöse Poesie der Juden in Spanien. Berlin 1845, S. 159; Zunz [Anm. 28], z. B. S. 63; 334.

31 Vgl. Niehoff [Anm. 1], S. 323.

32 Talmud Babli. Hrsg. v. Adin Steinsaltz. Jerusalem 1970 ff., Bd. X, S. 10. [Übers. v. der Verf.]

33 Vgl. Niehoff [Anm. 1], S. 321; Siegbert Salomon Prawer: Heine's Jewish Comedy. A Study of his Portraits of Jews and Judaism. Oxford 1983, S. 568.

34 Vgl. Norbert Altenhofer: Rabbi Faibisch Apollo. Zum Spiel der Identitäten in Leben und Werk Heinrich Heines. – In: ders.: Die verlorene Augensprache. Über Heinrich Heine. Hrsg. v. Volker Bohn. Frankfurt a. M., Leipzig 1993, S. 227.

35 Vgl. Hartmut Kircher: Heine und das Judentum. Bonn 1973, S. 272; Helmut Landwehr: Der Schlüssel zu Heines »Romanzero«. Hamburg 2001, S. 60.

36 Chaim Nachman Bialik: Das hebräische Buch. – In: ders.: Essays. Berlin 1925, S. 53.

37 Der Terminus ›Aggada‹ ist das aramäische Synonym zu ›Haggada‹.

38 Bialik [Anm. 36], S. 82.

39 Ebd., S. 82 f., 104, 106.

40 Ebd., S. 98.

41 Auch Sachs und Zunz assoziieren die Halacha mit Strenge, die Haggada hingegen mit Freiheit, jedoch wird der Vergleich der beiden Gattungen der rabbinischen Literatur von den Autoren nicht näher ausgeführt. Vgl. Sachs: [Anm. 30], S. 148 f.; Zunz [Anm. 28], S. 334.

42 Neben der ethischen Haggada unterscheidet Zunz zwischen der geschichtlichen und der mystischen Haggada sowie der Auslegungshaggada. Vgl. ebd., S. 87–195.

43 Ebd., S. 334.

44 Ebd., S. 341.

45 Ebd., S. 334 f.

46 Ebd., S. 362.

⁴⁷ Heine betont in dem Gedicht somit gerade nicht den Glaubensgehalt der Haggada, wie es M. Niehoff in ihrem Aufsatz darlegt, vgl. [Anm. 1], S. 324.

⁴⁸ Franz Kafka. Tagebücher 1910–1923. Hrsg. v. Max Brod. New York, Frankfurt a. M. 1951, S. 82.

⁴⁹ Vgl. zu diesem Aspekt auch DHA VII, 149 f. Zu den christlichen Polemiken gegen den Talmud vgl. Stemberger [Anm. 2], S. 221–223.

⁵⁰ Zunz [Anm. 8], S. 23 ff.

⁵¹ Zu Heines Imitation von Strukturen rabbinischer Literatur vgl. auch DHA III, 135 f.; XI, 110 f.

⁵² Zu der rabbinischen Hermeneutik und der Struktur von Midraschim im Allgemeinen vgl. Stemberger [Anm. 2]; Susan A. Handelman: The Slayers of Moses. The Emergence of Rabbinic Interpretation in Modern Literary Theory. New York 1983; Midrash and Literature. Hrsg. v. Geoffrey H. Hartmann und Sanford Budick. New Haven, London 1986; Daniel Boyarin: Intertextuality and the Reading of Midrash, Bloomington 1990; Gerald L. Bruns: Hermeneutics: Ancient & Modern. New Haven 1992, bes. S. 139–158.

Heinrich Heine und die Sufi-Mystikerin Rabia al-Adawiyya – eine Trouvaille

Von Regina Berlinghof, Kelkheim

Dass Heinrich Heine sich intensiv mit dem Orient beschäftigt hatte, ist seit Mounir Fendris umfassender Monographie »Halbmond, Kreuz und Schibboleth« offenkundig. Heines Verhältnis zum Islam beleuchtete auch Hanno Kabel in seinem Essay »Heines schöner Islam«, mit dem er sich an der Preisaufgabe der Heinrich-Heine-Gesellschaft zur weiteren Vertiefung des intellektuellen Diskurses über unser Verhältnis zum Islam und der Welt des Orients beteiligte.[1]

Um so verblüffter war ich, als ich im Zusammenhang mit einem Kurzvortrag über »Heine und der Islam«[2] auf eine Textstelle stieß, in der Heine die arabische Sufi-Mystikerin Rabia al-Adawiyya zitierte, was von keinem der beiden Autoren erwähnt wurde.

Vermutlich verdankte ich es dem Umstand, dass ich spottlustige, ketzerische orientalische klassische Dichter und Mystiker wie Hafis und Omar Khayyam verlege, dass man mir das Thema Heine und der Islam antrug. Denn ich bin keine Heine-Spezialistin, und die Wälder Heine'scher Sekundärliteratur konnte ich weder überblicken noch in der Kürze der Zeit durchforsten. Also suchte ich auf gut Glück in den Heinetexten selbst, wobei mir eine Literatur-CD und die online-Texte des Gutenbergprojektes mit Volltextrecherche zu Hilfe kamen. Die Suchworte wie »Islam«, »Allah«, »Koran«, »Muhammad, Mohamet, Mahomet«, »Mullah« brachten nur wenige Resultate. Also nahm ich Zuflucht zu allgemeineren Begriffen wie »Gott«, »Priester«, »Himmel«, »Hölle«, die sowohl im Judentum, Christentum und Islam von Bedeutung sind. Da, wo Heine über Himmel und Hölle im Christentum schrieb und spottete, würden mit Vorsicht Analogieschlüsse zu Heines Einstellung zur muslimischen Theologie möglich sein. Mit Himmel und Hölle sprudelten die Heine'schen Quellen schon kräftiger. Vor allem ein paar Sätze im 9. Kapitel des Reisebilds »Die Stadt Lukka« entzückten mich, denn sie konnten auf alle drei Buchreligionen bezogen werden.

> Ernst antwortete ich ihr: Liebe Mathilde, bey meinen Handlungen auf dieser Welt kümmert mich nicht einmal die Existenz von Himmel und Hölle, ich bin zu groß und zu stolz, als daß der Geitz nach himmlischen Belohnungen, oder die Furcht vor höllischen Strafen mich leiten sollten. Ich strebe nach dem Guten, weil es schön ist und mich unwiderstehlich anzieht, und ich verabscheue das Schlechte, weil es häßlich und mir zuwider ist.

Direkt anschließend zitiert der Ich-Erzähler eine Episode aus den Lebensbeschreibungen des Plutarch:

> Schon als Knabe, wenn ich den Plutarch las – und ich lese ihn noch jetzt alle Abend im Bette und möchte dabey manchmal aufspringen, und gleich Extra-Post nehmen und ein großer Mann werden – schon damals gefiel mir die Erzählung von dem Weibe, das durch die Straßen Alexandriens schritt, in der einen Hand einen Wasserschlauch, in der andern eine brennende Fackel tragend, und den Menschen zurief, daß sie mit dem Wasser die Hölle auslöschen und mit der Fackel den Himmel in Brand stecken wolle, damit das Schlechte nicht mehr aus Furcht vor Strafe unterlassen, und das Gute nicht mehr aus Begierde nach Belohnung ausgeübt werde. Alle unsre Handlungen sollen aus dem Quell einer uneigennützigen Liebe hervorsprudeln, gleichviel ob es eine Fortdauer nach dem Tode giebt oder nicht. (DHA VII, 182)

Die Geschichte von dem Weib mit einem Wasserkrug in der einen Hand und der Fackel in der anderen kannte ich – aber nicht von Plutarch, sondern als überlieferte Episode aus dem Leben der Sufi-Mystikerin Rabia al-Adawiyya, die in Basra lebte und dort 801 starb.

In Annemarie Schimmels Buch über die Sufi-Meister liest sich die Geschichte wie folgt:

> Man sah sie in den Straßen von Basra, mit einem Eimer in der einen Hand und einer Fackel in der anderen. Gefragt, was das bedeute, antwortete sie: »Ich will Wasser in die Hölle gießen und Feuer ans Paradies legen, damit diese beiden Schleier verschwinden und niemand mehr Gott aus Furcht vor der Hölle oder in Hoffnung aufs Paradies anbete, sondern nur noch um Seiner ewigen Schönheit willen.«[3]

Und in ganz ähnlichem Sinn:

> Rabia sprach: »Ein schlechter Diener ist's, der seinen Herrn aus Furcht vor der Hölle anbetet oder in Hoffnung auf Lohn.« Sie sagten [eine Gruppe bedeutender Leute]: »Und warum betest du Ihn an, wenn du das Paradies nicht begehrst?« Sie sprach: »Erst der Nachbar, dann das Haus.«[4]

Nach der Lektüre Heines, der die Episode bei Plutarch gefunden haben wollte, stellte sich natürlich die Frage: Wo hatte die Überlieferung ihren Ursprung: bei Plutarch, der schon im ersten nachchristlichen Jahrhundert[5] lebte, oder Jahrhunderte später bei Rabia al-Adawiyya? Bei Plutarch wurde ich nicht fündig. Die Klärung brachte ein Besuch in der Frankfurter Universitätsbibliothek. Im Apparatteil des Bandes VII der Düsseldorfer Heine-Ausgabe bemerkt der Bandbearbeiter Alfred Opitz in den Erläuterungen zu dieser Stelle, dass Heine die Geschichte fälschlicherweise Plutarch zuschreibe und nennt die wahre Quelle, nämlich Jean de Joinvilles Biographie Ludwigs des Heiligen.[6] Joinville hatte Ludwig IX. von

Frankreich auf dem sechsten Kreuzzug von 1248–1254 begleitet. Im 87. Kapitel seiner Biographie schildert er, dass der König einen Boten zum Sultan von Damaskus sandte. Ein Mönch, der der sarazenischen Sprache mächtig war, begleitete ihn.

> Auf dem Weg von ihrem Quartier in die Residenz des Sultans begegnete Bruder Yves einer alten Frau; sie trug in der rechten Hand ein Feuerbecken und in der linken eine Flasche voll Wasser. Bruder Yves fragte sie: »Was willst du damit machen?« Sie antwortete, daß sie mit dem Feuer das Paradies verbrennen wolle, daß es nicht mehr wäre, und mit dem Wasser wolle sie die Hölle auslöschen, daß sie nicht mehr wäre. Und er darauf: »Warum willst du das tun?« – »Weil ich will, daß niemand künftig das Gute tut, um den Lohn des Paradieses zu erlangen, oder aus Furcht vor der Hölle. Sondern allein um der Liebe Gottes willen, die das höchste Gut ist und von der alles Heil kommt, das wir erfahren können.[7]

Hübsch, wie hier die Geschichte als gegenwärtige Begebenheit dargestellt wird, die der Gewährsmann selbst erlebt hat – ein alter Trick von guten Erzählern und Geschichtsschreibern.

Der Herausgeber der deutschen Ausgabe schreibt dazu:

> Diese Szene charakterisiert eine Haltung, auf der auch Ludwig der Heilige immer bestanden hat. In der theologischen Spekulation spielt die »reine Gottesliebe« später eine große Rolle. Vielleicht ist die beschriebene Frau eine islamitische Mystikerin der »reinen Gottesliebe«. Auf jeden Fall schildert der Text eine zentrale Einsicht jeder Theologie.

Weder im Heine-Kommentar noch im Anmerkungsteil der deutschen Joinville-Biographie wird die »islamitische Mystikerin« als Rabia al-Adawiyya identifiziert. Es ist mir eine Freude, dies hiermit nachzuholen und mit einem weiteren Zitat Annemarie Schimmels zu bekräftigen, die in ihrer Kurzeinleitung zu Rabia al-Adawiyya schreibt: »Sie hat den Begriff der reinen Gottesliebe in die islamische Mystik eingeführt.«[8] Außerdem zeigt die Wanderung der Geschichte vom östlichen Basra im Irak über Damaskus in Syrien über die Kreuzfahrer bis hin zu Heine in Westeuropa, der sie wiederum im ägyptischen Alexandria ansiedelte, wie vielfältig die Kontakte über alle kulturellen Grenzen, ja durch und über die Kriege hinweg zwischen Orient und Okzident gediehen.

Rabias Absicht, die Menschen daran zu erinnern, nicht mehr aus Furcht oder wegen einer Belohnung zu handeln, ist das Anliegen der Mystiker aller Religionen und Kulturen. Weil sie Gott oder das Göttliche selbst erkannt oder erfahren haben, wehren sie sich gegen jede engherzige Theologie, gegen einen unbarmherzigen Dogmatismus, gegen die geistige Unterdrückung und Bevormundung der Menschen. Sie tun es durch absurde Handlungen wie Rabia oder sie spotten wie Halladsch, Omar Khayyam und Hafis. Heinrich Heine ist den Tiefreligiösen näher, als man zunächst vermuten mag.

Anmerkungen

[1] Mounir Fendri: Halbmond, Kreuz und Schibboleth. Heinrich Heine und der islamische Orient. Hamburg 1980 (= Heine-Studien). – Hanno Kabel: Heines schöner Islam. – In: HJb 43 (2004), S. 252–267. Joseph A. Kruse: »Aber, Allah! Welch ein Anblick!« Heinrich Heine und der Islam. – In: HJb 44 (2005), S. 94–112.

[2] Teil der Veranstaltung: »Deutsche Dichter und der Islam«, Vortragsabend in Frankfurt am Main am 27. April 2006 mit drei Kurzvorträgen.

[3] Annemarie Schimmel: Gärten der Erkenntnis. 4. Aufl. München 1995, S. 21.

[4] Ebd. S. 20; Rabias Antwort ist ein arabisches Sprichwort.

[5] Ca. 45–125 n. Chr.

[6] S. DHA VII, 1601.

[7] Deutsche Ausgabe: Jean de Joinville: Das Leben des heiligen Ludwig. Die Vita des Joinville. Übers. v. Eugen Mayser, hrsg. u. eingeleitet v. Erich Kock. Düsseldorf 1969.

[8] Schimmel [Anm. 3], S. 18; hier auch die Bezeichnung Rabias als »zweite Maria die Reine« (bei Fariddudin Attar beschrieben). Zur weiteren Charakterisierung Rabias ein Zitat zum Teufelsglauben: »Die Liebe zu Gott läßt bei mir keinen Raum für einen Haß gegen den Teufel« (Tor Andrae: Islamische Mystiker. Stuttgart 1960, S. 111).

Heinrich-Heine-Institut. Sammlungen und Bestände. Aus der Arbeit des Hauses

Das Heinrich-Heine-Portal und digitale Editionen
Bericht über die Tagung im Heinrich-Heine-Institut in Düsseldorf am 6. Oktober 2005

Von Bernd Füllner, Düsseldorf und Nathalie Groß, Trier

Auf der gemeinsam vom Heinrich-Heine-Institut und Kompetenzzentrum für elektronische Erschließungs- und Publikationsverfahren in den Geisteswissenschaften an der Universität Trier organisierten Tagung wurden der Öffentlichkeit renommierte Projekte aus dem Bereich digitaler Editionen sowie die aktuellen Projektergebnisse des Heinrich-Heine-Portals präsentiert. Berichtet wurde außerdem über das geplante Textarchiv »Deutsch. Diachron. Digital« (DDD) sowie über das Förderprogramm Wissenschaftliche Literaturversorgungs- und Informationssysteme (LIS) der Deutschen Forschungsgemeinschaft (DFG).

Unter der Moderation von Kurt Gärtner, dem Begründer und langjährigen Leiter des Kompetenzzentrums an der Universität Trier, präsentierte Ralf Goebel, Programmdirektor der Gruppe LIS bei der DFG, das neue Förderinstrument »Wissenschaftliche Literaturversorgungs- und Informationssysteme«. Dieses Programm hat zum Ziel, Literatur und digitale Informationsquellen für die wissenschaftliche Forschung in Deutschland bereit zu stellen. Leistungsfähige, auf den Forschungsbedarf ausgerichtete Informationsdienstleistungen und innovative Informations-Infrastrukturen sollen an den Hochschulen und Forschungseinrichtungen in Deutschland aufgebaut werden. Das Internet als globale und frei verfügbare Informationsquelle spielt eine wesentliche Rolle bei der Gewährleistung überregionaler Literatur- und Informationsversorgung. Dabei sollen die Literatur- und Informationsbestände allen Wissenschaftlern uneingeschränkt zur Verfügung stehen.

Im Anschluss daran wurde der Entwicklungsstand des von der DFG und der Kunststiftung NRW geförderten Heinrich-Heine-Portals vorgestellt. Das auf einen Zeitraum von fünf Jahren angelegte Projekt hat die erste Hälfte des Förderzeitraums hinter sich und präsentiert sich bereits seit über zwei Jahren im Internet. Die verschiedenen Arbeitsschritte, die seit Projektbeginn im September 2002 zu einer digitalen Version der beiden maßgeblichen Heine-Ausgaben geführt haben, sowie die Nutzbarkeit des Portals in Lehre und Forschung wurden in Vorträgen der ProjektmitarbeiterInnen erläutert. Anschließend wurde vor allem die Frage nach der Nachhaltigkeit der Internetauftritte digitaler Projekte diskutiert. Die Frage nach einer zukünftigen Projektpflege über den eigentlichen Förderrahmen hinaus stellt ein Problem dar, das alle Editionsprojekte gleichermaßen beschäftigt.

Das Heine-Portal als digitale Edition fasst alle bisherigen editorischen Bemühungen um Heine auf der Textgrundlage der beiden historisch-kritischen Editionen, der Weimarer Heine-Säkularausgabe (HSA) und der Düsseldorfer Heine-Ausgabe (DHA), unter einer Adresse (www.heine-portal.de) zusammen. Es beinhaltet eine wissenschaftliche und editionsphilologische Aufbereitung der Daten. Ziel ist eine weitestgehende Verknüpfung der einzelnen Abteilungen der HSA und der DHA und eine seitengenaue Integration der Handschriftenfaksimiles aus dem Heinrich-Heine-Institut und aus anderen Archiven und Bibliotheken. Die Referenzen zwischen Werken, Briefen, Kommentaren, Lesarten, Registern und Faksimiles werden sorgfältig verlinkt und bieten vielfältigere Zugangsmöglichkeiten für den Nutzer. So lässt sich z. B. nun die Genese eines Werkes vom ersten Entwurf bis zum gedruckten Text mit wenigen Mausklicken nachvollziehen. Die Zwischenstufen sowie die Versionen Erster und Letzter Hand werden durch die Verknüpfungen im Portal leichter vergleichbar, ein eindeutiger Mehrwert gegenüber der Buchausgabe. Dem Nutzer bietet sich im Netz z. B. die Möglichkeit, die staatlichen Zensureingriffe, eine in der herkömmlichen Druckausgabe optisch nur unzureichend zu vermittelnde Besonderheit im Werk Heines, durch farbliche Unterlegung bzw. durch fakultative Einbindung der Faksimiles der zensierten Originaldrucke erheblich übersichtlicher nachzuvollziehen. Schließlich bietet das Heinrich-Heine-Portal mit der begonnenen vollständigen Überarbeitung und Ergänzung des Briefwechsels durch zwischenzeitlich wiedergefundene Briefe in dieser Abteilung eine ganz neue Qualität.

Das HHP ist als offene Edition konzipiert, die jederzeit eine Erweiterung gestattet. Somit könnten theoretisch weitere Quellentexte zu Heine (zeitgenössische Rezensionen, Berichte der Zeitgenossen u. a.) sukzessive in das Portal integriert werden. Die Erweiterbarkeit des Portals zeigt sich deutlich im Schwerpunkt der aktuellen digitalen Edition, der auf der Integration digitaler Faksimiles von Briefhandschriften und Werkmanuskripten liegt. Auch dabei wird größtmögliche Vollständigkeit angestrebt. Die Mitarbeiter des Portals bemühen sich intensiv um Kooperationen mit Archiven und Bibliotheken. Der bisher größte Erfolg ist die Zusammenarbeit mit dem Goethe- und Schiller-Archiv in Weimar. Im Mittelpunkt des Interesses steht zur Zeit das Bemühen um weitere Digitalisate externer Bibliotheken wie der Bibliothèque Nationale de France, der Houghton-Library der Harvard University, Cambridge/Mass. und der Pierpont Morgan Library, New York.

Einen ersten Einblick in die digitale Heine-Edition bot Thomas Burch, der Gegenstand und Vorgehensweise des Projektes erläuterte. Die Digitalisierung verläuft nach einem am Kompetenzzentrum an der Universität Trier an den beiden bereits abgeschlossenen Projekten »Mittelhochdeutsche Wörterbücher im Verbund« und »Das Deutsche Wörterbuch von Jakob und Wilhelm Grimm« erprobten Schema. Zunächst erfolgt eine retrospektive Digitalisierung per zweifacher manueller Eingabe der Textvorlage in MS-Word. Dabei wird ausgabengetreu verfahren, d. h. das Layout (Typographie, Kursive, Fettung u. ä.) wird beibehalten. Die Anzahl der einzugebenden Zeichen bei Heine beträgt circa 72 Millionen. Die beiden aus dieser Eingabe resultierenden Versionen A und B bilden die Grundlage für einen automatischen Vergleich, der diejenigen Stellen im Text anzeigt, an denen die beiden Versionen sich voneinander unterscheiden. Ein Differenzprotokoll wird erstellt, das zum Vergleich mit der gedruckten Vorlage genutzt wird. Durch das Nachschlagen der entsprechenden Stellen im Buch können die Fehler so weit reduziert werden, dass eine Textversion mit 99,997 %iger Genauigkeit entsteht. Mit Hilfe von TUSTEP werden die Texte nun so ausgezeichnet, dass TEI- konforme XML-Dokumente entstehen, die die jeweiligen Bände der Ausgaben enthalten. Programmroutinen importieren die XML-Dokumente in MySQL-Datenbanken. Die graphische Oberfläche wird mit dem Content Management System ZOPE entwickelt. Mit diesem System ist es möglich, die Komponenten zu implementieren, die dafür sorgen, dass alle die Informationen, die zusammengehören, wirklich zusammen abgebildet werden. Auch die Navigation im Portal ist mit Hilfe von ZOPE organisiert.

Von der editionsphilologischen Überarbeitung der Briefabteilung berichtete anschließend Christian Liedtke. Jeder bereits in der HSA abgedruckte Brief, der im Original, in Kopie oder im Film im Heinrich-Heine-Institut vorhanden ist, wird nochmals sorgfältig mit der Vorlage verglichen. Überdies ist seit dem Abschluss der Briefabteilung der HSA, der über zwanzig Jahre zurück liegt, eine beträchtliche Anzahl an Briefen von und an Heine neu oder wieder gefunden worden. Auf diese Weise entsteht nach und nach eine Neuausgabe des Briefwechsels im Heine-Portal. Die Editionsgrundsätze des Portals basieren auf denen der HSA, werden jedoch der digitalen Präsentationsform angepasst, d. h. Abkürzungen Heines werden nun nicht mehr wie in der HSA stillschweigend aufgelöst, sondern so wiedergegeben, wie ursprünglich von Heine notiert, und auch Adressenangaben erfahren eine neue Behandlung: sie gelten jetzt als Bestandteil des Brieftextes. Darüber hinaus wird jeder Brief mit einem standardisierten Briefkopf versehen, der folgende Angaben enthält: Absender, Datum, Empfänger, Ort, Sprache, Faksimile u. a. Er enthält auch Informationen über den Bearbeitungsstatus des jeweiligen Briefes. Dieser neu erstellte Briefkopf bietet für die spätere Netzpräsentation die völlig neuartige Möglichkeit, per Mausklick die Korrespondenz Heines mit einer Person vollständig in chronologischer Reihenfolge zu verfolgen. Außerdem beinhaltet der Briefkopf die Grundlage für verschiedene Sortiermöglichkeiten, die es u. a. ermöglichen, alle Briefe an und von Heine in einer gemeinsamen chronologischen Folge abzurufen.

Nach dem Bericht aus den Arbeiten an der Briefabteilung informierte der Projektleiter Bernd Füllner über die organisatorischen Aufgaben, die ein Projekt in dieser Größenordnung mit sich bringt und regte eine Debatte über das Problem der Nachhaltigkeit von Forschungsprojekten an.

Im letzten Vortrag aus den Reihen der Heine-Portal-Mitarbeiter demonstrierte Nathalie Groß die Nutzbarkeit des Portals in Lehre und Forschung. Dabei standen besonders die Vorteile einer digitalen Edition, nämlich die ständige und vollständige Verfügbarkeit des Materials sowie die Recherchemöglichkeit und das effiziente Verfolgen von Hypertextstrukturen im Vordergrund. Mittels einer Ideenskizze zu einem fiktiven, interdisziplinär angelegten Proseminar wurde den Tagungsteilnehmern vorgeführt, in welcher Form das Portal in der Lehre zum Einsatz kommen kann. Jede Sitzung des Seminars sollte einem Themenkomplex zu Leben und Wirken des Dichters gewidmet sein. Anhand der Thematik Heine und die Frauen wurde ein möglicher Einstieg in eine solche Seminarreihe exemplarisch vorgeführt. Dabei kamen Briefe, Primärtexte und die jeweiligen Kommentare zum Einsatz. Bereits dieses kleine Beispiel machte deutlich, dass digitale Editionen in der Lehre sinnvoll und gewinnbringend genutzt werden können.

Hans Walther Gabler, einer der namhaftesten James Joyce-Experten im deutschsprachigen Raum und ein Vorreiter auf dem Gebiet der Computerlinguistik, führte unter dem Titel »Der computererstellte *Ulysses*: verschlüsselt im Buch, entfaltet am Bildschirm« seine Arbeiten an Joyce' Roman vor. Sein Bemühen, so Gabler, ziele auf eine kritische und synoptische Edition. Die Digitalisierung erfolgt in zweifacher Hinsicht. Die bestehenden Ausgaben werden in digitaler Form präsentiert, gleichzeitig entsteht eine neue Edition, die die Beschäftigung mit dem Geschriebenen, dem literarischen Produkt und dem Schreibprozess gestattet. Auf diese Weise eröffnet sich durch die Möglichkeit der Interpretation von Schreibprozessen ein neues literaturwissenschaftliches Feld. Die Handschriften von Joyce ermöglichen es, die Entwicklungsstufen der Arbeit des Autors nachzuvollziehen. Das Schreiben wird als formgebender, sich schrittweise entwickelnder Prozess der Überführung von Sprache in Kunst betrachtet. Abschließend musste Gabler leider einräumen, dass urheberrechtliche Auseinandersetzungen mit den Nachfahren von James Joyce bisher einer frei zugänglichen Nutzung der Ergebnisse seiner kritischen und synoptischen Edition im Internet im Wege stehen.

Unter der Moderation von Claudine Moulin, der Leiterin des Kompetenzzentrums an der Universität Trier, präsentierte Paolo d'Iorio (Paris) vom Institut des Textes et Manuscrits Modernes (ITEM) das von der CNRS, dem Ministère de la Recherche, der DAAD, der Fondation de Treilles und besonders von der Alexander von Humboldt-Stiftung geförderte Projekt HyperNietzsche (www.hypernietzsche.org). Dieses internationale Projekt mit Sitz in München und Paris stellt eine Internet-Forschungsinfrastruktur dar, welche, so Paolo d'Iorio in seinem vorgelegten Beitrag, die »kooperative und kumulative Arbeit einer delokalisierten Forschergemeinschaft erleichtert und die freie Publikation ihrer Ergebnisse im Internet ermöglicht«. Diese Infrastruktur werde zunächst am Werk von Friedrich Nietzsche erprobt, soll aber dann auch auf andere Autoren und Disziplinen oder beliebige Archivbestände übertragbar sein.

HyperNietzsche versteht sich als die Zusammenstellung der drei folgenden Elemente: öffentliches Archiv (mit frei zugänglichen Primärquellen); öffentliche Bibliothek (mit frei zugänglichen Editionen und anderen wissenschaftlichen Beiträgen) und schließlich nicht gewinnorientierter Akademischer Verlag (mit evaluierten Publikationen).

Diese drei Aspekte ergänzen sich gegenseitig. HyperNietzsche ist nicht nur eine elektronische Nietzsche-Edition, sondern vielmehr ein Arbeitsinstrument, welches die Publikation und Verwaltung verschiedener Nietzsche-Editionen erlaubt ebenso wie die Publikation von Aufsätzen oder anderen wissenschaftlichen Beiträgen, und zwar sowohl neuer unveröffentlichter Beiträge als auch solcher, die bereits in Papierform oder im Internet veröffentlicht worden sind. »Forschung«, so d'Iorio, »ist im Idealfall eine öffentliche Diskussion über frei zugängliche Materialien.« Deshalb sei es natürlich notwendig, den Zugang zu guten Reproduktionen von Nietzsches Manuskripten, Briefen, Erstdrucken usw. zu ermöglichen. Aus diesem Grund wurde zunächst mit der Digitalisierung der Primärquellen begonnen. Bis jetzt wurden 32.000 Manuskriptseiten digitalisiert, von denen bisher ca. 6.000 auf der Hyper-Nietzsche-Website publiziert wurden. Dort erfolgt dann in zwei nebeneinanderliegenden Bildschirmfenstern eine interaktive parallele Darstellung von Faksimiles und Transkriptionen. In die Wiedergabe der Handschriftenfaksimiles ist interaktiv eine Lupe integriert, mit deren Hilfe die jeweiligen Objekte in mehreren Stufen vergrößert werden können, um eine bessere Lesbarkeit auf dem Bildschirm zu ermöglichen. Ein besonders interessanter Aspekt an der Arbeit mit den Faksimiles ist die Möglichkeit des »genetischen Weges«. Alle Etappen der Veränderungen eines Manuskriptes vom ersten Arbeitsmanuskript bis zur Druckvorlage können konsultiert und vergleichend analysiert werden. Ausgehend von diesen Wegen, die von Forschern konstituiert worden sind, generiert das System zudem ein »Rhizom«, das alle Wege, die durch das vorliegende Material verlaufen, graphisch darstellt. Indem man auf die Miniatur der Seite klickt, gelangt man zu ihrer Kontextualisierung, während das Anklicken des Wegtitels zur Kontextualisierung des Weges führt.

Grundlage für die Hyper-Infrastruktur seien, so Paolo d'Iorio, »nicht mehr Gegenstände, sondern elektronische Dateien, nicht mehr Gebäude, sondern Computer; die Verteilung findet nicht mehr über Verlage, Vertrieb, Buchhandel, sondern über das Internet statt«. Als Oganisationstruktur befördert HyperNietzsche die Gründung von Forschergemeinschaften (Scholarly Communities) nach dem Modell der Akademien der Wissenschaften, welche die Entstehung der modernen Wissenschaft begleitet haben. Sie sind freie Zusammenschlüsse von Gelehrten, die über einen Autor oder ein Gebiet arbeiten und die eine interne »peer review« organisieren. Sie selbst (und nicht die Verlage) garantieren den hohen wissenschaftlichen Standard. Wichtig sei, dass alles, was mit öffentlichen Geldern finanziert worden ist, auch frei zugänglich für die Öffentlichkeit sein muss. HyperNietzsche führt deswegen den Begriff des Copyleft ein, der das herkömmliche Copyright ersetzen soll in Ergänzung zu Open Source bzw. Open Access. Dabei besteht Open Source aus zwei Elementen: einmal aus »Public Archives«, d. h. aus der Möglichkeit für die Forschung, durch das Internet freien Zugang zu einer digitalen Version ihrer archivierten Objekte (Texte, Bilder, Ton, Filme, Kunstwerke, Artefakte) zu erhalten; und zum zweiten aus »Open Publishing«, d. h. aus der Möglichkeit für Wissenschaftler, die Ergebnisse ihrer Forschung im Internet frei zugänglich machen zu können.

Das geplante Vorhaben »Diachrones Deutsches Textarchiv« (DDTA) wurde von Kurt Gärtner kurz vorgestellt. Das DDTA ist erwachsen aus dem Zusammenschluss zweier unabhängig voneinander entstandener Initiativen: dem von 15 deutschen Universitäten und Forschungseinrichtungen entwickelten Projekt »Deutsch Diachron Digital« (DDD) und dem an der Berlin-Brandenburgischen Akademie der Wissenschaften entwickelten Projekt eines »Deutschen Textarchivs« (DTA). Die DDD-Initiative hat die Schaffung eines umfassenden digitalen Referenzkorpus zur Geschichte der deutschen Sprache und Literatur zum Ziel. Das Textkorpus soll die Basis bilden und vergleichbar sein mit ähnlichen, bereits laufenden nationalen Vorhaben in anderen europäischen Ländern und den USA.

Ziel des von der Berlin-Brandenburgischen Akademie der Wissenschaften (BBAW) koordinierten DTA ist es, einen disziplinübergreifenden Kernbestand an Texten deutscher Sprache zu digitalisieren und so aufzubereiten, dass er über das Internet in vielfältiger Weise für wissenschaftliche, aber auch darüber hinausgehende Zwecke nutzbar ist.

Anschließend stellte sich das Jean-Paul-Portal, ein Gemeinschaftsprojekt der Arbeitsstelle Jean-Paul-Edition (Leitung: Helmut Pfotenhauer, Redaktion: Birgit Sick und Barbara Hunfeld) und des Kompetenzzentrums für EDV-Philologie (Leitung: Werner Wegstein; EDV-philologische Betreuung: Christian Naser) an der Universität Würzburg (www.uni-wuerzburg.de/germanistik/neu/jp-arbeitsstelle/) vor. Barbara Hunfeld und Birgit Sick erläuterten die bisherigen Ergebnisse des mit dem Open-Source Content Management System Typo3 erstellten Portals. Dieses System biete, ähnlich wie das beim Heinrich-Heine-Portal verwendete System, große Flexibilität und Erweiterungsmöglichkeiten, kombiniert mit fertigen Oberflächen, Funktionen und Modulen. Durch seine hohe Anpassungsfähigkeit an spezielle Bedürfnisse eignet es sich gut zum Erstellen digitaler Editionen. Ziel des Portals ist es, dass die Buch-Edition der so genannten »Kernbereichs«-Werke »Hesperus«, »Siebenkäs«, »Titan«, »Komet« und »Vorschule der Ästhetik« flankiert wird von der digitalen Dokumentation aller relevanten Primärtexte zum Werk des Autors. Modellhaft vorgestellt wurde die »Hesperus«-Partition, für deren technische Realisierung Christian Naser und Florian Bambeck verantwortlich zeichnen. Eine digitale Bereitstellung der Primärdokumente vernetzt die Kernbereichsedition mit dem Werk-Kontext. Geplant ist, die historisch-kritische Buch-Edition um den jeweils dazu gehörenden größeren Textwerkstatt-Zusammenhang, in dessen Zentrum sie jeweils steht, zu ergänzen und zugleich durch nur digital mögliche Präsentationsformen und Suchmöglichkeiten zu erweitern. »Die digitalen Dokumente«, so Barbara Hunfeld im vorliegenden Bericht, »blieben jedoch ohne die Edition stumm; der Nutzer fände nur eine Masse an Material vor, deren Bedeutung und Funktionsweisen ihm ohne die Orientierung durch die Edition unverständlich wären. Der Nutzer profitiert vom Portal erst durch die Aufschlüsselung der Textwerkstattzusammenhänge anhand idealtypischer Werke, das heißt: durch die editorische Offenlegung ihrer Funktionsweise, während das Portal den Umfang der Textwerkstatt digital erschließt. Buch-Edition und digitale Komponente bedingen also einander.«[1] Das Jean-Paul-Portal ist als eine Schnittstelle gedacht, in der alle Bereiche der Jean-Paul-Edition zusammenlaufen. Zudem ermögliche es nicht nur Einblicke in die Textwerkstatt des Autors, sondern darüber hinaus auch in die der Editoren. Hinzu kommt, dass die Kernbereichsedition um Materialien ergänzt werden kann, die nicht für die Buch-Edition vorgesehen sind. Das betrifft vor allem Transkriptionen von handschriftlich überliefertem Material, von den ersten Vorarbeiten über die Exzerpte zur Druckvorlage. Die Handschriftenfaksimiles werden, ähnlich wie beim Heinrich-Heine-Portal um Faksimiles der raren frühen Originaldrucke ergänzt. So hat sich das Jean-Paul-Portal zum Ziel gesetzt, sämtliche zu Lebzeiten des Autors erschienenen Drucke digitalisiert zur Verfügung zu stellen, so dass ein vollständiges Textarchiv entsteht. Ergänzt wird dieses Material noch um Informationen zu Leben und Werk des Autors sowie um eine Jean-Paul-Bibliographie.

In einem abschließenden Vortrag stellte Susanne Schütz aus Halle, Mitglied der internationalen Arbeitsgruppe, die sich mit der Edition der Werke und Briefe des Vormärzautors Karl Gutzkow beschäftigt, unter dem Titel »Zur TEI-Kodierung von Dramentexten. Ein Erfahrungsbericht aus dem Editionsprojekt Karl Gutzkow« das Projekt vor. Nach einer mehrjährigen Vorlaufphase wird die Website (www.gutzkow.de) seit September 2001 an der University of Exeter, England, gepflegt und kontinuierlich zu der jetzt verfügbaren Arbeitsoberfläche der »Kommentierten digitalen Gesamtausgabe« ausgebaut. Die Ausgabe wurde ganz bewusst als »edition in progress« konzipiert, alle Texte und kritischen Apparate werden sukzessiv im Internet veröffentlicht; sie stehen damit für die weitere Erarbeitung und Verfeinerung der Kommentare schon frühzeitig zur Verfügung. Neben der Bereitstellung der Texte liegt der Schwerpunkt der Ausgabe auf der wissenschaftlichen Kommentierung. »Die Gutzkow-Ausgabe«, so Susanne Schütz in ihrem vorgelegten Bericht, »greift auf bewährte neue Konzepte der Kommentierung wie die Verzahnung von Global- und Einzelstellenkommentar zurück. Quellen, Folien und Anspielungshorizonte werden übersichtlich aufgelistet. Ein Gutzkow-Lexikon stellt eine zusätzliche Ebene des Kommentars zur Verfügung. Ein Bild- und Quellenteil schafft zusätzliche Zugänge zum Werk eines Autors, den es für die Erforschung des 19. Jahrhunderts neu zu entdecken gilt.«

Eine Besonderheit des Editionsprojekts ist es, dass parallel zur Publikation im Internet im Oktober Verlag in Münster Textbände erscheinen, die auch die herkömmliche Lektüre gewährleisten.[2] Diese Bände enthalten zudem eine CD-ROM mit der jeweils aktuellen Fassung der Internetausgabe. Für die Briefe wird parallel zum Werkteil der Ausgabe eine Datenbank aufgebaut und im Internet zugänglich gemacht. Diese Datenbank stellt eine Vorstufe zur Edition des umfangreichen Briefwechsels Gutzkows dar. Sie ist auf der CD-ROM nicht verfügbar.

Die Gutzkow-Ausgabe basiert auf den Erstdrucken, die einer philologischen Textkritik unterzogen werden. Bei erheblichen Unterschieden zwischen Zeitschriften- und Bucherstdruck und bei größerer Varianz zu späteren Fassungen werden in begründeten Einzelfällen auch diese Fassungen als Texte ediert. Doch hat die Kommentierung der Werke gegenüber der vollständigen Dokumentation von Varianten den Vorrang.

Eine weitere Besonderheit ist die dezentrale Struktur des Projekts, die es nötig macht, international verbreitete Software zu nutzen. So werden die Texte zunächst als Word-Dateien erfasst und nach mehreren Kollationierungsstufen als HTML- und PDF-Dateien publiziert. Die Kodierung der Abteilung »Dramatische Werke« (ca. 3600 Druckseiten bzw. 6,5 Mio. Zeichen) erfolgt, ähnlich wie bei den anderen oben vorgestellten Projekten, auf der Basis des XML/TEI-Standards. Die XML-Dateien werden nach der Kollationierung in HTML-Dateien für die Internetausgabe bzw. in PDF-Dateien für den Buchdruck umgewandelt. Bisher erfolgt die Textauszeichnung manuell bzw. halbautomatisch über Makroleisten in Word. Derzeit arbeiten zwei hallesche Informatik-Studenten an einem Tool zur automatisierten XML-Vertaggung von MS-Word-Dateien und dem Export in die genannten Dateiformate. Der erste Prototyp wurde im April 2006 auf der Jahrestagung der Gutzkow-Edition in Halle vorgestellt. Inzwischen sind ca. 50% der Dramen-Abteilung digitalisiert und liegen in unterschiedlichen Bearbeitungsstufen vor. Mit »Hamlet in Wittenberg« (herausgegeben von Claudia Tosun) steht seit 2003 ein erster Text im Netz, 2006 sollen mit »Die Gräfin Esther« (herausgegeben von Susanne Schütz) und »Patkul« (herausgegeben von Claudia Gneist) zwei weitere folgen.

Die Erfassung der »Dramatischen Werke« erfolgt am Germanistischen Institut der Martin-Luther-Universität Halle-Wittenberg, an dem von Mitarbeitern des Projekts seit dem Sommersemester 2003 regelmäßig Übungen zur elektronischen Textedition angeboten werden. Diese frühe Einbindung in ein Forschungsprojekt wurde von den Studierenden positiv gewertet, wobei Susanne Schütz in ihrem Bericht jedoch auf die unterschiedliche Qualität und Brauchbarkeit der eingereichten Dateien verwies, aber betonte, dass es dennoch gelang, in den vergangenen Jahren neue MitarbeiterInnen für die Texterfassung und Kollationierung zu gewinnen.

Insgesamt gesehen standen bei der Tagung grundsätzliche Fragen der Textkodierung, aber auch der Speicherung von Bilddaten im Vordergrund. Diskutiert wurden ebenfalls Spezialprobleme der Umsetzung des Datenmaterials für eine benutzerfreundliche Präsentation auf dem PC sowie die Frage des grundsätzlichen Wandels bei der Konstituierung einer durch das neue Medium ermöglichten Wahrnehmung komplexer Sinnzusammenhänge. Auch die immer stärker in den Vordergrund rückende Bedeutung dieses Arbeitsfeldes in Forschung und Lehre wurde ins Blickfeld genommen.

Anmerkungen

[1] Barbara Hunfeld: Textwerkstatt. Eine neue Jean-Paul-Werkausgabe und ihr Modell »Hesperus«. – In: Jahrbuch der Jean-Paul-Gesellschaft 41 (2005), S. 19–39, hier: S. 27.

[2] Der von Gert Vonhoff und Martina Lauster herausgegebene »Eröffnungsband« zu »Gutzkows Werke und Briefe. Kommentierte digitale Gesamtausgabe« mit einer beigelegten CD-ROM erschien 2001 im Oktober Verlag in Münster.

Heinrich Heine: Über Groteske, Poesie und Mythos
8. Forum Junge Heine Forschung 2005 mit neuen Arbeiten über Heinrich Heine

Von Karin Füllner, Düsseldorf

»Universität, Gesellschaft und Institut veranstalteten zum 8. Mal ein ›Forum junge Heine-Forschung‹, bei dem sich der akademische Nachwuchs mit neuen Arbeiten über Heinrich Heine bemerkenswert souverän der Kritik seiner etablierten Kollegen stellte«, hieß es in der Düsseldorfer Tagespresse zum Heine-Geburtstag am 13. Dezember 2005.[1] Alle Vortragenden kamen in diesem Jahr von auswärtigen Universitäten. Alexandra Böhm aus Uttenreuth (Universität Erlangen-Nürnberg), Regina Grundmann aus Bochum (Universität Bochum) und Guntram Zürn aus Colombier-Fontaine (Universität Stuttgart) stellten Heine-Themen im Rahmen ihrer Dissertationsprojekte vor, Dr. Christina Ujma von der Loughborough University sprach über ihre Forschungen zu Heines Schriftstellerkollegin Fanny Lewald. Damit das hohe Niveau der Vorträge, die in allen vergangenen Jahren weitgehend im Kontext von Dissertationsprojekten standen und immer auch schon zum Teil von promovierten Referentinnen und Referenten gehalten wurden, bereits im Namen der Tagung deutlich wird, haben Heinrich-Heine-Institut, Heinrich-Heine-Gesellschaft und Heinrich-Heine-Universität die seit 1998 regelmäßig zum Heine-Geburtstag unter dem Namen »Düsseldorfer Studierenden-Kolloquium« durchgeführte Veranstaltung 2005 umbenannt in »Forum Junge Heine Forschung«.[2]

Den Auftakt machte Alexandra Böhm, die bereits im Kontext der Tagung »Von Sommerträumen und Wintermärchen – Versepen im Vormärz« 2004 im Heine-Institut referiert hatte, mit ihrem Vortrag »Groteske und Naturnachahmung: Heines ›Französische Maler‹«. Bezogen auf die Beschreibung der Bilder »La liberté guidant le peuple« von Eugène Delacroix und »Patrouille turque« von Alexandre Gabriel Decamps zeigte sie, wie Heine »ästhetische und poetologische Fragen über die Nachahmung und Darstellung von Wirklichkeit anhand des Grotesken verhandelt«. So wie Delacroix Erhabenes und Niedriges, Klassizistisches und Modernes, Heiliges und Profanes grotesk miteinander verbinde, finde auch Heine sprachliche Bilder und Strukturen, die das Groteske nicht nur benennen, sondern im Medium der Sprache nachzeichnen. Indem er »die bildnerischen Mittel aus der Malerei in die literarische Bildbeschreibung« transformiert, setzt er »die Stilmischung von Delacroix' Gemälde in einen grotesken Text um«. Sowohl im Delacroix-Kapitel als auch bei Decamps weist sie nach, wie Heine mit der Analyse der Farbgebung die bewusst unnatürliche Darstellung hervorhebt und gerade darin den Kunstcharakter begründet sieht, ist der Autor doch, wie er selbst im Decamps-Kapitel bekennt, in der Kunst ein »Supernaturalist«.[3] Seine Position zu den von ihm in den »Französischen Malern« diskutierten Fragen von Kunst und Mimesis setzt Heine, so konstatiert Alexandra Böhm abschließend, in seinem Schreibstil selbst schon gleichzeitig um. Heines Digressionsverfahren und die vielstimmige Komposition des Textes sprenge »Einheitlichkeit und Geschlossenheit«: »Der heterogene Text, der aus vielen Stimmen montiert ist, entzieht sich nicht nur dem Anspruch auf Objektivität, sondern widersetzt sich auch jeder eindimensionalen, direkten Wirklichkeitsabbildung.« Sehr überzeugend löste der Vortrag damit ein, was er eingangs versprochen hatte: zu »zeigen, daß die Berichte aus dem revolutionären Frankreich keine rein ideologischen Berichterstattungen darstellen, wie sie oft gelesen worden sind und die Konfrontation mit dem vielfältigen Material der Großstadt nicht in eine wirklichkeitsgetreue, objektive Darstellung umgesetzt wird.«[4]

»Heine-Forscher: Huhn verletzte Sabbatruhe«, betitelte eine Düsseldorfer Tageszeitung den Bericht über das Forum Junge Heine Forschung[5] und bezog sich damit auf den Vortrag von Regina Grundmann: »Haggada als Poesie – Poesie als Offenbarung: Heines Transformation der rabbinischen Überlieferung«. In dem Gedicht »Jehuda ben Halevy« macht Heine sich über die Gesetzesstrenge der Halacha lustig, indem er auf die rabbinische Diskussion über »das fatale Ey,/ Das ein Huhn gelegt am Festtag« verweist.[6] Darf ein solches Ei nun gegessen werden oder nicht? Regina Grundmann untersuchte Heines Rezeption des rabbinischen Schrifttums, insbesondere des babylonischen Talmuds, der – wie sie zeigte – Heine durch die »Zeitschrift für die Wissenschaft des Judenthums« sowie durch Leopold Zunz' Werk »Die gottesdienstlichen Vorträge der Juden historisch entwickelt« bekannt war. Die rabbinische Überlieferung thematisiert Heine ausführlich in dem genannten Spätwerk »Jehuda ben Halevy«. Eindrucksvoll demonstrierte der Vortrag, wie Heine in diesem Text die beiden Gattungen der rabbinischen Literatur, Halacha und Haggada, den gesetzlichen Teil des rabbinischen Schrifttums und den nichtgesetzlichen, erzählenden Teil des Talmuds, als erster »aus der Sicht des modernen, säkularisierten Judentums« miteinander vergleicht. Haggada wird nicht mehr traditionell religiös-ethisch gesehen, sondern zu Poesie enttheologisiert: Diese Transformation bedeute »den Verlust religiöser Tradition«, »gleichzeitig aber auch den Gewinn der rabbinischen Überlieferung als literarisches und ästhetisches Phänomen«. Durch zahlreiche Bezüge in seinem gesamten Werk »integriert Heine das rabbinische Schrifttum als historisches, literarisches und kulturelles Erbe« und trage gerade durch die »Literarisierung und Poetologisierung« dazu bei, »Vorurteile gegenüber dieser Überlieferung wenn nicht abzubauen, so doch zumindest zu reduzieren«. Heines literarische Transposition exemplifiziere »die Modernität seines jüdischen Diskurses«: Die Poesie trete »an die Stelle der rabbinischen Exegese, der Dichter an die Stelle des Haggadisten«.[7]

Die beiden Vorträge des Nachmittags »thematisierten die so populären Italienreisen des 19. Jahrhunderts«.[8] Christina Ujma, die am Department of European Studies der Loughborough University lehrt, referierte über »Fanny Lewalds italienische Städtebilder. Weibliche Sichtweisen und literarische Vorbilder«. Sie interessierte insbesondere Heines Einfluss auf Lewalds Reiseberichte, »der sich weniger in direkten Zitaten oder Anspielungen finden lässt, als in der Erzählhaltung und der Perspektive, in der über die Fremde berichtet wird«. Dabei stellte sie die interessante These auf, dass Fanny Lewalds »Italienisches Bilderbuch« von 1847 weniger von Heines »Reise von München nach Genua« beeinflusst sei, als vielmehr von Heines »Französischen Zuständen«, »in denen er eben nicht nur über die Revolution Bericht erstattet, sondern die gesamte Stadt Paris sein Gegenstand ist, die Versammlungen, die Straßen, das Volk, dessen Kultur wie die der Oberschicht«. Heines italienisches Reisebild sei eine »Reise in einen Mythos, in einen literarischen Topos«, Lewald jedoch gehe es um »ein offenes, vitales und buntes Leben«, an dem die Erzählerin »sichtlich Spaß« hat teilzunehmen. Die wichtigste Gemeinsamkeit von Lewalds »Italienischem Bilderbuch« und Heines Frankreichschrift sieht Christina Ujma darin, »dass sie urbane Berichte sind und das ist ungewöhnlich«: »Städte sind der Ursprung der Kultur, des Individuums, der Erkenntnis« und so sei es »kein Zufall, dass gerade der von Fanny Lewald bewunderte Heinrich Heine aus seiner Pariser Wahlheimat lebhafte Schilderungen zeitgenössischer Urbanität an heimische Blätter schickt«. Die Beschreibung städtischen Lebens bedeute für Fanny Lewald darüber hinaus aber noch mehr, Städte fungieren »als Symbol zivilisierter Weiblichkeit schlechthin und wirken deshalb als Herausforderung und Identifikationsmuster«. Mit dem weiblichen Blick zeige Lewald ein »Italien der Frauen«: »Frauen in ungewöhnlichen Situationen, in Akademien, in Kaffeehäusern, auf Straßen, auf Festen« und auf der Metaebene auch eine Erzählerin, »die es wagt, ein unkonventionelles und lebendiges Italienbild zu präsentieren«.[9]

Die von Christina Ujma bereits angesprochene »Reise in einen Mythos« in Heines erstem Italienbild, seine durchaus differente Italiendarstellung analysierte der abschließende Forumsbeitrag von Guntram Zürn unter dem Titel »Heinrich Heines ›Reise von München nach Genua‹ verstanden als Auseinandersetzung mit dem Mythos Italien, erläutert anhand des Mythosbegriffs von Roland Barthes«. Der Mythos ist nach Barthes ein vergängliches, durch historische Grenzen limitiertes Aussagesystem, in dem Bedeutendes auf Bedeutetes verweist. Guntram Zürn erklärte diese Zusammenhänge mit Barthes' Exempel der »›verleidenschaftlichten‹ Rosen«. Der Akt der Überreichung von Rosen ist ein Bedeutendes, das damit Bedeutete ist Leidenschaft oder Liebe. Das mit dieser sehr klaren Definition eingeführte semiologische System übertrug Guntram Zürn sehr anschaulich strukturiert auf Heines Umgang mit dem Mythos »Italien«. Er teilte die »Betrachtung in drei Klassen von Bedeutenden und ihren jeweiligen Bedeuteten ein«, die »im konnotativen Gesamten des Mythos« zusammen wirken und unterschied in Heines Reisebild drei »Pfeiler der Italität«: »Antike«, »Arkadien« und »Dolce Vita«. Mit vielen Textbeispielen und in Abgrenzung von anderen Reisebeschreibungen zeigte er, wie das Wirken des Mythos bei Heine gerade »beim Überschreiten der Landesgrenzen, beziehungsweise der Ankunft am Zielort« einsetzt und gleichzeitig demontiert wird. In allen untersuchten Bereichen »Antike«, »Arkadien« und »Dolce Vita« entstehe so ein »Wechselspiel aus aufgebautem Traumbild mit poetischem Gehalt und dem Funktionieren des Mythos sowie dem anschließenden Korrektiv, beziehungsweise Außerkraftsetzen des Mythos«. Heine verweigert die »rückhaltlose Italienbegeisterung«, die als »Mörtel für den Mythos« diene. Den eigentlichen Moment seiner Ankunft in Italien verschläft er. Emphase erkennt Guntram Zürn nur in Heines politischer Gesellschaftskritik, aber: »Gerade mit politischer Emphase entzieht er sich der üblicheren, gewöhnlichen Italienbegeisterung, auf der das Funktionieren der Italität gründet.« Sehr ironisch schreibe Heine diese »gewöhnliche« Italienschwärmerei einem »Philister« zu und mache sie damit lächerlich.[10]

Den Preis für das 8. Forum Junge Heine Forschung erkannte die Jury[11] dem Beitrag von Regina Grundmann zu, die an der Universität Bochum über »Dichtertum, Judentum, Schlemihltum im Werk Heinrich Heines« promoviert, und die Heine-Gesellschaft verlieh ihn auf ihrer Mitgliederversammlung 2006.

Anmerkungen

[1] Claus Clemens: Heine-Forscher: Huhn verletzte Sabbatruhe. – In: Rheinische Post, Düsseldorf, vom 13. Dezember 2005.

[2] Zu Konzeption und Organisation des von Heinrich-Heine-Institut, Heinrich-Heine-Gesellschaft und Heinrich-Heine-Universität gemeinsam veranstalteten Kolloquiums mit neuen Arbeiten über Heine vgl. auch Karin Füllner: »… eine neue Zeit mit einem neuen Prinzipe«. Das Düsseldorfer-Studierenden-Kolloquium mit neuen Arbeiten über Heinrich Heine. – In: HJb 2001, S. 164–173; diess.: »Dieses ist die neue Welt!« Das Düsseldorfer Studierenden-Kolloquium 2001 mit neuen Arbeiten über Heinrich Heine. – In: HJb 2002, S. 245–247; diess.: »und gerade Heine überzeugt mich«. Das Düsseldorfer Studierenden-Kolloquium 2002 mit neuen Arbeiten über Heinrich Heine. – In: HJb 2003, S. 188–191; diess.: »Europäischer Heine«. Das Düsseldorfer Studierenden-Kolloquium 2003 mit neuen Arbeiten über Heinrich Heine. – In: HJb 2004, S. 277–281 und diess.:

Heinrich Heine: europäisch, musikalisch und kulinarisch. Das Düsseldorfer Studierenden-Kolloquium 2004 mit neuen Arbeiten über Heinrich Heine. – In: HJb 2005, S. 232–236.
³ DHA XII, 25.
⁴ Zitiert nach dem von Alexandra Böhm vorgelegten Beitrag.
⁵ Clemens [Anm. 1].
⁶ DHA III, 133.
⁷ Zitiert nach dem von Regina Grundmann vorgelegten Beitrag, der im vorliegenden Heine-Jahrbuch abgedruckt ist.
⁸ Clemens [Anm. 1].
⁹ Zitiert nach dem von Christina Ujma vorgelegten Beitrag.
¹⁰ Zitiert nach dem von Guntram Zürn vorgelegten Beitrag.
¹¹ Mitglieder der Jury waren in diesem Jahr: Dr. Karin Füllner, Prof. Dr. Joseph A. Kruse, Renate Loos, Thorsten Palzhoff und Prof. Dr. Manfred Windfuhr.

Emine Sevgi Özdamar:
»Die Brücke vom Goldenen Horn«.
Meisterin der Anverwandlung
Vortrag zur Eröffnung der Reihe
»Düsseldorf liest ein Buch«, Oktober 2005

Von Sigrid Löffler, Berlin

Wir leben in einem Europa der Übersetzungen. Die Europäische Union ist neben vielem anderen auch eine Übersetzungsgemeinschaft. Unentwegt werden Sprachen in andere übertragen und – wichtiger noch: – Kulturen übersetzt und anverwandelt. Dazu bedarf es nicht nur der professionellen Dolmetscher und Übersetzer, dazu bedarf es auch der Schriftsteller.

Sie sind es, die Autoren, die den bedeutendsten Teil der Übertragungs- und Vermittlungsarbeit zwischen den Kulturen leisten. Die Autoren sind es, die dafür sorgen, dass Kulturen – also Geschichte, Religion, Lebensstile, Mythen, Künste, Traditionen – nicht nur beschrieben, beglaubigt und tradiert werden; die Autoren sind darüber hinaus diejenigen, die ihre jeweilige Kultur auch anderen vermitteln, sie ihnen übersetzen. Durch diese Übertragungsarbeit ändert sich der Blick auf die eigene, wie auch auf die fremde Kultur.

Wir leben nicht nur in einem Europa, wir leben auch in einem Deutschland der Übersetzungen. Wir wissen aber noch nicht, wie weit unser Blick auf die eigene Tradition sich dadurch verändert hat, dass wir seit zwei Generationen mit Italienern, Griechen, Jugoslawen, Marokkanern, Türken zusammenleben und mit deren Kulturen nahe bekannt gemacht werden. Wir wissen nur, dass der Blick auf das »Andere«, die »Anderen«, sich zu verändern beginnt.

Dem steht entgegen, dass wir seit einiger Zeit feststellen müssen, dass der Begriff *Fremde* vor allem das Gespräch zwischen der Türkei und dem Westen dominiert. *Fremde* – der, die, das Fremde – ist geradezu zum Zentralbegriff in der Debatte zwischen der Türkei und dem Westen avanciert. Die Debatte zwischen westlicher und islamischer Welt wird immer deutlicher von Fremdheitsgefühlen und Identitätskämpfen gekennzeichnet. Auf beiden Seiten liegt der Fokus mehr auf den Unterschieden, weniger auf den Angleichungen der Kulturen.

Mehr noch: Auf beiden Seiten wird vor allem das Befremdliche hervorgehoben, werden die kulturellen Differenzen zwischen islamischer und westlicher Welt nicht nur betont, sondern auch politisch umgemünzt. Die europäischen Einwanderungsgesellschaften diskutieren »Kopftuchstreit« und »Parallelgesellschaft« und basteln unter Stichworten wie »Ehrenmorde« oder »Zwangsheirat« an einer Legende des Fremden. Umgekehrt strebt der Islamismus immer entschiedener danach, sich öffentlich sichtbar zu machen – durch die Verschleierung der Frauen, durch den Bau von Moscheen in Europa, kurz: durch Abgrenzung gegen den Westen innerhalb des Westens. Dieser Auftritt von Muslimen im öffentlichen Raum wirkt heute umso dramatischer, als er im Westen lange unbemerkt geblieben ist. Die Folge sind merkliche Erschütterungen des Hegemoniegefühls der säkularen Moderne. Wege aus der Konfrontation müssen gesucht – und gefunden – werden.

In dieser Situation wechselseitiger Entfremdung fällt den Schriftstellern – den türkischen wie vor allem den türkisch-deutschen – eine wichtige Rolle der Vermittlung zu. Es sind die Schriftsteller, die hier als professionelle Blick-Veränderer fungieren können und sollen. Der türkische Schriftsteller Orhan Pamuk hat dies am vergangenen Sonntag, als ihm in der Frankfurter Paulskirche der Friedenspreis des Deutschen Buchhandels verliehen wurde, folgendermaßen ausgedrückt: »Wer ist dieser ›Andere‹, den wir uns vorstellen sollen? Diese uns so unähnliche Person appelliert an unsere primitivsten Instinkte und löst Aggressionen und Verteidigungsreflexe aus, Abscheu und Furcht. Wir wissen, dass diese Gefühle unsere Phantasie anregen und unsere Schreibaktivität befördern werden. Der Romanschriftsteller spürt, dass aufgrund der Funktionsweise der von ihm ausgeübten Kunst eine Identifikation mit dem ›Anderen‹ fruchtbare Ergebnisse zeitigen wird. Er weiß, dass es ihn befreien wird, genau andersherum zu denken, als es der allgemeinen Erwartung entspricht. Die Geschichte des Romans kann auch als die Geschichte der Möglichkeit geschrieben werden, sich in andere hineinzuversetzen und sich durch dieses Vorstellungsvermögen zu verändern, ja zu befreien.«

Das heißt: dadurch, dass der Schriftsteller sich kraft Phantasie beim Schreiben in andere, in das Andere hineinversetzt, macht er das Andere verständlich, sich selbst und seinen Lesern – verständlich, plausibel, vorstellbar und damit nachvollziehbar. Abwehr und Furcht aus Unkenntnis können der Kenntnis und der Erkenntnis weichen. Der Schriftsteller befreit so sich und seine Leser von Fremdheitsblockaden und befördert den Transfer von Verständnis.

Die Ehrung für Orhan Pamuk hat die literarische Vermittlungsarbeit von türkischer Seite auch hierzulande einer breiteren Öffentlichkeit bewusst gemacht. Sie hilft vielleicht überdies, die Tatsache bekannter zu machen, dass in Deutschland seit Jahren Autoren migrantischer Herkunft an der Arbeit sind – Zuwanderer der ersten oder zweiten Generation, Autoren, die türkischen Zuwandererfamilien entstammen, aber deutsch schreiben und sich als Teil der deutschen Literatur fühlen.

Vor allem aber motiviert uns dieses verstärkte Interesse an türkischer und türkisch-deutscher Literatur, heute *Emine Sevgi Özdamar* zu ehren. Man wird sie mit Fug und Recht die Pionierin, die Vorläuferin und Wegbereiterin des türkisch-deutschen Literatur- und Kultur-Transfers nennen dürfen. Sie hat bereits vor fünfzehn Jahren damit begonnen, in ihren Romanen und Geschichten vom migrantischen Leben zu erzählen. Sie hat in ihrem Leben und in ihrem Schreiben schon früh das Grenzgängertum praktiziert, vor allem, indem sie die Sprache wechselte. Sie ist eine Sprach-Immigrantin ins Deutsche, sie hat Deutsch als ihre zweite Sprache adoptiert. Und als Deutsch schreibende Autorin türkischer Muttersprache hat sie den Prozess des Sprach- und Kulturwechsels, den Prozess der kulturellen Anverwandlung zum eigentlichen Thema ihres Schreibens gemacht.

Sie hat uns erkennen lassen, dass die globalisierte Welt auch eine nomadische ist, dass mit dem Zerfall traditioneller Sicherheiten und Zugehörigkeiten der Migrant, die Migrantin zur Leitfigur einer mobilen Gesellschaft aufgerückt ist. Sie vermittelt uns in ihren Büchern eine Ahnung davon, dass aus der vielfältigen Mischung der Kulturen in Umrissen ein Suchbild greifbar werden könnte: Aus den verschwimmenden nationalen Identitäten könnte eine andere, eine dritte Identität erwachsen.

Allen, die nach ihr kamen, haben Özdamars Bücher den Weg gebahnt. Wenn wir uns heute am Reichtum und der Themen- und Stilvielfalt türkisch-deutscher Literatur erfreuen können, dann verdanken wir das auch Emine Sevgi Özdamars wegbereitenden Romanen und Erzählungen, den Büchern »Mutterzunge«, »Das Leben ist eine Karawanserei« und vor allem »Die Brücke vom Goldenen Horn«.

Mit achtzehn Jahren ist Özdamar erstmals nach Deutschland gekommen, ein theaterbesessenes und welthungriges Mädchen vom Goldenen Horn, aus Anatolien gebürtig und in wechselnden Städten Kleinasiens und am Bosporus aufgewachsen. Sie hatte seit ihrem zwölften Jahr Theater gespielt, Jugendtheater. Sie glaubte an ihre theatralische Sendung. Sie konnte kein Wort Deutsch, als sie in Berlin ankam, Mitte der sechziger Jahre. Wie sie, als Fabrikarbeiterin in Westberlin, sich auf ganz unorthodoxe Weise der deutschen Sprache bemächtigte, das lässt sich in »Die Brücke vom Goldenen Horn« nachlesen.

Dieser Roman ist eigentlich eine romanhafte Autobiografie. Genauer gesagt: Dieser Roman verarbeitet autobiografische Materialien und beglaubigt so seinen imaginativen Erzählkosmos mit unzähligen Erfahrungspartikeln. Die Heldin und Erzählerin ist, so wie die Autorin selbst, eine Grenzgängerin zwischen den Kultur- und Sprachräumen. Sie sieht sich, zunächst ganz sprachlos, in ein kaltes, finsteres und fremdes Berlin versetzt, in eine winterliche, nächtige und etwas unheimliche Stadt, voll alter Schutthalden und Baulücken, mittendrin die Ruine des Anhalter Bahnhofs, den sie den »beleidigten Bahnhof« nennt, weil im Türkischen das Adjektiv für

»zerbrochen« auch »beleidigt« bedeutet. Ihr Leben ist limitiert auf das Terrain zwischen der Telefunken-Fabrik und dem türkischen Wohnheim.

Sie möchte Schauspielerin werden, aber noch ist sie ohne Sprache. Erst allmählich und Schritt für Schritt überwindet sie den Kulturschock und die Sprachlosigkeit, erobert sich die fremde Umwelt und die fremde Sprachwelt. In dem Maße, wie sie sich die Sprache anzueignen beginnt, dringt sie auch in die Stadt ein. Sie lernt Deutsch nach dem Gehör und nach den Schlagzeilen der Zeitungen. Sie lernt diese Schlagzeilen auswendig wie die Texte einer Theaterrolle. Ihrer Entfremdung versucht sie mit den Mitteln einer Fremdsprache auf den Grund zu gehen. Jeder Zuwachs an Sprache bedeutet auch einen Zuwachs an Weltdurchdringung.

Es ist wunderbar zu verfolgen, wie sich in diesem großen Roman die Imagination und die Weltaneignung mit dem Zuwachs an Sprache immer reicher entwickeln. Aus den naiven, scheinbar einfältigen, parataktischen Reihungen des Anfangs erwachsen immer komplexere syntaktische Fügungen, eine Vielfalt des sprachlichen Ausdrucks und des Modulationsreichtums erblüht, parallel zur räumlichen Entfaltung. Die ersten groben und engen Stadt-Markierungen zwischen Wohnheim und Fabrik fächern sich allmählich auf zu einer Topografie der deutschtürkischen Treffpunkte zwischen Studentenheimen, Kinos und Cafés, in denen sich die Jugendrevolten des Jahres 1968 vorbereiten und zwischen denen die Heldin sich souverän und furchtlos zu bewegen lernt. Denn bei diesem erfahrungs- und wissbegierigen türkischen Mädchen schließt der Hunger nach Welt auch den Hunger nach Weltanschauungen mit ein.

Die Adoptivsprache Deutsch trägt bei Özdamar immer die Spuren ihrer Aneignung – als Auszeichnung und als Bereicherung. Diese Autorin ist in die deutsche Sprache eingewandert mit ihrem ganzen türkischen Sprachgepäck und hat sich darin eingerichtet. Ihre türkische Muttersprache hat sich verwestlicht, ihr Deutsch hat sich orientalisiert und mit türkischen Denk- und Sprachmustern angereichert. Es speist sich aus dem Fundus orientalischer Märchen und Mythen, auch wenn grausame politische Realitäten zur Sprache kommen. Ein magischer Erzählton hält all diese Widersprüche in perfekter Schwebe. In dem Maße, wie Özdamars Türkisch in die Ferne rückt, sättigt sich ihr Deutsch mit fernen Anklängen. Erst indem Özdamar die Sprachen wechselt, erschließt sie sich ein ganz eigenes, unverwechselbares Idiom, eine deutsch-türkische Sprachsymbiose; erst indem sie sich die Fremdsprache zu eigen macht, findet sie zu einer unerhörten Eigensprache.

Nach ihren zwei Fabrik-Jahren in Deutschland ging Özdamar zunächst zurück nach Istanbul, wo sie die Schauspielschule absolvierte und unter anderem in Stücken von Brecht und Peter Weiss spielte. 1976 kam sie neuerlich nach Deutschland

– als Hospitantin an der Ostberliner Volksbühne. Diesmal kam sie, um zu bleiben. Die achtziger Jahre machten aus der türkischen Gastarbeiterin eine türkisch-deutsche Schauspielerin und Regisseurin, die unter Claus Peymann am Bochumer Schauspielhaus und mit Benno Besson nicht nur in Berlin, sondern auch in Paris arbeitete und bald auch ihre eigenen Theaterstücke inszenierte. Und den neunziger Jahren verdanken wir den Auftritt des Schriftstellerin und Erzählerin Özdamar und ihren Eintritt in die deutsche Literatur.

Ihre Romane machen deutlich, wie sehr kulturelle Zumischungen aus heterogenen Sprach- und Gefühlswelten die jeweils eigene Kultur bereichern. Sie zeigen, wie viel an Lebendigkeit, an Eigensinn und sprachschöpferischen Freiheiten eine Sprache gewinnen kann, wenn inspirierte Fremdsprachige sie sich aneignen. Denn Sprache ist ein Gut, das durch Gebrauch nicht ab-, sondern zunimmt.

Der Roman »Die Brücke vom Goldenen Horn« hat einen zweiten Teil – und der spielt in der Türkei der siebziger Jahre, denn die Romanheldin ist wie auch ihre Autorin Ende der sechziger Jahre an den Bosporus zurückgekehrt. Es ist die Ära eines jugend-bewegten politischen Enthusiasmus, die Zeit libertärer Euphorien und aktionistischer Wagnisse, aber auch harter Repressionsmaßnahmen seitens des türkischen Regimes.

Der Roman entfaltet ein großes Zeit- und Figuren-Panorama, Bilder der türkischen Gesellschaft in der Ära der Militärputsche. Diese Bilder reichen von der kemalistischen Moderne am Bosporus bis zur Vormoderne in Anatolien und schlagen den Bogen vom westlich-aufgeklärten Bürgertum Istanbuls bis zu den kurdischen Bergdörfern in den staubigen Trockengebirgen Anatoliens, in all ihrer archaischen Rückständigkeit. Der nächste Militärputsch ist stets immanent, und doch wirbelt die leichtlebige Stadt am Goldenen Horn mit Gusto durch die mannigfaltigen Umbrüche – eine Kultur zwischen Koran und Kaugummi, Kopftuch und Comics, Atatürk und Burt Lancaster.

Wenn wir heute in Orhan Pamuks neuem Roman »Schnee« vom folgenreichen Gastspiel einer kemalistischen Istanbuler Theatertruppe in einer ostanatolischen Provinzstadt lesen, dann können wir feststellen, dass Emine Sevgi Özdamar uns eine vergleichbare Szene schon Jahre zuvor in »Die Brücke vom Goldenen Horn« erzählt hat. Dort lesen wir von Istanbuler Schauspielschülern, die sich aufmachen, um im Zeichen Atatürks der bäuerlichen anatolischen Hinterwelt die Befreiungsbotschaft der europäischen Jugendrevolte zu bringen, in einer Melange aus Boheme und Revolte, Erotik und Agitation.

Wenn also heute Pamuks Bücher als eine Bereicherung des europäischen Romans erkannt und begrüßt werden, dann sollten wir nicht übersehen, dass es Emine Sevgi Özdamar gewesen ist, die uns als Erste die Türkei als Erzählkosmos in seiner Relation zum Westen erschlossen hat. Sie ist es gewesen, die zuerst ein historisches und politisches Literatur-Kapitel aufschlug, das zuvor der westeuropäischen Optik verschlossen war. Ihr verdanken wir ein erstes literarisches Zeitpanorama der heutigen Türkei in all ihren Widersprüchen zwischen Verwestlichung und Fundamentalismus. Insofern zählt »Die Brücke vom Goldenen Horn« heute schon zu den kanonischen Texten der deutsch-türkischen Literatur.

Reden zur Verleihung der Ehrengabe der Heinrich-Heine-Gesellschaft 2006

Heines Enkelinnen

Von Joseph Anton Kruse

Exzellenzen,
sehr geehrter Herr Ministerpräsident,
sehr geehrter Herr Oberbürgermeister,
sehr verehrte Festversammlung,
liebe Mitglieder der Heinrich-Heine-Gesellschaft,
meine Damen und Herren,
erlauben Sie mir diese summarische Begrüßung, zugleich aber dennoch, an dieser Stelle Alice Schwarzer, Hanna Schygulla sowie Avi Primor und den Botschafter Frankreichs besonders hervorzuheben und gleichzeitig auch die Mitglieder der heineschen Verwandtschaft aus Wien, Bonn und Düsseldorf willkommen zu heißen, die, um mit Heine zu sprechen, für die »Unsterblichkeit der Familie« stehen, auch wenn wir nur erst anderthalb Jahrhunderte – aber was für welche! – nach des Dichters Tod hinter uns gebracht haben. Die Wiener Verwandten, das soll angemerkt sein, fügen die väterlichen und mütterlichen Elemente im vor Jahrzehnten adlig gewordenen und dann wieder verbürgerlichten Hausnamen Heine-Geldern zusammen: Sie erinnern damit an verschlungene Herkünfte, vor allem aber auch an den Hofbankier, oder richtiger Hoffaktor, des hier am Orte immer noch heiß geliebten Kurfürsten Johann Wilhelm von der Pfalz, den Ururgroßvater des Dichters namens Joseph Jacob van Geldern, geboren 1653 in Düsseldorf und gestorben 1727 in Mannheim.

Was ist mit den Sterbetagen? Sie sind en vogue wie nie zuvor. Und es wird gedacht, erinnert und gefeiert, dass einem Allerseelen und Allerheiligen zumute wird angesichts des einen und einzigen, der uns vor den bereits ins Spiel gebrachten 150 Jahren auf seine, den Fieberträumen abgetrotzte Wunderinsel Bimini vorausgesegelt ist, wo sich der Wunsch nach der Wiederherstellung von Jugend und Schönheit in Tod und Vergessen auflöst. Dennoch, wie heißt es beim jungen Heine auf der Reise nach Italien: »Unter jedem Grabstein liegt eine Weltgeschichte.« Das ist ein Bekenntnis zur individuellen Verantwortung im uns umgebenden Geschehen, so sehr wir dann auch immer wieder relativieren und loslassen müssen, zumal wenn das Leben mehr oder weniger vorbei ist. Der späte Dichter sinniert in der von ihm für sich selbst gedichteten »Gedächtnißfeyer«: »Keine Messe wird man singen, / Keinen Kadosch wird man sagen, / Nichts gesagt und nichts gesungen / Wird an meinen Sterbetagen.«

Weit gefehlt! Wir nehmen uns das Recht heraus, jenen vor den ihm möglich erscheinenden Gedenkriten die Flucht ergreifenden, schwer kranken und gelähmten deutsch-jüdischen Pariser Emigranten, der in der Nähe Göttingens evangelisch getauft und in Paris katholisch getraut worden war, dennoch in einem Festakt zum 150. Todestag in seiner Geburtsstadt zu feiern; die hundert Jahre der Düsseldorfer Heine-Sammlung, jener Folge des gescheiterten Denkmalplans der österreichischen Kaiserin und Heine-Enthusiastin Elisabeth, in Erinnerung zu rufen; für fünfzig Jahre des hiesigen Heine-Archivs im heutigen Heinrich-Heine-Institut als einem Kulturarchiv der rheinisch-bergischen Region zu danken und für die abwechslungsreichen fünfzig Jahre der Heinrich-Heine-Gesellschaft; weiterhin die fünfundzwanzig Jahre des Heine-Monuments von Bert Gerresheim, den ich ebenfalls herzlich begrüßen darf, auf dem Schwanenmarkt zu nennen; die fünfzehn Jahre, übrigens von der Heine-Gesellschaft initiierten, endlich öffentlichen Besitzes des Heine-Geburtshauses in der Bolkerstraße, wo das Literaturcafé »Schnabelewopski« eine eigene anhängliche Gemeinde fand, in Gedanken vorbeiziehen zu lassen und den ersten Tag eines Literaturzentrums im selben Haus zu begrüßen.

Keine Angst, der Satz ist an sein Ende gelangt. Er bedeutet aufs Ganze gesehen: Manches ändert sich. Auch am 150. Sterbetag dieses Sonntagskindes Heine (denn der 17. Februar 1856 war ein Sonntag) geht es durchaus weiter voran! »Heinrich Heines Name ist unsterblich«, das sagte sein Lyrikerkollege Detlev von Liliencron vor über einem Jahrhundert. Das ist und bleibt statisch. Was also diese Unsterblichkeit betrifft, ändert sich in der Tat offensichtlich glücklicherweise nichts und wir müssen in solcher Hinsicht keine Minderung fürchten. Heine überlebt uns alle, wenigstens die meisten von uns oder wenn nicht das, so wenigstens, was das überwältigende Ausmaß seiner Wirkung betrifft. Trotzdem: abgesehen von diesem bisherigen Dauerzenit von Heines Ansehen selbst in finsteren Zeiten, die hoffentlich nie wiederkehren, ändert sich mit und ohne Sterbetag dieses und jenes. Dieses wird besser, jenes dagegen möglicherweise schlechter. Manches Merkwürdige bleibt merkwürdig, wie Heine vor Urzeiten bereits über sein Geburtshaus spottete, das es seinerseits, wie gerade gesagt, bereits besser getroffen hat, als man beim letzten großen Festakt zum Sterbetag vor 25 Jahren am 17. Februar 1981 unter Anwesenheit des damaligen Bundespräsidenten Karl Carstens und des Oppositionsführers Helmut Kohl im hiesigen Palais Wittgenstein überhaupt zu hoffen wagte. Im November 1989 wurde in Leipzig mit Heine-Worten aus dem »Wintermährchen« über die

Heimlichkeit des Weintrinkens und das öffentliche Wasserpredigen demonstriert. Das hat, gewiss nicht allein, aber immerhin, wie wir alle wissen, viel gebracht und zu endlich vereinigten deutschen Verhältnissen geführt. Doch zurück zur Heine-Wirkung im Kleinen. Alte Geschichten, wir hören das bei Heine, bleiben täglich neu. Und darum ist beispielsweise nicht unbedingt in allem, was Heine heißt, auch wirklich Heine drin. Aber der Name lebt, und wenn etwas nicht gerade schadet, mag es sogar nützen. Zwar gibt es zweifellos Frustrationen und Demotivationen, aber auch Bekehrungsgeschichten in Sachen Heine und immer wieder Treue und Anhänglichkeit. Ist das kryptisch genug? Heine wird es verstanden haben und die künftige Rezeptionsforschung sowieso zu entschlüsseln wissen. Unser gespielt bescheidener Skeptiker im Sterbehaus an der avenue Matignon nahe den Champs Elysées wäre wahrscheinlich sehr zufrieden, wenn er obendrein sähe, dass sich alle Welt versammelt, ihn zu rühmen.

Er allerdings betrachtet trotz aller politischen, kritischen und ironischen Gedanken zu Lebzeiten bei Gelegenheit seiner »Gedächtnißfeyer« in der Rolle des verblichenen Gatten und quasi von oben allein den privaten Aspekt. Das dicke Kind Mathilde, wie er seine Frau nannte, die Immortellen im Arm, hat ihn auf dem Montmartre-Friedhof besucht, der Tag ist mild, die Blumen sind von gewisser verblichen gleich bleibender Unsterblichkeit. Was ist mit unserer Hoffnung auf die Ewigkeit? In einem seiner Testamente spricht Heine ein Gebet über Auferstehung aus der Erniedrigung, über Rechtfertigung, Heiligung und Feier. In diesen Strophen jedoch schreibt er sich kurzerhand ein nicht zu hitziges Liebesgedicht an die so viel, nämlich fast 18 Jahre, jüngere Frau von der Seele, die nicht nur sein Glück, sondern auch sein über achtjähriges Leiden und Sterben begleitet hat. Auch ihrer haben wir zu gedenken. Welche Solidarität noch im Tode! Sie ist heute vor 123 Jahren gestorben, genau siebenundzwanzig Jahre nach ihrem für sie umsichtig sorgenden Mann. Heine rät ihr, ihrer wehen Füße und ihrer Korpulenz wegen den vor dem Friedhofstor wartenden Fiaker zu nehmen. Damit kehrt sie ein in jene Zeit des Wartens und Überlebens, die ihr jeweils nach dem Grabbesuch verbleibt. Wie sagt er an anderer Stelle in melancholischer Desillusion: »Und derselbe Omnibus / Fährt uns nach dem Tartarus.« Das ist wohl wahr. Darüber helfen Festakte und Staatsakte nicht hinweg. Dennoch will es mir wie ein tröstliches Omen erscheinen, dass just heute morgen des früheren Ministerpräsidenten und Bundespräsidenten Johannes Rau in der Düsseldorfer Tonhalle gedacht wurde, der immer auch für Heine zu begeistern war.

Aber nicht eigentlich über Heines Frau will ich sprechen, obgleich sie ein Recht darauf hätte, nachdem ich vor genau 25 Jahren über »Heines Großmütter« geredet habe. Und warum über die Großmütter? Weil sie das heinesche Symbol bilden für die just in Deutschland wieder zu findende Freiheit. Auch die Deutschen lieben die Freiheit, sagt Heine in den »Englischen Fragmenten«, und zwar im Gegensatz etwa zu den Franzosen, denen sie Braut, oder den Engländern, denen sie die angetraute Ehefrau ist, einfach wie ihre Großmutter hinter dem Ofen; und dennoch wird die Freiheit, sollte sie einst, was Gott verhüte, sagt Heine, in der ganzen Welt verschwunden sein, gerade ein Deutscher in seinen Träumen wieder entdecken. Wie gerne wollen wir unserem Dichter glauben. Der Verlust von Freiheit hat nämlich in der Tat nie ein Ende, die Suche danach freilich glücklicherweise auch nicht. Wenn schon über Großmütter und Ehefrau, so müssten wir sicherlich auch über die Mütter, zumal über Heines sehr respektable Düsseldorfer Mutter Betty van Geldern sprechen, die später in Hamburg wohnte und der seine »Nachtgedanken« im Pariser Exil galten. O ja, die Mütter, meine eigene wurde genau heute vor zehn Jahren zu Grabe getragen. Sie führte häufig die offenbar münsterländisch pragmatische Weisheit an: »Was möglich ist, kommt vor«. Das hat mir, auch angesichts der heineschen Amme, die bereits aus dem Münsterland stammte, sogar in sämtlichen Heine-Geschichten stets eingeleuchtet. Mit dem Nachsatz voll politisch wie sozial Frieden stiftendem Optimismus habe ich dagegen immer noch meine Schwierigkeiten: »Und was vorkommt, kann man regeln.« Das ist nach wie vor zu hoffen!

Nein, sprechen wir über die Töchter oder besser über die Enkelinnen beziehungsweise Urenkelinnen, die sich zu unser aller Wohl der Freiheit bemächtigt haben. Alice Schwarzer bietet dafür das wunderbarste, oft gescholtene und verfolgte, aber auch geliebte Reizwort. Sie hat als Einzelperson erreicht, was den einzelnen Dichter Heine umgetrieben hat wie weniges sonst: im Befreiungskrieg der Menschheit tätig zu sein; und trotz aller feministischen Sprachregelung widerspricht Alice Schwarzer nicht der männlichen Form der ihr jüngst verliehenen Würde des Ritters der französischen Ehrenlegion. Sie erhält heute, gemäß der Juryentscheidung (zu danken habe ich Marianne Hirsch, Dr. Beatrix Müller, Dr. Klaus-Hinrich Roth aus Düsseldorf und Dr. Gerhard Höhn aus Paris, heute sämtlich hier anwesend), zum 50jährigen Bestehen der Heinrich-Heine-Gesellschaft deren Ehrengabe. Das ist eine noble Auszeichnung seit 1965. Max Brod, Heine-Biograph und Retter des kafkaschen Werks, wurde sie als erstem überreicht. Dann ging sie 1972 an die Lyrikerin Hilde Domin, auch eine Enkelin Heines von Format, die hoch betagt eigens aus Heidelberg angereist ist und die ich hier herzlich begrüßen möchte. Schließlich ist der Literaturkritiker Marcel Reich-Ranicki zu nennen, für den sie 1976 die überhaupt erste Ehrung in seinem Leben darstellte, von denen er heute geradezu überschüttet ist. Viele andere bedeutende Persönlichkeiten sind gefolgt. Die Ehrengabe steht für Literatur und Einmischung in die Belange der Zeit. Sie stellt eines der Fanale der Heine-Gesellschaft dar, die mittlerweile übrigens in aller Welt so viele Mitglieder zählt wie die Oper Plätze hat, aber jeden aufruft, der noch nicht Mitglied ist, sein Glück zu vervollkommnen und durch eine Mitgliedschaft das Andenken Heines zu ehren!

Es ist wirklich sehr zu bedauern, dass wir über achthundert Interessenten für den heutigen Abend absagen mussten. Bei stetigem Wachstum wird also beim nächsten Mal leicht eine Arena zu füllen sein! Doch zurück zur Oper. Von Herzen möchte ich dem Generalintendanten Professor Richter und seinem wunderbaren Team für die Großzügigkeit danken, mit dem von Seiten des Hauses dieser Festakt ermöglicht wurde, der ja neben dem heineschen Todestag das gesamte Heine- und Schumann-Jahr einläutet, da auch der 150. Todestag des Komponisten zu begehen ist, ohne den wir uns, wie das Programm zeigt, die Wirkung vieler Gedichte Heines oft gar nicht mehr zu denken vermögen. Durch eine große Heine- und Schumann-Ausstellung in Kunsthalle und Heine-Institut mit Unterstützung der Schumann-Forschungsstelle und Beteiligung von Klassen der Düsseldorfer Kunstakademie wird unter der Überschrift »Das letzte Wort der Kunst« von Mitte März bis Mitte Juni die Beziehung von Vergangenheit und Gegenwart lebendig. Durch einen internationalen Kongress namens »Übergänge. Zwischen Künsten und Kulturen« der Partner Heine-Institut, Heine-Universität und Schumann-Hochschule im Mai, durch zahlreiche Veranstaltungen und einen landesweiten Schülerwettbewerb »Wort. Zeit. Rhythmus« der Heine-Gesellschaft zu Heine und Schumann mit Schlusspunkt am 8. Juni, dem schumannschen Geburts- und nicht Sterbetag, können Analogien wie Differenzen zweier Galionsfiguren der Düsseldorfer Geistesgeschichte deutlich werden.

Ich grüße drei langjährige treue und umsichtige ehemalige Vorsitzende der Heine-Gesellschaft aus den letzten fünf Jahrzehnten: Gerhart Söhn, Wilhelm Gössmann und Johanna von Bennigsen-Foerder, ohne die sich solche Träume des kulturellen Gedächtnisses, wie wir sie im Heine-Schumann-Jahr zu verwirklichen versuchen, heute gar nicht formulieren ließen. Und ich wünsche der Gesellschaft, die ihr verflossenes halbes Jahrhundert in einer kleinen, unten im Foyer ausliegenden Geschichte mit dem sprechenden Titel »In Heines Gesellschaft« aus der Feder von Susanne Schwabach-Albrecht aufgezeichnet findet, weiterhin Beständigkeit und Erfolg. Die Arbeitsgemeinschaft literarischer Gesellschaften und Gedenkstätten mit Sitz in Berlin war so liebenswürdig, der Heine-Gesellschaft für ihre innovativen Meriten den diesjährigen Hartmut-Vogel-Preis zuzuerkennen. Die Gesellschaft wird zweifellos die Heine-Geschicke auch in Zukunft, wie früher schon, kritisch zu verfolgen haben, sich einmischen müssen und im Urteil über manchen offenen oder versteckten Angriff gegen Heine Recht behalten und den Sieg davon tragen. Denn Heine ist gewiss kein einfacher, gar pflegeleichter Autor, aber einer für den es sich zu streiten lohnt, für den man die Augen offen halten soll und für dessen Nachwirkung wir die Waffen, um mit Heine zu sprechen, ungebrochen weitergeben wollen, auch wenn das Herz bricht.

Erlauben Sie mir jetzt, Alice Schwarzer nach oben zu bitten und dann den Text der Verleihungsurkunde vorzulesen. Zuvor noch ein kleiner Hinweis: Bei der heutigen Ehrengabe handelt es sich um ein heinesches Buchobjekt aus Bronze mit dem Titel »Die Schere der Zensur« aus der Werkstatt von Bert Gerresheim. Ich denke, Bezeichnung und Werk enthalten die verschiedensten Assoziationen zu Lebensleistung und Durchhaltevermögen von Alice Schwarzer. Dass diese Vergleichbarkeit nach 150 Jahren und mehr überhaupt noch der Fall sein kann, ist eigentlich jener Bedingung unserer Existenz zuzuschreiben, die uns nachdenklich und, trotz aller Freude, auch etwas traurig zu stimmen vermag, doch gleichzeitig aufsässig genug, um den Mut nicht sinken und den Widerspruch nicht verstummen zu lassen:

»Die Heinrich-Heine-Gesellschaft verleiht ihre Ehrengabe 2006 an Alice Schwarzer. Als Schriftstellerin, Journalistin, Herausgeberin, Verlegerin, Feministin und Grenzgängerin, zumal zwischen Deutschland und Frankreich, hat sich die Preisträgerin einen unverwechselbaren Namen gemacht.

Leben und Werk der seit vielen Jahren aktiven Kämpferin für die Rechte der Frau und für die Menschenwürde weisen manche Parallelen zu ihrem rheinischen Landsmann Heinrich Heine auf. Sie ist mutig, standfest und beharrlich. Ihren Überzeugungen ist sie treu geblieben. Dabei steht ihr das streitbare Wort zur rechten Zeit zu Gebot und sie hat damit Erfolg. Der Ruhm hat ihr den Humor nicht genommen, ihr Witz den Ernst nicht beiseite geschoben. Allein durch die Sprache und mit literarischen Mitteln hat Alice Schwarzer das Bewusstsein der Gegenwart geschärft und wie Heinrich Heine unseren Sinn für die menschlichen Belange, für Rechte und Pflichten, wach gehalten, ja verändert.

Dafür möchte die Heinrich-Heine-Gesellschaft im 150. Todesjahr des Dichters und im 50. Jahr ihres Bestehens Alice Schwarzer Anerkennung und Dank aussprechen.«

Laudatio
auf Alice Schwarzer

Von Avi Primor

Meine sehr verehrten Damen und Herren,
liebe Alice Schwarzer,
Sie nehmen heute die Ehrengabe der Heinrich-Heine-Gesellschaft entgegen. Abgesehen davon, dass ich das Glück hatte, Sie während meiner Amtszeit in Deutschland persönlich kennen zu lernen und Ihre Arbeit und Ihren Erfolg vor Ort beobachten zu dürfen, wusste ich nicht genau, was ich Ihnen heute eigentlich sagen sollte. Hat man doch über Sie schon alles Mögliche gesagt und mehrfach wiederholt! Ich sehe mir die Liste der Preise und Ehrungen an, die Sie bekommen haben. Ich sehe mir die Liste der Buchpublikationen, Artikel und Reden an, die Ihr sprudelnder Geist hervorgebracht hat. Ich sehe sogar, was bereits über Sie geschrieben wurde, Artikel, Aufsätze und Bücher, die Sendungen über Sie. Was kann ich noch hinzufügen? Am besten, dachte ich, wäre, Ihnen allen hier diese Listen der Bücher und Publikationen von und über Alice Schwarzer vorzulesen. Leider haben mir die Veranstalter dieses Abends nur zwölf Minuten für meine Laudatio zugeteilt und für nur zwölf Minuten sind die Listen zu lang.

Also stellte ich mir die Frage, warum wird Alice Schwarzer ausgerechnet mit der Heinrich-Heine-Ehrengabe ausgezeichnet? Die Jury, die Alice Schwarzer für diese Ehrung auserkoren hat, wusste bestimmt warum. Als ich die Einladung erhielt, diese Laudatio zu halten, waren mir dennoch ihre Begründungen nicht bekannt. So habe ich mich wieder ein wenig in das Werk Heinrich Heines vertieft. Ich bin kein Marcel Reich-Ranicki und würde mich niemals trauen, Literatur und Dichter zu bewerten; Klassikergiganten wie Heinrich Heine schon gar nicht. Ich weiß aber, was mich, der ich eher Politikwissenschaftler als Literaturexperte bin, an Heinrich Heine am meisten beeindruckt hat. Heinrich Heine gilt als der letzte der Romantiker und als Pionier des Realismus in der europäischen Literatur. Er war ein kämpferischer und sogar aggressiver Denker, der sich viele Feinde geschaffen hat, später aber auch noch mehr Bewunderer. Seine Kritiker fürchteten ihn als eine dämonische, verheerende Kraft; seine Verehrer betrachteten ihn nicht nur als genialen Dichter, sondern als Ritter des sich befreienden menschlichen Geistes. Als einen Geist, der immer an der Front der Verteidigung der Wahrheit und Freiheit steht; als einen Mann, der die Völkerfreundschaft gepredigt hat und dies in der Zeit der Entstehung und gefährlichen Entwicklung des Nationalismus; als einen Mann, der ausgerechnet Frankreich, den »Erzfeind Deutschlands«, verehrt und bewundert hat, der sich um die deutsch-französische Verständigung bemüht hat, als die Gemüter emotional ganz und gar das Gegenteil der Verständigung anstrebten. In einem Jahrhundert der Bourgeoisie, die den neuen, rassistischen Antisemitismus ausbrütete, brüstet er sich mit seiner jüdischen Abstammung und dies obwohl er in seinem 28. Lebensjahr zum Christentum übergetreten war. Die Revolution von 1848 verstand Heine als den Eröffnungsakt für die zukünftigen Revolutionen auf Weltebene. Er war davon überzeugt, dass die Umwälzungen im wirtschaftlichen Leben der Völker allmählich zur Abschaffung der nationalen und politischen Grenzen führen werden, dass die zukünftigen Kriege nicht zwischen feindlichen Ländern, sondern zwischen Klassen geführt werden. Mit anderen Worten: es ist nicht das Land, das Königreich oder Kaiserreich, das man an erster Stelle verteidigen muss, sondern der Mensch, das Individuum.

Erinnert Sie all dies an etwas in Alice Schwarzers Werk und Streben? An was Alice Schwarzer Ende der 60er Jahre in Frankreich mit der MLF (mouvement de libération des femmes), der Befreiungsbewegung der Frauen, begonnen hat, ja, ausgerechnet in Frankreich, genau wie Heinrich Heine? Ihre Schriften von Frankreich aus, die in Deutschland veröffentlicht wurden, und besonders ihre Beteiligung am »Bekenntnis der 343«, ein Bekenntnis genau so vieler prominenter französischer Frauen, die in der Wochenzeitschrift Le Novelle Observateur erklärten, das Gesetz gegen Abtreibung persönlich gebrochen zu haben, haben ihr den Weg geebnet. Das Gleiche hat sie dann in Deutschland wiederholt, als sie den »Appell der 374« Deutschen initiiert und veröffentlicht hat. Der Pariser Studentenaufstand von 1968 wirkte auf Alice Schwarzer so, wie 120 Jahre zuvor die Stürzung der so genannten bürgerlichen Monarchie Frankreichs auf den Beobachter Heinrich Heine. Das alles war aber erst der Ausgangspunkt ihrer emanzipatorischen Aktivitäten. Eine Frau, die aus Frankreich heraus eine versteinerte Bourgeoisie in Deutschland mit ihrem Ringen um die Befreiung der Frau durchbricht, kann nicht beliebt sein. »Ich bin zur Buhfrau der Nation geworden«, schrieb Alice Schwarzer, »in den Medien war ich nun gänzlich vogelfrei. Wäre ich nicht eine erwachsene, erfahrene Frau gewesen, hätten diese Töne mich schon umhauen können.« Aber nicht nur Männer haben Alice Schwarzer beschimpft und verleumdet, oft waren es auch Frauen. Oft waren es Frauen in Deutschland wie es heute Frauen in aller Welt sind und besonders in der islamischen Gesellschaft, die Alice Schwarzer ihrer Benachteiligung bewusst machen möchte. Wussten Sie, liebe Alice Schwarzer, nicht, dass die größten Feinde der Freiheit glückliche Sklaven sind? Ich bin sicher, dass Sie es wussten, ich bin sicher, dass Sie ganz bewusst gegen den Strom geschwommen sind, wohl wissend, dass sie das unbeliebt macht. Sie haben doch in den Jahren, als George

Brassens überall bekannt und beliebt war, in Frankreich gelebt und studiert. »Car les braves gens n'aiment pas que l'on suivent une autre route qu'eux« (Weil die anständigen Leute es nicht mögen, wenn man einem Weg folgt, der nicht der ihre ist), sang er. Sie, Frau Schwarzer, haben sich übrigens nicht damit abgefunden, nicht nur den Weg der »anständigen Leute« nicht zu nehmen. Sie haben viel mehr getan – Sie haben sich denen entgegen gestellt. Was konnten Sie also anderes erwarten, als die Buhfrau der Nation zu werden? Ja, so wie Heinrich Heine.

Heute, nachdem Sie so viele Herausforderungen überwunden haben, so viele Errungenschaften vorweisen können und vor allem die Herzen der Menschen gewonnen haben, können Sie sich so fühlen, wie Heinrich Heine, der von vielen Menschen lange Zeit gehasst wurde und doch noch in seiner Lebenszeit zur Kultperson geworden ist. Heute, wo Deutschland eine Bundeskanzlerin hat! Hätten Sie sich in den Zeiten der MLF eine Kanzlerin vorstellen können? Und wer weiß, vielleicht kommt nächstes Jahr eine französische Präsidentin an die Macht, ja, und überdies eine Sozialdemokratin, die Frau Ségolène Royale.

Ja, die Welt hat sich verändert, aber nicht genügend und bestimmt nicht überall. Sie haben gewonnen, aber nur eine Etappe in Ihrer lebenslangen Mission.

Um den Vergleich mit Heinrich Heine abzuschließen muss ich Ihnen dennoch sagen, nicht mit allem was Heinrich Heine geschrieben und gepredigt hat, hätten Sie sich identifizieren bzw. abfinden können. Seinem Verleger Julius Campe schrieb er »Ich halte nichts von der Frauenemanzipation, ich bin zu sehr verheiratet«, das heißt, seine Frau musste ihm unterstellt sein und ihn bedienen. Und das sagte Heinrich Heine, der große Freund von Frauen wie George Sand und Betty Rothschild, die großen Geister der Emanzipation der Frauen. Ihren Geist und ihre intellektuelle Kraft hat er bewundert, vielleicht aber hat er ausgerechnet deshalb Frauen offensichtlich gefürchtet. Na ja, der große Revolutionär und Menschenrechtler konnte auch nicht an allen Fronten kämpfen. Und Gott sei Dank war das so, denn wäre er ganz perfekt gewesen, was wäre ein Jahrhundert später noch für Alice Schwarzer zu tun übrig geblieben?!

Wie soll man heute die erfolgreiche, gefeierte Alice Schwarzer beschreiben? Ist sie eine Heldin? Eigentlich finde ich, dass der Titel »Held« ein zwiespältiger Begriff ist. Wer ist ein Held? Durch die Geschichte hindurch waren Helden immer tapfere Kämpfer, hauptsächlich jene, die auf dem Schlachtfeld geblieben sind. Bertolt Brecht sagte: »Unglücklich das Land, das Helden nötig hat«, und selbst der Feldherr, den Carl von Clausewitz als den größten aller Zeiten beschrieb, Napoleon, sagte: »Zum Leben ist viel mehr Tapferkeit erforderlich als zum Sterben«. Alice Schwarzer kämpft nicht auf einem Schlachtfeld. Sie setzt sich für das Leben und für die Lebenden ein. Und dennoch ist sie für mich eine Heldin. Unter den zahlreichen Preisen, die Sie, Alice Schwarzer, entgegengenommen haben, hat mich einer besonders begeistert: Im Jahr 2003 haben Sie den »Zivilcourage-Preis« des Berliner CSD entgegen genommen. Zivilcourage, das ist für mich Heldentum. Tag und Nacht, Woche um Woche, Monat um Monat, Jahr um Jahr von seinem Umfeld abgelehnt zu werden, geächtet zu sein, von Fanatikern sogar bedroht zu werden und dennoch an seinem Glauben, an seiner Mission festzuhalten, seinen Ideen treu zu bleiben, das ist Heldentum. Das braucht Kraft zum Ausdauern, Beharrlichkeit, Unbeirrbarkeit. Millionen von Soldaten, gehen auf das Schlachtfeld, wissend, dass sie ihr Leben riskieren, aber nur die wenigsten, die allerwenigsten, bleiben den Idealen der Menschlichkeit – unter Umständen gegen ihr eigenes Umfeld – treu. »Die Verräter von gestern sind die Helden von heute«. Ja, heute sind Sie eine Heldin, Frau Schwarzer, aber eine Heldin auf Bewährung.

Vorbild zu sein bedeutet vor allem, dass man keineswegs das Recht hat, sich auf seinen Lorbeeren auszuruhen. Ihre Erfolge, wie Sie selber schon mehrfach zum Ausdruck gebracht haben, sind ja nur ein Ansatzpunkt. Selbst das Ringen um die Befreiung der Frau ist bei weitem noch nicht abgeschlossen. Neulich sagte die französische Psychoanalytikern und Schriftstellerin bulgarischer Abstammung Julia Kristeva, eine der weltweit wichtigsten zeitgenössischen Denker: »Ich fürchte, dass wir selbst in den fortschrittlichsten Demokratien noch einen Rückschlag in der Gleichberechtigung der Frau erleben können, eine Art Rückgang in Sachen wirtschaftlicher Befreiung der Frau. Wir hören doch zunehmend, dass, mit der Vergangenheit verglichen, die Arbeitslosigkeit unter Frauen eher zunimmt. Das heißt, dass die Erwartungen der Feministinnen sich nicht verwirklicht haben, eher dass sie weit von der Wirklichkeit entfernt liegen. Und wenn das heute schon so düster aussieht, wie wird es aussehen, sollten wir in eine echte wirtschaftliche Krise geraten?« In einer Wirtschaftsflaute leiden die gesellschaftlich schwächer gestellten doch immer am meisten. Und wenn wir aus der westlichen Gesellschaft hinaus schauen, dann sieht es aus, als sei das ganze Unterfangen erst in seinen Anfängen begriffen. Sie erzählten einmal von Ihrem WDR-Wortgefecht mit Esther Vilar am 6. Februar 1975. Sie hatten das Buch Ihrer Gesprächspartnerin und Kontrahentin gelesen und waren entsetzt: »Hätte in diesem Buch anstelle von ›Frauen‹ jedesmal das Wort ›Schwarze‹ oder ›Juden‹ gestanden, das Pamphlet wäre umgehend als rassistisch bzw. antisemitisch auf den Index gekommen«. Dazu sagte der damalige Ministerpräsident von Nordrhein-Westfalen und heutige Bundesfinanzminister Peer Steinbrück in seiner Laudatio auf Sie anlässlich der Verleihung des Staatspreises Nordrhein-Westfalen am 17. Januar 2005 u. a. »Wer unter dem Respekt vor anderen Kulturen auch die Unterdrückung der Frauen in diesen Kulturen respektiert und akzeptiert, der hat nicht begriffen, dass Frauenrechte und Menschrechte unteilbar zusammenhängen.« Sie, Frau Schwarzer, haben das immer vollkommen verstanden. Sie feiern Siege und Fortschritte, warnen aber vor Illusionen und Rückschlägen, denn Sie sagen: »Wir müssen gleichzeitig den Blick in den Abgrund des Frauseins wagen und nach den Sternen greifen«. Und damit argumentieren Sie international. Sie schreiben: »Wie alle meine Texte dokumentieren, bin ich Universalistin, also Antibiologistin. Das heißt, ich glaube nicht an die Natur des Menschen – weder an die der Geschlechter noch an die der Rassen oder Hautfarben – sondern daran, dass der Mensch frei geboren ist und alle Menschen die gleichen Chancen haben sollten«. Übrigens, Gleichheit bedeutet für Sie auch, was nicht für alle Unterstützerinnen der Frauenbewegung immer selbstverständlich war, nämlich dass Frauen gleichberechtigt sein müssen, aber nicht mehr Rechte haben sollen als Männer. Diesbezüglich wurden Sie gelegentlich auch von Kolleginnen aus der Frauenbewegung kritisiert. Also gibt es noch ein weiteres Problem, wie auch bei der Bekämpfung des Antisemitismus. Manche Beobachter erstaunt es, dass wir Juden vom Philosemitismus nicht besonders begeistert sind. Wenn man uns ausgrenzt, selbst unter dem Vorwand, wir seien »die Besseren«, fühlen wir uns immer noch ausgegrenzt. Nein, wir wollen gleichberechtigt sein und gelobt werden für Lobenswertes, das wir tun, und kritisiert werden für Kritikwürdiges, das wir tun. Genau wie Sie es für die Frauen wollen.

Als ich Botschafter in Brüssel war, erzählte mir einmal eine Spitzenpolitikerin einer Partei im Norden Belgiens, also einer flämischen Partei, was es bedeutet, selbst heute, wo die Flamen die Überhand in Belgien haben, unter Unsicherheit wegen der Herkunft zu leiden. Sie erzählte mir, sie habe an der Université Libre de Bruxelles, der großen frankophonen Universität der Hauptstadt, studiert. Ihr Französisch war trotz ihrer Herkunft akzentlos, so als wäre es ihre Muttersprache. Anlässlich eines Studentenballs kam ein Student auf sie zu und bat sie um einen Tanz. Sie akzeptierte, hatte aber das Bedürfnis, ihm sofort zu sagen: »Sie müssen wissen, ich bin eine Flämin«. Der Student lächelte scheu und sagte: »Das macht nichts. Ich bin Jude«.

Ja, es geht um die Bekämpfung des Unrechts und der Unterdrückung in vielen Teilen der Welt. Es geht aber auch um die Bekämpfung von Vorurteilen in den fortschrittlichsten Regionen der Welt. Wir vertrauen darauf, Alice Schwarzer, dass Sie dieses Ringen fortsetzen. Anlässlich des Erscheinens Ihres Buches »Alice im Männerland« im Herbst 2002 haben Sie unter dem Titel »Mein Weg« Ihre Lebensgeschichte zusammengefasst und sie mit dem folgenden Satz abgeschlossen: »Gibt es etwas, was ich im Rückblick bereue? Nicht viel. Und auf keinen Fall immer geschrieben und gesagt zu haben, was ich denke und fühle.« Das, Alice Schwarzer, ist eine moralische Verpflichtung für die Zukunft.

Zur heutigen Auszeichnung mit der Ehrengabe der Heinrich-Heine-Gesellschaft darf ich Ihnen herzlich gratulieren und Ihnen weiterhin viel Erfolg wünschen – einen Erfolg, der für uns alle ein Gewinn ist.

Dankrede

Von Alice Schwarzer

Sehr geehrte Damen und Herren,
liebe Freunde und Freundinnen,
geschätzte Heine-Gesellschaft,
lieber Avi Primor,
es ist eine für mich zutiefst anrührende und aufregende Sache, einen Preis zu bekommen im Namen und in der Tradition eines wahren Vorbildes, ja eines frühen Idols. Und ich frage mich natürlich: Was hätte wohl Heinrich Heine dazu gesagt? Obwohl – sein Kommentar hätte mir vermutlich nicht nur Freude gemacht. Doch darauf – auf das Verhältnis von Heine zu den Frauen und insbesondere zu den emanzipierten Weibsbildern – komme ich noch.

Zunächst möchte ich ein paar Worte über mein Verhältnis zu Heine sagen, denn das ist für etliche unter Ihnen ja nicht zwingend evident.

In der Tat habe ich Heinrich Heine schon als kleines Mädchen für mich entdeckt, ganz auf eigene Faust. Im Musikunterricht gefiel mir die »Loreley« so über die Maßen, dass ich darauf bestand, sie vorsingen zu dürfen – nicht unbedingt zum Plaisir meiner Klasse, denn singen konnte ich noch nie. Und ich erinnere mich, als sei es gestern gewesen, dass uns das Lied von unserem Lehrer, Herrn Tesche, der sich gerne als »deutsche Eiche« titulieren ließ, als deutsches »Volkslied« vermittelt worden war, geschrieben von einem »unbekannten Dichter«.

Erst meine Großmutter, der vermutlich mein Loreley-Gesang ebenfalls nicht erspart geblieben war, klärte mich darüber auf, was es bedeuten sollte: Das Lied sei von Heinrich Heine, der, ganz wie sie, ein Herz für die französische Revolution gehabt und der Napoleon jauchzend auf der Kö begrüßt habe. Dessen Bücher hätten die Nazis verbrannt, und nicht nur die. Sie müssen wissen: Meine Großmutter war für mich grundsätzlich zuständig in Sachen politischer Aufklärung, auch über die Nazis, die sie von Herzen gehasst hat.

Anfang der 60er dann, als ich 20-jährig mit der besten Freundin nach Schwabing zog – weil die Familie den direkten Abgang nach Paris fürsorglich untersagt hatte, und wir damals erst mit 21 volljährig wurden – in Schwabing also verbrachten wir Mädels unsere Zeit nicht nur Rotwein-trinkend im Englischen Garten und Rock'n-Roll-tanzend im Jazzkeller, sondern auch Lotte-Lenya-hörend und Heinerezitierend in unserer möblierten Bude in der Konradstraße 12.

Ja, Heinrich Heine war und ist mein Lieblingsdichter, er begleitet mich schon lange.

Zur Liebe entflammte die Neigung dann in Paris. Dort lernte ich bei meinem ersten Paris-Aufenthalt mit 21 Französisch und fiel unter die Franzosen. Die stellten mir gerne Fragen wie: Connaissez-vous Enri Ein? Enri Ein? Nein, kannte ich nicht … Ich brauchte eine gewisse Zeit und viele Lektionen auf der Alliance Française, bis ich begriff: Die reden von meinem Heinrich Heine!

Von dem standen inzwischen acht zerfledderte Taschenbuch-Bände – die Kindler-Ausgabe von Hans Kaufmann, ich habe sie noch – auf dem einzigen und wackligen Regal in meinem Au-pair-Mädchen-Zimmer in der Rue du Texel. Dort, im alten Arbeiterviertel von Montparnasse, gingen unter der Straße noch die Geheimgänge aus der Zeit der Revolution von Keller zu Keller. Alle paar Wochen nahm ich die Metro, um quer durch die Stadt von Montparnasse nach Montmartre zu fahren und Heines Grab zu besuchen. Denn nach meiner Flucht ins Existenzialisten-Mekka Paris wurde mir nun das deutsche Herz schwer, von französischer Clarté und Kühle erholte ich mich bei Heines Spott und Romantik.

Besuchte ich in dieser Zeit die Heimatstadt Wuppertal, und fuhr über die Brücke zu Köln, wurde auch mir ganz seltsam zumute – aber sehr bald wurde mir dann das Herz auch in deutschen Landen schwer, und ich sehnte mich nach meinen leichtfüßigen Franzosen.

Mit Heine verbindet mich also nicht nur, dass auch ich, geboren 30 Kilometer entfernt von der Bolkerstraße, Rheinländerin bis aufs Mark bin, sondern ebenso, dass ich mein Leben lang zerrissen war – und bin – zwischen Deutschland und Frankreich: Mein Traum wäre Paris am Rhein!

Als ich dann Ende der Sechziger zum zweiten Mal nach Frankreich zog, da hatte ich nicht mehr nur Heine den Dichter im Gepäck, sondern auch Heine den Journalisten. Denn inzwischen war ich – zu meiner bis heute anhaltenden Freude! – Journalistin geworden. Die ersten Schritte hatte ich auf der Kö im Volontariat bei den »Düsseldorfer Nachrichten« gemacht. Ich ging nach Paris, um von dort aus für die Deutschen über die Franzosen zu schreiben, ganz in Heines gigantischen Fußstapfen.

Anfang der 70er war aus dem Idol also ein Vorbild geworden, politisch wie literarisch und journalistisch. »Mein Schwert ist meine Feder« – mit diesem Satz von Heine kann ich mich bestens identifizieren.

Doch nun sollte etwas passieren, was mein inniges Verhältnis zu Heine trüben musste. Ich wurde Feministin. Das heißt, das Unbehagen, das ich schon mein ganzes Frauenleben lang hatte – zum Beispiel, wenn ich in der Tanzschule warten musste, dass »die Herren auffordern«; oder wenn der Freund zu mir sagte: Alice, eine Dame lacht nicht so laut und macht nicht so große Schritte; oder wenn ich als einzige Frau in der fortschrittlichen 68er-Postille im Halbdunkeln inmitten der

Männerredaktion stand und das Titelmädchen mit aussuchen sollte und es hieß: Nehmen wir doch lieber das erste Foto, auf dem sieht man die Titten besser; oder oder oder – dieses stumme Unbehagen als Frau also bekam nun Worte.

Worte wie Emanzipation. Ein Begriff, den – wussten Sie das? niemand anderes als der Jurist Heine zum politisch-sozialen Schlagwort gemacht hat. So schrieb er 1828 in seiner »Reise von München nach Genua«:

> Was ist aber diese große Aufgabe unserer Zeit? Es ist die Emanzipation! Nicht bloß die der Irländer, Griechen, Frankfurter Juden, westindischen Schwarzen und dergleichen gedrückten Volkes, sondern es ist die Emanzipation der ganzen Welt, absonderlich Europas, das mündig geworden ist, und sich jetzt losreißt von dem eisernen Gängelband der Bevorrechteten, der Aristokratie.

Dass es kein Zufall ist, dass Heine hier die Frauen nicht erwähnt, werden wir auf den zweiten Blick sehen. Es ist aber schon auf den ersten Blick verwunderlich. Denn zu seinen Lebzeiten stand die Emanzipation dreier Menschengruppen ganz oben auf der Agenda: die des Proletariats, die der Juden – und die der Frauen. Und nicht nur die Frauen räsonierten über die »große Frauenfrage«, sondern auch Männer wie Theodor Gottlieb von Hippel zum Beispiel. In direkter Anspielung auf eine Schrift von 1781 mit dem Titel »Über die bürgerliche Verbesserung der Juden« nannte Hippel 1792 seine Schrift »Über die bürgerliche Verbesserung der Weiber«. Das war ein Jahr vor Olympe de Gouges Hinrichtung unter der Guillotine. Die Verfasserin der »Erklärung der Menschenrechte der Frauen« war durch die Vollstrecker der französischen Revolution zum Tode verurteilt worden. Und es war fünf Jahre vor der Geburt von Harry Heine.

Ich gebe zu: Die Tatsache, dass Mathilde, sein »dickes Kind«, Analphabetin war, hatte mich schon früher irritiert. Nicht, dass das gegen sie, die unehelich geborene Schuhverkäuferin gesprochen hätte. Nein, es sprach gegen ihn. Heine hat eine Frau zu seiner Lebensgefährtin und Ehefrau gemacht, die seine Schriften weder lesen noch verstehen konnte – das heißt, die vom elementarsten Teil seines Lebens, dem Schreiben, ausgeschlossen war.

Das Mindeste, was sich im Rückblick sagen lässt, ist: In der Liebe hat Heine die Begegnung mit Frauen als Gleiche nicht nur nie gesucht, sondern tunlichst gemieden. Er hat den größtmöglichen hierarchischen Unterschied, er hat das Machtverhältnis gelebt. Nach oben. »Ich bin verdammt, nur das niedrigste und törichtste zu lieben«, hat er kokett geklagt. Doch das war kein Schicksal, es war seine Wahl. Die von ihm nach seiner Façon geliebten Frauen mussten also gleichzeitig mit seiner Verachtung leben.

Dies ist umso bemerkenswerter, als Heine in seinem Leben den bedeutendsten Frauen seiner Zeit begegnet ist, ja sogar mit ihnen befreundet war: von Rahel Varnhagen, seiner frühen Förderin, bis George Sand, seiner späten »Schwester«.

Seine entscheidenden politischen Impulse erhielt der junge Heine in den Berliner Salons der 20er und 30er Jahre des 19. Jahrhunderts. Diese Salons wurden nicht zufällig alle von doppelt Marginalisierten, von emanzipierten Jüdinnen geführt. Darunter Rahel Varnhagen, die für Heine »die geistreichste Frau des Universums« war und für mich eine der klarsichtigsten, verzweifeltsten Feministinnen ihrer Epoche ist.

In frühen Briefen klagt Rahel einem Freund:

> Wenn meine Mutter gutmühtig und hart genug gewesen wäre, und sie hätte nur ahnen können, wie ich würde, so hätte sie mich beim ersten Schrei in hiesigem Staub ersticken sollen. Ein ohnmächtiges Wesen, dem es für nichts gerechnet wird, nun so zu Haus zu sitzen, und das Himmel und Erde, Menschen und Vieh wider sich hatte, wenn es weg wollte.

Und an die Freundin Pauline Wiesel schreibt sie: »Wir sind *neben* der menschlichen Gesellschaft. Für uns ist kein Platz.«

Frauen der westlichen Welt haben auch zwei Jahrhunderte später noch reichlich Nachteile und Probleme – von denen im Rest der Welt gar nicht zu reden. Aber uns geht es gut, sehr gut im Vergleich zu unseren Ururgroßmüttern. Sie waren Sklavinnen. Ganz und gar rechtlos und besitzlos. Gleichzeitig aber waren sie, ganz wie heute, die intimen Gefährtinnen der Männer. Hausssklavinnen eben.

Und Heine? Der glühend Gerechte? Heine zog – wohl nicht zuletzt unter Rahels Einfluss – tatsächlich nach Paris, weil er sich so brennend für die Saint-Simonisten interessierte, die einzige sozialistische Bewegung, die auch die Gleichberechtigung der Frauen auf ihre Fahnen geschrieben hatte, bis hin zur gleichen Kleidung für die Geschlechter. Hier lernte er auch George Sand kennen und schätzen, diese »Amazone«, dieses »Mannweib«, diese »Lesbierin«, die in Männerkleidung rumlief und Zigarren rauchte, wie bis heute gehöhnt wird von den Freunden des kleinen Unterschieds. Heine verkehrte sogar mit dieser Emanze, ja hatte sie, glaube ich, ganz gern. Nur ihre, wie er sagte, »schrankenlose Emanzipation« fand er schwer übertrieben.

Warum? Heine selbst hat gegen Ende seines Lebens seinen Besuchern Adolf Stahr und Fanny Lewald (ebenfalls eine aktive Frauenrechtlerin) ohne Umschweife auf diese Frage mit einer Anekdote geantwortet: »Es geht mir wie Napoleon mit den Schwarzen«, sagte er 1850. »Warum wollen Sie die Schwarzen nicht emanzipieren, Sire? fragte man ihn. Je vous le dirai en deux mots: Parceque je suis blanc!« antwortete Napoleon. Weil ich weiß bin. »Und ich«, fuhr Heine fort, »ich bin verheiratet.«

Ein offenes Wort. Heine ist also gegen die Emanzipation der Frauen, weil er von ihrer Abhängigkeit profitiert. Auch darin ist Heine ein sehr moderner Mann. Wir kennen die Haltung nur zu gut aus der 68er Bewegung. Die wollte auch alle Menschen der Welt befreien – nur die eigenen Frauen nicht. Und genau aus dieser Frustration entstand ja überhaupt erst die Neue Frauenbewegung – die xte in der Geschichte der Menschheit.

Das Schlimmste aber ist: In Wahrheit versteht gerade Heinrich Heine sehr viel von Frauen. Nein, damit meine ich nicht sein Schwärmen, nicht die Überhöhung, die ja immer nur die andere Seite der Erniedrigung ist. Heine schreibt die einfühlsamsten Texte über die Miserabelsten, darunter die Prostituierten (Heißer Lektüretipp für alle modischen Verharmloser der Prostitution!). Immer wieder beugt er sich über Frauen als Opfer. Aber Gefährtinnen auf Augenhöhe? Nein! Denen verwehrt er die Existenz, im Leben wie in der Politik.

Wie so viele Männer teilt auch Heinrich Heine Frauen auf in Kopf oder Körper. Frauen mit Kopf kann er nicht begehren, Frauen mit Körper kann er nicht achten. Was praktisch für ihn war, aber auch fatal. Und was wohl auch zu tun hat mit der phobischen Abwehr des »Weibischen« durch diesen ja keineswegs unweiblichen Mann.

Was aber heißt das nun für mich, die ich mein Leben lang gegen die Spaltung in hie Kopf und da Körper gekämpft habe? Nein, es heißt nicht, dass ich Heine die Liebe aufkündige. Ich lasse mir Heine auch von Heine nicht vergällen!

Aber es bedeutet, dass ich auch in seinem Falle etwas tun muss, was ich ein Leben lang gewohnt bin: Ich muss mein Frausein verleugnen. Tue ich das nicht, müsste ich ihn aufgeben – und damit die ganze Welt. Denn die ist bis heute eine von Männern definierte und beherrschte Welt, in der Frauen »neben der menschlichen Gesellschaft stehen«, wie Rahel Varnhagen sagt, in der Frauen Fremde sind. Nicht als Bürger, aber als Frau muss ich mich selbst verleugnen, will ich mich in Heines Schriften wiederfinden.

Gleichzeitig aber darf ich mich nicht selber verlieren. Diese Zerreißprobe mutet mir auch und gerade der konvertierte Jude Heinrich Heine zu. Das ist – und bleibt – ein tiefer Schmerz.

Einziger Trost: Zwar hätte Heine auch über eine wie mich wohl öffentlich gespottet – aber privat hätte er vermutlich ganz gerne mit mir geplaudert. Alors, Harry, on en parlera. Wir bleiben am Thema.

Heine: Zwischen Düsseldorf und Paris

Von Claude Martin

Am 20. Februar 1856 gegen 10 Uhr morgens verlässt ein Trauerzug das Haus Nr. 3 in der Avenue Matignon, ein schönes Gebäude, nur wenige Schritte von den Champs Elysées entfernt. Im gemessenen Schritt zweier schöner Rappen bewegt er sich auf den Friedhof von Montmartre zu. Man trägt *Monsieur Enrienne* zu Grabe. Unter diesem Namen kennen die Franzosen, vor allem die Pariser, den Mann, der 25 Jahre lang unter ihnen lebte.

Heinrich Heine war drei Tage zuvor, in den frühen Morgenstunden des 17. Februar, heute genau vor 150 Jahren, nach schwerem Leiden verstorben. Seit Wochen hatte er das Bett nicht mehr verlassen, konnte weder Hände noch Augen bewegen, war schrecklich abgemagert. Seine Frau, Mathilde, erschöpft von durchwachten Nächten, war im Hinterzimmer eingeschlafen. Catherine, das Hausmädchen, war zuletzt bei ihm und drückte ihm die Augen zu.

Der Trauerzug durchquert das Zentrum und dann die nördlichen Pariser Viertel, entlang der belebten Straßen, vorbei an Schaufenstern und Café-Terrassen, wo Heine so gerne einkehrte. Aber es ist kalt, und die Näherinnen, Putzmacherinnen, Blumenmädchen und Obstverkäuferinnen, deren Lachen und Stimmen ihm so lieb waren, sind nicht mehr da, um ihm die letzte Ehre zu erweisen.

Am Eingang des Friedhofes warten ein paar Menschen und folgen dem Trauerzug bis zum Grab. Die wahren Freunde, die Getreuen sind gekommen: Alexandre Dumas, Théophile Gautier. Eugène Delacroix hat die Nachricht zu spät erhalten, er wird erst am nächsten Morgen da sein. Der Dichter Gérard de Nerval, sein Schüler, ja fast sein Bruder, fehlt ebenfalls. Er hat sich, geblendet von der schwarzen Sonne der Melancholie, ein Jahr zuvor das Leben genommen. Victor Hugo ist im Exil, auf Guernsey. Aber andere sind – so wie wir heute Abend – gekommen, um sich von diesem großen deutschen Dichter zu verabschieden, der auch im französischen Geistesleben einen großen Namen hat; der hier am Rhein geboren ist und diesen legendären Fluss so wundervoll besingen konnte, ihn aber auch zu überqueren wusste.

Andere haben bereits gesagt – oder werden es noch tun – warum und unter welchen Umständen *Harry*, *Heinrich* und schließlich *Henri* Heine den Blick eines Tages nach Frankreich richtete.

Natürlich sind da die Erzählungen vom *Tambour LeGrand* und vom prunkvollen General Murat, der Großherzog von Berg wurde; da ist Napoleon, der auf seinem »weißen Rößlein« durch die Alleen Düsseldorfs reitet; dann die Grenadiere, der Kaiser gefangen. Da ist der Traum von Freiheit, den die französische Revolution geweckt hatte und den die Schrecken der großen Kriege des Kaiserreichs in seinen Augen nicht vertreiben konnten. Der Patriot Heine hat einen Moment lang geglaubt, das von der Fremdherrschaft befreite Deutschland würde seinerseits den Weg des Fortschritts gehen. Er konnte die bleierne Haube nicht ertragen, die nach dem Wiener Kongress die Hoffnung der europäischen Völker unter sich begrub. Heine ist – wie später Albert Camus, und auch wie Sie, liebe Alice Schwarzer – ein ewig Aufständischer. Alles, was den Menschen einzwängt oder ihn vorab festlegt, wie Geburt, Rasse, Geschlecht, Tradition, ist ihm unerträglich. Abgrenzung ist ihm ebenso zuwider wie Voreingenommenheit. Seine Vorlieben sind Reisen, Spaziergänge an endlosen Stränden, das Zwiegespräch mit dem Meer. Er taucht in Frankreich ein wie in einen Ozean.

Das Frankreich jener Zeit entspricht zwar bei weitem nicht seiner Traumvorstellung; aber es zerreißt ihn nicht, und in gewisser Weise umsorgt es ihn sogar. Die Juli-Revolution hat nicht dem Volk die Macht gegeben, sondern einer Monarchie der Bourgeoisie, welche die einfachen Bürger durch mehr Wohlstand zu besänftigen sucht. Louis-Philippe hat nicht nur die Trikolore wieder akzeptiert, sondern auch viele Errungenschaften der Revolution und des Kaiserreichs. Er hat Kaiser Napoleon von Sankt Helena zur letzten Ruhe in den Invalidendom zurückgeholt. Er wollte liberal sein. Heine fand sich mit dem Regime ab. Ja, er nahm sogar dessen finanzielle Hilfe an – ein Skandal zur damaligen Zeit, wo Stipendien für ausländische Intellektuelle nicht gerade üblich waren.

Was Heine besonders gefällt, ist die geistige, kulturelle, künstlerische Aufbruchstimmung in dem Land, von dem er dachte, es wäre für ihn nur ein Exil, in das er aber ganz und gar eintaucht, in dem er Wurzeln schlägt und schnell sein neues Zuhause findet.

In Paris trifft Heine all die, die im damaligen Europa Bedeutung haben; und auch die, die im entstehenden Europa Bedeutung erlangen sollten. Viele Deutsche, die es ihm gleich taten, oder tun sollten, wie die Brüder Humboldt, wie Meyerbeer, Offenbach, Karl Marx und Wagner. Italiener wie Cavour und Mazzini. Auch Liszt und Chopin. Und natürlich Balzac, Stendhal, Chateaubriand. Die Franzosen, die eine neue romantische Welle verkörperten. Hugo, Berlioz, Vigny, Musset, Gautier, Sand, Dumas und ganz besonders Nerval. Gérard de Nerval, der Doppelgänger, der Deutschland bewundert wie Heine Frankreich, der das Ufer des Rheins abschreitet wie Heine die Dünen der Opalküste, immer auf der Suche nach legendären Figuren. Nerval, der wie Heine in einen unerreichbaren Stern verliebt ist. Nerval, der den Faust übersetzt und beschließt, wie Werther zu sterben.

Natürlich schaut Heine von Paris aus nach Deutschland. Zweimal kehrt er dorthin zurück. Es ist sein Land. Das Land, in dem er geboren ist. Das Land seiner Mutter. Das Land, wo Amélie lebt, seine erste große Liebe. Das Land, wo er den ersten Teil seines Werkes verfasst hat. In seiner Muttersprache, die in ihm klingt wie Musik und die er uns in seinen Liedern nahe bringt. Seine Liebe zu Deutschland ist eine unmögliche Liebe: fordernd, ungestüm, bitter. Er liebt dieses Land umso mehr, je weiter er sich davon entfernt. Vielleicht hält er es sich deshalb auf Distanz: damit er es besser lieben kann.

Aber Heine lebt in Paris und ist ein echter Pariser geworden. Als Pariser beschreibt er in der deutschen Presse, was am Ufer der Seine vor sich geht. Und als vollendeter Pariser nimmt er seinen Platz in der französischen Gesellschaft und in der französischen Literatur ein.

Hier hat er gefunden, wonach er sich so lange sehnte. Vor allem eine gewisse Leichtigkeit des Seins. Die Kunst, das Glück zu nehmen, wie es kommt – im selben Augenblick; die Kunst, sich von einem Lächeln oder einem flüchtigen Blick rühren zu lassen. Die Fähigkeit, Zuneigung für alle Menschen zu empfinden, für außergewöhnliche ebenso wie für einfache. Die Fähigkeit, über Schwerwiegendes zu scherzen und dem Belanglosen Bedeutung beizumessen.

Heine, der oft für widersprüchliche Ideale entflammt, der oft seine Meinung ändert, fühlt sich zu Hause in einer Gesellschaft, in der man eine Sache ebenso vehement vertreten kann wie ihr Gegenteil – allein aus Freude am Gespräch und ohne in die Zwänge der Dialektik abzugleiten; in der man die Ordnung liebt und zugleich Revolution macht; in der man das wallende Haar einer George Sand, die schönen Augen einer Prinzessin Cristina Belgiojoso und zugleich den sprühenden Geist einer kleinen Schuhverkäuferin bewundern kann.

Die kleine Schuhverkäuferin heißt Augustine Mirat. Unter dem Namen Mathilde begleitet sie den Dichter sein Leben lang. Er hört nicht auf, sie zu lieben, wenn auch auf schmerzliche und besitzergreifende Weise. Am Vorabend eines Duells heiratet er sie, um sie sicher auf ewig an sich zu binden.

Ist Heine nicht mit den Jahren nach und nach Franzose geworden? Er wollte wohl die Nationalität des Landes, das seine zweite Heimat geworden war, annehmen. Aber ohne Erfolg. Nun gut. Vielleicht war es besser so. Frankreich hat nie daran gedacht, Deutschland einen seiner größten, vielleicht den größten Dichter zu stehlen. Den, welchen alle französischen Schüler, die Deutsch lernen, mit großer Freude und Leichtigkeit lesen, weil die Süße und Melancholie seiner Worte sie so tief berührt.

Wenn Heine Französisch spricht und schreibt, überträgt er die Lebendigkeit, den Humor, die Musik und die Melancholie seiner Lieder oder seiner Reisebilder auf unsere Sprache. Er ist nicht nur in die französische Literatur eingedrungen, er hat sie auch befruchtet. Ohne ihn hätte George Sand nie die »Gräfin von Rudolstadt« oder »Consuelo« geschrieben. Ohne ihn wären die bissigen Verse von Baudelaire, die sentimentalen Balladen von Verlaine, die flammenden Visionen von Rimbaud und später die wehmütigen Gedichte von Apollinaire nicht so geschrieben worden, wie sie sind.

Um es ganz klar zu sagen: Ich mag Heine. Weil er Deutscher ist. Weil er mit der deutschen Sprache unvergängliche Schmuckstücke geschaffen hat. Auch, weil er die Übereinstimmung in den Seelen unserer Völker entdeckt hat. Wenn ich in Paris bin, stelle ich ihn mir oft als einen vertrauten Schatten vor, der durch die Straßen wandert, über Treppen, durch Passagen; der sich treiben lässt; der diese Kunst der Pariser kultiviert, zu flanieren und nirgendwohin zu gehen; der flaniert, wie nach ihm Franz Hessel, Walter Benjamin, Joseph Roth, Kurt Tucholsky, Paul Celan und viele andere.

Dieser Mann, den die Krankheit letztlich niederstreckt, der seinen gebrochenen Körper von dunklen Wohnungen in düstere Dachkammern schleppt, der bald nur noch, wie Marcel Proust, daniederliegt und schreibt, hinterlässt in unserer Kultur und Literatur, genau wie in Ihrer, unermessliche Spuren.

Andere haben sich von ihrem verdienten Ruhm überwältigen lassen. In Weimar ruht Christiane Vulpius allein in ihrem so schlichten, so anrührenden Grab. Ihr großer Mann ruht im Olymp. In Paris wird an diesem Morgen Heinrich Heine begraben, in einer unscheinbaren Ecke des Friedhofs von Montmartre. Er hat eine Grabstätte gewählt, in der Mathilde neben ihm ihre letzte Ruhe finden kann. 25 Jahre später wird sie ihren Platz an seiner Seite wieder einnehmen. Nur wenige Schritte entfernt liegt die Schauspielerin Jenny Colon begraben, der schöne unerreichbare Stern von Gérard de Nerval.

Heine stirbt an diesem 17. Februar, weit weg von seiner Mutter, Deutschland, das er so liebte. Er stirbt weit weg von seiner Mutter, Betty, die ihn so liebte und der er nie sagen wollte, wie schlimm es um ihn stand, damit sie sich nicht sorgte.

Durchs Fenster dämmert der Tag. Sein Leben verlöscht im ersten Schein der Morgenröte. Er geht von uns und lässt uns sein Licht zurück. Ja, er ist wirklich ein großer Mensch. Groß genug, dass wir beide, Franzosen und Deutsche, ihn uns teilen können.

Buchbesprechungen

Wolfgang Braungart (Hrsg.): *Verehrung, Kult, Distanz. Vom Umgang mit dem Dichter im 19. Jahrhundert*. Tübingen: Max Niemeyer 2004 (Untersuchungen zur deutschen Literaturgeschichte, Bd. 120). VII, 292 S., Abb., € 52,00

Der vorliegende Sammelband geht zurück auf eine Tagung, die 2001 in Detmold und Marienmünster aus Anlass des 200. Geburtstages Christian Dietrich Grabbes stattgefunden hat. In insgesamt 13 Beiträgen und »Notizen zur Einführung« des Bielefelder Herausgebers widmet sich das Buch der »eigenen, identitätsbildenden Bedeutung« des »Umgangs mit dem Dichter« für die bürgerliche Gesellschaft (Rückentext). Verstanden wird dieses epochenspezifische Verhältnis als »symbolische Praxis« bzw. als Teil einer noch zu schreibenden deutschen Literaturgeschichte der Kulte und Rituale – und somit als Teil einer kulturgeschichtlichen Fragestellung, die über den engeren philologischen Bereich weit hinausreicht.

Der theorieorientierte, systematisch angelegte Aufsatz von Rolf Parr über »Dichterverehrung oder Trägerschaftsprojekt?« (S. 11–31) beruht auf seiner 2000 publizierten Habilitationsschrift zu den literarisch-kulturellen Gruppierungen zwischen Vormärz und Weimarer Republik, ist also letztlich vereins- und literatursoziologisch angelegt. Parr zeigt, dass der sich der Dichterverehrung widmende Verein auf der einen Seite eine »Zusammenführung verschiedener Praktiken und Diskurse« betrieb, auf der anderen Seite aber nur einen »Ausschnitt aus dem Gesamtspektrum der Gesellschaft« als »Trägerschaftsprojekt« auswählte. Erläutert wird dieses Modell dann knapp am Beispiel des Straßburger »Stürmerkreises« im frühen 20. Jahrhundert und an der Beziehung des 1907 in Berlin begründeten »Werdandi-Bundes« zu Wilhelm Raabe. Interessant sind Parrs abschließende Überlegungen, dass sich »Autorinnen/Autoren mit erhaltener regionaler Materialität viel besser als Verehrungsobjekte literarischer Gesellschaften eignen als solche ohne« (S. 31).

Einen umfangreichen, reich illustrierten Aufsatz widmet Felix Reuße der Thematik »Geistiger Gehalt und bildnerische Form in Dichterdenkmälern des 19. und 20. Jahrhunderts« (S. 33–63), worin es dem Autor um die Frage einer »besonderen Ästhetik des Dichterdenkmals« geht, der er in einem Versuch einer »Typisierung der Lösungsversuche« nahe kommen möchte. Die behandelten Beispiele reichen von der bekannten Schiller-Büste von Johann Heinrich Dannecker bis zum Heine-Denkmal von Ulrich Rückriem im Bonner Hofgarten von 1982. Insgesamt zeigt Reuße, dass praktisch alle Strukturebenen vom Material über die Inschrift bis zum Aufstellungsort genutzt werden, um den »geistigen Gehalt« des dargestellten Dichters zu fassen.

Rolf Selbmann behandelt das Thema der Standorte von Dichterdenkmälern unter dem pointierten Titel »Die Apotheose des Dichters endet am Bahnhof« (S. 65–91). Vor allem der Denkmal-

Buchbesprechungen

kult um Friedrich Schiller wird zum Beginn der »Monumentalisierung der Dichtererinnerung« (S. 70), die schon in einem Brief Danneckers von 1805 deutlich artikuliert wurde: »[...] ich will Schiller lebig machen, aber der kann nicht anders lebig sein, als colossal. Schiller muß colossal in der Bildhauerei leben, ich will eine Apotheose«. Bei dieser Monumentalisierung des Dichters spielte die Standortwahl für die Denkmäler eine entscheidende Rolle, wobei sich gerade bei Schiller schnell eine erfolgreiche Abkoppelung der Denkmalsetzung von »spurengestützten Ortsbezügen« ergab, was dann zu der satirischen Formulierung von Wilhelm Busch von 1884 führt, nach der jeder »in der ihm unbekannten Stadt/ gleich den bekannten Schiller hat«.

Jörg Träger beschreibt ausführlich »Goethes Vergötterung – Bilder eines Kults« (S. 93–136), wobei er nach der »Einheit des Bildprinzips in den verschiedenen Feldern der Verbildlichung Goetheschen Geistes« fragt. Ausgangspunkt ist das durchkomponierte Bildprogramm des Dichterhauses am Frauenplan, das nach Goethes Konzept auf »Erhebung, Erhöhung und moralische Verwandlung« abzielte. Weitere analysierte Bildfelder sind Goethe-Porträts aus unterschiedlichen Lebensabschnitten – von Apoll-Anspielungen beim jugendlichen Dichter bis hin zum Vergleich des thronenden Goethe mit dem thronenden Zeus beim älteren Goethe – und literarische Zeugnisse der Stilisierung. Das Fazit lautet wenig überraschend: »Goethes Vergötterung [...] ereignete sich im wesentlichen durch bildhafte Projektionen« (S. 134). Leider hat Traeger die umfassende Analyse des Bilddiskurses zu Schiller durch Klaus Fahrner nicht zur Kenntnis genommen (K. Fahrner: Der Bilddiskurs zu Friedrich Schiller. Stuttgart 2000 [Veröff. d. Archivs d. Stadt Stuttgart, Bd. 82]) – dann wäre eine sicher ausgesprochen ertragreiche vergleichende Analyse der bildlichen »Vergötterung« der beiden Dioskuren möglich gewesen.

Knapp, aber instruktiv analysiert Gerhard Kurz die Wirkmächtigkeit des Topos »der arme Hölderlin« im Kontext der Rezeptionsgeschichte dieses Dichters, wobei sich die sprachliche Aussage verschiebt zur »Beglaubigung der Ausnahmeexistenz des Dichters« (S. 137–150).

Rainer Kolk untersucht das Verhältnis von Heinrich Heine zu den Aufklärern (S. 151–169) an den Beispielen Lessing und Börne, wobei er sich ausführlich mit den positiven Bewertungen Lessings beschäftigt, der für Heine zum »Bürgen einer kulturellen nationalen Identität« wird, was sich in der bekannten Formulierung aus der »Romantischen Schule« artikuliert: »Lessing war der literarische Arminius«. Zudem wurde der Aufklärer Lessing von Heine häufig charakterisiert, um »in der Beschreibung der historischen Persönlichkeit über die eigene« (S. 155) zu sprechen – während er sich von Börne immer wieder auch durch Vergleiche zwischen Lessing und Börne deutlich abgrenzte.

Wulf Wülfing skizziert in seinem glänzenden Beitrag zur Rhetorik der Dichterverehrung im 19. Jahrhundert am Beispiel von Ludwig Börne und Berthold Auerbach (S. 203–218) insgesamt acht Thesen zu Dichterfeiern und zu Reden von Dichtern über Dichter, in denen besonders der nationale Impetus dieser Form der öffentlichen Stellungnahme diskutiert wird. Theodor Verweyen und Gunther Witting beschäftigen sich am Beispiel von Emanuel Geibel und seiner literarisch-sozialen Umgebung vor allem in München (S. 219–242) eindringlich mit der Rolle des Dichters im Kontext der Realität der Fürstenhöfe in Deutschland als Macht- und Kulturzentren und den Auswirkungen dieser Wirklichkeit auf die literarische Produktion.

Mit der öffentlichen Wirkungsgeschichte Gottfried Kellers »im demokratischen Kleinstaat« Schweiz setzt sich Manfred Hettling auseinander (S. 243–257). Bernd W. Seiler untersucht unter dem sprechenden Titel »Theodor Fontane oder Die neue Bescheidenheit« (S. 259–278) die vielfältigen Äußerungen Fontanes zu der geringen zeitgenössischen Resonanz auf sein Werk. An zwei Beispielen von Widmungsgedichten von Friedrich Gundolf und Friedrich Wolters an Stefan George erläutert schließlich Ute Oelmann die versuchte literarische Annäherung an den »Meister« (S. 279–290). Zwei Beiträge behandeln natürlich dem Tagungsanlaß entsprechend Christian Dietrich

Grabbe: Christine Roger beschreibt den eigenwilligen Umgang mit Ruhm anhand Grabbes Briefwechsels (S. 171–187) und Olaf Kutzmutz untersucht das literarische Bildnis Grabbes vom 19. Jahrhundert bis zur Gegenwart (S. 189–202).

Insgesamt bietet der Band, der leider nicht durch ein Personenregister erschlossen wird, ein breites Spektrum von methodischen Zugängen zu Fragen nach dem Umgang mit den Dichtern im vorletzten Jahrhundert. Im kulturgeschichtlich übergreifenden Zusammenhang weiterführend erscheinen mir besonders die Thesen von Wulf Wülfing, da sie Ansätze zu einer bisher nur *in nuce* beschriebenen Geschichte der öffentlichen Rede im »bürgerlichen« 19. Jahrhundert in Deutschland enthalten. Denn die vom Herausgeber angesprochenen Kulte und Rituale der Verehrung und der Verklärung finden sich natürlich auch außerhalb der literarischen Welt im engeren Sinne in vielfältiger Form: bezogen auf politische Ideen, städtische Identität oder Fürstenhäuser etwa.

Georg Mölich

Heinrich Heine. »*... und grüßen Sie mir die Welt*« *Ein Leben in Briefen*. Hrsg. von Bernd Füllner und Christian Liedtke. Hamburg: Hoffmann und Campe 2005. 559 S. € 25.00
Heinrich Heine. »*Leben Sie wohl und hole Sie der Teufel*« *Biographie in Briefen*. Hrsg. von Jan-Christoph Hauschild. Berlin: Aufbau-Verlag 2005. 477 S., € 24.90
Kerstin Decker: *Heinrich Heine. Narr des Glücks. Biographie.* Berlin: Propyläen 2005. 448 S., € 22.00
Jörg Aufenanger: *Heinrich Heine in Paris.* München: Deutscher Taschenbuch Verlag 2005. 159 S., € 12.00
Otto A. Böhmer: *Heinrich Heine. Sein Leben erzählt.* Zürich: Diogenes Verlag 2005. 171 S., € 8.00
Winfried Freund: *DuMont Schnellkurs Heinrich Heine.* Köln: DuMont Literatur und Kunst Verlag 2005. 192 S., € 14.90
Joseph A. Kruse: *Heinrich Heine. Suhrkamp Basisbiographie.* Frankfurt a. M.: Suhrkamp 2005. 160 S., € 7.90

Im Gegensatz zum englischen und amerikanischen Kulturkreis, wo – in der Tradition der griechischen und römischen Antike – die Lebensbeschreibung als literarische Gattung anerkannt und geschätzt wird, haben biographische Darstellungen im deutschen Sprachraum eine untergeordnete Bedeutung. Dies spiegelt sich auch in der Literaturwissenschaft, die seit dem Ende des positivistischen 19. Jahrhunderts bei der Betrachtung von Epochen und Perioden sowie literarischer Gattungen und Einzelwerke dem Autor wenig Beachtung geschenkt hat. Dass die Biographie im Verlauf des vergangenen Jahrzehnts in zunehmendem Maße auch zu einem Gegenstand der germanistischen Forschung geworden ist, spiegelt nicht nur die Dominanz, die dem Diskurs der angelsächsischen Literaturwissenschaft zuerkannt wird, sondern auch die Tendenz einer Informationsgesellschaft, die nur mehr zum medialen Ereignis stilisierten Aspekten der kulturellen Tradition öffentliche Beachtung schenkt. Die Wiederkehr des 150. Todesjahres Heinrich Heines bot einen solchen Anlass und so haben die Buchverlage eine Fülle biographischer Darstellungen auf den Markt gebracht, die sich weniger an ein wissenschaftliches Publikum, als an eine literarisch interessierte Öffentlichkeit wenden. Sie dokumentieren damit das Ende der wirkungsgeschichtlichen Kontroversen um den Dichter und die allmähliche Kanonisierung eines über Jahrzehnte umstrittenen literarischen Werkes. Zudem haben Michael Werner und Jan-Christoph Hauschild bereits zum 200. Geburtstag des Dichters im Jahr 1997 eine materialreiche und bis heute Maßstäbe setzende wissenschaftliche Biographie vorgelegt, welche die in den Nachkriegsjahrzehnten im Rahmen der interpretatorischen wie editorischen Beschäftigung mit dem Werk Heines erschlossenen biographischen Fakten in einen lebens- und werkgeschichtlichen Kontext stellt.

Auch wenn es also wenig Neues und bislang Unbekanntes über den Verlauf und die Umstände der Lebensgeschichte Heinrich Heines zu erfahren gibt, so beinhaltet die Biographie des Dichters dennoch eine Vielzahl von Aspekten, die eine erneute und vertiefte Auseinandersetzung lohnen. In diesem Kontext verdienen die von Jan-Christoph Hauschild sowie von Bernd Füllner, gemeinsam mit Christian Liedtke, edierten Biographien in Briefen Beachtung, die das Leben des Dichters anhand einer umfassenden Auswahl aus seiner Korrespondenz erschließen. Dies ist nicht nur als Modus der Lebensbeschreibung interessant, der Heinrich Heine selbst zu Wort kommen lässt und damit dem Leser das Urteil über das dokumentarische Material überlässt, sondern auch, weil die Briefe des Dichters bislang weder von der Forschung noch von der Öffentlichkeit als integraler Bestandteil seines literarischen Werkes wahrgenommen und gewürdigt worden sind. Beide Bände bieten also nicht nur eine lebensgeschichtliche Dokumentation, sondern zugleich die Möglichkeit das umfangreiche Briefwerk des Dichters zu entdecken. Sie sind vor diesem Hintergrund auch für den wissenschaftlichen Leser von Interesse und machen implizit darauf aufmerksam, dass eine Studie, die das epistulare Werk des Dichters systematisch untersucht, seit langem ein Desiderat der Forschung ist.

Beiden biographischen Darstellungen liegt eine unterschiedliche Sicht auf die Person und das Werk Heines zugrunde, die sich auch in den verschiedenen Ansätzen der Periodisierung seines Lebens widerspiegelt. Wenngleich beide Bände in der Auswahl der Briefe über weite Strecken identisch sind, wird bei der vergleichenden Lektüre deutlich, dass Jan-Christoph Hauschilds »Biographie in Briefen« den Menschen Heinrich Heine in das Zentrum der Darstellung rückt, während Bernd Füllners und Christian Liedtkes »Leben in Briefen« die Verbindung von Leben und Werk deutlicher akzentuiert.

Die einzelnen Kapitel werden in beiden Bänden von prägnanten summarischen Abrissen des jeweiligen Lebensabschnittes eingeleitet, welche die wesentlichen Daten und Zusammenhänge skizzieren und damit das Verständnis der Briefe erleichtern. Im Anhang beider Bände finden sich ein Register der Briefempfänger sowie eine Zeittafel. Hauschild bietet darüber hinaus einen knappen, aber instruktiven Stellenkommentar, der fremdsprachliche Passagen bzw. durch den Sprachwandel dem heutigen Leser sich nicht mehr erschließende Wörter und Begriffe erklärt. Demgegenüber präsentieren Füllner und Liedtke ein gerade für den mit der Heine-Zeit nicht vertrauten Leser aufschlussreiches Personenlexikon, das die Beziehungen zwischen Heine und seinen Korrespondenzpartnern erläutert, ein Personenregister sowie eine Stammtafel der Familien Heine und van Geldern.

Insgesamt bietet die editorisch sorgsame Auswahl beider Heine-Biographien Briefe zu persönlichen und geschäftlichen, aber auch literarischen, politischen und zeitgeschichtlichen Erscheinungen und eröffnet so Einblicke in den Charakter seiner Person sowie in seine Alltagsgeschäfte und spiegelt zudem die persönlichen Beziehungen des Dichters zu seiner Familie und zu Schriftstellern, Intellektuellen und Persönlichkeiten der Epoche. Es zeigt sich, dass Heines Briefe, im Gegensatz zur Korrespondenz anderer Schriftsteller vorangegangener und nachfolgender Generationen, weniger einen literarischen Anspruch haben, sondern als Zeugnisse des privaten Lebens sowie der schriftstellerischen Tätigkeit Dokumente eines Künstlerlebens im 19. Jahrhundert sind. Dennoch spiegelt sich auch in der Korrespondenz das Ironische, Pathetische, Witzig-Sarkastische und zuweilen Sentimentale, das die Schreibart der literarischen Werke Heines auszeichnet.

Die Biographie, die die Berliner Journalistin Kerstin Decker unter dem wenig originellen Titel »Heinrich Heine. Narr des Glücks« im Propyläen Verlag vorgelegt hat, ist nicht nur ein Beleg für die mangelhafte verlegerische Betreuung, die seit vielen Jahren die Qualität von Buchproduktionen nachhaltig beeinträchtigt, sondern auch ein Beispiel dafür, dass die Auseinandersetzung mit einem brillanten Stilisten und Sprachkünstler nicht unbedingt Einfluss auf die eigene Schreibart gewinnt. Abgesehen von der Chronologie der Darstellung, die durch das Leben des Dichters vorgegeben ist, ist Kerstin Deckers Biographie eine misslungene Zusammenstellung gesicherter Fakten und fiktionaler Elemente. Nun ist gegen eine romanhafte Biographie nichts einzuwenden, im Gegenteil: Schriftsteller wie Peter Härtling oder, im Kontext Heines, Ernst Pawel haben gezeigt, dass eine literarisch anverwandelnde Lebensbeschreibung auf der Grundlage einer breiten Materialbasis gerade durch die literarische Reflexion eine ganz eigene Annäherung an das Leben und Werk eines Dichters ermöglicht. Allein erfordert dies einen wenn nicht brillanten so doch geübten Stilisten. Kerstin Deckers um Lässigkeit bemühte Schreibart ist jedoch von einer unfreiwilligen Komik und erinnert in den weitaus meisten Teilen an Zusammenstellungen von Stilblüten aus Schüleraufsätzen. Einige Beispiele, die das Vertrauen in die Darstellung der Biographin nachhaltig erschüttern und jedes weitere Urteil erübrigen, seien angeführt: »Am 12. Februar stirbt Börne, und Heine fühlt sich auch nicht gut.« (S. 299) Ferner ist zu erfahren, dass Ernst Moritz Arndt im »Nebenberuf Dichter und Patriot« ist und eine »Metternichsche Hausdurchsuchung« hinter sich hat. (S. 61) Über ein Duell Heines wird berichtet: »Und er überlebt auch diesmal, wie er schon zuvor in Berlin überlebt hatte. Das war nicht ganz einfach, wählen Duellanfänger Heine doch durchaus gern als Sparringspartner.« (S. 137) Über den Helgoland-Aufenthalt des Jahres 1830 ist zu lesen: »Er brauchte jetzt diesen Felsen zum Festhalten, damit es ihn nicht ganz wegspült.« (S. 207) Ferner wartet die Autorin in einer Bildunterschrift des Mittelteils mit der Erkenntnis auf, dass Mathildes Papagei »keine Möwe« ist und deshalb »unterwegs schwer seekrank« wird. Und wenn man auf der letzten Seite der Darstellung ankommt – sich zuweilen in einer Parodie wähnend, schließlich ist es nicht nachvollziehbar, dass eine promovierte Philosophin und Journalistin eine inhaltlich derart fehlerhafte und sprachlich bedauerliche Biographie schreibt –, findet man die Information: »Sein [Heines] Sarg ist sehr schwer, an ihm liegt das nicht. Schließlich ist er allein im Sarg, ohne sein Geld.« (S. 415)

Über die sachlichen Ungenauigkeiten und Achtlosigkeiten hinaus, unter denen die Vordatierung der Umbenennung der Düsseldorfer Universität nach Heinrich Heine auf den »Anfang der 1980er Jahre« noch die harmloseste ist (S. 199), erfahren die unbekümmert-albernen Paraphrasen Heinescher Gedanken in den Dialogen, welche die Verfasserin imaginiert, oder schlimmer noch aus historisch dokumentierten Gesprächen und eigener von Geschmack und jeder Selbstkritik unberührter Imagination zusammenphantasiert, eine kaum für möglich zu haltende Steigerung. Glanzstück dieser das Buch kennzeichnenden geschmacklichen Verirrungen ist ein Schlafzimmergespräch zwischen Heine und Mathilde. (S. 286 ff.) Dass der Verfasserin ferner die grundlegende Einsicht fehlt, dass zwischen Äußerungen in Briefen, aufgezeichneten Gesprächen und denen des Rollenspiels im literarischen Text zu differenzieren ist, fällt angesichts der Hilflosigkeit ihrer biographischen Bemühungen kaum mehr ins Gewicht. Das Urteil über die stilistische Peinlichkeit und intellektuelle Bedauerlichkeit ihres Werkes formuliert Kerstin Decker selbst: »Menschen in Räuschen, auch in Schaffensräuschen, haben meist wenig Sinn für so unbedeutende Dinge wie die Außenwelt, real existierende Menschen inklusive.« (S. 333)

Unter den Publikationen des Heine-Jahres, die sich biographischen Themen widmen, beleuchtet Jörg Aufenangers »Heinrich Heine in Paris« einen seit langem in der Forschung nur wenig beachteten lebensgeschichtlichen Aspekt. Denn abgesehen von Aufsätzen und Untersuchungen der in den Jahren 1831 bis 1856 in Paris entstandenen Werke des Dichters, ist seit dem Katalog der Ausstellung »Heine in Paris«, die das Heinrich-Heine-Institut im Jahr 1981 gezeigt hat, keine Monographie veröffentlicht worden, die sich den 25 Jahren im Leben Heines widmet, die der Dichter, nach dem Scheitern privater wie beruflicher Perspektiven in seiner deutschen Heimat, in der französischen Hauptstadt verbracht hat.

Aufenangers Buch bietet in einem Bereich der biographischen Beschäftigung mit dem Dichter, der im Detail noch zahlreiche offene Fragen und ungeklärte Zusammenhänge aufweist, zwar keine neuen Erkenntnisse, seine Darstellung zeichnet sich jedoch durch Lesbarkeit und Originalität aus.

Vor allem jedoch ist die Heines französische Jahre in zwei Phasen – 1831 bis 1848 und 1848 bis 1856 – untergliedernde Lebensgeschichte durch die Fähigkeit des Autors gekennzeichnet, biographische Zusammenhänge und historische Umstände anschaulich darzustellen. Gekonnt verknüpft der Verfasser zudem die eigene Darstellung mit Zitaten aus Briefen und Gesprächen. Und indem er den Dichter selbst und sein literarisches Werk zur Sprache kommen lässt, eröffnet sein Buch über das rein Biographische hinaus Einblicke in die Themen und Hintergründe, die Motive und die Schreibart des französischen Heine. Kleine Unschärfen und Ungenauigkeiten in Bereich des Faktischen treten hinter die Fähigkeit zurück, selbst komplexe Zusammenhänge, wie Heines Verhältnis zu Börne, auf eine prägnante und dem Thema angemessene Weise darzustellen und zu deuten.

Dass auch Aufenanger nicht zwischen Autor-Ich und lyrischem Ich unterscheidet und damit zum einen das vom Dichter selbst virtuos inszenierte Vexierspiel zwischen Dichtung und Wahrheit unreflektiert fortschreibt und zum anderen die bereits von Heines Zeitgenossen akzentuierte wenig differenzierte Sicht auf den als Skandal begriffenen Schriftsteller bis in die Gegenwart verlängert, mag in Anbetracht der Vorzüge des Buches verzeihlich sein. Bedauerlich jedoch ist der fehlende Quellennachweis der Zitate, der nach der Lektüre des Bandes den unmittelbaren Einstieg in das dichterische Werk ermöglicht hätte. Ebenso hätte ein umfangreicherer Abbildungsteil einen wesentlichen Beitrag leisten können, das Leben des Dichters wie die französische Kultur der Zeit zu veranschaulichen.

»Heinrich Heine in Paris« ist als eine Anregung zu verstehen, den französischen Jahren des Dichters lebens- wie werkgeschichtlich größere Aufmerksamkeit zu widmen. Zudem ist der Band als ein Versuch zu lesen, den Dichter nicht nur im Spannungsfeld der Literatur nach der Juli-Revolution des Jahres 1830 zu betrachten, sondern sein literarisches Werk im Diskurs der deutsch-französischen Geistesgeschichte der ersten Hälfte des 19. Jahrhunderts kulturwissenschaftlich zu kontextualisieren.

Im Gegensatz zu Jörg Aufenanger bietet Otto A. Böhmer, der in den vergangenen Jahren für den Zürcher Diogenes Verlag bereits die Lebenswege Goethes und Schillers nacherzählt hat, auf 162 Seiten eine Lebensbeschreibung Heinrich Heines, die zwar handwerklich gut aber farblos ist. Indem die chronologisch geordnete, leicht zu lesende Darstellung jedes Urteil, jede einordnende Wertung der von Heine wenn nicht inszenierten so doch ausgelösten Skandale vermeidet und seine wechselvolle, an Brüchen und Widersprüchen reiche private wie öffentliche Existenz zur literaturgeschichtlichen Hagiographie nivelliert, dokumentiert Böhmers Biographie einmal mehr die endgültige Einordnung des Dichters und seines Werkes in den Kanon der deutschen Literatur. Immerhin ist Otto A. Böhmer ein redlicher Biograph und versucht nicht, wie Kerstin Decker, dem Leser die unglückliche Liebe des Dichters zu seiner Cousine Amalie als eine Sensation zu verkaufen. Die unerfüllte Jugendliebe als alleinige Inspirationsquelle für Heines frühe Liebeslyrik zu deuten, zeigt jedoch, ebenso wie die unkritische Übertragung literarischer Rollenspiele und Fiktionen auf die Persona des Autors, dass der Verfasser in seiner Darstellung über das Reflexionsniveau des späten 19. Jahrhunderts nicht hinaus gekommen ist.

Der Paderborner Germanist Winfried Freund, der im Kölner DuMont Verlag bereits Schnellkurse zur deutschen Literatur und zum Märchen veröffentlicht hat, hat zum 150. Todesjahr Heines eine informative und an Bildern reiche Darstellung des Lebens und des Werkes des Dichters vorgelegt. Indem der Band Lebens- und Werkgeschichte miteinander verbindet, gelingt es dem Verfasser, die Themen und Motive des literarischen Werkes lebens- und entstehungsgeschichtlich zu kontextualisieren. Zugleich entsteht jedoch gerade für den mit Heines Biographie nicht vertrauten Leser eine gewisse Unübersichtlichkeit. Dies wird vor allem im Mittelteil des Buches deutlich, wo dem Überblickskapitel über Heines erstes Pariser Jahrzehnt ein dem »Salon« gewidmetes Kapitel folgt, das thematisch wie chronologisch sinnvoller in das vorangegangene Kapitel integriert worden wäre. Ebenfalls unmotiviert erscheint die Zusammenstellung des »Atta Troll« und des »Doktor Faust« in dem »Venus ohne Arme« überschriebenen Kapitel. Die oftmals beliebige Auswahl und Anordnung des Bildmaterials trägt ebenfalls nicht zur Übersichtlichkeit des Bandes bei. Dass die Darstellung ferner auf den Versuch verzichtet, die politischen und historischen Entwicklungen der Zeit in Deutschland und Frankreich einzubeziehen, macht den Schnellkurs für den mit der Geschichte der ersten Hälfte des 19. Jahrhunderts nicht vertrauten Leser problematisch und wird zudem dem zeitkritischen Werk Heines nicht gerecht. Wer eine übersichtliche, informative und genaue Bildmonographie lesen möchte, ist mit Christian Liedtkes bei Rowohlt erschienenen Monographie besser beraten, zumal Winfried Freunds Darstellung in manchen Passagen eher oberflächlich biographische Fakten referiert, um im nächsten Abschnitt ein literaturwissenschaftliches Reflexionsniveau zu erreichen, dem der nicht einschlägig gebildete Leser kaum zu folgen vermag.

In der im Frankfurter Suhrkamp Verlag seit einigen Jahren erscheinenden Reihe der »Basis-Biographien« hat Joseph A. Kruse einen Band zu Leben, Werk und Wirkung Heinrich Heines vorgelegt. Die Arbeit versteht sich nicht nur als eine lebensgeschichtliche Darstellung, sondern bietet zugleich eine Einführung in das Werk des Dichters sowie einen Überblick über die Wirkungsgeschichte bis in die Gegenwart. Neben der klar strukturierten, faktenreichen und detailgenauen Biographie, welche die Darstellung eröffnet, verdienen die einzelnen Abschnitte, die sich dem literarischen Werk widmen, besondere Aufmerksamkeit. Der Verfasser ordnet Heines Schriften nach Gattungen, innerhalb derer er die einzelnen Werke in der chronologischen Folge ihrer Veröffentlichung vorstellt. Während in der hermeneutischen wie editorischen Beschäftigung mit den Werken, die in den »Reisebildern«, im »Salon« und den »Vermischten Schriften« veröffentlicht worden sind, die einzelnen Schriften aus dem vom Autor selbst zusammengestellten Gefüge herausgelöst und einzeln betrachtet worden sind, respektiert Kruse die ursprüngliche Anordnung, so dass seine Darstellung die Werke nicht nur thematisch-inhaltlich erschließt, sondern zugleich Einblicke eröffnet in die Publikationsstrategie des Dichters und seines Verlegers sowie die Genese und Kompositionsstruktur ganzer Werkkomplexe.

Trotz der dem Format der Reihe geschuldeten Kürze der Darstellung gelingt es dem Verfasser in allen Teilen zum Wesentlichen vorzudringen. In seiner Darstellung findet sich nichts Überflüssiges, nichts Belangloses, gleichsam als wäre das vielschichtige, widersprüchliche, unübersichtliche, disparate und enzyklopädische der Vorstellungswelt Heines, das bereits seine Zeitgenossen verwirrt und provoziert hat, zu einer Essenz des intellektuellen und literarischen Horizontes des Dichters destilliert worden. Auch die Bedingtheit seines Werkes von den gesellschaftlichen und geistesgeschichtlichen Entwicklungen der Epoche wird in Bezug auf die Biographie des Autors und seines Werkes souverän und in prägnanter Form aufgezeigt.

Joseph A. Kruses Darstellung ist die Arbeit eines Wissenschaftlers, der sein gesamtes Forscherleben diesem einem Gegenstand gewidmet hat und der nun in der Lage ist – eine in der Wissenschaft mittlerweile selten gewordene Tugend –, einen komplexen Inhalt auf eine höchst einfache, sprachlich wie inhaltlich präzise und zugleich angemessene Weise zur Darstellung zu bringen. Man kann sich auch bei dieser Arbeit fragen, welches Heine-Bild sie implizit vermittelt. Wenn es aber in der stets um Objektivität ringenden Literaturwissenschaft, die doch wie jede Geisteswissenschaft immer subjektiv bleiben muss, so etwas wie Objektivität gibt, dann zeigt sich diese in der Arbeit

Joseph Kruses, der sich mit einem beeindruckend kenntnisreichen, im Sinne der Aufklärung intellektuell-kritischen und zugleich liebevoll subjektiven Blick dem Wesen dieses Dichters nähert. Dass der schmale Band zu dem Besten gehört, das seit vielen Jahren in diesem Bereich erschienen ist und auch dem Heine-Forscher wesentliche und inspirierende Einsichten eröffnet, ist nicht zuletzt der Fähigkeit des Verfassers zu danken, das faszinierende Paradox von Kontinuität und Wandel, von »Vielfalt und Einheit« (S. 73) hermeneutisch zu durchdringen, verstehbar zu machen und in langen, klug abwägenden Sätzen zur Anschauung zu bringen.

Sikander Singh

Ingrid Pepperle (Hrsg.) Georg Herwegh – Werke und Briefe. Kritische und kommentierte Gesamtausgabe. Bd. 5: Briefe 1832–1848. Bielefeld: Aisthesis Verlag 2005. 474 S., € 98,00

Mit den Briefen Georg Herweghs (1817–1875) aus den Jahren 1832–1848 legt die Literaturwissenschaftlerin Ingrid Pepperle unter Mitarbeit von Volker Giel, Heinz Pepperle, Norbert Rothe und Hendrik Stein den ersten Band einer historisch-kritischen Herwegh-Gesamtausgabe vor, fünf weitere Bände sollen folgen. Wie die geplanten Werkabteilungen Lyrik und Prosa ist die Edition der Briefe auf zwei Bände verteilt, und analog zu den beiden anderen Abteilungen wird die herausgeberische Zäsur auch hier mit dem Jahr 1848 gesetzt, eine Zäsur, die »nicht nur dem Umfang des Materials geschuldet« (S. III) ist, sondern auch »einen Einschnitt im Leben Herweghs« (S. III) berücksichtigt, der sich nach Angaben der Herausgeberin in der Korrespondenz bemerkbar macht.

Der nun vorliegende erste Band versammelt 272 der auf hauptsächlich vier Standorte verteilten rund 650 Briefe, Briefentwürfe und fragmentarisch erhaltenen Schreiben (neben dem Herwegh-Archiv in Liestal besitzen auch das Deutsche Literaturarchiv in Marbach/Neckar sowie das Heinrich-Heine-Institut in Düsseldorf und die Bibliothèque Nationale de France in Paris Autographen). Diese der Forschung hinderliche weiträumige Verteilung der Quellenstandorte sowie eine vor allem mit Blick auf die Korrespondenz Herweghs wenig befriedigende gegenwärtige Editionslage – eine Editionslage, die über, teils von der Ehefrau Emma Herwegh, teils vom Sohn Marcel besorgte Veröffentlichungen einzelner, wenn auch prominenter Briefwechsel (etwa mit der Gräfin Marie d'Agoult, Robert Prutz, Ludwig Feuerbach oder Emma Herwegh selbst) nicht hinausgeht und die Briefe entsprechend der zeitgenössischen Editionspraxis gekürzt, auseinandergerissen und in »fehlerhafter« (S. II) Transkription wiedergibt – sind der Hintergrund der eingeleiteten historisch-kritischen Gesamtausgabe. Entsprechend zeichnet sich der nun vorliegende erste Briefband vor den bereits existierenden Veröffentlichungen daher nicht nur durch die mögliche Vollständigkeit der verfügbaren Herwegh-Autographen aus, sondern auch durch die einbekannte moderne Editionspraxis. Hierfür wurden 253 der versammelten 272 Briefe nach der Hand Georg bzw. Emma Herweghs, wo diese im Namen ihres Gatten verfasst und signiert hat, neu erschlossen – die verbleibenden 19, für die keine Handschrift mehr auffindbar war, fußen entweder auf der Erstveröffentlichung oder auf Katalogangaben. In der Transkription wird mit philologischer Genauigkeit verfahren, sprachliche Eigenheiten des Autors werden sämtlich beibehalten, Änderungen durch die Bearbeiter in Orthographie und Interpunktion unterlassen. Fremdsprachigen Briefen wird jeweils eine deutsche Übersetzung beigestellt, einzelne nichtdeutsche Passagen werden im Kommentarteil übersetzt. Wir verfügen so über einen authentischen, aufgrund einer sauberen Hand mit wenig Streichungen aber dennoch sehr lesefreundlichen Text. Eine äußerst kompetente und auch im Umfang ausgewogene Kommentierung gibt gezielt Lesehilfen. In der Anordnung der Briefzeugen verfährt der Band chronologisch, wodurch die Zeugnisse nicht nur in ihrem entstehungs- und werkgeschichtlichen Zusammenhang verbleiben, sondern auch ihre zeitgeschichtliche Relevanz entfaltet wird. Einzig dass entgegen gültigen editorischen Standards der Brief(wechsel)edition die Korrespondenz nur einseitig erfasst wird und die Briefe an Herwegh nicht wenigstens systematisch in Regesten aufgenommen werden, ist bedauerlich, auch wenn im Kommentarteil entscheidende inhaltliche Angaben gemacht sowie die Standorte etlicher für den Kontext relevanter Briefe angegeben werden und die aufwendige Aufgabe »wegen Materialfülle« (S. III) und damit einhergehender »Transkriptionsprobleme[]« (S. III) gewiss eine besondere Herausforderung darstellen würde.

Aus Rom, wo er sich im Februar 1847 zu ›Studienzwecken‹ aufhält, schreibt Georg Herwegh an seine Ehefrau in Paris, dass er sich unter anderem mit dem auf den 3. Februar desselben Jahres datierten Patent des preußischen Königs herumschlage, einem Patent, worin allgemein der »Gegensatz der konstitutionellen Forderungen der Zeit zu den ständisch-patriarchalischen Staatsideen« (S. 424) des Preußenkönigs zum Ausdruck kam. »Ich habe«, schreibt Herwegh, »den Gegenstand so satt, daß ich nicht noch einen Liebesbrief – denn das sind u. bleiben die Briefe unter uns – damit ausfüllen mag.« (S. 257) Zwar unterlässt es Herwegh wirklich, sich weiter über dieses Thema auszulassen – ob er damit aber zu den »Liebesbriefen« zurückkehrt, ist zumindest fraglich. Die Briefe an Emma Herwegh – zusammen mit denjenigen an die Gräfin Marie d'Agoult machen sie umfangmäßig das Hauptstück dieses ersten Bandes aus (interessanterweise gibt es je 67 Briefe sowohl an Emma Herwegh wie an die sich um die deutschsprachige Literatur bemühende intime Freundin und Freundin von Franz Liszt Marie d'Agoult) – geben Einblick in die private Organisation und Organisiertheit eines künstlerischen, politischen und privaten Beziehungsnetzes, das der exilierte Herwegh zuerst aus der Schweiz, dann aus Paris aufbaut und über die Distanzen unterhält – und dies nicht zuletzt mit der Unterstützung seiner Ehefrau. Bakunin »würde eine große Freude haben, [Emma Herwegh] im Vorüberfliegen zu sehen«, in Brüssel »halte [sie sich] wo möglich ein Paar Stunden auf, um der Frau Marx einen Besuch abzustatten«, und sollte er, Herwegh, bei der Ankunft seiner Frau in Freiburg noch nicht anwesend sein, so solle diese »die Schwägerin von Feuerbach (Prof. Anselm Feuerb.) [besuchen], eine *mir* [d. i. Georg Herwegh] sehr sympathische Frau«. So gesehen greift nicht nur der Titel der von Marcel Herwegh 1906 besorgten Ausgabe der Korrespondenz zwischen Georg und Emma Herwegh zu kurz (»Georg Herweghs Briefwechsel mit seiner Braut«), vielmehr wird ein geradezu für alle Briefwechsel Herweghs charakteristisches Merkmal verdeckt – die Durchlässigkeit zwischen Privatbereich und politisch-künstlerischem Netzwerkmanagement. Gerade vor diesem Hintergrund ist die Richtigkeit der editorischen Entscheidung erkennbar, bei der Anordnung der Briefe die Chronologie beizubehalten und die mögliche Vollständigkeit der Korrespondenz anzustreben, weil nur so die Briefschaften in ihrer gegenseitigen Abhängigkeit und überpersönlichen Bedeutung verständlich werden und ihre Funktion innerhalb der politisch-intellektuellen Landschaft, in der sich Georg Herwegh bewegte, offensichtlich wird.

Lediglich sieben Briefe enthält der Band, die in Herweghs Studentenzeit vor 1839 fallen, in die Jahre vor seiner Flucht in die Schweiz und damit der Anfänge eines lebenslangen Exils. In der Zeit um 1841 und 1842, als die »Zeit der ästhetischen Gourmanderie [...] vorbei« ist, stattdessen »Politik und Geschichte [...] der Tummelplatz der modernen Poesie« sind – wie sich Herwegh gegenüber seinem Freund August Adolf Ludwig Follen äußert –, beschäftigt sich Herwegh mit den Vorbereitungen – v. a. der Sammlung von Artikeln – für die auf Ende 1842 geplante Übernahme der Redaktion des »Deutschen Boten«. Bereits 1841 veröffentlicht er im Literarischen Comptoir von Julius Fröbel (Winterthur) seine in republikanischem Geist verfassten »Gedichte eines Lebendigen«, die in Deutschland zwar verboten sind, gleichwohl aber gelesen werden und Herwegh schnell zum gefeierten Dichter machen, als der er 1842 nach Deutschland reist. Hier lernt er nicht nur Emma Siegmund kennen, mit der er sich 1843 verheiratet, sondern wird aufgrund einer Audienz beim preußischen König und daraufhin ihren Lauf nehmender Intrigen zur vorerst endgültigen Emigration veranlasst, die er in der Schweiz, nach seiner Ausweisung aus Zürich Ende 1843 dann in Paris verlebt. Aus Paris bzw. von Reisen nach Deutschland und Italien sowie in die Schweiz stammt denn auch der größere Teil der Briefe im vorliegenden Band, es sind 158 an der Zahl.

Während sich über die Jahre und mit den Aufenthaltsorten die alltäglichen Angelegenheiten selbstverständlich ändern, gibt es gleichwohl Kontinuitäten zu verzeichnen, die das Bild des Briefschreibers, der immer mehr in seine Rolle als entschieden politischer Mensch und politischer Dichter hineinwächst, konkretisieren: Mit dem höchst zwiespältigen Verhältnis zur Heimat Deutschland, der Auseinandersetzung mit der deutschsprachigen Literatur und dem durch die oppositionelle Grundhaltung bedingten ewigen Abwarten – das vom Abwarten einer königlichen Begnadigung, der Ausstellung eines Passes oder der Erteilung des Bürgerrechts bis zum Abwarten der 1848 endlich erfolgten Revolution reicht (Herwegh spricht gegenüber Marie d'Agoult von der durch sein Sozialist-Sein bedingten »Organisation der Langeweile«) – sind dabei nur drei Kontinuitäten benannt. Mit den poetologischen Gedanken zu einem wirkungsorientierten politischen Literaturbegriff ist ein weiteres solches Merkmal erwähnt, an dem sich zeigen ließe, wie wichtig die Korrespondenz Herweghs nicht nur für die Erhellung werkgeschichtlicher Zusammenhänge ist, sondern etwa auch für die Präzisierung kunsttheoretischer Diskussionszusammenhänge, wie sie beispielsweise unter Vertretern des Jungen Deutschland und des Vormärz ausgemacht werden können.

An »seinen lieben Heine«, der über einen Artikel der mit Herwegh sehr befreundeten Marie d'Agoult sich ereifert, schreibt Herwegh: »Sie ziehen mich in eine abgeschmackte Literatenaffaire herein, die meiner ganzen Natur zuwider ist; wer mich kennt, weiß, daß ich mich in meinem Leben den Teufel um eine Kritik für oder gegen mich oder meine Freunde gescheert habe, u. es kann mich nur wundern, daß Sie nach einer langen Erfahrung nicht ebenso indolent u. dickhäutig wie ich gegen die kritischen Ergüsse diesseits u. jenseits unsres freien Rheins geworden sind.« (S. 198 f.) Tatsächlich sind Herweghs Briefe ziemlich frei von persönlichen Animositäten und intriguierender Ambition. Was ihnen dadurch an voyeuristischem Reiz abgeht, das ist in ihrer Aufrichtigkeit und Engagiertheit unzweifelhaft aufgehoben. Für die Forschung jedenfalls erschließt sich aus dem vorliegenden Briefbestand eine bedeutende Grundlage für das Verständnis der »ästhetisch-poetische[n] Relevanz der politischen Lyrik überhaupt, [...] [der] Spezifik der Herweghschen Lyrik im besonderen« (S. I), wie im Vorwort zur Ausgabe bemerkt wird. Vor allem aber leisten die Herausgeber eine sorgfältig bestellte Edition eines bis heute nur unzureichend erschlossenen Werkbestands eines der bedeutendsten Lyriker seiner Zeit. Der noch ausstehende Briefband (Briefe 1849–1875) sowie die Bände zu den Werkabteilungen Lyrik und Prosa sind demselben Ziel verpflichtet, auf ihr Erscheinen darf man deshalb gespannt sein.

Stefan Humbel

Jakob Hessing: *Der Traum und der Tod. Heinrich Heines Poetik des Scheiterns*. Göttingen: Wallstein Verlag 2005, 293 S., € 29.90

Unter dem Titel »Der Traum und der Tod. Heinrich Heines Poetik des Scheiterns« hat Jakob Hessing, einer der renommiertesten israelischen Heine-Forscher, eine Studie vorgelegt, die sich sowohl an eine deutsche als auch an eine israelische Leserschaft richtet. Der zweifache Adressatenkreis dieser Publikation, die im Laufe des Jahres 2006 auch in hebräischer Sprache erscheinen wird, spiegelt nicht nur Heines komplexe Identität als Deutscher und Jude, sondern verdeutlicht auch das zunehmende Interesse, das dem deutschen Dichter jüdischer Herkunft in Israel in den letzten Jahren entgegengebracht wird.

Auswirkungen hat diese doppelte Konzeption der Untersuchung nicht nur auf das Textkorpus, das wegen der schwierigen Übersetzbarkeit von Lyrik primär aus Heines Prosa besteht, sondern sie führt auch zu einem gut lesbaren, unprätentiösen und luziden Stil sowie zu dem Verzicht auf einen umfassenden Fußnotenapparat und eine Bibliographie, was jedoch keineswegs den Verlust wissenschaftlicher Authentizität bedeutet. Die doppelte Leserschaft impliziert methodisch eine Zweiteilung des Buches, eine doppelte Lektüre von Heines Werk zunächst in seinem deutschen, dann in seinem jüdischen Kontext, bei der die zentralen Motive Traum und Tod, die sein »deutsches und sein jüdisches Unglück zugleich« (S. 15) begleiten, in chronologischen Längsschnitten im Vordergrund stehen. Hessings motiv- und poetikgeschichtliche Studie, die sich ausdrücklich nicht als eine weitere Biographie des jüdischen Dichters versteht, untersucht nicht den bereits beispielsweise von Altenhofer herausgearbeiteten Zusammenhang von Traum und Zensur; auch die z.B. von Betz und Würffel hervorgehobene Verbindung zwischen Heines und Freuds Traumkonzeption ist nicht ihr zentrales Anliegen. Stattdessen weist die Studie vor dem Hintergrund des Themas der Unerlöstheit der Welt das Zusammenspiel der Topoi ›Traum‹ und ›Tod‹ nach und zeigt, wie die Träume als versuchte poetische und politische Wunscherfüllung in den Texten des »wandelnde[n] Traumjäger[s]« (DHA X, 133) häufig ein ironisch gebrochenes,« schlechtes Ende nehmen und sich die Eschatologie zum Teil zur Apokalypse verkehrt. Dieser Ansatz überzeugt vor allen Dingen dadurch, dass Hessing den für seine Studie essentiellen eschatologischen Aspekt von Heines Werk nicht nur vor dem Hintergrund der jüdischen Herkunft des Autors betrachtet, sondern Heines Ironisierung aller Eschatologien der Moderne akzentuiert und den Verlust der Erlösungsgewissheit im 19. Jahrhundert als kein genuin jüdisches Phänomen darstellt. Nicht nur Juden, sondern auch Christen würden in Heines Werk, so Hessing, aus ihren Gräbern auferstehen, jedoch seien diese Bilder nicht Ausdruck einer eschatologischen Gewissheit, sondern einer unerfüllten Sehnsucht: »Immer versucht Heine eine Erlösung zu träumen, und immer muß er dabei scheitern – der Traum kann den Tod nicht überwinden.« (S. 20)

Im ersten Teil der Untersuchung (»Gelebter Text«) wird die grundlegende Relevanz des Motivpaares für Heines Werk anhand exemplarischer Analysen schwerpunktmäßig aus den »Reisebildern«, aus den Erzählfragmenten und aus der Börne-Denkschrift vor dem Hintergrund des historischen Kontextes umfassend belegt. Heines gescheiterte Träume, aus denen eine Poetik des Scheiterns abgeleitet wird, bilden für Hessing nicht nur die persönlichen Erfahrungen des Dichters ab, seinen gescheiterten Versuch einer deutsch-jüdischen Doppelexistenz, sondern auch die gescheiterten epochalen Revolutions- und Menschheitsträume. Interessant ist insbesondere auch die poetologische Komponente einzelner Träume sowie die vergleichbare Funktion bzw. die Austauschbarkeit von Traum und Kunst, die im Kontext der »Memoiren des Herren von Schnabelewopski« hervorgehoben werden.

Aus einer jüdischen Perspektive werden im zweiten Teil der Studie mit dem Titel »Moderner Jude« Texte aus verschiedenen Werkphasen wie »Almansor«, »Der Rabbi von Bacherach« und die »Reisebilder« untersucht, wobei betont wird, dass auch diese Lektüre von Heines Werk »nicht zur Eindeutigkeit gerinnen« (S. 151) kann. Durch das Motivpaar Traum und Tod sowie durch das eschatologische Moment gelingt es Hessing, interessante Querbezüge zwischen den einzelnen Texten, beispielsweise zwischen dem »Rabbi« und der »Harzreise«, herzustellen und aufzuzeigen, wie die beiden Motive auch im jüdischen Kontext von Heines Werk »überall sichtbare Spur eines Scheiterns« (S. 171) sind. Eingeleitet wird dieser Teil der Studie durch einen prägnanten Überblick über die Entwicklung des deutschen Judentums seit der Haskala, mit dem Hessing nicht nur Heines Stellung innerhalb des zeitgenössischen Judentums konturiert, sondern auch das veränderte Verhältnis des deutschen Judentums im 19. Jahrhundert zum traditionellen Messianismus und zum jüdischen Exil herausarbeitet, zwei bis dahin für das jüdische Selbstverständnis in der Diaspora zentrale, sinnstiftende Kategorien.

Sowohl aus literaturwissenschaftlicher als auch aus judaistischer Sicht beeindruckend ist die umfangreiche Analyse des »Rabbi«, den Hessing als gescheiterten Versuch Heines deutet, in Auseinandersetzung mit dem Programm des »Vereins für Cultur und Wissenschaft der Juden«, die Urgeschichte des Judentums unter den Bedingungen der Moderne zu rekonstruieren. Hessings detailgenaue Lesart, in deren Zentrum die Zurücknahme der für das Pessach-Fest charakteristischen Zeichen der Verheißung steht, belegt, dass die heilsgeschichtliche Botschaft der Bibel und des Pessach-Festes über Jahrhunderte hinweg der Diasporaexistenz einen metaphysischen Sinn gaben. In Heines Erzählfragment ist den Symbolen der Erlösung jedoch bereits ihre Umkehrung eingeschrieben; die für das Pessach-Fest und die Pessach-Haggada zentrale heilsgeschichtliche Vergegenwärtigung des Exodus-Geschehens entfällt. Da die eschatologische Symbolik der Pessach-Haggada im »Rabbi« transformiert und die heilsgeschichtliche Botschaft des Pessach-Festes negiert wird, können Traum und Tod in der Erzählung zu zentralen Motiven werden.

Diskussionsbedarf bleibt hinsichtlich der Darstellung von Heines bereits häufig betonter Rückkehr zum Judentum in seinen letzten Lebensjahren, die nach Hessing die Anerkennung des Scheiterns einer säkularen Alternative darstellt und dazu führt, dass der am Ende desillusionierte Autor die »Maske fallen« (S. 280) lässt und sich zum Judentum bekennt. Gerade die »Hebräischen Melodien« machen jedoch deutlich, dass Heines intensive Auseinandersetzung mit jüdischen Themen in seinem Spätwerk keine Identifikation mit dem religiösen, sondern mit dem säkularen, kulturellen und historischen Erbe der jüdischen Tradition bedeutet, dass sein Interesse am Judentum auch in der ›Matratzengruft‹ literarischer, ästhetischer und sozialer Art bleibt und sein Spätwerk daher nicht als Confessio judaica zu betrachten ist.

Dieser Einwand schmälert allerdings nicht den Wert der für deutsche und israelische Leser gleichermaßen anregenden und im Detail immer wieder interessanten, vielfältigen Textlektüren, der kenntnisreichen literatur- und kulturgeschichtlichen Überblicke sowie der grundlegenden Reflexionen über die Geschichte des deutschen Judentums im 19. Jahrhundert und das Scheitern des Versuchs einer deutsch-jüdischen Symbiose. Seiner Intention, mit dieser Studie den verschiedenen Adressatenkreisen »die jeweils andere Seite der Doppelidentität Heinrich Heines als Spiegel der eigenen Erfahrung vor[zu]halten« (S. 7), wird Hessing voll und ganz gerecht.

Regina Grundmann

Christian Liedtke (Hrsg.): *Heinrich Heine im Porträt. Wie die Künstler seiner Zeit ihn sahen.* Hamburg: Hoffmann und Campe Verlag 2006. 160 S., € 45.00

Dass »Bildergeschichten«, sogar wortwörtlich genommen, eine anregende Lektüre sein können, das belegt überzeugend der von Christian Liedtke sorgfältig edierte und vom Hoffmann und Campe Verlag ästhetisch ansprechend ausgestattete Band »Heinrich Heine im Porträt. Wie die Künstler seiner Zeit ihn sahen.« Dieser Titel ist letztlich zu bescheiden, jedenfalls öffnet er noch nicht den Blick auf die komplexen Fragestellungen, die sich vom Leser entdecken lassen: welche Darstellungen sind authentisch, welche sind Phantasieporträts, welche kunsthistorische Bedeutung kommt den Porträts zu, wie hat Heine selbst die Porträts beurteilt, wie haben Zeitgenossen geurteilt, wie wirkten die Porträts auf das »Bild«, das sich die Zeitgenossen und folgende Generationen von Heine machten, und schließlich: auf welchen Wegen sind bedeutende Porträts in die Sammlung des Heinrich-Heine-Instituts gelangt?

Der erste Teil des Bandes stellt als »Heine-Galerie« die Porträts vor, die zu Lebzeiten des Dichters entstanden sind. Es handelt sich um die den meisten Heine-Kennern aus Ausstellungen und Bildbänden vertrauten Porträts u. a. von Colla, Ludwig Emil Grimm, Gottlieb Gassen, Wilhelm Hensel, Franz Kugler, Moritz Daniel Oppenheim, Tony Johannot, Julius Giere, Samuel Diez, Isidor Popper oder Ernst Benedikt Kietz. Die Abbildungen erscheinen zumeist in bemerkenswert guter Qualität. (Abgesehen von der insgesamt zu dominierenden Brauntönung, abgesehen auch von der nicht notwendigen Vergrößerung der beiden frühen Porträts von Colla und von einem unbekannten Künstler, die man beide ohne Verlust an Ausdruckskraft im Originalmaß hätte abbilden können.) Es sind nicht nur die bekannten, es sind auch die nach dem jetzigen Forschungsstand als authentisch einzustufenden Heine-Porträts; authentisch in Bezug auf ihre Entstehungsgeschichte, nicht jedoch in Bezug auf die Frage, wie Heine wirklich ausgesehen hat. Dieses Geheimnis bleibt der Nachwelt erhalten, da der Dichter sich einer Daguerreotypie von einem »Mann mit seiner Maschiene« – wie Campe es gewünscht hatte – verweigerte.

Die Porträts werden ergänzt und belebt durch Texte, die vor allem Einblicke geben in die Entstehungs- oder Wirkungsgeschichte, weiterhin durch Aussagen und Beschreibungen von Zeitgenossen über Heine, sowie auch durch briefliche und literarische Kommentare von Heine selbst. Auf diese Weise entsteht ein facettenreiches Bilder- und Lesebuch, das nicht nur den Dichter in wesentlichen Lebensstationen porträtiert, sondern auch interessante Zeitgenossenschaften dokumentiert oder Werbestrategien des Buchmarkts aufdeckt. An der Zusammenstellung des umfangreichen Materials mit vereinzelten Erläuterungen wird spürbar, mit welcher Kenntnis und Liebe zum Detail der Herausgeber recherchiert hat in einem Terrain, das bisher unter diesen Fragestellungen kaum bearbeitet worden ist.

Im zweiten Teil des Bandes folgen drei wissenschaftlich-essayistische Beiträge zu speziellen Aspekten: Joseph A. Kruse erzählt aus der Erfahrung und Sicht des Museumsleiters aufschlussreiche »Bildergeschichten« und beschreibt anekdotenreich das Schicksal einzelner Heine-Porträts im Zusammenhang mit Ankäufen für die Heine-Sammlung. Christian Liedtke verfolgt mit detektivischem Spürsinn in seinem Beitrag »Bilderstreit und Bilderrätsel« die Entstehungsgeschichte einzelner ungesicherter oder verschollener Heine-Porträts, um zum erstenmal verlässlich Auskunft darüber geben zu können, welche Darstellungen als authentisch zu bezeichnen sind und welche zur Kategorie der Phantasiedarstellungen gehören. Spezifisch kunsthistorisch ausgerichtet ist der Beitrag von Ekaterini Kepetzis »Was habt ihr gegen mein Gesicht?« Sie richtet ihren Blick auf die Maler und Zeichner der Heine-Porträts und legt mit ihren Ausführungen die erste kunsthistorische Studie vor zur Ikonographie der Heine-Darstellungen. Die Autorin liefert detaillierte Beschreibungen der zentralen Porträts und dürfte mit ihrer kunsthistorisch geschulten Herangehensweise an die künstlerischen Arbeiten interessante Blickrichtungen vorgeben auch für Leser, die bisher als eher literarisch kundige Betrachter die Heine-Porträts wahrgenommen haben. In ihrer kunsthistorischen Bewertung spricht die Autorin den Porträts von Hensel und Oppenheim besonderen Rang zu. In diesem Urteil wird mancher Leser seine persönliche Vorliebe bestätigt finden.

Eine weitere Bereicherung der Forschung stellt zuletzt das Verzeichnis der »Heine-Porträts 1819–1856« dar; hier werden tatsächlich sämtliche Bildnisse, die zu Lebzeiten des Dichters entstanden sind, aufgelistet nach authentischen, phantasierten und zweifelhaften Darstellungen. Da zu den Porträts jeweils sämtliche ermittelbaren Informationen in kompakter und übersichtlicher Form zusammengestellt sind, ist ein wertvolles kleines »Handbuch« der Heine-Darstellungen entstanden.

Und welchen Nutzen zieht der »normale« Leser aus der Lektüre? Neben kunsthistorisch fundierten Korrekturen an möglicherweise liebgewonnenen Darstellungen des Dichters und neben Einblicken in reizvolle Textauszüge, in denen Heine das Porträtiertwerden als unlösbares Problem der Selbstdarstellung begreift, bleibt als Fazit die Erkenntnis, dass der Dichter selbst der Nachwelt keine eindeutige »Abschrift« seines Gesichtes hinterlassen hat. Wie in seinem literarischen Werk so bleibt er auch nach 150 Jahren Rezeptionsgeschichte und auch nach Erscheinen dieses Buches eine komplexe und nicht in jeder Facette eindeutig festlegbare Persönlichkeit.

Ursula Roth

Constanze Wachsmann: *Der sowjetische Heine. Die Heinrich Heine-Rezeption in den russischsprachigen Rezeptionstexten der Sowjetunion (1917–1953).* Berlin: Weißensee-Verlag 2001, 311 S., € 22.50

Kühn ist der Versuch und auch gelungen, wenn auch nicht ganz.

Schön ist das Umschlagbild: ein Heine-Bildnis, sowjetrot hinterlegt, in der rechten oberen Ecke ein knallgelbes Hammer-und-Sichel-Emblem, darunter die erste Strophe der »Doktrin« aus den Zeitgedichten in russischer Übersetzung. Allerdings nirgends ein Hinweis, dass es sich hier um die Übersetzung von Jurij Tynjanov von 1927 handeln könnte.

Auch in einem Anhang finden sich 12 Abb., deren Bezug zum Text jedoch nicht klar ist. Hier wären Verweise auf den Text im »Abbildungsnachweis« sinnvoll gewesen, wie überhaupt ein Personenregister bei dieser mit umfangreichen Rezeptionsbezügen versehenen Dissertation hilfreich gewesen wäre. Bei den Abbildungen wären eine oder zwei Reproduktionen von geschönten, teilweise kitschigen Heine-Bildnissen aus der russischen Rezeptionsliteratur nicht überflüssig gewesen.

Die Verfasserin bezieht sich auf ca. 600 Einträge im »Literaturverzeichnis« und weist auf weiteren 36 Seiten noch einmal ca. 700 russischsprachige Rezeptionstexte nach. In einem weiteren Anhang findet sich eine sehr übersichtliche Tabelle der »Verfasser der sowjetischen Rezeptionstexte mit biographischen Anmerkungen (1917–1953)«. Allerdings hätten sich hier manchmal ausführlichere Hinweise zu den Autoren der Rezeptionstexte angeboten, so z. B. zu A. G. Levinton, der nicht nur »Aufsätze zu englischen, dt. und französischen Dichtern des 18. und 19. Jahrhunderts« verfasste, sondern als besondere Leistung in der russischen Heine-Rezeption im Jahre 1958 die bis dato wohl ausführlichste Heine-Bibliographie der russischen Übersetzungen und der kritischen Literatur in russischer Sprache auf 719 Seiten herausgab. Oder bei Aleksandr Aleksandrovič Blok hätte ich mir gewünscht, dass eher auf seinen »ehrgeizigen« Wunsch nach Herausgabe einer ersten russischen (!) wissenschaftlichen Heine-Gesamtausgabe nach der Revolution von 1917 hingewiesen worden wäre als auf seine Tätigkeit als symbolistischer Lyriker, Übersetzer (wovon?) und Verfasser von Dramen, Versepen, Essays, Reden und Rezensionen. Von der Gesamtausgabe erschienen 1920 und 1922 die Bände 5 und 6 mit »Reisebildern« und den »Memoiren« in Neuübersetzungen und mit ausführlichen Vorworten sowie akribischen Texterläuterungen von A. Blok und Evgenija Fedorovna Knipovič, auf die die Verf. im Abschnitt III.D »Die sowjetische Heine-Rezeption (1917–1927) […] für den Leser der Intelligencija« zwar hinweist, doch ist die Stelle wegen des fehlenden Personenregisters schwer auffindbar (S. 62–65). Unerklärlich bleibt, weshalb die Verf. weder im »Literaturverzeichnis« noch im Anhang »Texte der produktiven sowjetischen Heine-Rezeption (1917–1991)« auf Bloks »Notizbücher« 1901–1920 (Zapisnye knižki. Moskva: 1965) hinweist. Sie geben ein eindrucksvolles Bild von dem intensiven und sehr kritischen blokschen Heine-Studium (etwa 100 Eintragungen in den Jahren 1918–1920).

Eine grundsätzliche Bemerkung zu den Jahreszahlen: Im Besprechungsteil zur sowjetrussischen Rezeptionsgeschichte beschränkt sich die Verf. auf den Zeitraum 1917–1953, in den Literaturnachweisen dehnt sie die Erfassung auf 1991 aus. Begründet wird die Zäsur 1953 von ihr folgendermaßen (S. 4 f.):

Die Fülle des bibliographisch erfaßten Materials machte es gleichzeitig nötig, nur einen Teil der gesammelten Titel einer genauen Analyse zu unterziehen [...]. Die Arbeit beginnt mit den tatsächlichen Anfängen des ›sowjetischen Heine‹, unmittelbar nach der Oktoberrevolution. Das Ende der Untersuchung wurde auf 1953, das Jahr, in dem Iosif Stalin stirbt, festgelegt. Dabei war es weder dem Zufall noch der Willkür des Rezeptionshistorikers überlassen, den Rahmen der Untersuchung mit zwei politischen Ereignissen vorzugeben, wie aus den folgenden methodischen Überlegungen deutlich werden wird.

Die Untersuchung stützt sich auf die Erfahrung, daß mit den Aussagen, die in Rezeptionstexten über einen Autor und dessen Werk formuliert werden, keineswegs bloß individuelle Sichtweisen der Leser zum Vorschein kommen. Im Gegenteil: Jede Konkretisation eines Textes wird von Kategorien geprägt, die nicht unmittelbar auf die Leser zurückgeführt werden können, die aber dennoch in deren Aussagen enthalten sind. Zu diesen Kategorien gehören auch die Werturteile der Tradition [...].

Darüberhinaus sind die Konkretisationen von einer weiteren subjektexternen Kategorie beeinflußt, dem Kontext. Wie bereits aus der Begrenzung des Untersuchungszeitraumes durch zwei politische Ereignisse hervorgeht, mißt die vorliegende Arbeit dem Kontext große Bedeutung für den Rezeptionsprozeß bei [...].

Meines Erachtens kann diese Begrenzung auf das Jahr 1953 nicht als zufalls- oder willkürfrei angesehen werden. In einem Punkt muss der Verf. zugestimmt werden: Das Untersuchungsmaterial ist immens und wird insbesondere nach 1954, als es auf das Heine-Jahr 1956 zugeht, beinahe unüberschaubar – man vergleiche die Einträge in der Heine-Bibliographie von Levinton für die Jahre 1954–1956 (s. o., S. 90–96) oder bei Gennadij Vladimirovič Stadnikov: Genrich Gejne [Heinrich Heine; russ.]. Moskva 1984 und in Jakov Il'ič Gordons drittem Band über »Heine in Rußland. 20. Jahrhundert« (Gejne v Rossii. 20. vek. Dušanbe 1983). Aber soll etwa die russischsprachige Heine-Rezeption gerade mit Stalins Tod keine Weiterentwicklung mehr erfahren haben? Man vergleiche bloß einmal die Kandidaten-Dissertationen an russischen Hoch- und Fachhochschulen, die bis zu Stalins Tod immer mit Lobeshymnen auf den großen Führer anheben und sich in ihrer methodischen Vorgehensweise auf die literaturwissenschaftlichen Erkenntnisse Iosifs Visarionovič Džugašvilis, genannt Stalin, berufen. Eine Erscheinung, die mit der Einleitung der Tauwetterperiode 1954 schlagartig aufhörte. Für das Ende der Sowjetunion und damit einer marxistisch-leninistischen Literaturwissenschaft kann man m. E. frühestens das Jahr 1986/87 ansetzen, in dem Gorbačevs perestrojka- und glasnost'-Politik einsetzte. Ähnlich setzt der Doktorvater der Dissertation, Reinhard Lauer, in seiner im Jahre 2000 erschienenen »Geschichte der russischen Literatur. Von 1700 bis zur Gegenwart« den Beginn der »Reintegration der russischen Literatur (seit 1985)« (S. 814 u. a.). Konnte er seine Doktorandin auf dieses Datum nicht hinweisen? Ein weiteres mögliches Datum wäre aber auch das faktische Ende der Existenz der UdSSR mit dem Jahre 1991 durch die Unterzeichnung des GUS-Vertrages am 21. Dezember 1991. Die Verf. weist tatsächlich »Rezeptionstexte der sowjetischen Heine-Rezeption« (S. 275–303), »sowjetische Heine-Übersetzungen« (S. 303–308) und »Texte der produktiven sowjetischen Heine-Rezeption« (S. 308–311) bis 1991 nach, wertet sie aber ab 1954 nicht mehr aus.

Ob trotz der recht umfangreichen Literaturnachweise die gesamte russischsprachige Rezeptionsliteratur der Sowjetzeit erfasst wurde, darf bezweifelt werden, da die Verf. fast ausschließlich Texte zitiert, die im Buch- oder Aufsatztitel Heine direkt nennen. Was ist mit denjenigen Texten, die Heine »verarbeiten«, explizit in Titeln seinen Namen jedoch nicht erwähnen oder nicht über ein Personenregister verfügen, eine Unart, die immer mehr um sich greift? Auf diese Weise gehen dann die oben genannten »Notizbücher« von Aleksandr Blok oder zwölf Vertonungen von Iogan Grigor'evič Admoni in der Übersetzung von Tamara Isaakovna Sil'man (Vokal'naja poema v dvendadcati pesnjach [Ein Vokalpoem in 12 Liedern; russ.]. Moskva 1958) »verloren«.

Die Verf. zitiert auch recht viele Rezeptionstexte, die Übersetzungen aus anderen Sowjetsprachen oder dem Deutschen ins Russische sind. Ob es sich dann noch um russischsprachige Rezeption handelt, darf in Frage gestellt werden, wenn man zu der Auffassung neigt, anderssprachige Wiederholung eines Rezeptionstextes sei keine Rezeption im eigentlichen Sinne mehr. Als Beispiel: Franz Mehrings Heine-Biographie von 1911 in russischer Übersetzung von 1934 (In: Mering, F.: Literaturno-kritičeskie stat'i. Moskva/Leningrad: 1934, Bd. 2, S. 89–131) – das ist doch wohl eher deutsche Rezeption und lediglich deren Wiedergabe auf Russisch. Andernfalls hätte die Verf. ausführlicher auch die deutschen Veröffentlichungen russischsprachiger Autoren nennen und besprechen sollen, soweit sie in den von ihr begrenzten Zeitraum fallen; wir denken hier beispielhaft an den Enzyklopädie-Artikel von L. Ja. Rejngard: Gejne Genrich [Heinrich Heine; russ.]. – In: Bol'šaja sovetskaja enciklopedija. Moskva 1952, Bd. 10, S. 329–332, in der Diss. auf S. 211 und 260 genannt, auf S. 106 kurz besprochen (Abschnitt IV. B. 1.d »Die sowjetische Heine-Rezeption (1928–1953) [...] für den Massen-, den intellektuellen und den marxistischen wissenschaftlichen Leser. Heine als revolutionärer Dichter. Die zweite Hälfte der vierziger Jahre bis 1953«), aber keine Erwähnung des Autors und kein Hinweis auf den deutschen Einzeldruck: Reinhard, L. J.: Heinrich Heine. Berlin 1952, 18 S. (Große Sowjet-Enzyklopädie. Reihe Kunst und Literatur. 3).

Nochmals zur zeitlichen Begrenzung der Sowjetzeit. Setzt man den Beginn, wie die Verf., auf das Jahr 1917, dann tritt das Problem auf, dass die meisten der nach dem Umbruch tätigen Literaten/Literaturwissenschaftler bereits vor der Oktoberrevolution »in Sachen Heine« tätig waren. Als Beispiel sei wiederum Aleksandr Blok genannt, der 1908 zum ersten Mal mit Heine in die Öffentlichkeit trat – Bloks Thema: »Die Ironie« (Ironija; russ.), in der Diss. auf S. 206 genannt. Dass der Aufsatz 1933 wiederveröffentlicht wurde (Blok, A. A.: Sočinenija. Moskva 1933, Bd. 2, S. 80–84), also Nachwirkung hatte, wird in der Diss. nicht erwähnt. So kann dann in der Abhandlung über Blok (S. 62–65) durch den Ausschluss der Zeit einige Jahre vor der Oktoberrevolution der treffliche Schluss nicht gezogen werden, Bloks Heine-Bild habe sich von 1902 bis 1921 kontinuierlich fortentwickelt. Beginn und Ende der russischen Sowjetzeit sollten im Hinblick auf die Einstellung der Rezipienten etwas fließender, unschärfer festgesetzt werden; Juristen würden dieses Problem mit Übergangsfristen lösen.

Die Verf. kommt in ihrer Zusammenfassung der Ergebnisse aufgrund ihrer eigenwilligen Begrenzung des Untersuchungszeitraums zu der Auffassung (S. 183):

> Die vorliegende Untersuchung konnte zeigen, daß die sowjetische Heine-Rezeption zwischen 1917 und 1952 in zwei Phasen verläuft. Dabei sprechen die Verfasser in der ersten Phase vielfältige, oftmals miteinander konkurrierende Urteile über das Werk des Dichters aus. Das gilt auch für den Kreis der marxistischen Verfasser [...].
> Am Anfang der zweiten Rezeptionsphase [1928–1953; Einfügung O. P.] bleibt die Vielfalt der Urteile über das dichterische Werk zunächst noch erhalten. Eine einheitliche Bewertung zeichnet sich in den meisten Rezeptionstexten erst zu dem Zeitpunkt ab, als die marxistische Literaturwissenschaft die literaturtheoretischen und -kritischen Anmerkungen von Marx und Engels [und Stalin! – Einfügung O. P.] für sich entdeckt und auf ihnen methodisch aufbaut [...]
> Erst zu Beginn der vierziger Jahre wenden sich die sowjetischen Rezeptionstexte auch dem frühen Werk Heines zu. Dieser kann nun in der Sowjetunion zum Klassiker reifen. Doch bleibt Heine auch als Klassiker lebendig und aktuell [...].

Wir finden hier zwei den Untersuchungen nicht entsprechende Folgerungen: 1. Es gäbe zwei Rezeptionsphasen. In der Tat sind es für den genannten Zeitraum mindestens drei, die die Verf. mit Textbeispielen und Literaturnachweisen belegt: die unmittelbar der Revolution folgende Sturm- und Drangzeit der jungen Sowjetmacht. Man denke nur an Vladimir Majakovskijs Gedicht »Gejneobraznoe«, erstmals veröffentlicht in: Liren'. Moskva, (1920) S. 14 (dt. als »In Heines Manier«. Übers. v. Gugo Guppert. – In: Wochenpost. Berlin, 28 (1981) Nr. 7, 13.2., S. 14). Dies gehört noch zu einer Phase, die aus dem Geist der Zeit vor der Oktoberrevolution schöpft, die bereits auf Veränderungen gestimmt war. Hierzu gehört auch das Werk Aleksandr Bloks, Anatolij Lunačarskijs und Maksim Gor'kijs, die in der Diss. nur zum Teil berücksichtigt werden – Gor'kij und Majakovskij werden nicht genannt. Der Grund von Heines Bedeutung für die Rezipienten in der jungen Sowjetunion ist auch relativ klar, wie die Verf. eigentlich selbst im II. Abschnitt »Die russische Heine-Rezeption« (S. 15–36) belegt. Näheres und Ausführlicheres hierzu findet sich in der Dissertation 1980 von German Ritz: »150 Jahre russische Heine-Übersetzung«. Bern/Frankfurt/Las Vegas: 1981. Danach: 2. Heine war bereits spätestens 1880 ein Klassiker der russischen Literatur geworden.

Ich zitiere weiter aus der »Zusammenfassung der Ergebnisse« (S. 187 f.):

Die gravierendsten Veränderungen gegenüber der ersten Rezeptionsphase [1917–1927, Einfügung O. P.] sind aber in den Texten für das wissenschaftliche Publikum zu verzeichnen. Dieses teilt sich infolge der staatlichen Wissenschaftspolitik in zwei Gruppierungen, die marxistischen und die traditionell wissenschaftlichen Leser [...]. Nach den dreißiger Jahren reduziert die marxistische Literaturwissenschaft ihr Engagement im Rezeptionsprozeß [...]. Die Rezeptionstexte für den marxistischen wissenschaftlichen Leser aus der Nachkriegszeit zeigen, daß die Wissenschaft nun vor allem den politischen Kurs der Sowjetunion unterstützen und bestätigen soll. Damit verlieren diese Rezeptionstexte an Dynamik; sie nähern sich darüberhinaus den Texten für den Massen- und den intellektuellen Leser an: Mit dem Verfall der Wissenschaftskultur erstarrt der gesamte Rezeptionsprozeß also in monotonen Konkretisationen des dichterischen Werkes. Zu dieser Entwicklung trägt auch das Verstummen der traditionellen Literaturwissenschaft bei [...] Damit versiegt zu Beginn der vierziger Jahre die Tradition wissenschaftlicher Forschung, an die die russische Germanistik der Gegenwart anknüpfen könnte [...].

Diese Schlussfolgerungen sind nur unter der Prämisse völlig richtig, dass sie die russische Heine-Rezeption der Sowjetzeit so knapp und wenig flexibel begrenzt. Damit können bedeutende, einflussreiche und ihre jeweilige Zeit charakterisierende Rezeptionstexte in Standardwerken nicht mehr verglichen werden. Exemplarisch hierfür sei die Aufnahme von Heine in den drei Auflagen der Großen Sowjet-Enzyklopädie genannt. Die Verf. weist den Heine-Artikel in der 3. Auflage zwar nach (Naum Jakovlevič Berkovskij: Gejne Genrich [Heine, Heinrich; russ.] – In: Bol'šaja sovetskaja enciklopedija. Moskva 1971, Bd. 6, S. 185), untersucht ihn – wegen ihrer Begrenzung auf 1953 – konsequenterweise aber nicht. Die umfangreichen Heine-Artikel in den beiden anderen Auflagen – 1. Auflage aus der Frühzeit der Sowjetunion, 2. Auflage unter Stalin – werden in der Diss. jeweils für sich untersucht (S. 77–80: Kogan, P.; Knipovič, E.; Ikov, V.; Makašin, S. : Gejne Genrich [Heine, Heinrich; russ.]. – In: Bol'šaja sovetskaja enciklopedija. Moskva 1929, Bd. 15, Sp. 21–38; S. 106: Rejngard, L. Ja. – s. o.), aber nicht miteinander verglichen. Ein Vergleich der Heine-Artikel in den drei Massen-Auflagen brächte zu Tage, dass es mindestens drei Epochen/Phasen in der russischen Heine-Rezeption der Sowjetzeit gab. Folgen wir unserer Auffassung, die der Einteilung von

Lauer (s. o.) nahe kommt, liegen wir bei sechs Phasen für den Zeitraum etwa 1917 bis etwa 1991. Dies hätte die von der Verf. geleistete Fleißarbeit nicht vereinfacht, wäre aber der Heine-Rezeption in Russland seit der Revolution bis zum Zusammenbruch der Sowjetunion gerecht(er) geworden.

Ottmar Pertschi

Peter Waldmann: *Der verborgene Winkel der Sterbenden Götter. Temporalisierung als ästhetischer Ausdruck im Werk von Heinrich Heine.* Würzburg: Königshausen & Neumann 2003. 302 S., € 45.00

Peter Waldmann geht in seiner umfangreichen Untersuchung von einem Status quo in der Heine-Forschung aus, der vom Widerstreit zwischen engagierter und autonomer Kunstauffassung Heines geprägt sei. Durch seinen neuen Ansatz einer semiotischen Interpretation von Heines Schriften versucht Waldmann, die Forschung aus dieser vermeintlichen Sackgasse herauszuführen.

Dies geschieht in fünf Kapiteln, denen eine Einleitung vorausgeht, ein eigentliches Schlusskapitel ebenso wie ein Register gibt es nicht. Temporalisierung stellt Waldmann im ersten Kapitel anschaulich dar, indem er die einander entgegenstehenden Zeitvorstellungen der traditionellen und modernen Gesellschaft erklärt, wobei letztere die Idee eines linearen, irreversiblen Zeitverständnisses entwickelt, in dem Geld und vor allem die abstrakte Zeit der mechanischen Uhr als bürgerliches Attribut gelten (vgl. insbesondere Kap. 4.3.). Die bürgerliche Zeitkonzeption zwischen Bewahren und Fortschreiten soll Unveränderlichkeit und damit Stabilität suggerieren. Hier nun setze Heines Kritik an. Seine mythologische Schrift »Die Götter im Exil« verstehe Waldmann als Suche nach einer Tradition, mit der Heine diese bürgerliche Zeitkonzeption kritisieren kann. Heines Temporalitätsvorstellung wendet sich sowohl gegen die Idee eines linearen Fortschritts als neuzeitliches Zeitverständnis der so genannten »Motivation von vorne« (S. 10 f.) als auch gegen das der reversiblen Zeit (vgl. dazu das Bild vom blinden Amor S. 215 ff.). Die Metapher vom Exil der Götter sei eine »Metapher für das mythische Erbe, das [...] als Ruine geeignet zu sein scheint, den Verfall des Bürgertums widerzuspiegeln. Die alten Bilder bewahren [...] Kräfte auf, die es möglich machen, die Moderne angemessen zu spiegeln und zu kritisieren« (S. 17 f.). Heine wird hier als »Archivar und Archäologe« (S. 39) eines antiken Erbes verstanden, das durch das Christentum entstellt worden ist, die zerstörte Antike ist ebenso Sinnbild der politischen Unterdrückung wie der Zufluchtsort antiker Sinnlichkeit. Ausführlich untersucht Waldmann Heines Auffassung von Volkskultur und beruft sich grundlegend auf Michail M. Bachtin und auf die Untersuchungen von Wolfgang Preisendanz und dessen Begriff der Kontrastästhetik.

Diese Deutungen sind durchaus nicht neu, Waldmann greift auf Bekanntes zurück; sein weiterführender Ansatz besteht in der Neuinterpretation dieser Deutungen durch die Zeichentheorien des deutschen Kunst- und Kulturkritikers Aby Moritz Warburg und dessen Schule sowie Clemens Lugowskis (»Die Form der Individualität im Roman«, 1976). Es sei hier kurz eingefügt, dass Warburgs so genannte »Pathosformeln« eine ›psychologische‹ Ästhetik umreißen, die mittels Stilistik darstellt, wie Kunststile auf verinnerlichte und durch Einfühlung (Pathos) hervorgerufene Gestaltungsbilder zurückgreifen. Waldmann betont, dass beide, Warburg und Lugowski, der Kunst mythische Wurzeln zuschreiben, Warburg verdeutliche dies durch die Pathosformeln, Lugowski mit der Konzeption des mythischen Analogons. Pathosformel und mythisches Analogon stellen folglich Rudimente der Antike dar. Lugowski und Warburg gehen beide von einem Zerstörungsprozess in der Moderne aus, der von Lugowski negativ besetzt ist, so erklärt Waldmann. Es ist an dieser Stelle nicht möglich, Waldmanns weitläufige Argumentation diesbezüglich ausführlich darzustellen. Er akzentuiert besonders die Funktion der Kunst innerhalb der Gesellschaft: »[...] die Kunst nimmt innerhalb der Entwicklungsgeschichte des Zeichens die Position der kritischen Mitte ein« (S. 18), womit, Adorno zitierend, ihr Doppelcharakter, das Arbiträre unterstrichen wird. Heines Metapher vom »Exil der Götter« versucht der Verfasser mit Hilfe von Warburg zu deuten und sieht darin einen »Beitrag zu einer Zeichentheorie [...], die wiederum seine ästhetischen Verfahrensweisen verständlich macht. Heines Rückgriffe auf die Vergangenheit gehören ebenfalls zu seinem Projekt einer Zeichenhygiene« (S. 7 f.).

Waldmann vergleicht Warburgs Vorstellung von der Bildung kognitiver Räume mit Heines poetischem Verfahren und weist überraschende Ähnlichkeit zwischen Heines und Warburgs Metapherngebrauch innerhalb der Exilwelt der Götter, des Tanzes oder etwa der Beschreibung Luthers (S. 172 f.) nach. Die Entstehung dieser »Bildphantasien« als poetisches Verfahren beschreibt er mittels Heines Vergleich des Künstlers mit einer schlafwandelnden Prinzessin (»Französische Maler«). Die Problematik der Metapher und Metonymie liege einerseits in ihrem Potential »symbolischer Kraftwerke« und andererseits in ihrem »Täuschungspotential« (S. 9). Mit seiner Formel vom Ende der Kunstperiode verweise Heine auf »die aufgebrochene Kluft zwischen Selbst- und Fremdreferenz«. Waldmann zieht eine einleuchtende Parallele zu Lugowskis These von der »Zerrüttung des mythischen Analogons« (S. 253). Heine stelle als Dichter am Ende der Kunstperiode die Kunst selbst in Frage – Waldmann präzisiert diese globale Aussage, indem er sie auf das Täuschungspotential realistischer Kunstwerke bezieht und Überlegungen zum Täuschungspotential von Erzählformen und -stilen anstellt. Das organische Kunstwerk, so eine Folgerung, müsse vom modernen Künstler demontiert werden, kritische Distanz solle durch das Prinzip der Arbitrarität hervorgerufen werden. Die Pathosformel kann in diesen Distanzierungsprozess miteinbezogen werden. Waldmann führt hierbei, sich auf Preisendanz beziehend, die »Apostrophierung« an und erklärt dies anhand einiger Textstellen der »Harzreise« und der »Florentinischen Nächte« (S. 55). Das so genannte antimimetische Zeichensystem besitze für Heine gesellschaftskritisches Potential, er rüttele so an der »Signatur der Fortschrittsgläubigkeit« (S. 229). Die Signatur zu erkennen, sprich die eigentliche Bedeutung »als Zeichen von den Dingen« (S. 238), sei die Aufgabe für den esoterischen Leser. Die »neue, bewegte Ästhetik«, die Heine einfordere, müsse gesellschaftliche Gegensätze thematisieren (S. 261).

Besondere Beachtung ist Waldmanns Ausführungen zum Schelmenroman zu schenken, den er als »typisches Beispiel für die Anwendung des mythischen Analogons« einordnet und ihn der Volkskultur zuordnet (Kap. 4.2., auch 5.2.) Heine verstehe den modernen Menschen als Schelm oder Narren, »da er in einer entfremdeten Welt lebt, in der es nur noch gilt, sich durchzuschlagen« (S. 189).

Zum Schluss sei noch erlaubt zu erwähnen, dass das Layout des Buches durch den kleinen Schriftgrad etwas leserunfreundlich ist, es enthält zahlreiche, leider aber auch recht kleine Abbildungen.

Die Studie Waldmanns ist eine beachtenswerte, manchmal etwas forcierte Tour d'horizon, die literatur-, kulturtheoretische, philosophische, soziologische und psychologische Schriften hinzuzieht, wobei zuweilen Einzelbeobachtungen an Heines Texten in der Fülle untergehen. Waldmanns Ansicht, dass die Forschung durch eine Dichotomie von Tradition und Modernität geprägt sei, ist fraglich, denn gerade in den letzten Jahren zeugen viele Untersuchungen vom Gegenteil. Doch sicherlich bietet er einen höchst interessanten Ansatz, auf Grundlage der Semiologie neuen Zugang zu Heines Ästhetik zu suchen.

Sabine Bierwirth

Kerstin Wiedemann: *Zwischen Irritation und Faszination. George Sand und ihre deutsche Leserschaft im 19. Jahrhundert.* Tübingen: Verlag Gunter Narr 2003. 604 S. [= Mannheimer Beiträge zur Sprach- und Literaturwissenschaft. Hrsg. von Christine Bierbach et al. Bd. 53.], € 89.00

Die zum George-Sand-Gedenkjahr 2004 publizierte Dissertationsschrift von Kerstin Wiedemann ist das beachtenswerte Ergebnis eines deutsch-französischen Forschungsprojekts (Universität Heidelberg und Sorbonne Paris), das vor dem Hintergrund des Kulturtransfers zwischen Deutschland und Frankreich die Rezeption George Sands in Deutschland exemplarisch für europäische Kommunikationsstrukturen im 19. Jahrhundert untersucht. Die Arbeit verdankt sich auch dem Netzwerk einer Forschergruppe, die sich der internationalen Sand-Rezeption widmet (Koordinatorin Dr. Susan van Dijk, Huizinga Institut, Niederlande).

Die mit den 1970er Jahren neu ansetzende Sand-Forschung hat aus Sicht Wiedemanns vor allem Einsichten über Sands Einfluss als emanzipierte Frau auf das Junge Deutschland und frühfeministische Frauenromane bzw. über ihren Beitrag »im Rahmen der Rezeption des Sozialromans« erbracht und war damit konzentriert auf die Zeit des Vormärz. Die vorliegende Arbeit möchte den »historischen Untersuchungsradius ausdehnen und den Rezeptionsverlauf über die gesamte Schaffenszeit der Schriftstellerin hinweg beobachten – d. h. zwischen den Jahren 1832–1876, und damit in Deutschland in erster Linie für die Zeit des Vormärz und des bürgerlichen Realismus – um auf diese Weise wichtige nachrevolutionäre Entwicklungen in den Blick zu bekommen.« (S. 21) Größere (allerdings selektiv angelegte) Arbeiten zur deutschen Sand-Rezeption im 19. Jahrhundert gehen laut Verzeichnis der Forschungsliteratur auf 1924 und 1937 zurück.

Die Studie gliedert sich wie folgt: Im »Rahmen« werden – neben der Klärung des Untersuchungsgegenstands – »George Sands Präsenz auf dem deutschen Buchmarkt« (S. 29–42) und »Ein emblematisches Paar: George Sand und Heinrich Heine« (S. 42–57) abgehandelt. Die Rezeptionsprozesse werden in zwei Abteilungen dargestellt: A: »George Sand im Spektrum der literarischen Öffentlichkeit« (S. 58–236) und B: »George Sand aus weiblicher Perspektive« (S. 237–358). Mit dieser analytischen Trennung der »offiziellen« (d. h. professionellen, männlich dominierten) Rezeption (A) von der der Leserinnen und Schriftstellerinnen (B) soll den »sehr spezifischen Implikationen der weiblichen Rezeption« (S. 29) Rechnung getragen werden. In dieser Hinsicht liegt der besondere Wert der Studie sowohl in der Komplexität historischer Rekonstruktion und der Ausdifferenzierung der Perspektiven auf den Gegenstand.

Wiedemanns Ziel besteht in der »Zusammenstellung eines möglichst vollständigen Korpus von Rezeptionszeugnissen« (S. 24); Einschränkungen sind in Ausnahmefällen (Übersetzungen bzw. Zeitschriftenpublikationen betreffend) allein dem Überlieferungsbestand geschuldet. Den rezeptionstheoretischen Ansatz von Robert Jauß aufnehmend, geht die Studie Aspekten der reproduzierenden, der passiven und der reproduktiven Rezeption insbesondere der Romanschriftstellerin Sand nach. Einbezogen sind auch publizistische Arbeiten, die sich im Kontext des Romanwerkes bewegen (»Lettres au Peuple«, 1848). Das dramatische Werk bleibt ausgespart, da es »schlicht an wirklich aussagekräftigen Konkretisationen« (S. 23) fehle.

Methodisch ist die Studie drei Dimensionen verpflichtet: 1. wird die Sand-Rezeption als Element eines »übergeordneten, interkulturellen Dialogs« zwischen Frankreich und Deutschland verstanden, wahrnehmbar im Verhältnis der deutschen Intelligenz zu den Revolutionen von 1830 und 1848 und im prinzipiell veränderten Frankreichbild im Umfeld des deutsch-französischen Krieges. 2. bekommt die »Soziologie des vermittelnden Raumes« Geltung: Sands Vermittlung und Aufnahme in der deutschen Literaturgesellschaft wird in Abhängigkeit von Interessen unterschiedlicher intellektueller Gruppierungen und deren Repräsentanten dargestellt.

Die Arbeit orientiert sich also nicht allein an Rezeptionszeugnissen, sondern ordnet diese den geistigen und politischen Zentren in Deutschland zu. Die Aufnahme wird rekonstruiert als Ausdruck und Gegenstand ästhetischer und politischer Diskurse in Deutschland: So geraten neben der Perspektive des Jungen Deutschland die Sand-Lektüren der »Junghegelianer, Demokraten und Sozialisten« und die des bürgerlichen Realismus (Konzept Julian Schmidt, dramatische Bearbeitungen durch Birch-Pfeiffer) ins Blickfeld. 3. ermöglicht die Perspektive »Gender und Rezeption« einen Zugang zum Gegenstand, mit dem folgende Fragen untersucht werden: 1. Inwiefern die institutionalisierte männliche Literaturkritik des frühen 19. Jahrhunderts die Rezeption der Texte einer Frau über tradierte Auffassungen zur Geschlechterdifferenz und geschlechtsspezifisch kodifiziertes Gattungsverständnis (hemmend) gesteuert hat und sich in ihr Debatten um ästhetische Paradigmenwechsel artikulieren. 2. Bestimmung des Ortes der Beteiligung von Frauen am reproduzierenden Diskurs (Literaturkritik) sowie Belege für die literarische Sand-Rezeption bei Schriftstellerinnen.

Den sich zeitgeschichtlich verändernden ›rezipierenden Kontext‹ und das Feld der Rezipienten als »kollektive Erscheinung« in Deutschland unter wechselndem Blickpunkt differenzierend ausleuchtend, entwirft die Arbeit ein sehr dichtes Bild der Wahrnehmung George Sands in Deutschland.

Heinrich Heine interessiert im Fokus der Arbeit »[...] als Vermittler im kulturellen Austausch zwischen den beiden Ländern«. (S. 42) Für Wiedemann sind »[d]ie Rezeptionsvorgänge, die sich im Widerschein dieser bereits den Zeitgenossen bekannten Freundschaft [zwischen Sand und Heine] abspielten, [...] von übergeordneter Bedeutung« und werden deshalb den eigentlichen Untersuchungen vorangestellt. Wohltuend abgrenzend von (früheren) spekulativen Darstellungen zum persönlich-privaten Verhältnis Heines und Sands konzentriert sich diese auf nachweisliche Zeugnisse mit Blick auf den Untersuchungsgegenstand. »Er übernahm es zum einen, deutschen Freunden Zugang zu Sand zu verschaffen und erteilte umgekehrt der Schriftstellerin Auskunft über das Nachbarland. Zum anderen wirkte Heine [...] wie ein Parameter, an dem sich – aus deutscher Sicht – das Gewicht ermessen ließ, das der französischen Schriftstellerin innerhalb der europäischen literarischen Welt zuzuerkennen war. Die Verbindung dieser beiden Namen in zeitgenössischen Presseartikeln genügte, um Sands Verankerung im modernen Lager zu dokumentieren und insbesondere in der Anfangsphase der Rezeption für ihre ›Akkreditierung‹ bei avantgardistisch geprägten Kreisen in Deutschland zu sorgen.« (S. 42 f.) Dargestellt werden die von Heine vermittelten Kontakte August Lewalds, Heinrich Laubes und Karl Gutzkows zu George Sand. Laube stellt der deutschen Öffentlichkeit den sandschen Salon als »repräsentativen Ausschnitt aus der kulturellen Topographie der Pariser Hauptstadt« (46) dar und betont damit dessen Bedeutung für die ästhetische und politische Orientierung der Opposition in Deutschland. Heines Sand-Rezeption liegt in seinem Bericht vom 30. April 1840 über die Pariser Aufführung des Dramas »Cosima« (für die Augsburger »Allgemeine Zeitung«) bzw. der »Spätere[n] Notiz« (1854) vor (vgl. »Lutezia«, Erster Teil, 1854). Im »Lutezia«- Artikel und seiner zeitlich vermittelten Perspektive auf George Sand zwischen Vormärz und bürgerlichem Realismus sieht Wiedemann »Gelegenheit zu einem Aufriß der wichtigsten Phasen der deutschen Sand- Rezeption.« (S. 52) »Heines Sand-Artikel praktiziert [...] einen gewissen Widerstand gegenüber den nachmärzlichen literarischen Ausleseprozessen« (S. 54), da er die »Tendenzschriftstellerin« der »Lelia« ins öffentliche Gedächtnis zurückholt, während Sand in Deutschland nunmehr als Verfasserin von Dorfgeschichten integrierbar erschien!

Besonderen Reiz bekommt dieser Ansatz durch Wiedemanns Blick auf das zeitgleiche Erscheinen der Autobiographie Sands und der Bewertung beider Texte in einer Doppelrezension durch Julian Schmidt in »Die Grenzboten«. Schmidt bilanzierte Heines wie Sands künstlerische Entwicklungsperiode als »Gott sei Dank« vorüber und unmodern.

Da die Arbeit Rezeptionszeugnissen eines relativ großen Zeitraums nachgeht, vermag sie eindrucksvoll die Varianzen in der Wahrnehmung Sands als Ausdruck der politisch bedingten interkulturellen Beziehungen einerseits und veränderter Wertvorstellungen der deutschen Empfängergesellschaft andererseits kommentierend nachzuzeichnen. Der nach 1848 erkennbare Paradigmawechsel hat auf die Sand-Rezeption deutliche Auswirkungen gehabt: Die Zahl der Übersetzungen geht zurück (während die Originale kursieren), frühere Vermittler (Arnold Ruge, Georg Herwegh) befinden sich im Exil, die Rezipienten aus der Schicht der oppositionellen intellektuellen Eliten werden nun durch ein Massenlesepublikum abgelöst. So zeigt die öffentliche Leseweise Sands und das gewachsene Interesse an der Dorfgeschichte (roman champêtres) nach 1848 in Deutschland (wie in Frankreich), dass Sand als Autorin ländlicher Idyllen wahrgenommen wurde und das Bild der vornehmsten Vertreterin engagierter Literatur (»Sozialistin«, »Republikanerin«, »Reformatorin«) als »Störfaktor« (S. 189) verdrängte. Zudem führt die damalige gattungsspezifische Auffassung ihrer Texte zu Fehlinterpretationen (Dorfgeschichte als vermeintlicher Artikulationsraum resignativer Realitätsflucht, Anknüpfung an das bukolische Muster der sandschen Dorfgeschichte, Konstruktion eines Widerspruchs zwischen Dorfgeschichte und Sozialroman). Mit Blick auf das Original verteidigt Wiedemann die grundsätzlich emanzipatorischen Wirkungsintentionen der sandschen Texte gegen opportunistische Verflachungen und ihre »Zurichtung auf eine normenkonforme Massenlektüre.« (S. 210)

Mit ihrer Autobiographie »Histoire de ma Vie« (1854/55, in Deutschland zuerst abgedruckt im Familienblatt »Die Grenzboten«!), habe sich Sand den Lesern – in Revision des früheren »negativen« Bildes der »femme libre« – als Vorbild bürgerlicher Wohlanständigkeit empfohlen (»bonne dame de Nohant«). Die verbürgerlichende Verschiebung des Sand-Bildes in Deutschland im Kontext des deutsch-französischen Krieges wird als Kompensation der »gegenseitige[n] Feindseligkeit und des entstehenden Völkerhasses« verstanden. (S. 220) Für diesen Abschnitt der Rezeption interessiert Wiedemann die Frage, welche Rolle Sand im Diskurs um die Schaffung eines neuen nationalen Selbstverständnisses spielt: »Spuren dieser neuen ›Germanomanie‹, wie sie die Anfangsphase des Reiches prägt, sind auch in der Sand-Rezeption greifbar. War George Sand bisher eine wichtige Identifikationsfigur literarischer Avantgarde-Formationen und oppositioneller Strömungen, glitt sie jetzt gleichsam in die zweite Reihe und fungierte zunehmend als fremdkultureller Kontrasthintergrund für die Aufwertung von Orientierungsfiguren aus dem eigenen nationalen Umfeld.« (S. 224) Sand wird zum Sinnbild der behaupteten frivolen Kultur des französischen Nachbarn funktionalisiert. Aufschlussreich kontrastiert Wiedemann diese Perspektive mit Sands antipreußischem Deutschlandbild in deren Kriegstagebuch »Journal d'un Voyageur Pendant la Guerrre«. Wiedemann setzt sich punktuell kritisch von bisherigen Darstellungen der Sand-Rezeption ab. So will sie, dass dem »George-Sandismus« der Autoren des Jungen Deutschland »komplexer als bisher angenommen« (S. 83) nachgegangen wird und vor allem die These von Sands ausschließlicher Rolle »einer Stichwortgeberin der Frauenemanzipation im Sinne des Saint-Simonismus« (S. 82) hinterfragen. Das Interesse der Jungdeutschen sieht sie »in erster Linie [von] Fragen der literarischen Ästhetik« geleitet: »George Sand war für die Vertreter des Jungen Deutschland weniger eine Verkörperung des ›freien Weibes‹, sondern vielmehr herausragende Repräsentantin der modernen französischen Prosa.« Demzufolge untersucht Wiedemann Sand als »Referenz im Diskurs der literarischen Moderne um 1830«.

Da die Sand-Lektüre im Gegensatz zur Rezeption anderer »Frauenromane« nicht exklusiv weiblich war, erzeugte sie »geschlechterübergreifende Kommunikation« und ›hebelte ›Gattungs- und Geschlechtersysteme aus‹ (vgl. S. 254). Andererseits ist die »Kommunikation mit dem anderen Geschlecht über das gegenseitige Rollenverständnis« von Frauen literarisch inszeniert worden. Die

Nachzeichnung der weiblichen Sand-Rezeption bezeichnet Wiedemann als schwierig, da die »offiziellen« Zeugnisse kaum auskunftsfähig seien. Frauen und Mädchen haben erst mit der Beförderung der Dorfgeschichte durch den bürgerlichen Realismus zur Sand-Lektüre gefunden, wobei die Wirkung ambivalent zwischen Befreiung und Bedrohung der Frau verortet wird (Sand-Lektüre als Angriff auf Tabuzonen Ehe, Sexualität, Religion). Die weibliche Lesart Sands wird unter gattungsspezifischem Aspekt (»emanzipierter Frauenroman«, »Sozialroman«, »Autobiographie«) und bei einzelnen Autorinnen (Fanny Lewald, Louise Otto, Droste-Hülshoff, Louise Aston und ›Frühfeministinnen‹ – neben den genannten Ida Hahn-Hahn, Luise Mühlbach, Bettina von Arnim, Malwida von Meysenbug, Therese von Bacheracht, Elise Rüdiger) verfolgt.

Das Defizit an literaturkritschen Arbeiten weiblicher Autorschaft sieht Wiedemann kompensiert durch den »Dialog mit der Leitfigur Sand als roter Faden der Intertextualität durch viele literarische Texte«. (S. 281) Deutsche Schriftstellerinnen orientieren sich am poetologischen Selbstverständnis Sands – ein zwischen den Geschlechterrollen stehendes weibliches Künstler-Ich (»voyageur«), das aus weiblicher Differenzerfahrung resultiert und sich einem umfassenden sozialen Engagement verpflichtet. Resümierend wird festgestellt, dass sich auch in Deutschland der Frauenroman »nach dem Beispiel der Dudevant« ausbreitete. (S. 283)

Der Leser erhält durch z. T. episodisch erzählende und pointierte Darstellung einen plastischen Einblick in Phänomene des Kulturtransfers. Allerdings stellen die zahlreichen und z. T. längeren französischsprachigen Zitate und Quellenverweise sowohl im Text als auch in den Fußnoten für den Nicht-Romanisten eine Hürde dar; so sind einige Argumentationen bzw. Beweisführungen schwer nachvollziehbar. Das ist bedauerlich und sollte in einer Neuauflage korrigiert werden!

Besonders hervorzuheben ist der umfangreiche Material- und Dokumentenanhang (ab S. 362): Aufgenommen sind Rezeptionszeugnisse von Theodor Mundt (1837), Julian Schmidt (1851) und Vorworte zu Übersetzungen. Ausgewählte Rezensionen geben Einblick in zeitgenössische Lesarten und Bewertungen. Es folgt ein sehr differenzierter und in seinen Teilen querverweisender bibliographischer Anhang (Verzeichnis ausgewerteter Zeitschriften und Zeitungen, die französischen Sand-Editionen, die nach Wiedemann in großer Zahl in Deutschland zirkulierten, die deutschen Übersetzungen und die Übersetzer, Rezensionen und andere in der Arbeit behandelte Zeugnisse der Rezeption, Literaturverzeichnis). Hier wird die Dimension des Korpus und der auch wissenschaftstechnische Wert der Arbeit unterstrichen. Möglicherweise kann die Studie im Zusammenwirken mit anderen jüngeren Publikationen dazu beitragen, Kerstin Wiedemanns Verweis auf die fehlende moderne historisch-kritische deutsche Sand-Werkausgabe produktiv umzusetzen.

Hella Ehlers

Heine-Literatur 2005/2006 mit Nachträgen

Zusammengestellt von Elena Camaiani

1   Primärliteratur
1.1   Werke
1.2   Einzelausgaben
1.3   Texte in Anthologien
1.4   Übersetzungen

2   Sekundärliteratur
2.1   Dokumentationen, Monographien und Aufsätze
2.2   Literatur mit Heine-Erwähnungen und Bezügen

3   Rezensionen

4   Rezeption
4.1   Allgemein
4.2   Literarische und künstlerische Behandlung von Person und Werk
4.2.1   Literarische Essays und Dichtungen
4.2.2   Werke der bildenden Kunst
4.2.3   Werke der Musik, Vertonungen
4.3   Denkmäler

5   Gedenkstätten und Sammlungen. Vereinigungen. Preise. Ausstellungen. Wissenschaftliche Konferenzen

1 Primärliteratur

1.1 Werke

Heine, Heinrich: Sämtliche Schriften. Hrsg. von Klaus Briegleb. [Nachdr.]. 6 Bde in 7. München 2005. 884, 968, 1038, 1062, 1103, 675, 918 S.

1.2 Einzelausgaben

An den Rhein : ein lyrisch-musikalischer Reiseführer. Mit Konrad Beikircher. Regie: Karin Lorenz. Düsseldorf [2003]. 1 CD. [»Ich weiß nicht, was soll es bedeuten«, »Zwei Brüder«, »Im Rhein, im schönen Strome«, »Die Stadt Düsseldorf ist sehr schön«].

... aus der Apotheke des Poeten : Heinrich Heine (nicht nur für Studierende). Hrsg. von Alfons Labisch und Christoph auf der Horst unter Mitarb. von Stephan von Dahlen. Düsseldorf 2005. 119 S.

Böhmer, Otto A.: Möglichst Heine : ein Lesebuch. Mit Bildern von Peter Schössow. Orig.-Ausg. München 2006. 302 S. : Ill. (dtv ; 62250 : Reihe Hanser).

Heine für Gestresste. Ausgew. von Joseph A. Kruse. Frankfurt a. M. 2005. 120 S. (Insel-Taschenbücher ; 3155).

Heine im Quadrat. Hrsg. Holger Ehlert. Düsseldorf 2005. 72 zweifarb. Ktn.

Heine zum Vergnügen : ›Der Liebe Glut, sie geht zum Teufel‹. Hrsg. von Heinz Puknus. Stuttgart 2004. 166 S. : 9 Ill. (Universal-Bibliothek ; 9630).

Heine – Benn – im fiktiven Dialog : CD-Hörbuch. In einer Rezitation von Manfred M. Bender. Askalun-Theater e. V. Pforzheim [2002]. 1 CD & Booklet (6 S.) (Askalun-Matinee-Serie).

Heine, Heinrich an Jacques Coste. In: Neues Deutschland / A. 25./26. 06. 2005. o. S. [deutsche Erstveröffentlichung: ein Brief von Heinrich Heine an Jacques Coste in Paris. Boulogne s/m den 5 September 1833].

Heine, Heinrich: Atta Troll. Ein Sommernachtstraum. Deutschland. Ein Wintermärchen. Lim. Sonderaufl. Frankfurt a. M. 2005. 205 S.

Heine, Heinrich: Aus den Memoiren des Herren von Schnabelewopski. Zürich 2001. 91 S. (Manesse indigo).

Heine, Heinrich: Aus den Memoiren des Herren von Schnabelewopski. Mit Ill. von Julius Pascin. Entstehung, Anmerkungen und Erläuterungen von Rudolf Wolff. Bad Schwartau 2005. 124 S. : 36 sw Ill. (Literarische Tradition).

Heine, Heinrich: Aus den Memoiren des Herren von Schnabelewopski. Nachw. von Manfred Windfuhr. Stuttgart 2004. 95 S. (Universal-Bibliothek ; 2388).

Heine, Heinrich: Die Bäder von Lucca. Die Stadt Lucca. Hrsg. von Peter von Matt. Bibliogr. erg. Ausg. 1998. Stuttgart 2003. 183 S. (Universalbibliothek ; 3602).

Heine, Heinrich: Bleibe auch Du mir gewogen : Briefe aus Göttingen ; eine Auswahl aus den Jahren 1820/21 und 1824/25. Göttingen [1992]. [nicht im Handel].

Heine, Heinrich: Buch der Lieder. Neue rev. Textausg. mit 200 Ill. von Friedrich Stahl. Exkl. Reprint-Ausg. ; Nachdr. d. Orig.-Ausg. von 1899. Wolfenbüttel [2006]. VIII, 437 S. (Historische Bibliothek : Illustrierte Klassiker-Bibliothek).

Heine, Heinrich: Buch der Lieder. Neu-Isenburg 2006. 432 S.

Heine, Heinrich: Buch der Lieder. Nachw. von Volkmar Hansen. Düsseldorf 2006. 200 S.

Heine, Heinrich: Buch der Lieder. Hrsg. v. Joseph Kiermeier-Debre. Sonderausg. München 2005. 380 S. (Bibliothek der Erstausgaben. Dtv 13393) [Der Nachdr. d. Textes folgt originalgetreu d. Erstausg. von 1872].

Heine, Heinrich: Buch der Lieder. Nachw. von Joseph Peter Strelka. Köln 2005. 192 S.

Heine, Heinrich: Buch der Lieder. Mit zeitgenöss. Ill. u. e. Nachw. von E. Galley. 14. Aufl. Frankfurt a. M. 2004. 321 S. : Ill. (Insel-Taschenbuch ; 33).

Heine, Heinrich: Buch der Lieder : Gesamtaufnahme. Sprecher: Gerd Udo Feller. München 2001. 5 CDs & Beil. (Klassiker der Literatur : romantische Gedichte).

Heine, Heinrich: Confessio Judaica : eine Auswahl aus seinen Dichtungen, Schriften und Briefen. Hrsg. von Hugo Bieber. Mit e. Vorw. von Yigal Lossin. Neu-Isenburg 2006. XIX, 284 S.

Heine, Heinrich: Deutschland. Ein Wintermärchen. Ill. von Hans Traxler ; Hrsg. Werner Bellmann. Ditzingen 2005. 143 S.

Heine, Heinrich: Deutschland. Ein Wintermärchen : Hamburg 1844. Hrsg. v. Joseph Kiermeier-Debre. 3. Aufl. München 2002. 380 S.

Heine, Heinrich: Deutschland. Ein Wintermärchen. Mit einem Nachw. v. Thomas Rosenlöcher. Frankfurt a. M. 2005. 129 S. (Insel-Taschenbuch ; 3153).

Heine, Heinrich: Deutschland. Ein Wintermärchen : geschrieben im Januar 1844. Köln 2005. 80 S.
Heine, Heinrich: Deutschland. Ein Wintermärchen. Sprecher: Konstantin Wecker. Bliesdorf, Oder 2006. 2 CDs incl. Diashow.
Heine, Heinrich: Deutschland. Ein Wintermärchen. Sprecher: Patrick Imhoff. Paderborn 2006. 2 CDs.
Heine, Heinrich: Deutschland. Ein Wintermärchen : vollständige Lesung. Sprecher: Gerd Wameling. München 2005. 2 CDs.
Heine, Heinrich: Deutschland. Ein Wintermärchen. Katharina Thalbach spricht ... Hamburg 2005. 2 CDs.
Heine, Heinrich: Deutschland. Ein Wintermärchen. Sprecher: Christian Brückner. Berlin 2005. 2 CDs.
Heine, Heinrich: Deutschland. Ein Wintermärchen : satirisches Versepos. Gelesen von Gert Westphal. Hamburg 1998. 2 CDs.
Heine, Heinrich: Der Doktor Faust : ein Tanzpoem, nebst kuriosen Berichten über Teufel, Hexen und Dichtkunst 1847. Mit Zeichnungen von Jozsef Diveky. 3. Aufl. Frankfurt a. M. 1999. 87 S. : Ill. (farb.) (Insel-Bücherei ; 1030).
Heine, Heinrich: Der Doktor Faust : ein Tanzpoem nebst kuriosen Berichten über Teufel, Hexen und Dichtkunst. Hrsg. von Joseph A. Kruse. Stuttgart 2002. 116 S. : Ill. (Universal-Bibliothek ; 3605).
Heine, Heinrich: Der Doktor Faust : ein Tanzpoem. Mit ganzseitigen Graphiken von Theo Reichenberger. Kassel 1997. 80 S. : Ill. (Europäische Profile ; 36).
Heine, Heinrich: Es flüstern und sprechen die Blumen : Gedichte. Text- und Bildausw.: Doris Kutschbach. München 2006. 56 S. : zahlr. Ill. ; Noten.
Heine, Heinrich: Es flüstern und sprechen die Blumen : die schönsten Gedichte mit Bildern seiner Zeit. Text- und Bildausw.: Doris Kutschbach. München 2006. 39 S. : zahlr. Ill. ; Noten.
Heine, Heinrich: Florentinische Nächte. Gelesen von Wolfgang Hinze. [Münster] 2004. 2 CDs.
Heine, Heinrich: Gedichte. Martin Held liest. Bergisch Gladbach 2005. 1 CD. (Lübbe audio – Bücher zum Hören).
Heine, Heinrich: Gedichte. Hrsg. von Bernd Kortländer. Stuttgart 2005. 208 S. (Universal-Bibliothek ; 18437).
Heine, Heinrich: Gedichte. Gelesen und gesungen von Sven Görtz. Franz Schubert. Bariton: Rudolf Knoll. Piano: Hugo Steurer. Merenberg 2006. 2 CDs [Bonus: Musik-CD: Die Winterreise von Franz Schubert].
Heine, Heinrich: Gedichte. Ausgew. u. eingel. von Ludwig Marcuse. 9. Aufl. Zürich 2005. 384 S. (Diogenes-Taschenbücher ; 20383). [Frühere Ausg. im Droemer-Knaur-Verl., München].
Heine, Heinrich: Gedichte aus Liebe. Ausw. von Thomas Brasch. 4. Aufl. Frankfurt a. M. [u. a.] 2000. 79 S. (Insel-Taschenbuch ; 1444).
Heine, Heinrich: Gekratzt wie gebissen. Lyrik in Concert, d. i.: Ulrich Gebauer, Lesung ; Willi Macht, Bass ; Ralf Schink, Keyboards. München 1999. 1 CD.
Heine, Heinrich: Gewalt des Genius : über französische Kunst. Hrsg. von Johannes Samuel. Juan-les-Pins 2004. 229 S.
Heine, Heinrich: Gib mir Küsse, gib mir Wonne : frivole Gedichte. Hrsg. Jan-Christoph Hauschild. Berlin 2005. 165 S.
Heine, Heinrich: Göttingen : aus der »Harzreise« von 1824 ; [aus Anlass der 106. Jahrestagung der Gesellschaft der Bibliophilen am 28. Mai 2005 in Göttingen]. [Von Jens Jenßen nach dem Erstdr. von 1826 hrsg. und mit einem Nachw. vers., sowie mit zwei Holzschn. von Alfred Pohl ill.]. Göttingen 2005. 18 S. : Ill. (... Ausgabe der Aldus-Presse Reicheneck ; 110).

Heine, Heinrich: Die Harzreise. Hrsg. von Elke Lehmann. 9. Aufl. Husum 2005. 78 S. (Husum-Taschenbuch).

Heine, Heinrich: Die Harzreise. Regie: Torsten Feuerstein. Sprecher: Alexander Khuon. Berlin 2006. 2 CDs.

Heine, Heinrich: Die Harzreise : (1826) ; Hörbuch. Gesprochen von: Achim Hübner. München 2004. 3 CDs & Beil. (1 Bl.) (Brilliant books).

Heine, Heinrich: »Ich will dir das Märchen meines Lebens erzählen« : Heinrich Heines Memoiren-Fragment. Sprecher: Hans Jochim Schmidt. Schwerin [2006]. 3 CDs.

Heine, Heinrich: Ich will meine Seele tauchen : Gedichte. Rufus Beck, Hanns Zischler. Prod.: Rainer Bielfeldt ... Düsseldorf 2006. 1 CD.

Heine, Heinrich: Ideen. Das Buch Le Grand. Hrsg. von Dierk Möller. Stuttgart 2006. 107 S. (Universal-Bibliothek : 2623).

Heine, Heinrich: Leben Sie wohl und hole Sie der Teufel : Biographie in Briefen. Hrsg. von Jan-Christoph Hauschild. [Die franz. Briefe Heinrich Heines wurden von Ingo Fellrath neu übers.]. Berlin 2005. 477 S. : Ill.

Heine, Heinrich: Lebensträume, Liebeswahn : [Lesung von Gedichten und Prosatexten, umrahmt durch Lieder von Robert Schumann]. Specher: Ulrich Matthes. Musik: Robert Schumann. Tenor: Peter Schreier. Piano: Andras Schiff. Freiburg i. Br. 2006. 1 CD : Begleitheft 7 S.

Heine, Heinrich: Liebe hab ich nie erfleht : Liebesgedichte 1817–1830. Hrsg. von Wilfrid Lutz. Güntersleben 2002. 111 S. (Contessa-Paperback ; 001).

Heine, Heinrich: Liebesgedichte. Ausgew. von Thomas Brasch. Frankfurt a. M. 2002. 77 S. (Insel-Taschenbuch ; 2822).

Heine, Heinrich: Ludwig Börne : eine Denkschrift. Hrsg. Rudolf Wolff. Bad Schwartau 2006. 213 S. (Literarische Tradition).

Heine, Heinrich: Ludwig Börne : eine Denkschrift. Sprecher: Axel Grube. Volltextlesung. Düsseldorf 2005. 6 CDs. (Onomato-Hörbücher).

Heine, Heinrich: Madame, ich liebe sie! : Gedichte. Hrsg. von Elke Schmitter. Mit Pierre Besson, Rolf Becker, Jochen Malmsheimer u. v. a. Stuttgart 2006. 1 CD & Booklet.

Heine, Heinrich: Mein Kopf ist ein zwitscherndes Vogelnest : politische Gedichte. Red. Bearb.: Edith Gogos. Erftstadt 2005. 575 S.

Heine, Heinrich: Mein Leben : autobiographische Texte. Hrsg. von Joseph A. Kruse. Frankfurt a. M. 2005. 205 S. (Insel-Taschenbücher ; 3154).

Heine, Heinrich: Memoiren. Ill. von Volker Kriegel. Frankfurt a. M. 2006. 84 S. : Ill.

Heine, Heinrich: Memoiren und Geständnisse. Hrsg. Walter Zimorski. Schleswig 2005. 176 S. : 13 sw graph. Darst.

Heine, Heinrich: Mit scharfer Zunge : 999 Apercus und Bonmots. Ausgew. von Jan-Christoph Hauschild. 4. Aufl. München 2005. 220 S. (dtv ; 13392).

Heine, Heinrich: Mit scharfer Zunge : 999 Apercus und Bonmots. Ausgew. von Jan-Christoph Hauschild. 5. Aufl. München 2006. 220 S. (dtv ; 13392).

Heine, Heinrich: Neue Gedichte. Ill. von Isabel Große Holtforth. Frankfurt a. M. 2005. 224 S. : 25 farb. ganzs. Ill.

Heine, Heinrich: Neue Gedichte. Ill. von Isabel Große Holtforth. Lim. Vorzugsausg. Frankfurt a. M. 2005. 224 S. : 25 farb. ganzs. Ill.

Heine, Heinrich: Neue Melodien spiel ich : Gedichte. Ausgew. und hrsg. von Klaus Briegleb. 3. Aufl. Frankfurt a. M. 2000. 118 S. (Insel-Bücherei ; 1175).

Heine, Heinrich: Die Nordsee. Hrsg. von Elke und Uwe Lehmann. Husum 2006. 79 S.

Heine, Heinrich: Die Nordsee. Heftbearb.: Elke und Uwe Lehmann. Husum 2005. 80 S. (Hamburger Lesehefte ; 214).
Heine, Heinrich: Die Nordsee : 1826 geschrieben auf der Insel Norderney. Sprecher: Hans Jochim Schmidt. Schwerin 2005. 1 CD.
Heine, Heinrich: Poesie und Politik. Vorgest. u. komm. von Dolf Oehler und Elke Schmitter. Mit e. Vorw. von Joseph A. Kruse. Bonn 2005. 374 S. (Schriftenreihe der Bundeszentrale für Politische Bildung ; Bd. 504).
Heine, Heinrich. Der Rabbi von Bacherach : ein Fragment. Hrsg. von Hartmut Kircher. Bibliogr. erg. Ausg. 1994. Leipzig 2004. 87 S. (Reclams Universal-Bibliothek : 2350).
Heine, Heinrich: Reisebilder. Mit e. Nachw. von Hiltrud Häntschel. 3. Aufl. Zürich 2005. 597 S. (Detebe-Klassiker. 22640). [Dieser Text folgt der von Oskar Walzel hrsg. zehnbändigen Insel-Ausg. Leipzig 1910–1915].
Heine, Heinrich: Sämtliche Gedichte in zeitlicher Folge. Hrsg. von Klaus Briegleb. [Einmalige Jub.-Ausg.]. Frankfurt a. M. [u. a.] 2005. 704 S.
Heine, Heinrich: Sämtliche Gedichte in zeitlicher Folge. Hrsg. von Klaus Briegleb. 8. Aufl. Frankfurt a. M. [u. a.] 2004. 917 S.
Heine, Heinrich: Die schönsten Gedichte. Von Annika Krummacher hrsg. München 2006. 191 S.
Heine, Heinrich: So zärtlich, Herz an Herz : die schönsten Liebesgedichte. Ausgew. von Günter Berg. Hamburg 2005. 91 S.
Heine, Heinrich: Der Tag ist in die Nacht verliebt : Gedichte. Hrsg. v. Jan-Christoph Hauschild. München 2005. 175 S. (dtv ; 13390).
Heine, Heinrich: »... und grüßen sie mir die Welt« : ein Leben in Briefen. Hrsg. Bernd Füllner u. Christian Liedtke. Hamburg 2005. 557 S.
Heine, Heinrich: Vermischte Schriften. Hrsg. von Arnold Pistiak. Nachdr. d. Ausg. Hamburg 1854. 3 Bde. Hildesheim [u. a.] 2005. XXX, 322, XVIII, 319, 344 S. (Historia scientiarum : Fachgebiet Kulturwissenschaften).
Heine, Heinrich: »Der Weg von Ihrem Herzen bis zu Ihrer Tasche ist sehr weit« : aus dem Briefwechsel zwischen Heinrich Heine und seinem Verleger Julius Campe ; Freundesgabe des Verlags anlässlich des 150. Todestages von Heinrich Heine am 17. Februar 2006. Hrsg. und mit e. Einl. von Gerhard Höhn und Christian Liedtke. Hamburg 2005. 125 S.
Heine, Heinrich: »Der Weg von Ihrem Herzen bis zu Ihrer Tasche ist sehr weit« : aus dem Briefwechsel zwischen Heinrich Heine und seinem Verleger Julius Campe ; Freundesgabe des Verlags anlässlich des 150. Todestages von Heinrich Heine am 17. Februar 2006. Hörstück mit Stephan Benson, Peter Franke und Christian Liedtke. Hamburg 2006. 1 CD & 1 Booklet (8 S.).
Heine, Heinrich: Weisheiten. [Textausw.: Bettina Gratzki]. München 2002. 61 S. : Ill.
Heine, Heinrich: Wenn ich in deine Augen seh : Gedichte & Balladen. Gesprochen von Gerd Baltus, Maren Eggert, Peter Franke, Donata Höffer, Karl Menrad, Dietmar Mues, Jona Mues, Rolf Nagel, Jana Schulz, Erika Skrotzki, Katharina Thalbach. Hamburg 2005. 1 CD.
Heine, Heinrich: »Wie fern die Heimat!« : Gedanken zu Europa. Ausgew. von Christian Liedtke. Regie: Wolfgang Stockmann. Sprecher: Peter Franke. Hamburg 2005. 1 CD & 1 Booklet (12 S.).
Heine, Heinrich: Zur Geschichte der Religion und Philosophie in Deutschland. Sprecher: Hans Jochim Schmidt. Schwerin [2006]. 6 CDs.
Heinrich Heine : ein neues Lied, ein besseres Lied, oh Freunde will ich Euch dichten. In einer Rezitation von Manfred M. Bender. Askalun-Theater e. V. Pforzheim [2002]. 1 CD & Booklet (6 S.). (Askalun-Matinee-Serie).

Heinrich Heine : eine Auslese. Wien 2003. 240 S. (Klassiker-Edition).
Heinrich Heine – eine Auswahl. Sprecher Fred Düren, Herwart Grosse, Jürgen Holtz ... [Köln] 2006. 1 CD & Beil. (7 S.).
Heinrich Heine für Große und Kleine : Gedichte. Nach dem gleichnamigen Buch, hrsg. von Jan-Christoph Hauschild. Produktion: Ulrich Maske. Hamburg 2006. 1 CD.
Heinrich Heine für Große und Kleine : Gedichte. Mit Bildern von Reinhard Michl. Hrsg. v. Jan-Christoph Hauschild. München 2005. 93 S. : farb. Abb. (dtv ; 13391).
Heinrich Heine Kalender 2006. Hrsg. Jan-Christoph Hauschild. Hamburg 2005. 176 S. : zahlr. Ill.
Klassisch gut : Heinrich Heine Zitate. Hrsg. von Christel Foerster mit Ill. von Max Schwimmer. Leipzig 2006. 123 S. : Ill.
Lebet wohl, wir kehren nie / Nie zurück von Bimini! : Heine für Kinder. Ausgew. von Peter Härtling. Ill. von Hans Traxler. Frankfurt a. M. 2006. 75 S. : 15 farb. Ill.
Die Worte und die Küsse sind wunderbar vermischt ...: ein Heine-Lesebuch. Hrsg. v. Bernd Kortländer unter Mitarb. v. Martin und Ulrike Hollender. Ditzingen 2005. 256 S.

1.3 Texte in Anthologien

50 Klassiker Lyrik : bedeutende deutsche Gedichte. Dargest. von Barbara Sichtermann und Joachim Scholl unter Mitarb. von Klaus Binder. 2. überarb. Aufl. Hildesheim 2005. 263 S. : Ill. (Gerstenberg visuell). [Heine S. 96–101, 102–107 und zahlr. Erw.].
50 Klassiker Lyrik : bedeutende deutsche Gedichte. Dargest. von Barbara Sichtermann und Joachim Scholl. Gesprochen von Clemens von Ramin. Hildesheim. (Gerstenberg-Hörbuch). Teil 1: 2004. 3 CDs. [Heine: »Am Teetisch«].
1400 deutsche Gedichte und ihre Interpretationen. Frankfurt a. M. Bd. 4: Von Heinrich Heine bis Theodor Storm. 2002. 541 S. [Heine S. 101–303].
Alauneh, Issa: Aphorismen und Zitate über den Tod und den Arzt : Medizin, Philosophie, Dichtung und Theologie. Frankfurt a. M. 1992. [Heine-Zitat S. 46].
Alle beisammen : wandern mit Seume, Goethe, Heine ...; Anthologie. Karin Baseda-Maass (Hrsg.). Hamburg 2002. 100 S. [»Aufbruch in frischer Morgenluft« S. 18–19, »Ich hob meine Füße und ging« S. 43–45, »Krampfstillend und gemütberuhigend« S. 62, »Geräucherte Heringe« S. 67].
Die allerneueste klassische Sau. Hrsg. von Eva Zutzel und Adam Zausel. Mit Bildern von Wolfgang Herrndorf und einem Vorspiel von Robert Gernhardt. Zürich 1999. 480 S. : Ill. (Das Handbuch der literarischen Hocherotik ; Folge 3). [»Du sollst mich liebend umschließen« S. 338, »Ich kann es nicht vergessen« S. 233].
Alles Liebe ... ich denk an dich! : ein klingendes Geschenk-Album. Interpreten u. a.: Karl Menrad, Katharina Thalbach. Hamburg [2002]. 1 CD & Beil. [»Das Fräulein stand am Meere«, »Deutschland. Ein Wintermärchen«. Anfangspassage].
Alles Liebe und Dankeschön : ein klingendes Geschenk-Album. Hamburg [2001]. 1 CD & Beil. [»Ich weiß nicht, was soll es bedeuten«].
Alles Liebe und rote Rosen! : ein klingendes Geschenkalbum. Von und mit Gerd Baltus, Wilhelm Busch, Celtic Tradition ... Hamburg 2005. 1 CD. [»Deutschland. Ein Wintermärchen«, Auszug].
Alles Liebe, von ganzem Herzen : ein klingendes Geschenk-Album. [Texte von Heinrich Heine, Johann Wolfgang von Goethe, ... Interpretiert von Dietmar Mues, Peter Franke, ...]. Hamburg 2004. 1 CD [»Der Schmetterling ist in die Rose verliebt«, »Die Launen der Verliebten«].

Heine-Literatur 2005/2006 mit Nachträgen

»Alles zu seiner Zeit« : Gutes für Leib und Seele im Jahreslauf ; drittes Rezeptbuch der Schorndorfer LandFrauen. Zsgst. u. hrsg. von Helga Knauß-Auwärter. Schorndorf-Schlichten 2005. 96 S. [»Frühlingsgruß« S. 26].

Amüsantes-Amouröses : aufgenommen am 21.10.2000 im Theater Akzent. Karlheinz Hackl liest. Wien 2001. 1 CD. [»Letzte Gedichte und Nachlese«, »Donna Clara«].

Apokalypse : Schreckensbilder in der deutschen Literatur von Jean Paul bis heute ; ein Lesebuch. Ausgew. und komm. von Jürgen Engler. Berlin 2005. 354 S. [»Götterdämmerung« S. 49–52].

Aus vollem Herzen : ZDF-Stars lesen für UNICEF ; 40 Jahre ZDF. Elke Heidenreich, Hannelore Elsner, Thomas Gottschalk ... Idee, Konzept und Realisation: Elmar Bartel. München 2003. 1 CD. [»Ein Jüngling liebt ein Mädchen«, »Deutschland«, »Sie saßen und tranken am Teetisch«].

Aus vollem Herzen : ZDF-Stars lesen für Stiftung Lesen 3. Red. Elmar Bartel. München 2005. 1 CD. [»Ein Weib«].

Balladen. Gesammelt vom Lehrerverband Berlin. Buchschmuck nach Zeichnungen von Albrecht Dürer. Berlin [1924]. 157 S. [»Belsazer« S. 39].

Balladen. Johann Wolfgang Goethe, Friedrich Schiller, Heinrich Heine ... Lutz Görner. [Unterhaching] 2003. 1 CD. [»Lorelei«].

Balladen : deutsche Balladen im Wandel der Zeit ; CD-Hörbuch. In einer Rezitation von Manfred M. Bender. Askalun-Theater e.V. Pforzheim [2001]. 1 CD & Booklet (6 S.). (Askalun-Matinee-Serie). [»Der Schelm von Bergen«, »Belsazar«].

Die berühmtesten deutschen Gedichte : auf der Grundlage von 200 Gedichtsammlungen. Ermittelt und zsgest. von Hans Braam. Mit einem Vorw. von Helmut Schanze. Stuttgart 2004. XII, 307 S. [Heine S. 181–188].

Die besten Geschichten aus der Weltliteratur. Hrsg. v. Patricia Walter. Augsburg 2003. 74 S. (Lese-Schärfe ; 2003). [»Aus den Memoiren des Herrn von Schnabelewopski« S. 33–34].

Blaue Gedichte. Hrsg. von Gabriele Sander. Stuttgart 2004. 138 S. (Universal-Bibliothek ; 18097). [»Mit deinen blauen Augen« S. 78].

Blüten-Küche : Blüten-Kräuter-Kochrezepte. Ill. von Christiane Schlüssel. Beitr. von Katrin Pieper. Leipzig 2005. 24 S. : zahlr. farb. Abb. [»Die Veilchen kichern und kosten« S. 11 und »Es hat die warme Frühlingsnacht« S. 25].

Dank den Jahreszeiten : die Jahreszeiten im deutschen Gedicht. Ausgew. von Heinz Kächele ; ill. von Werner Ruhner. 2. Aufl. Berlin 1959. 251 S. : Ill. [»Lied« S. 54, »Gekommen ist der Maie« S. 68, »Mag da draußen Schnee sich türmen« S. 182, »Winter« S. 183].

Deutsche Dichtung. Stuttgart. Bd. 3: Das Jahrhundert Goethes. 1995. 220 S. [Heine-Gedichte S. 126–133].

Das deutsche Gedicht : vom Mittelalter bis zur Gegenwart. Hrsg. von Wulf Segebrecht unter Mitarb. von Christian Rößner. [Frankfurt a.M.] 2005. 702 S. [Heine S. 244–251].

Deutsches Lesebuch : von Luther bis Liebknecht. Hrsg. von Stephan Hermlin. [München] 1976. 577 S.

Du musst das Leben nicht verstehen ...: glückliche Momente in Musik und Poesie. Hannelore Elsner, Otto Sander, Walter Sittler. Stuttgart 2005. 1 CD. (Kreuz plus : Musik). [»Welch ein Frevel«].

Eros des Essens : Geschichten von Kopf und Bauch aus der europäischen Literatur ; eine Produktion des Strauhofs Zürich im Zusammenhang mit der gleichnamigen Ausstellung vom 26. November 2003 bis 29. Februar 2004 und in Zusammenarbeit mit dem Alimentarium, Museum für Ernährung, Vevey (Ausstellung April 2004 bis April 2005). Mit Ueli Jäggi (UJ), Graziella Rossi (GR) und Helmut Vogel (HV), Sprecher/in. Textausw.: Roman Hess. Zürich 2003. 2 CDs & Beil. (11 S.) [»Deutschland. Ein Wintermärchen«].

Es hat ein Kuss mir Leben eingehaucht : Lesung mit Musik. Günderode, Mörike, Novalis u. a. Sprecherin: Doris Wolters. Saxophon: Harry White. SWR. Freiburg i. Br. 2005. 1 CD & Booklet (4 S.). [»Wahrhaftig«, »Abenddämmerung«].

Es kommt ein andrer Tag : Gedichte zur Ermutigung. Hrsg. von Thomas Schaefer. Leipzig 2005. 159 S. [»Das Fräulein stand am Meere« S. 81, »Doktrin« S. 117].

Es sitzt ein Vogel auf dem Leim : rabenschwarze Gedichte. Hrsg. von Anton G. Leitner. Leipzig 2004. 159 S. [»Ein Weib« S. 36, »Unstern« S. 61].

Frankfurter Anthologie. Frankfurt a. M. Bd. 28, 2005. [»Schöne Wiege meiner Leiden« S. 61–62].

Frühlingsbote : die schönsten Frühlingsgedichte. Von A. v. Arnim, J. W. v. Goethe, H. Heine, ... Erzählt von Konrad Beikircher, Ulrich Mühe, Otto Mellies, ... Düsseldorf 2006. 1 CD. (Patmos piccolo). [»Leise zieht durch mein Gemüt«, »Im wunderschönen Monat Mai«].

Für Polens Freiheit : achthundert Jahre deutsch-polnische Freundschaft in der deutschen Literatur. Zsgest. und hrsg. von Manfred Häckel. Vorworte von Rudolf Leonhard und Leon Kruczkowski. Berlin [1953]. 404 S. [»Worte über Polen« S. 211].

Für Schmusekatzen : Gedichte ; Mini-CD. Vorgetr. von Clemens von Ramin zu Lounge-Musik. [München] 2005. 1 CD. (Pattloch Lounge). [»Bin kein sittsam Bürgerkätzchen«].

Gedichte fürs Herz. Ausgew. und mit einem Nachw. von Stefan Ulrich Meyer. München [2005]. 302 S. [»Guter Rat« S. 113, »Ich grolle nicht und wenn das Herz auch bricht« S. 177, »Clarisse« S. 202, »Wiedersehen« S. 242].

Gott ist Mensch geworden : Weihnachten in Geschichten und Gedichten. [Hrsg.: Helfende Hände, Münster. Ausw.: Friedrich Horstmann]. Münster [1976]. 32 S. [»Die heil'gen drei Könige« S. 6].

Das große Weihnachtsbuch : Erzählungen und Gedichte aus fünf Jahrhunderten. Günter Stolzenberger. Düsseldorf [u. a.] 2005. 613 S. : Ill. [»Altes Kaminstück«, »Der Tag der Geschenke« (Brief 11. 12. 1841) S. 184–185].

Harbecke, Ulrich: Mantel, Schwert und Feder : St. Martins Ritt durch die deutsche Literatur ; literarische Parodien. Mit Ill. von Joachim Klinger. Düsseldorf 1997. 120 S. : Ill. [»Ein Märchen« 64].

Hausbuch deutscher Lyrik. Ges. von Ferdinand Avenarius. Mit Zeichn. von Fritz Phil. Schmidt. 10. Aufl. München 1910. VIII, 378 S. : Ill.

Herz, was soll das geben? : Liebesgedichte. Hrsg. Anton G. Leitner. Leipzig 2005. 160 S. [»Sie liebten sich beide, doch keiner« S. 25, »Liebe! Liebe! deine Macht« S. 41, »In den Küssen welche Lüge!« S. 44, »Herz, mein Herz, sei nicht beklommen« S. 110].

Herzlichen Dank. Textausw.: Roland Leonhardt. Lahr 1995. [46] S. : überw. Ill. (Licht und Freude ; 93512). [Heine-Zitat S. 16].

Das Hörbuch : Hörbuch mit Musik. Büchner, Goethe, Heine, ... Sprecher: Roland Astor, Gerd Udo Feller, Wolfgang Hinze, ... Unterhaching 2000. 1 CD (Klassiker der Literatur : Auszüge aus Naxos-Hörbüchern). [»Deutschland. Ein Wintermärchen«, Ausz.].

Ich bin so ganz dein Eigen : die schönsten deutschen Liebesgedichte ; Lesung. SWR. Mit Anna Thalbach, Christian Brückner u. v. a. Ausgew. und mit einem Nachw. von Bernd F. Lunkewitz. [Berlin] 2005. 1 CD & Booklet (6 S.). [»Du bist wie eine Blume«, »Im wunderschönen Monat Mai«].

Ich liebe Dich : prominente Stimmen lesen Liebeslyrik großer Dichter ; die schönsten bekannten und unbekannten Liebesgedichte vom Mittelalter bis heute. U. a. von Günter Grass ... Gelesen von Rufus Beck ... Regie: Gabriele Kreis. Hamburg 2002. 1 CD [»Ein Weib«, »Ein Jüngling liebt ein Mädchen«, »Es war ein alter König«].

Ich liebe dich : die hundert schönsten Liebesgedichte. Ausgew. von Bernd F. Lunkewitz. Berlin 2004. 169 S.
Ich wandle unter Blumen : die schönsten Gartengedichte. Hrsg. von Klaus Seehafer. 2. Aufl. Berlin 2000. 175 S. [»Ich wandle unter Blumen« S. 41, »Am leuchtenden Sommermorgen« S. 42].
»In Hamburg ist die Nacht nicht wie in andern Städten« : ein musikalisch-literarisches Hamburg-Porträt. Sprache und Gesang Gerhard Garbers ; Jörg Lichtenstein ; Andreas Pietschmann ... Musiker Toni Borak ... Komposition, Arrangements Michael Jan Haase. Regie Sonja Valentin. Textausw. Matthias Wegner. Im Auftr. der Hamburger Feuerkasse. Hamburg 2002. 1 CD. [»Töchter Hammonias«].
In höchsten Höhen : eine Gedicht-Revue. Hrsg. Karl O. Conrady. Berlin 2005. 222 S.
Ein Jahrhundert unter Dampf : die Eisenbahn in Deutschland 1835–1919 ; Vorgeschichte und Anfänge ; Aufbruch ins Industriezeitalter: Hrsg.: DV Museum Deutsche Bahn AG, Jürgen Franzke. Mit Beitr. v. Ursula Bartelsheim ... Nürnberg 2005. 160 S. : zahlr. z. T. farb. Abb. (Geschichte der Eisenbahn in Deutschland ; Bd. 1). [Heine S. 38–105].
Jesus unter Dichtern : ein literarisches Evangelium. Hrsg. von Martin Scharpe. Stuttgart 2002. 157 S. [»Auferstehung« S. 122–123].
Jetzt fängt das schöne Frühjahr an : die schönsten Lieder, Reime und Geschichten. Ulrich Maske & Susanne Schwandt. Bindlach 2004. [24] S. : zahlr. Ill., Noten. [»Leise zieht durch mein Gemüt« S. 14].
Klagendes Leid – schaurige Lust : Balladen und Melodramen der deutschen Romantik. Otto Sander. Christoph Israel Piano. Düsseldorf 1998. 1 CD. [»Die Wallfahrt nach Kevlaer, op. 12«].
Kleine Weisheiten für Genießer. Hrsg. von Evelyne Polt-Heinzl und Christine Schmidjell. Stuttgart 2005. 127 S. (Universal-Bibliothek ; 18321).
Kleine Weisheiten für Tierfreunde. Hrsg. von Evelyne Polt-Heinzl und Christine Schmidjell. Stuttgart 2005. 127 S. (Universal-Bibliothek ; 18326).
Lenore fuhr ums Morgenrot : deutsche Balladen des 18. und 19. Jahrhunderts ; Hörbuch. Sprecher: Reiner Unglaub. Regie: Hans Eckardt. Marburg a. d. Lahn [2002]. 3 CDs. (Reihe Lyrik, Gedichte, Balladen). [»Die Weber«, »Die Grenadiere«, »Ich weiß nicht, was soll es bedeuten«, »Die Wallfahrt nach Kevlaar«, »Der Schelm von Bergen«].
Lesebuch für Erwachsene. Wolfgang Weyrauch. 1.–5. Tsd. Passau 1948. 304 S.
Lieb mich! : Gedichte und Szenen. Vorgetr. von Marek Harloff, Alexander Khuon, Roman Knizka ... Torsten Feuerstein (Hrsg.). Regie und Produktion: Torsten Feuerstein. Mit Musik von TempEau. Frankfurt a. M. 2005. 1 CD & Booklet (11 S. : Ill.) [»Du bist wie eine Blume«, »Das Herz ist mir bedrückt«].
Liebe in Briefen. Gesprochen von Jutta Lampe, Martin Benrath, Veronika Nickl, Ulrich Matthes. Ausw. der Briefe: Otto Düben. Wermatswil (Literatur für's Ohr : Literatur und Musik). 1: 1993. 1 CD. [Briefwechsel zwischen Elise Krienitz und Heinrich Heine 1855–1856].
Liebes altes Lesebuch : kurzweilige und nützliche Geschichten, Gedichte, Fabeln für Alte und Jung. Ges. und hrsg. von Rudolf Otto Wiemer. Hamburg 1966. 362 S. : Ill. [»Die heil'gen drei Könige« S. 65].
Liebesflüstern : Mini-CD ; »über die Liebe« aus dem »Propheten«, aus dem Hohelied der Liebe und Gedichte von C. Brentano ... Erzählt von Konrad Beikircher ... Düsseldorf 2005. 1 CD & Beil. (1 Briefbogen mit Vignette). (Patmos Piccolo). [»Ich weiß nicht, was soll es bedeuten«, »Ein Jüngling liebt ein Mädchen«].
Liebeslieder : Lust & Liebesgedichte. Oliver Steller. Frechen 2001. 1 CD. [»Du bist wie eine Blume«, »Ein Jüngling liebt ein Mädchen«].

Lieblingsgedichte : die 100 schönsten Gedichte der deutschen Literatur. Interpreten: Carmen M. Antoni, Konrad Beikircher, [u. a.]. Musik: Volker Niehusmann. Regie: Karin Lorenz. Düsseldorf 2003. 2 CDs & Beil. (15 S.) [»Ein Jüngling liebt ein Mädchen«, »Das Fräulein stand am Meere«, »Im wunderschönen Monat Mai«, »Leise zieht durch mein Gemüt«].

Von der Lippe, Jürgen: Die andere Seite : Lyrik & Musik ; Gedichte von Goethe, Brecht, Kästner, Fontane u. a. Jürgen von der Lippe. Produzent: Mario Hene. Piano: Gerd Pommerien. Berlin 1999. 1 CD in Schuber & Beil. (26 S.) [»Ein Jüngling liebt ein Mädchen«].

Der Lippen süßer Eros : Kussgedichte. Hrsg. und mit einem Nachw. von Otto F. Best. Zürich 2002. 90 S. [»Hast du die Lippen mir wund geküsst ...« S. 41].

Lutz Görner spricht: Trunken von Gedichten : die fünfzig schönsten Texte aus fünfundzwanzig Jahren Rezitation ; Heine, Tucholsky, Hikmet, Busch, Fontane, Gernhardt, Lessing, Brentano, Mörike, Claudius, Droste-Hülshoff, Lasker-Schüler, Ringelnatz, Morgenstern u. v. a. Münster 2000. 2 CDs & 1 Leporello. [»Geschichte der Philosophie«, »Die Wahlesel«, »Die Launen der Verliebten«].

Lyrisches Lebensgeleite : von Eichendorff bis Rilke. Gesammelt von Gustav Radbruch. 2. Aufl. Göttingen 1958. 158 S. (Kleine Vandenhoeck-Reihe ; 63/64).

Das Meer : Gedichte. Hrsg. von Andrea Wüstner. Stuttgart 2005. 133 S. : Ill. (Universal-Bibliothek ; 18302). [»Fragen« S. 21, »Das Fräulein stand am Meere« S. 37, »Im Mondenglanz ruht das Meer« S. 57].

Merkur, Neptun und Hammonia : ein hamburgisches »Dokumentarium« geschnitten aus alten Aufzeichnungen, Büchern und Bildern. Eingel. u. komm. v. Bernhard Meyer-Marwitz. [Hrsg. von d. Hamburg-Gesellschaft e. V.]. Hamburg [1961]. 230 S. : Ill. [»Als Hammonia noch auf Erden wandelte« S. 17–19].

Merten, Michaela: Für Dich! : Liebesgedichte. Mit Blumenporträts von Micha Pawlitzki. Stuttgart 2006. 48 S. : 23 farb. Fotos. [»Ich hab dich geliebet«, »Dass du mich liebst«].

Merten, Michaela: Für Dich!. Lyrik Lounge [das sind: Michaela Merten, Sprache und Gesang. Wolfgang Opitz, Saxophone, ... Laurentius Retzer, Bass, ...]. Stuttgart 2006. 1 CD. [»Dass Du mich liebst« S. 18, »Ich habe Dich geliebet« S. 44].

Möchten Sie unsterblich sein? : ein Lesebuch. Hrsg. von Rüdiger Kaldewey und Franz W. Niehl., 1. [Dr.]. München 1992. 159 S. : Ill. (Geistliches Lesebuch ; Bd. 2). [»Der Asra« S. 134].

Mythos Casanova : [Texte von Heine bis Bunuel]. Hrsg. von Hartmut Scheible. Leipzig 2003. 255 S. (Reclam-Bibliothek Leipzig ; Bd. 20066). [Brief 7. 6. 1822 S. 76].

Neue Liebe, neues Leben : Frühling in Musik und Poesie. Mit Hans-Peter Bögel. Stuttgart 2000. 1 CD. [»Im wunderschönen Monat Mai«, »Sie saßen und tranken am Teetisch«].

Poesie der Lebensalter : Gedichte. Ausgew. von Evelyne Polt-Heinzl und Christine Schmidjell. Stuttgart 2005. 159 S. : Ill. (Universal-Bibliothek ; 18363). [»Guter Rat« S. 82, »Testament« S. 108, »Rückschau« S. 118].

Reich-Ranicki, Marcel: Meine Geschichten : von Johann Wolfgang von Goethe bis heute. Frankfurt a. M. 2003. 655 S. [»Der Rabbi von Bacherach« S. 81–126].

»Schläft ein Lied in allen Dingen ...« : Dichtung und Musik ; Studioproduktion vom 13. März 1990. Sprecher: Gert Westphal. Harfe: Gudrun Haag. Hamburg 1990. 1 CD & Booklet.

Die schöne Leiche : Texte von Clemens Brentano, E. T. A. Hoffmann, Edgar Allan Poe, Arthur Schnitzler und anderen. Ausgew. und mit einem Nachw., Anm. und bibliogr. Hinweisen vers. von Elisabeth Bronfen. München [1992]. 448 S. [»Florentinische Nächte« 58–117, Heine-Bezug im Nachwort].

Die schönsten Geschichten der Weltliteratur. Hrsg. v. Patricia Büdinger. Augsburg 2005. 79 S. (Lese-Schärfe ; 2005, Januar). [»Ein Fichtenbaum steht einsam« S. 79].

Die schönsten Geschichten der Weltliteratur. Hrsg. v. Patricia Büdinger. Augsburg 2004. 79 S. (Lese-Schärfe ; 2004, November). [»Ein Weib« S. 43–44].
Die schönsten Geschichten der Weltliteratur. Hrsg. v. Patricia Büdinger. Augsburg 2005. 77 S. (Lese-Schärfe ; 2005, Februar). [»Ich weiß nicht, was soll es bedeuten« S. 3–40].
Die schönsten Kindergedichte. Ausgew. von Max Kruse. Mit Ill. von Katja Wehner. Berlin 2003. 303 S. : zahlr. Ill. [»Der Sonnenuntergang« S. 40].
Die schönsten Liebesgedichte. Ausgew. von Sigrid Damm. Gelesen von Imogen Kogge und Gerd Wameling. München 2001. 1 CD & Text (11 S.). [»Mein süßes Lieb, wenn Du im Grab«, »Ein Jüngling liebt ein Mädchen«, »Worte! Worte! Keine Taten!«].
Die schönsten Liebesgedichte. Ausgew. von Günter Berg. Frankfurt a. M. 2002. 118 S. (Insel-Taschenbuch ; 2827).
Die schönsten Seemannslieder. Hrsg. v. Günter Pössinger. Rastatt 1992. 128 S. : Notenbeisp. (Deutsche Volkslieder). [»Die Lorelei« S. 29].
Schoeps, Hans Joachim: Ungeflügelte Worte : was nicht im Büchmann stehen kann. Berlin 1971. 277 S.
Stadtleben : ein Lesebuch. Unter Mitarb. von Waltraud Wende-Hohenberger hrsg. v. Karl Riha. Orig.-Ausg. Darmstadt [u. a.] 1983. 176 S. : Ill. [»Jungfernsteg« S. 82, »Türme und Tore« S. 140].
Die Stimmen, die Rufenden : Akzente in Balladen ; Lyrik, Lesung. Johann Wolfgang von Goethe ... Gelesen von Christian Brückner ... Hrsg. von Angela di Ciriaco-Sussdorff. [Köln] 2004. 2 CDs & Booklet (24 S.). [»Belsazar«].
Der Strom : Lesewerk für höhere Schulen. Hrsg. von Felix Arends, Anton Gail und Karl Jacobs. Düsseldorf. Bd. 8: Deutsche Gedichte. 2. überarb. Aufl. 1953. 318 S. [»An meine Mutter«, »Nachtgedanken«, »Die Wallfahrt nach Kevlaar«, »Frau Sorge«, »Wo?«].
Sulke, Stephan: Niederfallen ferner Sterne : die schönsten deutschen Balladen. Berlin 2005. 1 CD. (Pop & Poesie). [»Lorelei«, »Belsazar«].
Textbuch Lyrik : eine rückläufige Anthologie deutscher Gedichte von der Gegenwart bis zur Renaissance. Rainer Kußler [Hrsg.]. 3. Aufl. München 1982. 40 S.
Thesaurus oder Lesebuch zur älteren deutschen Geschichte : Dokumente und zeitgenössische Schriften von Tacitus bis Heine. Ernst Busse Hrsg. Paris 2005. 833 S. [»Das Buch LeGrand« Kap. 6 (Ausz.) S. 795–796].
Tragische Geschichten : Kleist, Schiller, Hebbel, Heine, Hoffmann, Eichendorff, Arnim, Droste-Hülshoff. [Hrsg.: Julius Zeitler]. Berlin [1926]. 475 S. [»Der Rabbi von Bacherach« S. 264–309].
Und das schönste Fest ist da : weihnachtliche Gedichte. Hrsg. Stephan Koranyi. Leipzig 2005. 160 S. [»Draußen ziehen weiße Flocken« S. 20, »Die Heilgen Drei Könige aus Morgenland« S. 39].
Vom Gestern zum Heute : 200 Jahre deutsche Geschichte in Texten und Dokumenten. München 1987. 438 S. : Ill., Noten. (Dtv ; 79018). [»Die Julirevolution« S. 38].
Von ganzem Herzen. Von H. Heine, ... Erzählt von Dieter Mann, ... Düsseldorf 2006. 1 CD. (Patmos piccolo). [»Das Fräulein stand am Meere«].
Was also ist die Zeit? : Erfahrungen der Zeit. Gesammelt von Gottfried Honnefelder. 3. Aufl. Frankfurt a. M. 1994. 283 S. [Heine-Zitat S. 239].
Was ist Glück ...? : 1060 Zitate geben 1060 Antworten. Winfried Hönes (Hrsg.). Köln 1991. 180 S. (DuMont-Taschenbücher : 259).
Weihnachtsgedichte aus tausend Jahren. Ausgew. von Gesine Dammel. 2. Aufl. Frankfurt a. M. [u. a.] 2002. 128 S. (Insel-Taschenbuch ; 2785). [»Die heil'gen drei Könige« S. 63].

Weihnachtszauber Winternacht : Geschichten und Gedichte. Zsgest. von Stephan Koranyi und Gabriele Seifert. Stuttgart 2005. 192 S. [»Altes Kaminstück«, »Ein Fichtenbaum steht einsam«].
Wenn ich durch Wald und Fluren geh : deutsche Naturgedichte der Klassik und Romantik. Hrsg. von Klaus Seehafer. 3. Aufl. Berlin 2005. 176 S.
Wie ich dich liebe : Liebesgedichte ; Mini-CD. Vorgetr. von Clemens von Ramin zu Lounge-Musik. [München] 2005. 1 CD. (Pattloch Lounge). [»Am Teetisch«].
Wohlan, so lasst die Sau heraus! : neueste Folge. Hrsg. von Eva Zutzel und Adam Zausel und einer Einstimmung von Johann Wolfgang von Goethe. Taschenbuchausg. München [u. a.] 2004. 511 S. : Ill. (Das Handbuch der literarischen Hocherotik ; [4] : Heyne-Bücher / 62 ; 0363). [»Küsse« S. 21].
Die Wundertüte : alte und neue Gedichte für Kinder. Hrsg. von Heinz-Jürgen Kliewer und Ursula Kliewer. Überarb. und erg. Neuaufl. Stuttgart 2005. 356 S. : Ill. [»Der Wind zieht seine Hosen an« S. 46].
Der Zauberlehrling : [Balladen und Gedichte]. Eberhard Esche spricht Balladen und Gedichte. [Berlin] 2001. 1 CD. (Ohr-Eule). [»Zur Beruhigung«, »Entartung«, Fragen«, »Zur Teleologie«, »O das Volk hat Schmeichler gefunden«].

1.4 Übersetzungen

Ady, Endre, Mihály Babits und Heinrich Heine: Poesías. Trad. por Pábló Laszló. Habana 1928. 24 S. [Heine-Gedichte S. 22–59].
Heine, Heinrich: Alemania, un cuento de invierno : edicíon bilingüe. Versión española y notas de Jesús Munárriz. Con catorce xilografías de Gerhard Kurt Müller y quince dibujos de Fernando Gómez. 1. ed. Madrid 2001. 306 S. : Ill. (Poesía Hiperión ; 411). [EST: Deutschland. Ein Wintermärchen].
Heine, Heinrich: Auswahl von Gedichten : ein zweisprachiges Buch. Übersetzung von Igal Frankel. Reshafim, Israel [2004]. 120 S. [Manuskript, hebr./dt.].
Heine, Heinrich: Confesiones y memorias. Trad. y notas Isabel Hernández. Barcelona 2006. 182 S. [EST: Memoiren und Geständnisse].
Heine, Heinrich: Cuadros de viaje. Introd., trad. y notas Isabel García Adánez. Madrid 2003. 519 S. (Biblioteca universal Gredos ; 9). [EST: Reisebilder].
Heine, Heinrich: Écrits mythologiques. Trad., notes et postface par Marie-Ange Maillet. Paris 2004. 175 S. (Bibliothèque franco-allemande). [Enth.: Esprits élémentaires ; La déesse Diane ; Le Docteur Faust ; Les dieux en exil ; EST: Mythologische Schriften].
Heine, Heinrich: Germania : agadat choref ; (nichtav beshnat 1844). Tirgem mi-Germanit chosif acharit-davar Shelomoh Tanai. Tel Aviv 1993. 118 S. [EST: Deutschland. Ein Wintermärchen <hebr.>].
Heine, Heinrich: Germany : a winter's tale. Transl. with introduction and notes by John Goodby. Middlesbrough 2005. 116 S. [EST: Deutschland. Ein Wintermärchen].
Heine, Heinrich: Idées. Le livre de Le Grand. Trad. de l'allemand présenté et annoté par Pierre Deshusses. Préface de Claudio Magris. Paris 2003. 171 S. [EST: Ideen. Das Buch Le Grand].
Heine, Heinrich: Izbrannye stichotvorenija. Podbor, kommentarij i slovac': T. Snitke. Dlja 2. goda obucenija. Moskva 1938. 111 S. (Lies deutsch). [EST: Ausgewählte Gedichte <russ.>].
Heine, Heinrich: Lirski intermeco. Preveo Branimir Zivojinović. Nachw. von Mirko Krivokapic. Beograd 2000. 120 S. (Đacka biblioteka ; 36). [EST: Lyrisches Intermezzo <serbokroat.> ; kyrill.].

Heine, Heinrich: Mais qu'est-ce que la musique? : chroniques. Éd. préparée et présentée par Rémy Stricker. Arles 1997. 158 S. (Collection Babel). [Auszüge aus »De la France« und »Lutèce«].
Heine, Heinrich: Mémoires & aveux. Présentation et notes: Frédéric Chaleil. [Trad. de l'allemand par Jean Bourdeau]. Paris 1997. 154 S. [EST: Memoiren und Geständnisse].
Heine, Heinrich: Mishirej. Meturgamim migermanit Josef Tsur im shir mabo meet Henri W. Longfellow ufhir meet Matthew Arnold meturgamim mianglit. Tel Aviv 1995. 62 S. [EST: Gedichte <Ausw., hebr.>].
Heine, Heinrich: Niemcy, baśń zimowa. Tłum. Antoni Skibiński. Berlin 1997. 78, [6] S. [EST: Deutschland. Ein Wintermärchen <poln.>].
Heine, Heinrich: Nuits florentines : précédé de Le rabbin de Bacharach et de Extrait des mémoires de Monsieur de Schnabelévopski. Trad., notes et postface de Diane Meur. Paris 2001. 193 S. (Bibliothèque franco-allemande). [Enth.: Nuits florentines ; Le Rabbin de Bacharach ; Extrait des mémoires de Monsieur de Schnabelévopski ; EST: Florentinische Nächte].
Heine, Heinrich: Tableaux de voyage. Trad., notes et postface par Florence Baillet. Paris 2000. 216 S. (Bibliothèque franco-allemande). [EST: Reisebilder].
Heinrich Heine. Izbr. Štefan Vevar. Ljubljana 2004. 185 S. (Mojstri lirike). [dt. und slowen.].
Voss, Monika: Kennste noch dat alde Leed : Heine-Texte in Original und Mundart. Ill. von Zeynep Yüksel. Düsseldorf 2006. 215 S.

2 Sekundärliteratur

2.1 Dokumentationen, Monographien und Aufsätze

:in Deutsch. 2003, 2: Themenheft: Heine-Highlights : Lyrik und Prosa für Einsteiger. 32 S. : Ill. + 1 Folie.
Amerongen, Martin van: De mysterieuze vijandschap tussen Heinrich Heine en Ludwig Börne. In: Maatstaf. Amsterdam 1983, 10/11. S. 93–100.
Anglet, Andreas: »Gar befremdliche Gesichter« – der Sklavenhandel und die Thematisierung des Fremden in Bérangers ›Les nègres et les marionettes‹ und in Heines ›Das Sklavenschiff‹. In: Etudes Germaniques. Paris 58, 2003, 1. S. 29–44.
Aparicio Vogl, Julia: Heine – ein Spötter von der traurigen Gestalt : die Präsenz des Don Quijote und seines Autors Cervantes im Werk Heinrich Heines ; Deutungsanalysen und Stilvergleiche. Frankfurt a. M. 2005. 536 S. : 13 sw Abb. [Zugl.: Stuttgart, Univ., Diss., 2004].
Arendt, Dieter: Heinrich Heine – die zeitliche Signatur oder die futuristische Geschichte oder: Der Poet zwischen Prophetie und Utopie. In: Ders.: Literarische Streifzüge. Fernwald. 4: Aufklärung – Romantik – Gegenwart. 2005. S. 65–94.
Aufenanger, Jörg: Heinrich Heine in Paris. München 2005. 159 S. : Abb.
Azbukina, Alla B.: Solovej v russkich parodijach chich veka na stichotvorenija-podražanija G. Gejne. In: Deutsch-russischer Dialog in den Philologien = Nemecko-russkij dialog v filologii. Hrsg. von Herbert Jelitte und Maria Horkavtschuk. Frankfurt a. M. 2001. S. 11–20. [kyrill.].
Backes, Marcelo: Lazarus über sich selbst : Heinrich Heine als Essayist in Versen. Frankfurt a. M. 2005. 308 S. [Zugl.: Freiburg i. Br., Univ., Diss., 2004].
Bartscherer, Christoph: Apropos! Der erzinfame Pfaffe Dollingerius ... : warum Heinrich Heine nicht Professor und Liberalenhäuptling in Bayern wurde. In: Aviso. Hannover 3, 2005. S. 28–33.

Bartscherer, Christoph: Göttersturz : Heinrich Heines religiöse Revolte. In: Bildersturm : Sammelband der Vorträge des »Studium Generale« an der Ruprecht-Karls-Universität Heidelberg im Wintersemester 2003/2004. Beitr. von Gregor Ahn ... Heidelberg 2006. S. 23–43.

Bartscherer, Christoph: »Dem Gotte meiner Wahl« : Heine und das Christentum. In: HJb 44, 2005. S. 81–93.

Bartscherer, Christoph: Heines Schweigen : Schumanns Besuch in München und sein publizistisches Nachspiel. In: Das letzte Wort der Kunst. Stuttgart 2006. S. 135–155.

Baumgärtel, Bettina: Heine und die Malerei : deutsch-französischer Kulturtransfer. In: Das letzte Wort der Kunst. Stuttgart 2006. S. 33–49.

Beelen, Hans: Heine, Holland und Bismarck : die Suche nach einem apokryphen Zitat. In: D-Blatt. Delft 16, 2001. o. S.

Bellmann, Werner: Heinrich Heine, Deutschland. Ein Wintermärchen. Stuttgart 2005. 205 S. (Erläuterungen und Dokumente ; Universial-Bibliothek 8150).

Benedict, Hans Jürgen: Heinrich Heines heitere Religionskritik : kann man lachend auch sehr ernsthaft sein?. In: Nordelbische Stimmen. Kiel 2, 2005. S. 26–30.

Benedict, Hans Jürgen: Imaginierte Koexistenz von Juden und Christen bei Heinrich Heine. In: Nordelbische Stimmen. Kiel 2, 2005. S. 30–33.

Beretta, Stefano: Un nuovo umanesimo dalle tradizioni popolari? : Elementargeister di Heinrich Heine. In: Studia theodisca. Mailand 10, 2003. S. 9–35.

Berg, Henk de: Goethe, Heine, and Quentin Skinner. In: Goethe at 250 = Goethe mit 250 : London symposium. Ed. by T. J. Reed ... München 2000. S. 169–176.

Bescansa Leirós, Carme: »Du sublime au ridicule« : Trommel- und Narrenmotive in ›Ideen. Buch Le Grand‹ (Heines Reisebilder). In: Revista de filologiá alemana. Madrid 8, 2000. S. 185–199.

Betz, Albrecht: Obajanie smutjana : gejnevskie studii. Per. s nemeckogo A. B. Grigoreva. Moskva 2003. 94 S. (Betz, Albrecht: Estetika i politika ; 2). [EST: Der Charme des Ruhestörers <russ.>].

Biermann, Wolf: Heine und Le Communisme. In: Der Spiegel. Hamburg 2006, 7. S. 118–119.

Billermann, Roderich: Die »metaphore« bei Marcel Proust : ihre Wurzeln bei Novalis, Heine und Baudelaire, ihre Theorie und Praxis. München 2000. 479 S. (Theorie und Geschichte der Literatur und der Schönen Künste ; Bd. 101). [Zugl.: Konstanz, Univ., Diss., 1998 u. d. T.: Experimentierende Bildlichkeit bei Marcel Proust und Louis Aragon].

Bock, Helmut: Heinrich Heine: »Verlor'ner Posten in dem Freiheitskriege« : zum 150. Todestag. Berlin 2006. 127 S.

Bodenheimer, Alfred: Hegel und Abarbanel : zur Metaphorik des Marranentums bei Heinrich Heine und Robert Menasse. In: Jahrbuch des Simon-Dubnow-Instituts. Göttingen 3, 2004. S. 113–130.

Bodenheimer, Alfred: »Riesenhaftes Sterben« : die Figur des Simson bei Heinrich Heine und Nelly Sachs. In: Monatshefte für Evangelische Kirchengeschichte des Rheinlandes. Düsseldorf 53, 2004. S. 33–43.

Bodi, Leslie: Heine und die Revolution. In: Dies.: Literatur, Politik, Identität = Literature, politics, cultural identity. St. Ingberg 2002. S. 141–150.

Bodi, Leslie: Heinrich Heine : the poet as frondeur. In: Dies.: Literatur, Politik, Identität = Literature, politics, cultural identity. St. Ingberg 2002. S. 170–189.

Bodi, Leslie: Kopflos – ein Leitmotiv in Heines Werk. In: Dies.: Literatur, Politik, Identität = Literature, politics, cultural identity. St. Ingberg 2002. S. 151–169.

Bodsch, Ingrid: Leben und Sterben oder Aufbruch und Ende : Heinrich Heine und Robert Schumann in Bonn. In: Das letzte Wort der Kunst. Stuttgart 2006. S. 207–219.

Böhmer, Otto A.: Heinrich Heine : sein Leben erzählt. Zürich 2005. 170 S.
Böhmer, Otto A.: Nichts als ein Dichter : das Leben des Heinrich Heine. Leipzig 2006. 2 CDs & Booklet (20 S.).
Böhn, Andreas: Emblematik als Zitat bei Heine. In: Ders.: Das Formzitat : Bestimmung einer Textstrategie im Spannungsfeld zwischen Intertextualitätsforschung und Gattungstheorie. Berlin 2001. S. 130–144.
Boerner, Maria-Christina: Der Meister der Anordnung : Gedichtzyklen bei Heinrich Heine ; vom Buch der Lieder zum Romanzero. In: Die Architektur der Wolken : Zyklisierung in der europäischen Lyrik des 19. Jahrhunderts. Rolf Fieguth & Alessandro Martini (Hrsg.). Bern [u. a.] 2005. S. 159–186.
Bourel, Dominique: Heinrich Heine und der Einfluß deutscher Juden auf die französische Kultur im 19. Jahrhundert. In: Heinrich Heine in Jerusalem. Hamburg 2006. S. 138–154.
Boyer, Sophie: La femme chez Heinrich Heine et Charles Baudelaire : le langage moderne de l'amour. Paris [u. a.] 2004. XI, 322 S. (Allemagne d'hier et d'aujourd'hui).
Boyer, Sophie: »Das Mark aus meinem Rückgrat trank / Ihr Mund mit wildem Saugen« : le corps vampirique chez Heinrich Heine ou l'échange symbolique de l'amour et de la mort. In: Body dialectics in the age of Goethe. Ed. by Marianne Henn ... Amsterdam 2003. S. 195–210.
Braese, Stephan: »Und wer nicht gleich bezahlen kann, / Für den hab ich die Kreide« : zu Heinrich Heines ›Lied der Marketenderin‹. In: Eros und Literatur : Liebe in Texten von der Antike bis zum Cyperspace ; Festschrift für Gert Sautermeister. Hrsg. von Christiane Solte-Gresser ... Bremen 2005. S. 151–158.
Braun, Michael: Denk' ich an Deutschland in der Nacht ... : zu Lebzeiten waren seine Bücher von der Zensur verboten und kamen auf den Index ; tief saß der Vorwurf vom ›Dichter ohne Vaterland‹. In: Rheinischer Merkur. Bonn 05. 01. 2006. S. 17.
Briegleb, Klaus: Heines Umgang mit Judenhass. In: Aus Politik und Zeitgeschichte. Bonn 2006, 3. S. 32–38.
Briegleb, Klaus: Heinrich Heine, jüdischer Schriftsteller in der Moderne : bei den Wassern Babels. Wiesbaden 2005. 439 S.
Briegleb, Klaus: »Eine Rose gebrochen, eh' der Sturm sie entblättert.« : über das Begehren der Ungewissheit bei Lessing und Heine. In: Literatur und Theologie : Schreibprozesse zwischen biblischer Überlieferung und geschichtlicher Erfahrung. Hrsg. von Ulrich Wergin und Karol Sauerland. Würzburg 2005. S. 41–62.
Briegleb, Klaus: »Wir haben ihn so gut gekannt ...« : textanalytisches zu Heinrich Heines Klage um Gott. In: Jüdisches Denken in einer Welt ohne Gott : Festschrift für Stephane Moses. [Eine Veröffentlichung des Franz Rosenzweig Zentrums für Deutsch-Jüdische Literatur und Kulturgeschichte, Hebräische Universität Jerusalem]. Hrsg. von Jens Mattern, Gabriel Motzkin und Shimon Sandbank. Berlin 2000. S. 148–164.
Briese, Olaf: »Das Elend der Menschen zu groß. Man muß glauben.« : Skizze zu Heines Fortschrittsbegriff. In: Aus dem philosophischen Leben der DDR. Berlin 26, 1990. S. 34–38.
Briese, Olaf: Heinrich Heine (1797–1856) : Wissen, Ahnung und Glaube ; Heinrich Heines Auseinandersetzung mit der Religion. In: Religionsphilosophie : europäische Denker zwischen philosophischer Theologie und Religionskritik. Thomas Brose (Hrsg.). Würzburg 1998. S. 177–198.
Brinks, Helmut W.: Heinrich Heine war hier ein häufiger Gast : ein Göttinger Beitrag zur Heine-Forschung. In: 950 Jahre Geismar – 1055–2005 : vom Sedes-, Send- und Patrimonialgerichtsort zum Vorort einer Großstadt – Geschichte & Geschichten. Hrsg. Vera Lenz und Karl Semmelroggen. Duderstadt 2005. S. 173–183.

Büchner, Alexander: Ausgewählte Schriften. Darmstadt 2005. 239 S. : Ill. [Auszug aus »Essai sur Henri Heine, 1881« S. 209–214].
Bütow, Wilfried: Kennst Du Heinrich Heine? : Texte von Heine für junge Leser. Weimar 2006. 130 S.
Bunyan, Anita: Heine, ›Die Harzreise‹. In: Landmarks in german short prose. Ed. by Peter Hutchinson. Oxford [u. a.] 2003. S. 61–78.
Burdman, Mark Joseph: Heine, Schiller, and Shakespeare : [the immortal contribution of jewish culture]. In: Executive intelligence review. Washington, DC 32, 2005, 28. S. 65–71.
Cabanes, Augustin: Grands nevropathes : malades, immortels. Paris. 3: Hoffmann, Heine, Swift, Quincey, Coleridge, Cooper, Tennyson, Chopin, Gogol, Gontcharov, Lermontov, Dostoievsky. 1935. 382 S. : zahlr. Ill.
Calian, Nicole: Geschichtsphilosophie aus der Sicht eines Dichters : zu Heinrich Heines »Verschiedenartige Geschichtsauffassungen«. In: HJb 44, 2005. S. 26–41.
Chiarini, Paolo: Heine contra Börne ovvero critica dell'impazienza rivoluzionaria. In: Studi germanici. Rom NF 10, 1972, 2. S. 355–392.
Cook, Roger F.: The tyrannical knout of world history : Russia in the writings of Heinrich Heine. In: Cold fusion : aspects of the German cultural presence in Russia. Ed. by Gennady Barabtarlo. New York, NY [u. a.] 2000. S. 102–112.
Dangel-Pelloquin, Elsbeth: Kopflose Jagd : zu Heines Inszenierung der Salome-Figur. In: Mythenkorrekturen : zu einer paradoxalen Form der Mythenrezeption. Hrsg. von Martin Vöhler und Bernd Seidensticker. In Zusammenarbeit mit Wolfgang Emmerich. Berlin 2005. S. 221–242.
Decker, Kerstin: Heinrich Heine : Narr des Glücks. Berlin 2005. 360 S. : Ill. (sw).
Destro, Albert: »Il nostro caro maestro Lutero« : nella rappresentazione di Heinrich Heine. In: Aspetti dell'identità tedesca : studi in onore di Paolo Chiarini. A cura di Mauro Ponzi e Aldo Venturelli. Rom. T. 1. 2001. S. 219–236.
Dietze, Walter: Kleine Welt, große Welt : Aufsätze über Heine. Berlin [u. a.] 1982. 206 S.
Dobrinac, Michael M.: Heineova revolucionarna poezija. In: Telegram. Zagreb. 10. 04. 1965. S. 10.
Edgecombe, Rodney Stenning: Marlowe, Heine, and the passionate shepherd to his love. In: ANQ. Washington, DC 17, 2004, 2. S. 39–40.
Eiselstein, Claus: Heinrich Heine als Jurist. In: Jurisprudenz zwischen Techne und Kunst : von Hippokrates bis Heine ; Philosophisches und Literarisches zum Verhältnis Kunst und Recht. Michael Kilian (Hrsg.). Tübingen 1987. S. 148–170.
Eloni, Jehuda: Hainrikh Haineh kovets maamarim al jetsirato. Tel Aviv 2001. 221 S. [Sammlung von Artikeln über Heines Werk].
Emmrich, Christian: »Man muß vom Alten lernen, Neues zu machen« : zwei Vorträge zu Heinrich Heines »Buch der Lieder« und zu Bertold Brechts Goethe-Rezeption. Hrsg. von Manfred Wenzel und Ulrike Enke. [Wetzlar] 2004. 118 S. (Wetzlarer Goethe-Gesellschaft: Jahresgabe ; 2004).
Essen und Trinken mit Heinrich Heine : Madame, sie sollen meine Küche loben. Heine, Heinrich (Text); Hauschild, Jan-Christoph (Hrsg.), Bourgueil, Jean-Claude (Mitarb.). Neuausg. München 2005. 143 S. (dtv ; 13394).
Esterhammer, Ruth: Kraus über Heine : Mechanismen des literaturkritischen Diskurs im 19. und 20. Jahrhundert. Würzburg 2005. 367 S. (Film – Medium – Diskurs ; Bd. 16).
Ewenz, Gabriele: Theodor W. Adornos Wunde?. In: Das letzte Wort der Kunst. Stuttgart 2006. S. 380–387.
Fendri, Mounir: Der islamische Orient und Andalusien in Heines Dichtung. In: Fikrun wa fann. Bonn 27, 1990, 51. S. 73–82. [hebr.].

Fischer, Mathias: Jude und Intellektueller – Heinrich Heine. Berlin, Univ., Hausarbeit, 2002. 25 Bl.
Foi, Maria Carolina: Sefarditi, marrani e Schlemihle : sul »Rabbi di Bacherach« die Heinrich Heine. In: Prospero. Trieste 10, 2003. S. 273–285.
Folkerts, Liselotte: »Ich dachte der lieben Brüder« : Heinrich Heine und Westfalen. Münster 2006. 106 S.
Francke, Renate: Die Verabschiedung der Romantik in Heines »Romantischer Schule«. In: Der Streit und die Romantik (1820–1854) : mit Texten von von Eichendorff, Feuerbach, Fichte, Hegel, Heine, Schlegel u. a. mit Kommentar. Walter Jaeschke (Hg.). Studienausg. Hamburg 1999. S. 101–120.
Frank, Gustav: Dichtung in Prosa(ischen Zeiten) : Lyrik zwischen Goethezeit und Vormärz in Erzähltexten Goethes, Heines, Mörikes und Eichendorffs. In: Lyrik im 19. Jahrhundert : Gattungspoetik als Reflexionsmedium der Kultur. Hrsg. von Steffen Martus, Stefan Scherer, Claudia Stockinger. Bern [u. a.] 2005. S. 237–270.
Freelund, Bettina Fischer: Midrash, Aggada, and Shibboleth : Heine's »jewish anti-canon«. Charlottesville 1999. 208 S. [Zugl.: Charlottesville, Univ. of Virginia, Diss., 1999].
Freundlieb, Dieter und Wayne Hudson: Reason and its other : some major themes. In: Reason and its other : rationality in modern German philosophy and culture. Ed. by Dieter Freundlieb and Wayne Hudson. Providence [u. a.] 1995. S. 1–22.
Eine Freundschaft in Bayern = Istorija odnoj druzby : Heinrich Heine und Fjodor Tjutschew ; anlässlich des 150. Todestages von Heinrich Heine = Genrich Gejne i Fedor Tjutcev ; k 150-letiju so dnja smeti Genrich Gejne. Hrsg. von MIR e. V., Zentrum russischer Kultur in München. Idee und Konzept: Tatjana Lukina. München 2005. [Kalender].
Friedlander, Albert H.: The Börne Prize : Ludwig Börne, Heinrich Heine and the Börne Prize 2003. In: European judaism. Oxford 36, 2003, 2. S. 80–83.
Füllner, Bernd: »Die Dinge haben mich auf die Spitze gestellt« : um Heine und seine mehr als 1800 Briefe dreht sich der erste Gastbeitrag unserer Serie zu Heinrich Heines Todestag. In: Westdeutsche Zeitung. Düsseldorf 25. 01. 2006. S. 6.
Füllner, Bernd: »Heine sah das Licht der Welt in Düsseldorf und ist ein Gott – nämlich ein Dichter« : Georg Weerths Begegnungen mit Heinrich Heine zwischen Detmold und Buenos Aires. In: Das letzte Wort der Kunst. Stuttgart 2006. S. 109–128.
Füllner, Karin: Mit Makkaroni und Geistesspeise : von der Mutter über Amalie und Mathilde bis Mouche : Heinrich Heine liebte viele Frauen, aber am ehesten aus der Ferne. In: Westdeutsche Zeitung. Düsseldorf 15. 02. 2006. S. 6.
Gasseleder, Klaus: Zu Heinrich Heine (1797–1856) : von der Leine bis zur Bode ; Wanderungen auf den Spuren von Heinrich Heines »Die Harzreise (1824)«. In: Ders.: Den zwanzigsten Jänner ging Lenz durchs Gebirg : Wanderungen auf den Spuren der Dichter und ihrer Figuren. Geldersheim 2001. S. 75–102.
Gernhardt, Robert: Sehr langsam fallender Groschen : der Lyrikwart Robert Gernhardt gesteht Begriffsstutzigkeit ein. In: K.West. Essen 4, 2006, No. 2. S. 4–6. [zu »Donna Clara«].
Gillis-Carlebach, Miriam und Modekay Broier: Heine und die jüdische Orthodoxie in Deutschland. In: Heinrich Heine in Jerusalem. Hamburg 2006. S. 170–191.
Gilman, Sander L.: Nietzsche and Heine. In: Ders.: Nietzschean parody : an introduction to reading Nietzsche. 2., exp. ed. Aurora, CO 2001. S. 171–172.
Gössmann, Wilhelm: Die Gottesfrage – auf den Schultern Heines. In: Ders.: Der verschwiegene Gott : Spiritualität in der profanen Welt. Mit 4 Ill. von Theresia Schüllner. Düsseldorf 1998. S. 7–9.

Gössmann, Wilhelm: Die Wallfahrt nach Kevelaer von Heinrich Heine. Mit Siebdrucken von Theresia Schüllner. Kevelaer 2006. 79 S. : Ill.

Goetschel, Willi: Heine's critical secularism. In: Boundary 2. Durham, NC 31, 2005, 2. S. 149–172.

Goetschel, Willi: Heine's Spinoza. In: Idealistic studies. Worcester, MA 33, 2003, 2–3. S. 203–217.

Goldammer, Peter: »Er ist ohne Zweifel unser erster Lyriker« : was Heinrich Heine für Theodor Storm bedeutet hat. In: Storm-Blätter aus Heiligenstadt. Heiligenstadt 11, 2005. S. 5–18.

Gomsu, Joseph: »Bruder Hassan« oder Vom Projekt einer multikulturellen Gesellschaft in Heinrich Heines Tragödie »Almansor«. In: Perspektiven einer anderen Moderne : Literatur und Interkulturalität ; [Festschrift für Leo Kreutzer]. Hrsg. von Arne Eppers und Hans-Peter Klemme. Hannover 2003. S. 153–165.

Goodspeed, Julie Elaine: The case for an Australian modernist and feminist poetics : in defense of Kenneth Slessor's »Heine in Paris«. In: Antipodes. Brooklyn, NY 17, 2003, 1. S. 25–28.

Gorceix, Paul: La fantaisie chez Heinrich Heine?. In: La fantaisie post-romantique : [actes du colloque, Bordeaux, novembre 1999]. Textes réunis et prés. par Jean-Louis Cabanès et Jean-Pierre Saïdah. Toulouse 2003. S. 59–69.

Gotthelf – Heine – Taillandier : literarische Begegnungen. Philipp W. Hildmann ; Hanns Peter Holl. Tübingen 2006. 155 S. : Ill.

Grab, Walter: Heinrich Heine und die Revolution von 1848. In: Auseinandersetzungen mit dem zerstörten jüdischen Erbe : Franz-Rosenzweig-Gastvorlesungen (1999–2005). Hrsg. Wolfdietrich Schmied-Kowarzig. Albert H. Friedlander ... Kassel 2004. S. 241–256.

Grab, Walter: Heinrich Heines Verhältnis zu den kommunistischen Volkstribunen Jan von Leyden und Wilhelm Weitling. In: Ders.: Zwei Seiten einer Medaille : demokratische Revolution und Judenemanzipation. Köln 2000. S. 255–259.

Grab, Walter: Jüdische Aspekte in den Dichtungen Heinrich Heines. In: Ders.: Zwei Seiten einer Medaille : demokratische Revolution und Judenemanzipation. Köln 2000. S. 242–245.

Grawe, Christian: Effi Briest : Crampas und sein Lieblingsdichter Heine. In: Ders.: »Der Zauber steckt immer im Detail« : Studien zu Theodor Fontane und seinem Werk 1976–2002. Dunedin, New Zealand 2002. S. 363–384.

Greiner, Bernhard: Loreley : die Echo-Rede Brentanos und Heines. In: Ders.: Beschneidung des Herzens : Konstellation deutsch-jüdischer Literatur. Paderborn 2004. S. 133–156.

Greiner, Bernhard: Mythische Rede als Echo-Rede : die Lorelei (Ovid – Brentano – Heine). In: Mythenkorrekturen : zu einer paradoxalen Form der Mythenrezeption. Hrsg. von Martin Vöhler und Bernd Seidensticker. In Zusammenarbeit mit Wolfgang Emmerich. Berlin 2005. S. 243–262.

Grieser, Dietmar: »Eine Art Gesundheitsliebe ...« : Heinrich Heine und Elise Krinitz. In: Ders.: Das späte Glück : große Lieben großer Künstler. Wien 2003. S. 57–70.

Grözinger, Elvira: Heinrich Heine : deutscher Dichter, streitbarer Publizist, politischer Emigrant. Berlin 2006. 64 S. : Ill. (Jüdische Miniaturen ; Bd. 36).

Gruber, Gernot: Romantische Ironie in den Heine-Liedern? In: Schubert-Kongress Wien 1978 : Bericht. Veranst. von der Österreichischen Gesellschaft für Musikwissenschaft ... Hrsg. von Otto Brusatti. Graz 1979. S. 321–334.

Hachmeister, Gretchen L.: Italy in the German literary imagination : Goethe's »Italian journey« and its reception by Eichendorff, Platen, and Heine. Rochester, NY ; Woodbridge, Suffolk 2002. XII, 217 S. : Ill., Kt. (Studies in German literature, linguistics and culture). [Heine im Kapitel »Subverting tradition : Heine and the German myth of Italy« S. 143–172].

Hansen, Volkmar: Mit Heinrich Heine im Boot. In: Club-Nachrichten. Düsseldorf 6, 2003, 6/7. S. 2–4.

Haslé, Maurice: Passage du Rhin : Heinrich Heine et Napoléon. In: Amadis. Brest 4, 2000. S. 101–113.
Hauschild, Jan-Christoph und Michael Werner: »Der Zweck des Lebens ist das Leben selbst« : Heinrich Heine ; eine Biographie. Frankfurt a. M. 2005. 761 S.
Hay, Louis: La gènese d'une recherche : l'Équipe Heine à l'ENS. In: L'École normale supérieure et l'Allemagne : [les communications présentées au Colloque l'Ecole Normale Supérieure et l'Allemagne (17–19 novembre 1994)]. [La publication a bénéficié de l'aide de l'Association pour le Bicentenaire de l'ENS]. Textes rassemblés par Michel Espagne. Leipzig 1995. S. 221–230.
Heine : Berlin – Paris – Jerusalem : eine Diskussionsrunde. In: Heinrich Heine in Jerusalem. Hamburg 2006. S. 204–223.
Heine und Düsseldorf : auf den Spuren von Heinrich Heine ; Schauplätze seiner Kindheit und die heutigen Gedenkstätten. In: D-Journal. Düsseldorf 27, 2006, 1. S. 142–143.
Heinrich Heine. Vorgestellt von Gregor Bloeb. Bearb. Lesefassung: Olaf Karnik. Regie und Ausw.: Susanne Lux und Markus Spiegel. [Autor: Jörg Aufenanger]. Gekürzte Lesefassung. Köln 2006. 1 CD. (News-Hörbuch Spuren ; 3). [zu: Jörg Aufenanger: Heinrich Heine in Paris].
Heinrich Heine, Leben und Werk. Berlin 2005. 1 CD-ROM & Beil. (31 S.). (Digitale Bibliothek ; 7).
Heinrich Heine als »guter Trommler«. In: Ethische Kultur. Berlin 39, 1931, 12. S. 100.
Heinrich das Kind : die Kinderjahre Heinrich Heines ; Kinderhörspiel mit Musik. Von Uwe Storjohann. Prod.: Norddeutscher Rundfunk. Hamburg 2001. 1 CD.
Heinrich Heine in Jerusalem : Internationale Konferenz 2001 im Konrad-Adenauer-Konferenzzentrum in Mishkenot Sha' ananim. Naomi Kaplansky, Elisheva Moatti, Itta Shedletzky (Hrsg.). Hamburg 2006. 227 S.
Hermand, Jost: Unter Genossen : zur Freundschaft zwischen Heine und Marx. In: Ders.: Freundschaft : zur Geschichte einer sozialen Bindung. Köln [u. a.] 2006. S. 49–66.
Hermand, Jost: A view from below : H. Heine's relationship to Johann Wolfgang von Goethe. In: Goethe in German-Jewish culture. Ed. by Klaus L. Berghahn and Jost Hermand. Columbia, SC 2001. S. 44–62.
Hessing, Jakob: Der Traum und der Tod : Heinrich Heines Poetik des Scheiterns. Göttingen 2005. 293 S.
Hessing, Jakob: Zwischen den Welten : Heine als Klassiker der Säkularisierung. In: Heinrich Heine in Jerusalem. Hamburg 2006. S. 42–52.
Heym, Stefan: Rede über Heine. In: Heinrich Heine in Jerusalem. Hamburg 2006. S. 94–108.
Hinck, Walter: Heinrich Heine oder Die Standhaftigkeit gegen das Dogma. In: Ders.: Literatur als Gegenspiel : Essays zur deutschen Literatur von Luther bis Böll. [Hrsg. und eingel. von Gert Ueding]. Tübingen 2001. S. 153–178.
Höhn, Gerhard: Heines Einübung ins Sterben. In: Das letzte Wort der Kunst. Stuttgart 2006. S. 294–301.
Hoffmann, Birthe: Det lille og det store Tyskland : kosmopolitisk patriotisme hos Heinrich Heine og Thomas Mann. In: Et opmaerksomt blik : litteratur, sprog og historie hen over graenserne ; festskrift til per hrgaard. Red. af Christoph Bartmann ... Kopenhagen 2004. S. 105–122.
Hohendahl, Peter Uwe: Adorno as a reader of Heine. In: Reason and its other : rationality in modern German philosophy and culture. Ed. by Dieter Freundlieb and Wayne Hudson. Providence [u. a.] 1995. S. 229–240.
Hohendahl, Peter Uwe: Language, poetry, and race : the example of Heinrich Heine. In: Ders.: Prismatic thought, Theodor W. Adorno. Lincoln [u. a.] 1995. S. 105–117.
Hoja, Roland: Heines Lektüre-Beggegnungen in der »Matratzengruft«. Bielefeld 2006. 372 S. : Ill. [Zugl.: Düsseldorf, Univ., Diss., 2006].

Holtz-Baumert, Gerhard: Heine in der Mark. In: Die Weltbühne. Berlin 76, 1981, 10. S. 316–317.
Holub, Robert C.: Heine's ›Mädchen und Frauen‹ : women and emancipation in the writings of Heinrich Heine. In: From Goethe to Gide : feminism, aesthetics and the French and German literary canon 1770–1936. Ed. by Mary Orr and Lesley Sharpe. Exeter 2005. S. 80–97.
Homann, Ursula: Unversöhnliche Rückkehr : Heinrich Heines ›Religionsgespräche‹ sind aktueller denn je. In: literaturkritik.de. Marburg 2006, 2. http://www.literaturkritik.de/public/inhalt.php?ausgabe=200602
Auf der Horst, Christoph: »... in der Medicin Freigeist« : Heines Krankheit, Therapie und Bewältigungsstrategie. In: Das letzte Wort der Kunst. Stuttgart 2006. S. 278–293.
Auf der Horst, Christoph: Die Konstruktion eines Antinationalismus : Heines Arbeit an Nationalklischees und an der Napoleonlegende. In: Deutschlandbilder – Frankreichbilder 1700–1850 : Rezeption und Abgrenzung zweier Kulturen. Thomas Höpel (Hrsg.). Leipzig 2001. S. 285–310.
Hortschansky, Klaus: Der »Doppelname« Heinrich Heines und der ›Doppelgänger‹ Schuberts : Widerspruch und Einheit im Kunstwerk. In: Franz Schubert und die Dichtung : Symposium des Institutes für Musikwissenschaft der Hochschule für Musik Franz Liszt Weimar am 23. Juni 1997. Hrsg. von Helen Geyer ... unter Mitarb. von Christian Grote. Weimar 2000. S. 93–108.
Hübner, Hans: Der freche und fromme Poet : Heinrich Heine und sein Glaube. Neukirchen-Vlyn 2005. 223 S.
Hupfer, Cordula: Die kulinarische Metaphorik im Gesamtwerk Heinrich Heines. In: HJb 44, 2005. S. 189–199.
Hupfer, Cordula: »Und Zuckererbsen nicht minder« : die kulinarische Metaphorik im Gesamtwerk Heinrich Heines. Düsseldorf 2005. 200 S. [Zugl.: Düsseldorf, Univ., Diss., 2005].
Jäger, Anne Maximiliane: »Ich bin jetzt nur ein armer todtkranker Jude ...« : zu Heines Judentum. In: HJb 44, 2005. S. 67–80.
Jäger, Anne Maximiliane: Tragödien einer Zeitenwende : Heinrich Heines 1492. In: literaturkritik.de. Marburg 2006, 2. http://www.literaturkritik.de/public/inhalt.php?ausgabe=200602
Janott, Edgar: Was hätte Heine wohl dazu gesagt?. Düsseldorf 2005. 27 S. : Ill. [Vortrag Rotary Club Düsseldorf am 16. Jan. 2005 ; zum Heine-Gedenkjahr].
Jansonius, Freerk: Hildebrand in het voetspoor van Heine. In: De nieuwe taalgids. Groningen 45, 1952. S. 84–86.
Jansonius, Freerk: Een nieuw bewijs van Heine-invloed bij Hildebrand?. In: De nieuwe taalgids. Groningen 49, 1956, 6. S. 327–328.
Jansonius, Freerk: Van Deyssel bij Bloy en Heine in het krijt. In: De nieuwe taalgids. Groningen 44, 1951, 3. S. 152–159.
Jaramillo Vélez, Rubén: H. Heine (1797–1856) en su circunstancia. In: Revista Universidad de Antioquia. Medellín 267 = 2002, 1. S. 21–34.
Joch, Markus: Ein unmöglicher Habitus : Heines erstes Pariser Jahrzehnt. In: Text und Feld : Bourdieu in der literaturwissenschaftlichen Praxis ; [Beiträge ... auf dem Internationalen Symposium »Text und Feld. Literaturwissenschaftliche Praxis im Zeichen Bourdieus« ... vom 5. bis 8. Februar 2004 im Literaturhaus Berlin]. Hrsg. von Markus Joch und Norbert Christian Wolf. Tübingen 2005. S. 137–158.
Kaufmann, Hans: Heinrich Heine oder Der Januskopf des Utopischen. In: Neues Deutschland / A. Berlin 13./14. 12. 1997. o. S.
Kaufmann, Ulrich: »Taufzettel – das Entre Billet zur europäischen Kultur« : zu Harald Gerlachs Gedicht »Heine im Eichsfeld« (1984). In: Storm-Blätter aus Heiligenstadt. Heiligenstadt 11, 2005. S. 98–102.

Kiba, Hiroshi: Untersuchungen zur Bildsprache in Heinrich Heines Prosawerken : Kopfbedeckungen, Kleidungsstücke und Schmucksachen II. In: Doitsu-bungaku-ronshu. Kobe 34, 2005. S. 1–90. [jap.]

Kim, Heegeun: Heinrich Heines Messianismus. In: Togil-munhak. Seoul. 44, 2003, 3. S. 66–85. [korean., dt. Zusammenfassung].

Kim, Heegun: Der Kontrast zwischen Zukunft und gegenwärtiger Zeit in H. Heines ›Hebräische Melodien‹. Togil-munhak. Seoul. 46, 2005, 4. S. 70–89 [korean., dt. Zusammenfassung].

Kim, Heegun: »O, zerreißt nicht, Ihr goldenen Ketten!« : die messianische Verheißung in Heinrich Heines Geschichtsdenken. Berlin 2005. 200 S. (Tenea Wissenschaft). [Zugl.: Münster (Westfalen), Univ., Diss., 2002].

Kim, Younsun: Eine Untersuchung zur Verinnerlichung der Kultur und Unterdrückung der menschlichen Sinnlichkeit in Heines späten Werken. In: Togil-munhak. Seoul. 43, 2002, 4. S. 68–89. [korean., dt. Zusammenfassung].

Klinkhammer, Gisela: Heinrich Heine: »Sie küßte mich krank« : der Dichter scheint überzeugt gewesen zu sein, an einer Geschlechtskrankheit zu leiden. Deutsches Ärzteblatt / A. Köln 102, 2005, 11 vom 18. März. S. 767.

Knopf, Jan: Der eingeschriebene Leib : »Das Hohelied« Heinrich Heines. In: Der Bildhunger der Literatur : Festschrift für Gunter E. Grimm. Hrsg. von Dieter Heimböckel und Uwe Werlein. Würzburg 2005. S. 139–144.

Kofler, Leo: Heine und Hölderlin. In: Die andere Zeitung. Hamburg 12. 07. 1956. S. 2 und 4.

Kortländer, Bernd und Hans. T. Siepe: Heinrich Heine : poète allemand et écrivain français. In: Revue d'histoire littéraire de la France. Paris 105, 2005, No. 4. S. 913–928.

Kortländer, Bernd: In Montmartre lebte er sein ›liebstes Leben‹ : Heinrich Heine verbrachte nicht nur aus Lebensfreude Jahrzehnte in Frankreich ; die Hintergründe beschreibt ein Kenner. In: Westdeutsche Zeitung. Düsseldorf 02. 02. 2006. S. 6.

Koster, Serge: Heine, Balzac und Nucingen. In: Heinrich Heine in Jerusalem. Hamburg 2006. S. 122–137.

Kruse, Joseph Anton: »Aber, Allah! Welch ein Anblick!« : Heinrich Heine und der Islam. In: HJb 44, 2005. S. 94–112.

Kruse, Joseph Anton: Auf die Berge will ich steigen : der Dichter Heinrich Heine hat sich während seiner Studienzeit in Göttingen auf Wanderschaft begeben. Und was lag da näher als der Harz. In: Waldung. Köln 2006, 1. S. 26–43.

Kruse, Joseph Anton: Befreiungskrieg der Menschheit : Heines Vorstellung von der Aufgabe des Schriftstellers. In: Die politische Meinung. Osnabrück 51, 2006, 3. S. 72–78.

Kruse, Joseph Anton: Genie und Geld : Heines ironisch-ernsthaftes Verhältnis zur Wirtschaft. In: Düsseldorfer Wirtschaftsblatt. Düsseldorf 3, 2006, 1. S. 27.

Kruse, Joseph Anton: Heinrich Heine : [Leben, Werk, Wirkung]. Frankfurt a. M. 2005. 160 S. : zahlr. Abb. (Suhrkamp BasisBiographien ; 7).

Kruse, Joseph Anton und Marianne Tilch: »Ich hatte mir so oft vorgenommen Ihnen zu schreiben« : neue Heine-Briefe (Berichtzeitraum Mitte 1996 – Ende 2004). In: HJb 44, 2005. S. 204–219.

Kruse, Joseph Anton: Koppel : ein Nachtrag zu ›Heines Hamburger Zeit‹. In: Zwischen Zettelkasten und Internet : ein Feststrauß für Susanne Koppel zum 31. Oktober 2005. [Hrsg. von Meinhard Knigge unter Mitwirkung von Renate Lempart und Detlef Gerd Stechern]. Eutin 2005. S. 177–182.

Kruse, Joseph Anton: »Schweigen ist der Liebe keusche Blüte« : heute vor 150 Jahren starb der in Düsseldorf geborene Dichter Heinrich Heine ; eine Betrachtung zum Lebensende. In: Westdeutsche Zeitung. Düsseldorf 17. 02. 2006. S. 13.

Kruse, Joseph Anton: Spinnwebig : Heines Wissenschaftssatire. In: Von Schillers Räubern zu Shelleys Frankenstein : Wissenschaft und Literatur im Dialog um 1800. Hrsg. Dietrich von Engelhardt und Hans Wisskirchen. Stuttgart 2005. S. 179–190.

Kruse, Joseph Anton: Die Unsterblichkeit der Familie : über Heinrich Heines Herkunft und Verwandtschaft. In: Heinrich Heine in Jerusalem. Hamburg 2006. S. 14–41.

Kuschel, Karl-Josef: Heines »Almansor« als Widerruf von Lessings »Nathan«? : Heine und Lessing im Spannungsfeld von Judentum, Christentum und Islam. In: HJb 44, 2005. S. 42–62.

Kuschel, Karl-Josef: Heinrich Heines Sterbe-Kunst. In: Das letzte Wort der Kunst. Stuttgart 2006. S. 303–313.

Landa, E.: A. Blok i nerevody iz Gejne. In: Masterstvo perevoda. Moskva 1963 (1964). S. 292–328. [kyrill.]

Lee, Hae-Kyong: Heinrich Heines Träume in ›Harzreise‹. In: Togil-munhak. Seoul. 43, 2002, 4. S. 90–109. [korean., dt. Zusammenfassung].

Lee, Koon-Ho: Heinrich Heine und die Frauenemanzipation. Stuttgart 2005. 208 S. (Heine-Studien).

Lennartz, Rita: Marias Epitaph : eine poetologische Überlegung zu Heines »Reise von München nach Genua« mit Blick auf Sterne. In: HJb 44, 2005. S. 1–25.

Liaoyu, Huang: Heines Verhältnis zum Judentum : ein Kampf an zwei Fronten. In: Literaturstraße. Würzburg 5, 2004. S. 57–76.

Liedtke, Christian: Heinrich Heine. Neuausg. Reinbek bei Hamburg 2006. 192 S. (rororo – rowohlts monographien).

Linemann, Friedhelm: Heinrich Heine in Harzgerode. In: Harzgeröder Bote. Harzgerode 16, 2005, 8 (22. 04. 2005). S. 8–9.

Lossin, Yigal: Heinrich Heine : wer war er wirklich? Aus dem Hebr. übers. von Abraham Melzer. Neu Isenburg 2006. 671 S. : Ill.

Lotter, Konrad: Schönheit als Glücksversprechen : Anmerkungen zu Stendhal, Heine, Tocqueville, Baudelaire, Schopenhauer, Nietzsche, Freud und Adorno. Köln 2000. 39 S. (Edition questions ; 4).

Mack, Michael: Moses Mendelssohn's other enlightenment and German Jewish counter histories in the work of Heinrich Heine and Abraham Geiger. In: Ders.: German idealism and the Jew : the inner anti-semitism of philosophy and German Jewish responses. Chicago [u. a.] 2003. S. 79–98.

Mai, Manfred: Politik und Staat in der modernen Gesellschaft : soziologische Überlegungen mit einigen Bezügen zu Heinrich Heine. In: HJb 44, 2005. S. 163–176.

Maillet, Marie-Ange: Heinrich Heine und der Münchner Kunstverein. In: Internationales Archiv für Sozialgeschichte der Deutschen Literatur. Tübingen 30, 2005, 2. S. 1–13.

Malinowski, Bernadette: German romantic poetry in theory and practice : the Schlegel brothers, Schelling, Tieck, Novalis, Eichendorff, Brentano, and Heine. In: The literature of German romanticism. Ed. by Dennis F. Mahoney. Rochester, NY [u. a.] 2005. S. 147–170.

Mancini, Mario: Il Geoffrey Rudel di Heine. In: La questione romantica. Neapel 7/8, 1999. S. 63–74.

Marcel Reich-Ranicki erläutert Ein Jüngling liebt ein Mädchen und andere Gedichte : Lesungen. Gelesen von Eva Gosciejewicz und Max Volkert Martens. Regie: Marlene Breuer ; Dorothee Meyer-Kahrweg. Hr2. München 2004. 1 CD.

Marcuse, Ludwig: Heinrich Heine : Melancholiker, Streiter in Marx, Epikureer. Vom Autor überarb. und erg. 3. Fassung. Zürich 2005. 365 S.

Matsuda, Matashichi: Hamlet – Heine. In: Doitsu-bungaku. Tokyo 6, 1950. S. 31–34 [jap.].
Mattern, Pierre: Eva und der Aussatz am Himmel : über Heinrich Heines ›Geständnisse‹. In: Gesetz – Ironie : Festschrift für Manfred Schneider. Hrsg. von Rüdiger Campe und Michael Niehaus. Heidelberg 2004. S. 153–166.
Matussek, Matthias: Pistolenknall und Harfenklang. In: Der Spiegel. Hamburg 2006, 7. S. 112–117.
Meyersiek, Dietmar: Wenn Du eine Rose schaust, sag, ich laß sie grüßen : Heine und die Weiber. 2005. 11 S. [Vortrag Rotary Club Düsseldorf-Pempelfort am 4. Aug. 2005].
Mojem, Helmuth: Zu welcher Parthey : aus Heinrich Heines Arbeitsmanuskript zu »Deutschland. Ein Wintermärchen«. Marbach am Neckar 2005. [1] Faltblatt & 1 Beil. (Marbacher Faksimile-Druck ; Nr. 46).
Morawe, Bodo: Heines Weltlauf : der Lazarus-Prolog und das Recht zu leben. In: Internationales Jahrbuch der Bettina-von-Arnim-Gesellschaft. Berlin 16, 2004. S. 123–131.
Morawe, Bodo: Republikanischer Diskurs : ein Paralipomenon zu Heines Philosophie-Schrift und zur Metropolenforschung. In: Zwischen Zentrum und Peripherie : die Metropole als kultureller und ästhetischer Erfahrungsraum. Christian Moser ... (Hg.). Bielefeld 2005. S. 199–232.
Müller, Birgit: Literarische Zensur bei Heinrich Heine und Christa Wolf. Eichstätt-Ingolstadt, Univ., Mag.-Arbeit, 2002. 27 S.
Müller-Dietz, Heinz: Heinrich Heines Beitrag zur Gefängnistheorie und zu den Straftheorien. In: Muss Strafe sein? : Kolloquium zum 60. Geburtstag von Herrn Professor Dr. Dr. h. c. Heike Jung. Henning Radtke ... (Hrsg.). Baden-Baden 2004. S. 85–98.
Müller-Dyes, Klaus: Der Refrain in der Lyrik Heinrich Heines. In: Doitsu-bungaku. Tokyo 38, 1966. S. 48–49.
Munzer, Karlfried: Himmlisches Heimweh : Heinrich Heine und die Religion. In: Nachrichten der Evangelisch-Lutherischen Kirche in Bayern. München 52, 1997, Dez. S. 375–378.
Murray, Jock: The Saint, the King's grandson, the poet, and the victorian writer : instances of MS when the disease dit not have a name. In: International Journal of MS Care. Bloomsfield, NJ. 3, 2001, 2. S. 1–17.
Neef, Annemarie: Heines schöner Islam : Preisaufgabe der Heinrich-Heine-Gesellschaft e. V. 2003. Hamburg 2004. 62 S. : Ill.
Neubauer, Kai: Eros e morte in »Notti fiorentine« di Heinrich Heine. In: La questione romantica. Neapel 9, 2000 (2002). S. 113–119.
Neumann, Gerhard: Der Abbruch des Festes : Gedächtnis und Verdrängen in Heines Legende »Der Rabbi von Bacherach«. In: Erkennen und Erinnern in Kunst und Literatur : Kolloquium Reisensburg, 4.–7. Januar 1996. In Verbindung mit Wolfgang Frühwald hrsg. von Dietmar Peil ... Tübingen 1998. S. 583–619.
Nordlander, Nils Brage: Heinrich Heine, plågad poet : Ingen ac mina läkare vet vad jag lider av. In: Läkartidningen. Stockholm 101, 2004, 35. S. 2663.
Ohage, August: Der Traum von der Göttinger Bibliothek : Heines Harzreise von innen gelesen. In: Paulinerkirche und Forschungsbibliothek : Beiträge zum historischen Gebäude der Niedersächsischen Staats- und Universitätsbibliothek Göttingen ; Sonderdruck aus Bibliothek und Wissenschaft 36, 2003. Hartmut Döhl, August Ohage und Elmar Mittler. Wiesbaden 2003. S. 53–70.
Onodera, Naoki: Heine und das Meer. In: Doitsu-bungaku. Tokyo 25, 1960. S. 96–102. [jap.; dt. Zusammenfassung].
Palzhoff, Thorsten: Der Ort der Musik in Heinrich Heines Schriften. In: HJb 44, 2005. S. 177–188.
Palzhoff, Thorsten: Traum und Maske. In: Das letzte Wort der Kunst. Stuttgart 2006. S. 173–179.

Pardo Bazán, Emilia: Fortuna española de Heine. In: Revista de España. Madrid 110, 1886. S. 481–496.

Park, Eun-Kyoung: ... meine liebe Freude an dem Göttergesindel : die antike Mythologie im Werk Heinrich Heines. Stuttgart 2005. 460 S. (Heine-Studien).

Patzer, Georg: Heine kennen lernen : Leben und Werk ; ab Klasse 7. Lichtenau 2001. 62 S. : Ill. (AOL kompakt).

Peitsch, Helmut: The silenced martyr : literary movement of the time – Heinrich Heine, Theodor Mundt. In: Ders.: Georg Forster : a history of his critical reception. New York, NY [u. a.] 2001. S. 25–29.

Peters, Paul: Heine und Baudelaire oder Die alchimistische Formel der Modernität. In: Baudelaire und Deutschland – Deutschland und Baudelaire. Hrsg. Bernd Kortländer und Hans T. Siepe. Tübingen 2005. S. 15–51.

Petersdorff, Dirk von: Notwendige Scherze : Heinrich Heines Ironie. In: Die Sprache des Witzes : Heinrich Heine und Robert Gernhardt ; [Tagung der Evangelischen Akademie Iserlohn im Institut für Kirche und Gesellschaft der EKvW, 4.–5. Mai 2005]. Hrsg. von Burkhard Moennighoff. Iserlohn 2006. S. 11–32.

Petersmann, Konstanze: Der Kyffhäuser : Barbarossa und wie Heinrich Heine ihm begegnete. In: Der Gießerjunge. Düsseldorf 26, 2006, 2. S. 14–15.

Pfau, Thomas: Nachtigallenwahnsinn und Rabbinismus : Heine's literary provocation to German-Jewish cultural identity. In: Romantic poetry. Ed. by Angela Esterhammer. Amsterdam [u. a.] 2002. S. 443–460.

Pfister, Wolfgang: Erläuterungen zu Heinrich Heine, Deutschland. Ein Wintermärchen. 2. Aufl. Hollfeld 2005. 104 S. (Königs Erläuterungen und Materialien ; Bd. 62).

Pieiller, Evelyne: Heinrich Heine contre Madame de Staël. In: Magazine littéraire. Paris 359, 1997. S. 38–41.

Pirskawetz, Lia: Wintermärchen, Kaput XXVIII. In: Neues Deutschland / A. Berlin 28./29. 01. 1995.

Pizer, John David: The mediation and contestation of ›Weltliteratur‹ : Heine and Young Germany. In: Ders.: The idea of world literature : history and pedagogical practice. Baton Rouge 2006. S. 47–66.

Podewski, Madleen: Zwischen »Hellenen« und »Barbaren« : artifizielle Repetitionen in Heinrich Heines letztem Gedicht. In: Lyrik im 19. Jahrhundert : Gattungspoetik als Reflexionsmedium der Kultur. Hrsg. von Steffen Martus, Stefan Scherer, Claudia Stockinger. Bern [u. a.] 2005. S. 327–344.

Pöttker, Horst: Heines Tagesberichte für die »Allgemeine Zeitung« : ein Beitrag zu Geschichte und Bestimmung der Reportage. In: Zeitung – Medium mit Vergangenheit und Zukunft : eine Bestandsaufnahme ; Festschrift aus Anlass des 60. Geburtstages von Hans Bohrmann. Hrsg. von Otfried Jarren ... München 2000. S. 27–46.

Pollet, Jean-Jacques: Au-delà du romantisme : l'image de la mine selon Heinrich Heine. In: Mélanges offerts à Paul Colonge : études rassemblées. Textes réunis par Pierre Vaydat. Coord.: Conseil Scientifique de l'Univ. Charles-de-Gaulle – Lille 3. Lille 2001. S. 45–53.

Preuß, Günter: Ich weiß nicht, was soll es bedeuten ... Deutschland einig Jammerland. Düsseldorf 2005. 8 S. [Vortrag Rotary Club Düsseldorf 15. Aug. 2005].

Pronin, Vladislav Alexandrovic: Verterovskie motivy v lirike Gejne. In: Vestnik Literaturnogo Instituta Im. A. M. Gor'kogo. Moskva. 2, 2000, 2. S. 128–135 [kyrill.].

Quattrocchi, Luigi: Il controcanto Heiniano ai »figli« e »nipoti« di Arminio. In: Aspetti dell'identità tedesca : studi in onore di Paolo Chiarini. A cura di Mauro Ponzi e Aldo Venturelli. Rom. T. 1. 2001. S. 237–254.

Raddatz, Fritz J.: Taubenherz und Geierschnabel : Heinrich Heine – eine Biographie. Weinheim 2005. 391 S. (Beltz Taschenbuch ; 176).

Reich-Ranicki, Marcel: Niederlage und Triumph : zu Heinrich Heine, »Nicht gedacht soll seiner werden!«. In: Mann, Golo und Marcel Reich-Ranicki: Enthusiasten der Literatur : ein Briefwechsel ; Aufsätze und Portraits. Frankfurt a. M. 2000. S. 220–223.

Robertson, Ritchie: Heine. London 2005. 117 S. (Jewish Thinkers).

Robertson, Ritchie: Schopenhauer, Heine, Freud : dreams and dream-theories in nineteenth-century Germany. In: Psychoanalysis and history. London 3, 2001, 1. S. 28–38.

Rölleke, Heinz: Märchenhaftes in Heines ›Harzreise‹. In: Ders.: Die Märchen der Brüder Grimm : Quellen und Studien ; gesammelte Aufsätze. 2. Aufl. Trier 2004. S. 174–176.

Rösch, Gertrud Maria: »Tolle Wirtschaft!« : Franz Grillparzer und Heinrich Heine, Paris, April 1836. In: Bespiegelungskunst : Begegnungen auf den Seitenwegen der Literaturgeschichte. Hrsg. von Georg Braungart ... Tübingen 2004. S. 85–100.

Roeske, Kurt: Achill, Heinrich Heine und Franz Fühmann. In: Ders.: Die späte Heimkehr des Odysseus : Homers Odyssee ; Texte und Deutungen. Würzburg 2005. S. 101–105.

Roth, Ursula: »Die Erde allein wird unser Vaterland sein« : wer ist der ›politische Heine‹? ; einige aufklärende Worte über die erstaunliche Weitsicht des großen Dichters. In: Westdeutsche Zeitung. Düsseldorf 05. 02. 2006. S. 6.

Rumsey, Lacy: H. D. : a source in Heine. In: ANQ. Washington, DC 14, 2001, 2. S. 32–34.

Rund um Heinrich Heine : Kopiervorlagen für den Deutschunterricht. Hrsg. von Elvira Langbein und Rosemarie Lange. Erarb. von Gottfried Eßer ... Redaktion: Dirk Held., Berlin 2006. 80 S. : Ill.

Ruprecht, Lucia: Heinrich Heine's ›Florentinische Nächte‹ : a tale of transgression. In: Field studies : German language, media and culture ; selected papers from the Conference of University Teachers of German, University of Newcastle, September 2002. Holger Briel ; Carol Fehringer (ed.). Oxford [u. a.] 2005. S. 139–156.

Saqed, Gerson: »Der Rabbi von Bacherach« von Heine : hier und heute. In: Heinrich Heine in Jerusalem. Hamburg 2006. S. 53–74.

Sarnighausen, Hans-Cord: Charlotte Christiani geb. Heine (1813–1869) in Lüneburg : die treue Cousine Heinrich Heines in Bordeaux. In: Archiv für Familiengeschichtsforschung. Limburg 9, 2005, 4. S. 272–280.

Sammons, Jeffrey L.: Heinrich Heine. In: Antisemitism : a historical encyclopedia of prejudice and persecution. Richard S. Levy, Ed. Santa Barbara, CA. Vol. 1: A-K. 2008. S. 293–296.

Sammons, Jeffrey L.: Presidential address (december, 2004) : Schiller vs. Goethe ; revisiting the conflicting reception vectors of Heinrich Heine, Ludwig Börne, and Wolfgang Menzel. In: Goethe Yearbook. Columbia 13, 2005. S. 1–17.

Schachter, M.: Un illustre malade : le poète Henri Heine. In: Paris médical. Paris 1933, 1. S. VI–VIII.

Schiffter, Roland: Das Leiden des Heinrich Heine. In: Hamburger Ärzteblatt. Hamburg 2006, 60. S. 66–67.

Schlesier, Renate: Heines Gedicht »Diesseits und jenseits des Rheins«. In: Heinrich Heine in Jerusalem. Hamburg 2006. S. 75–93.

Schnell, Ralf: Zwischenzeiten, Zwischenwelten : Heinrich Heines Lachen. In: literaturkritik.de. Marburg 2006, 2. http://www.literaturkritik.de/public/inhalt.php?ausgabe=200602

Schönfeld, Gerda-Marie: Heinrich Heine : der scharfzüngige Schwärmer. In: Stern. Hamburg 2006, 8. S. 176–186.

Schrader, Hans-Jürgen: »Fichtenbaums Palmentraum« : ein Heine-Gedicht als Chiffre deutsch-jüdischer Identitätssuche. In: The Jewish self-portrait in European and American literature. Ed. by Hans Jürgen Schrader, Elliott M. Simon, Charlotte Wardi. Tübingen 1996. S. 5–44.

Schreiner, Klaus: Öffentlicher Spott, gesellschaftliche Ausgrenzung, vorenthaltene Bürgerrechte : Frankfurts Juden im Gesichtskreis Goethes, Börnes und Heines. In: »... das Flüstern eines leisen Wehens ...« : Beiträge zu Kultur und Lebenswelt europäischer Juden ; Festschrift für Utz Jeggle. Freddy Raphael (Hg.). Konstanz 2001. S. 241–280.

Schröder, Lothar: Heinrich Heines Heimat – ein Sehnsuchtsort. In: NRW-Stiftung. Düsseldorf 2006, 1. S. 6–12.

Schütze, Peter: Der junge Christian Dietrich Grabbe und Heinrich Heine. In: »... daß besagter Dietrich Grabbe ... von allen unseren dramatischen Dichtern ... die meiste Verwandtschaft mit Shakespeare hat.«. Hrsg. von Kurt Roessler und Peter Schütze. Detmold 2005. S. 27–40.

Schüppen, Franz: Um Bimini und Gulbrandsdal : Paradiestiet in der Gegenwart, bei Heine, Fontane und anderen literarischen Reminiszenzen dank und für Johann D. Bellmann zum 8.5.2005. In: De Kennung. Celle 28, 2005, 1. S. 17–28.

Schulz, Nils Björn: Eine Pädagogik des Stils : Überlegungen zu Heines Philosophieschrift. Würzburg 2005. 194 S. (Stiftung für Romantikforschung ; Bd. 33).

Schwerter, Wilhelm: Heine und der Hopfennektar : was der Dichter ironisch über Bier und Wein geschrieben hat. In: Das Tor. Düsseldorf 71, 2005, 6. S. 16.

Scotti, Massimo: Les Dieux en revue : Heinrich Heine à Paris et la genèse du poème enprose. In: Recherches & travaux. 65: Poésie et journalisme au XIXe siècle en France et en Italie : l'exemple napolotain. Grenoble 2004. S. 67–79.

Secci, Lia: L' esilio »germanico« degli dei Heiniani. In: Aspetti dell'identità tedesca : studi in onore di Paolo Chiarini. A cura di Mauro Ponzi e Aldo Venturelli. Rom. T. 2/1. 2001. S. 213–223.

Seki, Kusuo: Literatur und Demokratie bei Heine. In: Doitsu-bungaku. Tokyo 7, 1951. S. 10–16 [jap.].

Shedletzky, Itta: Heine aus deutscher und aus jüdischer Sicht von damals bis heute. In: Heinrich Heine in Jerusalem. Hamburg 2006. S. 155–169.

Simon, Marita: Zwischen Harz und Helgoland : Heinrich Heine in Norddeutschland. In: Auskunft. Nordhausen 24, 2004, 4. S. 471–482.

Singh, Sikander: »Im lachenden Spiegel des Witzes« : Betrachtungen über Heinrich Heines ironische Schreibart. In: Die Sprache des Witzes : Heinrich Heine und Robert Gernhardt ; [Tagung der Evangelischen Akademie Iserlohn im Institut für Kirche und Gesellschaft der EKvW, 4.–5. Mai 2005]. Hrsg. von Burkhard Moennighoff. Iserlohn 2006. S. 55–72.

Skolnik, Jonathan: Heine and Haggadah : history, narration, and the tradition in the age of ›Wissenschaft des Judentums‹. In: Renewing the past, reconfiguring Jewish culture : from al-Andalus to the Haskalah. Ed. by Ross Brann and Adam Sutcliffe. Philadelphia, PA 2004. S. 213–225.

Skolnik, Jonathan Samuel: »Who learns history from Heine?« : the German-Jewish historical novel as cultural memory and minority culture, 1824–1953. New York, NY, Univ., Diss., 1999. IV, 220 S.

Söhn, Gerhart: Wolfgang Menzel : sein Leben ; Teil 2. In: HJb 44, 2005. S. 132–151.

Söhnen, Albrecht von: Henri Heine et le naufrage de l'Amphitrite en 1833. In: Boulogne & la mer. Boulogne sur mer 3, 2004, 1. S. 7–8.

Söhnen, Albrecht von: Landsleute unter sich : Heine und die Pariser Emigrantenszene. In: Heinrich-Heine-Gymnasium <Oberhausen>: Schulzeitung. Oberhausen 2005. S. 5–16.

Sonino, Claudia: L'ebreo Gundolf e il ›caso Heine‹. In: Cultura tedesca. Rom. 1: Thomas Mann. 1994. S. 181–207.
Sonino, Claudia: Der Jude Gundolf und der »Fall« Heine. In: Menora : Jahrbuch für deutsch-jüdische Geschichte. Bodenheim 8, 1997. S. 231–254.
Spicher, Anne: »Poèmes et légendes« : de Heinrich Heine (I). In: L'École des lettres. Paris 87, 1995, 1. S. 17–29.
Spicher, Anne: »Poèmes et légendes« : de Heinrich Heine (II). In: L'École des lettres. Paris 87, 1995, 3. S. 31–42.
Stadler, Ulrich: Im Schatten Goliaths oder des Titanen? : Heines Auseinandersetzung mit Goethe und das Tanzpoem ›Der Doktor Faust‹. In: La storia di Faust nelle letterature europee : [Atti del Convegno ›Storie di Faust‹, Napoli, 6–7 marzo 1997]. A cura di Marino Freschi. [Beiträge: Marinella Rocca Longo, Giorgio Manacorda, Giovanni Sampaolo ..., Giulia Lanciani, Renata Crea]. Neapel 2000. S. 151–165.
Stadnikov, Gennadij Vladimirovic: O stichotvorenii »Dusno! Bez scastja i voli ...« : v svete problemy »Nekrasov i Gejne«. In: Russkaja literatura. Sankt-Peterburg 2002, 3. S. 113–119.
Stauf, Renate: Heinrich Heine: Deutschland. Ein Wintermärchen. In: Weltliteratur : eine Braunschweiger Vorlesung. Bielefeld. Bd. 2: 2005. S. 269–284.
Stenager, Egon: The course of Heinrich Heine's illness : diagnostic considerations. In: Journal of medical biography. London 4, 1996, 4. S. 28–32.
Stiegler, Herwig: ›Arbor Hugoniana‹ : Heinrich Heines juristischer Albtraum zu Osterode. In: Festschrift für Gernot Kocher zum 60. Geburtstag. Hrsg. von Helfried Valentinitsch und Markus Steppan. Graz 2002. S. 307–316.
Straßer, Isa: Heinrich Heine (Teil 1). In: Arbeiter-Jugend. Berlin 8, 1916, 25. S. 194–195.
Straßer, Isa: Heinrich Heine (Teil 2). In: Arbeiter-Jugend. Berlin 8, 1916, 26. S. 202–203.
Straßer, Isa: Heinrich Heine : (Schluß). In: Arbeiter-Jugend. Berlin 8, 1916, 27. S. 213–214.
Sühring, Peter: Dichters Schmerzendrang – Musikers Schmerzensklang : zu »Hör' ich das Liedchen klingen«. In: Das letzte Wort der Kunst. Stuttgart 2006. S. 183–191.
Sugiyama, Sanshiti: Heine und [die Mouche]. In: Doitsu-bungaku. Tokyo 7, 1951. S. 40–45 [jap.].
Tandello, Emmanuela: Giacomo Noventa, Heine and the language of poetry. In: Reflexivity : critical themes in the Italian cultural tradition ; essays by members of the Department of Italian at University College London. Ed. by Prue Shaw and John Took. Ravenna 2000. S. 63–81.
Tauber, Seve: Heinrich Heine interkulturell gelesen. Aus dem Hebr. übers. von Liliane Granierer. Nordhausen 2006. 118 S. : Ill. (Interkulturelle Bibliothek ; Bd. 114).
Tauber, Zvi: Remarks on the relationship between Heine and Marx in 1844. In: Ethnizität, Moderne und Enttraditionalisierung. [Michael Werz ... Hrsg. vom Institut für Deutsche Geschichte, Universität Tel Aviv]. Hrsg. von Moshe Zuckermann. Göttingen 2002. S. 402–413.
Tempian, Monica: »Ein Traum, gar seltsam schauerlich ...« : Romantikerbschaft und Experimentalpsychologie in der Traumdichtung Heinrich Heines. Göttingen 2005. 206 S.
Teraoka, Takanori: Spuren der ›Götterdemokratie‹ : Georg Büchners Revolutionsdrama »Danton's Tod« im Umfeld von Heines Sensualismus. Bielefeld 2006. 214 S.
Thiam, Momath: »Autonomie der Kunst« als Begegnungsebene : zu Heinrich Heines und Leopold Sedar Senghors Ästhetik. In: Acta Germanica. Frankfurt a. M. 25, 1997. S. 21–34.
Thiam, Momath: Heinrich Heines Goethe-Rezeption und Senghors Ästhetische Auffassung : Konvergenz eines humanistischen Denkens. In: Senghor et la culture de l'espace germanophone : colloque de Dakar ; les 1er, 2 et 3 juin 2002. Sous le haut patronage de Maître Abdoulaye Wade

... avec le soutien de la Societé Goethe Internationale de Weimar ... Dakar 2003. S. 290–309.

Tournier, Michel: Allemagne : un conte d'hiver de Henri Heine ou comment être juif allemand. Biarritz 2003. 33 S. (lose).

Tournier, Michel: Heinrich Heine : »Deutschland. Ein Wintermärchen«. In: Heinrich Heine in Jerusalem. Hamburg 2006. S. 109–121.

Trautmann-Waller, Céline: Heine : poète juif et allemand? : le bicentenaire de la naissance du poète : reflet de la recherche. In: Revue des sciences religieuses. Strasbourg 72, 1998, 3. S. 315–328.

Tschörtner, Heinz Dieter: Gerhart Hauptmann und Heinrich Heine : mit einem unbekannten Brief. In: Leben – Werk – Lebenswerk : ein Gerhart-Hauptmann-Gedenkband. Hrsg. von Edward Bialek ... Legnica 1997. S. 73–76.

Turaev, Sergej V.: Gejne i Gete. In: Ders.: Gete i ego sovremenniki = Goethe und seine Zeitgenossen. Moskva 2002. S. 159–174.

Turaev, Sergej V.: Gejne o Fauste i ›Faust‹ Gejne. In: Ders.: Gete i ego sovremenniki = Goethe und seine Zeitgenossen. Moskva 2002. S. 185–193.

Turaev, Sergej V.: Obraz napoleona v tvorchestve i suschdenijach Genricha Gejne. In: Ders.: Gete i ego sovremenniki = Goethe und seine Zeitgenossen. Moskva 2002. S. 175–184.

Turaev, Sergej V.: Obraz napoleona v tvorcestve i suzdenijach Genricha Gejne. In: Izvestija Akademii Nauk / Serija literatury i jazyka. 60, 2001, 3. S. 50–54 [kyrill.].

Vahl, Heidemarie: »Die weltliche Bibel der Deutschen« : Heine, Schumann und Faust. In: Das letzte Wort der Kunst. Stuttgart 2006. S. 83–97.

Valenzuela Feijóo, José: Heine : des romanticismo al socialismo utópico. In: Atenea : revista mensual de ciencias, letras y artes. Concepción, Chile 488 = 2003, 2. S. 79–115.

Vratz, Christoph: Der geknetete Geist : poetischer Blick, staunendes Ohr ; Heine und die Musik. In: Opernwelt. Seelze 47, 2006, 2. S. 30–39.

Wagner, Gerhard: Zwischen Mondschein und Gaslicht : Heine in der ästhetischen Kultur des Industriezeitalters. In: Utopie kreativ. Berlin 184 = 2006, 2. S. 137–148.

Wagner, Richard: Ein Freiheitsdichter : (Heinrich Heine). In: Arbeiter-Jugend. Berlin 2, 1910, 6. S. 89–91.

Wagner, Richard: Heinrich Heine in seinen Prosaschriften. In: Arbeiter-Jugend. Berlin 2, 1910, 9. S. 128–129.

Wallach, Martha K.: Konstruktion und Dekonstruktion des Bildes einer Region : Talvj und Heine über Polen. In: Literatur und Regionalität. Anselm Maler (Hrsg.). Frankfurt a. M. [u. a.] 1997. S. 101–116.

Waszek, Norbert: L' excursion panthéiste dans L'historie de la religion et de la philosophie en Allemagne de Heinrich Heine. In: Dieu et la nature : la question du panthéisme dans l'idéalisme allemand. Christophe Bouton (éd.). Hildesheim [u. a.] 2005. S. 159–178.

Weigel, Sigrid: Aby Warburgs »Göttin im Exil« : das »Nymphenfragment« zwischen Brief und Taxonomie, gelesen mit Heinrich Heine. In: Reudenbach, Bruno: Reliquiare als Heiligkeitsbeweis und Echtheitszeugnis. Berlin 2000. S. 65–104.

Weigel, Sigrid: Der Ort als Schauplatz des Gedächtnisses : zur Kritik der ›Lieux de mémoire‹, mit einem Ortstermin bei Goethe und Heine. In: Weimar – Archäologie eines Ortes. Im Auftr. der Stiftung Weimarer Klassik hrsg. von Georg Bollenbeck ... Weimar 2001. S. 9–22.

Willems, Sophia: Ein armer Poet, der aus der Kälte kam : Heinrich Heine, dem unbequemen Dichter zum 150. Todestag. In: Westdeutsche Zeitung. Düsseldorf 25. 01. 2006. S. 6.

Willhardt, Rolf: Bibliothek und Rathskeller als Ruin ... : Heine und die Bibliotheken: Lesemuffel oder Bücherwurm? In: Magazin der Heinrich-Heine-Universität Düsseldorf. 2005, 1. S. 14–15.

Windfuhr, Manfred: Heines Fragment eines Schelmenromans. In: Heine, Heinrich: Aus den Memoiren des Herren von Schnabelewopski. Stuttgart 2004. S. 71–95.

Wingler, Hedwig: István Eörsi erzählt die Geschichten von Hiob und Heine für uns. In: Manuskripte. Graz 40, 2000, 150. S. 227–231.

Witte, Bernd: After the death of Goethe : Junges Deutschland, Heinrich Heine and the end of art in Germany. In: 1830–1848, the end of metaphysics as a transformation of culture. Herbert De Vries ... (ed.). Louvain [u. a.] 2003. S. 237–260.

Wollschläger, Karin: »daß unser Leben nur ein farbiger Kuß Gottes sey« : Heinrich Heines religiöser Sensualismus. Tönning [u. a.] 2005. 350 S. [Zugl.: Münster (Westfalen), Univ., Diss., 2005].

Yi, Hong-Kyung: Heines Engagement für die unterdrückte Menschheit : die Damaskus-Affäre. In: Togil-munhak. Seoul. 43, 2002, 4. S. 110–127. [korean., dt. Zusammenfassung].

Yi, Hong-Kyung: Heines Lektüre des Cervantes' Roman Don Quixote. In: Togil-munhak. Seoul. 44, 2003, 3. S. 46–65. [korean., dt. Zusammenfassung].

Ziegler, Edda: Heinrich Heine : der Dichter und die Frauen. Düsseldorf 2005. 205 S. : Ill.

Ziegler, Edda: Heinrich Heine : Leben, Werk, Wirkung. Düsseldorf 2006. 256 S. : über 200 z. T. farb. Abb.

Ziegler, Edda: Heinrich Heines letzte Liebe : über die ›Mouche‹, die der Dichter die ›letzte Blume meines larmoyanten Herbstes‹ nannte. In: literaturkritik.de. Marburg 2006, 2. http://www.literaturkritik.de/public/inhalt.php?ausgabe=200602

Zimorski, Walter: »Ganz glücklich ist die Sache also nicht für mich abgelaufen« : Heines Duell-Affären. In: Jahrbuch der juristischen Zeitgeschichte. Baden-Baden 5, 2003/2004. S. 645–663.

2.2 Literatur mit Heine-Erwähnungen und Bezügen

Albus, Anita: Die Kunst der Künste : Erinnerungen an die Malerei. 2. Aufl. Frankfurt a. M. 2005. 388 S. : Ill. [Heine-Erwähnung S. 317].

Alonso, Dámaso: Ensayos sobre poesía española. Buenos Aires 1946. 401 S. [Kapitel »Originalidad de Bécquer« mit Heine-Bezug S. 261–304].

Ammon, Frieder von: Ungastliche Gaben : die »Xenien« Goethes und Schillers und ihre literarische Rezeption. Tübingen 2005. IX, 347 S. (Untersuchungen zur deutschen Literaturgeschichte ; Bd. 123).

Andersen, Hans Christian: »Ja, ich bin ein seltsames Wesen ...« : Tagebücher 1825–1875. Ausgew., hrsg. und übers. von Gisela Perlet. 2 Bde. Göttingen 2000. 444, 451–796 S.

Arendt, Dieter: Marketenderinnen – wer aber sind sie? : mit Mann und Roß und Wagen. In: Studia niemcoznawcze. Warszawa 21, 2001. S. 399–420.

Bach, Ansgar: Literarisches Köln : 80 Autoren ; Wohnorte, Wirken und Werken. Unter Mitarb. v. Jörg Reichwald. Berlin 2002. 76 S. : Ill., Kt. (Der Dichter-und-Denker-Stadtplan). [Heine als Besucher Kölns].

Bär, Gerald: Das Motiv des Doppelgängers als Spaltungsphantasie in der Literatur und im deutschen Stummfilm. Amsterdam [u. a.] 2005. 718 S. : Ill. (Internationale Forschungen zur Allgemeinen und Vergleichenden Literaturwissenschaft ; 84)

Bark, Joachim: Der Wuppertaler Dichterkreis : Untersuchungen zum Poeta Minor im 19. Jahrhundert. Bonn 1969. XIII, 171 S. (Abhandlungen zur Kunst-, Musik- und Literaturwissenschaft ; Bd. 86)

Bebel, August: Schriften : 1862–1913. Hrsg. von Cora Stephan. Frankfurt a. M. Bd. 1: 1981. 467 S. [Heine-Zitate S. 270–271, 294–296].

Beci, Veronika: Robert und Clara Schumann : Musik und Leidenschaft. Düsseldorf 2006. 340 S. : zahlr. Bilddok.

Beckert, Sven: Die Kultur des Kapitals : bürgerliche Kultur in New York und Hamburg im 19. Jahrhundert. In: Reudenbach, Bruno: Reliquiare als Heiligkeitsbeweis und Echtheitszeugnis. Berlin 2000. S. 141–176.

Belentschikow, Valentin: Zur Poetik Boris Pasternaks : der Berliner Gedichtzyklus 1922–1923. Frankfurt a. M. [u. a.] 1998. 157 S. (Vergleichende Studien zu den slavischen Sprachen und Literaturen ; Bd. 2)

Berg, Henk de: Freud's theory and its use in literary and cultural studies : an introduction. Rochester, NY 2004. (Studies in German literature, linguistics, and culture).

Bertschik, Julia: Mode und Moderne : Kleidung als Spiegel des Zeitgeistes in der deutschsprachigen Literatur (1770–1945). Köln [u. a.] 2005. 415 S. : Ill. [Zugl.: Berlin, Freie Univ., Habil.-Schr., 2004].

Bewegung im Reich der Immobilität : Revolutionen in der Habsburgermonarchie 1848–1849 ; literarisch-publizistische Auseinandersetzungen. Hubert Lengauer, Primus Heinz Kucher (Hg.). Wien [u. a.] 2001. XVII, 558 S. (Literaturgeschichte in Studien und Quellen ; Bd. 5)

Bianquis, Geneviève: La vie quotidienne en Allemagne à l'époque romantique : (1795–1830). Paris 1958. 264 S. (La Vie quotidienne)

Die Bibel in den Worten der Dichter. Hrsg. von Bertram Kircher. [Abb. Julius Schnorr von Carolsfeld]. Freiburg i. Br. [u. a.] 2005. 702 S. : Ill.

Bongs, Rolf: Rheinisches Bilderbuch. Herbert Thiele ... [Ill.]. Berlin 1954. 74 S. [Heine-Erwähnung S. 62].

Borgstedt, Thomas: Der Ruf der Gondoliere : Genretheorie, Formpoetik und die Sonette August von Platens. In: Lyrik im 19. Jahrhundert : Gattungspoetik als Reflexionsmedium der Kultur. Hrsg. von Steffen Martus, Stefan Scherer, Claudia Stockinger. Bern [u. a.] 2005. S. 295–326.

Borso, Vittoria: Die Orte der Freundschaft. In: Das Magazin. Düsseldorf 16, 2005, 1. S. 24.

Brandstetter, Gabriele: »Ein Stück in Tüchern« : Rhetorik der Drapierung bei A. Warburg, M. Emmanuel, G. Clerambault. In: Reudenbach, Bruno: Reliquiare als Heiligkeitsbeweis und Echtheitszeugnis. Berlin 2000. S. 105–140.

Brantsch, Ingmar: Goethe und Heine hinter Gittern : vom Häftling zum Lehrer im Knast. Vechta 2005. 212 S. [Heine nur im Titel].

Bratranek, Franz Thomas: Handbuch der deutschen Literaturgeschichte. Brünn 1850. 284 S.

Brenner, Sabine: »Das Rheinland aus dem Dornröschenschlaf wecken!« : zum Profil der Kulturzeitschrift Die Rheinlande (1900–1922). Düsseldorf 2004. 238 S. : Ill. sw. (Heinrich-Heine-Institut: Archiv, Bibliothek, Museum ; Bd. 10). [Zugl.: Düsseldorf, Univ., Diss., 2003].

Breuer, Ulrich: »Farbe im Reflex« : Natur / Lyrik im 19. Jahrhundert. In: Lyrik im 19. Jahrhundert : Gattungspoetik als Reflexionsmedium der Kultur. Hrsg. von Steffen Martus, Stefan Scherer, Claudia Stockinger. Bern [u. a.] 2005. S. 141–164.

Briese, Olaf: In der Versenkung : Friedhofsprominenz im 19. Jahrhundert. In: Das letzte Wort der Kunst. Stuttgart 2006. S. 315–325.

Brock, Hella: Nationale und internationale Komponenten des Liedschaffens von Edvard Grieg im Spiegel von Selbstzeugnissen des Komponisten. In: Lied und Liedidee im Ostseeraum zwischen 1750 und 1900 : Referate der 8. Internationalen Musikwissenschaftlichen Tagung »Musica Baltica – Interregionale Musikkulturelle Beziehungen im Ostseeraum«, Greifswald – Lubmin, November 1998. Hrsg. von Ekkehard Ochs ... [Die Autorinnen und Autoren: Folke Bohlin ...]. Frankfurt a. M. 2002. S. 251–261.

Das Buch der Deutschen : alles, was man kennen muss. Hrsg. von Johannes Thiele. Orig.-Ausg. Bergisch Gladbach 2004. 831 S.

Das Buch Hitler : Geheimdossier des NKWD für Josef W. Stalin, zsgst. aufgrund der Verhörprotokolle des persönlichen Adjutanten Hitlers, Otto Günsche, und des Kammerdieners Heinz Linge, Moskau 1948/49. Henrik Eberle und Matthias Uhl (Hg.). Aus d. Russ. von Helmut Ettinger. Mit e. Vorw. von Horst Möller. Orig.-Ausg. Bergisch Gladbach 2005. 672, [32] S. : Ill., Kt. [Heine-Erw. S. 51].

Buchner, Alexandre: Les poètes politiques de l'allemagne. In: Revue contemporaine mensuelle. Paris 64, [ca. 1865]. S. 242–276.

Bunzel, Wolfgang: Das deutschsprachige Prosagedicht : Theorie und Geschichte einer literarischen Gattung der Moderne. Tübingen 2005. VIII, 421 S. (Communicatio ; Bd. 37). [Zugl.: München, Univ., Habil.-Schr., 2002].

Cahnman, Werner J.: Jews & gentiles : a historical sociology of their relations. Ed. by Judith T. Marcus, Zoltan Tarr. New Brunswick, NJ [u. a.] 2004. XVI, 253 S.

Calasso, Roberto: Die Literatur und die Götter. Aus dem Ital. von Reimar Klein. München 2003. 183 S. [EST: La letteratura e gli dei ; Heine-Erwähnungen S. 17–20 u. 27].

Calasso, Roberto: Die neunundvierzig Stufen : Essays. Aus dem Ital. von Joachim Schulte. München 2005. 383 S. [EST: I quarantanove gradini ; Zitat].

Casanova : Federico Fellini's Film- und Fernsehheld. Porträtiert von Stefan Zweig. Analysiert von ... Heinrich Heine ... Fotografiert von Pierluige und Franco Pinna ... Hrsg. von Auguste Amedee de Saint-Gall. Zürich 1976. 171 S. : zahlr., z. T. farb. Ill. [Heine S. 100].

Christian, George Scott: Comic George Eliot. In: The George Eliot review. Coventry 2003, 34. S. 21–26.

A companion to Schubert's Schwanengesang : history, poets, analysis, performance. Ed. by Martin Chusid. New Haven [u. a.] 2000. IX, 230 S. : Notenbeisp.

Conter, Claude D.: Jenseits der Nation – das vergessene Europa des 19. Jahrhunderts : die Geschichte der Inszenierungen und Visionen Europas in Literatur, Geschichte und Politik. Bielefeld 2004. 780 S.

Crea, Renata: Il Faust di Gustaf Gründgens. In: La storia di Faust nelle letterature europee : [Atti del Convegno ›Storie di Faust‹, Napoli, 6–7 marzo 1997]. A cura di Marino Freschi. [Beiträge: Marinella Rocca Longo, Giorgio Manacorda, Giovanni Sampaolo ..., Giulia Lanciani, Renata Crea]. Neapel 2000. S. 207–223.

Daemmrich, Horst S. und Ingrid Daemmrich: Themen und Motive in der Literatur : ein Handbuch. 2., überarb. und erw. Aufl. Tübingen [u. a.] 1995. XXV, 410 S. (UTB für Wissenschaft : Große Reihe)

Debussy, Claude: Monsieur Croche : sämtliche Schriften und Interviews. Hrsg. von Francois Lesure. Aus dem Franz. übertr. von Josef Häusler. Stuttgart 1974. 304 S. [EST: Monsieur Croche et autres ecrits ; Heine-Erw. S. 180].

Dechsler, Robert: Aus der literarischen Chronik von Heilbronn. In: Schwäbisches Heimatbuch. Stuttgart 1915. S. 39–59.

Deutsch-jüdische Geschichte in der Neuzeit. München. Bd. 2.: Emanzipation und Akkulturation : 1780–1871. Von Michael Brenner ... 1996. 402 S.
Deutsche Erinnerungsorte : eine Auswahl. Hrsg. von Etienne Francois und Hagen Schulze. München 2005. 549 S. [Heine S. 123–140].
Der deutsche Vormärz : Texte und Dokumente. Hrsg. von Jost Hermand. [Nachdr.]. Stuttgart 1997. 427 S. (Universal-Bibliothek ; 8794)
Deutschland. [Mit Beitr. von Dieter Bornhardt ... Chefred.: Rainer Eisenschmid]. 7. Aufl., vollst. überarb. und neu gestaltet. Ostfildern 2004. 1182, 65 S. : zahlr. Ill., graph. Darst., Kt. (Baedeker-Allianz-Reiseführer).
Dies Buch gehört den Kindern : Achim und Bettine von Arnim und ihre Nachfahren ; Beiträge eines Wiepersdorfer Kolloquiums zur Familiengeschichte. Hrsg. von Ulrike Landfester und Hartwig Schultz. Berlin 2003. XI, 546 S. : Ill. (Freundeskreis Schloss Wiepersdorf – Erinnerungsstätte Achim und Bettina von Arnim: Schriftenreihe ; Bd. 4)
Dietrich, Marlene: Nachtgedanken. [Die Zwischentexte und Gedichte übertr. Reiner Pfleiderer ins Dt.]. München 2005. 187 S. : Ill. [teilw. dt. und engl. ; Heine-Bezug S. 167].
Diogenes Autoren-Album. Hrsg. von Daniel Kampa und Armin C. Kälin. Zürich 1996. 377 S. : zahlr. Ill. (Diogenes-Taschenbuch ; 22900). [Heine S. 51].
Döhl, Hartmut: Bücher, Büsten und Skulpturen : Beobachtungen zur Ausstattung der Göttinger Universitätsbibliothek im 18. und 19. Jahrhundert. In: Paulinerkirche und Forschungsbibliothek : Beiträge zum historischen Gebäude der Niedersächsischen Staats- und Universitätsbibliothek Göttingen ; Sonderdruck aus Bibliothek und Wissenschaft 36, 2003. Hartmut Döhl, August Ohage und Elmar Mittler. Wiesbaden 2003. S. 19–49.
Duden, Anne: Ausgehend von Liegenden. In: Reudenbach, Bruno: Reliquiare als Heiligkeitsbeweis und Echtheitszeugnis. Berlin 2000. S. 37–64.
Dürr, Walter: Instrumentalismen in August Södermans Liedern. In: Lied und Liedidee im Ostseeraum zwischen 1750 und 1900 : Referate der 8. Internationalen Musikwissenschaftlichen Tagung »Musica Baltica – Interregionale Musikkulturelle Beziehungen im Ostseeraum«, Greifswald – Lubmin, November 1998. Hrsg. von Ekkehard Ochs ... [Die Autorinnen und Autoren: Folke Bohlin ...]. Frankfurt a. M. 2002. S. 237–250.
Düsseldorf : ein Lesebuch ; die Stadt Düsseldorf einst und jetzt in Sagen und Geschichten, Erinnerungen und Berichten, Briefen und Gedichten. Ges. u. hrsg. von Diethard H. Klein und Heike Rosbach. Husum 1987. 146 S.
Der Düsseldorf-Atlas : Geschichte und Gegenwart der Landeshauptstadt im Kartenbild. Harald Frater, Günther Glebe, Clemens von Looz-Corsearem, Birgit Montag, Helmut Schneider und Dorothea Wiktorim. Mit Fotos von Thomas L. H. Schmidt. [Köln] 2004. 224 S. : zahlr. Ill., graph. Darst. u. Kt. [Heine mehrfach bes. S. 104–141].
Düsseldorf Kulturverführer. Rolf Hosfeld (Hrsg.), Hans Hoff, Heinz Holzapfel, Hanna Styrie, Olaf Weiden, Hans-Christoph Zimmermann. Hamburg 2005. 174 S. : überw. Ill. [Heinrich Heine S. 138–139].
Eckardt, Emanuel: Halte Schritt : Kurt Ganske und seine Zeit. Hamburg 2005. 256 S. : zahlr. Fotos
Eckermann, Johann Peter: Gespräche mit Goethe in den letzten Jahren seines Lebens. Hrsg. v. Fritz Bergemann. Leipzig 1968. 927 S.
Eke, Norbert Otto: Einführung in die Literatur des Vormärz. Darmstadt 2005. 167 S. (Einführung Germanistik)
Encyclopedie du protestantisme. Dir. d'ed. Pierre Gisel. Paris 1995. 1710 S. : zahlr. Ill. [Heine-Artikel S. 660–661].

Engelbrecht, Jörg: Romantik und Revolution. In: Das letzte Wort der Kunst. Stuttgart 2006. S. 19–30.

Enzensberger, Hans Magnus: Einzelheiten. Frankfurt a. M. 1: Bewusstseins-Industrie. [14. Aufl.]. [1995]. 212 S. [Heine-Erwähnung S. 148]. 2: Poesie und Politik. [8. Aufl.]. [1997]. 142 S. (Edition Suhrkamp ; 87). [Heine-Erwähnung S. 125].

Erman, Hans: Berliner Geschichten, Geschichte Berlins : Historien, Episoden, Anekdoten. Erg. von Martin Pfeideler. 5. u. 6. Aufl. Tübingen 1980. 560 S.

Escal, Francoise: La musique et le romantisme. Paris [u. a.] 2005. 283 S. (Univers musical).

Eumann, Jan: Und ruhig fließt der Rhein : ein Bilder- und Lesebuch. Hamburg 1988. 175 S. : zahlr. Ill.

Europäische Karikaturen im Vor- und Nachmärz. Hrsg. von Hubertus Fischer und Florian Vaßen. Bielefeld 2006. (Forum Vormärz-Forschung: Jahrbuch ; 11, 2005).

Familie Marx privat : die Foto- und Fragebogen-Alben von Marx' Töchtern Laura und Jenny ; eine kommentierte Faksimileausgabe. Hrsg. von Izumi Omura ... Mit e. Essay von Iring Fetscher. Berlin 2005. LIII, 457 S. : Ill.

Feyerabend, Wolfgang: Spaziergänge durch das literarische Potsdam. Zürich 2005. 160 S. : 100 sw Abb., mit 5 Ktn.

Fingerhut, Karlheinz: Germanistik auf dem Weg von Frankreich über Deutschland nach Europa : Robert Minders mentalitätsgeschichtliche Darstellungen deutscher Literatur. In: 1900–2000 : cent ans de regards français sur l'Allemagne. Textes réunis par François Genton. Grenoble Cedex 2001. [Heine-Bezug S. 145–161].

Fischer, Hans-Peter: Von Zeit zu Zeit les ich den Alten gern ... In: Ders.: »Durchs Camera Obscura-Glas« : Einblicke in Theodor Fontanes Irrungen, Wirrungen. Magdeburg 2005. S. 181–197.

Folkerts, Liselotte: Karl Leberecht Immermann : seine Verbindungen zu Münster und zum übrigen Westfalen. Münster 2005. 65 S. : zahlr. Ill.

Fournier, Pascal: Der Teufelsvirtuose. Freiburg i. Br. 2001. 261 S. (Rombach Wissenschaften / Reihe Cultura ; Bd. 22). [Heine-Kapitel S. 172–175].

Frage und Antwort : Interviews mit Thomas Mann 1909–1955. Hrsg. von Volkmar Hansen u. Gert Heine. Hamburg 1983. 440 S.

Freiberger, Erika: Boris Pasternak und die deutsche Literatur. In: Boris Pasternak und Deutschland : [Ausstellung im Brüder-Grimm-Museum vom 15. April bis 25. Mai 1992 ; Ausstellung im Rathaus der Stadt Marburg vom 4. Juni bis 19. Juli 1992]. Brüder-Grimm-Museum Kassel. [Ausstellung: in Zusammenarbeit mit dem Institut für Slawische Philologie der Philipps-Universität Marburg. Hrsg. und bearb. von Sergej Dorzweiler ...]. Kassel 1992. S. 39–46.

Frenzel, Elisabeth: Motive der Weltliteratur : ein Lexikon dichtungsgeschichtlicher Längsschnitte. 5., überarb. u. erg. Aufl. Stuttgart 1999. XVI, 935 S. (Kröners Taschenausgabe ; Bd. 301)

Freundin. München 2005, 15. [Heine-Zitat S. 16].

Freyland, Max: Der Arzt als Künstler. In: Medizin + Kunst. Düsseldorf 13, 2001, 4. S. 48 + 49

Friedrich, Bernd-Ingo: Leopold Schefer : Dichter, Komponist 1784–1862. Görlitz 2005. [16 S.] : Ill.

Friedrich, Paul: Music in Russian poetry. New York, NY [u. a.] 1998. XVII, 344 S. (Middlebury studies in Russian language and literature ; Vol. 10). [Heine zahlreich].

Frisch, Max: Tagebuch. Frankfurt a. M. 1946–1949. 1968. [Heine-Erwähnung S. 166–171].

Fröschle, Hartmut: Goethes Verhältnis zur Romantik. Würzburg 2002. 564 S.

Füllner, Bernd: Georg-Weerth-Chronik (1822–1856). Bielefeld 2006. 188 S. (Veröffentlichungen der Literaturkommission für Westfalen ; Bd. 20).

Für Sie. Hamburg 2006, 4. [»Daß du mich liebst« S. 10].
Gebhardt, Jürgen: Politik und Eschatologie : Studien zur Geschichte der Hegelschen Schule in den Jahren 1830–1840. München 1963. X, 183 S. (Münchener Studien zur Politik ; 1). [Heine-Erwähnungen S. 31–32 u. 164–168].
Geisler, Linus S. : Spiritualität in der Medizin : Arznei – Placebo – Drogen?. In: Universitas : deutsche Ausgabe. Stuttgart 61, 2006, 2. S. 132–143.
»Geschichte und Geschichten aus Mark Brandenburg« : Fontanes Wanderungen durch die Mark Brandenburg im Kontext der europäischen Reiseliteratur ; Internationales Symposium des Theodor-Fontane-Archivs in Zusammenarbeit mit der Theodor-Fontane-Gesellschaft, 18.–22. September 2002 in Potsdam. Hrsg. von Hanna Delf von Wolzogen. Würzburg 2003. 528 S. : Ill. (Fontaneana ; Bd. 1).
Gespräche und Interviews mit Gerhart Hauptmann (1894–1946). Hrsg. von H. D. Tschörtner in Zsarb. mit Sigfrid Hoefert. Berlin 1994. 190 S. (Veröffentlichungen der Gerhart-Hauptmann-Gesellschaft e. V. ; Bd. 6).
Gesse-Harm, Sonja: »Empfindungen sind sprachlos« : Robert Schumanns Suche nach der Synthese von Dichtung und Musik. In: Das letzte Wort der Kunst. Stuttgart 2006. S. 157–171.
Golb, Joel: Celan's »Tones« : a reading of ›Huhediblu‹. In: Leo Baeck Institute: Year book. London 50, 2005. S. 57–104.
Goldammer, Kurt: Paracelsus in der deutschen Romantik : eine Untersuchung zur Geschichte der Paracelsus-Rezeption und zu geistesgeschichtlichen Hintergründen der Romantik ; mit einem Anhang über die Entstehung und Entwicklung der Elementargeister-Vorstellungen im Mittelalter. Wien 1980. 212 S. : Ill. (Salzburger Beiträge zur Paracelsusforschung ; Folge 20).
Goldschmidt, Harry: Um die Sache der Musik : Reden und Aufsätze. 2., erw. Aufl. Leipzig 1976. 405 S.
Golomb, Jacob: Jewish self-hatred : Nietzsche, Freud and the case of Theodor Lessing. In: Leo Baeck Institute: Year book. London 50, 2005. S. 233–248.
Goodman, Joyce: A histoiography of founding fathers? : Sarah Austin (1793–1867) and English comparative education. In: History of education. London 31, 2002, 5. S. 425–435.
Gorbunov, Arnold Matveevic: Panorama vekov : zarubeznaja chudozestvennaja proza ot vozniknovenija do XX v. ; populjarnaja bibliograficeskaja enciklopedija. Moskva 1991. 576 S. : Ill.
Das Grabbe-Lesebuch. Hrsg. von Thomas Schaefer in Verb. mit Fritz U. Krause. Mit Kritzeleien von Christian Dietrich Grabbe. Göttingen 2001. 222 S. : Ill. [Heine S. 151–153].
Graul, Andreas: Gustav und Victor von Klemperer : eine biographische Skizze ; mit Bildern und Dokumenten aus dem Besitz der Familie von Klemperer. Hrsg. v. d. Eugen-Gutmann-Gesellschaft. Dresden 2004. 170 S. : Ill. (Publikationen der Eugen-Gutmann-Gesellschaft ; Bd. 2). [Erw. S. 72].
Greiner, Bernhard: Beschneidung des Herzens : Shylock – Abgrund und Transzendenz des Theaters. In: Ders.: Beschneidung des Herzens : Konstellation deutsch-jüdischer Literatur. Paderborn 2004. S. 31–48.
Greiner, Bernhard: Ester – eine Figur des Theaters : drei paradigmatische Aneignungen: Grillparzer, Racine, Goethe. In: Ders.: Beschneidung des Herzens : Konstellation deutsch-jüdischer Literatur. Paderborn 2004. S. 49–74.
Greiner, Bernhard: »Zwischen wandernden und hausenden Komödianten die Mitte« : Börnes theatralisches Schreiben. In: Ders.: Beschneidung des Herzens : Konstellation deutsch-jüdischer Literatur. Paderborn 2004. S. 157–174.

Gross, Johannes: Die Deutschen. Frankfurt a. M. 1967. 315 S. [Heine in »Deutsche Geschichte« S. 43–54 und »Der deutsche Humor« S. 267–277].
Grossmann, Jeffrey: »Die Beherrschung der Sprache« : Funktionen des Jiddischen in der deutschen Kultur von Heine bis Frenzel. In: 1848 und das Versprechen der Moderne. Hrsg. von Jürgen Fohrmann und Helmut J. Schneider. Würzburg 2003. S. 165–178.
Gugnin, Aleksandr A.: Nemeckaja literatura XIX veka : ot romantizma do bidermajera. Novopolock [u. a.] 2002. 238 S. : Ill. u. Kt. (Materialy Naucnogo Centra Slavjano-germanskich issledovanij ; 2). [Heine-Kapitel S. 127–171 ; kyrill. ; russ.].
Gustav von Mevissen (1815–1899) und seine Bibliothek : Katalog der Ausstellung in der Universitäts- und Stadtbibliothek Köln ; [25. Juni bis zum 4. September 1999]. Von Gunter Quarg mit e. biogr. Einl. v. Klara van Eyll. Köln 1999. 207 S. : Ill., Kt. (Schriften der Universitäts- und Stadtbibliothek Köln ; 9). [Heine S. 135–137].
Hacke, Axel: Deutschlandalbum. München 2004. 253 S. : Ill.
Hahn, Hans: Kranke Marmorbilder und kinderlose Worte : zu Gesundheit und Krankheit im Umkreis Goethes. In: Goethe at 250 = Goethe mit 250 : London symposium. Ed. by T. J. Reed ... München 2000. S. 44–45.
Haller, Elfi M. und Hans Lehmbruch: Palais Leuchtenberg : die Geschichte eines Münchner Adelspalais und seines Bauherren. München 1987. XII, 150 S. : Ill. [Heines Wohnung in München].
Hans Christian Andersen – Lina von Eisendecher : Briefwechsel. Hrsg. von Paul Raabe und Erik Dal. Göttingen 2003. 493 S. : Ill.
Hartwich, Wolf-Daniel: Romantischer Antisemitismus : von Klopstock bis Richard Wagner. Göttingen 2005. 277 S. [Heine in den Kapiteln »Romantischer Antisemitismus als messianische Mythologie (Achim von Arnim und Clemens Brentano)« S. 154–204 und »Richard Wagners geheimes Judentum« S. 205–258 ; Zugl.: Heidelberg, Univ., Habil.-Schr., 2002].
Hartmann, Petra: Von Zukunft trunken und keiner Gegenwart voll : Theodor Mundts literarische Entwicklung vom »Buch der Bewegung« zum historischen Roman. Bielefeld 2003. 323 S. [Zugl.: Hannover, Univ., Diss., 2002].
Hauptmann, Gerhart: Notiz-Kalender 1889 bis 1891. Hrsg. von Martin Machatzke. Frankfurt a. M. [u. a.] 1982. 531 S.
Hauptmann, Gerhart: Tagebuch 1892 bis 1894. Hrsg. von Martin Machatzke. Frankfurt a. M. 1985. 283 S.
Hauser, Susanne: Der Blick auf die Stadt : semiotische Untersuchungen zur literarischen Wahrnehmung bis 1910. Berlin 1990. 257 S. (Reihe Historische Anthropologie ; 12) [Zugl.: Berlin, Techn. Univ., Diss., 1990].
Hermann, Georg: Das Biedermeier im Spiegel seiner Zeit : Briefe, Tagebücher, Memoiren, Volksszenen und ähnliche Dokumente. Gesammelt von Georg Hermann. Berlin 1913. 415 S. : Ill.
Hermann, Georg: Henriette Jacoby : Roman. Reinbek bei Hamburg 1990. 313 S. (Rororo ; 12761) [Heine-Erwähnung S. 89–90].
Hermsdorf, Klaus: Literarisches Leben in Berlin : Aufklärer und Romantiker. Berlin 1987. 455 S.
Herwegh, Georg: Werke und Briefe : kritische und kommentierte Gesamtausgabe. Hrsg. von Ingrid Pepperle in Verbindung mit Volker Giel ... Bielefeld. Bd. 5: Briefe 1832–1848. Bearb. von Ingrid Pepperle. Mitarb. Heinz Pepperle ... 2005. V, 466 S.
Heym, Stefan: Lassalle : Roman. Berlin 1974. 379 S. [Heine-Bezug S. 27 u. 77].
Heym, Stefan: Wege und Umwege : streitbare Schriften aus fünf Jahrzehnten. Hrsg. von Peter Mallwitz. Frankfurt a. M. 1983. 383 S. [Heine-Erwähnung S. 44].

Hilliard, Kevin F.: »Römische Elegien XX« : metapoetic reflection in Goethe's classical poetry. In: Goethe at 250 = Goethe mit 250 : London symposium. Ed. by T. J. Reed ... München 2000. S. 223-232.

Hilscher, Eberhard: Gerhart Hauptmann : Leben und Werk. Berlin 1996. 608 S. : Ill. (AtV ; 1158)

A history of German literature. By J. G. Robertson. 3. ed., rev. and enl. by Edna Purdie. Edinburgh [u. a.] 1959. XVI, 700 S.

Hölter, Eva: »Der Dichter der Hölle und des Exils« : historische und systematische Profile der deutschsprachigen Dante-Rezeption. Würzburg 2002. 352 S. (Epistemata – Reihe Literaturwissenschaft ; Bd. 382). [Heine mehrfach, bes. S. 272–279 ; Zugl.: Wuppertal, Univ., Diss., 2001].

Hofmiller, Josef: Über den Umgang mit Büchern. 7.–9. Tsd. München [1927]. 206 S.

Honsza, Norbert: Z literatury niemieckiej : doswiadczenia – inspiracje – propozycje. Katowice 1970. 190 S.

Hupfer, Thomi: Franz Liszt als junger Mann : eine Leserei. Bern [u. a.] 2001. VII, 405 S.

»Ich träume lieber Fritz den Augenblick ...« : der Briefwechsel zwischen Goethe und F. H. Jacobi. Hrsg. von Max Jacobi. Neu hrsg. von Andreas Remmel und Paul Remmel. Bonn [u. a.] 2005. 291 S.

Im Schatten der Literaturgeschichte : Autoren, die keiner mehr kennt? ; Plädoyer gegen das Vergessen. Hrsg. v. Jattie Enklaar u. Hans Elster unter Mitarb. von Evelyne Tax. Amsterdam [u. a.] 2005. 358 S. : Ill. (Duitse Kroniek ; 54).

Intrator, Miriam: The Theresienstadt Ghetto Central Library, books and reading : intellectual resistance and escape during the Holocaust. In: Leo Baeck Institute: Year book. London 50, 2005. S. 3–30.

Japp, Uwe: Achim von Arnim und der Surrealismus. In: Lyrik im 19. Jahrhundert : Gattungspoetik als Reflexionsmedium der Kultur. Hrsg. von Steffen Martus, Stefan Scherer, Claudia Stockinger. Bern [u. a.] 2005. S. 405–418.

Jensen, Niels Martin: Andreas Peter Berggreen (1801–1880) : ein dänischer »Liedermann des Volks«. In: Lied und Liedidee im Ostseeraum zwischen 1750 und 1900 : Referate der 8. Internationalen Musikwissenschaftlichen Tagung »Musica Baltica – Interregionale Musikkulturelle Beziehungen im Ostseeraum«, Greifswald – Lubmin, November 1998. Hrsg. von Ekkehard Ochs ... [Die Autorinnen und Autoren: Folke Bohlin ...]. Frankfurt a. M. 2002. S. 157–170.

Joch, Markus: Feldtheorie als Provokation der Literaturwissenschaft : Einleitung. In: Text und Feld : Bourdieu in der literaturwissenschaftlichen Praxis ; [Beiträge ... auf dem Internationalen Symposium »Text und Feld. Literaturwissenschaftliche Praxis im Zeichen Bourdieus« ... vom 5. bis 8. Februar 2004 im Literaturhaus Berlin]. Hrsg. von Markus Joch und Norbert Christian Wolf. Tübingen 2005. S. 1–24.

Journalliteratur im Vormärz. Red.: Rainer Rosenberg und Detlev Kopp. Bielefeld 1996. 308 S. (Forum Vormärz-Forschung: Jahrbuch ; 1, 1995).

Juden und jüdische Kultur im Vormärz. Red.: Horst Denkler ... Bielefeld 1999. 437 S. (Forum Vormärz-Forschung: Jahrbuch ; 4, 1998).

Kammann, Petra: Richtiges Reimen und Zeichnen im Valschen : der Wort-Jongleur, Karikaturist, Dichter und Zeichner Robert Gernhardt am Poetik-Lehrstuhl der Düsseldorfer Heinrich-Heine-Universität. In: Düsseldorfer Hefte. Düsseldorf 51, 2006, 2. S. 58–59.

Kanda, Junji: Die Gleichzeitigkeit des Ungleichzeitigen und die Philosophie : Studien zu radikalen Hegelianismus im Vormärz. Frankfurt a. M. [u. a.] 2003. 227 S. (Forschungen zum Junghegelianismus ; Bd. 8).

King, Stephanie: Das literarische Leben in Konstanz 1820–1837 : [Ausstellungen: Napoleonmuseum Arenenberg, Herman-Hesse-Höri-Museum Gaienhofen, Bodman-Haus Gottlieben, Museum Reichenau ; 12. April bis 26. Oktober 2005]. Hrsg. von Heinz Bothien. Frauenfeld [u. a.] 2003. 144 S. : Ill. (Kataloge des Bodman-Hauses ; Bd. 4,2) [Zugl.: Düsseldorf, Univ., Magisterarbeit, 2003].

Kirchhoff, Bodo: Wo das Meer beginnt : Roman. Frankfurt a. M. 2004. 307 S.

Kleine, Sabine [früher Roßbach]: Moderner Manierismus : Literatur – Film – Bildende Kunst. Frankfurt a. M. [u. a.] 2005. 363 S. : Ill.

Klenner, Hermann: Über Marxens Religions- und Rechtskritik. In: Utopie kreativ. Berlin 84 = 1997, 10. S. 5–10.

Koch, Ursula E.: Zwischen Narrenfreiheit und Zwangsjacke : das illustrierte französische Satire-Journal 1830–1881. In: Französische Presse und Pressekarikaturen 1789–1992 : Katalog, Ausstellung der Universitätsbibliothek Mainz, 3. Juni bis 17. Juli 1992. Hrsg. von Rolf Reichardt. Mainz 1992. S. 32–47.

Koning, H. J.: Einige Spuren bekannter und weniger bekannter deutscher Autoren in Multatulis Woutertje Pieterse. In: Niederländische Literatur im Spiegel niederländischer Kultur : Aufsätze zur Gastprofessur von Prof. Dr. Marcel Janssens (Universität Löwen) in Duisburg, Sommersemester 1988. Luc Van Doorslaer (Hrsg.). Frankfurt a. M. 1990. S. 471–480.

Kopitzsch, Franklin: Joseph Mendelssohn : zur Erinnerung an einen Schriftsteller aus der Heine-Zeit. In: Die Hamburger Juden in der Emanzipationsphase : (1780–1870). Peter Freimark ... (Hrsg.). Hamburg 1989. S. 83–98.

Kramer, Stephanie: Literarisches London : 100 Dichter und Schriftsteller ; Wohnorte, Wirken und Werken. Berlin [2004]. 132 S. : Ill., Kt. (Der Dichter-und-Denker-Stadtplan). [Heine als Besucher].

Kube, Michael: Konvention und Originalität in den »Östersjön«-Vertonungen von Franz Bergwald, August Melcher Myrberg und Carl Fredrik Ullman. In: Lied und Liedidee im Ostseeraum zwischen 1750 und 1900 : Referate der 8. Internationalen Musikwissenschaftlichen Tagung »Musica Baltica – Interregionale Musikkulturelle Beziehungen im Ostseeraum«, Greifswald – Lubmin, November 1998. Hrsg. von Ekkehard Ochs ... [Die Autorinnen und Autoren: Folke Bohlin ...]. Frankfurt a. M. 2002. S. 219–235.

Kuhn, Axel und Jörg Schweigard: Freiheit oder Tod! : die deutsche Studentenbewegung zur Zeit der Französischen Revolution. Köln [u. a.] 2005. X, 481 S. : Ill. (Stuttgarter historische Forschungen ; Bd. 2). [Heine S. 61].

Kurz, Gerhard: Metapher, Allegorie, Symbol. 5., veränd. Aufl. Göttingen 2004. 112 S. (Kleine Reihe V&R ; 4032). [Heine im Kapitel »Metapher«].

Kurz, Paul Konrad: Katholizismus und Literatur. In: Stimmen der Zeit. Freiburg i. Br. 119, 1994, 5. S. 325–340.

Kuzmics, Helmut und Gerald Mozetic: Literatur als Soziologie : zum Verhältnis von literarischer und gesellschaftlicher Wirklichkeit. Konstanz 2003. V, 346 S. (Theorie und Methode) [Heine S. 126].

Lämmert, Eberhard: Zum Wandel der Geschichtserfahrung im Reflex der Romantheorie. In: Geschichte : Ereignis und Erzählung ; [anl. e. Kolloquiums 1970 auf Reichenau]. Hrsg. v. Reinhart Koselleck und Wolf-Dieter Stempel. München 1973. S. 503–515.

Lambrecht, Lars: Politik und Ästhetik im Junghegelianismus. In: Romantik und Exil : Festschrift für Konrad Feilchenfeldt. Hrsg. von Claudia Christophersen und Ursula Hudson-Wiedenmann. In Zusammenarbeit mit Brigitte Schillbach. Würzburg 2004. S. 235–251.

Langenhorst, Georg: Theologie und Literatur : ein Handbuch. Darmstadt 2005. 271 S.
Large, Duncan: Goethe, Sterne and the question of plagiarism. In: Goethe at 250 = Goethe mit 250 : London symposium. Ed. by T. J. Reed ... München 2000. S. 85–108.
Lao-Tse: Tao Te King : das Buch vom Sinn und Leben ; das Grundlagenwerk chinesischer taoistischer Philosophie als Hörbuch inkl. einem Gedicht von Heinrich Heine über den Autor. Sprecher: Katja Kreuler, Mario Schreiner, Gunther Eckes. Übersetzer: Richard Wilhelm. Darmstadt 2005. 1 CD. (Edition Audioessentiell). [Gedicht von Bertolt Brecht fälschlicherweise Heine zugesprochen].
Legendäre Reisen in Italien. Catherine Donzel ; Marc Walter [Konzept und Gestaltung]. Sabine Arqué. Aus dem Französischen von Angela Wagner. München 2005. 319 S. : überw. Ill., Kt. (Geo-Saison). [Heine-Zitat S. 72 ; EST: Voyages en Italie].
Lewi, Zeev: Baruch Spinoza – seine Aufnahme durch die jüdischen Denker in Deutschland. Stuttgart [u. a.] 2001. 333 S. (Judentum und Christentum ; Bd. 2).
Liersch, Werner: Dichterland Brandenburg : literarische Streifzüge zwischen Oder und Havel. Düsseldorf [u. a.] 2004. 276 S. : Ill. [Heine S. 101 f. und 144].
Literarisches Leben in Berlin 1871–1933 : Studien. Hrsg. von Peter Wruck. Berlin 1987. 2 Bde. 392, 358 S. : Ill.
Literatur im Wuppertal : Geschichte und Dokumente. Hrsg. von Heinz-B. Heller, Peter Zimmermann ... in Zusammenarbeit mit Jörg Aufenanger. Wuppertal 1981. 247 S. : Ill.
Literatur und Medizin : ein Lexikon. Hrsg. Bettina von Jagow u. Florian Steger. Göttingen 2005. 983 Sp.
Ludwig Tieck (1773–1853) : »lasst uns, da es uns vergönnt ist, vernünftig seyn!–«. Unter Mitarb. von Heidrun Markert. Hrsg. vom Institut für Deutsche Literatur der Humboldt-Universität zu Berlin. Bern 2004. 407 S. : Ill., Notenbeisp. (Publikationen zur Zeitschrift für Germanistik ; Bd. 9).
Lützeler, Paul Michael: Postmoderne Ästhetik : Poetikvorlesungen der Autoren. In: Ders.: Klio oder Kalliope? Berlin 1997. S. 150–157.
Lypp, Bernhard: Über eine Form nachhegelschen Philosophierens. In: Der Streit und die Romantik (1820–1854) : mit Texten von von Eichendorff, Feuerbach, Fichte, Hegel, Heine, Schlegel u. a. mit Kommentar. Walter Jaeschke (Hg.). Studienausg. Hamburg 1999. S. 173–192.
Mackensen, Lutz: Die deutsche Sprache in unserer Zeit : zur Sprachgeschichte des 20. Jahrhunderts. Heidelberg 1956. 198 S.
Madl, Antal: Nikolaus Lenau und sein kulturelles und sozialpolitisches Umfeld. München 2005. 415 S. (Veröffentlichungen des Instituts für Deutsche Kultur und Geschichte Südosteuropas / Wissenschaftliche Reihe ; Bd. 92 [i. e. 104] : Literatur- und Sprachgeschichte).
Magen, Antonie: Der Kulturroman : Konturen eines Romantypus zwischen 1830 und 1860. In: Immermann-Jahrbuch. Frankfurt a. M. 6, 2005. S. 75–96.
Mahsberg, Manfred: Malerei : 2003 Leopold-Hoesch-Museum, Düren. Kunstmuseum in der Alten Post Mülheim an der Ruhr. Stadtmuseum Siegburg. Text Joachim Geil, Gabriele Uelsberg, Gert Fischer. Münsterschwarzbach 2003. 63 S. : Ill. [auf dem Flyer der Eröffnung Heine].
Maierhofer, Waltraud: Hexen – Huren – Heldenweiber : Bilder des Weiblichen in Erzähltexten über den Dreißigjährigen Krieg. Köln 2005. 451 S. : Ill. (Literatur – Kultur – Geschlecht ; 35) [Heine-Erwähnung S. 265].
Mann, Golo: Erinnerungen und Gedanken : eine Jugend in Deutschland. Frankfurt a. M. 1991. 575 S. (Fischer-Taschenbücher ; 10714)

Mannes, Gast und Josiane Weber: Zensur im Vormärz : (1815–1848) ; Literatur und Presse in Luxemburg unter der Vormundschaft des Deutschen Bundes ; Begleitbuch zur Ausstellung Zensur im Vormärz in Luxemburg (1815–1848) in der Nationalbibliothek Luxemburg ; [vom 6. Februar bis zum 17. März 1998]. Luxemburg 1998. 174 S : zahlr. Ill.

Mansurova, Alla Mansurovna: Prednaznacene : o tvorcestve Rasula Gamzatova ; literaturno-kriticeskoe esse. Moskva 2003. 55 S. [kyrill.].

Martin, Carsten: Die Kollektivsymbolik der Jahreszeiten im politisch-lyrischen Diskurs des Vormärz. Hamburg 2005. 296 S. : 3 sw Ill. (Schriftenreihe Studien zur Germanistik ; Bd. 18). [Zugl.: Dortmund, Univ., Diss., 2005].

Martus, Steffen, Stefan Scherer und Claudia Stockinger: Lyrik im 19. Jahrhundert – Perspektiven der Forschung : Einleitung. In: Lyrik im 19. Jahrhundert : Gattungspoetik als Reflexionsmedium der Kultur. Hrsg. von Steffen Martus, Stefan Scherer, Claudia Stockinger. Bern [u. a.] 2005. S. 9–30.

Martus, Steffen: Zwischen Dichtung und Wahrheit : zur Werkfunktion von Lyrik im 19. Jahrhundert. In: Lyrik im 19. Jahrhundert : Gattungspoetik als Reflexionsmedium der Kultur. Hrsg. von Steffen Martus, Stefan Scherer, Claudia Stockinger. Bern [u. a.] 2005. S. 61–92.

Mehring, Frank: Karl / Charles Follen : deutsch-amerikanischer Freiheitskämpfer ; eine Biographie. Gießen 2004. 224 S. (Studia Giessensia ; 12).

Mennemeier, Franz Norbert: Exkurs über den Prosaschriftsteller und die »Dilapidation der deutschen Sprache der Jetztzeit«. In: Ders.: Literatur der Jahrhundertwende : europäisch-deutsche Literaturtendenzen 1870–1910. Mit einem Beitr. von Horst Fritz über europäischen Jugendstil. 2., verb. und erw. Aufl. Berlin 2001. S. 103–110.

Metz, Josefa: »Dichterin der Kinderseele« : Josefa-Metz-Lesebuch. Zsgest. und mit einem Nachw. vers. von Michael Vogt. Bielefeld 2004. 171 S. (Veröffentlichungen der Literaturkommission für Westfalen ; Bd. 12 : Veröffentlichungen der Literaturkommission für Westfalen / Reihe Texte ; Bd. 1). [Heine-Bezug S. 158–162].

Michel, Kai: Vom Poeten zum Demagogen : die schriftstellerischen Versuche Joseph Goebbels'. Köln [u. a.] 1999. 185 S. (Literatur in der Geschichte, Geschichte in der Literatur ; Bd. 47). [Zugl.: Berlin, Techn. Univ., Magisterarbeit, 1996].

Michler, Werner: Möglichkeiten literarischer Gattungspoetik nach Bourdieu : mit einer Skizze zur ›modernen Versepik‹. In: Text und Feld : Bourdieu in der literaturwissenschaftlichen Praxis ; [Beiträge ... auf dem Internationalen Symposium »Text und Feld. Literaturwissenschaftliche Praxis im Zeichen Bourdieus« ... vom 5. bis 8. Februar 2004 im Literaturhaus Berlin]. Hrsg. von Markus Joch und Norbert Christian Wolf. Tübingen 2005. S. 189–206.

Mitten in Europa : deutsche Geschichte. Hartmut Boockmann. Berlin 1984. 423 S. : Ill.

Moennighoff, Burkhard: Heinrich Heine und Robert Gernhardt : zur Einleitung. In: Die Sprache des Witzes : Heinrich Heine und Robert Gernhardt ; [Tagung der Evangelischen Akademie Iserlohn im Institut für Kirche und Gesellschaft der EKvW, 4.–5. Mai 2005]. Hrsg. von Burkhard Moennighoff. Iserlohn 2006. S. 7–10

Murray, T. Jock: Multiple sclerosis : the history of a disease. New York, NY 2005. XI, 580 S : Ill.

Neuhaus, Stefan: Literatur und nationale Einheit in Deutschland. Tübingen [u. a.] 2002. 587 S. [Zugl.: Bamberg, Univ., Habil.-Schr., 2001].

Niefanger, Dirk: Lyrik und Geschichtsdiskurs im 19. Jahrhundert. In: Lyrik im 19. Jahrhundert : Gattungspoetik als Reflexionsmedium der Kultur. Hrsg. von Steffen Martus, Stefan Scherer, Claudia Stockinger. Bern [u. a.] 2005. S. 165–182.

Niggl, Günter: Zeitbilder : Studien und Vorträge zur deutschen Literatur des 19. und 20. Jahrhunderts. Würzburg 2005. 188 S.
Noll, Wulf: Crazy in Japan : Flanieren in zwei Welten. Mit einem Nachw. von Eckhardt Momber. Köln [u. a.] 2005. 198 S. : Kt.
Noll, Wulf: Kennst du nur das Zauberwort : Kurgeschichte. [Hrsg. Michael Serrer]. Düsseldorf 2004. 140 S. [Heine-Bezug S. 74–83].
Obier, Marlies: Mit Schritten der Sonne gehen. Gespräch zwischen Frank Seltmann und Marlies Obier. Lüdenscheid 2005. 98 S. : Ill. [Heine-Bezug S. 58–59].
Oellers, Norbert: Die »Hallischen Jahrbücher« und die deutsche Literatur. In: Der Streit und die Romantik (1820–1854) : mit Texten von von Eichendorff, Feuerbach, Fichte, Hegel, Heine, Schlegel u. a. mit Kommentar. Walter Jaeschke (Hg.). Studienausg. Hamburg 1999. S. 141–152.
Oettinger, Klaus: Le Rhin – un mythe du passé. In: Revue d'Allemagne et des pays de langue allemande. Strasbourg 36, 2004, 1: Le rhin : un modèle?. S. 7–14.
Oppermann, Jürgen: Das Drama Der Wanderer von Joseph Goebbels : Frühformen nationalsozialistischer Literatur. Karlsruhe, Univ., Diss., 2005. 283 S.
Perez-Reverte, Arturo: Der Club Dumas : Roman. Aus dem Span. von Claudia Schmitt. Genehmigte Taschenbuchausg., 6. Aufl. [München] 1997. 471 S. (Goldmann ; 72193 : btb). [EST: El club Dumas ; Heine-Zitat S. 55].
Peters, Paul: Geschwindigkeiten des Wortes : tracing Celan's metaphor. In: seminar. New York, NY 30, 1994, 2. S. 127–136.
Petuchowski, Elizabeth: »Ein Wort – du weißt« : finding a solution to a riddle in Paul Celan's poem ›Nächtlich geschürzt‹. In: Leo Baeck Institute: Year book. London 50, 2005. S. 31–56.
Pierschalski, Jessica: Der kleine Radschläger : ein Stadtführer für Kinder durch Düsseldorf. Delmenhorst [u. a.] [2005]. 59 S. : zahlr. Ill. [Heine S. 48–51].
Polaschegg, Andrea: Unwesentliche Formen? : die Ghasel-Dichtungen August von Platens und Friedrich Rückerts ; orientalisierende Lyrik und hermeneutische Poetik. In: Lyrik im 19. Jahrhundert : Gattungspoetik als Reflexionsmedium der Kultur. Hrsg. von Steffen Martus, Stefan Scherer, Claudia Stockinger. Bern [u. a.] 2005. S. 271–294.
Pott, Sandra: Poetologische Reflexion : Lyrik als Gattung in poetologischer Lyrik, Poetik und Ästhetik des 19. Jahrhunderts. In: Lyrik im 19. Jahrhundert : Gattungspoetik als Reflexionsmedium der Kultur. Hrsg. von Steffen Martus, Stefan Scherer, Claudia Stockinger. Bern [u. a.] 2005. S. 31–60.
Prevot, Gerard: Contes de la Mer du Nord. Preface de Jean-Baptiste Baronian. Bruxelles 1985. 164 S. (Passe present ; 48). [Heine im Kapitel »Le rapport venu du Rhin« S. 91–109].
The portrayal of Jews in GDR prose fiction. Paul O'Doherty. Amsterdam [u. a.] 1997. 348 S. (Amsterdamer Publikationen zur Sprache und Literatur ; Bd. 126).
Pruys, Karl Hugo: Die Bibliothek : 44 Bücher, die man gelesen haben muss. Berlin 2001. 368 S.
Quanter, Rudolf: Kulturgeschichte des deutschen Volkes : mit 222 Abbildungen im Text und acht Kunstbeilagen. 5. Aufl. Stuttgart [u. a.] [1924]. 763 S.
Reed, Terence James: »Seit ein Gespräch wir sind ...« : Literatur und interkulturelle Verständigung. In: Ders.: Humanpraxis Literatur : Essays um Goethe. Jena 2001. S. 53–72.
Reed, Terence James: G-Force : a poet and the earth. In: Goethe at 250 = Goethe mit 250 : London symposium. Ed. by T. J. Reed ... München 2000. S. 287–301.
Reininghaus, Frieder: Manfred am Scheideweg : Robert Schumanns Melodram. In: Das letzte Wort der Kunst. Stuttgart 2006. S. 233–241.

Robert Schumann : Interpretationen seiner Werke. Hrsg. von Helmut Loos. 2 Bde. Laaber. 2005. XXVI, 446 S., XVI, 482 S.

Robert und Clara Schumann und die nationalen Musikkulturen des 19. Jahrhunderts : Bericht über das 7. Internationale Schumann-Symposium am 20. und 21. Juni 2000 im Rahmen des 7. Schumann-Festes, Düsseldorf. [Hrsg. v. Matthias Wendt]. Mainz 2005. 270 S. (Schumann-Forschungen ; Bd. 9).

Rönneper, Hans: 180 Jahre Rosenmontagszug in Düsseldorf. In: Jan Wellem. Düsseldorf 80, 2005, 1. S. 3.

Rosenberg, Mathias von: Friedrich Carl von Savigny (1779–1861) im Urteil seiner Zeit. Frankfurt a. M. [u. a.] 2000. XII, 187 S. (Rechtshistorische Reihe ; Bd. 215). [Zugl.: Kiel, Univ., Diss., 1999].

Die Rowdys in Maria Wörth : Verfügung gegen Kärnten-Führer, der Kritik am GTI-Treffen übte. In: Der Standard. Wien 8. 10. 1992. S. 9.

Sachar, Howard M.: A history of the Jews in the modern world. New York, NY 2005. XII, 831 S.

Sakai, Masashi: Ornament und Kunst : Adolf Loos' und Karl Kraus' Kritik an der »Sezession«. In: Nishi-Nihon-Doitsu-bungaku. Fukuoka 13, 2001. S. 31–42. [jap.; dt. Zusammenfassung].

Saksa kirjandus eesti keeles = Deutsche Literatur in estnischer Sprache : 1918–1979. Bibliograafia koost.: Kai Ellip; Virve Ennosaar. Tallinn 1998. 194 S. [Heine-Erwähnung S. 8–11 u. 72–79].

Salin, Edgar: Um Stefan George : Erinnerung und Zeugnis. 2., neugest. u. wesentl. erw. Auflage. München [u. a.] 1954. 360 S.

Saltwood: 1811 – Besuch des Kaisers. In: Die Bilker Sternwarte. Düsseldorf 52, 2006, 3. S. 103–104.

Schapkow, Carsten: »Die Freiheit zu philosophieren« : jüdische Identität in der Moderne im Spiegel der Rezeption Baruch de Spinozas in der deutschsprachigen Literatur. Bielefeld 2001. 240 S. [Zugl.: Berlin, Freie Univ., Diss., 1999].

Scherer, Stefan: Anti-Romantik (Tieck, Storm, Liliencron). In: Lyrik im 19. Jahrhundert : Gattungspoetik als Reflexionsmedium der Kultur. Hrsg. von Steffen Martus, Stefan Scherer, Claudia Stockinger. Bern [u. a.] 2005. S. 205–236.

Scherer, Wilhelm: Geschichte der deutschen Litteratur. 6. Aufl. Berlin 1891. 824 S.

Schlenther, Paul: Gerhart Hauptmann : Leben und Werke. Neue Ausg. umgearb. und erw. von Arthur Eloesser. Berlin 1922. 321 S. : Ill.

Schnitzler, Thomas: Die Anfänge des Bonner Turnens 1818–1820 im Spannungsfeld der deutschen Nationalbewegung. In: Bonner Geschichtsblätter. Bonn 40, 1990 (1993). S. 73–147.

Schön, Erich: Lesen im Freien. In: Ders.: Der Verlust der Sinnlichkeit oder Die Verwandlungen des Lesers : Mentalitätswandel um 1800. Stuttgart 1987. S. 123–146. [Teilw. zugl.: Konstanz, Univ., Diss., 1983/84 u. d. T.: Über die Entstehung unserer Art zu lesen].

Schuhmann, Klaus: »Das kleine Leben« : Liebesfreud und Liebesleid im Heine-Ton. In: Ders.: »Ich gehe wie ich kam: arm und verachtet« : Leben und Werk Max Hermann-Neisses (1886–1941). Bielefeld 2003. S. 16–18.

Schultz, Hartwig: Die letzten Ritter der Romantik im Vormärz : Ludwig Tieck, Joseph von Eichendorff und Bettine von Arnim. In: Der Streit und die Romantik (1820–1854) : mit Texten von von Eichendorff, Feuerbach, Fichte, Hegel, Heine, Schlegel u. a. mit Kommentar. Walter Jaeschke (Hg.). Studienausg. Hamburg 1999. S. 153–172.

Schwerter, Werner: Fürstenhochzeit mit Heines Großnichte. In: Das Tor. Düsseldorf 71, 2005, 6. S. 4–5.

Scott : the critical heritage. Ed. by John O. Hayden. London 1970. XIV, 554 S. [Heine S. 304–305].

Scurla, Herbert: Begegnungen mit Rahel : der Salon der Rahel Levin. 4. Aufl. Berlin [1966]. 628 S.

Sengle, Friedrich: Aufklärung und Rokoko in der deutschen Literatur. Mit einer Nachbem. von Manfred Windfuhr. Hrsg. von Sabine Bierwirth. Heidelberg 2005. 340 S. (Beiträge zur neueren Literaturgeschichte ; Bd. 215).

Simon, Ralf: Hymne und Erhabenheit im 19. Jahrhundert, ausgehend von Stefan Georges »Hymnen«. In: Lyrik im 19. Jahrhundert : Gattungspoetik als Reflexionsmedium der Kultur. Hrsg. von Steffen Martus, Stefan Scherer, Claudia Stockinger. Bern [u. a.] 2005. S. 357–386.

Slezkine, Yuri: The Jewish century. Princeton [u. a.] 2004. X, 438 S.

Spielhagen, Friedrich: Finder und Erfinder : Erinnerungen aus meinem Leben. Leipzig. Bd. 1: 1890. XII, 404 S.

Sprache, Schrift, Buchwesen, Presse, Funk. [Autoren, Berater, Gutachter: Alfred Ernst ...]. (1.–50. Tsd.). Leipzig 1959. 216 S. : 50 Strichzeichn. i. Text, 40 Fototaf. u. 4. Ktn. (Kleine Enzyklopädie. Taschenbuchreihe). [Heine S. 144].

Stankiewitz, Karl: Inntal : ›Paradeys‹ über der Autobahn ; J. W. von Goethe, Heinrich Heine, Ludwig Steub. In: Ders.: Paradeys der Dichter : literarische Wanderungen in Österreich und südlich des Brenners. Innsbruck [u. a.] 2001. 160 S. : Ill., Kt. [Heine S. 34–48 u. 108–120].

Stekel, Wilhelm: Die Träume der Dichter : eine vergleichende Untersuchung der unbewussten Triebkräfte bei Dichtern, Neurotikern und Verbrechern. Wiesbaden 1912. VI, 252 S. (Bausteine zur Psychologie des Künstlers und des Kunstwerkes). [Heine-Erw. S. 166–184].

Stiening, Gideon: »Der Spinozismus ist der Enthusiasmus der Mathematik« : Anmerkungen zu Georg Büchners Spinoza-Rezeption. In: Georg-Büchner-Jahrbuch. Frankfurt a. M. 10, 2000–04 (2005). S. 207–240.

Stockinger, Claudia: Paradigma Goethe? : die Lyrik des 19. Jahrhunderts und Goethe. In: Lyrik im 19. Jahrhundert : Gattungspoetik als Reflexionsmedium der Kultur. Hrsg. von Steffen Martus, Stefan Scherer, Claudia Stockinger. Bern [u. a.] 2005. S. 93–126.

Strohmeyr, Armin: George Sand: »glauben Sie nicht zu sehr an mein satanisches Wesen« ; eine Biografie. Leipzig 2004. 240 S. : Ill.

Sutcliffe, Adam: Quarreling over Spinoza : Moses Mendelssohn and the fashioning of Jewish philosophical heroism. In: Renewing the past, reconfiguring Jewish culture : from al-Andalus to the Haskalah. Ed. by Ross Brann and Adam Sutcliffe. Philadelphia, PA 2004. S. 167–188.

Synofzik, Thomas: Die Briefautographen im Schumannhaus Endenich. In: Bonner Geschichtsblätter. Bonn 40, 1990 (1993). S. 233–283.

Szirotny, June Skye: George Eliot's Spanish Gypsy : the spanish-moorish motif. In: ANQ : a quarterly journal of short articles, notes, and reviews. Washington, DC 16, 2003, 2. S. 36–46.

Tenbrock, Robert-Hermann: Geschichte Deutschlands. München [u. a.] 1965. 335 S. : zahlr. Ill., Kt. [Heine in den Kapiteln »Konservativismus und Liberalismus« S. 177–178 und »Industrialisierung und soziale Frage«179–187].

Trautmann-Waller, Céline: Philologie allemande et tradition juive : le parcours intellectuel de Leopold Zunz. Paris 1998. 357 S. (Bibliothèque franco-allemande)

Trebeß, Achim: Entfremdung und Ästhetik : eine begriffsgeschichtliche Studie und eine Analyse der ästhetischen Theorie Wolfgang Heise. Stuttgart [u. a.] 2001. XVII, 533 S. (Literatur : M-&-P-Schriftenreihe für Wissenschaft und Forschung). [Heine im Kapitel »Klassik und Moderne – zwei Epochen« S. 306–353 ; Zugl.: Konstanz, Univ., Habil.-Schr., 1999].

Ufermann, Dirk: Die Bibliothek von Kagel : Musik und Literatur bei Mauricio Kagel. In: Tranvia. Berlin 67, 2002. S. 38–41.

Von Wernigerode auf den Harz : ein historisches Reisebuch. Hrsg. von Uwe Lagatz. Unter Mitarb. von Jörg Brückner. Wernigerode 2006. 189 S. : Ill., graph. Darst.

Wassermann, Jakob: Mein Weg als Deutscher und Jude. Mit einem Nachw. von Marcel Reich-Ranicki. Frankfurt a. M. 2005. 141 S.

Wegener, Gertrud: Literarisches Leben in Köln : 1750–1850. Köln. T. 2: 1815–1840. 2005. 360 S. : Ill. sw. (Beiträge zur kölnischen Geschichte, Sprache und Eigenart ; Bd. 78)

Werbeck, Walter: Zwischen nordischem Ton und eigenem Stil : die Lieder von Edvard Grieg. In: Lied und Liedidee im Ostseeraum zwischen 1750 und 1900 : Referate der 8. Internationalen Musikwissenschaftlichen Tagung »Musica Baltica – Interregionale Musikkulturelle Beziehungen im Ostseeraum«, Greifswald – Lubmin, November 1998. Hrsg. von Ekkehard Ochs ... [Die Autorinnen und Autoren: Folke Bohlin ...]. Frankfurt a. M. 2002. S. 263–283.

»Das Wesen der Musik ist Offenbarung« (H. Heine) : Beiträge des Künstlertreffens am 8. September 1993 in der Akademie Franz-Hitze-Haus, Münster. [Hrsg. von Th. Sternberg ...]. Münster 1994. 63 S. : Notenbeisp. [Titelblatt mit Heine-Zitat].

Wienand, Werner: Größe und Gnade : Grundlagen und Entfaltung des Gnadenbegriffs bei Thomas Mann. Würzburg 2001. 440 S. (Studien zur Literatur- und Kulturgeschichte ; Bd. 15). [Heine in den Kapiteln »Decadence und Dilettantismus als literarisch-philosophische Einflüsse bis 1905« S. 39–48, »Der Bajazzo« S. 49–69, »Gefallen« S. 70–82 und »Das Okkulte in Thomas Manns Realität« S. 102–110 ; Zugl.: Mainz, Univ., Diss., 2000].

Wöstmann, Manfred: Apfellust aus Wachenheim. In: Slow Food. Münster 10, 2002, 1. S. 38.

Zander, Hans Conrad: Darf man über Religion lachen ? : eine Kreuzfahrt von Voltaire über Wilhelm Busch bis zu Joachim Kardinal Meissner. Köln 2005. 224 S. (KiWi ; 915). [Heine im Kapitel »Worin wir Sigmund Freud einen psychoanalytischen Fehler nachweisen und dadurch wichtige Erkenntnisse über die Komik der Religion gewinnen« S. 57–72].

Zander, Hans Conrad: Joachim, mir graut's vor dir! : von der unwiderstehlichen Komik der Religion. Köln 2004. 226 S. : Ill. [Heine-Erwähnungen S. 63, 69–72].

Zohn, Harry: Karl Kraus and the critics. Columbia, SC 1997. XV, 161 S. (Literary criticism in perspective : studies in German literature, linguistics, and culture).

Zwischen Josephinismus und Frühliberalismus : literarisches Leben in Südbaden um 1800. Hrsg. von Achim Aurnhammer und Wilhelm Kühlmann. Freiburg i. Br. 2002. 671 S. : Ill., Kt. (Literarisches Leben im deutschen Südwesten von der Aufklärung bis zur Moderne ; Bd. 1 : Rombach Wissenschaften).

3 Rezensionen

... aus der Apotheke des Poeten : Heinrich Heine (nicht nur für Studierende). Hrsg. von Alfons Labisch und Christoph auf der Horst unter Mitarb. von Stephan von Dahlen. Düsseldorf 2005. 119 S. – Rez.: Ursula Homann: Tanzende Britinnen : Heines Gedichte und Prosatexte in ansprechender Form in: literaturkritik.de. Marburg 2006, 2. http://www.literaturkritik.de/public/inhalt.php?ausgabe=200602

Bartscherer, Christoph: Heinrich Heines religiöse Revolte. Freiburg i. Br. 2004. 680 S. (Forschungen zur europäischen Geistesgeschichte ; 6). – Rez.: Robert Steegers in: HJb 2005. S. 256–258. – Rez.: Andreas Kugler: Die fröhliche Wissenschaft in: Straubinger Tagblatt. Straubing 2. 7. 2005. o. S.

Billermann, Roderich: Die »metaphore« bei Marcel Proust : ihre Wurzeln bei Novalis, Heine und Baudelaire, ihre Theorie und Praxis. München 2000. 479 S. (Theorie und Geschichte der Literatur und der Schönen Künste ; Bd. 101). – Rez.: Marion Schmid in: French Studies. Oxford 56, 2002. S. 260–261.

Bolduan, Viola: Post von Paris nach Hamburg : zum Heine-Gedenkjahr 2006 ; Auswahl von Biografien und Briefbänden. In: Wiesbadener Kurier. Wiesbaden 17.12.2005. S. 22.
A Companion to the works of Heinrich Heine. Ed. by Roger F. Cook. Rochester, NY 2002. XIV, 373 S. (Studies in German literature, linguistics, and culture). – Rez: Donovan Anderson in: German studies review. Tempe, Ariz. 27, 2004, 1. S. 147–148.
Czezior, Patricia: Die Heimatlosigkeit im Werke zweier romantischer Grenzgänger: Joseph von Eichendorff und Heinrich Heine. Hrsg. von Roger Schöntag. Berlin 2004. 143 S. – Rez.: Sikander Singh in: HJb 2005 S. 258–259.
Decker, Kerstin: Heinrich Heine : Narr des Glücks. Berlin 2005. 360 S. : Ill. (sw). – Rez.: Markus Joch: Heine halbiert : Kerstin Decker macht aus Deutschlands witzigstem Autor einen politisch handzahmen in: literaturkritik.de. Marburg 2006, 2. http://www.literaturkritik.de/public/inhalt.php?ausgabe=200602
Ferchl, Irene: »Literatur, das sind wir und unsere Feinde« : Neuerscheinungen zu Heinrich Heines 150. Todestag am 17. Februar. In: Literaturblatt für Baden und Württemberg. Stuttgart 2006, Januar/Februar. S. 22–23. [Heinrich Heine: Mit scharfer Zunge, Heinrich Heine: Gib mir Küsse, gib mir Wonne, Heine: Deutschland. Ein Wintermärchen. Bilder von Hans Traxler, Heine: »... und grüßen Sie mir die Welt«, Heine: Leben Sie wohl und hole Sie der Teufel, Jörg Aufenanger: Heinrich Heine in Paris, Edda Ziegler: Heinrich Heine : der Dichter und die Frauen, Essen und Trinken mit Heinrich Heine].
Ferstenberg, Helen: Mediations on Jewish creative identity : representations of the Jewish artist in the works of German-Jewish writers from Heine to Feuchtwanger. Bern [u.a.] 2003. 229 S. (North American studies in the 19th-century German literature ; 34). – Rez.: Marion Deshmukh in: German studies review. Tempe, Ariz. 28, 2005, 2. S. 402–403.
Ghetto Writing : traditional and eastern jewry in German-Jewish literature from Heine to Hilsenrath. Ed. by Anne Fuchs and Florian Krobb. Columbia, SC 1999. 231 S. (Studies in German Literature, Linguistics and Culture). – Rez.: Bianca Rosenthal in: German studies review. Tempe, Ariz. 25, 2002, 3. S. 589.
Goetschel, Willi: Spinoza's modernity : Mendelssohn, Lessing, and Heine. Madison, Wis. [u.a.] 2003. 430 S. (Studies in German Jewish cultural history and literature). – Rez.: James Thomas in: European legacy. Basingstoke 10, 2005, 2. S. 273–274.
Heine heute. In: Madame. München 2006, 2. S. 68. [Edda Ziegler: Heinrich Heine : der Dichter und die Frauen, Karl-Josef Kuschel: Gottes grausamer Spaß?, Kerstin Decker: Heinrich Heine, Jörg Aufenanger: Heinrich Heine in Paris]
Heine, Heinrich: Frammenti inglesi 1828. A cura di Matilde de Pasquale. [Trad. dal tedesco di Matilde de Pasquale]. – Rez.: Roberta Ascarelli in ders.: Romanzo. Roma 2002. S. 311–312.
Heine, Heinrich: Leben Sie wohl und hole Sie der Teufel : Biographie in Briefen. Hrsg. von Jan-Christoph Hauschild. [Die franz. Briefe Heinrich Heines wurden von Ingo Fellrath neu übers.]. Berlin 2005. 477 S. : Ill. – Rez.: Harald Loch in: Network European Communication http://www.neucom.org/modules.php?name=News&file=article&sid=424. – Rez.: Bernd Heimberger in: Ixlibris (http://www.ixlibris.de/). – Rez. in: ekz-Informationsdienst. Münster 38, 2005. o. S. – Rez. in: Zeitschrift für Tiefenpsychologie und Kulturanalyse. Berlin 31, 2005, 5. o. S. – Rez. in: Die Zeit. Hamburg 25.08.2005. o. S.
Heine, Heinrich: Neue Gedichte. Ill. von Isabel Große Holtforth. Frankfurt a. M. 2005. 224 S. : 25 farb. ganzs. Ill. – Rez.: Robert Erdmann: Spätes Sommergewitter mit Vorfühlung auf Heinrich Heine in: Der Literat. Berlin 47, 2005, 10/11. S. 10–13.

Heine-Literatur 2005/2006 mit Nachträgen 347

Heinrich Heine : neue Wege der Forschung. Christian Liedtke (Hg.). Darmstadt 2000. 311 S. – Rez: Peters, George F.: The highways and byways of Heine research today in: German studies review. Tempe, Ariz. 25, 2002, 3 S. 569–576. – Rez.: Sikander Singh in: Internationales Jahrbuch der Bettina-von-Arnim-Gesellschaft. Berlin 15, 2003. S. 239–242.

Heinrich Heine im Porträt : wie die Künstler seiner Zeit ihn sahen. Hrsg. Christian Liedtke. Hamburg 2006. 159 S. : zahlr. Abb. – Rez.: Hans-Ulrich Treichel: So sah ich aus, heute morgen in: FAZ. Frankfurt a. M. 02. 03. 2006.

Heinrich Heine und die Religion, ein kritischer Rückblick : ein Symposium der Evangelischen Kirche im Rheinland vom 27.–30. Oktober 1997. Ferdinand Schlingensiepen u. Manfred Windfuhr (Hg.) ; [Beiträge von Manfred Windfuhr, …]. Düsseldorf 1998. 244 S. : Ill. – Rez.: Martin Stiewe in: Jahrbuch für westfälische Kirchengeschichte. Bielefeld 95, 2000. S. 355.

Hirsch, Helmut: Freund von Heine, Marx, Engels und Lincoln : eine Karl-Ludwig-Bernays-Biographie. Mit einer Genealogie der Familie Bernays von Marianne Hirsch und Rene Loeb sowie einem Nachwort von Lars Lambrecht. Frankfurt a. M. [u. a.] 2002. 184 S. : Ill. (Forschungen zum Junghegelianismus ; Bd. 6). – Rez.: Martin Hundt in: Zeitschrift für Geschichtswissenschaft. Berlin 51, 2003, 11. S. 1059–1060. – Rez.: Konrad Fuchs in: Historische Zeitschrift. München 277, 2003 S. 759–760.

Höllerer, Florian: »Les poesies de Henri Heine« : Heinrich Heine in der Lesart Gerard de Nervals. Stuttgart [u. a.] 2004. 240 S. (Heine-Studien) [Zugl.: Berlin, Techn. Univ., Diss., 1999]. – Rez.: Martin Bollacher in: Germanistik. Münster 46, 2005, 3–4, S. 886.

Hoffmeister, Gerhart: Heine in der Romania. Berlin 2002. 208 S. (Studienreihe Romania ; 17). – Rez.: Fritz Nies in: Archiv für das Studium der neueren Sprachen und Literaturen. Berlin 156, 2004, 2. S. 454–456.

Auf der Horst, Christoph: Heinrich Heine und die Geschichte Frankreich. Stuttgart 2000. 434 S. (Heine-Studien). – Rez.: George F. Peters: The highways and byways of Heine research today in: German Studies Review. Tempe, Ariz. 25, 2002, 3 S. 569–576.

Kammann, Petra: 105 Jahre tot und so lebendig : Heinrich Heine lesen, hören und schmecken. In: Düsseldorfer Hefte. 51, 2006, 1. S. 63. [Essen und Trinken mit Heinrich Heine, Heine à la carte, Heinrich Heine für Große und Kleine, Heine-Box, Heine für Gestresste, Heine im Quadrat].

Kerschbaumer, Sandra: Heines moderne Romantik. Paderborn [u. a.] 2000. 254 S. – Rez.: Sikander Singh in: Internationales Jahrbuch der Bettina-von-Arnim-Gesellschaft. Berlin 15, 2003. S. 239–242.

Kosenina, Alexander: Der gelehrte Narr : Gelehrtensatire seit der Aufklärung. Göttingen 2003. 487 S. : Ill. – Rez.: Christian Liedtke in: HJb 2005 S. 264–266.

Kramp, Mario: Heinrich Heines Kölner Dom : die »armen Schelme vom Domverein« im Pariser Exil 1842–1848. München [u. a.] 2002. 134 S. : Ill. (Passerelles ; 2). – Rez.: Annegret Seidel in: Immermann-Jahrbuch. Frankfurt a. M. 6, 2005. S. 146–149

Kruse, Joseph Anton: Heinrich Heine : [Leben, Werk, Wirkung]. Frankfurt a. M. 2005. 160 S. : zahlr. Abb. (Suhrkamp BasisBiographien ; 7). – Rez.: Michael Braun in: Germanistik. Münster 46, 2005, 3/4, S. 887. – Rez.: Werner Schwerter: Leitfaden zu Heine : neues Werk von Joseph A. Kruse in: Das Tor. Düsseldorf 71, 2005, 11. S. 22.

Liedtke, Christian: Heinrich Heine. Neuausg. Reinbek bei Hamburg 2006. 192 S. – Rez.: Ursula Homann: Der Gejagte: Einblick in Leben und Werk Heinrich Heines in: literaturkritik.de. Marburg 2006, 2. http://www.literaturkritik.de/public/inhalt.php?ausgabe=200602

Loch, Harald: Aus einem Dichterleben : Literatur von und über Heinrich Heine – ein Blick in Neuerscheinungen dieses Jahres. In: Jüdische Allgemeine. Berlin 16. 02. 2006. S. 10.

Lossin, Yigal: Heine : ha-hayim ha-kefulim. Tel-Aviv 2000. 502 S. : Ill. (sw). [hebr.]. – Rez.: Regina Grundmann in: HJb 2005 S. 266–269.

Maillet, Marie-Ange: Heinrich Heine et Munich. Sous la dir. de Michel Espagne. Paris 2004. 243 S. (De l'Allemagne). – Rez.: Norbert Waszek in: HJb 2005 S. 269–271.

Makkaroni und Geistesspeise. Hrsg. von Nikolaus Gatter. Unter Mitarb. von Christian Liedtke und Elke Wenzel. Berlin [u. a.] 2002. 424 S. : Ill. (Almanach der Varnhagen-Gesellschaft ; 2). – Rez.: Ariane Neuhaus-Koch in: HJb 2005 S. 271–274.

Neubauer, Kai: Heinrich Heines heroische Leidenschaften : Anthropologie der Sinnlichkeit von Bruno bis Feuerbach. Stuttgart 2000. 215 S. (Heine-Studien). – Rez.: Peters, George F.: The highways and byways of Heine research today in: German studies review. Tempe, Ariz. 25, 2002, 3 S. 569–576.

Palimpseste : zur Erinnerung an Nobert Altenhofer. Hrsg. Joachim Jacob und Pascal Nicklas. Heidelberg 2004. 240 S. : 4 sw Abb. (Frankfurter Beiträge zur Germanistik ; 41). – Rez.: Joseph A. Kruse in: HJb 2005. S. 262–264.

Peters, George F.: The poet as provocateur : Heinrich Heine and his critics. New York, NY 2000. XII, 227 S. (Studies in German literature, linguistics, and culture: literary criticism in perspective). – Rez.: Wulf Koepke in: German studies review. Tempe, Ariz. 25, 2002, 2 S. 354–355.

Podewski, Madleen: Kunsttheorie als Experiment : Untersuchungen zum ästhetischen Diskurs Heinrich Heines. Frankfurt a. M. [u. a.] 2002. 241 S. (Berliner Beiträge zur neueren deutschen Literaturgeschichte ; Bd. 25). [Zugl.: Berlin, Freie Univ., Diss., 2001]. – Rez.: Sikander Singh in: Internationales Jahrbuch der Bettina-von-Arnim-Gesellschaft. Berlin 15, 2003. S. 239–242.

Rippmann, Inge: »Freiheit ist das Schönste und Höchste in Leben und Kunst« : Ludwig Börne zwischen Literatur und Politik. Einl. von Helmut Koopmann. Bielefeld 2004. 417 S. (Vormärz-Studien ; Bd. 11). – Rez.: Joseph A. Kruse in: HJb 2005. S. 274–275.

Schmitter, Elke: Ein Faust-Kampf und seine Folgen : im Februar 2006 jährt sich Heinrich Heines Todestag zum 150. Mal ; der Buchmarkt nimmt das Datum zum Anlass zahlreicher Novitäten und Neuausgaben. In: Spiegel special. Hamburg 2005, 6. S. 18–21. [Kerstin Decker: Heinrich Heine, Heinrich Heine: »… und grüßen Sie mir die Welt«, Jakob Hessing: Der Traum und der Tod, Edda Ziegler: Heinrich Heine : der Dichter und die Frauen].

Voss, Monika: Kennste noch dat alde Leed : Heine-Texte in Original und Mundart. Ill. von Zeynep Yüksel. Düsseldorf 2006. 215 S. – Rez. Werner Schwerter: Jebemmel treckt dörch de Kopp un jrößt dat Röske : die Mundart-Autorin Monika Voss hat Lyrik und Prosa von Heine ins Düsseldorfer Platt übertragen in: Das Tor. Düsseldorf 72, 2006, 4. S. 8–9.

Wertheimer, Jürgen: Ein hypernervöser Seismograf seiner Zeit : die Bücherflut zum 150. Todestag richtet sich mit einem Kuschel-Heine im Biografismus ein ; gesucht wird jedoch Heinrich Heine, der Provokateur, der Stadtneurotiker an den Ghetto-Toren, der Verfassungspatriot. In: Literaturen. Berlin 2005, 1/2. S. 120–123. [Kerstin Decker: Heinrich Heine, Edda Ziegler: Heinrich Heine, Jan-Christoph Hauschild: Der Zweck des Lebens ist das Leben selbst, Jörg Aufenanger: Heinrich Heine in Paris, Jakob Hessing: Der Traum und der Tod, Monica Tempian: Ein Traum, gar seltsam schauerlich, Manfred Windfuhr: Die Düsseldorfer Heine-Ausgabe, Cordula Hupfer: Und Zuckererbsen nicht minder, Essen und Trinken mit Heinrich Heine, Heinrich Heine: Leben Sie wohl und hole Sie der Teufel, Heinrich Heine: »… und grüßen Sie mir die Welt«].

Yi, Hong-Kyung: Heinrich Heines Vermittlungsversuch zwischen Kunst und Politik in ausgewählten Werken von 1837–1840. Heidelberg 2003. 229 S. (Reihe Siegen ; Bd. 146) [Zugl.: Siegen, Univ., Diss., 2002]. – Rez.: Karin Füllner in: HJb 2005. S. 275–276.

Zhao, Leilian: Gesellschaftskritik in Heines Lutezia : unter besonderer Berücksichtigung der chinesischen Heine-Rezeption. Frankfurt a. M. [u. a.] 2004. 187 S. (Europäische Hochschulschriften / 01 ; Bd. 1883). [Zugl.: Peking, Univ., Diss., 1999]. – Rez.: Martin Winter in: China information. London 19, 2005, 2. S. 366–368.
Zhao, Leilian: Gesellschaftskritik in Heines Lutezia : unter besonderer Berücksichtigung der chinesischen Heine-Rezeption. Frankfurt a. M. [u. a.] 2004. 187 S. (Europäische Hochschulschriften / 01 ; Bd. 1883). [Zugl.: Peking, Univ., Diss., 1999]. – Rez.: Theodor Bermann in: Utopie kreativ. Berlin 167 = 2004, 9. S. 852–854.

4 Rezeption

4.1 Allgemein

Balzer, Berit: La recepción de Heinrich Heine en Gustavo Adolfo Bécquer : piedra detoque para el desfase romántico en España. In: Paisajes románticos: Alemania y España. Ed. por Berta Raposo Fernández ... Frankfurt a. M. [u. a.] 2004. S. 191–206.
Basanta Barro, José Mariá: Heine en España. In: ABC. Madrid 29. 12. 1956. o. S.
Bittermann, Klaus: Mein Heine, dein Heine : wie der Schriftsteller 150 Jahre nach seinem Tod vereinnahmt wird. In: Jüdische Allgemeine. Berlin 16. 02. 2006. S. 9
Blanco Garcia, Francisco: Traductores é imitadores de Heine. In: Ders.: La literatura española en el siglo XIX. Madrid. 2: 3. ed. 1910. S. 76–94.
Caduff, Corinna: Heinrich Heine in der Schweizer Germanistik vor und nach dem Dritten Reich. In: Schreiben gegen die Moderne : Beiträge zu einer kritischen Fachgeschichte der Germanistik in der Schweiz. Corina Caduff ; Michael Gamper (Hg.). Zürich 2001. S. 133–152.
Deutsch, Alexander: Heine in der UdSSR : (zu seinem 175. Geburtstag). In: Sowjetliteratur. Moskau 24, 1972, 12. S. 167–173.
Evans-Romaine, Karen: Pasternak and the Russian reception of Heine. In: Cold fusion : aspects of the German cultural presence in Russia. Ed. by Gennady Barabtarlo. New York, NY [u. a.] 2000. S. 252–276.
García Adánez, Isabel: La recepción contaminada : la imagen equivocada de Heinrich Heine en España por su asociación con la música. In: Paisajes románticos: Alemania y España. Ed. por Berta Raposo Fernández ... Frankfurt a. M. [u. a.] 2004. S. 207–222.
Giesemann, Gerhard: Zu einigen Aspekten der Rezeption Heinrich Heines im slovenischen Realismus. In: Obdobje realizma v slovenskem jeziku, knjizevnosti in kulturi : Tipoloska problematika ob jugoslovanskem in sirsem evropskem kontekstu. Paternu, Boris u. a. [Hrsg.]. Universitet E. Kardelja v Ljubljani, Filoz. Fakulteta. Ljubljana 1982. S. 233–249.
Graf, Alexander: Davno ego mel'kaet ten ...: der russische Heine von Moskau bis Tambov. In: Geschichte der Übersetzung : Beiträge zur Geschichte der neuzeitlichen, mittelalterlichen und antiken Übersetzung. Hrsg.: Bogdan Kovtyk ... Berlin 2002. S. 57–66.
Grossman, Jeffrey: Pictures of travel : Heine in America. In: German culture in nineteenth-century America : reception, adaption, transformation. Ed. and introd. by Lynne Tatlock and Matt Erlin. Columbia, SC 2005. S. 183–210.
Gutmann, Thomas: Heine nach 1945. In: Aus Politik und Zeitgeschichte. Bonn 2006, 3. S. 25–32.
Heine v slovenskej literature. In: Slovenské pohl'ady. Bratislava 72, 1956, 3. S. 293–294.

Heinrich Heines Werk im Urteil seiner Zeitgenossen. Hamburg. Bd. 11: Rezensionen und Notizen zu Heines Werken aus den Jahren 1852 bis 1854. Hrsg. und eingel. von Christoph auf der Horst. 2005. XXXIV, 699 S.

Kadt, Jacques de: Heine in onze tijd? : opmerkingen bij een biografie. In: Tirade. Amsterdam 12, 1968, 140. S. 433–442.

Kluge, Rolf-Dieter: Heinrich Heine in Russland. 3. unveränd. Aufl. Tübingen 1998. 28 S. (Vorträge am Slavischen Seminar der Universität Tübingen ; Nr. 15).

Kluge, Rolf-Dieter: Heinrich Heine in Russland. In: Sine arte, nihil : sbornik naucnych trudov v dar professoru Milivoe Jovanovic. [Red.-sost. Kornelija Icin]. Belgrad [u. a.] 2002. S. 155–169.

Krumpel, Heinz: Heine. In: Ders.: Aufklärung und Romantik in Lateinamerika : ein Beitrag zu Identität, Vergleich und Wechselwirkung zwischen lateinamerikanischem und europäischem Denken. Frankfurt a. M. [u. a.] 2004. S. 197–201.

Kruse, Joseph Anton: Warum Heine heute?. In: Aus Politik und Zeitgeschichte. Bonn 2006, 3. S. 10–18.

Lassila, Pertti: Keisarin kankurit : ja muita kirjoituksia kirjoista ja kirjailijoista. Helsinki 2002. 147 S. [Essays zur finn. Und dt. Literatur (1800–1950) ; Heine mehrfach].

Lauer, Reinhard: Der »russische Heine« oder Der Dichter als Kunstmittel. In: Deutschland und Russland : Aspekte kultureller und wissenschaftlicher Beziehungen im 19. und frühen 20. Jahrhundert. Hrsg. von Dittmar Dahlmann und Wilfried Potthoff. Wiesbaden 2004. S. 59–94.

Liu, Min: Heines Lyrik in China nach 1949 : Teil 2. In: HJb 44, 2005. S. 113–131.

Mathijsen, Marita: Doppelter Verlust : die erste Übersetzung von Heinrich Heines ›Deutschland. Ein Wintermärchen‹ in den Niederlanden. In: Edition und Übersetzung : zur wissenschaftlichen Dokumentation des interkulturellen Texttransfers. Hrsg. von Bodo Plachta und Winfried Woesler. Tübingen 2002. S. 341–350.

Miron, Guy: The emancipation ›Pantheon of Heroes‹ in the German-Jewish public memory in the 1930s. In: German history. London 21, 2003, 4. S. 476–504.

Neuhaus, Stefan: »Sechsunddreißig Könige für einen Regenschirm« : Heinrich Heines produktive Rezeption britischer Literatur. In: Beiträge zur Rezeption der britischen und irischen Literatur des 19. Jahrhunderts im deutschsprachigen Raum. Hrsg. von Norbert Bachleitner. Amsterdam [u. a.] 2000. S. 409–442.

Plachta, Bodo: Heine-Editionen. In: Editionen zu deutschsprachigen Autoren als Spiegel der Editionsgeschichte. Hrsg. von Rüdiger Nutt-Kofoth und Bodo Plachta. Tübingen 2005. S. 141–161.

Þorvaldsson, Eysteinn: Dýrlingur okkar allra : Heinrich Heine og Íslendingar. In: Skírnir. Reykjavík 171. ar, 1997, haust. S. 314–379.

Rippmann, Peter: »An Heine war alles verlogen« : zu einer rezeptionsgeschichtlichen Panne. In: HJb 44, 2005. S. 152–162.

Sammons, Jeffrey L.: Retroactive dissimilation : Louis Untermeyer, the ›American Heine‹. In: German culture in nineteenth-century America : reception, adaption, transformation. Ed. and introd. by Lynne Tatlock and Matt Erlin. Columbia, SC 2005. S. 211–231.

Sammons, Jeffrey L.: Zur ausgeklammerten Heine-Rezeption : Beobachtungen zur ersten großen Zeit der Heine-Philologie. In: Jüdische Intellektuelle und die Philologien in Deutschland : 1871–1933. Hrsg. von Wilfried Barner und Christoph König. Göttingen 2001. S. 111–130.

Saul, Nicholas: The reception of German romanticism in the twentieth century. In: The literature of German romanticism. Ed. by Dennis F. Mahoney. Rochester, NY [u. a.] 2005. S. 327–359.

Singh, Sikander: Metamorphosen oder Versuch über den Nachruhm. In: Das letzte Wort der Kunst. Stuttgart 2006. S. 331–339.
Wilson, Pete R.: Immer hinter Heinrich her. In: Buch-Journal. Frankfurt a. M. 2005, 4. S. 28–32.

4.2 Literarische und künstlerische Behandlung von Person und Werk

4.2.1 Literarische Essays und Dichtungen. Verfilmungen. Bühne

Ad absurdum : Parodien dieses Jahrhunderts. Hrsg. v. Elisabeth Pable. Ungek. Ausg. München 1968. 161 S. [Parodie auf Heine S. 123].
Als Deutscher bin ich verschiedener Meinung : Anekdoten über Heinrich Heine. Nacherzählt von Margarete Drachenberg. Berlin 2006. 125 S.
Die Alster : ein Alltagsmärchen ; in 48 Bildern und Versen frei nach Heinrich Heine. Matthias Schmoock, Philipp Grassmann, Kristel Gießler, Rainer Scheppelmann. Hamburg 2000. 62 S. : überw. Ill., Kt.
Berger, Uwe: Leise Worte : Gedichte. Berlin [u. a.] 1978. 116 S. [Gedicht über Heine »Heines Traum« S. 20].
Briegleb, Klaus: »Transfigurationen« : drei Beispiele. In: Das letzte Wort der Kunst. Stuttgart 2006. S. 64–81.
Cless, Olaf: »Den Dummen ein bisschen Verstand, den Verständigen ein bisschen Poesie«: ein Interview mit Heinrich Heine anlässlich seines 150. Todestages am 17. Februar. In: Fifty fifty. Düsseldorf 12, 2006, Febr. S. 6–11.
Cless, Olaf: Ja, Zuckererbsen für jedermann! : einst polizeilich konfisziert, heute von Lutz Görner rezitiert: Heinrich Heines »Deutschland. Ein Wintermärchen«. In: Düsseldorfer Hefte. Düsseldorf 51, 2006, 1. S. 60–61.
Cless, Olaf: Schlimme Tänze, entsetzliche Lackschuhe : ein kleiner Karnevalsplausch mit Heinrich Heine. In: Kult. Düsseldorf 2006, 1. S. 13.
Ehni, René: Vivisektion : Roman. [Aus d. Franz. von Katarina Hock]. Hamburg 1967. 166 S. [EST: La gloire du vaurien <dt.> ; »Der Held des Buches liebt Heinrich Heine, doch wird ihm plötzlich bewußt, daß er ›nicht die winzigste Zeile aus dem Buch der Lieder zitieren kann‹ ...«].
Esche, Eberhard: Beiblättchen oder Der Umgang mit Dichtern. In: Aus Politik und Zeitgeschichte. Bonn 2006, 3. S. 3–6.
Faerber, Meir Marcell [d. i. Meir Reubeni]: Mein Tel-Aviv : Satiren. Tel Aviv 1940. 31 S. [Gedicht über Heinrich Heine »Ein Besuch aus jener Welt« S. 23–29].
Fian, Antonio: Fertige Gedichte. Graz 2005. 46 S. [Gedicht mit Heine-Bezug S. 27].
Finn, Thomas: Der Funke des Chronos : phantastischer Thriller. Orig.-Ausg. München [u. a.] 2006. 409 S. [»1842, am Vorabend des Großen Brandes von Hamburg, hat Heinrich Heine eine schicksalhafte Begegnung: Er trifft Tobias, einen Zeitreisenden aus dem 21. Jahrhundert ...«].
Harsch, Roland: Parodies ... und das. Zeichnungen Carlo Schmidt. Diekirch 2004. 208 S. (Collection APESS ; 14). [2 Heine-Parodien S. 66–69].
Hartmann, Hans Albrecht: »... und ich lache mit – und sterbe« : eine lyrische Hommage a Harry Heine (1797–1856) ; Festvortrag am Tag der Universität 1997. Augsburg 1998. 71 S. : Ill. (Augsburger Universitätsreden ; 34).
Kaleko, Mascha: Deutschland, ein Kindermärchen. In: Frankfurter Hefte. Frankfurt a. M. 11, 1956, 4. S. 281.

Keim, Anton Maria: Pariser Leben : Unterhaltungen mit Heinrich Heine. In: Ders.: Ludwig Kalisch : Karneval und Revolution. Ingelheim 2003. S. 48–55.
Liedtke, Christian: Zwei »Phantasiegebilde« und ein Rätsel : die Heine-Romane von Kathinka Zitz und Katharina Diez. In: Das letzte Wort der Kunst. Stuttgart 2006. S. 350–365.
Meyer-Oschatz, Kathrin: Die Stadt spielt eine Rolle : Otto Sander rezitiert auf Einladung der Volksbühne Heinrich Heine. In: Bühne frei!. Düsseldorf 11, 2006, 1. S. 3.
Mittelmann, Hanni: Eine zionistische Lesart Heinrich Heines : Sammy Gronemanns Theaterstück »The Heine family«. In: Heinrich Heine in Jerusalem. Hamburg 2006. S. 192–203.
Novak, Helga M.: Ballade von der reisenden Anna : Gedichte. Neuwied [u. a.] 1965. 82 S. [Gedicht zu Heine »An einem deutschen Wintertag« S. 28].
Der Pott : ein unverschämtes Liederbuch voll Stumpfsinn, Rührseligkeit, Ausgelassenheit und Spott für geborene Kindsköpfe und solche, die es mit der Zeit geworden sind. Hrsg. zu eigener Erbauung und Genugtuung von Rinaldo Rinaldini [d. i. Fritz Jöde]. Wolfenbüttel [u. a.] 1936. 164 S. : Ill., Noten. [Loreley-Parodie S. 129].
Schmitter, Elke: Erfinder der modernen Liebe. In: Aus Politik und Zeitgeschichte. Bonn 2006, 3. S. 6–10.
Sievers, Axel: Die Pfingstrose : Gedichte. [Wokuhl-Dabelow] 2004. 82 S. [Heine-Gedicht S. 42].
Stahl, Günter: Erlebnisse, Feststellungen, Umwege, ... – zum methodischen Suchen und Fördern von: Wegen, ... zu Friede – für Menschen in Deutschland, Europa, ... der Einen Welt – angestoßen von »Deutschland ein Wintermärchen« (Heinrich Heine) : ein Essay. In: Ders.: Leben, Reisen, Wissen, Schauen : Ver-Reisen, Zer-Reis(s)en, Tasten, Fühlen, Er-Kennen, Ver-Kennen, Wissen ; Reise nach Polen, Masuren ; Be-Gegnungen mit Heinrich Heine. Günter Stahl. Offenbach am Main 2002. S. 85–118.
Stolper, Arnim: Mit Heine im Kastanienwäldchen. In: Ders.: Mit Bismarck nach Bad Kissingen. Mit Heine im Kastanienwäldchen. Schkeuditz 2005. S. 139–287.
Victoria, Marcos: Las voces : poemas. Buenos Aires [1933]. 116 S. [Heine-Gedicht S. 69–75].
Von der Aufklärung – in finsteren Zeiten : Heine und Lessing in einem fiktiven Gespräch ; Woche der Brüderlichkeit – Festveranstaltung mit Walter Jens am 4. April 2004 im Schauspielhaus Köln. Kölnische Gesellschaft für Christlich-Jüdische Zusammenarbeit e. V. ; [Red.: Christa Pfarr]. Köln 2004. 38 S., [8] Bl. : Ill.
Wuliger, Michael: »Wir sind Gottes Adel« : ein fiktives Gespräch mit Heinrich Heine über das Judentum. In: Jüdische Allgemeine. Berlin 16. 02. 2006. S. 10.
Wunder gibt's immer wieder : Katja Ebstein zeigt sich im Savoy Theater von ihrer brillanten Seite – als ausdrucksstarke Chansonsängerin. In: Düsseldorfer Hefte. Düsseldorf 50, 2005, 3. S. 41.

4.2.2 Werke der bildenden Kunst

Heinrich Heine im Porträt : wie die Künstler seiner Zeit ihn sahen. Hrsg. Christian Liedtke. Hamburg 2006. 159 S. : zahlr. Abb.
Hirsch, Thomas: Bilder und ein Raum : der Ausstellungsraum Van Horn wird von der Düsseldorfer Künstlerin Daniela Steinfeld geleitet. In: Düsseldorfer Hefte. Düsseldorf 50, 2005, 9. S. 54–55. [Fotoarbeit von Daniela Steinfeld »Manmountain – Heine-Denkmal 1«].
Liedtke, Christian: Bilderstreit und Bilderrätsel : zur Biographie der Heine-Porträts. In: Heinrich Heine im Porträt. Hamburg 2006. S. 85–112

Kepetzis, Ekaterini: »Was habt ihr gegen mein Gesicht?« : Heinrich Heines zeitgenössische Porträts. In: Heinrich Heine im Porträt. Hamburg 2006. S. 113–134.
Krumholz, Martin: Bilder eines Selbstbebilderers : eine Heinrich-Heine-Ausstellung in Düsseldorf. In: Neue Zürcher Zeitung / Film. Zürich 1997, 123 vom 31. 05./01. 06. 1997. S. 33–34.
Kruse, Joseph Anton: Bildergeschichten : über Varianten von Heine-Porträts nebst einigen Variationen ihrer Überlieferung. In: Heinrich Heine im Porträt. Hamburg 2006. S. 75–84.
Lang, Lothar: Würfel und der Holzstich : anlässlich eines Buches in der Edition Curt Visel. In: Marginalien : Zeitschrift für Buchkunst und Bibliophilie. Wiesbaden 164 = 2001, 4. S. 3–9.
Michael Kenny : Skulpturen, Modelle, Reliefs, Zeichnungen ; 11. November 1984–6. Januar 1985, Wilhelm-Lehmbruck-Museum der Stadt Duisburg. [Katalog: Karl-Egon Vester]. Duisburg 1984. 110 S. : überw. Ill. [Skulptur »Die Lorelei« S. 18/19].
Neugebauer, Rosamunde: Du darfst dir ein Bild machen : Heines »Rabbi von Bacherach« in der Illustration deutschsprachig-jüdischer Künstler. In: Imprimatur : ein Jahrbuch für Bücherfreunde. München Neue Folge XVII, 2002. S. 124–153.

4.2.3 Werke der Musik, Vertonungen

Borghese, Luca: Heine e Schumann nella traduzione di Diego Valeri : »ri-poesia, o trans-poesia«. In: Rivista di letterature moderne e comparate. Pisa 58, 2005, 4. S. 361–379.
Burstein, L. Poundie: Their paths, her ways : comparison of text settings by Clara Schumann and other composers. In: Women and music : a journal of gender and culture. Washington, DC 2002, 6. S. 11–26.
Debbert-Hoffmann, Mechthild: Robert Schumanns ›Dichterliebe‹ op. 48 (1844) oder eigentlich 20 Lieder und Gesänge aus dem ›Lyrischen Intermezzo‹ im ›Buch der Lieder‹ von Heinrich Heine (1840) : gemalte Impressionen. [Dieses Buch erscheint anlässlich der 150. Todestage von Robert Schumann (8. 6. 1810–29. 7. 1856) und Heinrich Heine (13. 12. 1797–17. 2. 1856)]. Vorwort: Renate Stark-Voit. [Erkrath] 2005. 40 Bl. : überw. Ill.
Dümling, Albrecht: Heines Tränen und Hölderlins Eichenbäume : Albrecht Dümling sprach mit Mauricio Kagel über dessen Liederoper aus Deutschland. In: Neue Musikzeitung. München 30, 1981, Juni/Juli. S. 4–5.
Füllner, Karin: »Da singt es und da klingt es« : von Heines Märchen zum Zauberland Chopins. In: Das letzte Wort der Kunst. Stuttgart 2006. S. 219–231.
Grolik, Yvonne: Musikalisch-rhetorische Figuren in Liedern Robert Schumanns. Frankfurt a. M. 2002. IX, 191 S. : graph. Darst., Noten. [Zugl.: Frankfurt (Main), Univ., Diss., 2002 ; überwiegend Heine].
Das Heine Liederbuch. Hrsg. von Babette Dorn und Jan-Christoph Hauschild. Hamburg 2005. 294 S. : überw. Noten.
Kalisch, Volker: Heines Geist aus Schumanns Händen. In: Neue Bahnen : Robert Schumann und seine musikalischen Zeitgenossen ; Bericht über das 6. Internationale Schumann-Symposion am 5. und 6. Juni 1997 im Rahmen des 6. Schumann-Festes, Düsseldorf. Hrsg. von Bernhard R. Appel. Mainz 2002. S. 164–181.
Männerchöre ohne Begleitung. Gesammelt von Alred Guttmann. Tenor I. Berlin 1929. XIX, 602 S. : Ill., Noten. (Chorsammlung des Deutschen Arbeiter-Sängerbundes). [Parodie »Loreley oder Des deutschen Spießers Wunderhorn. Libretto von Alfred Guttmann« S. 508–510].

Moe: & music! : Demos aus dem Album »Reflections«. Texte von Heinrich Heine. Annette Zemp (voc), Ephrem Lüchinger (keys), Marc Scheidegger (guit), Manuel Rindlisbacher (bass). Übers. von J. M. Dent, David Cram, Walter W. Arndt. Luzern 2003. 1 CD.

Müller – Schubert – Heine : zwei Symposien der Internationalen Wilhelm-Müller-Gesellschaft Berlin 1997 und 2000. [Red.: Rainer Wieland]. Berlin 2002. 74 S. (Schriften der Internationalen Wilhelm-Müller-Gesellschaft ; 2).

Müller, Gerhard: Wanderer-Fantasien : Wilhelm Müller und Heinrich Heine. In: Müller – Schubert – Heine. Berlin 2002. S. 5–19.

Nauhaus, Gerd: »Dichterliebe« – und kein Ende?. In: Das letzte Wort der Kunst. Stuttgart 2006. S. 193–205.

Ofarim, Esther: Esther. Erich Ferstl, guitar. Chamber Orchestra of Munich Philharmonic. Mühlheim a. d. R. 2005. 1 CD. [»Kinderspiele«].

Randhartinger, Benedict: Ausgewählte Lieder. Ildiko Raimondi: Sopran. Michelle Breedt: Mezzosopran. Herbert Lippert: Tenor. Walter Fink: Bass. Charles Spencer: Klavier. Wien 2003. 1 CD. [»An die Erwählten«].

Schenker, Heinrich: Ihr Bild (August 1828) : song by Franz Schubert to a lyric by Heinrich Heine. In: Music analysis. Oxford 19, 2000, 1. S. 3–9.

Schlegel, Leander: Songs opus 20, 21, 24, 28. Bep Pierik & Turid Karlsen, sopran. Anja van Wijk, mezzo-sopraan. Nico van der Meel, tenor. Frans van Ruth, piano. Amsterdam 1989. 1 CD. (Babel 8951–4). [»Die du bist so schön und rein«].

Schneider, Franz: »Die ganze Welt der Schmerzen muss ich tragen« : die Heine-Lieder Franz Schuberts. In: Müller – Schubert – Heine. Berlin 2002. S. 20–30.

Schreiber, Ulrich: Dichtermusik als Überlebensmittel : eine Marginalie zum Nachleben von Schumanns Heine-Vertonungen. In: Das letzte Wort der Kunst. Stuttgart 2006. S. 408–417.

Schreiber, Ulrich: Opernführer für Fortgeschrittene. Kassel. [3,2]: Das 20. Jahrhundert II: deutsche und italienische Oper nach 1945, Frankreich, Großbritannien. 2005. 727 S. [Heine-Erwähnungen].

Schulte, Krischan: »... was Ihres Zaubergriffels würdig wäre!« : die Textbasis für Robert Schumanns Lieder für Solostimmen. Mainz 2005. 313 S. (Schumann-Forschungen ; Bd. 10). [zahlr. Heine-Erwähnungen].

Schumann, Robert: Dichterliebe : opus 48 ; Liederkreis aus Heinrich Heines ›Buch der Lieder‹ ; Faksimile nach dem Autograph der Staatsbibliothek zu Berlin Preußischer Kulturbesitz. Mit e. Geleitwort von Brigitte Fassbaender. Hrsg. u. mit e. Einf. von Elisabeth Schmierer. Laaber 2006. 14 S., 48 S. ungez. Faksimile. (Meisterwerke der Musik im Faksimile ; Bd. 9).

Selbmann, Rolf: Die simulierte Wirklichkeit : zur Lyrik des Realismus. Bielefeld 1999. 159 S. [Heine bes. im Kapitel »Ich weiß nicht, was soll es bedeuten« S. 25–38 und S. 63 f.].

Synofzik, Thomas: Heinrich Heine – Robert Schumann : Musik und Ironie. Köln 2006. 190 S. : 50 sw Ill., zahlr. Abb. u. Notenbeisp.

Synofzik, Thomas: ›Urdeutsche‹ Musik und jüdische ›Lügenpoesie‹ : zur Rezeption der Heine-Vertonungen Robert Schumanns. In: Das letzte Wort der Kunst. Stuttgart 2006. S. 389–406.

Wagner, Richard: Heinrich Heine in seinen Liedern. In: Arbeiter-Jugend. Berlin 2, 1910, 7. S. 102–103.

4.3 Denkmäler

Die Bilker Sternwarte. Düsseldorf 52, 2006, 2. [Titelblatt: Heine-Denkmal von Gerresheim].

Bergmann, Rudij: Die Loreley steht in der Bronx : Heine-Denkmäler gibt es in Amerika, Afrika – und seit 1981 sogar in seiner Heimatstadt Düsseldorf. In: Jüdische Allgemeine. Berlin 16. 02. 2006. S. 10.

Goltschnigg, Dietmar: Der Kampf ums Heine-Denkmal : Stimmen aus Österreich. In: Das letzte Wort der Kunst. Stuttgart 2006. S. 367–379.

Hans, Sarah: Denk(mal) an Heine. In: Alstertal-Magazin. Hamburg 2004, 12. S. 24–25.

Knauer, Bettina: Dass er sich nur nicht regt! : so treu und deutsch wie er: Deutsche Dichter auf Podesten. In: Die Zeichen der Zeit. Leipzig 2000, 4. S. 12–14.

Kortländer, Bernd: Heines Grab. In: Das letzte Wort der Kunst. Stuttgart 2006. S. 340–349.

Schwerter, Werner: Auch Denkmäler mussten in die Emigration : Dr. Edgar Janott erforschte die wechselvolle Geschichte des Gedenkens an Heinrich Heine. In: Das Tor. Düsseldorf 72, 2006, 4. S. 10–11.

Stankiewitz, Karl: Poetische Denkmalpflege : wo Kästner seinen Heine postierte, soll ein Dichtergarten erblühen. In: Ders.: Poeten-Pfade in Bayern : literarische Wanderungen zwischen Alpen, Spessart und Böhmerwald. Red. Dieter Vogel. Vilsbiburg 2005. S. 20–23. [Heine-Denkmal in München].

Westphal, Max: Etwas vom Heine-Denkmal in Hamburg. In: Arbeiter-Jugend. Berlin 17, 1925, 8. S. 259–260.

Ziegler, Edda: Dichterliebe und Denkmalstreit. In: Aus Politik und Zeitgeschichte. Bonn 2006, 3. S. 18–25.

5 Gedenkstätten und Sammlungen. Vereinigungen. Preise. Ausstellungen. Wissenschaftliche Konferenzen

Cless, Olaf: Club der großen Geister : seit über 15 Jahren leistet der Heinrich Heine Salon in Düsseldorf literarische Basisarbeit. In: Düsseldorfer Hefte. Düsseldorf 51, 2006, 2. S. 57.

Cless, Olaf: Lieber Harry, gut, dass du tot bist. In: Kult. Düsseldorf 2006, 1. S. 12–13. [Heine-Jahr].

Deutsche Literaturlandschaften : ausgewählte Reisevorschläge zu interessanten Stätten aus der Welt der Literatur ; für Wochenende, Kurzurlaub und Ferien ; mit literarisch-kulturellem Veranstaltungsverzeichnis. Nordhorn 2006. 96 S. : Ill. [Heine-Institut S. 27].

Engelhardt, Manfred: Vom »Gymnasium illustre« zur Heinrich-Heine-Universität Düsseldorf. In: Der Gießerjunge. Düsseldorf 26, 2006, 1. S. 26–28.

Erdmann, Robert: Heine mit Verstärkung : das Gedenkjahr im Überblick. In: Der Literat. Berlin 48, 2006, 1/2. S. 7.

Flamme und Schwert : Heine-Jahr 1956. Hrsg. vom Parteivorstand der Kommunistischen Partei Deutschlands – Kulturabteilung. Verantw.: Erika Ewert. Düsseldorf 1956. 40 S.

Füllner, Karin: Heinrich Heine: europäisch, musikalisch und kulinarisch : das Düsseldorfer Studierenden-Kolloquium 2004 mit neuen Arbeiten über Heinrich Heine. In: HJb 44, 2005. S. 232–236.

Gernhardt, Robert: Dankrede. In: HJb 44, 2005. S. 237–250.

Groos, Ulrike und Thomas W. Rieger: Das letzte Wort den Künstlern : ein Gespräch. In: Das letzte Wort der Kunst. Stuttgart 2006. S. 434–455.
Groß, Natalie: Der digitale Heine : ein Internetportal als integriertes Informationssystem. In: Jahrbuch für Computerphilologie. Paderborn 6, 2005. S. 59–74.
Heine und Schumann im Museum vereint : Hommage an Düsseldorfs bedeutendste Künstler. In: Top-Magazin Düsseldorf. Düsseldorf 25, 2006, 1. S. 134.
Heine-Preis 2004 an Robert Gernhardt : ein Rigorist der Wahrheit. In: D-Journal. Düsseldorf 26, 2005, 1. S. 54.
Heinrich Heine : Gedenken zum Todestag. In: in Düsseldorf. Düsseldorf 2006, 2. S. 6.
Heinrich Heine zum 200. Geburtstag : Dokumentation der Festveranstaltung [im Hamburger Rathaus, Samstag, 13. Dezember 1997]. Mit Günter Grass, Walter Jens, Siegfried Lenz, Peter Rühmkorf, Ortwin Runde, Armin Sandig. Hamburg 1998. 26 S. : zahlr. Ill. (Schriften der Freien Akademie der Künste in Hamburg ; 25).
Kortländer, Bernd: »Das letzte Wort der Kunst« : Heinrich Heine und Robert Schumann zum 150. Todesjahr. In: Rheinland/Hessen : Ausstellungen Frühjahr/Sommer. Heidelberg 2006, 1 (Vernissage ; Jg. 14, Nr. 4). S. 4–9.
Kruse, Joseph Anton: Wie auf einem anderen Stern ...: Heinrich Heine und Robert Schumann begegnen sich im Künstlerolymp. In: Rathaus-Magazin. Düsseldorf 4, 2006, 1. S. 6.
Das letzte Wort der Kunst : 150. Todesjahr von Heine und Schumann Düsseldorf feierte ein Fest mit Heine. In: Rathaus-Magazin. Düsseldorf 4, 2006, 2. S. 4.
Das letzte Wort der Kunst : Heinrich Heine und Robert Schumann zum 150. Todesjahr ; [diese Publikation erscheint als Begleitband zur Ausstellung »Das letzte Wort der Kunst« ... in der Kunsthalle Düsseldorf und im Heinrich-Heine-Institut 12. März – 11. Juni 2006]. Hrsg. von Joseph A. Kruse unter Mitarb. von Marianne Tilch. In Zusammenarbeit mit Ulrike Groos und Bernhard R. Appel. Stuttgart [u. a.] 2006. XV, 478 S. : 70 sw Ill., 80 farb. Ill.
Das letzte Wort der Kunst : Heinrich Heine und Robert Schumann zum 150. Todesjahr. In: D-Journal. Düsseldorf 27, 2006, 1. S. 10.
Liedtke, Christian: Die digitale Edition im Heinrich-Heine-Portal : Probleme, Prinzipien, Perspektiven. In: Editio. Tübingen 19, 2005. S. 106–121.
Maar, Michael: Laudatio auf Robert Gernhardt. In: HJb 44, 2005. S. 251–255.
Meinschäfer, Victoria: 23 Jahre Namensstreit – und ein gutes Ende : seit 1989 trägt die Universität den Namen Heinrich Heines. In: Magazin der Heinrich-Heine-Universität Düsseldorf. Düsseldorf 2005, 2. S. 23.
Roth, Klaus-Hinrich und Ursula Roth: »Die Idee des Kunstwerks steigt aus dem Gemüthe« : Notizen zur Konzeption der Ausstellung »Das letzte Wort der Kunst«. In: Das letzte Wort der Kunst. Stuttgart 2006. S. 420–433.
Schätze aus den Bibliotheken Nordrhein-Westfalens : Katalog zur Ausstellung im Landtag NRW vom 23.2.–4.3.2005. Hrsg. vbnw Verband der Bibliotheken NRW. Weilerswist 2005. 182 S. : durchg. meist farb. Abb. [Faksimile der »Nachtgedanken«].
Schenk, Lis: Nach Hause zu Heine : Heine Haus ; so heißt der Bau an der Bolkerstraße 53, ... In: Düsseldorfer Hefte. Düsseldorf 51, 2006, 4. S. 59.
»Schlage die Trommel und fürchte dich nicht« : militärisches Spielzeug im Spiegel der Zeit ; eine Sonderausstellung aus Anlass der 90jährigen Wiederkehr des Beginns des Ersten Weltkriegs 1914. Hessisches Puppenmuseum Hanau-Wilhelmsbad. [Gestaltung des Katalogs: Nicola Weber]. Hanau-Wilhelmsbad 2004. 43 S. : Ill. [Heine-Gedicht u. Heine-Erw.].

Schlink, Bernhard: Schlage die Trommel und fürchte dich nicht! : Rede anlässlich der Verleihung der Ehrengabe der Heinrich-Heine-Gesellschaft. In: Ders.: Vergewisserungen : über Politik, Recht, Schreiben und Glauben. Zürich 2005. S. 181–193.

Schwabach-Albrecht, Susanne: In Heines Gesellschaft : Heinrich-Heine-Gesellschaft e. V. Düsseldorf ; 1956–2006 ; [eine Publikation der Heinrich-Heine-Gesellschaft zum 50jährigen Bestehen]. Hrsg. von Joseph A. Kruse. Heinrich-Heine-Gesellschaft. Düsseldorf 2006. 88 S. : Ill.

Schwerter, Werner: Büro bei Biesenbach : Düsseldorfs Literaturszene ist in Bewegung. In: Das Tor. Düsseldorf 71, 2005, 10. S. 7. [Heine-Haus].

Schwerter, Werner: Fest im »Land der neuen Chancen« : vor 40 Jahren wurde Düsseldorf zur Universitätsstadt. In: Das Tor. Düsseldorf 72, 2006, 2. S. 18.

Schwerter, Werner: Verschieden und zuletzt verwandt im Leiden ; Heinrich Heine und Robert Schumann zum 150. Todestag : Vortrag von Professor Joseph A. Kruse. In: Das Tor. Düsseldorf 72, 2006, 3. S. 6–7.

Schwerter, Werner: Die wichtigsten Dinge werden durch Röhren getan : das Heinrich-Heine-Institut zeigt die ›Sudelblätter‹ des Heine-Preisträgers Robert Gernhardt. In: Das Tor. Düsseldorf 71, 2005, 4. S. 13.

Troja, Marion: »Heine bleibt typisch Mann« : Alice Schwarzer erhält heute die Heinrich Heine Ehrengabe ; mit dem Dichter fühlt sie sich eng verbunden. In: Westdeutsche Zeitung. Düsseldorf 17. 02. 2006. S. 13.

Vom Kettenbuch zur Collage : Bucheinbände des 15. bis 20. Jahrhunderts aus den Sammlungen der Universitäts- und Stadtbibliothek Köln ; [11. November bis 21. Dezember 2002]. Katalog und Ausstellung: Gunter Quarg. Köln 2002. 224 S. : Ill., Kt. (Schriften der Universitäts- und Stadtbibliothek Köln ; 12). [Heine S. 154 u. 182].

Wehrmann, Alexandra: Wir lieben Krawall (Heine-Geburtshaus). In: Coolibri. Düsseldorf 2005, Febr. S. 8.

Wilink, Andreas: Heines Heimkehr. In: K.West. Essen 4, 2006, 2. S. 2–3. [Heine-Haus, Düsseldorf].

Windfuhr, Manfred: Die Düsseldorfer Heine-Ausgabe : ein Erfahrungsbericht. Düsseldorf 2005. 96 S.

Veranstaltungen des Heinrich-Heine-Instituts und der Heinrich-Heine-Gesellschaft e.V.

Januar bis Dezember 2005

Zusammengestellt von Karin Füllner

8. 1. 2005	Kinder- und Jugendtheater Düsseldorfer Schauspielhaus »Heinrich Heine reloaded«. Ein romantisch-revolutionäres Musik-Theater-Tanz-Projekt. Text: Boris Pfeiffer, Regie: Sven Post, Dramaturgie: Heidemarie Vahl/ Stefan Fischer-Fels, Mitwirkende: 25 Düsseldorfer Jugendliche zwischen 15 und 21 Jahren. Veranstalter: Kinder- und Jugendtheater Düsseldorfer Schauspielhaus, Tanzhaus NRW, Heinrich-Heine-Institut und Deutsche Oper am Rhein.
12. 1. 2005	Bücher aus Böhmen. Eine Literaturshow. Jaromir Konecny, Wehwalt Koslovsky und Eva Profusová präsentieren die »Tschechische Bibliothek«. Veranstalter: Heinrich-Heine-Institut und Heinrich-Heine-Gesellschaft. Mit freundlicher Unterstützung der Robert Bosch Stiftung.
15./16. 1. 2005	Heidemarie Vahl führt durch die Sonderausstellung »Charles Dickens: Geheimnisvolle Welten«. Veranstalter: Heinrich-Heine-Institut.
27. 1. 2005	Zum 60. Jahrestag der Befreiung des Konzentrationslagers Auschwitz. Bernt Hahn liest »Der letzte Zug. Eine Familiengeschichte« von Eric Eckstein. Musikalische Begleitung: Theo Jörgensmann. Veranstalter: Heinrich-Heine-Institut, Mahn- und Gedenkstätte Düsseldorf, Gesellschaft für Christlich-Jüdische Zusammenarbeit Düsseldorf e. V. und Evangelische Kirche im Rheinland – Studienstelle Christen und Juden.
30. 1. 2005	»Der Autor und sein idealer Leser«. Emine Sevgi Özdamar trifft Gabriele von Arnim. Lesung und Gespräch. Veranstalter: Heinrich-Heine-Institut, Literaturbüro NRW e. V. Düsseldorf und Literaturbüro Ruhrgebiet e. V. Gladbeck.
17. 2. 2005	Mitgliederversammlung der Heinrich-Heine-Gesellschaft e. V. Veranstalter: Heinrich-Heine-Gesellschaft.
17. 2. 2005	»Wie Heine auf den ›Index‹ kam. Ein literarischer Fall und seine politischen Hintergründe.« Heine-Vortrag von Prof. Dr. Hubert Wolf, Münster. Veranstalter: Heinrich-Heine-Gesellschaft.
19. 2. 2005	Florian Schweizer, Dickens-Museum London, führt durch die Sonderausstellung »Charles Dickens: Geheimnisvolle Welten«. Veranstalter: Heinrich-Heine-Institut.

Veranstaltungen

20. 2. 2005	»Charles Dickens: Lebensorte«. Film und Gespräch mit Barbara und Bernhard Zimmermann. Zur Finissage der Sonderausstellung »Charles Dickens: Geheimnisvolle Welten«. Veranstalter: Heinrich-Heine-Institut.
26. 2. 2005	Kinder- und Jugendtheater Düsseldorfer Schauspielhaus »Heinrich Heine reloaded«. Ein romantisch-revolutionäres Musik-Theater-Tanz-Projekt. Text: Boris Pfeiffer, Regie: Sven Post, Dramaturgie: Heidemarie Vahl/ Stefan Fischer-Fels, Mitwirkende: 25 Düsseldorfer Jugendliche zwischen 15 und 21 Jahren. Veranstalter: Kinder- und Jugendtheater Düsseldorfer Schauspielhaus, Tanzhaus NRW, Heinrich-Heine-Institut und Deutsche Oper am Rhein.
3. 3. 2005	»Heine um 11«. Lektürekurs zu Robert Gernhardt. Leitung: Dr. Ursula Roth. Veranstalter: Heinrich-Heine-Institut.
5./6. 3. 2005	»Heine und die Frauen«. »Text & Ton« zum Internationalen Frauentag 2005. Sektfrühstück und Führung durch die Heine-Ausstellung, begleitet von Rezitationen von Heine-Texten und Musik. Einführung: Dr. Karin Füllner; Führung: Dr. Ursula Roth; Rezitation: Gordon Schmitz; Flötenmusik: Andrea Tober. Veranstalter: Heinrich-Heine-Institut und Heinrich-Heine-Gesellschaft.
10. 3. 2005	»Heine um 11«. Lektürekurs zu Robert Gernhardt. Leitung: Dr. Ursula Roth. Veranstalter: Heinrich-Heine-Institut.
13. 3. 2005	»VEB Sehnsucht. Inge Müller, Schriftstellerin in der DDR«. Ein Porträt zum 80. Geburtstag von Inge Müller von und mit Judith Kuckart und Susanne Feldmann. Veranstalter: Heinrich-Heine-Institut und Heinrich-Heine-Gesellschaft.
16. 3. 2005	Ausstellungseröffnung: »Robert Gernhardt: Sudelblätter im Wörtersee«. Robert Gernhardt spricht zur Eröffnung. Veranstalter: Heinrich-Heine-Institut.
3. 4. 2005	Heidemarie Vahl führt durch die Sonderausstellung »Robert Gernhardt: Sudelblätter im Wörtersee«. Veranstalter: Heinrich-Heine-Institut.
6. 4. 2005	»Heine um 11«. Lektürekurs zu Heinrich Heine. Leitung: Dr. Ursula Roth. Veranstalter: Heinrich-Heine-Institut.
12. 4. 2005	Schnabelewopski im Heine-Geburtshaus »Heine heute – Literaturspuren«. Prof. Dr. Wilhelm Gössmann liest: »Der Heilige und die Sarazenin«. Veranstalter: Heinrich-Heine-Institut und Heinrich-Heine-Gesellschaft in Zusammenarbeit mit dem Grupello-Verlag.
16. 4. 2005	»Heine, Gernhardt & Co.« Nacht der Museen im Heine-Institut mit musikalisch-literarischem Programm und Führungen durch die Heine-Ausstellung. Führung durch die Sonderausstellung »Robert Gernhardt: Sudelblätter im Wörtersee« mit Heidemarie Vahl. Themenführungen durch die Heine-Ausstellung »Nähe und Ferne«. Dr. Ursula Roth: »Der politische Heine«; Dr. Karin Füllner: »Heine und die Frauen«; Heidemarie Vahl: »Heine und Düsseldorf«; Prof. Dr. Josef A. Kruse: »Der späte Heine«; Prof. Dr. Bernd Kortländer: »Heine und Frankreich«.

»Das Heine-Denkmal wird lebendig«. Rezitation, Musik und Pantomime in der Ausstellung mit Julia Krämer (Rezitation), Andrea Tober (Flöte) und Valentin Lubberger (Pantomime und Rezitation).
»Heine musikalisch«. Die Düsseldorfer Symphoniker lesen Heine mit Jutta Bunnenberg, Dr. Berta Metz-Kukuk, Pascal Théry, Margaret Sbarcea-Ferrett, Klaus-Günter Hollmann und Wolfgang Esch. Moderation: Elisabeth von Leliwa. In Zusammenarbeit mit der Tonhalle Düsseldorf.
»Der will nur spielen!«. Kabarett-Soloprogramm von und mit Martin Maier-Bode.
Veranstalter: Heinrich-Heine-Institut.

23. 4. 2005 Welttag des Buches. LiteraTOUR aus Korea mit Hwang Sok-yong, Huh Su Kyung, Ch'oe Yun und Hwang Chi Woo. Begrüßung: Dr. Karin Füllner. Lesung der deutschen Texte: Vera Forester. Moderation: Prof. Dr. Jörg Drews. Begleitend Bücherflohmarkt im Heine-Institut.
Veranstalter: Heinrich-Heine-Institut in Zusammenarbeit mit KOGAF (Korean Organizing Komittee for the Guest of Honour at the Frankfurt Book Fair 2005), Literatur bei Rudolf Müller und Literaturbüro NRW e. V. Düsseldorf.

24. 4. 2005 Albert Fürst zum 85. Geburtstag. Matinée zu Ehren des Malers Albert Fürst und Eröffnung der Ausstellung mit Arbeiten von Albert Fürst.
Begrüßung: Prof. Dr. Joseph A. Kruse. Prof. Dr. Walter Israel: Gedanken zur Malerei von Albert Fürst. Albert Fürst: Dank. Musik: Raimund Fürst (Tenor) und Fabiana Trani (Harfe).
Veranstalter: Heinrich-Heine-Institut.

26. 4. 2005 Dr. Ursula Roth führt durch die Sonderausstellung »Robert Gernhardt: Sudelblätter im Wörtersee«.
Veranstalter: Heinrich-Heine-Institut.

4. 5. 2005 »Heine um 11«. Lektürekurs zu Heinrich Heine. Leitung: Dr. Ursula Roth.
Veranstalter: Heinrich-Heine-Institut.

7. 5. 2005 Heidemarie Vahl führt durch die Sonderausstellung »Robert Gernhardt: Sudelblätter im Wörtersee«.
Veranstalter: Heinrich-Heine-Institut.

13. 5. 2005 »Die Tschechows – Wege in die Moderne«. Vortrag von Dr. Renata Helker, Berlin.
Veranstalter: Heinrich-Heine-Institut.

19.–22. 5. 2005 »Das neue Jerusalem der Freiheit«. Mit Heinrich Heine in Paris. Leitung: Dr. Karin Füllner, Heinrich-Heine-Institut, und Robert Steegers, Thomas-Morus-Akademie.
Veranstalter: Heinrich-Heine-Gesellschaft e. V. und Thomas-Morus-Akademie Bensberg.

22. 5. 2005 Finissage der Sonderausstellung »Robert Gernhardt: Sudelblätter im Wörtersee«. F. W. Bernstein spricht über den Zeichner Robert Gernhardt.
Veranstalter: Heinrich-Heine-Institut.

1. 6. 2005 »Europas ›frierend-magerer Spiritualismus‹. Heinrich Heine zur Modernität Goethes im West-östlichen Divan«. Heine-Vortrag von Dr. jur. Dr. h. c. mult. Manfred Osten, Bonn.
Veranstalter: Heinrich-Heine-Gesellschaft.

2. 6. 2005 Buchvorstellung. »Schicksal eines Geschichtenerzählers«. Klas Ewert Everwyn zum 75. Geburtstag.

Veranstaltungen

	Veranstalter: Heinrich-Heine-Institut in Zusammenarbeit mit dem Literaturbüro NRW e. V. Düsseldorf.
4./5. 6. 2005	»Text & Ton«. Sektfrühstück mit Führung durch die Heine-Ausstellung, begleitet von Rezitationen von Heine-Texten und Musik. Einführung: Dr. Karin Füllner, Führung: Dr. Ursula Roth, Rezitation: Julia Krämer, Flötenmusik: Andrea Tober. Veranstalter: Heinrich-Heine-Institut und Heinrich-Heine-Gesellschaft.
9.–12. 6. 2005	Bücherbummel auf der Kö. Heinrich-Heine-Institut und Heinrich-Heine-Gesellschaft präsentieren sich. Veranstalter: Heinrich-Heine-Institut und Heinrich-Heine-Gesellschaft.
9. 6. 2005	»Neue Literatur aus den Niederlanden«. »Tango«. Lesung und Gespräch mit Thomas Rosenboom. Veranstalter: Bücherbummel auf der Kö, Heinrich-Heine-Institut, Literaturbüro NRW e. V. Düsseldorf.
12. 6. 2005	Ausstellungseröffnung zum Schiller-Jahr. »›Im Namen Friedrich Schillers‹. 150 Jahre Deutsche Schillerstiftung – Schillerfeiern«. Zur Eröffnung spricht Prof. Dr. Norbert Oellers, Bonn. Veranstalter: Heinrich-Heine-Institut.
15. 6. 2005	»Heine um 11«. Lektürekurs zu Heinrich Heine. Leitung: Dr. Ursula Roth. Veranstalter: Heinrich-Heine-Institut.
16. 6. 2005	Lenka Reinerová, Preisträgerin des Schiller-Rings, liest »Alle Farben der Sonne und der Nacht«. Veranstalter: Heinrich-Heine-Institut.
18. 6. 2005	Mittsommernacht im Heinrich-Heine-Institut mit musikalisch-literarischem Programm. »Schulauftritte« – Gymnasien präsentieren Literatur. »Reisen« mit dem Schloss-Gymnasium Benrath. Leitung: Uta Schwamborn und Isabel Kocsis. »Die Ballade lebt – When shall we meet again?« mit dem Konrad-Heresbach-Gymnasium, Mettmann. Leitung: Susanne Balintfy. »Le Pop – neudeutsche Popliteratur« mit dem Konrad-Heresbach-Gymnasium, Mettmann. Leitung: Andreas Brettschneider. Moderation: Dr. Karin Füllner. »Heine und Düsseldorf«. Führung durch die Heine-Ausstellung mit Heidemarie Vahl. »Der politische Heine«. Führung durch die Heine-Ausstellung mit Dr. Ursula Roth. »›Im Namen Friedrich Schillers‹. 150 Jahre Deutsche Schillerstiftung – Schillerfeiern«. Führung durch die Sonderausstellung zum Schiller-Jahr mit der Kuratorin der Ausstellung Dr. Susanne Schwabach-Albrecht. »Liebesleib – Chansons und Leibeslieder« mit Julia Krämer und Herrn Fries. Veranstalter: Heinrich-Heine-Institut. In Zusammenarbeit mit der Heinrich-Heine-Gesellschaft.
21. 6. 2005	»Jean Améry: Revolte in der Resignation. Eine Biographie«. Lesung und Gespräch mit Prof. Dr. Irene Heidelberger-Leonhard. Veranstalter: Heinrich-Heine-Institut.
3. 7. 2005	Schiller-Matinée. »… ich stürze aus meinen idealischen Welten, sobald mich ein zerrissener Strumpf an die wirkliche mahnt«. Herbert Kromann liest Friedrich

	Schiller. Führung durch die Sonderausstellung zum Schiller-Jahr »Im Namen Friedrich Schillers« mit der Kuratorin der Ausstellung Dr. Susanne Schwabach-Albrecht. Veranstalter: Heinrich-Heine-Institut.
5.7.2005	Buchvorstellung. »Enuma elisch. Traum im Traum«. Alexander Nitzberg präsentiert Anna Achmatowa. Veranstalter: Heinrich-Heine-Institut und Heinrich-Heine-Gesellschaft.
14.7.2005	»Ironie gegen Pathos: Heine und Schiller«. Heine-Vortrag von Prof. Dr. D. Litt. et Phil. h. c. Helmut Koopmann, Augsburg. Veranstalter: Heinrich-Heine-Gesellschaft.
31.7.2005	Dr. Susanne Schwabach-Albrecht führt durch die Sonderausstellung »Im Namen Friedrich Schillers«.
2.8.2005	Literatur bei Rudolf Müller »Nähe und Ferne«. Eine Lesereihe mit Düsseldorfer Autorinnen und Autoren. Alexander Nitzberg und Wulf Noll lesen. Moderation: Rudolf Müller. Veranstalter: Heinrich-Heine-Institut, Kulturamt der Landeshauptstadt Düsseldorf, Literatur bei Rudolf Müller, Literaturbüro NRW Düsseldorf e. V.
21.8.2005	Ausstellungseröffnung: »›Heimat fand ich nur in der Sprache‹. Dieter Forte zum 70. Geburtstag«. Zur Eröffnung lesen Hanna Seiffert und Dieter Prochnow (Düsseldorfer Schauspielhaus). Veranstalter: Heinrich-Heine-Institut in Zusammenarbeit mit dem Theatermuseum Düsseldorf.
24.8.2005	Buchvorstellung. Prof. Dr. Rüdiger Görner: »Thomas Mann – Der Zauber des Letzten«. Veranstalter: Heinrich-Heine-Institut und Heinrich-Heine-Gesellschaft in Zusammenarbeit mit dem Patmos Verlag.
31.8.2005	»Heine um 11«. Lektürekurs zu Heinrich Heine. Leitung: Dr. Ursula Roth. Veranstalter: Heinrich-Heine-Institut.
31.8.2005	»Nähe und Ferne«. Eine Lesereihe mit Düsseldorfer Autorinnen und Autoren. Hansjürgen Bulkowski und Frank Schablewski lesen. Moderation: Dr. Karin Füllner. Veranstalter: Heinrich-Heine-Institut, Kulturamt der Landeshauptstadt Düsseldorf, Literatur bei Rudolf Müller, Literaturbüro NRW Düsseldorf e. V.
6.9.2005	Literaturbüro NRW »Nähe und Ferne«. Eine Lesereihe mit Düsseldorfer Autorinnen und Autoren. Regina Ray und Philipp Schiemann. Moderation: Maren Jungclaus. Veranstalter: Heinrich-Heine-Institut, Kulturamt der Landeshauptstadt Düsseldorf, Literatur bei Rudolf Müller, Literaturbüro NRW Düsseldorf e. V.
7.9.2005	»Jan Kochanowski – ein Dichter der europäischen Renaissance«. Ein literarisch-musikalischer Abend mit Claudia Burckhardt, Bernt Hahn und dem Ensemble CAMERATA CRACOVIA. Veranstalter: Heinrich-Heine-Institut und Polnisches Institut Düsseldorf im Rahmen des Polnischen Jahres 2005/2006. Mit freundlicher Unterstützung des Kulturamtes der Landeshauptstadt Düsseldorf.
10./11.9.2005	»Text & Ton«. Sektfrühstück mit Führung durch die Heine-Ausstellung, begleitet von Rezitationen von Heine-Texten und Musik. Einführung: Dr. Karin

Veranstaltungen 363

	Füllner, Führung: Dr. Ursula Roth, Rezitation: Julia Krämer, Flötenmusik: Andrea Tober. Veranstalter: Heinrich-Heine-Institut und Heinrich-Heine-Gesellschaft.
14. 9. 2005	»Heine um 11«. Lektürekurs zu Heinrich Heine. Leitung: Dr. Ursula Roth. Veranstalter: Heinrich-Heine-Institut.
17. 9. 2005	museum kunst palast »der neue orient«. Eröffnung. Salim Alafenisch, Fatih Cevikkollu, Navid Kermani, Ulla Lenze, Suleman Taufiq und Stefan Weidner lesen. Moderation: Dr. Karin Füllner und Maren Jungclaus. Veranstalter: rhein land ag, museum kunst palast, Heinrich-Heine-Institut, Kulturamt der Landeshauptstadt Düsseldorf, Literatur bei Rudolf Müller, Literaturbüro NRW Düsseldorf e. V.
20. 9. 2005	Literaturbüro NRW »der neue orient«. Miral al-Tahawi und Adania Shibli lesen. Moderation: Leila Chammaa. Veranstalter: Heinrich-Heine-Institut, Kulturamt der Landeshauptstadt Düsseldorf, Literatur bei Rudolf Müller, Literaturbüro NRW Düsseldorf e. V.
21. 9. 2005	»der neue orient«. Ibrahim al-Koni liest. Moderation: Hartmut Fähndrich. Veranstalter: Heinrich-Heine-Institut, Kulturamt der Landeshauptstadt Düsseldorf, Literatur bei Rudolf Müller, Literaturbüro NRW Düsseldorf e. V.
23. 9. 2005	»der neue orient«. Adonis liest. Moderation: Stefan Weidner. Veranstalter: Heinrich-Heine-Institut, Kulturamt der Landeshauptstadt Düsseldorf, Literatur bei Rudolf Müller, Literaturbüro NRW Düsseldorf e. V.
25. 9. 2005	Dieter Forte zu Ehren seines 70. Geburtstags. Zsuzsa Bánk liest Dieter Forte: »Auf der anderen Seite der Welt«. Begrüßung: Prof. Dr. Joseph A. Kruse; Glückwunsch: Heinz Winterwerber, Bürgermeister. Veranstalter: Heinrich-Heine-Institut und Heinrich-Heine-Gesellschaft in Zusammenarbeit mit dem S. Fischer Verlag.
27. 9. 2005	Literaturbüro NRW »der neue orient«. Tajjib Salich liest. Moderation: Stefan Weidner. Veranstalter: Heinrich-Heine-Institut, Kulturamt der Landeshauptstadt Düsseldorf, Literatur bei Rudolf Müller, Literaturbüro NRW Düsseldorf e. V.
28. 9. 2005	»der neue orient«. Sakarija Tamer liest. Moderation: Larissa Bender. Veranstalter: Heinrich-Heine-Institut, Kulturamt der Landeshauptstadt Düsseldorf, Literatur bei Rudolf Müller, Literaturbüro NRW Düsseldorf e. V.
29. 9. 2005	Literaturbüro NRW »der neue orient«. Gamal al-Ghitani liest. Moderation: Hartmut Fähndrich. Veranstalter: Heinrich-Heine-Institut, Kulturamt der Landeshauptstadt Düsseldorf, Literatur bei Rudolf Müller, Literaturbüro NRW.
6. 10. 2005	Wissenschaftliches Kolloquium. »Heinrich-Heine-Portal und digitale Edition«. Begrüßung: Prof. Dr. Joseph A. Kruse. Grußwort: Christiane Günther, Kunststiftung NRW. Dr. Ralf Goebel, Bonn: Förderbereich kulturelle Überlieferung bei der DFG. Dr. Thomas Burch/Dr. Bernd Füllner/Nathalie Groß/Christian Liedtke, Düsseldorf/Trier: Vorstellung des Heinrich-Heine-Portals.

Prof. Dr. Hans Walter Gabler, München: Der computererstellte »Ulysses«: verschlüsselt im Buch, entfaltet am Bildschirm.
Prof. Dr. Paolo D'Iorio, Paris: HyperNietzsche: Eine Internet Forschungsinfrastruktur für die Geisteswissenschaften.
Dr. Barbara Hunfeld/Dr. Birgit Sick/Prof. Dr. Werner Wegstein, Würzburg: (Vor-)Überlegungen zum Jean-Paul-Portal.
Susanne Schütz, Halle: Zur TEI-Kodierung von Dramentexten. Ein Erfahrungsbericht aus dem Editionsprojekt Karl Gutzkow.
Prof. Dr. Kurt Gärtner, Trier: Das Projekt Deutsch-Diachron-Digital.
Moderation: Prof. Dr. Kurt Gärtner und Prof. Dr. Claudine Moulin.
Planung und Konzeption: Dr. Thomas Burch und Dr. Bernd Füllner.
Veranstalter: Heinrich-Heine-Institut und Kompetenzzentrum für elektronische Erschließungs- und Publikationsverfahren in den Geisteswissenschaften an der Universität Trier.

9. 10. 2005
Ille Weissert führt durch die Sonderausstellung »Heimat fand ich nur in der Sprache. Dieter Forte zum 70. Geburtstag«.
Veranstalter: Heinrich-Heine-Institut.

14. 10. 2005
LehrerInnenfortbildung. »Heine und der ›Epochenumbruch um 1800‹«.
Leitung: Prof. Dr. Karlheinz Fingerhut.
Vorstellung von schulbezogenen Projekten des Heine-Instituts zum 150. Todesjahr von Heinrich Heine und Robert Schumann: Dr. Karin Füllner und Dr. Ursula Roth.
Präsentation des Heinrich-Heine-Portals: Dr. Bernd Füllner und Christian Liedtke.
Veranstalter: Heinrich-Heine-Institut.

14. 10. 2005
Moderiertes Klavierkonzert. Prof. Dr. Hyun-Ok Moon spielt Robert Schumann.
Moderation: Ulrich Dunsche.
Veranstalter: Heinrich-Heine-Institut in Zusammenarbeit mit dem Kunst-Institut der National-Universität Chonnam und dem Verein der Koreaner in Düsseldorf e. V.

18. 10. 2005
»Heine: Faszinosum Paris«. Heine-Vortrag von Prof. Dr. Karl Heinz Bohrer, Paris.
Veranstalter: Heinrich-Heine-Gesellschaft.

22. 10. 2005
»Der Aufstieg – Ein Mann geht verloren«. Fernsehspiel von Dieter Forte. Präsentation im Rahmen der Ausstellung »Heimat fand ich nur in der Sprache«.
Regie: Peter Patzak, Produktion: SWF 1980.
Veranstalter: Heinrich-Heine-Institut.

23. 10. 2005
museum kunst palast
Lesung und Film. Cees Nooteboom liest aus seinem Buch »Paradies verloren«.
Im Anschluss Filmpräsentation: »Hotel Nooteboom«. Regie: Heinz-Peter Schwerfel.
Veranstalter: Heinrich-Heine-Institut und museum kunst palast.

25. 10. 2005
Buchvorstellung. Jakob Hessing liest »Der Traum und der Tod. Heinrich Heines Poetik des Scheiterns«.
Veranstalter: Heinrich-Heine-Institut und Heinrich-Heine-Gesellschaft.

Veranstaltungen 365

30.10.2005	Auftaktveranstaltung »Düsseldorf liest ein Buch«. Emine Sevgi Özdamar: »Die Brücke vom Goldenen Horn«. Vortrag von Sigrid Löffler: »Meisterin der Anverwandlung: Emine Sevgi Özdamar«. Emine Sevgi Özdamar liest aus ihren Werken. Veranstalter: Heinrich-Heine-Institut und Literaturbüro NRW e.V. Düsseldorf.
3.11.2005	»Mein Europa«. Juri Andruchowytsch und Andrzej Stasiuk lesen. Begrüßung: Prof. Dr. Joseph A. Kruse, Direktor des Heinrich-Heine-Instituts, und Anna Brozowska, Direktorin des Polnischen Instituts Düsseldorf. Einführung: Anna Badora, Generalintendantin des Düsseldorfer Schauspielhauses. Moderation und Übersetzung: Renate Schmidgall. Veranstalter: Heinrich-Heine-Institut, Polnisches Institut, Büro für regionale und europäische Zusammenarbeit der Landeshauptstadt Düsseldorf und Düsseldorfer Schauspielhaus.
6.11.2005	»Mit dem Kompass der Poesie oder: Die Entdeckung der Welt auf dem Papier«. 50. Jahrgang »die horen«. Es lesen Wolfgang Hegewald (Barum), Peter K. Kirchhof (Düsseldorf), Wolfgang Schiffer (Köln) und der »horen«-Herausgeber Johann P. Tammen (Bremerhaven). Veranstalter: Heinrich-Heine-Institut, »die horen« und Kulturamt der Landeshauptstadt Düsseldorf.
10.11.2005	Literaturforum »Neues Europa«. Es lesen Nora Iuga (Rumänien), Ales Steger (Slowenien), Zsuzsa Vathy (Ungarn) und Peter Hamm (Deutschland). Moderation: Georg Aescht, Dr. Karin Füllner und Márton Kalász. Veranstalter: Heinrich-Heine-Institut in Zusammenarbeit mit dem Gerhart-Hauptmann-Haus, Literaturbüro Düsseldorf NRW e.V. und Kulturamt der Landeshauptstadt Düsseldorf.
12.11.2005	25 Jahre Rimbaud Verlag. Es lesen Elisabeth Axmann, Reinhard Kiefer, Jean Krier, Günter Lanser, Christoph Leisten, Frank Schablewski, Christoph Wenzel und Hans Weßlowski. Veranstalter: Heinrich-Heine-Institut und Rimbaud Verlag.
13.11.2005	»… für Thomas Kling!« Eine Kling-Mobilisierung mit Gedichten, Reden, Aufsätzen und Musik. Zum Gedächtnis lesen, spielen und tragen vor: Marcel Beyer, Norbert Hummelt, Anja Utler, Peter Waterhouse, Hubert Winkels und Frank Köllges. Veranstalter: Kulturamt der Landeshauptstadt Düsseldorf, Düsseldorfer Schauspielhaus, Heinrich-Heine-Institut, Stiftung Insel Hombroich, arts Gesellschaft für Kunst + Kommunikation mbH, Düsseldorf. Mit freundlicher Unterstützung der Stadtsparkasse Düsseldorf.
14.11.2005	»Heine und die Musik«. Fanny Hensel zum 200. Geburtstag. »… ich fange an herauszugeben!« Ein moderiertes Konzert mit Prof. Dr. Ute Büchter-Römer (Texte), Prof. Michaela Krämer (Sopran) und Michael Zieschang (am Flügel). Veranstalter: Heinrich-Heine-Institut und Gesellschaft für Christlich-Jüdische Zusammenarbeit.
18.11.2005	Staffellesung »Die Brücke vom Goldenen Horn«. Anke Schubert, Düsseldorfer Schauspielhaus, liest Emine Sevgi Özdamar. Unter Mitwirkung von Studierenden der Heinrich-Heine-Universität Düsseldorf.

	Veranstalter: Heinrich-Heine-Institut in Zusammenarbeit mit dem Düsseldorfer Schauspielhaus und dem Literaturbüro Düsseldorf NRW e. V.
20. 11. 2005	Finissage der Forte-Ausstellung. »›Keine Zeit ohne Geschichten‹ – Über das Prosawerk Dieter Fortes«. Vortrag von Lothar Schröder. Claudia Burckhardt vom Düsseldorfer Schauspielhaus liest Texte von Dieter Forte.
	Veranstalter: Heinrich-Heine-Institut.
26. 11. 2005	Ein Fest für Heine. Vorschau zum 150. Todesjahr. Anlass und Reaktionen.
	Begrüßung: Prof. Dr. Joseph A. Kruse.
	»Ich Narr des Glücks«. Heinrich Heine und seine Biographen. Gespräche mit Kerstin Decker, Prof. Winfried Freund, Prof. Dr. Joseph A. Kruse und Christian Liedtke.
	»Mein Lieblingsheine«. Gespräche mit Dr. Christoph auf der Horst, Holger Ehlert, Prof. Dr. Bernd Kortländer, Bruno Kehrein und Prof. Dr. Wilhelm Gössmann.
	»Der ganze Heine«. Lesung aus seinen Briefen mit Dr. Bernd Füllner und Christian Liedtke. Gespräche mit Prof. Dr. Klaus Briegleb und Prof. Dr. Joseph A. Kruse.
	»Alles, Alles darfst Du lieben!« Lesungen und Gespräche mit Jörg Aufenanger, Kerstin Decker, Dr. Edda Ziegler und Dr. Ulrich Mattejiet.
	Moderation: Irene Dänzer-Vanotti
	Die Anton Rubinstein Akademie präsentiert Klaviermusik der Heine-Zeit mit Jakob Pinkus, Antonis Stoisoglou, Julian Gorus und Damira Schumacher.
	Veranstalter: Heinrich-Heine-Gesellschaft.
2. 12. 2005	Düsseldorfer Schauspielhaus
	»Heinrich Heine – Ich hab im Traum geweinet«. Ein akustisches Porträt. Mit Ulrich Tukur und dem Efim Jourist Quartett.
	Veranstalter: Düsseldorfer Schauspielhaus, Heinrich-Heine-Institut und Heinrich-Heine-Gesellschaft.
4. 12. 2005	Ausstellungseröffnung: »J. C. C. Bruns' Verlag (1881–1929). Weltliteratur in deutscher Übersetzung aus Minden« (bis 5. Februar 2006). Zur Eröffnung liest Bernd Gieseking.
	Veranstalter: Heinrich-Heine-Institut, J. C. C. Bruns, Minden und Stadt Minden.
10. 12. 2005	8. Forum Junge Heine Forschung.
	Neue Arbeiten über Heinrich Heine. Vorträge und Diskussionen.
	Begrüßung: Prof. Dr. Joseph A. Kruse.
	Alexandra Böhm, Uttenreuth: Konstellationen der Karikatur und des Grotesken. Heines »Über Frankreich« als kultur- und gesellschaftskritische Diagnose der Moderne.
	Regina Grundmann, Bochum: Haggada als Poesie – Poesie als Offenbarung: Heines Transformation der rabbinischen Überlieferung.
	Dr. Christina Ujma, Loughborough: Fanny Lewalds italienische Städtebilder, weibliche Sichtweise und literarische Vorbilder.

Guntram Zürn, Colombier-Fontaine: Heines »Reise von München nach Genua« verstanden als Auseinandersetzung mit dem Mythos Italien, erläutert anhand des Mythosbegriffs von Roland Barthes.
Konzeption und Moderation: Dr. Karin Füllner und Holger Ehlert M. A.
Veranstalter: Heinrich-Heine-Institut und Heinrich-Heine-Gesellschaft in Zusammenarbeit mit der Heinrich-Heine-Universität Düsseldorf.

Ankündigung
des 10. Forum Junge Heine Forschung
8. Dezember 2007
im Heine-Institut in Düsseldorf

Zum Heine-Geburtstag 2007 veranstalten das Heinrich-Heine-Institut der Landeshauptstadt Düsseldorf, die Heinrich-Heine-Gesellschaft e. V. und die Heinrich-Heine-Universität Düsseldorf gemeinsam das 10. Forum Junge Heine Forschung mit neuen Arbeiten über Heinrich Heine. Es findet statt am Samstag, den 8. Dezember 2007, 11–17 Uhr im Heinrich-Heine-Institut. Für das beste vorgetragene Referat, das von einer Jury ausgewählt wird, stiftet die Heinrich-Heine-Gesellschaft einen Geldpreis.

Zur Information über Konzeption und Ausrichtung des Forum Junge Heine Forschung verweisen wir auf die Berichte in den Heine-Jahrbüchern 2001, 2002, 2003, 2004, 2005 und 2006. Anmeldungen für Referate (ca. 30 Min.) sind mit einem kurzen Exposé (ca. 1 Seite) bis zum 30. September 2007 per Mail zu richten an:

Dr. Karin Füllner
Heinrich-Heine-Institut
Bilker Str. 12–14
40213 Düsseldorf
E-Mail: hhi-hhg@t-online.de

Hinweise für die Autoren

Für unverlangt eingesandte Texte und Rezensionsexemplare können wir keine Gewähr übernehmen.

Die Autoren werden gebeten ihre Beiträge möglichst als Ausdruck und Diskette einzusenden.

Die Manuskripte sollten folgendermaßen eingerichtet sein:

1. Im Text:
Zitate und Werktitel in doppelte Anführungszeichen.
Größere Zitate (mehr als 3 Zeilen) und Verse einrücken. Sie werden in kleinem Druck gesetzt; eine weitere Kennzeichnung entfällt.
Auslassungen oder eigene Zusätze im Zitat: [ ]
Hochzahlen (für Anmerkungen) ohne Klammer hinter den schließenden Anführungszeichen, und zwar vor Komma, Semikolon und Doppelpunkt, aber hinter dem Punkt.
Unterstreichung bedeutet Kursivsatz.

2. Fußnoten:
Alle Anmerkungen fortlaufend durchnummeriert am Schluss des Manuskriptes. Hochzahlen ohne Klammer oder Punkt.
Literaturangaben in folgender Form:
a) Bücher
  – Monographien: Vorname Zuname des Verfassers: Titel. Ort Jahr, Band (röm. Ziffer), Seite.
  – Editionen: Vorname Zuname (Hrsg.): Titel. Ort Jahr, Seite.
b) Artikel
  – in Zeitschriften: Vorname Zuname des Verfassers: Titel. – In: Zeitschriftentitel Bandnummer. Jahr, Seite.
  – in Sammelwerken: Vorname Zuname des Verfassers: Titel. – In: Titel des Sammelwerks, hrsg. von Vorname Zuname. Ort Jahr, Band, Seite.
Bei wiederholter Zitierung desselben Werkes: Zuname des Verfassers [Anm. XXX], Seite.

c) Heine-Ausgaben und gängige Heine-Literatur
- Abkürzungen nach dem Siglenverzeichnis (im Heine-Jahrbuch hinter dem Inhaltsverzeichnis) verwenden.
- Heine-Texte möglichst im laufenden Text unter Verwendung der Abkürzungen in runden Klammern nachweisen [z. B. (B III, 100) oder (DHA 1, 850) oder (HSA XXV, 120)].

3. Abkürzungen:
Zeitschriftentitel u. dgl. möglichst nach dem Verzeichnis der »Germanistik« u. ä.
S. = Seite
hrsg. v. = herausgegeben von
Auflagenziffer vor der Jahreszahl hochgestellt.
(vgl. auch das Verzeichnis der Siglen hinter dem Inhaltsverzeichnis in diesem Jahrbuch).

4. Korrekturen:
Der Verlag trägt die Kosten für die von der Druckerei nicht verschuldeten Korrekturen nur in beschränktem Maße und behält sich vor, den Verfassern die Mehrkosten für Autorkorrekturen zu belasten.

Mitarbeiter des Heine-Jahrbuchs 2005

Regina Berlinghof, Im Tal 1, 65779 Kelkheim/Ts
Dr. Sabine Bierwirth, 11140 Willowbrook Drive, Potomac, MD 20854, USA
Elena Camaiani, Merowingerstr. 49, 40225 Düsseldorf
Dr. Hella Ehlers, Universität Rostock, Institut für Germanistik, August- Bebel- Str. 28, 18051 Rostock
Dr. Bernhard Fischer, deutsches literatur archiv marbach, Schillerhöhe 8–10, 71672 Marbach
Dr. Bernd Füllner, Urdenbacher Dorfstr. 30, 40593 Düsseldorf
Dr. Karin Füllner, Urdenbacher Dorfstr. 30, 40593 Düsseldorf
Nathalie Groß, Universität Trier, Unisversitätsring 15, 54286 Trier
Regina Grundmann M. A., Roomersheide 73, 44797 Bochum
Stefan Humbel, Laubeggstr. 29, 3006 Bern, Schweiz
PD Dr. Volker Kaukoreit, Österreichisches Literaturarchiv der Österreichischen Nationalbibliothek, Josefsplatz 1, 1015 Wien
Prof. Dr. Bernd Kortländer, Gernandusstr. 8, 40489 Düsseldorf
Prof. Dr. Joseph A. Kruse, Kaiserswerther Str. 70, 40477 Düsseldorf
Sigrid Löffler, Reichstraße 37, 14052 Berlin
Seine Exzellenz Botschafter Claude Martin, Pariser Platz 5, 10117 Berlin
Georg Mölich, Landschaftsverband Rheinland, Dezernat 9, 50663 Köln
Dr. Christian Neuhuber, Institut für Germanistik, Mozartgasse 8, 8010 Graz, Österreich
Ottmar Pertschi, Kernerstr. 19 A, 70182 Stuttgart
PD Dr. Dirk von Petersdorff, Universität des Saarlandes, FR 4.1, Postfach 151150, 66041 Saarbrücken
Dr. Ernst-Ullrich Pinkert, Universität Aalborg, Kroghstraede 3, 9220 Aalborg, Dänemark
Avi Primor, IDC Herzlia, P. O. B. 167 Herzlia 46150, Israel
Sonja Sakolowski, Else-Lasker-Schüler-Str. 11, 10783 Berlin-Schöneberg
Dr. Franz Schüppen, Grenzweg 34, 44623 Herne
Alice Schwarzer, EMMA, Alteburger Str. 2, 50678 Köln
Dr. Sikander Singh, Höhenstr. 88, 40227 Düsseldorf
Dr. Wilfried Thürmer, Kastanienstr. 4, 47447 Moers
Prof. Dr. Jochanan Trilse-Finkelstein, Dunckerstr. 16 V, 10437 Berlin

If you have any concerns about our products,
you can contact us on
ProductSafety@springernature.com

In case Publisher is established outside the EU,
the EU authorized representative is:
**Springer Nature Customer Service Center GmbH
Europaplatz 3, 69115 Heidelberg, Germany**

Printed by Libri Plureos GmbH
in Hamburg, Germany